·中华书局·
上海聚珍出品

西学东渐与明清汉文地理文献

世界想象

邹振环 著

中华书局

图书在版编目(CIP)数据

世界想象：西学东渐与明清汉文地理文献/邹振环著. —北京：中华书局,2025.7. —
ISBN 978-7-101-17204-1

Ⅰ.G129；K928.64

中国国家版本馆 CIP 数据核字第 2025CY3027 号

世界想象：西学东渐与明清汉文地理文献

著　　　者	邹振环	
责任编辑	董洪波	
装帧设计	毛　淳	
责任印制	管　斌	
出版发行	中华书局	
	（北京市丰台区太平桥西里 38 号　100073）	
	http://www.zhbc.com.cn	
	E-mail：zhbc@zhbc.com.cn	
印　　　刷	三河市中晟雅豪印务有限公司	
版　　　次	2025 年 7 月第 1 版	
	2025 年 7 月第 1 次印刷	
规　　　格	开本/710×1000 毫米　1/16	
	印张 24¾　插页 2　字数 440 千字	
国际书号	ISBN 978-7-101-17204-1	
定　　　价	88.00 元	

邹振环　1957年出生。历史学博士。现为复旦大学历史系教授、博导。曾任德国埃尔兰根—纽伦堡大学、意大利罗马大学及中国的台湾大学、台湾政治大学、新竹清华大学、香港中文大学客座教授，日本关西大学客座研究员；曾赴英国、德国、意大利、美国、澳大利亚、日本、韩国、斯里兰卡、菲律宾等国，以及中国台湾、香港、澳门等地进行访学与交流。著有《再见异兽：明清动物文化与中外交流》《20世纪中国翻译史学史》《疏通知译史》《晚明汉文西学经典：编译、诠释、流传与影响》《西方传教士与晚清西史东渐》《晚清西方地理学在中国——以1815至1911年西方地理学译著的传播与影响为中心》《20世纪上海翻译出版与文化变迁》《影响中国近代社会的一百种译作》等论著多种，在《历史研究》《复旦学报》《世界历史》《近代史研究》等海内外中外文刊物上发表学术论文百余篇。论著多次获上海哲学社会科学优秀论著奖和全国高等学校科学研究优秀成果奖。

目　　录

导　言

本书标题出现了一组相互联系的关键词。"明清"是一个时空概念；"西学东渐"改变了中国人关于时空概念的认知；中国人对于"世界"产生了"想象"；时空想象是一个漫长的过程，而在这一过程的演进中，汉文地理文献成为想象（认识和理解）域外世界最为重要的材料。

第一节　时　空　界　定

以年月日的精确计算方法来划分时空阶段，以便反映事物存在和发展方向，人类最早是将之用于自然属性的物理坐标系，由此来理解自身在世界中的存在和变化。之后人类也将之用于认识社会，以形成更为精确的历史思考。然而，历史发展是在多层、多元和复杂的时空结构中展开的，统一的、线性的精确刻度，很难整合到社会属性的制度、信仰、社会生活、文化交流等时空规定的秩序框架中。有关时空的关联性问题，不同的学者有不同的理解。

"明清"一般是指1368—1911年这一时段，但是因为本书主题关涉"西学东渐"，因此这里的"明清"之"明"，自然又非从1368年明朝初建算起，而主要是以16世纪末西方传教士的东来之"晚明"，作为本书"明"的起始点。"清"的下限为19世纪末20世纪初的清末，本书讨论的时空范围大致在"晚明"至"晚清"。笔者向来不赞成将政治史的重要节点——如鸦片战争，作为其他任何中国专门史——文化史、教育史或宗教史的坐标点。在历史的长河中，很难说会犹如旅途之中一般，存在一种客观的里程碑。就本书所讨论的西学东渐史而言，就不能不把讨论的起始点上溯到大航海时代把西学传入中国的欧洲天主教传教士的东来。即使讨论晚清的西学东渐，也不能如同一般从鸦片战争开始的讨论，而需要将起始点上溯至1807年英国传教士马礼逊（Robert Morrison，1782—1834）的东来。"晚明"至"晚清"是中国古代学术史走向终结的时段，也是西学进入传统中国的时代，中国近代学术史的开篇正是在西学东渐的背景下展开的，这一学术转型的过程包含着丰富的内涵，中国古代传统里同时蕴含有近代因素，晚明至晚清的西学东渐，又有古代中国学术资源的介入。

本书将利玛窦绘制的世界地图作为"西学东渐"与明清汉文地理文献研究的起点，还在于从西学传播与影响史的角度切入。国人从"天下观念"向"世界意识"的转变，确实是从目睹和探究利玛窦的汉文世界地图开始的。康熙后期的禁教，以及由此而来的清中期一度中西知识交流进入所谓"潜流期"，细细辨析，会察觉整个清代的学术，从顺治、康熙到雍正、乾隆，从经史到地理文献的学术梳理，其中可见的实证性考据、校勘、训诂，自有中国的古学传统，亦能见出明末清初西学某种潜流期形成的关联与影响。[1]　自从梁启超在《中国近三百年学术史》中提出所谓"西学中绝"一说，称"自雍正元年放逐耶稣会教士以后，中国学界和外国学界断绝来往已经一百多年了"[2]。后代多有学者将明清的西学东渐史分成"明清之际"和"清末民初"两个割裂的时段。本书特别强调"明清"，即认为晚明至晚清首先是一个连续不断的时间概念，思想学术不是政治事变，可以因朝廷颁行一纸禁令而骤然中断。思想观念会通过各种形式、利用各种渠道，渗透、传播、摄取、受容和涵化。在当代中国大陆学界，以1840年鸦片战争为界，在历史学学科专业上一般分出"中国古代史研究"和"中国近现代史研究"两个不同的系列，明末清初"西学东渐"的研究从属于中国古代史，而所谓以1840年为界开始的"西学东渐"研究，又从属于中国近现代史；于是，就出现了一个奇怪的现象：中国古代史的研究到鸦片战争就戛然而止，而近现代史的研究，即使讨论鸦片战争，也很少上溯至明末清初。而将"中国史"摒除于"世界史"框架之外的大陆学界的这种研究体系，与20世纪50年代以来教育部学科专业的划分，以及如今"中国史"与"世界史"成为两个一级学科的长官意志，不无关系。作为一个时空概念的"明清"，或许可以作为打破现有研究和教学体系的一个楔子。

[1]　朱维铮：《十八世纪的汉学与西学》，氏著：《走出中世纪》（增订本），复旦大学出版社2007年，第136—162页。

[2]　朱维铮校注：《梁启超论清学史二种》，复旦大学出版社1985年，第120页。

　　笔者之前多次说明从明末清初至晚清的"西学东渐",可以视为类似考古学上的两个堆积层。① 将晚明至晚清,即 16 世纪末 17 世纪初至 20 世纪初三百余年间,视作一完整的时代线索,将发生在此一时期汉文化圈知识范围内的"西学东渐",在地理空间上亦视作一个整体。本书是这一研究路径的延续,即将西学东渐与明清汉文地理文献的关联,放在 16 世纪大航海时代以来全球史的大背景下,作为一项整体研究来认识。

第二节　"西学"与"西学东渐"

　　"东渐"一词出现很早,《尚书》中有"东渐于海,西被于流沙"②,"渐"是"入"的意思,无复杂的歧义。历史上的"空间"也并非都是实指地域的所在,多以交流关系作为参照物,所谓"西"比较复杂,从地理空间上看,"西"最早包括"西域"和"西洋"。冯承钧曾有一比较精确的概括:"凡玉门、阳关以西的陆地,概名之曰西域;南海以西的海洋及沿海诸地,概名之曰西洋……迨至耶稣会的传道师到了中国以后,方开始渐渐以西洋的名称专指欧洲。"③而"西学"之"西"最初是从地域概念演化而来的一种"文化大区"(又称"文化世界")的划分法。"文化大区"是文化特质的区域分类,即历史上形成的一种文化共同体最本质的特征。"西"既是一个空间概念,又是一个文化概念。在西方历史上,并不存在一种统摄西方学术的所谓"西学"。而古代的西学,今天经常被削足适履塞入"欧洲"的概念,总是被视为欧洲传统,其实"西学"的内涵异常复杂,早期也并非以欧洲为中心,在古代还包含伊斯兰的传统。德国的哈特穆特·莱平(Hartmut Leppin)在地理学上使用"欧洲-地中海"一词来指代我们通常所说的"西方"这一复杂的空间。他认为我们现在所说的大部分欧洲传统,实际上是西欧传统,跟欧洲东部的传统是很不一样的。东正教跟天主教、新教也很不同,现代俄罗斯的行政体制和

---

① 邹振环:《明清"西学"与"汉文西学经典"刍议》,上海社会科学院《传统中国研究集刊》编辑委员会编:《传统中国研究集刊》第 8 辑,上海人民出版社 2011 年,第 288—304 页;邹振环:《西学在华传播的三个堆积层与晚明、晚清的关联》,中国中外关系史学会、华侨大学华人华侨研究院主编:《多元宗教文化视野下的中外关系史》,甘肃人民出版社 2012 年,第 288—308 页。
② 《尚书·禹贡》,阮元校刻:《十三经注疏》,中华书局 1980 年,第 153 页。
③ 冯承钧译序,[法]伯希和著、冯承钧译:《郑和下西洋考》,商务印书馆 1935 年,第 4 页。

东正教会之间仍有很强的联系，这在西欧是不可能的，但这也属于欧洲传统。① 中国历史上的"西"之含义比较复杂，在古代中国主要指印度文化大区和伊斯兰文化大区，明清时期的"西"是指欧洲基督教文化大区。这一文化大区一般又可分为以葡萄牙、西班牙、意大利、法国、德国等为主的天主教文化区，以俄国、希腊为主的东正教文化区，以及包括英国、爱尔兰、荷兰、挪威及主要移民来源于此的美国、加拿大、澳大利亚和新西兰的新教文化区。

在东亚世界，"西学"是中国人所认识的"西方学问"或"西方学术"，或对西方学术的研究，也是当年西方人到中国来传授西方学问时常用的专门术语。就像西方人把他们自己研究中国的学问称为"汉学"一般，"西学"（Western learning）一词出现得很晚，早期的含义是不明确的，如日语中的"西学"是写成"兰学"。早期西方人在自己的研究中是不会将自己的学问称为"西学"的，"西学"应该是大航海时代以后西方人发现东方世界之后才渐渐开始明确起来的一个概念。

"西学"一词在汉文文献中，据目前所知，最早出现在大约公元7世纪的新罗时代朝鲜的历史典籍中。《三国遗事》之《圆光西学》条目下记有圆光法师的形迹，②另有《时义湘师西学入唐》的纪事。③ 当时的"西学"是指到"西国""西方"去学习、研究"佛法"，即"西行求学"的简称，是作为动词在使用的，属佛教范畴内的用语。因而这时的"西学"与明末清初所引入的西学有着本质的区别。关于这一问题，朝鲜著名学者李元淳曾有过较为系统的阐述。④

把含有基督教价值观、具有西方学问，特别是以欧洲学术为中心的西洋学术称为"西学"，首先源自明末清初在华的耶稣会士。耶稣会士在其撰译

---

① 李纯一：《哈特穆特·莱平：尊重他人和其他文化，是人文学术对社会的一项基本贡献》，《文汇学人》2018年7月20日。

② 一然著，[韩国]权锡焕、[中国]陈蒲清注译：《三国遗事》第四卷"义解第五"，"圆光西学"，岳麓书社2009年。该书是朝鲜半岛继《三国史记》之后第二部史书，其中也包含了许多神异的民间传说。从书名的"遗事"两字就可看出，身为佛教僧侣的作者或是对于《三国史记》的编写方针有所不满，而刻意收集遗漏之事迹加以记载。

③ 一然著，[韩国]权锡焕、[中国]陈蒲清注译：《三国遗事》第四卷"义解第五"，"义湘传教"。

④ [韩]李元淳著，王玉洁、朴英姬、洪军译，邹振环校订：《朝鲜西学史研究》，中国社会科学出版社2001年。

的西学文献中,把有关西洋的学问称为"西学"。这一概念最早的使用者可能是 1605 年来南京定居并主持南京天主教会的耶稣会士高一志(Alphonsus Vagnoni,曾用名王丰肃),他共著述了 15 种汉文西书。其中有刊本《修身西学》《齐家西学》,抄本《西学治平》《民治西学》等。《修身西学》和《齐家西学》涉及西洋伦理学,《西学治平》和《民治西学》涉及西洋政治学。① 比高一志稍后来华的意大利耶稣会士艾儒略(Julius Aleni)所编《职方外纪》等三十余种汉文西书,其中有一本题为《西学凡》。耶稣会士在明清之际曾与中国学者酝酿过一个庞大的译书计划。利玛窦传教主张的忠实执行者金尼阁(Nicolas Trigault, 1577—1629)1613 年奉命回到欧洲,漫游了意、法、德、比、西、葡等国,每到一地都募集新书和仪器。在教皇的支持下,他收集了有关宗教、哲学和科学的西书共七千部,1619 年 7 月 15 日运抵澳门。此后他与艾儒略、杨廷筠、李之藻等商议全面的译述计划。1623 年艾儒略以答述的形式,分文科、理科、医科、法科、教科、道科六部分,对七千部西书作了提纲挈领的介绍,编成《西学凡》,声称要"与同志翻以华言,试假十数年之功,当可次第译出"。杨廷筠更是兴奋地在该书序中写道:"所称六科经籍,约略七千余部,业已航海而来,具在可译,此岂蔡愔、玄奘诸人近采印度诸国寂寂数简所可当之者乎。"他也要求能"假我十年,集同志数十手,众共成之"。该书 1623 年在杭州刊刻,是一本介绍了西方的教育学、大学的学校体制和"建学育才"的方法和学术的"概说"。② 从该书中我们可以大致了解欧洲大学所授各学科课程的大致情况,其实也可以认为就是当时所涵盖的西方世界的知识范围:一为文科,二为理科,三为医科,四为法科,五为教科,六为道科。这六科现在分别译为修辞学、哲学、医学、法学、修士学、神学,大致反映了 16 世纪前"西学"的主要内容。

作为"西学"核心的欧洲文化,大致有三个重要的来源:一是古希腊罗马以科学、哲学和文学艺术为特色的古典文化;二是追求公正、要求道德完善、构成西方宗教独特性重要来源的希伯来文化;三是继承古希腊罗马精神并将之发挥为近代科学和工商业文化的近代欧洲文化。明末清初的"西学",可以界定为由外来传教士和中国合作者编译的经过天主教改造过的希

① 徐宗泽:《明清间耶稣会士译著提要》,上海书店出版社 2006 年,第 164—171 页。
② [意]艾儒略:《西学凡》,吴相湘主编:《中国史学丛书》,《天学初函》卷 1,台湾学生书局 1969 年,第 27—59 页。

腊罗马时代的古典文化、中世纪的文化，以及文艺复兴和宗教改革这两次意义重大的思想文化解放运动以后出现的部分学问。"西学"在当时也表述为"泰西之学"①"西来天学""西贤之学"②"西来之学"③"西方之学"④"西庠之学"⑤"远西学"⑥"西洋人之学"⑦"西洋之学"⑧"泰西人之学"⑨"西人之学"⑩等，也用其他术语来表述，如"天学"⑪等，事实上是将西学分为天主教教义和科学技术两部分。此外，也有人将利玛窦之学称为"西泰之学"，指

① 王重民辑校：《徐光启集》上册，上海古籍出版社 1984 年，第 66、80 页。
② 杨廷筠：《代疑续篇》卷下，第十五节《蹠实》，晋江景教堂 1635 年刊本，转引自郑安德编辑：《明末清初耶稣会思想文献汇编(修订重印)》第 3 卷，北京大学宗教研究所 2003 年，第 239—240 页。
③ 杨廷筠：《刻西学凡序》，黄兴涛、王国荣编：《明清之际西学文本：50 种重要文献汇编》第一册，中华书局 2013 年，第 232 页。
④ 许胥臣：《西学凡引》，黄兴涛、王国荣编：《明清之际西学文本：50 种重要文献汇编》第一册，第 232 页。
⑤ 周炳谟：《重刻畸人十篇引》，朱维铮主编：《利玛窦中文著译集》，复旦大学出版社 2001 年，第 503 页。
⑥ 方以智《物理小识·自序》说："万历年间，远西学入，详于质测而拙于言通几。"参见方以智：《物理小识》，商务印书馆 1937 年，"万有文库"第二集。"质测"大致指形而下之实学，"通几"接近形而上之理学。
⑦ 王宏撰《山志》卷一"西洋"条称："大抵西洋人之学专奉耶稣，于二氏外别立宗旨，其与吾儒悖均也，然天文奇器则独长。"参见《四库全书存目丛书》"子部"第 115 册。
⑧ 郑以伟：《泰西水法序》，《泰西水法》，嘉庆庚申年扫叶山房版；又见杨光先：《孽镜》，杨光先等撰、陈占山校注：《不得已》，黄山书社 2000 年，第 57 页。
⑨ 如朝鲜学者洪大容在使用"泰西人之学"这一用语的同时，也使用"西学"这一用语。他对"西学"兴起的原因做如下界定："康熙末，来者益众，主仍采其术，为《数精[理]精蕴》书，以授钦天监，为历象源奥。建四堂于城中，以处其人，号曰：'天主'、'天象台'，是西学始盛。"《湛轩日记》卷 1，"刘鲍问答"，引文标点笔者略有改动；参见[韩]李元淳著，王玉洁、朴英姬、洪军译，邹振环校订：《朝鲜西学史研究》，第 5 页。
⑩ "若望以四十二事表西法之异，证中术之疏，由是习于西说者，咸谓'西人之学'，非中土之所能及。"阮元：《畴人传》卷第四十五《汤若望》，参见阮元等撰，彭卫国、王原华点校：《畴人传汇编》，广陵书社 2009 年，第 530 页。
⑪ 李之藻 1629 年编有中国第一套西学丛书《天学初函》，将"天学"分成"理编"和"器编"，收入了利玛窦、徐光启、庞迪我、熊三拔、艾儒略、阳玛诺等编译的十九种汉文西书(另有《唐景教碑》一种)：理编：《西学凡(附〈唐景教碑〉)》《畸人十篇》《交友论》《二十五言》《天学实义》《辩学遗牍》《七克》《灵言蠡勺》《职方外纪》；器编：《泰西水法》《浑盖通宪图说》《几何原本》《表度说》《天问略》《简平仪说》《同文算指》《圜容较义》《测量法义》《勾股义》。事实上即包括了明末传入中国的大部分西学内容。朝鲜安鼎福有《天学考》《天学问》；李献庆有《天学问答》等，所对应的内容大致与李之藻《天学初函》所涵盖的内容相似。

"西泰子"利玛窦个人之学问的意思。① 也有保守派的学者称之为"异学"。② 晚明中国学者讨论西学最多的是协助艾儒略完成《西学凡》的杨廷筠，他在《代疑篇》《代疑续篇》中先后 36 次提及"西学"，称"西学深渺"，"故西学向天主三德，信为之首"，"西学不事百神，非不敬神，正是敬神之至……西学事天主，即百神在其中"。③ "西学向天主三德，信为之首"，"太虚，与西学灵性不灭之说，未同矣"。"西学谓君子处逆，反为福兆。""西学束人以十诫，不令抵罪，有罪惟有亟悔亟解，永不再犯之一法，不然祸终不免。""惟西学一脉，其来方新，其说方肇，在人鲜所睹记。""西学如何，惟以实理为衡，自心为准。"并强调"所知西学件件踏实耳。不但敬主爱人，道理正大，上合古训，下称自心。即宇宙所有物理，最为烦赜，当年不能穷累世不能竟者，叩之如响斯应。又如天体无穷，层隔重重，各有图像以析之，几何以明之，玑衡以测之，丝毫不爽。"④ 在其他文章中对西学亦有阐发，如《天释明辨》中称："西学言天，实有所见。"⑤ 在《鹘鸾不并鸣说》中称："西学偏于通都大邑，卜宅无人不可见。"⑥

上述"西学"在各种文献中尽管使用的意义有别，但有一点是明确的，即在晚明天朝中心的框架内，作为欧洲之"西方"已经合法化了，明末清初中国学人使用的"西学"一词，也成了耶稣会士们把西方学术著作译成汉文时普遍使用的学术词汇。当时与后世的中国学者或其他东亚学者，无论是支持和同情者，还是怀疑和反对者，都在汉文文献的撰写中直接沿袭了这一用语，将以欧洲为中心的西方之学问称为"西学"。今天我们也用该词来泛指晚明至晚清通过西方传教士译介给中国的西方学术、西方知识或西方的知识体系。明清时期流传的"西学"是处于不断变动中的概念，这种变化不仅仅因为西学在其发源地不断在改变，也由于国人对于这一变化轨迹存在着不同的认知，经历着不断的再诠释。早在明末，徐光启就把利玛窦所传之学分为三类："大者修身事天，小者格物穷理，物理之一端，别为象数。"⑦ 按照

① ［朝鲜］慎后聃：《河滨集》卷二，"内篇"纪闻编·星湖纪闻。
② 四库全书研究所整理：《钦定四库全书总目》（整理本）上，中华书局 1997 年，第 1673 页。
③ 杨廷筠：《代疑篇》，转引自郑安德编辑《明末清初耶稣会思想文献汇编（修订重印）》第三卷，第 156、165、173 页。
④ 郑安德编辑：《明末清初耶稣会思想文献汇编（修订重印）》第三卷，第 216、219、223、232 页。
⑤ 郑安德编辑：《明末清初耶稣会思想文献汇编（修订重印）》第三卷，第 115 页。
⑥ 郑安德编辑：《明末清初耶稣会思想文献汇编（修订重印）》第三卷，第 150 页。
⑦ 徐光启：《刻几何原本序》，朱维铮主编：《利玛窦中文著译集》，第 304 页。

我们今天的学科分类,"大者"显然是指神学、哲学,"小者"指物理学、机械学等,"象数"之学指数学。徐光启这一分类法多为后来的研究者所遵从,如徐宗泽在讨论耶稣会士著述的分类时指出:"西士遗留于吾人之书籍,大纲可分为宗教及科学两类,其细目亦可分析言之:宗教书中有论道理及讲修成之书,有辩护、辟迷、释难、解惑之书,有圣人行实及圣教经文等书;科学书中有天算、地舆、水学、哲理、小学、形下学等等。"①

"西学"在晚清成为一个比较流行的词汇。1880 年美国传教士丁韪良写出了《西学考略》一书,以后"西学"这一词汇成了学界流行的用语,影响较大的有 1885 年艾约瑟的《西学略述》、1888 年发行量极大的卢梯青和王西清同辑的《西学大成》,其他还有《西学启蒙》《西学三通》《西学军政全书》《西学自强丛书》《西学时务总纂大成》等。此时的"西学"概念有一种拓展到将受西方影响的中国人的著述也收录其中的趋势,如 1897 年张荫桓编辑的《西学富强丛书》就包括了 19 世纪江南一些畴人学子所编纂的数学著述。1894 年改良派思想家郑观应在《盛世危言·西学》中把西学分成天学、地学和人学三部分:天学以天为纲,包括"一切算法、历法、电学、光学诸艺";地学以地舆为纲,包括"一切测量、经纬、种植、车舟、兵阵诸艺";人学以方言文字为纲,包括"一切政教、刑法、食货、制造、商贾、工技诸艺",实际上包括了自然科学和社会科学的主要内容。②

1896 年出版的梁启超《西学书目表》对"西学"则作了广义和狭义的区分,广义的"西学"包括了西学、西政和杂类三部分,狭义的"西学"即西方的自然科学,包括了算学、重学、电学、化学、声学、光学、汽学、天学、地学、全体学、动植物学、医学、图学;西政属于现代意义上的社会科学,包括史学、官制、学制、法律、农政、矿政、工政、商政、兵政、船政等;杂类包括了游记、报章、格致、西人议论之书和杂著等。在《中国近三百年学术史》一书中,他再度讨论明末清初的"西学"概念,认为:"'西学'名目,实自耶稣教会入来所创始。其时所谓'西学'者,除测算天文,测绘地图外,最重要者便是制造大炮。阳玛诺、毕方济等之见重于明末,南怀仁、徐日昇等之见重于清初,大半为此。"③

---

① 徐宗泽:《明清间耶稣会士译著提要》,第1—2页。
② 郑观应:《盛世危言》,邹振环整理:《危言三种》,上海古籍出版社2013年,第25—29页。
③ 朱维铮校注:《梁启超论清学史二种》,第120页。

上述有关明清"西学"概念的梳理,无非是说明"西学"概念,无论是在其发源地西方,还是在汉文化语境之中,不仅不同时代言人人殊,即使同一人在相同的时期,关于"西学"的定义,亦从未有过固定不变的统一看法。

"西学东渐"一词,最早是 1915 年恽铁樵和徐凤石两位用来翻译容闳的英文回忆录 *My Life in China and America* 的,这本书以《西学东渐记》作为书名同年 12 月由商务印书馆出版。书名虽不忠实于原文,但由于该书用文言翻译,被认为信而且达,无愧于容闳的原著,因此流传甚广,盛名难掩,深入人心。① 20 世纪 20 年代表述"西学东渐"一词,最接近的是张荫麟的"西学输入"②,30 年代则用"欧化东渐"③"欧风东渐"④"西力东渐"⑤,等等。"西学东渐"一词直至 20 世纪 40 年代,才由江道源将之再次用于书名。⑥ 究竟是谁最早从西学输入中国之意义上使用"西学东渐"这一整词,何时将该词用之于书名,似乎仍有进一步考证的余地。

学界所述"西学东渐",多指明末清初至清末民初这一时段中西方学术思想在中国传播的历程。明末清初的"西学东渐"以西方耶稣会士利玛窦、艾儒略、汤若望、南怀仁等为主角,以汉文西书为媒介揭开了中欧两大文化系统的第一次大规模直接交流之序幕;清末民初则渐以国人为主力,代表人物有王韬、李善兰、徐寿、华蘅芳、严复、林琴南等,这是一批具有儒家文化深厚修养的学人,参与西学译著留下了种种业绩。近代以来学科知识转型背景下塑造的"西学东渐"之图景,既可以从宏观角度加以讨论,亦可以在分科的视野下来分析。本书所讨论的西学,主要还是从地理分科的角度切入,即"西方地学",虽并非如郑观应所述,包括"一切测量、经纬、种植、车舟、兵阵诸艺",而主要还是讨论国人如何在西学东渐视域下回应西方地理学文献。这一复杂的演变过程,既具备了西方地理学知识输入中国之"新",亦具备传统中国地理学在全球化语境下之"变"。

① 容闳:《西学东渐记》,岳麓书社 1985 年,第 11 页。
② 张荫麟:《明清之际西学输入中国考略》,《清华学报》1924 年第 1 卷第 1 期,第 38—69 页。
③ 张星烺:《欧化东渐史》,商务印书馆 1933 年;参见"书介",商务印书馆《出版周刊》1934 年 8 月 18 日新第 90 号;郭斌佳:《欧化东渐史》,《文哲季刊》1934 年第 3 卷第 3 号。
④ 蒋廷黻编著:《欧风东渐史》,普益书社 1937 年。
⑤ 冯承钧:《西力东渐史》,新民印书馆 1945 年。
⑥ 江道源:《十六七世纪西学东渐考略》,保禄印书馆 1942 年。

第三节 "世界"与"想象"

"世界"一词源自佛经，《楞严经》说："世为迁流，界为方位。汝今当知，东、西、南、北、东南、西南、东北、西北、上、下为界，过去、未来、现在为世。"可见"世"指时间，"界"指空间。世界本来就是包括时间、空间的，相当于汉语中的"宇宙"。在佛经里，"世"和"界"的分别很严格。"三世"指过去、未来和现在；"三界"指欲界、色界和无色界。后来"世"的意义渐渐被"界"所吞并，《智度论》和《俱舍论》中的"大千世界"仅指空间而言。① 古代与今天"世界"相对应的词是"天下"，据统计，《史记》《汉书》和《后汉书》三种史书中，"天下"一词出现了 3375 次，其中用于专指中国的有 2801 次，将中国以外的族群纳入"天下"一词的，仅 64 例，不及总数的 2%，后世情形大致类似。② 换言之，中国古人想象的"世界"，是一个可称为"天下""神州""九州"或"大九州"的大地。传统中国是将世界——"天圆地方"之"天下"几乎等同于中国，而无论从地理上，还是从文化上，中国都位居"四海之内"的中心，周边围绕着"四海"的夷狄。《尔雅·释地》说："九夷、八狄、七戎、六蛮，谓之四海。"③《荀子》卷五"王制篇"更是将域外世界想象成应该给中国上贡的"外藩四海"："北海则有走马吠犬焉，然而中国得而畜使之；南海则有羽翮齿革曾青丹干焉，然而中国得而财之；东海则有紫紶鱼盐焉，然而中国得而衣食之；西海则有皮革文旄焉，然而中国得而用之。"④古人多以为中国的大地周边环海，所谓四海中的东南西北，一般"北海"指北方的贝加尔湖、巴尔喀什湖和黑海，或以为是鞑靼海、鄂霍次克海至北冰洋；"南海"指今天的黄海与南海；"东海"指今天的东海与渤海；"西海"比较复杂，或指西部沙漠的瀚海，或指青海湖、博斯腾湖、咸海、里海乃至于红海、阿拉伯海和地中海。⑤ 以"四海"来对应域外世界，是与华夷说和天朝中心主义的观念紧密相关的。

1822 年，英国新教传教士马礼逊的《华英字典》在"world"一条下直接

① 王力：《汉语史稿》，《王力文集》第九卷，山东教育出版社 1988 年，第 674—675 页。
② 梁治平：《"天下"的观念：从古代到现代》，《清华法学》2016 年第 5 期。
③ 《尔雅·释地》，阮元校刻：《十三经注疏》，中华书局 1980 年，第 2616 页。
④ 王先谦：《荀子集解》，《诸子集成》第二册，上海书店 1986 年影印本，第 102—103 页。
⑤ 舟欲行：《海的文明》，海洋出版社 1991 年，第 53—54 页。

对应的汉语有"地球""普天下""通天下""天下",但系于该词的进一步解释的部分也已出现了"世界"一词。① 用"世界"直接译述"world"一词,最早的例证可能是 19 世纪初日本人平山谦二郎在给罗森的信中所称"全世界中各国布棋","方今世界形势一变"等。② 这里意指"地球上所有的地方"。1855 年 7 月号《遐迩贯珍》中刊出的《续地理撮要论》一文,在叙述"以大利热那人哥林"(今译哥伦布)发现新大陆的事迹时,也用了"新世界"和"旧世界"的概念。③ 1879 年王韬的《扶桑游记》和 1890 年黄遵宪的《日本国志》都使用过这个已被赋予了新意的译词。早期传教士的译著采用"全地""四海""红尘""万国""普天下""通天下"等词来译"world",以后"世界"渐渐取代"万国"等其他译名,成为人们普遍使用的新词。如上海有 1901 年的《教育世界》,1902 年的《新世界学报》和《翻译世界》,1903 年的《童子世界》和《科学世界》,1904 年的《女子世界》,1906 年的《新世界小说社报》,以及李石曾 1906 年在巴黎创办的"世界社"。日本学者编纂的以"世界"为题的地理学译著就更多了,如作新译书局译纂《(新编)世界地理》(上海作新社1902 年),中村五六编纂、顿野广太郎修补《世界地理志》(金粟斋 1902 年),矢津昌永著《改正世界地理学》(吴启孙编译,上海文明书局 1903 年),富山房编纂《世界地理问答》(会文学社范迪吉等译 1903 年《普通百科全书》本),樱井基峰等著《世界探险》(人演社译,上海文明书局 1903 年),秋鹿见二著《世界诸国名义考》(沈诵清译,上海广智书局 1904 年),甲斐山留吉著《最新世界商业地理教本》(顾雪梅编译,上海作新社印刷局 1906 年),池边义象著《(和文汉译解释)世界读本》(日语讲习会译释,贵州启智学社 1907年),矢津昌永等著《世界物产地志》(童世亨、俞镇合译,上海昌明公司 1907年)。另外还有美国谦本图原著、孙毓修译述《(谦本图旅行记)地理读本》(商务印书馆 1908 年)、孙毓修编译《世界读本》(商务印书馆 1909 年)等。梁启超的多篇文章也都以世界为题,如《世界最小之民主国》(1900 年)、《世界外之世界》(1900 年)、《论学术之势力左右世界》(1902 年)、《世界将来大势论》(1904 年)、《世界上广东之位置》(1905 年)、《世界大势与中国前途》(1907 年)等。金观涛、刘青峰据"中国近现代思想史专业数据库(1830—

---

① ［英］马礼逊:《华英字典》第 6 卷,大象出版社 2008 年,第 475 页。
② 罗森:《日本日记》,《遐迩贯珍》1854 年 11 月号。
③ ［日］松浦章、内田庆市、沈国威编著:《遐迩贯珍:附解题·索引》,上海辞书出版社 2005年,第 508 页。

1930)"中的"世界"词条检索的结果，指出 1895 年之后，"世界"一词出现的频率明显增加，至 1903 年已经超过"天下"的使用次数了。① 可见"世界"这一概念在清末中国已得到了普遍的使用。

"想象"可以是一种虚构的幻想或空想，可以是传说和神话的培育和建构；但基于地理文献所产生的想象并不是毫无根据的幻想，而是对地理文献加工消化基础上在时间中的沉淀，是一个社会或文明体系介于现实和虚构之间、带有某种激情的思维景观，是指人们在大脑中凭借历史记忆所提供的材料而进行加工，由此产生新形象的心理过程。早在 20 世纪初，王国维借鉴了日人的研究，指出"想象"是"连结既有之观念，变形而作新观念者"。"想象有构造新观念之自由力，而其材料则取之于经验。故非绝对的自由，而又有所依傍者也。"②个体的想象，是对过去经验中已形成的一些暂时联系，进行新的认同和综合，由此想象方能突破时空的束缚，达到"思接千载""神通万里"之境域。历史记忆提供了斑斓炫目的信息、思想和观念，前所未闻的异域风土人情和体制伦常，令人惊奇的奇器妙机，总可以带给人们广袤的"想象空间"。想象作为一种心理活动，其主体是个体的，但个体想象却具有集体和社会的维度。集体想象或社会想象是在一个由个体想象构成的聚合体之中存续着，并且从个体想象的基础中汲取力量，只有作为群体成员的个体才能进行文化想象。

讨论"世界想象"（world imagination）很难离开"地理想象"（geographical imagination）。"世界"首先是一种"地理空间"。"地理想象"是指人们以某种空间结构概念来区分我们生活的世界，从而可以确认某个地方之所在；或因为政治、文化和社会的需求，会进一步形成关于地理和空间的新概念。1934 年顾颉刚在北京大学史学系开设"中国古代地理沿革史"的课程，提出"搜集中国古代之地理材料，分析其属于想象的或实际的，就其发生时代，作为系统的说明"③。即希望将中国古代的地理文献作为学生"想象"的基础。明清西方传教士的汉文地图文献所带来的域外地理知识的碎片，纷然杂陈；

① 金观涛、刘青峰：《观念史研究：中国现代重要政治术语的形成》，法律出版社 2009 年，第 245 页。

② 王国维述：《心理学》，转引自邬国义编校：《王国维早期讲义三种》，中华书局 2018 年，第 31—34 页。王国维述《心理学》讲义来源于日本学者大濑甚太郎、立柄教俊合著的《心理学教科书》（东京金港堂书籍株式会社 1902 年）。

③ "北京大学史学系课程（1934）"，王应宪编校：《现代大学史学系概览（1912—1949）》，上海古籍出版社 2018 年，第 82—89 页。

各色各样的汉文地理文献同时大量涌现;千奇百怪的大千世界和不可思议的动植物知识,迎面扑来,既成为中国读者的知识对象,也成为他们想象和认识域外世界的依据。地理文献的阅读被转化为关于世界"他者"和中国"自我"的想象,同样,本土传统的知识资源和原本的想象空间,也充当了理解和诠释西学的"思想资源"。东西方读者多是根据地理文献中的知识碎片组合成有关"世界"的文化想象,欧人最初关于东方的奇妙想象来自马可·波罗的《东方见闻录》,而积淀在明清各种汉文地理文献中有关"世界"的知识信息,也帮助中国知识人建构起有关绝域世界的奇异"想象"。

"想象"身处历史的时空之中,也构成了历史世界的一部分。讨论"地理"很难脱离"历史","世界"是一个时空概念。在中国古代文献部类的划分中,地理文献属于史部的一个分支。清末学制改革,引入西方的学术分科观念,地理仍然从属于"史学门"。在20世纪初中国最初建立的高等院校之"史学门"课程,都有相当分量的地理课程,如1917—1918年的北京大学史学门,分科课程就有"中国地理沿革""西洋地理沿革""中亚细亚地理及历史"等。[①] 1934年北京大学史学系的课程中,除了"明清之际西学东渐史""近代中欧文化接触研究",还有"地图学"、王庸开设的"中国地理"、王谟开设的"外国地理"、顾颉刚开设的"中国古代地理沿革史"等。[②] 民国时期的高等教育界,"史地"或为一系,如北京高等师范学校"史地部"设有"地理学通论""中国地志""外国地志"等课程。[③]

或有学者认为,西方史学传统从一开始就有"世界"的地位,因为在"西方",从来就强国罗列,写历史都不可能避开"外国",从希罗多德开始,西方的历史差不多都是"世界史"。而中国古代史学中没有"外国史"这个概念,在古代中国不存在"世界观",而仅有"天下观"。因为古代的东亚从来都是一国独大,对中国来说,"外国"并不重要,因此中国传统史学大多只写"中国史"。鸦片战争之后中国人开始意识到"世界"的存在,由此才渐渐有了

---

① "北京大学史学门课程(1917—1918)",王应宪编校:《现代大学史学系概览(1912—1949)》,第1页。

② "北京大学史学系课程(1934)",王应宪编校:《现代大学史学系概览(1912—1949)》,第82—89页。

③ "北京高等师范学校史地部教授实施状况(1918)",王应宪编校:《现代大学史学系概览(1912—1949)》,第118—125页。

"世界史"。但即使在现代相当长的时期里，在中国学术语境下的"世界史"，其实是指"外国史"。①这个说法未必完全准确，中国古代确实没有后来我们所说的"世界观"，很长时期里都秉承"天朝中心主义"的观念，但是中国古代史学未必就没有"外国史"这个概念，如《史记》中就列出了五个外夷传，所以朱维铮将《史记》视为那一个时代的世界史。②清初修《明史》尽管将利玛窦引入的"五大洲"一说视为"荒渺莫考"，但《明史》中却增加了十三个外夷传，其中九个《外国传》，四个《西域传》，记载这些属于周边西域的"夷"和外国的"夷"，可见渐渐有了"外国"的概念，也有关于"绝域"的"意大里亚"的记述，反映了西汉至清初一千多年来中国域外知识的部分进展。

所谓"在中国学术语境下，'世界史'仅仅是指'外国史'"的认识，明确为一种教学体制，实在是比较晚才形成的观念。20世纪60年代，周一良、吴于廑主编的四卷本《世界通史》（人民出版社1972年版）仍是把"中国史"写入"世界通史"之中的。该书主要受苏联学者世界通史教材体系的影响，或许编纂者也已关注到20世纪60年代西方史学界兴起的用横向视野来观察整个世界历史发展的"全球史"的写法，即注重地区、文明、国家之间的互动和联系，尝试揭示遥远空间范围内各种事件之间的相互影响。"中国史"和"世界史"在大陆很多高校的历史学系形成独立的教研室，教师们分别就"中国史"和其实只能算是外国史的"世界史"进行教学和研究，这一套体系不鼓励研究者关注同一时代横向的中国与外国的变化，以至于不少学者竟然以为鸦片战争之后中国人方才开始意识到"世界"的存在，由此渐渐有了"世界史"的说法，表明学界至今对明清汉文地理文献缺少明晰的认识。

第四节 "文献"与"汉文地理文献"

中国是一个有着悠久文献传统的国度。与古埃及、古印度、古巴比伦、古希腊罗马、古代美洲的文明相比，中华文明或许不能算年代最久远的文明，但是就文献记载的不间断性和丰富性而言，中华文明堪称首屈一指。早在两千多年前的汉文文献中，"文献"二字已经连成了整词。《论语·八佾》

---

① 钱乘旦：《"世界史"的理论、方法和内容》，《光明日报》2015年1月10日。
② 朱维铮：《司马迁》，裴汝诚、朱维铮等：《十大史学家》，上海古籍出版社1989年。

篇记载了孔子的话:"夏礼,吾能言之,杞不足征也;殷礼,吾能言之,宋不足征也。文献不足故也,足则吾能征之矣。"①杞、宋,是指杞、宋两国的国君;②征,证明、验证。《礼记·礼运》中也有类似的话:"孔子曰:我欲观夏道,是故之杞,而不足征也,吾得《夏时》焉;我欲观殷道,是故之宋,而不足征也,吾得《坤乾》焉。《坤乾》之义,《夏时》之等,吾以是观之。"③这段话,可以视为《论语·八佾》那段话的解释,不过《论语·八佾》提出"文献"不足的遗憾,变成获得了《夏时》与《坤乾》两书。据汉代郑玄的解释,《夏时》是《大戴礼》中的《夏小正》,《坤乾》是殷《易》《归藏》,都是夏殷的重要史料。

　　孔子所讲的文献之"文"指典籍;"献"在何晏《论语集解》引郑玄注称:"献,犹贤也,我不以礼成之者,以此二国之君文章、贤才不足故也。"④此处将"献"释为贤才。后来朱熹在《四书章句集注》中也继承此说,认为"文,典籍也;献,贤也"⑤。清代刘宝楠释为"文谓典策,献谓秉礼之贤士大夫"⑥。于是,以往学者所强调的"征文考献",一方面是说要取自书本记载,另一方面是探询于耆旧言论。言论的内容,自然应当包括世代相承的许多传说和文人学士的一些评议在内。因为在文字尚未发明之前,一切生活活动的事迹和经验,都靠口耳相传的材料,在古代便是史料,即文献的一部分。《尚书》中的《典》叙述事实,《谟》《训》《诰》《誓》《命》则记载言论。司马迁的《史记》在记叙之外,就收录了不少文辞和言论;班固《汉书》中,凡有关学术、政治的重要论文,都一一备载传记中,可见古史中以"文"和"献"为主的记载起源很早。但是,将"文献"二字作为著述的标题,是由马端临开其端,他在《文献通考》的总序中对"文献"具体作出了释义:

　　　凡叙事,则本之经史,而参之以历代会要,以及百家传记之书,信而有证者从之,乖异传疑者不录,所谓文也。凡论事,则先取当时臣僚之奏疏,次及近代诸儒之评论,以至名流之燕谈,稗官之纪录,凡一话一言,可以订典故之得失,证史传之是非者,则采而录之,所谓献也。

① 刘宝楠:《论语正义》(一),《诸子集成》第一册,上海书店1986年,第49页。
② 杞是古国名,公元前11世纪周分封的诸侯国。姒姓,相传开国君主是夏禹后裔东楼公,初在雍丘,今河南杞县,后迁往山东昌乐,公元前445年为楚所灭。宋是殷的后裔。
③ 阮元校刻:《十三经注疏》,中华书局1979年影印本,第1415页。
④ 阮元校刻:《十三经注疏》,第2466页。
⑤ 朱熹:《四书章句集注》"论语集注"卷二,"新编诸子集成",中华书局1983年,第63页。
⑥ 刘宝楠:《论语正义》(一),《诸子集成》第一册,上海书店1986年,第49页。

　　概言之,这里的"文献"是指文字资料和口头资料。他对郑玄的解释有
了发展,"献"包括了述者及其口述,其中所撰写的"奏疏"和所记载的"议
论",应该落实到文本上,事实上和"文"已经没有区分了。由于他是宋末宰
相马廷鸾的儿子,因此在采集"献"的史料方面比别人有更多的便利,他不仅
记录了时人的议论,连他父亲的话也都予以采录。马端临在《文献通考》中
按照文献类别划分出 24 门,从田赋、钱币、户口、选举、学校、职官,一直到宗
庙、王礼、乐、兵、刑、经籍、舆地、四裔等,真可谓无所不包,其中"经籍"占
《文献通考》的四分之一。

　　文献在今天是一个出现频率很高的词,关于"文献"的定义也存在不同
的认识。《辞海》(1979 年)释为"具有历史价值的图书文物资料"。中国国
家标准的《文献著录总则》称文献是"记录有知识的一切载体"。也有人称
文献是指"人们为了存贮和传递的目的而记录的社会情报的一切物质载
体"①。上述的定义似乎过于宽泛,很容易把古生物学研究范围内的古人类
的头盖骨或牙齿,古器物学研究的陶器、铜器和漆器都包括在内。也有的学
者特别强调"文献必须具有文字,不载有文字的文物是不属于文献的范
围"②,但这种定义排斥了用其他感知的方式形成的文献,如地图、照片、图
像、录像和录音带等。笔者认为,文献是指任何具有一定历史或科学价值的
含有知识信息(包括文字、图画、声频、视频等),并用刻、写、照相、录像等技
术手段记录下来的物质载体。当然,在本书时空范围内所讨论的文献,仅仅
是指具有一定历史或科学价值的含有知识信息的纸质文献,而文化之间的
交流和沟通多依据文献而展开。近年来历史学中有一个重要的研究转向,
即空间转向(the spatial turn),地理文献在历史学和考古学的研究中也变得
越来越重要,要了解不同地区的人们是如何想象世界的,我们必然要利用那
一个时代所拥有的各种地理文献。

　　"地理"一词在古代有两层意思,一是指以郡国为中心及其下属县、道、
侯国的地域概况,诸如郡县的民户、人口,废置并分更名的历史,各项特产,
都尉、铁官、盐官、工官等治所,山川湖泽,关塞要隘,名胜古迹,道路交通,等
等。班固的《汉书·地理志》分上、下两卷,实际上是一部以记述疆域政区的
建制为主所开创的一种地理学著作的新体例,即疆域地理志。"地理"的另

---

①　彭斐章等编著:《目录学》,武汉大学出版社 1986 年,第 2 页。

②　王余光:《中国文献史》第一卷,武汉大学出版社 1993 年,第 5 页。

一层意思是《汉书·艺文志》所录的属于"刑法"的地理术数类文献,其中除了作为后世地理书传世的《山海经》,多属于类似"风水学"别称的文献,如"以相邦国都邑之地为主要对象"的《国朝》、"以相宫殿室舍之地及形为主要对象"的《宫宅地形》等。古人相信"天人合一",认为天之道作用于大地表面,形成一种特殊的指导行为的系统理论,这类书后来还有《大唐地理经》《五音地理经》《地理八卦图》《地理解经秘诀》《地理口诀》《地理脉要》《地理新书》《地理指南》等风水书。[①] 现代地理学作为探索人类所居住的地球环境的学科,其核心是人地关系的研究,所谓揭开自然之门,昭示人文精华。一代代地理学家所创造的地理文献为我们不断深入地理解这个在时空中不断变化着的世界提供了丰富的资源。明清关于域外汉文地理文献较为系统的讨论,至少可上溯到姚莹的《康輶纪行》,该书中有一段关于"汉文外夷地理文献"的解说:"自来言地理者,皆详中国而略外夷,《史记》、前后《汉书》,凡诸正史外夷列传多置不观,况外夷书乎? 然今存者,宋释法显《佛国记》乃异域传书之始,自是而唐释玄奘、辨机有《大唐西域记》十二卷,宋徐兢有《宣和奉使高丽图经》四十卷,赵汝适有《诸番志》二卷",其他还列举有周达观的《真腊风土记》、汪大渊的《岛夷志略》、张燮的《东西洋考》、艾儒略的《职方外纪》、南怀仁的《坤舆图说》、图里琛的《异域录》、《皇清职贡图》,陈伦炯的《海国闻见录》等,并特别强调:"及魏默深《海国图志》六十卷出,而海夷之说乃得其全焉。"[②]而稍晚的何启、胡礼垣在《康说书后》中也从西学地理学文献东渐的角度指出:

> 明季艾儒略、国朝南怀仁之二子者,历数万里来自西洋,所撰《职方外纪》《坤舆图说》,皆绝域土风,为自古舆图所不载,分天下为五大洲,而冠以万国全图,附以四海总说,虽远不及今日之详要,其所言无非从实。彼时中国得此,庶几可以达委穷源矣。乃纪晓岚校订四库,直比诸东方朔所撰之《十洲记》,郭景纯所注之《山海经》。无惑乎,地图之学由此而尽疏也。地形如圆球,其说始于西人第谷,明万历时利玛窦航海至广东,是为西法入中国之始,著《乾坤体义》三卷,而地圆之说已明。

---

①　潘晟:《知识、礼俗与政治——宋代地理术的知识社会史探》,江苏人民出版社 2018 年,第 25—27、342—355 页。

②　姚莹著,欧阳跃峰整理:《康輶纪行》,中华书局 2014 年,第 250—251 页。

继之者为汤若望，于国朝康熙时著《新法算书》，复阐其理。其后蒋友仁于乾隆时入中国，著《地球图说》，则其言更为条畅详明矣。①

地图是最重要的地理文献，地图本质上是集绘画、符号、感知和想象于一体的信息载体，也是一种主观叙述。地图绘制者会对所据数据进行选择和淘汰，在地图作者的描述中，携带了作者的感觉和观念，因此，地图同样是地理想象和文化想象的产物，在这种想象中隐藏着丰富的知识与观念，从某种意义上可以说，地图文献也是一种博物学文献。包慧怡指出，中世纪地图在拉丁文里的名字叫"世界之布"（mappa mundi），由于早期欧洲地图非常像是一块由图像、色彩、事件、动植物等织就的一块百衲布。今天的"map"这个词就是从"mappa"（这块布）过来的。中世纪欧洲拉丁文和法语里关于地图没有一个精确的称呼，当时对地图的常用称呼包括"pictora"（图画）、"tabula"（图表）、"histoire"或"estoire"（古法语：故事）、"descpiptio"（描述）。地图是一种图文结合的叙事，既有地理知识，又有历史知识；既是一种宇宙蓝图，又承载着制图师个人的心灵世界。② 世界地图是人们想象世界的一种方式，对世界的想象是一种认识世界的方法。葛兆光透过古代中国所绘世界地图去分析古代中国的世界观，就是一个显例。③ 明清时期，无论是西方传教士，还是中国学人，将接受的世界地理认知绘制成汉文世界地图，深刻地影响了中国读者对世界的想象和理解。

汉文世界地图大致分为两种：一是由西方人为主撰者用汉字绘制的世界地图，如《坤舆万国全图》《坤舆全图》等；二是由中国人绘制的世界地图，如本书述及的《万国大地全图》《大地全球一览之图》和《地球五大洲全图》。两者都是汉文地理文献的重要构成，后者作为中国舆图文献，没有争议；而前者能否作为中国舆图文献呢？似乎存在着疑问。无论是前者，还是后者，两者都携带着丰富的历史和文化的信息，作为一种图文并茂的书写载体，是中外学者想象世界的一种符号记录。笔者曾将此类由外国人为主撰者绘制的汉文文献称为"华外汉籍"，自以为较之目前广为流行的"域外汉籍"更有

① 郑大华点校：《新政真诠——何启、胡礼垣集》，辽宁人民出版社 1994 年，第 249—250 页。
② 包慧怡：《我们不禁要问：这些怪物在科学的地图周围在做什么呢？》，参见"一席"https://www.yixi.tv/#/speech/detail? id = 727。
③ 葛兆光：《中国思想史——七世纪至十九世纪中国的知识、思想与信仰》第二卷第三编，复旦大学出版社 2000 年。

普适性。① 明清时期的汉文地图文献不仅记录着中西制图者眼中的世界，呈现出中外不同学人通过地图文本对异域知识和思想的塑造，也反映着中外知识人对域外世界的想象，同时也承载着中国士人意识中对未知地理空间的探索和想象。地图绘制也是一种文化建构，是诠释文化的一种方式。绘图者是将自己对空间的想象通过图幅和注记文字转化为一种平面的图像文献，汉文世界地图文献中包含的信息极为复杂，绘制者不仅需要与其源文本之间的文化对话，也需要与其身处的文化环境之间进行对话。既要输入西方绘图师对空间的感觉体验，也包含有来华西方耶稣会士绘制者和参与绘制工作的中国知识人所经历的不同空间之间的互动，其中既有绘图师对源文本地理知识的采撷，也有绘图师与阅读者之间的互动。

　　在跨文化交流的脉络中，汉文世界地图的绘制更多地包含着多种文本与文化脉络之间的复杂对话。明清来华传教士对地图文献的重要性有很深的体认，如晚清来华的美国传教士丁韪良（William Alexander Parsons Martin，1827—1916）译出的惠顿（Henry Wheaton，1785—1848）《万国公法》的正文卷首，绘有东半球和西半球两张地图，并说明"地之谓物也，体圆如球……其运行也，旋转如轮……其陆地分五大洲"。其实惠顿的原著《国际法原理》（*Elements of International Law*）并没有这两张世界地图，是译者丁韪良添入的，他在翻译过程中意识到世界地图可以给中国人一个关于世界的直观概念，便于西方国际法知识的传播与接受。② 王韬在《地球图》的跋文中对明末至晚清的世界地图有独特的看法："大地如球之说，始自有明，由利玛窦入中国，其说始创，顾为畴人家言者，未尝悉信之也。而其图遂流传世间，览者乃知中国九州之外，尚有九州，泰西诸国之名，稍稍有知之者，是则始事之功为不可没也。近时西学日盛，其图愈精，经纬纵横，勾稽度数，朱墨粲然。各国疆域，瓜区豆分，界画犁然，即一览间，而举五大洲已了然指诸掌。然而深山大川，殊方异域，民生其间者异俗，因土之宜，以别其性，其间情伪相感，利害相攻，强并弱，众暴寡，不知凡几，而莫能有以一之，不知一之者理而已矣。"③明末清初耶稣会士在汉文世界地图上绘有珍禽异兽，也是为了让国人更好地理解超越"天下"之异域的真实存在。笔者对这些汉文世界地图中

①　邹振环：《"华外汉籍"及其文献系统刍议》，《复旦学报（社会科学版）》2012 年第 5 期。
②　何勤华：《〈万国公法〉与清末国际法》，《法学研究》2001 年第 5 期。
③　《〈地球图〉跋》，王韬著，陈正青点校：《弢园文录外编》，上海书店出版社 2002 年，第 231—232 页。

的动物所再现的文化意象、知识建构予以关注，也是希望通过明末清初的《坤舆万国全图》和《坤舆全图》及其所呈现的珍禽异兽和世界奇迹，来探讨这些珍禽异兽图绘究竟传达了怎样的西方地理学和博物学的知识，大航海时代以来西人究竟为国人引入了哪些新知识，而晚清的地图文献如何重构了晚清地理知识与国人理解空间的方式，又为国人的世界想象提供了怎样的文本，以及这些文本产生了何种作用和意义。

想象世界的过程也是通过中外学者的互动而展开的，这是传统中国了解域外世界的主要方式，从明初郑和下西洋开始，有关世界的知识输入及其传播的方式，同样都是通过中外学者的学术互动而得以推进的，汉文地理文献中新学识的增加和突破，都与晚明以来西学东渐有着密切的关联。从 16 世纪至 20 世纪初，中国人从天下观念发生动摇到世界意识的形成，以及对"世界"和"中国"所包含的地理含义、文化含义、国体含义和民族含义的近代意义上之认识，都可以在明清汉文地理文献中找到其例证。明清时期地理文献中同样存在着"显文本"和"潜文本"的多重叙述，如何将潜藏于文献字面表达中多种潜文本背后的含义揭示出来，这也是本书的一个努力目标。

第五节　前 行 研 究

对于"西学东渐与明清汉文地理文献"的相关前行研究，我将之分为"西学东渐"和"明清汉文地理文献"两部分来介绍和评述。"西学东渐"着力介绍的是其中有关西方地理学东渐的内容，而"明清汉文地理文献"则着力于与西学相关的汉文地理文献的前行研究。

现代较早对中外地理学交流史进行系统研究的，有 1911 年陶懋立的《中国地图学发明之原始及改良进步之次序》一文。① 该文把中国地图学史分为三期：一为上古至唐的中国地图之时代；二为宋元至明阿拉伯地理学传入之时代；三为明末至清末欧洲地理学传入之时代，指出这一时代受西方地理学影响而完成的诸家地理学图书"皆前古所未有者"。同年陈学熙的《中国地理学家派》也是颇值得重视的一文，该文把 19 世纪中叶前的中国地理学家分为"禹贡派""山海派"两家，指出"山海派"中的"瀛寰家"，即清末

---

① 陶懋立：《中国地图学发明之原始及改良进步之次序》，《地学杂志》第 2 年第 11 号（1911 年 2 月 18 日）、第 2 年第 13 号（1911 年 4 月 18 日）。

普通教育中之外国地理学家,如明代利玛窦的《坤舆万国全图》、艾儒略的《职方外纪》,清代南怀仁的《坤舆外纪》及《西方要纪》,"游说于士大夫之门,而我国学子,始谈瀛寰地理"。林则徐的《四洲志》、魏源的《海国图志》、徐继畬的《瀛环志略》①"接踵而起,日益昌盛"。该文还把清末的地理学者分为游记家(王寿祺)、新化家(邹代钧)、中国地理学家(龚柴、张相文、屠寄、马晋羲)、外国地理家(龚柴、谢洪赉)、自然家(沈仪镕、奚若、叶瀚、张相文)五家,认为即使在世界地理发明方面,中国也是最早最盛的。②

20世纪20年代,梁启超从学术史的角度研讨了明末以来西方地理学译著东传与清代学术的关系,1923至1925年他在清华大学、南开大学讲授《中国近三百年学术史》时,在《清代学者整理旧学之总成绩(三)》一章中指出了"言世界地理者"始于明末清初的利玛窦、艾儒略、南怀仁和蒋友仁,以后林则徐、魏源、徐继畬又先后成书,使中国士大夫开始有了世界地理知识,并指出邹代钧"自制中国舆地尺"以"绘世界全图",大大促进了清代制图学的进步。③

20世纪30年代应当提及的几部通论性著作有向达的《中外交通小史》(商务印书馆1930年)和《中西交通史》(中华书局1934年),两书均有专章论述明清之际之耶稣会士与西学的关系,后者还讨论了鸦片战争之后的西学输入。向达指出:"西洋的地理学传入中国,使中国人对于空间上得一新观念。"④张星烺不仅编著了《中西交通史料汇编》(北平辅仁大学图书馆1930年)六册史料集,还撰写了《欧化东渐史》,分三章简要地论述汉代至清末两千余年欧洲文化东渐的途径、媒介,西方物质文明(科技)和思想文明(宗教、伦理、学术等)的东传。由于受体例和篇幅所限,上述这些著述对西方地理学东传的研究显得比较简略。这一时期在中外地理学交流史方面最突出的成果还是集中在对利玛窦世界地图的研究。

1938年商务印书馆的"中国文化史丛书"收入了王庸的《中国地理学史》,该书分《原始地理图志及其流变》《地图史》《地志史》《近代地理学之进步》四章,该书认为:"除掉地图和西方科学输入以后的地学之外,在中国学术史上实

----

① 《瀛环志略》,史上或作《瀛寰志略》,本书行文采用《瀛环志略》,引文中《瀛寰志略》的书名一律不改。
② 陈学熙:《中国地理学家派》,《地学杂志》第2年第17号(1911年10月11日)。
③ 朱维铮校注:《梁启超论清学史二种》,第467—468页。
④ 向达:《中外交通小史》,商务印书馆1930年,第96页。

在是很少可以称为地理学的。"①这是一部以地理图籍为中心的地理学史，其中地图史一章中《利玛窦世界地图及其影响》一节基本上是依据洪业、陈观胜两文编写的。作为中国出版的第一部中国地理学史，该书在清代西学测绘地图学及其影响的论述方面，以及有关近代地理学的研讨上，具有开创性的意义，为后来的中国地理学史研究，首次提供了排比基本资料的线索。该书1955年又再版，表明历经十八年，有关中国地理学史的研究没有取得明显的突破。

20世纪40年代方豪推出了《中外文化交通史》（重庆独立出版社1943年），就明末七千部西书流入中国、明清间译著的底本问题进行了深入的研究。1953年开始，他陆续推出《中西交通史》，其中第4篇集中讨论明清之际中西文化交流史，1954年在台湾印行。第4篇第6、7两章专门讨论地理学，第6章全面、系统地分析利玛窦世界地图的影响与贡献、艾儒略《职方外纪》与《西方答问》中的地理问题、徐霞客与西洋传教士的关系；第7章论述了南怀仁的《坤舆图说》与《坤舆外纪》、康熙时西方传教士的测绘工作和测绘方法、蒋友仁的《坤舆全图》及传入的地动学说，并研讨了明清学人对西方地理学的反应。作者擅长从浩如烟海的中外文献中爬梳原始资料，取材广泛、考证缜密，在研究上大大超过了前人。可惜由于两岸的学术交流长期隔绝，直至1987年岳麓书社重印后，该书才在大陆学术界产生比较广泛的影响。

20世纪80年代以来，随着明清以来中西文化交流史研究的兴起，西方地理学在中国传播的研究也愈来愈受到学界的重视。1984年科学出版社推出了《中国古代地理学史》和金应春、丘富科的《中国地图史话》，涉及了明清直至近代的测量与制图、边疆和域外地理的考察等内容，为明清时期的中西地理学交流史提供了不少新材料。同年测绘出版社推出了卢良志的《中国地图学史》，该书用专章分析了明末西洋制图学的输入与清初全国地图的测绘。1986年浙江人民出版社推出了谭其骧主编的《清人文集地理类汇编》，其中第1部分"通论"收入了清代学者为明末以来的若干西方地理学译著所写的序跋，第8部分"外纪　边防"中选收了不少清代地理学者有关俄罗斯、安南和欧洲等国的考释，以及有关西方地理学译著的序跋，为学者查阅清人地理学资料提供了极大的方便。江苏教育出版社1987年出版的鞠继武《中国地理学发展史》一书，研讨了1894至1949年西方地理学东传和近代地理教育措施及研究机构的设置，但主要用力处还在20世纪初民

---

①　王庸：《中国地理学史》，商务印书馆1938年，第1页。

国时期的地理学。1989年高等教育出版社推出了杨吾扬的《地理学思想简史》,把中国地理学思想的发展作为整个世界地理学思想演变的一部分来考察,该书第5章为《中国近代和现代地理学思想》,考察了鸦片战争之后至20世纪80年代的中国地理学的理论与实践,可惜未及西方地理学译著东传的史实。1995年陕西科学技术出版社出版赵荣的《地理学思想史纲》,则有若干篇幅述及西方地理学的东传与清初的地理学新思想,弥补了其师杨吾扬《地理学思想简史》一书中的不足。

　　20世纪80年代以来的中国地理学史的研究,虽对西方地理学输入有所论述,但关注时段大都集中在明末清初,有关晚清的内容多语焉不详。1994年吉林教育出版社出版的杨文衡主编《世界地理学史》,在论述近代地理学方面也简要地述及了中国对西方近代地理学的引进和吸收。1996年中国社会科学出版社推出了张岂之主编的《中国近代史学学术史》,该书第三编第六章《近代地理学术史研究概论》分三节讨论了中国近代地理学发展的历史渊源与国势背景、中国近代地理学发展的特点、中国传统地理学向现代地理学的过渡等。有关晚清西方地理学译著比较全面的调查工作是由艾素珍作出的,她在《清末自然地理学著作的翻译和出版》《清末人文地理学著作的翻译和出版》两文中,①分别对1870年代至1911年的八十多种自然地理学和人文地理学的译著进行了分类和部分提要,并简要地分析了它们的特点及影响。在晚清西方地理学东渐史的研究方面,还特别应该提到郭双林的《西潮激荡下的晚清地理学》(北京大学出版社2000年)和邹振环的《晚清西方地理学在中国——以1815至1911年西方地理学译著的传播与影响为中心》(上海古籍出版社2000年)两书,前者在《迈出传统的门槛——论中国近代科学地理学的产生》《晚清西方地理学东渐述论》和《晚清西方地理环境决定论在中国的际遇》《从地理学著作的编撰看晚清民主思想在中国的传播》等几个部分(这些内容,曾先发表于《原学》集刊第一辑、《学人》集刊第7辑和第9辑),就晚清西方地理学的东传及其影响作了若干较为深入的剖析,为晚清西方地理学之传播的研究,提供了有益的尝试。后者运用点线面结合的知识社会学的陈述方法,第一部分将西方地理学文献翻译的脉络上溯到明末清初,主要讨论了利玛窦世界地图、艾儒略的《职方外纪》,以及南怀仁的《坤舆全图》和《坤舆图说》,将明末清初西方地理学的引入作为知识点的输入加以分析;第二部分从知识线的传播角度讨论了19世纪中期西方传教士的西方地理学译著;第三部分则

---

① 两文分载《中国科技史料》第16卷(1995年)第3期、第17卷(1996年)第1期。

从知识面传播的角度叙述了戊戌至辛亥时期的西方地理学译著，将之作为知识体系的整体引入加以研究。该书将收集到的晚清二百零八种西方地理学译著，分"地理学通论与教科书""地球与地文学""气象与气候学""文化与政治地理学""区域地志""商业地理学""交通与旅游地理学""军事地理学""地图册与地图解说"九个部分，按照译著的统计资料绘制了《晚清西方地理学译著知见录》。该书后半部分研究西方地理学译著的"影响"，为了将研究建立在量化和实证的基础上，又从自然地理学术语、地理学教科书（特别是乡土地理教科书）、地理学共同体（体制化和非体制化共同体）的形成三个方面，建构了晚清西方地理学知识在中国传播与影响的解释框架。

　　现代学术意义上的中国地图学史研究，肇始于民国时期（1912—1949），汪前进编选的《中国地图学史研究文献集成》（西安地图出版社 2007 年）一书汇集了发表于民国时期研究中国地图学史的 69 种文献，绝大部分为期刊文献，分为通论、专论、传记、目录四类，依次编排，16 开本，精装 5 册，较为完备。① 这些论著大致可以反映民国时期有关西学东渐与明清汉文地理文

---

　　① 该文献集成第一册收入"通论"性著述，如胡树楫《中国地图之沿革》（《东方杂志》第 16 卷 1919 年第 1 号，第 183—185 页）、李贻燕《中国地图学史》（《学艺杂志》第 2 卷 1920 年第 8 号，第 1—14 页；第 9 号，第 1—9 页）、王庸《中国地图史料辑略》（《国立北平图书馆馆刊》第 6 卷 1932 年第 5 号，第 71—112 页）、褚绍唐《中国地图史略》（《地学季刊》第 1 卷 1934 年第 4 期，第 45—49 页）、王庸《中国地理学史订补（续）》（《国师季刊》第 7/8 期 1940 年，第 104—107 页）、葛绥成《中国舆图学之过去和现状》（《学林》第三辑 1941 年第 1 期，第 69—90 页）；第二册"专论"，如贺次君《山海经图与职贡图的讨论》（《禹贡》半月刊第 1 卷 1934 年第 8 期，第 28—34 页）、王以中《山海经图与外国图》（《史地杂志》创刊号 1937 年，第 23—26 页）、顾廷龙《华夷图跋》（《禹贡》半月刊第 4 卷 1935 年第 6 期，第 20 页）、王庸《明代舆图汇考》（《图书季刊》第 3 卷 1936 年第 1/2 期，第 7—18 页）、青山定雄著、林丝译《明代地图之研究》（《中和月刊》第 2 卷 1941 年第 10 期，第 42—51 页）、张宗芳《利玛窦坤舆万国全图考》（《河北第一博物院半月刊》1933 年第 46—55 期）、翁文灏《清初测绘地图考》（《地学杂志》第 18 卷 1930 年第 3 期，第 405—438 页）和《读故宫博物馆重印乾隆内府舆图记》（《国风半月刊》第 8 号 1932 年，第 1—9 页）、朱希祖《乾隆内府铜版地图序》（《文史学研究所月刊》第 1 卷 1933 年第 1 期，第 1—8 页）、福克司著、顾华译《康熙时代耶稣会教士所绘之中国地图》（《中德学志》第 3 卷 1941 年第 3 期，第 433—441 页）、曾世英《经纬度测量与十八世纪以来之中国舆地图》（《地质评论》第 7 卷 1942 年第 4/5 期，第 163—176 页）、方豪《康熙间西教士会余庆测绘舆之一段记载》（《益世报·史地周刊》1947 年第 54 期）、方豪《康熙五十三年测绘台湾地图考》（《文献专刊》第 1 卷 1949 年第 1 期，第 28—53 页）等；第三册"目录"部分收入吴锡瑞《中国地理学史上之书目》（《地学季刊》第 2 卷 1935 年第 1 期，第 98—101 页）、王以中《明代海防图籍录》（《清华周刊》第 37 卷 1932 年第 9/10 期，第 141—161 页）、王庸《明代北方边防图籍录》（《国风半月刊》第 2 卷 1933 年第 9 期，第 5—17 页）；第四册收入王庸、茅乃文编辑《国立北平图书馆中文舆图目录》正编和续编（国立北平图书馆 1937 年）；第五册收入国立北平故宫博物院文献馆编印《清内务府造办处舆图房图目初编》（1936 年）等。

献关系研究的概况。当然也有若干通论性的地图学史著述,如王庸的《中国地理图籍丛考》(商务印书馆 1947 年)。20 世纪的 50 至 80 年代,通论性地图学史著作主要有王庸的《中国地图史纲》(生活·读书·新知三联书店 1958 年)、陈正祥的《中国地图学史》(香港商务印书馆 1979 年)和卢良志的《中国地图学史》(测绘出版社 1984 年)三种。王庸是公认的中国古代地图学史研究的开山鼻祖,他以西方地图学发展的"公例"来梳理中国的地图学史也是水到渠成的事情,而这种"公例"即是地图绘制中对"准确性"和"科学性"的追求。经顾颉刚等人整理成的王庸《中国地图史纲》一书,是作者据《中国地理学史》一书中有关地图的两章加以扩充而成的,该书专门讨论了纬度测量和利玛窦世界地图、第一次中国地图的测绘和近代中国地图的测绘。《中国地图史纲》的字里行间实际上已经透露出王庸对地图好坏的判断标准,但他似乎并未有意识地构建一部中国古代地图绘制的发展史,或者进步史,书中虽然重点分析了一些绘制"准确"的地图,以及一些能使地图绘制得更为准确的方法和这些方法的提出者,但并没有明确地将中国古代地图学史划分为不同的发展阶段,而且在行文中我们可以看到他似乎也认识到除了那些"准确"的地图,中国还存在大量"不准确"的地图。

近年出版的美国汉学家余定国(Cordell D. K. Yee)著《中国地图学史》,是一部关于中国传统舆图研究的通论性著作,是芝加哥大学版《世界地图学史》中的重要组成部分。[①] 作者对中国地图学所持的观点贯穿在这部书当中,他认为诗、书、画对地图的绘制是极端重要的,地图是图像与文字的融合,地图具有表现与展示的能力;地图不但是实用的工具,也是美观的艺术品。该书首章《传统中国地理地图的重新解释》陈述了作者对中国地图学史的研究方法,以及本书的主要内容、核心观点。第二、三章是对本体内容地图进行描述,其中第二章《政治文化中的中国地图》对地图如何作用于古代的社会进行研究,第三章《大地的量度:介于观察与文字之间的中国地图》侧重更具体的中国传统地图绘制方式和内容研究讨论。第四章《人文学科中的中国地图学:客观性、主观性、展示性》是作者对中国古代地图特征的观点阐述,认为这一特征就是文字与图的结合,并论述了诗、书、画的中国艺术与地图的关系。最后一章《传统中国地图学及其西化的问题》论述中国传统地图在西方地图体系传播过程中受到的影响。由于作者没有受过中国

① ［美］余定国著,姜道章译:《中国地图学史》,北京大学出版社 2006 年。

古代地图研究的系统训练，没有局限于以往从"科学""准确"等方面来研究中国古代地图的视角，因此该书与之前的所有论著不同。

近期由李孝聪主编的《中国古代舆图调查与研究》（中国水利水电出版社 2019 年）一书，按照中国古代舆图的类别——天下寰宇图、疆域政区图、沿海图、河工图、交通图、城市图，进行研究整理。该书不囿于中国古代舆图研究传统的技术层面的探讨，而是能够专注于中国古代舆图作为史料价值的挖掘及其所蕴含的思想信息的揭示。其中《中国古代寰宇图与政区图研究》部分有若干篇论文与本书研究相关，如成一农、王雪梅的《"天下图"所反映的明代的"天下观"——兼谈〈天下全舆总图〉的真伪》、李孝聪的《传世 15—17 世纪绘制的中文世界图之蠡测》和《记康熙〈皇舆全览图〉的测绘及其版本》等。

综上所述，有关明清西学汉文地理文献的前行研究，显示了明末清初和晚清互相之间尚未形成有机的勾连，两个研究系统基本上还是割裂的。事实上，晚清西学东渐史的研究一定要上溯到明末清初，才能完整地陈述清楚。特别是已有多种中国地理学史的论著，仍缺乏以专题的形式来探讨中国人关于"地理想象"和"世界想象"的由来和演变。直接作为本课题前行研究的成果仍非常有限，可以举出的专门讨论晚清西学东渐的著作有以下几种，一是熊月之的《西学东渐与晚清社会》，上海人民出版社 1994 年初版，2011 年由中国人民大学出版社出版修订版。该书在晚清西学史料的挖掘上花了极大的工夫，就晚清西学东渐的整个面的研究而言，内容之丰富、范围之广泛、材料之充实，是目前我国这方面的研究上用力最多的论著。该书初版六十四万余字，增订本厚达七十六万余字，全书把晚清的西学东渐分成 1811—1842、1843—1860、1861—1911 三个阶段。书中对晚清西学史作了总体考察，采撷了不少晚清西方地理学译著的第一手资料，有 35 份表和人名、书名索引。该书 2011 年的修订版尽管在章节结构上并无改动，但增补了许多新资料。二是潘光哲的《晚清士人的西学阅读史（1833—1898）》（台湾"中研院"近代史研究所 2014 年），是目前所知汉文世界的第一部阅读史专著。作者以具体的个案，翔实地描述了晚清士人寻觅接受"西学"的阅读历程。在西学东渐的大背景下，有心知悉世事时局的晚清士人，追索与"西学"相关的书报，追求"世界知识"的认知。对于士人的阅读实践，使士人读书世界的变化扩展，作者运用了"知识仓库""书本地理学""读书秩序""概念变迁""意义之网""脉络化"等不少新概念，尝试以阅读史取向描摹近代国人对世界图像的认识,特别是该书中的第三章《朱一新的读书世界与"地理想象"的知识基础》中有关"国族空间"和"地理想象"的分析,给笔者以很大的启发,为学界如何认识理解晚清中国的历史世界,提供了一个新的思考方向。该书 2019 年有修订版,由江苏凤凰出版社出版,尽管在章节结构上并无太大改动,但增补了许多新资料,如《关于〈四洲志〉的版本问题》《梁廷枏著述征引〈东西洋考每月统记传〉小考》《〈美理哥合省国志略〉与〈海国图志〉记述美国政制对照表》等若干附录。近期潘光哲还完成了《创造近代中国的"世界知识"》(社会科学文献出版社 2019 年)一书,承接了上一本著作,其中《近代东亚报刊与"世界知识"的互动空间》《"世界史地"与"国际法"知识和近代东亚"地理想象"的生产、流通与嬗变:回顾与思考》《中国近代"转型时代"的"地理想象"(1895—1925)》等章节,均以具体个案的形式开展细密的考察,对于阐释近代中国人的世界想象如何被创造生产,有着重要的启发意义。

在海外汉学界最早研究西方地理学在中国的传播与影响的,除了日本学者鮎泽信太郎 1936 年发表的《利玛窦的世界地图》(《地球》第 26 卷第 4 号)和 1937 年发表的《南怀仁的〈坤舆图说〉与〈坤舆外纪〉》(《地球》第 27 卷第 6 号),还有 1938 年美国学者恒慕义(A. W. Hummel,1884—1975))完成的《十七世纪的天文学与地理学》。[①] 1970 年代的重要成果有德国汉学家魏汉茂(Hartmut Walravens)关于南怀仁《坤舆图说》中动物知识和图像来源的考辩,指出《坤舆图说》中的动物知识主要来自 16 世纪瑞士博物学家格斯纳的《动物志》。[②] 1980 年代西方学者中较有影响的研究有美国艾尔曼(Benjamin A Elman)的 *Geographical Research in the Ming-Ch'ing Period*(《明清时期的地理学研究》,载 Monumenta Serica: Journal of Oriental Studies, 35 (1981‑83):1‑18)。1990 年代美国学者司马富(Richard Smith)的《中国地图:天下万象》(*Chinese Maps: Images of All Under Heaven*, Hong Kong: Oxford University Press, 1996)则以地图为研究资源,讨论中国人在西学影响下世界观的变化。近期重要的研究成果有利玛窦国际基金会(Fondazionz

---

① Hummel, A. W. , "Astronomy and Geography in the Seventeenth Century", *Annual Reports of the Librarian of Congress*(*Division of Orientalia*) ,1938,pp. 226‑228.

② 参见 Hartmut Walravens, "Konrad Gessner in Chinesischem Gewand: Darstellungen fremder Tiere im K'un-Yu t'u-shuo des P. Verbiest (1623‑1688)", Gessnerus 30/3‑4, 1973, pp. 87‑98。

Internazionale Matteo Ricci-Macerata）2011 年推出的黄秀凤著《论中国地图学：从托勒密时期到十七世纪——利玛窦和艾儒略的世界地图》，该书提供了早期汉文世界图说演变的重要系谱。德国学者林珂（Elke Papelitzky）撰有博士论文 *Historical Geographical Texts of the Late Ming*（1368—1644）*and China's Maritime History*，通过晚明的地理文献来考察中国海洋历史的发展，近期还从事有关"在中国书写世界史：晚明文人的域外认识"论题的研究。法国学者 Pierre Singaravélou · Fabrice Argounés 著有《亚洲所见的世界：地图绘制的历史》（*Le Monde Vu D'asie: Une histoire cartographique*，2018）。

近期重要的研究有荷兰博睿（Brill）学术出版社推出的《耶稣会研究杂志》（Journal of Jesuit Studies）第 6 卷（2019）第 1 期（Mar 2019）上刊载的 Robert Batchelor 的《耶稣会制图》（*Introduction: Jesuit Cartography*，第 1—13页）、Florin-Stefan Morar 的《西人利玛窦的世界地图与晚明欧洲认同的窘境》（*The Westerner: Matteo Ricci's World Map and the Quandaries of European Identity in the Late Ming Dynasty*，第 14—30 页）、程方毅的《取悦皇帝：重温利玛窦地图的中国手稿》（*Pleasing the Emperor: Revisiting the Figured Chinese Manuscript of Matteo Ricci's Maps*，第 31—43 页）、德国汉学家阿梅龙（Iwo Amelung）的《现代化国家的新地图：西方制图知识及其在 19 至 20 世纪中国的应用》（氏著，孙青等译：《真实与建构：中国近代史及科技史新探》，社会科学文献出版社 2019 年，第 147—183 页）等，上述这些学者的研究成果，大多均以地图文献为切入的角度，讨论来华西人如何绘制地图、中国人或亚洲人如何想象世界和认识异域。

明末清初来华耶稣会士地理学汉文西书中的异国动物，这些年也受到海外学者的注意，其中用力最多的要数德国汉学家普塔克（Roderich Ptak）的《中欧文化交流之一面：耶稣会书件里记载的异国动物》一文，文中集中讨论了《坤舆万国全图》《职方外纪》《坤舆图说》等地理文献，指出耶稣会士在引入中国的异域动物知识的过程中，往往入乡随俗寻找绝妙的"解决方法"，以适应中国人的传统观点。[①] 台湾赖毓芝的《知识、想象与交流：南怀仁〈坤舆全图〉之生物插绘研究》也颇值得注意，该文认为南怀仁的《坤舆全图》和《坤舆图说》所引介的 32 种生物图像及其对应的图文，可以说是 20 世

---

① ［德］普塔克：《中欧文化交流之一面：耶稣会书件里记载的异国动物》，氏著，赵殿红、蔡洁华等译：《普塔克澳门史与海洋史论集》，广东人民出版社 2018 年，第 301—326 页。

纪前中文世界中对于欧洲文艺复兴自然史知识最全面的引介,指出南怀仁绍介西学的规模与野心可以说是空前绝后的。①

　　随着学界关于明清西学东渐、知识建构等问题的重视,明清地理文献的研究也愈来愈呈现出丰富多元的研究路径。但是上述相关研究,很多还仅仅停留在静态的文本分析,未能将地理知识生产和运作过程中复杂的因素完整地揭示出来。在明清西学输入的冲击下,地理文献的研究可能形成的不同知识范式与研究取径,中国文化人如何以不同的视野,通过不同的文本叙事、新的假设和新的途径,重新观察传统的世界,催生一种所谓的"范式转换"(paradigm shift),是值得我们不断加以思考和讨论的问题。作为研究者,我们应该不断"变焦",既要有宏观的"鸟眼"视角,也需有微观的"虫眼"细读,②以各种不同的方法切入西学东渐和明清汉文地理文献的方方面面。

第六节　本书结构

　　理论建构应该以实证研究为先导。围绕"西学东渐和明清汉文地理文献"这一实证性的主题,笔者拟进行一种比较细致的"脉络化"研究取径。全书凡十章,前五章大致时段为"晚明至清前中期",选取有关明清之际由西方传教士和中国的合作者绘制的汉文世界地图、地理图说、地理著述;后五章侧重的时段为"晚清",主要讨论中国人作为主译者编译的地理文献和绘制的汉文世界地图等组成的若干文本群,尝试从世界地理知识在中国生产和传播的视角出发,将明清汉文西学地理文献的创制看作是一个连续不断的过程,并将之置于近代中国知识人时空观念转变和世界意识形成这一总体视野下,将汉文地理文献的解读放在明清西学东渐特有的文化脉络中来进行分析和解读。

　　笔者认为地理知识的生产是一个多方参与的动态过程。明清时期中外学人有关世界地理知识的来源、绘制撰著者群体间的网络关系,以及嗣后这

---

①　董少新编:《感同身受——中西文化交流背景下的感官与感觉》,复旦大学出版社2018年,第141—182页。

②　"鸟眼"和"虫眼"一说,借自日本学者滨岛敦俊的《鸟眼抑或虫眼?——江南地方史研究之意义》,复旦大学历史学系编:《明清江南经济发展与社会变迁》,复旦大学出版社2018年,第353—357页。

些汉文地理文献传播、改编与使用的情况，特别是有关明清汉文西学地理文献生产过程中的各种因素及其相关作用，都是值得深入分析的问题。本书还研究这些汉文西学地理文献在流传过程中，国人如何通过编译、改编、简化、删节、重绘等手段，通过设定"泰西""远西""绝域"等这一与中国相异质的"他者"，使国人对"世界"实现了新的建构，也对"中国"这一自我身份有了新的认识。

通过上述这些问题意识的设置，本书以专题的形式，所选择的西学汉文地理文献，主要不是被学界视为珍稀文献的稿本和抄本，而是当时流通相对较广的地理著述和地图刊本，如《职方外纪》《坤舆图说》等，也是收入《四库全书》或其他丛书的通行本；即使晚清部分所研究的《四洲志》《瀛环志略》等，也多选择流传较广的刊本。笔者尝试通过两个方面来揭示关于"世界"想象如何在中国生成和演变的复杂过程：一是16至19世纪末漫长的岁月里，明清间西方传教士和中国学者如何合作编译汉文地理学文献，将有关世界的地理知识呈现给中国读者；二是探讨中国人以自己独特的体验和阅读方式，如何利用明清汉文西学地理文献所承载的知识资源，想象"世界"和"中国"的地理含义和文化含义，呈现中国人是如何进行关于"世界想象"的认识和建构自己的"中国意识"的。本书尝试展现明清西学汉文地理文献所承载的世界知识，如何通过不同读者群体间的文化互动和社会网络，从而在更广泛的区域中流动传播的图景；这些中外绘制者和编纂者创制的交互关联的地理文本，为我们探察知识生产过程中不同人群的文化渗透和交互影响，以及揭示这些文本生成和传播背后的运作机制和社会动力，提供了哪些重要的助力。

晚明至清前中期的汉文地理文献，除了延续前代地图学及方志、沿革地理的传统文献，也有了不同于前代的新文献，明代前期随着帝国势力的扩张，出现了郑和下西洋的航海壮举，形成了以《瀛涯胜览》《星槎胜览》《西洋番国志》等为代表的一批航海使行文献。明代中叶以后东南海外交通贸易的持续发展，以及北疆鞑靼、瓦剌与海疆倭寇和西班牙、葡萄牙商船的不时侵扰，促成各类关于域外、海外的四夷地理著述不断问世，大量刊行，朱士嘉在《明代四夷书目》中统计多达一百一十六种，以嘉靖至万历年间刊行者居多。[①] 而围绕本书主题的各类地理文献，首先是来华西方耶稣会士在中国

---

① 朱士嘉：《明代四夷书目》，第 137—158 页；参见洪健荣：《前言》，熊人霖著、洪健荣校释：《函宇通校释·地纬》，上海交通大学出版社 2017 年，第 10 页。

以汉文撰写的汉文西书,包括来华西方传教士绘制的汉文地图,这些地理文献给国人传输地圆说、五大洲地理知识,以及有关异域的生物学新知,特别是地图文献,不仅仅在表示空间的距离,它还可以表示丰富的知识、思想、权力和感情,研究这些汉文西书,包括汉文世界地图,不仅要把其放在中国传统地图史的视野下,也需要将之放到世界地图史的视野下,特别是 16 世纪之后的汉文西书更需要放在全球化的文化背景下来进行研究。

本书前五章主要讨论以西方传教士利玛窦、艾儒略、南怀仁、蒋友仁等为传播主体所完成的几种汉文地图文献和地理图说。利玛窦、艾儒略、南怀仁、蒋友仁等入华,见到了在其本土不曾见过的"异文化",从中发现了当地中国知识人不曾发现的问题,也促发了他们反思应该采用怎样的策略来传播"西学"。从利玛窦第一次绘制汉文世界地图开始,接着出现的艾儒略的《职方外纪》、南怀仁的《坤舆全图》和《坤舆图说》,以及蒋友仁的《坤舆全图》等,都给中国人带来了地理意义上的世界观念。明末清初的几种地理文献,被证明也对晚清有着巨大的影响。魏源的《海国图志》等反复引用,《海国沿革图叙》中指出编著者所引用的除了"英夷汉字之图",主要利用的地理文献还有"艾儒略《职方外纪》、南怀仁《坤舆图说》"等,[①]以及"利马窦、艾儒略、南怀仁"的"汉字之图"。[②] 以地理学汉文西书为载体的异域新知识的输入过程,以及由此建立起的国人认识世界的叙事,旨在说明历史进程中这些地理文献呈现出怎样一种面相。

第一章《神和乃厄:利玛窦世界地图在华传播及其本土化》,主要讨论利玛窦世界地图刊刻和传播的实况,将其版本分为《大瀛全图》与《山海舆地图》、《坤舆万国全图》、《两仪玄览图》三个系列和木刻本、彩绘本两种形式;并就"地圆说"与地球知识、"五大洲"与"万国"的概念、西方人文地理知识点的介绍及其与中国文化的对话等诸多方面,讨论了利氏世界地图中所传送的新知识、新方法和新词汇,指出该图是明清士人理解整个世界的一个重要的窗口。本章通过熊明遇的《格致草》、熊人霖的《地纬》、王在晋的《海防纂要》,以及晚清的《海国图志》和《瀛环志略》等,分析了利氏世界地图在晚明至晚清二度本土化的过程,以及该地图在晚清西学知识重建过程中所产生的意义。

———————————

① 魏源撰,陈华等点校:《海国图志》(上),岳麓书社 1998 年,第 286 页。
② 魏源撰,陈华等点校:《海国图志》(上),第 45 页。

第二章《寻奇探异：〈职方外纪〉中的海外图像》，讨论艾儒略在编纂《职方外纪》的过程中精心编织了绘制世界图像和展示海外奇观两条线索，借助了晚明尚奇的习俗，以"奇俗""奇政""奇城""奇物""奇人""奇事""奇兽"的雅俗共赏的描述，给明清中国人呈现了大量闻所未闻的海外图像。这些图像在东西文化初次接触的过程中开阔了中国人的视野，形象地展示了海外世界的自然图景和人文奇观，帮助国人在猎奇意识的支援下初步认识和理解一种殊方异域的文化，一定程度上打破了天朝中心主义的陈旧观念，建立起最初的世界意识。

第三、第四章分别研究南怀仁相互关联的《坤舆全图》和《坤舆图说》。第三章《宇内兽谱：〈坤舆全图〉与大航海时代中西动物知识的交换》，从大航海时代中西大陆动物交流的角度，着重分析了该书中以复合图文之形式描绘的 23 种海陆动物，指出南怀仁是沿着利玛窦和艾儒略传送多元文化观的思路，介绍了大航海时代后出现的西方动物学新知识，成功地找到了如何在基督教文化背景下，较之《坤舆万国全图》和《职方外纪》更具说服力地介绍异域动物知识的特点，并在介绍西方动物知识的过程中，有效地回应了中国的传统动物学。第四章《六合秘闻：〈七奇图说〉与清人视野中的"天下七奇"》，主要讨论《坤舆图说》和《七奇图说》的版本，并在比较各种版本差异和不同内容的基础上，指出该书关于"天下七奇"的记述，是首次将西方世界的"七奇"这一文化景观，以形象化的图文加以全面展示。对于如何在维护天主教一神崇拜的前提下介绍"七奇"，南怀仁颇费心思。《七奇图说》将罗得岛上的太阳神铜像译为"铜人巨像"；将以弗所的供奉月亮神阿耳忒弥斯之神庙，含糊其词地译为"供月祠庙"；特别是将希腊奥林匹亚众神之王的宙斯像译为"木星人形之像"，从而消解了这些神灵的神圣性。南怀仁没有选择欧洲流行的赤身裸体、带有手持剑和矛的太阳神攻击性形象，而改选为携带弓箭的防守性形象；在《七奇图说》的线条刻画上也使太阳神失去肌肉的质感，将其原有英武的脸庞改绘为中国男童的模样，雕像守护神般的魔力被明显地削弱了。在 18 世纪清人的视野中，形成了张潮《虞初新志》版的"七奇图说"和王士禛《池北偶谈》中关于"七奇"的民间认识，与以《四库全书总目》为代表的官方接受的两个系统。19 世纪晚清中国学者在全面认识繁荣与先进的西方之视野下再度重提"天下七奇"，比较前后诸种描述及其利用的资料，可见 19 世纪中期《坤舆图说》仍是中国学人描述"七奇"的主要知识资源。

第五章《舆图新诠：蒋友仁的〈坤舆全图〉与〈地球图说〉》，在前人研究的基础上，澄清了《坤舆全图》的绘制时间、刊本还是绘本，以及图名的问题，并就《坤舆全图》与《地球图说》之间的关系，提出新的看法。笔者利用了《耶稣会士中国书简集——中国回忆录》中的材料印证了鞠德源的意见，即蒋友仁于乾隆二十五年（1760）完成初绘，并在乾隆三十二年（1767）增补该图，实际上绘制过两次。该图是在南怀仁所绘《坤舆全图》的基础上，根据"新辟西域诸图"和"西来所携手辑疆域梗概"等资料进行了内容增补。该图至今仅见手绘本，未见有刻本。蒋友仁在绘制《坤舆全图》的同时，应该已经完成了一部类似《地球图说》的书稿，并按照乾隆的旨意补上了相关地图和天文图，且翰林院也遵旨对该书稿进行了润饰。因此，所谓"在深宫禁院中整整躺了三十年，才由中国学者钱大昕详加润饰地图的说明文字"一说，恐与事实不符。乾隆皇帝不仅在蒋友仁1760年初次进呈后就特别重视该地图，且专门派学者参与修改润饰，并因《坤舆全图》而对世界知识产生了浓厚的兴趣。

从19世纪初开始，无论官方还是民间，对于世界的认识似乎较之明末清初，不是直线式地上升，而是螺旋式地在下降。1839年十二月十四日《澳门新闻纸》写道："中国官府全不知外国之政事，又少有人告知外国事务，故中国官府之才智诚为可疑。中国至今仍旧不知西边，犹如我等至今尚未知阿非厘加内地之事。所最奇者，全不与邻国政事相同，即如日本国人，每年要接一包新闻，其中记载各条事务，系国中官府遍行众看之新闻，考求天下各国并天下名人所载诸事，皆甚留神。"接着作者以中国周边一些藩属国的地理之学为比较："安南国亦有一定之记载书，凡海上所游见之峡路，及各处报闻，皆留心载之于书。暹罗国中亦有几个明达之人，虽少地理志之学，然他们至今奋力访求由何条路可以到天下各处地方，所以近来于政事大得利益。咪咖啦系缅甸一个大头目，现今尚在，伊有天球、地球、地理图，深通地理志，他之讲究并非小儿之讲究，他甚奢想多知外国事务，他又甚奢想遇见外国游人，以资访问。在其所拣选之书中，有一套燕西果罗啤呢阿书，其中之意思大概皆已洞悉。缅甸现在之王，亦已熟悉广闻外国著名事务，亦算是不落在人后，他深知有能之国，他亦不让，我等实在难以窥测也。"而作为"胜于其邻近之国""算是大有王化之国"的"天朝"清政府，则反其道而行之，"甚无学问而已"。他认为"中国果欲求切实见闻，亦甚方便，通事、引水人等所知固少，而浩官，即伍怡和洋商，算是多有历练之人，我等恐本地人究未知道详细，纵有人知道一二，皆系卑微之人，又无官职鼓励，究系他们所知事情比别人较多，反又轻慢之，以为与夷人交易，如在广东省城，有许多大人握大权，不知英吉利人并米利坚人之事情。"①

晚清传输西方地理新知的主体开始发生变化，之前西方来华传教士的主译者的地位，渐渐为中国知识人所取代。如林则徐主持翻译班子翻译《四洲志》，徐继畲在编纂《瀛环志略》的过程中，努力学习域外典籍，请教西方传教士，并与魏源等形成了最早的非体制化共同体。传播新知的方式和目标与明清之际相比，有了些许变化，与明清间来华西方耶稣会士努力进入宫廷，并着力在上层贵族和士绅文化圈传送西学这一由上而下的传播方式不同，晚清来华新教传教士采取的主要是由下而上的传播途径，即首先是在民间下层活动，进而渐渐通过西学传播影响士绅阶层，自然也不排除通过士绅阶层进入皇家文化圈。本书的晚清五章主要讨论以林则徐、魏源、徐继畲、叶圭绶、六严、邝其照等中国人为主的编译者群体渐渐走上历史舞台，扮演着西学地理文献传播主体的角色。中国知识人如何通过明清汉文西书接受异域新知识，并逐渐开始结合新教传教士输入的地理学新知识，创造地理学新知识的过程，这些都是海内外学界至今尚未充分讨论的问题。

第六章为《舆地智环：近代中国最早编译的百科全书〈四洲志〉》。百科全书是以一家之言为中心，或按词典的形式分条编写，或按秩序排列，以阐发系统的知识世界的成果，其展示的是西方学术的立体思维和知识信息的系统思维。百科全书究竟是何时让中国人知晓的，"encyclopedia"中译名何时在汉字语系中出现，又是哪一位中国人最早主持编译出西方百科全书的呢？本章通过对林则徐主译《四洲志》的原本与译本内容与结构，以及该书所译介新词等进行分析，指出《四洲志》系编译自英国著名的地理学家和历史学家慕瑞（Hugh Murray）所编著的《世界地理百科全书》（*An Encyclopaedia of Geography*，又译《世界地理大全》，简称《地理大全》），所据原本应为 1837 年或 1838 年的美国费城版。这是中国第一次组织译出的西方百科全书。1839 年十二月十四日《澳门新闻纸》最早有"百科全书"的音译词"燕西果罗啤呢阿"，林则徐努力使之"中国化"，把"encyclopaedia"与传统"志"对应起来，将《世界地理百科全书》命名为《四洲志》。可以说"志"是近代国人在汉

---

① 苏精辑著：《林则徐看见的世界：〈澳门新闻纸〉的原文与译文》，广西师范大学出版社 2017 年，第 168—169 页。

文文献系统所表述的"encyclopaedia"第一个汉文意译名。本章还讨论了参与编译《四洲志》的梁进德作为主要译者的贡献，以及《四洲志》的版本、体例、内容、流传及影响，特别是魏源编纂《海国图志》时有意对林译《四洲志》这种"志"书体例加以继承与模仿，从而发展出一种属于"世界百科知识"汇编方式的著述体例。

第七章为《海国天下：〈瀛环志略〉所呈现的世界》。《瀛环志略》是晚清中国人探求域外知识过程中，在"海国"背景下所创造的一部世界地理的著作。本章分六大部分，一是《对话与互动：徐继畲与雅裨理》。二是《资料来源、版本与结构》，主要讨论《瀛环考略》与《瀛环志略》及其资料来源、《瀛环志略》的版本与结构。三是《内容与特点》，指出该书有以下特点：第一，揭示世界古老文明面对的挑战，提出"古今一大变局"说；第二，发奋图强、透露反侵略之旨意；第三，推崇欧美民主政制、颂扬华盛顿；第四，坚船利炮和尚武精神；第五，开拓中外贸易和掌控海权的重要性；第六，"以华释外"的编纂策略。四是《译名选择与文化观念》。五是《流传和影响》。《本章小结》部分运用非体制化共同体和无形学院的理论，分析了围绕面对海洋的《瀛环志略》这一读本所形成的晚清中外地理学互动交流圈。

第八、九两章是关于晚清两个重要的世界地图文本的研究。第八章《图呈万象：从〈万国大地全图〉到〈大地全球一览之图〉》，旨在解读19世纪40至50年代由叶圭绶和六严共同完成的《万国大地全图》和《大地全球一览之图》两种重要的地图文本。本章第一部分介绍了两位民间世界地图绘制者的简要生平，以及绘制两图的时代背景，指出了两幅世界地图的数据源及其按照西方地图学绘制技术等呈现出的若干特点，分析了两图关于全球陆地单位与此前"五大洲"和"四大洲"的不同表述，独创"六大洲"之说。两图在关于"澳洲"方面有许多新的知识增补，两图附记的"东洋译语"和"西洋译语"尤显特色。两图作为晚清重新建构世界地理的标志性文献，在中国世界新图的绘制史上具有重要地位。第九章《全地新构：邝其照及其〈地球五大洲全图〉》，讨论的是近代中国早期从事英语教育的先驱者和最早编纂英汉词典和英语读本的中国人，也是著名的报人和留学运动的推动者之一的邝其照所编绘的《地球五大洲全图》。该图虽然在19世纪的中国曾经广泛流传，但至今却尚无专门讨论。本章通过其在1875年完成刊行的《地球五大洲全图》中的作者题跋、文字注记、图表与数码符号，揭示在近代中国伴随着旧知识体系崩溃和新知识秩序建立的文化转型过程中，邝氏如何通过简要地绘出世界五大洲轮廓及主要山脉、河流走向,介绍有关地球如圆球这样一些常识,提供有关五大洲各国人口、面积的数据,介绍各国的物产。特别是邝氏在图中绘制出上百条世界轮船的航线,重点介绍英国公司和法国公司轮船来往路程表、轮船往来各埠行期约计表、北京至各省城并南京盛京路程表等,将《地球五大洲全图》的绘制与编写综合性百科知识式的语文类英汉辞书互为对照,提供了中外交往的基本地理知识,强调了中外交往过程中交际常识的重要性。该图所提供的更为准确的各国面积和人口的数字,纠正了以往各种汉文世界地图对面积和统计数字的不准确问题,使该图在晚清西学东渐史上扮演着融会中西、贯通大小传统的角色。

第十章为《新洲探源:晚清中国知识界的"地理大发现"与澳洲想象》。澳洲的发现可以说是人类历史上第二次重要的欧洲人"地理大发现"。关于晚清中国人对澳大利亚的认识,学界尚无全面和深入的讨论。本章拟在晚清中国知识界的"地理大发现"的视野下,以明末清初耶稣会士关于澳大利亚的想象为起点,重点分析晚清著名学者梁廷枏、徐继畬关于澳洲的最初描述、实地考察与咨询外人所得的澳洲知识信息,以及重点通过对吴宗濂、赵元益《澳大利亚洲新志》和沈恩孚《澳大利亚洲志译本》两译本的讨论,尝试阐述晚清中国人是如何通过自己对汉文西书和域外文献中关于澳大利亚知识的摸索,完成了对澳洲的想象和认识。

16 至 19 世纪的西学东渐,使中国社会进入了一个独特而漫长的文化转型时期。此间所形成的汉文西学地理文献,在明清地理学界和思想世界交织出种种特殊和丰富的人文想象。本书通过上述一系列相互衔接的论题,从历时性语境切入明清汉文西学地理文献的研究。通过地理文本的细读,展示出有关来华西方传教士和中国知识人参与各种地理学汉文文本的生产,以及不同媒介、文类和文化赞助者所参与的制作和流通的若干个案,由此而形成了一系列崭新的学术议题。本书特别留意在全球史的背景下,将这些议题放入中国与世界的坐标之中,尝试梳理出西学东渐宏大和壮阔的历史画面之中,围绕西学东渐与明清汉文地理文献这一主题所展开的中西文化之激烈碰撞和交融的复杂面向,引导出不同于以往地理学研究和文化史研究的知识范畴,提供了一种新的知识史的研究视野。

第一章　神和乃囮：利玛窦世界地图
在华传播及其本土化

在西学东渐史上,利玛窦(Matteo Ricci,1552—1610)是一个标志性的人物。他不仅在中国用汉语编写《天主实义》和《交友论》,阐释基督教神学和伦理思想,提出了对儒佛的独到分析;和徐光启译出《几何原本》前六卷,传送欧洲的天文学知识,给予中国人世界观和中国的历法改革以积极的影响;还是西方音乐、绘画和钟表制作技术在中国最早的传送者。可以说,较为系统的西学在华传播是从利玛窦开始的。他真诚地为中华文明所吸引,所践行的"适应策略"在东西文化交流史上具有永恒的价值。

在明末较为系统介绍的西学中,利玛窦所译绘的世界地图特别引人注目。人类文明的发展,一般与语言、图形、文字和数字符号出现的程序相伴随。文化的沟通一般也经历类似的阶段,明末中西文化交流最初的图像符号中,最具代表性的就是利玛窦世界地图。[①] 地图是空间表述的主要形式,是一个时代反映地理、地貌及时代空间观的图形学,也是这个时代共同的空间记忆和想象。地图内所蕴含的时代、环境和文化信息,往往有超越语言的丰富内涵。作为汉文世界中第一次展示的世界面貌,利氏世界地图包含着那一时代欧洲文化的丰富信息,也给中国人带来了许多新的知识点。该图见之于明确文字记载的版本多达十余种,其中包括自刻、他人翻刻、摹绘版,盗印版尚无法全数统计;除木刻本外,还有彩绘纸本。该图的影响还波及朝鲜和日本,在东亚世界产生了极大的影响。

利玛窦的世界地图尽管问世在四百多年前,但关于该图的研究却是从20世纪初才开始的。1904年马格纳基(Alberto Magnaghi)在《意大利地理杂志》

---

① 所谓"利玛窦世界地图",包括利玛窦世界地图所有不同的版本,如《大瀛全图》《山海舆地图》《山海舆地全图》《舆地山海全图》《万国坤舆图》《坤舆图》《万国图》《万国小图》《万国二圜图》《坤舆万国全图》《两仪玄览图》《舆地图》《广舆地图》《地球图说》等以不同图名命名的地图。

上发表了《利玛窦神父在中国的地理事业》一文,揭开了利玛窦世界地图研究的序幕。从 1911 年起,意大利学者汾屠立(P. T. Venturi)、英国学者巴德雷(J. F. Baddeley)、希伍德(E. Heawood)、翟林奈(Lionel Giles)等先后撰文探索版本问题,以后中国学者洪业、曹婉如等,国外学者鲇泽信太郎、德礼贤(Pasquale M. D. Elia)等都作过深入的研究。1936 年的《禹贡》第 5 卷第 3、4 合期上刊出了"利玛窦世界地图专号",其中有洪业的《考利玛窦的世界地图》和陈观胜《利玛窦对于中国地理学之贡献及其影响》二文,对世界地图的中国藏本及其学术影响作了系统的分析,至今仍是研讨利玛窦世界地图的典范之作。日本学者鲇泽信太郎在 1936 年先后发表了《利玛窦的世界地图》(载《地球》第 26 卷第 4 号)、《月令广义所载之〈山海舆地全图〉及其系统》(载《地理学》第 12 卷第 10 号),澄清了《两仪玄览图》的刊刻者是李应试,补正了洪业一文之缺。① 1938 年德礼贤以梵蒂冈教廷图书馆的藏本为主,加上世界各地的抄本,完成了意大利文版的《利玛窦〈坤舆万国全图〉》(梵蒂冈教廷图书馆1938 年)。该书将前人的研究成果全部采入,并著录了中国、日本、伦敦、巴黎所藏的利玛窦世界地图的照片;②1961 年该作者还完成了《对利玛窦神父的汉文万国舆图的近期发现和最新研究(1938—1960)》(载《华裔学志》XX,1961年)。上述这些研究主要集中于对版本性质的考订。近人陈观胜从该图对中国地理学的贡献方面进行过探讨,法国学者德布(Michel Destombes)在《入华耶稣会士与中国地图学》(载《尚蒂伊第三届国际汉学讨论会论文集》,1983年)一文中也评价了利玛窦世界地图在中国地图学史上的地位。今人林金水、林东阳等则从该图对明末士人社会影响的角度进行过研究。汾屠立、德礼贤、裴化行、邓恩、平川佑弘、塞比斯、史景迁、朱维铮、张铠、许明龙、沈定平、张西平、汤开建等中西学者纷纷撰写论著,至 20 世纪 90 年代,利玛窦研究已成为国际汉学界一门大宗学问。21 世纪以来,意大利学者菲利浦·米尼尼(Filippo Mignini)的《利玛窦——凤凰阁》、意大利华裔学者宋黎明的《神父的新装:利玛窦在中国(1582—1610)》、美籍华裔学者夏伯嘉的《利玛窦:紫禁城里的耶稣会士》等利玛窦传记作品相继问世,学界对于利玛窦世界地图的研究热情日益高涨。迄今为止,最系统的研究成果是上海古籍出版社 2004 年出版的黄时

---

① 洪业:《洪业论学集》,中华书局 1981 年,第 221 页。
② 参见方豪:《梵蒂冈出版利玛窦〈坤舆万国全图〉读后记》,《方豪六十自订稿》,台湾学生书局 1969 年,第 1898—1901 页。

鉴、龚缨晏合著的《利玛窦世界地图研究》一书。该书是迄今关于利玛窦世界地图的绘制、刊刻、摹绘、流传和收藏的最为系统的研究。全书分上中下三编，上编讨论绘制和刊行，中编讨论源流与影响，下编为文献整理，包括利玛窦世界地图上的论说序跋题识全文、《坤舆万国全图》地名通检、研究文献目录，附录各种地图画像73幅，堪称利玛窦世界地图研究的百科全书。2017、2018年澳门大学汤开建汇释校注的《利玛窦明清中文文献资料汇释》一书及《补遗》先后面世，[①]两书收录明清文献档案中关于利玛窦研究的专门史料，上起明朝中叶，下至清朝末年。全书共分"碑传""序跋""公牍""述论""诗柬""杂纂"六卷，内容主要涉及利玛窦的生平介绍、在华活动具体事迹、著述思想及中国社会的反响与评价等，全面展现了利玛窦来华后对中国社会和文化产生的深远影响。《汇释》中所收"资料"，来自全球各大图书馆、各种数据库及各地方私人藏书中的四百余种文献，录入该书正编者六百三十余条。编者对其中错综复杂的人事、思想、书籍、版本等问题加以细致的点校整理和详尽的阐释考证。

　　利氏世界地图在华传播有二度本土化的过程，[②]一是利氏世界地图在绘制过程中，将西文地图处理成汉文，完成了中文世界地图的首度本土化；二是中国人的本土化处理，冯应京、章潢、王在晋、熊明遇、熊人霖等所进行的摹绘刊刻中所显示的二度本土化。本章拟在前人研究[③]的基础上，就利

[①]　汤开建汇释校注：《利玛窦明清中文文献资料汇释》，2017年10月由上海古籍出版社出版；《〈利玛窦明清中文文献资料汇释〉补遗》刊载于《国际汉学》2018年第4期。

[②]　本土化（inculturation）是一个诞生在1970年代的术语，最初是基督宗教传教过程中的理论反思，后成为文化学研究上的重要概念。又称为"本地化"或"本色化"，是指某一个体进入一种异质文化中，有意无意地熟悉和学习这种文化的价值、习俗等，并以自己的观念重新诠释异质文化，选择、拒绝或接受某些异质因素，从而渐渐融入该异质文化的过程。本土化也可以广义地指一种文化将另一种异质文化的某些元素吸收为己有，有一个形似（所谓文化披戴，acculturation）和神似（所谓道成肉身，incarnation）的不断深化过程。参见卓新平：《基督宗教论》，社会科学文献出版社2000年，第1—5页；［比利时］钟鸣旦著，洪力行译：《传教中的"他者"：中国经验教我们的事》，台湾辅大书坊2014年，第53—63页。

[③]　近期关于利玛窦世界地图重要的研究主要有阙维民：《伦敦本利氏世界地图略论》（北京大学历史地理中心编：《侯仁之师九十寿辰纪念文集》，学苑出版社2003年，第314—325页）；萧弘德的《利玛窦的怀疑、保留、贡献：麦卡托1569年世界地图、奥脱柳斯1575年世界地图集与坤舆万国全图之比较》（汤开建主编：《澳门历史研究》2016年11月第15辑，第185—217页）；日本富山大学人文学部铃木信昭所撰《朝鲜肃宗三十四年描画入り〈坤舆萬國全圖〉考》（《史苑》2003年3月第63卷第2号），主要研究了收藏在朝鲜的彩绘本；2006年10月铃木信昭在《朝鲜学报》第201辑上发表了《朝鲜に传来した利玛竇〈兩儀玄覽圖〉》一文，研究了朝鲜大学校所藏的《两仪玄览图》；2008年1月铃木信昭在《朝鲜学报》第206辑上还发表了《利玛竇〈兩儀玄覽圖〉考》，重点考察了该图中的十一重天天文图。

氏世界地图的刊刻与传播及其本土化处理,提出若干想法,以就正于方家。

第一节　利玛窦世界地图摹绘的三个系列及其
文字注记稿

　　1578 年 3 月 24 日,利玛窦与罗明坚等 14 人乘"圣路易号"船,携带西文地图和地图集东渡,经印度果阿、交趾支那的艰难行程,于 1582 年 8 月 7 日抵达澳门,同年他们就开始实施进入中国和深入内地的拓荒之旅。而世界地图的摹绘,伴随着 1582 年利玛窦定居肇庆,以及之后经韶州、南昌、南京而进入北京的整个过程。16 世纪是航海探险的世纪,也是欧洲地理学勃兴的世纪,在中国也是广泛使用地图文献的世纪,利玛窦正是认识到了明代士大夫对地图的特殊兴趣,因此,伴随其在中国大陆空间上的每一次推进,都同时进行着各种世界地图版本的刻印。可以说,利玛窦在中国士人中的学术形象首先是靠汉文世界地图的绘制建立起来的。从 1584 年至 1603 年的近二十年间,利玛窦多次编绘中文版世界地图。笔者根据利玛窦世界地图刊刻和传播的实况,将其版本分为《大瀛全图》与《山海舆地图》、《坤舆万国全图》、《两仪玄览图》三个系列以及木刻本、彩绘纸本两种形式。

　　1. 《大瀛全图》与修订版《山海舆地图》系列

　　利玛窦中文世界地图中最早的版本,也是之后所有版本的母本,是在当时广东西江走廊经济文化交流的重要枢纽肇庆刊刻的。该图在不同的文献上有不同的名称,新近的考证认为,这一中文版世界地图最初是以《大瀛全图》的名称面世的,这一名称首先见于龚缨晏在宁波天一阁等地找到的与利玛窦曾有密切往来的明代鄞县人徐时进所写的《欧罗巴国记》一文,[①]亦见于明方弘静《千一录》卷十八的"利玛窦"和 1914 年所修的《刘氏族谱》中刘承范《利玛窦传》两篇文章。[②]《大瀛全图》的命名者可能是肇庆知府王泮。这一系列的修订本后来在广东、南京、苏州翻刻时,或有《山海舆地全图》

---

① 徐时进的《欧罗巴国记》一文中写道,利玛窦"以所携《大瀛全图》译而视人",该文见于徐时进《鸠兹集》卷六,参见龚缨晏:《〈欧罗巴国记〉:古代中国最早介绍欧洲的著述》,《社会科学战线》2015 年第 11 期。

② 刘明强:《万历韶州同知刘承范及其〈利玛传〉》,《韶关学院学报》2010 年第 11 期;黎玉琴、刘明强:《利玛窦史海钩沉一则》,《肇庆学院学报》2011 年第 4 期。

《山海舆地图》《舆地山海全图》《万国坤舆图》《舆地总图》等不同的名称，①表明利玛窦最初也无法确定究竟以"大瀛""山海舆地"，还是"舆地山海"的中文名词，更能准确地表示"世界"的含义。有的学者认为此图原作主要是依据原籍德国的比利时著名地图学家奥代理（Abraham Ortelius，1527—1598，又译奥尔特利尤斯）的《地球大观》绘制的②。可惜利玛窦世界地图初版《大瀛全图》原本已佚，《山海舆地图》等早期的刻本也很难找到确切的摹本，因此该图的最早面貌至今仍是一个谜。

1595 年至 1598 年利玛窦活动在南昌，其间他还绘制过若干世界地图，但原图均未保存下来。1598 年，利玛窦离开南昌去北京，路过南京时，见到有《山海舆地图》的苏州石刻拓本。这是应天巡抚赵可怀从镇江知府王应麟处所得，心生奇慕，于万历二十三至二十六年间（1595—1598）命人摹绘刻石的，赵可怀还为之写有一跋，"赞扬备至"，并将刻本送给南京的王忠铭尚书。1600 年利玛窦在南京吏部主事吴中明的要求下增订《山海舆地全图》，吴中明将这幅世界地图挂在自己的官邸，让众人观赏，还雇了专门的刻工，用公费镌石复制，精工细作，并撰序予以高度赞扬。这幅题为《山海舆地全图》的修订版由南京发行到中国各地，甚至流传到日本。原图虽然没有保存下来，但我们可以在冯应京《月令广义》、王圻《三才图会》中见到该版的摹刻本，冯应京《月令广义》系改绘吴中明 1598 年在南京刊刻的《山海舆地全图》、1613 年刊刻的章潢《图书编》一书中《舆地山海全图》的摹本。而且利玛窦

---

① 汤开建：《明代利玛窦世界地图传播史四题》，汕头大学文学院基督教研究中心主办"基督宗教与中国社会"2014 年学术会议论文集，第 102—120 页。

② 《地球大观》（Theatrum Orbis Terrarum，或译《寰宇全图》《球形世界概貌》等）是地图集名称，利玛窦 1608—1610 年的意大利文回忆录作"Theatrum Orbis"，金尼阁 1615 年整理出版本作"Orbis Theatrum Ortelij"。Nicolas Trigault, De Christiana expeditione apud Sinas suscepta ab Societate Jesu. ex P. Matthaei Riccii eiusdem Societatis Commentarijs, Coloniae, 1617, p. 443; Pasquale M. D'Elia（ed.）, Fonti Ricciane, Roma：La Libreria dello Stato, 1942–1949, vol. II, p.114；黄时鉴：《利玛窦世界地图探源鳞爪》，《黄时鉴文集》第三卷《东海西海——东西文化交流史（大航海时代以来）》，中西书局 2011 年，第 224—228 页。《地球大观》是一部大型地图集，第一版共计五十三幅图版，包括一幅与地图集同名的世界地图、亚洲、非洲、欧洲和美洲的地图，以及世界主要地区和国家分图。问世后广受欢迎，从 1570 至 1612 年用拉丁文、德文、法文、西班牙文、荷兰文、英文和意大利文共出版了四十多版，至 1598 年奥代理去世时，该书的图版及附图已经增加为一百五十多幅。参见黄时鉴、龚缨晏：《利玛窦世界地图研究》，上海古籍出版社 2004 年，第 63 页。

还"刻广舆地图于金陵，用五色以别五方，中华幅员大如弹丸黑子"。① 可见利玛窦在南京还刊刻有绘色本。

2.《坤舆万国全图》的刊本与绘本

1602 年利玛窦进入北京，定居首都。在我们所知的利玛窦十余种世界地图的原刻、翻刻和摹本中，目前保存下来的原本是 1602 年在北京绘制的《坤舆万国全图》和 1603 年的《两仪玄览图》。刊本的第二系列为流行最广的 1602 年李之藻（1571—1630）刻版的《坤舆万国全图》。图名采用"坤舆"和"万国"的结合，"坤舆"指天下，"万国"之"万"是一个概数，表明世界不同国家和地区性的政体之多。在《坤舆万国全图》的绘制过程中，利玛窦究竟利用了哪些中外文献，至今仍有进一步探索的必要。据《坤舆万国全图》利玛窦序所述西方制图之历史，"敝国虽褊而恒重信史，喜闻各方之风俗与其名胜，故非惟本国详载，又有天下列国通志，以至九重天、万国全图，无不备者"。到达南京后，他曾在中国学者的帮助下多次修订《山海舆地全图》，在《坤舆万国全图》定稿前，他"乃取敝邑原图及通志诸书，重为考定，订其旧译之谬，与其度数之失，兼增国名数百，随其楮幅之空，载厥国俗土产，虽未能大备，比旧亦稍赡云"②。可见《坤舆万国全图》较之《大瀛全图》与《山海舆地图》这一系列有了重大的增改和很大的提高。至于序中所述"天下列国通志""敝邑原图及通志诸书"，究竟是哪些书，利玛窦没有一一说明。根据既存的研究，利氏可能参考过荷兰地理学家墨卡托（Gerardus Mercator，或译麦卡托，1512—1594）1569 年的地图、奥代理 1570 年的地图、荷兰制图学家普兰修（Petrus Plancius，或译普兰息阿斯，1552—1622）1592 年的地图。该图中细致的海水波纹，是意大利地图家的画法，同时也留有"中国式"舆图水纹的表达方式。③ 在北京绘制《坤舆万国全图》期间，利玛窦已经有了 1587 年增订版的《地球大观》（Abraham Ortelius：*Theatrum Orbis Terrarum*），他将其中一些重要的修订采用到了《坤舆万国全图》上，如吸收了奥代理关于南美西海岸线的新的画法。同时他还采用了普兰修世界地图中的内容，如总论横度里分表等，即其序言中所述的"敝邑原

① 钱希言：《利玛窦》，汤开建汇释校注：《利玛窦明清中文文献资料汇释》，上海古籍出版社 2017 年，第 27 页。
② 黄时鉴、龚缨晏：《利玛窦世界地图研究》，第 167 页。
③ Jonathan D. Spence：*The Memory Palace of Matteo Ricci*，New York：Viking Penguin Inc.，1984，pp. 148 - 149（该书中译本参见[美]史景迁著，章可译：《利玛窦的记忆宫殿》，广西师范大学出版社 2015 年）；洪业：《考利玛窦的世界地图》；关于利玛窦世界地图的水纹研究，参见郭亮：《十七世纪欧洲与晚明地图交流》，商务印书馆 2015 年，第 205—282 页。

图"。而所谓"通志诸书"，或以为指"中国本地的文献"，①恐怕未必精确，因为需要"订其旧译之谬"，中国本地文献无须称"旧译"，因此笔者认为这里应该包括中外各种文献。如《坤舆万国全图》中《论地球比九重天远且大几何》的主要内容和《九重天图》《天地仪图》《天地浑仪说》等，是来自其老师丁先生 1570 年出版的《沙氏天体论评释》(In Sphaeram Joannis de Sacrobosco Commentarius)。②

据最新的统计，该刊本至少印刷过三次，目前全世界存有九个藏本：罗马梵蒂冈图书馆藏本；日本宫城县立图书馆藏本；日本京都大学附属图书馆藏本；日本国立公文书馆(内阁文库)藏本；菲利普·罗宾逊旧藏本，后为法国人亨利·希勒收藏；奥地利国家图书馆藏本；英国伦敦皇家地理学会藏本；美国明尼苏达大学詹姆士·福特·贝尔图书馆藏本；圣彼得堡俄罗斯国家图书馆藏本③。《坤舆万国全图》原是六幅屏条，拼接连合成一图，而今装裱为一整幅，纵 168.7 厘米，通幅横 380.2 厘米。利氏世界地图较之其依据的西文原本要大许多，这是为了适应中国士大夫的欣赏趣味，以便留有更多的空间来书写比西文更大的汉字注释。本章所据的《坤舆万国全图》刊本为1936 年禹贡学会影印本。该图由椭圆形主图、四角圆形小图与中文附注文字组成。主图为世界全图，显示了五大洲的相对位置，中国居于图的中心；山脉用立体形象，海洋刻画出密密的波纹；南极洲画得很大。在该图的空隙处填写了与地名有关的附注性说明，其中两篇为利玛窦署名，介绍地球知识与西洋绘图法。主图采用的是等积投影，经线为对称的弧线，纬线为平行直线。右上角有九重天图，右下角有天地仪图，左上角有赤道北地半球之图和日、月食图，左下角有赤道南地半球之图和中气图，另有量天尺图附于主图内左下方。全图的文字，大约可以分为五类：一是地名和名物专名，有地名一千一百一十四个，④加上各种名物专名，多达一千二百二十四个；⑤二是题

---

① 黄时鉴、龚缨晏：《利玛窦世界地图研究》，第 63 页。

② 沙氏(Joannes de Sacrobosco)为 13 世纪前期的英国人，英文原名为 John Holywood，长期任教于法国，《天体论》是其主要著作。参见黄时鉴、龚缨晏著：《利玛窦世界地图研究》，第71—72、84 页。

③ [日]高田时雄：《俄藏利玛窦〈世界地图〉札记》，北京大学中国古代史研究中心编：《舆图、考古与史学新说——李孝聪教授荣休纪念论文集》，中华书局 2012 年，第 593—604 页。

④ 黄时鉴、龚缨晏：《利玛窦世界地图研究》，第 183 页。由于利玛窦、李之藻在绘制过程中大量利用汉文文献和利玛窦来华后进行的实地测量，因此该图中有几百处地名为欧洲原图所无。

⑤ 高翔：《〈坤舆万国全图〉地名考本》"凡例"，光明日报出版社 2015 年。

识,有利玛窦、李之藻、吴中明、陈民志、杨景淳、祁光宗共六篇;三是说明,包括全图、九重天、四行论、昼夜长短、天地仪、量天尺、日月蚀、中气、南北二半球等的说明;四是表,有总论横度里分表、太阳出入赤道纬度表;五是附注,对各洲的自然地理和人文地理进行解说。据该图利玛窦序所述制图之历史,该世界地图"显具十六世纪比利时地图学派之影响"。利玛窦在 1602 年的日记中对《坤舆万国全图》刊本的刻印和流传有详细的描述:"此次所刻较旧者为大甚,分六条,高过人身,可展可合,中国式,甚巧。此图既较大,故利神父能于其内容更有所增益,不仅新增之国颇多,且亦多具新注,稍述各国各地之奇物……版片既刻就,彼刷印多本,遍赠其友;他人亦有送纸来印者,合之不下数千本也。剞劂此图之刻工又私梓一版,大小尽同,故一时而有版本二,然尚不足以应求者之多。故天主教徒某,以吾人之助,别为一更大之图,分列八幅,刻既就,遂以版售于印刷者,于是北京共有三本焉。"①

《坤舆万国全图》除刊本外,还有手绘的摹写有各种海陆动物的彩绘本。据龚缨晏调查,彩绘本至少有六个藏本:南京博物院藏本;韩国首尔大学藏本;日本大阪北村芳郎氏藏本;美国凯达尔捕鲸博物馆藏本;法国理格藏本;中国国家图书馆藏本。② 大约在万历三十六年(1608)初,万历皇帝想要 12 幅描摹在丝绢上的《坤舆万国全图》。于是,太监们在京城到处寻找合适的印版,李之藻的印版已被携带回杭州,而李应试的《两仪玄览图》很大,并非万历皇帝所需的版本。结果是选择了原来六幅屏条的《坤舆万国全图》。③ 南京博物院所藏该图的设色摹绘本,原是六幅屏条,拼接连合成一图,而今装裱为一整幅,纵 168.7 厘米,通幅横 380.2 厘米。④ 彩绘本是明万历三十六年(1608)宫廷中摹绘的,也是国内现存最早一幅据刻本摹绘的世界地图。利玛窦在该图说明中称:"其各州(洲)之界,当以五色别之,令其便览。"绘本的南北美洲和南极洲呈淡淡的粉红色,亚洲呈淡淡的土黄色,欧洲、非洲则近乎白色,少数几个岛屿的边缘晕以朱红色。山脉用蓝绿色勾勒,海洋用深绿色绘出水波纹。彩绘本与刊本的最大不同,即在大洋上绘有不同类型

---

① ［意］德礼贤:《利玛窦全集》,转引自方豪:《李之藻研究》,台湾商务印书馆 1966 年,第 81—82 页。

② 龚缨晏:《关于彩绘本〈坤舆万国全图〉的几个问题》,张曙光、戴龙基主编:《驶向东方:全球地图中的澳门(第一卷·中英双语版)》,社会科学文献出版社 2015 年,第 223—239 页。

③ ［意］利玛窦著,文铮译,［意］梅欧金校:《耶稣会与天主教进入中国史》,商务印书馆 2014 年,第 450—451 页。

④ 曹婉如等:《中国现存利玛窦世界地图的研究》,《文物》1983 年第 12 期。

的帆船及鲸、鲨、海狮等海生动物十五头，南极大陆绘有陆上动物八头，有犀牛、白象、狮子、鸵鸟、鳄鱼和有翼兽等，①这些并不产于南极洲，绘在那里主要还是为了点缀图中空白。彩绘本上无论是用蓝绿色勾勒的山脉，还是用深绿色绘出的海洋水波纹，包括海陆动物和海洋中的三桅船，都显示出中国化的痕迹。图上的这些海陆动物，明显留有中国画法的特点。利玛窦在彩绘本的动物群像制作上扮演了设计者角色，即提供动物群像的源文本、选择描摹哪些海陆动物，并具体设计图上动物所呈现的方式。彩绘本所选择的动物，均为中国所罕见，具有珍奇性和神奇性，均匀地分布在第五大洲墨瓦蜡泥加上，使全图呈现出永乐大帝时代"万国来朝"的气势，万历皇帝特地命工匠将彩绘本做成屏风。

　　绘在图中各大洋里有各种体姿的海生动物，同样也非国人所常见的鲇鱼和鳜鱼等类。彩绘本中的十五头鲸鱼、鲨鱼、海狮、海马、飞鱼等，都是传统中国民俗"年年有余"的吉祥《鱼乐图》中全然没有的形象。这些海洋动物很容易唤起一定的文化联想，如鲸鱼、鲨鱼及巨大的海浪，会使人想到海洋的威力；鲨鱼象征着实力和残忍、暴戾和杀机；而海马则象征着优雅、信心和海上航行的平安；海豹在古希腊和北欧神话中是一种可以化身为女神或美人鱼的象征物。彩绘本的大海中还有比例尺被放大的不同类型的帆船九艘，在充满杀机的凶险的海洋中，乘坐那些帆船来到中国的耶稣会士们，容易让中国读者对之产生一种崇敬感。在中国古代地图的绘制中，无论是作为实体动物的描绘，还是作为地图装饰，都未能形成自己绘制动物图像的传统。而利玛窦既熟悉西方地图绘制动物图像的知识传统，同时也知晓中国传统的山水画法的地图样式，他在《坤舆万国全图》彩绘本中首创描绘动物的形式，在汉文世界地图的绘制史上具有特殊的意义。②

　　该图参考和利用了大量中外地图和文献，从而使这一由欧洲与中国学者首次合作绘制的汉文世界地图，在中国和周边地区的地理知识表达的准确性和丰富性方面，远远超过了同时代欧洲人绘制的世界地图，成为熔铸了

---

①　青年时报记者王亚琪采写的《国宝〈坤舆万国全图〉亮相浙江美术馆》一文，称该图南极大陆上绘有陆上动物八头，如大象、狮子、鸵鸟、恐龙等。参见 http://hznews.hangzhou.com.cn/wenti/content/2019-04/17/content_7178621.htm，2019 年 4 月 28 日检索。其实不是恐龙，而是一种有翼兽。

②　详见邹振环：《殊方异兽与中西对话：〈坤舆万国全图〉中的海陆动物》，李庆新主编：《海洋史研究》2015 年第 1 期，社会科学文献出版社 2015 年，第 292—333 页。

中西知识系统的现存首幅最完整的世界地图。

3.《两仪玄览图》

刊本的第三系列是利玛窦绘制的《两仪玄览图》。据日本学者鲇泽信太郎的研究，《两仪玄览图》1603 年由李应试刊刻于北京，该图共八幅，每屏幅纵 200 厘米，宽 55 厘米，通幅宽约 442 厘米，1949 年在沈阳故宫翔凤阁发现。该图以《坤舆万国全图》为蓝本，由原来的六屏增加到八屏，除吴中明的旧序文外，还有李应试序跋各一，利玛窦序两篇，及冯应京、常胤绪、阮泰元、钟伯相、侯拱宸序。图上的另一条识语称参与刊刻的还有"耶稣会友人"钟伯相、黄芳济、游文辉、倪一诚、丘良禀、徐必登等人。该图的汉字旁边加注有墨书满文，而且山脉大都用青绿彩绘，十分醒目，当是清初流传入清宫内府供清帝浏览之用的。冯应京在此图序中称利玛窦世界地图"凡三授梓。递增国土，而兹刻最后乃最详"。阮泰元的跋也称该图"幅愈广，述愈备"。可见该图是利玛窦绘制的所有世界地图中规模最大的一件，也是时人以为内容最完备的一幅。所谓"两仪"，出自《易·系辞上》："是故易有太极，是生两仪。两仪生四象，四象生八卦。"孔颖达疏："不言天地而言两仪者，指其物体；下与四象（金、木、水、火）相对，故曰两仪，谓两体容仪也。"①"四象"又指"东方之神青龙；西方之神白虎；南方之神朱雀；北方之神玄武（龟蛇合体）"，因此，"两仪"也有"天地"之意。而"玄览"源于道家的"玄象"，《两仪玄览图》的李应试序中说"往哲以鸡卵喻两仪，……余嗜中土玄象"。《老子河上公章句》对"玄览"的解释是"心居玄冥之初，览知万物，故谓之玄览"。因此，可以说《两仪玄览图》的图名是李应试借用了道家术语。该图有利玛窦的新序，还将《坤舆万国全图》中的"九重天图"改为"十一重天图"。不过，《两仪玄览图》除了熊三拔在《简平仪说》一书曾提及，时人很少述及，可见在当时流传的范围非常有限②。

除了上述三个地图摹绘系列，利玛窦还绘制过一些世界地图的其他小图，如与徐光启同科的万历甲辰（1604 年）进士，在北京户部供职的张京元，1610 年前曾结识利玛窦。户部主事虽属京官，但经常外出巡视漕例，不便携带大幅地图，利玛窦世界地图"京版列为屏障，大盈一室，不便阅，阅亦苦

① 阮元校刻：《十三经注疏》，中华书局 1980 年，第 82 页。

② 关于《两仪玄览图》，参见邹振环：《利玛窦世界地图的刊刻与明清士人的"世界意识"》，复旦大学历史学系、复旦大学中外现代化进程研究中心编：《近代中国的国家形象与国家认同》，上海古籍出版社 2003 年，第 23—72 页。

远"。于是他邀约利玛窦为其"缩而小之,西泰公乃复殚思竭力,为两小图,可悬坐右。因与同门徐子先、姚仲含击节称善。共为捐奉,募善公(工)刻之,遍贻海内"。张京元在该图序言中写道:

> 先儒曰：天如卵白,地如卵黄。天包地外,而天无一息不旋转。天以圆转,则地在天内,亦未圆体明矣。世徒泥天圆地方之说,凡舆图悉为平面方隅之式,不知天圆地方云者,特以性情动静言之,非以形体言也。假如天以圆包于外,而地以平面方隅在内,则地之平面尽处,与天相接连。即相碍著,天于何隙旋转?且凡平面之物,虽亿万无算,必有尽处。自古曾未有算到地尽处者,正以地体本圆,人物周环附著,随其所附,见若平坦然。日周环,故无尽处,故面面视天相去皆等,故天运而不觉。盖地如一丸,为气所乘,在圆天之正中。正如卵黄在白中,世宁有圆白方黄之卵哉?吾中国人,足不履户外,执泥局曲,耳目所未经。与之言,辄大骇。西域至人,多泛大海,涉重溟,多者数十载,少者数载,积百年来,寔闻寔见,画而成图。西泰公归心中夏,谒见今上,以其图悬之通都,真是得未曾有。①

由上述张京元的序言不难见出,他向利玛窦建议将大屏风上的《万国坤舆全图》改绘成小图,又与徐光启、姚士慎共同捐资刊刻,是为《万国小图》,又名《万国二圜图》。② 查钱曾《钱遵王述古堂藏书目录》卷5 收有"利玛窦《赤道南北极图》一卷一本",亦可知当时确有利玛窦《南北极图》单行本流传。③

绘制地图,一般总是要先做一个绘制地图的图文注记的文字稿,南怀仁为《坤舆全图》准备的《坤舆格致略说》和蒋友仁为《坤舆全图》准备的《坤舆图说稿》(或名《坤舆全图绘意》,后改作《地球图说》问世)即属于此类作品。利玛窦绘制世界地图同样应该有为制图准备的图文注记文字稿,似乎未保

① 张京元:《题〈万国小图〉序》,汤开建汇释校注:《利玛窦明清中文文献资料汇释》,第109—110页。

② 汤开建汇释校注:《利玛窦明清中文文献资料汇释》,第109—110页。徐光台认为《万国二圜图》出自《山海舆地全图》(1600年),是经改绘与调整,印入《月令广义》(1602年)中的二小世界图。参见徐光台:《利玛窦〈万国二圜图〉与冯应京印"doi mappamondi piccoli"考》,《汉学研究》第32卷第3期(2014年9月),第287—310页。

③ 汤开建:《〈利玛窦明清中文文献资料汇释〉补遗》,《国际汉学》2018年第4期。

留下来。明末朱谋㙔①《异林》卷 16"夷俗"连续征引过利玛窦的《舆图志》中的十二条佚文，周运中认为李之藻在《刻职方外纪序》所说"万历辛丑，利氏来宾，余从寮友数辈访之。其壁间悬有大地全图，画线分度甚悉。利氏曰：'其山川形胜土俗之详，别有巨册，已藉手进大内矣'"一段文字中的"巨册"，即王庆余所说的明末第一部世界地理著作《万国图志》。②"《万国图志》一册"，见之利玛窦《贡献方物疏》，且注明"万历四十年庞迪我、熊三拔等奉旨翻译进览，其后艾儒略增译"，③如果是利玛窦整理的汉文地图注记文字稿，应该无须另外"奉旨翻译"。利玛窦《中国札记》中称自己进呈的是"一部装帧精美、封面烫金的《地图集》"④。高龙鞶在《江南传教史》中也认为所献的是"奥提利乌斯的《世界地图》"⑤。不过，周运中的发现非常有价值，《异林》卷 16"夷俗"连续征引利玛窦的《舆图志》中的十二条佚文，其中除少许不见于《坤舆万国全图》的图文记注外，⑥很多条经过修改几乎全文收录进后来面世的《坤舆万国全图》，如第一条："曷剌比亚，产乳香，又产一药，名乜尔剌，以涂死者，其尸不朽。南有二海岛，男居一岛，女居一岛，每岁男女会合，二三日而已。"不少条文经过修订见于《坤舆万国全图》及之后的文本，如："亚大腊山，天下至高之山也，四时晴霁无云，风云雨雪皆在山半以下。其人寐而无梦。"《坤舆万国全图》"利未亚"西北部标有"亚大腊山"，注记文字为："天下惟此山至高，四时天晴，无风云雨雪，即有皆在半山下。望之不见顶，土人呼为天柱云。其人寐而无梦，此最奇。"第八条："巴尔加有一大江，其国终岁无雨，故其人精于占象，其江每年泛涨，故地偏肥泽。"《坤舆万国全图》"利未亚"东北部标有"巴尔加"，其东为泥罗河（今译尼罗河），注记文字为："天下惟此江至大，以七口入海。其国尽年无云雨，故国人精于天

---

① 朱谋㙔，江西人，明宁王朱权七世孙，曾任镇国中尉，后以中尉理石城王府事。贯串群籍，通晓朝廷典故。著《易象通》《诗故》及他书，凡百有二种。《明史》卷一百一十七有小传。

② 朱谋㙔：《异林》，四库全书存目丛书编纂委员会编：《四库全书存目丛书》"子部"第 247 册，齐鲁书社 1995 年。考证作为利玛窦佚文之发现，参见周运中：《利玛窦〈舆图志〉佚文考释及其他》，《自然科学史研究》2010 年第 29 卷第 4 期，第 437—445 页。

③ 汤开建汇释校注：《利玛窦明清中文文献资料汇释》，第 201—202 页。

④ ［意］利玛窦著，文铮译，［意］梅欧金校：《耶稣会与天主教进入中国史》，商务印书馆 2014 年，第 278 页。

⑤ ［法］高龙鞶著，周士良译：《江南传教史》第一册，辅仁大学出版社 2009 年，第 107 页。

⑥ 如《舆图志》第三条："鬼国之人，夜游昼隐，剥鹿皮以衣，耳、目、鼻与人同，唯口、耳在顶上，噉鹿与蛇。"其他还有第四条"突浪国"、第五条"卧兰的亚国"，以及第十条"井巴之国，近大浪山，人众十万，性野而猛，居无定土，每至一国，则掠其人、兽、虫、蛇，生食之"。

文。其江每年次泛涨,地甚肥泽,如粪其田。故国人种之五谷,以一收百,国称富饶。"第九条:"呀麻腊,地近日下,故国人身体黎黑,不服衣裳,其土产金银而无铁。"《坤舆万国全图》"利未亚"东部靠近赤道标有"砑麻腊",注记文字为:"此地俱近日,故国人身体尽黎黑,不服衣裳,发皆捲短。土不产铁,而产金银、象牙、犀角、宝贝之类。"第十一条:"伯西儿国,穴地以居,好食男子,不食妇人。"显然没有写清楚,似乎是一个草稿。《坤舆万国全图》南亚墨利加州(今南美洲)东北部标有"伯西儿",注记文字为:"伯西儿,此言苏木。此国人不作房屋,开地为穴以居,好食人肉,但食男不食女。以鸟毛织衣。"第十二条:"昆麻剌,有兽类狸,而人足。腹下有皮,可张可翕,所生之子,休息其中。"《坤舆万国全图》南亚墨利加州"伯西儿"之左的文字说明之下另有一段文字:"此地有兽,上半类狸,下半类猴,人足枭耳,腹下有皮,可张可合,容其所产之子休息于中。"很明显,《舆图志》上述诸条文字在后来的《坤舆万国全图》中虽有所增补,但与《坤舆万国全图》的注记文字比对,基本大同小异。由此笔者做了一个大胆的推测,保留在《异林》中的十二条佚文的《舆图志》,是否有可能即当年利玛窦绘制世界地图的注记文字的准备稿呢?李之藻所称的"别有巨册"是否指《舆图志》呢?待考。

第二节　利玛窦世界地图中的新知识、新观念与新词汇

利玛窦的世界地图是明末清初中国士人瞭望世界的第一个窗口。它带来了明末中国士人闻所未闻的大量新的知识信息、新的绘制地图的方法和地理学新词汇。

1. "地圆说"与地球知识

古代中国很早就有了"天圆地方"的概念。《周礼·大宗伯》有"以玉作六器,以礼天地四方。以苍璧礼天,以黄琮礼地",郑玄注称:"礼神者必象其类,璧圆象天,琮八方象地。"①古代作为贯通天地象征的玉琮,就是一种外方内圆、柱形中空的玉器,它的外部被雕成方形,与古人心目中的大地相同,而其内部又是圆形的,与古人心目中的天穹相似。它的中间是空的,能够象

———————

① 阮元校刻:《十三经注疏》,第762页。

征天地上下的相通，所以在祭祀时被用来供奉天地，拥有接引神鬼的神秘力量。大地的形状，在中国人的心目中基本上是"天圆地方"或"天圆地平"的概念。近代意义上的西方"地圆说"和地球经纬图首先是由利玛窦引入中国的。

利玛窦在世界地图中是这样介绍西方地圆观念的：

> 地与海本是圆形，而合为一球，居天球之中，诚如鸡子黄在青内。有谓地为方者，乃语其定而不移之性，非语其形体也。天既包地，则彼此相应，故天有南北二极，地亦有之。天分三百六十度，地亦同之。天中有赤道，自赤道而南二十三度半为南道；赤道而北二十三度半为北道。按，中国在北道之北，日行赤道则昼夜平，行（南）道则昼短，行北道则昼长。故天球有昼夜平圈列于中，昼短、昼长二圈列于南北，以著日行之界……夫地厚二万八千六百三十六里零百分里之三十六分，上下四旁皆生齿所居，浑沦一球，原无上下。盖在天之内，何瞻非天？总六合内，凡足所伫即为下，凡首所向即为上，其专以身之所居分上下者未然也。且予自大西浮海入中国，至昼夜平线已见南北二极，皆在平地，略无高低；道转而南过，大浪山，已见南极出地三十六度，则大浪山与中国上下相为对待矣。而吾彼时只仰天在上，未视之在下也。故谓地形圆而周围皆生齿者，信然矣。①

为了让中国人更清晰地了解地圆观念，利玛窦担心椭圆投影不足以说明地球的事实，于是在世界地图上特地加绘了两个南北半球图。"二半球图"也可以说是中国最早的两半球图。利玛窦在序言中解释道："但地形本圆球，今图为平面，其理难于一览而悟，则又仿敝邑之法，再作半球图者二焉，一载赤道以北，一载赤道以南，其二极则居二圈当中，以肖地之本形，便于互见。"因此我们从《坤舆万国全图》上，同时可以了解到两种制图的方法——椭圆投影和圆锥投影。这种圆锥投影曾使当时的中国人惊奇不已，因此利玛窦在稍后的《两仪玄览图》中刊刻南北半球图，并且补充说明道："一载赤道以北，一载赤道以南。以赤道为圆之周匝，以南北地极为圆之心，如两半

---

① 引文据《坤舆万国全图》，禹贡学会1936年影印本，参见朱维铮主编：《利玛窦中文著译集》。本章所注之引文，均与禹贡学会1936年影印本进行过核对。

球焉。观斯,则愈见地形之圆,而与全图合纵印证,愈知理无所诬矣。"①

利玛窦以赤道为中心,平分地球为南北两半球,并画了南北二回归线,南北二极圈线。相应地把气候带分为一个热带、两个温带、两个寒带。利玛窦在总论中这样写道:"以天势分山海,自北而南为五带:一在昼长、昼短二圈之间,其地甚热,带近日轮故也;二在北极圈之内,三在南极圈之内,此二处地居甚冷,带远日轮故也;四在北极、昼长二圈之间,五在南极、昼短二圈之间,此二地皆谓之正带,不甚冷热,日轮不远不近故也。"②这是出现在中国的第一个五带划分法。像地球、经线、赤道、子午线、地平线等,具体而明确地运用在地球面上,利氏世界地图是第一次,后世的中国地理课本中都采用了利玛窦的这种地面气候带的划分法。

利玛窦世界地图中包含着相当丰富的宇宙、天文、历法与自然哲学知识,如介绍的相关地球知识有属于亚里士多德提出的圆球式宇宙论的"九重天"和"十一重天"的图说。古希腊学者认为,人们所见到的日、月、星辰,运行有快有慢,离宇宙中心的地球有远有近,因此可以将整个宇宙分成若干重天。地球居宇宙的中心,固定不动,依序绕行的有月球、水星、金星、太阳、火星、木星与土星,每一种运动速度的天体居一重。其实"九重天"并非利玛窦的发明,中国战国时代屈原的《天问》就写道:"圜有九重,孰营度之?"《淮南子·天文训》中也有"天有九重,人有七窍"之说。③利玛窦将亚里士多德提出的圆球式宇宙论与中国传说中的"九重天"对应,并将之具体化为《坤舆万国全图》中的"九重天图",在《两仪玄览图》中改为"十一重天图",图中说明了各重天的名称和运动的周期。另外还有日食、月食图两幅和一则说明,阐明日食、月食的原理。"四行论略"一篇,介绍的是承自希腊爱奥尼亚学派的泰勒斯的宇宙论:天地是由火、土、水、气所组成。水是主要的元素,地球为一圆轮,浮于水面,为天所盖,其形有如拱顶。多重天的宇宙论和四元素论实际上也都是与传统中国的思想观念有着根本冲突的。从表面上看似乎四行论与中国的五行说相似,其实,它们都与各自的世界观中的创始、人的灵魂、万物化育

---

① 转引自林东阳:《利玛窦的世界地图及其对明末士人社会的影响》,"纪念利玛窦来华四百周年中西文化交流国际学术研讨会"论文集,台湾辅仁大学 1983 年。该文由于省略了文后的注释,使读者核对其资料来源和检验该文的观点之正误,颇受限制。

② 朱维铮主编:《利玛窦中文著译集》,第 174 页。

③ 中国传说中的"九重天":第一重日天;第二重月天;第三重金星天;第四重木星天;第五重水星天;第六重火星天;第七重土星天;第八重二十八宿天;第九重为宗动天,即玉帝的起居室。

等问题是紧密关联在一起的,因此两者的冲突也是必然的。利玛窦在《乾坤体义》中就对中国"五行论"中"金"与"木"作为基本元素,进行了批判①。

2. "五大洲"与"万国"的概念

中国古代对世界的认识有一个随着时间的延伸,在空间上不断得到拓展的曲折过程。先秦时期,人们对世界的认识是很有限的,所谓"普天之下""率土之滨",就是指"中国"及四周的"蛮夷",而"中国"则仅指黄河中下游属于中原的这部分。汉代由于丝绸之路贸易交通的发达,出现了中国人认识世界的一个大飞跃。陆路上由于张骞的"凿空",人们的眼界大开,不但西越沙漠和帕米尔高原,而且远至中亚、南亚。班超和甘英的"远征",更使人们知道了在亚洲西部、欧洲东南部和非洲东北部的罗马帝国东方的领土(大秦、骊轩)。海路上汉代和东方的日本已经有了密切的往来。海洋世界的拓展,最重要的还是通向印度洋新航路的开辟。但此后直到明代中叶的一千多年间,中国人的世界地理认识进展甚微,基本上仍停留在这一区域。其间虽出现过不少伟大的旅行家和航海家,如法显、玄奘、义净、杜环、汪大渊、郑和等,但活动范围仍未越出这一区域。唐代和宋代与阿拉伯国家交往频繁,有很多阿拉伯商人来到中国;中国不断得知非洲北部和东部,甚至南部的许多信息,但极少有人去过这些地区。明初郑和船队曾远航东非,《郑和航海图》也记录了东非的航路,使中国人对印度洋新航路有了比较确切的认识。但由于当时缺乏科学的测量技术,因此在地图上反映出来的,多是根据实际见闻的地理知识的映象,出现在地图上的标识往往不成比例,有些不曾到达过的山岭荒漠及汪洋大海因为所知甚少,不免画得非常简略和狭小。特别是郑和以后,中国与非洲的往来又告中断,因此中国人不可能有当时欧洲人将世界划分为"洲"的概念,那些西方的"绝远"地区仍是模糊不清的。佛教传入后所带来的"四大部洲"宇宙空间观念②,仍然没有提供确凿的地理空间想象。

---

① 徐光台:《明末西方四元素说的传入》,《清华学报》(新竹)1997 年第 27 卷第 3 期;《明末清初中国士人对四行说的反应——以熊明遇〈格致草〉为例》,《汉学研究》1999 年第 2 期。

② 须弥山(梵文:Sumeru),又译为苏迷嚧、苏迷卢山、弥楼山,意思是宝山、妙高山,又名妙光山。是古印度神话中位于世界中心的山,位于小千世界的中央(小千世界是大千世界的一部分),后为佛教所援用。传说须弥山周围有咸海环绕,海上有四大部洲:南赡部洲、东胜神洲、西牛货洲、北俱卢洲。这是佛教重要的宇宙空间观念。利玛窦在《坤舆万国全图》的"总论"中也不忘批判佛教的宇宙观念:"释氏谓中国在南赡部洲,并计须弥山出入地数,其缪可知也。"参见朱维铮主编:《利玛窦中文著译集》,第 175 页。

利玛窦在《坤舆万国全图》中把当时已探知的地球上的大陆用中文写道：

> 又以地势分舆地为五大州：曰欧逻巴，曰利未亚（即非洲，引者注，
> 下同），曰亚细亚，曰南北亚墨利加（即南北美洲），曰墨瓦蜡泥加。若
> 欧逻巴者，南至地中海，北至卧兰的亚及冰海，东至大乃河、墨何的湖、
> 大海，西至大西洋。若利未亚者，南至大浪山，北至地中海，东至西红
> 海、仙劳冷祖岛，西至河折亚诺沧。即此州只以圣地之下微路与亚细亚
> 相联，其余全为四海所围。若亚细亚者，南至苏门答腊、吕宋等岛，北至
> 新曾白腊及北海，东至日本岛、大明海，西至大乃河、墨河的湖、大海、西
> 红海、小西洋。若亚墨利加者，全为四海所围，南北以微地相联。若墨
> 瓦蜡泥加者，尽在南方，惟见南极出地，而北极恒藏焉，其界未审何如，
> 故未订定之，惟其北边与大、小爪哇及墨瓦蜡泥峡为境也。[①]

其中欧洲绘出的有三十余国，如波尔杜瓦尔（葡萄牙）、以西把泥亚（西
班牙）、拂郎察（法兰西）、谙厄利亚（英吉利）等。亚洲介绍了应第亚（印
度）、曷剌比亚（阿拉伯）、如德亚（犹太）、北地（西伯利亚）、鞑靼、女真、古丘
兹国、日本、朝鲜等。利玛窦还在图中介绍了欧洲地理大发现的成果。利玛
窦所说的"五洲"与今天的"五洲"还是略有区别的。亚洲、欧洲和非洲的三
洲划分，加上意大利人亚美利哥·维斯普奇航行到南美，肯定此为新大陆，
欧洲地理学家遂以其名字命名的"亚美利加洲"。"墨瓦蜡泥加"，即麦哲伦
（约 1480—1521，Fernao de Magalhaes）名字的音译。澳洲当时尚未发现，还
仅仅是所知南极洲与大洋洲部分地区的想象中的大陆。

综上所述，利玛窦最早把五大洲与"万国"概念介绍到中国，使明末士
人第一次看到了一个全新的世界整体面貌。对域外世界的认知处在模糊
状态的中国士大夫，首次了解到除了传统的"四方"和"四海"的方域，以
及佛教宣扬的四大部洲，还有一个被确切划分出来的世界的面貌。"万
国"和"五大洲"的概念第一次被写进了清初所编修的传统正史——《明
史》之中，《明史·外国传七·意大里亚》中明确地列出了"五大洲"的
名称。

---

① 朱维铮主编：《利玛窦中文著译集》，第 174—175 页。

3. 引入汉语系统的地理学新词汇

利玛窦世界地图首创了一批域外译名的汉译法。有些译名今已被淘汰，如利未亚（非洲）、拂郎机（葡萄牙）、拂郎察（法国）、谙厄利亚（英国）、大浪山角（好望角）等。但有些洲名、国名和地名的译名则沿用至今，如亚细亚、大西洋、地中海、尼罗河、罗马、罗马尼亚、古巴、巴布亚、加拿大等。有的今译名脱胎于利玛窦的译名，如欧逻（罗）巴、亚墨（美）利加、牙卖（买）加、马路（鲁）古、智里（利）、泥（尼）罗河等。其他自然地理学的词汇还有"北半球""赤道""地平线""半岛""珊瑚岛"，以及经纬度的"度""分""秒"，都是1602年《坤舆万国全图》首出的例证。利玛窦所介绍的世界观念正是随着这些地理学新词汇传入中国的①。

地球：《坤舆万国全图》"总论"有"论地球比九重天之星远且大几何"一节，称"地球既每度二百五十里"。地球意识改变了传统的天圆地方或天圆地平的观念，地球是球形的，在自然空间认识上就形成了超越传统的大地有东南西北和上下左右的二维观念，而建立起三维方位的观念。二维方位词是传统尊卑意识的基础。地球的三维观念的形成，明确了大地有内外、核心和边缘、旋转运动和表面无中心的特征。自然界，即大地不存在空间上的中心，推而言之，也就没有了文化中心存在的基础，这是一个具有颠覆性的观念，所引起的冲击具有极大的震撼力，这也是后来《圣朝破邪集》和《不得已》中猛烈抨击地圆说的原因。

万国：古代中国也有"万国来朝"的说法，此"万国"指"殊方"，即不同的地方，主要还是周边藩属。而利玛窦的"国"含有民族国家和不同政治实体的意思，以之描述世界存在着的诸多国家，这是后来国人能够接受世界多元种族和文化存在的一个空间基础。但"万国"概念的传入与是否被准确地理解，是两回事。承认万国，同时可以认为自己是万国中独尊之国，或以为还是万国的核心，而"万国观"应该是承认自己的国家是万国中之一国。

五大洲："洲"，在利氏地图中被写作"州"。"洲"的概念被最早引入，阐明了中国仅仅是世界乃至于亚洲的一部分，而并非想象中的世界中心，冲击

---

① 利氏世界地图在传播西方新词方面的贡献，尚未受到词汇学研究者的足够重视，目前最有代表性的成果系黄河清编著、姚德怀审定：《近现代辞源》（上海辞书出版社2010年），均未注意到"北半球""赤道""地平线""半岛"等已为《坤舆万国全图》首先使用，该书所列"亚细亚洲""欧罗巴洲""亚美利加洲"等词条（第559、854—855页），均以晚清文献作为首见释例，明显不妥。

了中国天朝中心主义的世界观。王泮、吴中明、郭子章、徐光启、李之藻、冯应京、瞿式穀、熊明遇和熊人霖等，可以说基本上都接受了五大洲的理论。清代一些位高权重的学界领袖，如李光地、阮元，还成为这一理论的积极传播者。《明史·外国传七·意大里亚》称利玛窦的世界地图"言天下有五大洲"，并列出五大洲的名称，指出中国仅为亚洲的一部分，且"中凡百余国，而中国居其一"。尽管作者认为"其说荒渺莫考，然其国人充斥中土，则其地固有之，不可诬也"①。由于这一术语被写入正史，其影响力还是非同一般的。

　　大西、太西、泰西：这里"大""太"与"泰"通假，表示"极远"。中国传统有"绝域"一词，这是一个模糊的概念，泛指遥远的某一个地方，或很多地方，没有明显的确定性空间。而"泰西"则是特指欧洲，表示一个确定的方位和地区，这是利玛窦解读欧洲的一种方式，尝试为中国人提供一种新的文化参照系。该词在晚清普遍使用，如反映欧洲历史的英国历史学家罗伯特·麦肯齐(John Robert Mackenzie，1823—1881)的《十九世纪史》(*The Nineteenth Century: A History*)，被译为《泰西新史揽要》。

　　亚细亚洲：传统中国只有东洋、西洋的概念划分，没有"亚洲"的概念。亚洲的概念，是欧洲人基于与其他地区的区隔而创造出来的术语，这一由利玛窦传入的新词，曾使很多士大夫感到痛心疾首，因为"亚"有次、小的含义，认为是西方人有意贬低中国②。"亚洲"一词后来具有多重含义，包括宗教、文化、政治、种族和身份认同，对于近代中国人"民族"和"国家"观念的形成，具有重要意义。

　　传统中国与西方交流的地域性，决定了中国地理学不仅缺少自然地理的专业术语，而且在域外洲名、国名、地名的翻译上，同样存在着所能利用的词汇库的巨大空白。利氏世界地图为中国地理学走向世界提供了第一批具有相当质量的自然地理和世界人文地理的专业术语和地区译名，大大丰富了中国地理学的词汇库。利玛窦在新词汇创造方面的重要贡献，一是重新解释了传统词汇，虽然他还未运用"世界"一词，但通过"大瀛""山海舆地""舆地山海""万国""两仪玄览"等，给中国人引入了"世界"观念。二是把意义含糊的词汇用语，在大航海时代的语境下重新进行了诠释，如给"万国"

①　张廷玉等编纂：《明史》卷三二六《外国传·意大里亚》，《二十五史》第 10 册，上海古籍出版社、上海书店 1986 年影印本，第 927 页。
②　邹振环：《晚清西方地理学在中国——以 1815 至 1911 西方地理学译著的传播和影响为中心》，上海古籍出版社 2000 年，第 49—50 页。

赋予了比较确定的内容。在研究概念的形成过程中,我们不光要考察其出现和使用的频率,还要考察是谁在使用,比如康熙皇帝笔记式著述《几暇格物编》一书中有"地球"一条:"自古论历法,未尝不善,总未言及地球。北极之高度所以万变而不得其著落。自西洋人至中国,方有此说,而合历根。"[1]作为政治权威和舆论领袖的康熙,使用"地球"的概念,其意义就非同一般。

4. 实地测量和地图量算新方法的运用

中国地图出现的时间很早,长沙马王堆汉墓出土的地图中,已经有了计里画方的绘制方法。西晋裴秀创"制图六体",规范了绘制地图的标准图式,奠定了中国地图绘制学的基础。尽管元代以前中国已经有了纬度和子午线长度的测量,但"天圆地方"的观念使测量的结果仅仅只是为了从天文角度了解地面方位,与地图绘制关系不大。一直到明朝,除了计里画方,地图绘制术未有突破性的进展。在中国将近代西方新的科学方法和仪器用于实地测量和地图绘制的,利玛窦是第一个人。

利玛窦在来华前,就对实地测量有着浓厚的兴趣。应用西方投影法绘制地图,首先必须确定某地的经纬度,他在来华的途中就沿途测量当地应在的经纬度,在赤道处观测南北极与地平交角。利玛窦写道:

> 其经纬线本宜每度画之,今且惟每十度为一方,以免杂乱,依是可分置各国于其所。东西纬线数天下之长,自昼夜平线为中而起,上数至北极,下数至南极,南北经线数天下之宽,自福岛起为一十度,至三百六十度复相接焉。试如察得南京离中线以上三十二度,离福岛以东一百廿八度,则安之于其所也。凡地在中线以上,主北极,则实为北方。凡在中线以下,则实为南方焉。[2]

1582 年利玛窦来到澳门,就开始注意研究中国地理,从事实地测量。之后他每到一地,都注意测量经纬度,如 1584 年 9 月 13 日他给西班牙税务司司长罗曼的信中称,他在澳门和肇庆根据两次月蚀,用意大利的尺寸测定

---

[1]　参见李迪译注:《康熙几暇格物编译注》,上海古籍出版社 1993 年,第 87 页。
[2]　[意]利玛窦:《坤舆万国全图》,禹贡学会 1936 年影印本。

了纬度①。在深入中国内地的长途旅行中,他利用从欧洲带来的科学仪器,如"平面星盘"(planispheric astrolabe)、"航海星盘"(nautical astrolabe)和"日晷"等不断进行观测,比较精确地实测了澳门、肇庆、赣州、临江、南昌、九江、南京、吉安、南康、扬州、淮安、徐州、济宁、临清、天津、北京等多个城市在正常时(regular time)或"日月食期"(eclipse period)的地理纬度或经度。②从其测得的北京、南京、大同、广州、杭州、西安、太原、济南等中国城市的经纬度值来看,纬度值与现代值还是相当接近的。③ 定居北京后他再度观测中国的经纬度,称中国南部边界起自北纬19度,北部长城位于北纬42度;西部边界始于经度112度,东部的海岸线一直延伸到经度131度。④ 利玛窦在地图上绘出了在子夜和正午测定地理纬度的方法,把经纬度的意义与用法介绍给中国地理学界。《坤舆万国全图》上还有"看北极法"和"量天尺图",他说明如何使用量天尺(astrolabe),通过量天尺的两孔圆来进行观察。⑤ 图上附刻有"太阳出入赤道纬度表",使整幅地图的精度达到了相当高的水准。美国学者史景迁认为,利玛窦对纬度表的精确推算,得益于他的老师克拉维斯的《天文学》(Sfera)和亚里山德罗·皮科洛米尼(Alessandro Piccolomini,1508—1578)的《宇宙天文学》(Sfera del Mundo),这两本书是利玛窦旅途中的常备书。特别是克拉维斯的著作,不仅仅是一本理论书,还指导学生来使用各种器材。⑥

---

① 罗渔译:《利玛窦书信集》(上),光启出版社、辅仁大学出版社1986年,第46页。

② 冯锦荣认为《坤舆万国全图》上有《曷捺楞马》图,其中征引的题为"欧罗巴人曷捺楞马著"之《四行解》,"曷捺楞马"曾被误解是人名,其实是古希腊日晷制造家狄奥多罗斯(Diodorus Cronus,活跃于B. C. 315—285)的日晷制作书籍的名称Analemma,古希腊天文学家托勒密撰有《曷捺楞马》(Peri Analemmatos),主要内容是通过计算确定给定日期给定时刻太阳在天球上的位置。《坤舆万国全图》上有《曷捺楞马》图实际征引其老师丁先生的《晷表图说》(Gnomonices,1581)。参见刘钝:《托勒密的"曷捺楞马"与梅文鼎的"三极通机"》,《自然科学史研究》1986年第1期,第68—75页。

③ 冯立升:《中国古代测量学史》,内蒙古大学出版社1995年,第231—232页。

④ [意]利玛窦、金尼阁著,何高济等译,何兆武校:《利玛窦中国札记》,中华书局1983年,第7—8页。

⑤ 冯锦荣认为《坤舆万国全图》上的"看北极法"和"量天尺图",可能征引自16世纪西班牙国王御前航海舆图测绘家Pedro de Medina(1493—1567)的 Compendio del arte de navegar,1588;参见冯锦荣:《导航东西洋:以〈郑和航海图〉〈东西洋航海图〉和〈坤舆万国全图〉中所见航海定位定向仪器为中心》,陈丽碧主编:《东西汇流》,香港海事博物馆有限公司2018年,第72—80页。

⑥ Jonathan D. Spence：The Memory Palace of Matteo Ricci,New York：Viking Penguin Inc.,1984,p. 148.

实地测量使利玛窦世界地图的中国与东亚部分地理事实的真实性和纬度的确定，其精确性都要远远超过同时代的欧洲所刊出的世界地图。即使亚洲的其他部分，如日本四岛被安置在北纬 30 度至 42 度之间，虽然比实际纬度要误差 3 度，但比较 1569 年墨卡托的世界地图和 1570 年奥代理的亚洲地图，其准确性就显得非常突出了。16 世纪欧洲制图学者所使用的有关亚洲的地理资料，主要是参考意大利或法国旅行家的报告，而由于这些旅行者缺乏经纬度的测量，其报告往往对地理位置的确定非常模糊。所以利玛窦通过实测所绘制的地图远远胜过它们，就不是偶然的了。① 这种方法较之中国古代传统的"计里画方"定位法，要精确得多。利玛窦以其所谓量天尺(astrolable)测各地的纬度，又利用日月食以测经度，所得结果与现今所测相差无几，是中国地理学上空前之工作。② 这种实测的结果不仅澄清了欧洲长期流传的一些关于中国的模糊观念，最重要的是这种实验的态度为中国地图学提供了全新的方法。

5. 西方人文地理知识的介绍及其与中国文化的对话

地图是一种文化产物，其所揭示的世界，并非自然本身，而是对自然的一种解说。利氏世界地图中介绍的也并非完全是经验的再现，在对西方人文地理知识的介绍方面，就有着很大的选择性。他在介绍欧洲地理时特别强调欧洲宗教政法与物产习俗的重要性：

> 此欧逻巴州有三十余国，皆用前王政法，一切异端不从，而独崇奉天主上帝圣教。凡官有三品，其上主兴教化，其次判理俗事，其下专治兵戎。土产五谷、五金、百果，酒以葡萄汁为之。工皆精巧。天文性理，无不通晓。俗敦实，重五伦。物汇甚盛，君臣康富。四时与外国相通，客商游遍天下。

在介绍意大利亚时指出："此方教化王不娶，专行天主之教，在逻马国。欧逻巴诸国皆宗之。"在介绍入尔马泥亚（德国）时指出："入尔马泥亚诸国，共一总王，非世及者，七国之王子中，常共推一贤者为之。"介绍被中国称为

---

① 林东阳：《利玛窦的世界地图及其对明末士人社会的影响》，《"纪念利玛窦来华四百周年中西文化交流国际学术研讨会"论文集》，台湾辅仁大学 1983 年。
② 王庸：《中国地理学史》，上海书店 1984 年影印本，第 107—108 页。

"小西洋"的"应帝亚"（即印度）时也是说："天下之宝石、宝货自是地出，细布、金银、椒料、木香、乳香、药材、青朱等，无所不有。故四时有西东海商，在此交易。"①选择介绍这些内容有着深刻的用意，都是为了让中国人知道，在远离中华文化的"绝域"，同样有着与中国一样富饶的土地，也有着完全可以与中国声教仪章相媲美的礼乐教化，还有着影响波及整个欧洲的圣教——天主教。对异域知识的多少来自海外交通空间幅度的大小，历史上的中外交流为中国带来了葡萄、玻璃、狮子，但具体物质的引入只是在生活层面上的"互通有无"，珍奇异物也只是满足了一部分贵族的好奇心。只有来自异域文明的信息，才会使交流由浅入深；对异域文化的深刻认识，会引起自身某种程度的文化震动。利氏世界地图中对西方人文知识点的透露，使中国士人认识到在同一时空的遥远国度中，存在着另一些与自己相等，甚至在某些方面更深厚和巨大的文明。

第三节　利玛窦世界地图的二度本土化

钟鸣旦认为利氏世界地图是明末耶稣会士用西方科技吸引中国精英分子的大法宝之一，其他还包括自鸣钟和透视法绘制的西洋画、欧几里得的《几何原本》："巨幅世界地图呈现出最新的探险旅行成果。"这些法宝是"无意识地与当时社会最基本的需要和最被重视的价值走向了同一轨道上"。他指出世界地图的观摩成为一些中国知识人产生催化作用的重要事件，徐光启、李之藻两位进士都是因为面对利氏世界地图引发了内心中的危机感，而生命中的深刻经验可能会是这一危机感的来源，成为他们发生改变的主要力量之来源。② 以利玛窦为代表的耶稣会士意识到地图具有巨大的学术亲和力，明代士大夫对于天主教教义的警惕和不信任的屏障，在世界地图面前被有效地瓦解。可以说，利氏世界地图是耶稣会士与明清士人进行知识对话的重要媒介。明末清初的用图者对利氏世界地图图像有着怎样的视觉感受和认识感受呢？作为绘图者的利玛窦通过图形、符号、色彩等，与中国的地图接受者有着怎样一种互动关系呢？

① ［意］利玛窦：《坤舆万国全图》，禹贡学会 1936 年影印本。

② ［比利时］钟鸣旦著，洪力行译：《传教中的"他者"：中国经验教我们的事》，台湾辅大书坊 2014 年，第 24—25、37—38 页。钟文称"三大法宝"，但列出的利氏世界地图、自鸣钟、透视法绘制的西洋画、《几何原本》，应该是"四大法宝"。

上述利氏世界地图的三个系列在中国刊刻和传播的过程，本身就是一个复杂的本土化的过程。利氏世界地图在晚明至晚清本土化的过程，可以包括两个方面：一是利玛窦本人在西文地图向中文地图的转换过程中，在尺寸、内容、地理量度、图像表现和文字标注方面，所采取的大大小小的变更，特别是中国位置的转换、有效利用中国文献和词汇、适应中国士大夫的趣味而实行的数据调整，甚至水波纹的选择，亦做了折中处理；二是中国摹绘刊刻者所进行的本土化处理，通过进士出身而累官至湖广监察御史的冯应京所纂《月令广义》中的《山海舆地全图》、南昌白鹿洞书院院长章潢《图书编》中的《舆地山海全图》、历官至江西布政使和兵部尚书的王在晋《海防纂要》中所附"利玛窦刊"的《周天各国图四分之一》、父子同为进士的熊明遇《格致草》中的《坤舆万国全图》和熊人霖《地纬》中的《舆地全图》，以及晚清魏源的《海国图志》和徐继畬的《瀛环志略》等，我们还能看出利氏世界地图在晚明西学知识传播和晚清西学知识重建过程中所产生的重要意义。

1. 利玛窦在西文地图向中文地图转换过程中的本土化考虑

利玛窦在将奥代理的西文世界地图处理成中文本《山海舆地全图》时，首先考虑到了中国读者的接受，张维华指出：

> 利玛窦于其所绘之地图中，指明欧亚方位，一在极东，一在极西，相距遥远，无侵扰之意。……利玛窦之所绘世界地图，其目的既以宣教为重，故于地图之制作，亦以迎合华人之心理为要。华人素信中国居世界之中，且惟中国为大，此外均小邦，不足与中华比。及见西人所制世界地图，中国局处一隅，辄为不悦。利玛窦以后便稍更地图绘法，置中国于世界地图之中。①

张维华的分析可以在《利玛窦中国札记》中找到佐证，原图是用"欧洲文字标注"的：

> 新图的比例比原图大，从而留有更多的地方去写比我们自己的文字更大的中国字。还加上了新的注释，那更符合中国人的天才，也更适

---

① 张维华：《明清之际中西关系简史》，齐鲁书社1987年，第199页。

合于作者的意图，当描叙各国不同的宗教仪式时，他趁机加进有关中国人迄今尚不知道的基督教的神迹的叙述。他希望在短时期内用这种方法把基督教的名声传遍整个中国。……他们不喜欢我们把中国推到东方一角上的地理概念。他们不能理解那种证实大地是球形、由陆地和海洋所构成的说法，而且球体的本性就是无头无尾的。

因此，利玛窦改变了他原来的设计，抹去了福岛的第一条子午线，在地图两边各留下一道边，使中国正好出现在中央部位。图中不仅有南北回归线的纬线、子午线和赤道的位置，从中还能读到五大洲不同地区和民族的风俗。① 世界地图可以采用不同的表述框架，而这一在中国首次问世的中文世界地图，呈现的是一个以太平洋为中心的格局。利玛窦为了迎合中国人趣味而制订的地图格局，后来也成为延续四百多年的中文世界地图表现的主要框架。

利玛窦注意将传入的地理学知识本土化也体现在地图解释的文字中，《坤舆万国全图》总论中有一段关于大地圆形的解说："地与海本是圆形，而合为一球，居天球之中，诚如鸡子黄在青内。有谓地为方者，乃语其定而不移之性，非□其□□也。天既包地，则彼此相应，故天有南北二极，地亦有之。天分三百六十度，地亦同之。"②利玛窦在这里采用了拟同中西的手法，借助中国古老的浑天家之言来介绍西方地圆说，而这一适应策略颇见成效，我们在章潢撰《图书编》卷29《地球图说》中也可见类似的文字，且能补上《坤舆万国全图》总论中的三个缺字："地与海本圆形而同为一球，居天球之中，诚如鸡子黄在青内。有谓地为方者，乃语其定而不移之性，非语其形体也。天既包地，则彼此相应，故天有南北二极，地亦有之。天分三百六十度，地亦同之。"③可见章潢对利氏的看法颇为认同。

这种拟同中西的手法还见于一些士大夫的地图解说。《坤舆万国全图》中出现的"一目国""矮人国""女人国""狗国"等，或以为这些并非依据中国的《山海经》等文献，"一目国"可以追溯到希罗多德记载的欧亚草原居民阿里玛斯波伊（Arimaspen）——独眼种族；"矮人国"可能是利玛窦将古希腊

---

① ［意］利玛窦、金尼阁著，何高济等译：《利玛窦中国札记》，第179—181页。
② 朱维铮主编：《利玛窦中文著译集》，第173页。
③ 章潢：《图书编》卷29，《景印文渊阁四库全书》第969册，台湾商务印书馆1986年，第553—555页。

时代记述的生活在非洲与印度的"小矮人"（pigmies），与普兰修等人世界地图上关于欧洲北方矮人（实际上是指爱斯基摩人）的资料混杂在一起；而"女人国"的名称和内容介绍则来自欧洲人关于亚马逊人（Amazones）的传说①。早期的英国汉学家玉尔（Cononel Yule）认为西方所谓"矮人国"的传说是源自中文文献，而且《坤舆万国全图》中这些词汇的运用，以及欧洲、非洲和美洲其他资料的选择上，如地图中牛蹄突厥的"人身牛足"、北室韦的"衣鱼皮"、鬼国的"身剥鹿披为衣"等，都来自《文献通考》；该图中关于西亚、东南亚等地区的注文，如暹罗的"婆罗刹"、三佛齐的"古干陀利"等许多内容亦来自严从简的《殊域周咨录》②。因此，我们似乎可以认为，《坤舆万国全图》中关于"一目国""矮人国""女人国""狗国"的表述，与《山海经》等中文文献有着重要的关联。《坤舆万国全图》所记述的有些是传说中的动物，如所记欧逻巴地中海东岸的"沙尔加龙"右有注文："有山名为'嵇没辣'，山顶吐火，顶傍出狮子。中多丰草，产羊甚广。山脚有龙蛇□无人住，后一异人率众开山以居。世传'嵇没辣之兽'，狮首羊身龙尾，吐火，有圣人除之。盖寓言也。"③文字虽然很短，但却包含着丰富的信息，可能也是汉文文献中第一次介绍了希腊神话中的奇美拉（Chimaera）怪兽（利玛窦译为"嵇没辣之兽"）。④ 奇美拉是半人半龙的泰凤和半人半蛇的伊琴娜（Aegina）产下的怪物，是古代神话中的一种会"吐火"的"狮首羊身龙尾"的令人恐惧的动物。它曾经袭击艾奥贝提斯（Iobates）的国家，并用喷出的火焰杀死了其部属。⑤ 利玛窦将"嵇没辣"改成山的名称，并称"山顶吐火"，将之引申为活火山，特别强调其"顶旁出狮子"。而在国人的心中，有狮子出没的山，无论在东西方都属于非同寻常之山。这段叙述所描绘的是一个充满了魑魅魍魉的神奇空间，这一神奇空间对于熟悉《山海经》传统的中国读者也许并不陌生。利玛窦通过这一不长的文字，不仅介绍了西方这一传统的神话寓言，最

①　黄时鉴、龚缨晏：《利玛窦世界地图研究》，第72、78页。
②　赵永复：《利玛窦〈坤舆万国全图〉所用的中国资料》，《历史地理》第一辑，复旦大学出版社1986年。
③　朱维铮主编：《利玛窦中文著译集》，第211页。
④　"嵇没辣之兽"系希腊神话中的吐火兽"奇美拉"，最早为沈依安所指出，参见氏著：《南怀仁〈坤舆图说〉研究》，台湾佛光大学硕士学位论文，2011年7月，第78页注释181。
⑤　［英］菲立普·威金森（Philip Wilkinson）著，郭乃嘉、陈怡华、崔宏立译：《神话与传说：图解古文明的秘密》（Myths and Legends: All Illustrated Guide to Their Origins and Meanings），时报文化出版企业股份有限公司2010年，第52—53页。

重要的是调动了中国传统异兽怪物的图谱资源。利玛窦以便于中国读者接受的方式，用中国传统的内容和名称来转述欧洲的新知识，也成为后来西方传教士绘制舆图普遍采取的一种文化适应的手段，而与中文文献相呼应，有着与中国传统知识体系进行对话的意义。

2. 中国摹绘刊刻者所进行的二度本土化处理

利玛窦世界地图本土化的另一面是明末清初中国人对该图的摹刻。除失佚的赵可怀、郭子章的刊本外，能找到的有冯应京《月令广义》（1602）中的《山海舆地全图》，王圻《三才图绘》（1607）中的《山海舆地图》，程百二《方舆胜略》（1610）中的东西两半球图，王英明《历体略》（1612）中的以地球为中心的《九重天图》，章潢《图书编》（1613）中的《舆地山海全图》，王在晋完成于万历四十一年（1613）的《海防纂要》一书中的《周天各国图四分之一》；潘光祖《汇辑舆图备考全书》（1633）中的《缠度图一》和《缠度图二》，熊明遇《格致草》（1634）中的《坤舆万国全图》《九重天图》，熊人霖《地纬》（1638）中的《舆地全图》，揭暄《璇玑遗述》（1675）中的《昊天一气浑沦旋转之图》和游艺《天经或问》中的《随地天顶子午之图》等。

我们注意到，这些将利氏世界地图进行摹绘刊刻的国人，或按该图的原形进行摹绘，以便辑入自己个人的著述。如冯应京参考吴中明刊刻《山海舆地全图》，在《月令广义》这本处理天文时令的博物学辑本中，纳入三幅与利氏世界地图有关的小图，分别为《九重天图》《天地仪图》与《山海舆地全图》，受篇幅所限，原《山海舆地全图》中的诸多图文信息，只能以简略的文字说明。如利氏世界地图外围的三圈，《月令广义》中的《山海舆地全图》只画一圈表示，在图的四角加上四条注记。这种工作的性质尽管不属于真正的研究，但其对各版世界地图原形的保存与流传有明显的作用。另一个要特别提及的是明朝军事家、军事理论家王在晋，他在18卷的《海防纂要》中附《舆地全图》《镇戍总图》《广福浙直山东总图》《山东沿海之图》《辽东连朝鲜图》《东北诸夷图》《东南滨海诸夷图》《东南海夷图》《日本国图》《周天各国图四分之一》《日本岛夷入寇之图》十一幅，其中有注明属于"利玛窦刊"的《周天各国图四分之一》，该图实际上是一幅正轴投影世界地图的东亚部分，或以为是依据《坤舆万国全图》的东亚部分特地绘制的①。

---

① 详细讨论参见黄时鉴、龚缨晏：《利玛窦世界地图研究》，第56—60页。

　　这些摹刻本地图的水平，显示出与具备丰富地理知识的欧洲传教士相比，中国这些地图摹刻者对利氏世界地图仅仅是表面的形式模仿，而未能真正领会其科学价值。如程百二在东西两半球图上刻满了大约五百个地名，密密麻麻分布在五大洲之上，令人眼花缭乱。何况，在这些地名中还存在许多错误，如亚墨利加有十四个、利未亚有五个、墨瓦泥加有三个。潘光祖的摹刻又有许多新的错误。章潢似乎没有使用任何制图工具，洲陆海洋的区分也是混淆不清的①。一位名叫梁辀的学者，在 1603 或 1605 年曾刻有《乾坤万国全图·古今人物事迹》，是综合中外地图的方法而进行的绘制，图中列入了利氏世界地图中所提到的所有地名，而同时又保持中国传统的正方形，并在图中画上大量古怪的标记，甚至在黄海上画了一棵树②。这些摹绘翻刻工作的目的，正如潘光祖所言：将利玛窦世界地图放在诸舆图之前，"俾人知九州之外更有如是之大"③。因此在很大程度上，这些不准确的图多少反映了明末知识阶层——士人对于利氏世界地图的欢迎态度。

　　在利玛窦世界地图本土化的过程中，我们不能不提到熊明遇《格致草》中的《坤舆万国全图》及其子熊人霖《地纬》中的《舆地全图》。两幅图有受到奥代理《地球大观》、利氏《坤舆万国全图》与艾儒略《职方外纪》的影响，却将中国移到图的右方，造成其与利氏《坤舆万国全图》最大的不同。显然，两幅图不仅参考了利氏世界地图，也参考了奥代理的《地球大观》。据笔者眼界所及，《格致草》中的《坤舆万国全图》和《地纬》中的《舆地全图》，是仅

---

①　林东阳：《利玛窦的世界地图及其对明末士人社会的影响》，该文此处将"潘光祖"误写为"藩广祖"。

②　［法］米歇尔·德东布：《入华耶稣会士与中国的地图学》，［法］安田朴、谢和耐等著，耿昇译：《明清间入华耶稣会士和中西文化交流》，巴蜀书社 1993 年，第 227—229 页。李孝聪认为《乾坤万国全图·古今人物事迹》由常州府无锡县儒学训导梁辀 1593 年镌刻，于 18 世纪被来华耶稣会士携至欧洲。此图曾参考过罗洪先的《广舆图》、利玛窦的《坤舆万国全图》及奥尔蒂利的《舆图汇编》，是一幅以中国为中心，以小岛的形式罗列其他国家地名于四周来表示天下的中文世界地图。在各地以简要文字标注有关政区沿革、历史人物和名胜古迹，图的下端列出明代两京十三省的府、州、县数目，以及各地户、口，应交纳的米、麦、丝、绢、棉、布、马草和食盐的数额，此图代表西方传教士带来的世界地理知识同中国的传统天下观念在制图学方面的结合，但没有跳出中国舆图的传统形式（参见李孝聪：《传世 15—17 世纪绘制的中文世界图之蠡测》，刘迎胜主编：《〈大明混一图〉与〈混一疆理图〉研究——中古时代后期东亚的寰宇图与世界地理知识》，凤凰出版社 2010 年，第 175 页）。所谓"奥尔蒂利《舆图汇编》"显然就是奥代理的《地球大观》，而 1593 年利玛窦的《坤舆万国全图》尚未完成，估计参考的应属《山海舆地图》这一系列的世界地图。

③　潘光祖：《汇辑舆图备考全书·凡例》，《四库禁毁书丛刊》史部第 21 册，北京出版社 1997 年，第 465 页。

存的两幅由中国人绘制而将福岛本初子午线置于全图中心的世界地图。《格致草》中《坤舆万国全图》打破了原来国人已经习惯的中文世界地图的欣赏趣味，不直接延用已经流传多年的利玛窦《坤舆万国全图》，而不嫌麻烦，采用一种很容易引起国人反感的地图表达方式，以奥代理的《地球大观》为蓝本，再去填写上利玛窦确定的中文地名，表面看来似乎多此一举。熊明遇的这种将福岛本初子午线重置于全图中心的做法，应该有一种打破天朝中心主义的意义，而且这个理念显然还被其子熊人霖的《地纬》所接受，于是《舆地全图》再度采取这种世界面貌的呈现方式。

3. 利玛窦世界地图新词汇在晚清西学知识重建过程中的意义

18 世纪以后，利玛窦世界地图在清代民间极其稀罕，难以觅得，除了几个翰林学士，绝大多数人都无缘目睹利氏世界地图，因此它们很少被提及，其基本过程是从影响广泛渐渐走向湮没无闻。到了康熙末年，利氏世界地图的直接影响已基本消失。有学者解释原因主要有五：第一，因为刻版繁杂、制作不易；第二，挂图面积过大，不便转运和储藏；第三，易代动荡、难以保全；第四，缺乏理解、无人关注；第五，内容过时，渐成古物①。其实，这一解说虽有部分道理，但最重要的原因恐怕是学界对西方地理学新知识需求的减弱，以利氏世界地图为代表的来自西方的地理学新知识，没有成为学界必备的知识资源。

19 世纪中期，面对西方的坚船利炮，利玛窦世界地图再度为中国学界所高度重视。晚清中国地理学家再次深刻认识到利玛窦在汉语世界传送世界地图的价值。如魏源的百卷本《海国图志后叙》开篇第一句就是："谭西洋舆地者，始于明万历中泰西人利马窦之《坤舆图说》。"这个《坤舆图说》是指利玛窦《坤舆万国全图》的文字部分。《海国图志》卷 37"大西洋欧罗巴洲各国总叙"中特别写出"案语"，称"明万历二十九年，意大里亚国人利玛窦始入中国，博辩多智，精天文，中国重之。自称大西洋之意大里亚人，未尝以大西洋名其国"。卷 74"国地总论"上"释五大洲"有"考万历中利马窦所绘《万国地图》"。卷 75《国地总论》中专门有一节全文收录了《坤舆万国全图》上所写的序言，题为《利玛窦地图说》，几乎全文著录了利氏世界地图中关于地圆说、赤道、南极、五带划分，以及五大洲的基本概念。可见魏源是仔细研读过利玛窦世界地图的。

---

① 黄时鉴、龚缨晏：《利玛窦世界地图研究》，第 112 页。

利玛窦在其所绘制的《坤舆万国全图》中创造的词汇，如"地球""天球"
"半球""赤道""南极""北极""北极圈""南极圈""地平线""经线""纬线"
"大西洋""地中海""红海""海岛""万国""亚细亚""欧罗巴""亚墨利加"
等术语，都频繁地出现在晚清各种地理学文献中。英国新教传教士马礼逊
的《英华字典》中也收录有"天球""地球""半球""南极""北极""赤道""地
平线"等；徐继畬的《瀛环志略》大量利用利玛窦世界地图及其汉译名，如
"大西洋""地中海""红海""海岛"等。不难看出，对于晚清以世界为研究
对象的知识阶层来说，虽然利氏世界地图的不少地理知识已被西方新的地
理学知识所取代，但一些基本概念，如五大洲的观念、经纬度的绘制法、气候
带的划分方法，欧人地理大发现的新成果，甚至一些世界各地风俗民情的介
绍，特别是汉译外国地理名词，如"亚细亚""北极""南极""地中海"等，仍
在沿用，可见利氏世界地图的内容并未完全"过时"，更未成为"古物"，在晚
清西学知识场重建的过程中，发挥了犹如古希腊罗马的文献之于文艺复兴
时期的思想家一样的重要价值。正是晚清士人有效地利用了利氏世界地图
等这一批耶稣会士有关西方地理学的重要知识资源，重新反省传统的经典，
回应新的西学文献①，才使晚清的知识世界接续着晚明思想界所发生的"放
眼世界"之"大变局"②，而引发了"天崩地裂"的巨大变化。

第四节　本 章 小 结

利玛窦在华绘制的世界地图是中国第一幅真正意义上的中文世界地
图，利玛窦世界地图刊刻和传播的实况，可以大致分为《大瀛全图》、《山海
舆地图》、《坤舆万国全图》和《两仪玄览图》三个系列，以及木刻本、彩绘纸
本两种形式；这三个系列和两种形式的利氏世界地图向国人介绍了"地圆
说"与地球知识、"五大洲"与"万国"的概念、西方人文地理知识点，以及绘
制地图的新方法等，可以说，利氏世界地图中所传送的新知识、新方法和新
词汇，是明清士人认识和理解整个世界的一个重要的窗口。

本章章名中的"神和"即精神融和。战国时代《文子》的"自然篇"称："至

①　关于这一问题的讨论，详见邹振环：《晚明汉文西学经典：编译、诠释、流传与影响》第一
　　章，复旦大学出版社 2011 年，第 32—81 页。
②　参见樊树志：《晚明大变局》，中华书局 2015 年，第 350—431 页。

于神和,游于心手之间,放意写神,论变而形于弦者……此不传之道也。"①
"囮","从'口','化'。率鸟者系生鸟以来之('鸟媒'对禽鸟所施的引'诱'),
名曰'囮',读若'譌'(通'讹')。"②"囮"可以从"诱惑"的意义衍生出交流过
程中的"化生"作用,可以将之理解为本土化。域外文化的输入,都会有一个
与本土文化冲突交融的过程,而精神融和是文化交融的最高境界。利玛窦世
界地图在"游于心手"的绘制过程中,经历了"论变而形于弦者"的本土化历
程,这一历程大致可分为两个阶段,一是利玛窦在《山海舆地图》绘制过程中
将西文地图处理成汉文,完成了中文世界地图的首度本土化,其突出表现是利
玛窦为了迎合中国士大夫的天下观念和文化趣味,将原置于全图中心的福岛
本初子午线向左转动 170 度,从而把中国转移到全图的中心,以及借助中国传
统"浑天说"来附会西方的地球观念。这种本土化还反映在利玛窦增设了若
干符合中国读者趣味的地名,如《坤舆万国全图》中出现的"一目国""矮人国"
"女人国""狗国"等词汇的运用,其中包含着很深的本土化的考虑,以及与中
国传统知识体系进行对话的意义。二是中国摹绘者的本土化处理。冯应京所
纂《月令广义》中的《山海舆地全图》、章潢《图书编》中的《舆地山海全图》、王
在晋《海防纂要》中所附"利玛窦刊"的《周天各国图四分之一》、熊明遇《格致
草》中的《坤舆万国全图》和熊人霖《地纬》中的《舆地全图》,都是中国摹刻者
二度本土化的显例。与文艺复兴之后欧洲所形成的地图制作的制度性保障不
同,明末摹绘地图几乎都是官员和士大夫的个人行为,参与刊刻利玛窦世界地
图三个系列的王泮、李之藻和李应试都是明朝的官员。因为地图绘制在中国
未能形成概念和方法上的高级训练,或无法建立像欧洲一样有酬报的制图师
专门职业,所以中国的个体摹刻者缺乏近代欧洲制图理论训练的背景,无法掌
握绘制世界地图的知识体系和核心方法,不能按照一定的数学方法将经纬线
的绘制法转换到平面上,因此,他们的摹绘工作显得非常粗糙,甚至有不少"讹
误",暴露出这些个体绘制者对利氏世界地图的绘制方法并不完全理解。这些
地图文献摹绘之科学价值就显得比较有限,但对于利玛窦各版世界地图原形
的保存、流传与影响,特别是欧洲地图入华后如何衍生"囮"的问题,这些摹绘
本还是有其比较明显的作用的。

---

① 王利器:《文子疏义》,中华书局 2000 年,第 346 页。
② 许慎:《说文解字(附检字)》,中华书局 1963 年,第 129 页。

第二章　寻奇探异：《职方外纪》中的
　　　　　　海外图像

晚明是一个文化多元的时代,在政治生活、学术思潮和艺术审美趣味中都呈现出纷繁复杂的色彩,其中一个非常重要的特点,就是晚明文化人对于"奇"的追求。这种尚"奇"、猎"奇"的风气还持续影响到清初的文化界。传统中国的习俗和事物由于年代的久远,其"奇"的色彩,在晚明容易产生"奇"的效果;中外之间的空间距离也因为异域的地理环境、人种、文化习俗、物产等,更易于引发晚明人的好奇心。这种对"奇"的追求,更多的是面向异域海外,如那些耶稣会士带来的天文仪器、喷泉、三棱镜、自鸣钟等,都能强烈地激起明末清初文化人的好奇心。可以说,在明末清初的知识和思想世界中,尚"奇"猎"奇"是一种重要的文化趣味。①

意大利传教士艾儒略的《职方外纪》是继利玛窦世界地图之后又一部系统介绍世界人文地理的著述,这些年海内外学界关于艾儒略的研究虽然很多,但对于《职方外纪》的专门研究却仍然有限,②有些研究主要是从地理学

---

① 关于晚明尚"奇"之风的分析,参见白谦慎著,孙静如、张佳杰译:《傅山的世界:十七世纪中国书法的嬗变》,生活·读书·新知三联书店 2006 年,第 14—25 页。
② 关于《职方外纪》,主要研究成果有:[日]鲇泽信太郎:《艾儒略の職方外記に就いて》,《地球》,1935 士第 23 卷第 5 号,第 244—256 页;[日]榎一雄:《職方外紀の中央アジア地理》,《東洋史論叢:和田博士古稀記念》,讲谈社 1961 年,第 211—222 页;[日]榎一雄:《職方外紀の刊本について》,《典籍論集:岩井博士古稀記念》,东洋文库 1963 年,第 136—147 页;Luk, Bernard Hung-Kay, "A Study of Giulio Aleni's *Chih-fang wai chi*", *Bulletin of the School of Oriental and African Studies*, No. 1, 1977, pp. 58 - 84;谢方:《艾儒略及其〈职方外纪〉》,《中国历史博物馆馆刊》1991 年第 15—16 期;霍有光:《〈职方外纪〉的地理学地位与中西对比》,《自然辩证法通讯》1995 年第 1 期;金国平:《〈职方外纪〉补考》,氏著/译:《西力东渐:中葡早期接触追昔》,澳门基金会 2000 年,第 114—119 页;黄时鉴:《艾儒略〈万国全图〉AB 二本见读后记》,《黄时鉴文集》第三卷《东海西海——东西文化交流史(大航海时代以来)》,第 273—280 页,上海:中西书局 2011 年;魏毅:《"发现"欧洲:〈世界广说〉('*Dzam gling rgyas bshad*)欧洲部分译注与研究》,复旦大学 2014 年博士学　(转下页)

知识和词汇术语的角度来展开的。①不少解释仍有可进一步深化之点。对于该书如何介绍欧洲和世界、如何绘制世界图像,其所采取的特殊的编辑策略,笔者曾做过初步的探讨。② 作为明末第一部系统介绍世界人文地理知识的汉文著述,《职方外纪》不仅仅对世界图像作了细致描绘,还以"奇俗""奇政""奇城""奇物""奇人""奇事""奇兽"等丰富的内容,在明末清初,乃至于晚清,都引发了很多文化人对于这些闻所未闻的"奇"的浓厚兴趣。《职方外纪》在传述"奇俗""奇政""奇城""奇物""奇人""奇事""奇兽"等方面,究竟有怎样的特点? 这些"奇"在明清知识世界和思想世界中究竟产生了怎样的影响? 本章拟就这一视角,在前行研究的基础上,接续进行深一步的探索。

第一节　"西域奇人"艾儒略及其传述
"异闻"的编辑策略

晚明中国人非常喜欢用"奇"字来表述对有才之士的赞美,同样也非常喜欢用"奇"字形容来华西方传教士的言行,如沈德符《万历野获篇》就称利玛窦"所造皆精好""工炉火之术""奇快动人""果异人也"③。焦竑在《答金

（接上页）位论文;魏毅:《〈世界广说〉与〈职方外纪〉文本关系考》,《历史地理》2014 年第 29 辑,第 297—316 页;谢辉:《〈职方外纪〉在明清的流传与影响》,《广西社会科学》2016 年第 5 期;王永杰:《〈职方外纪〉成书过程及版本考》,《史林》2018 年第 3 期。

①　[意] 德保罗(Paolo De Troia):《中西地理学知识及地理学词汇的交流:艾儒略〈职方外纪〉的西方原本》,《或问》2006 年第 11 期;《17 世纪耶稣会士著作中的地名在中国的传播》,任继愈主编《国际汉学》第十五辑,大象出版社 2007 年,第 238—261 页。德保罗还将《职方外纪》译成意大利文,并对其中欧洲、非洲和美洲部分做了详细的注释,参见 Giulio Aleni 艾儒略 Ai Rulüe, *Geografia dei paesi stranieri alla Cina: Zhifang waiji* 职方外纪, traduzione, introduzione e note di Paolo De Troia, Brescia: Fondazione Civiltà Bresciana, 2009.

②　邹振环:《〈职方外纪〉:世界图像与海外猎奇》,《复旦学报(社会科学版)》2009 年第 4 期;该文修订版见邹振环著:《晚明汉文西学经典:编译、诠释、流传与影响》第七章,"艾儒略与《职方外纪》:世界图像与海外猎奇",第 255—288 页,上海古籍出版社 2011 年;关于明末清初耶稣会士汉文西书中的动物知识,参见邹振环:《明末清初输入中国的海洋动物知识:以西方耶稣会士的地理学汉文西书为中心》,《安徽大学学报(哲学社会科学版)》2014 年第 5 期;程方毅:《明末清初汉文西书中"海族"文本知识溯源——以〈职方外纪〉〈坤舆图说〉为中心》,《安徽大学学报(哲学社会科学版)》2019 年第 6 期。

③　沈德符:《万历野获篇》卷三十,转引自张星烺编注,朱杰勤校订:《中西交通史料汇编》第一册,中华书局 1977 年,第 375—377 页。

伯祥问》中赞扬利玛窦《交友论》"其言甚奇，亦甚当"①。来华的耶稣会士中有两位"奇人"是值得专门提出的，一是在华由南往北、从边地到京师活动了二十八年的利玛窦；二是由北往南、从北京到福建传教长达三十九年的艾儒略。而艾儒略被认为是利玛窦之后"德最盛、才最全、功最高、化民成务最微妙无方者"②。他横跨明末清初两朝，被同代中国学人誉为"西来孔子"③和"躬履其地"之"绝域奇人"④，被后代文人誉为"西域奇人"⑤，"一位信仰的巨人，文化的巨人，也是一位对话的巨人"⑥。

艾儒略（Jules Aleni，1582—1649），字思及，出生于意大利布雷西亚城，成长于威尼斯。他在冥冥之中似乎就注定与利玛窦有着某种联系，他出生的那一年，利玛窦正式来华。1607 年他在利玛窦传教精神的感召下，提出要到印度和中国一带传教。他的申请得到了批准，1609 年被派赴远东，于 1609 年 3 月 23 日从意大利热那亚出发，乘船到里斯本，然后经过果阿，在 1610 年 1 月抵达澳门。同年利玛窦逝世于北京。艾儒略到中国的年代，耶稣会已经完成了从西僧到西儒的转变，他也模仿中国士人，穿上儒服，取一个儒雅的中国名字，研究中国的思想学说，出版汉文书籍，参加书院中士人的论辩。其传奇经历被认为"泛海三年，历程九万"，"仅二三年，而中华典籍，如经史子集、三教九流诸书，靡不洞悉。其姿颖超群乃尔"。进入福建后，"凡建堂二十余所，受洗者以万计"⑦，被当地拥教派人士尊称为"西来孔子"⑧；反教派人士则称其"立新诡异，行事变诈"⑨，强调的也都是"奇"字、

---

① 焦竑：《古城答问》，《澹园集》，中华书局 1999 年，第 735 页。

② 李九功、沈从先、李嗣玄：《西海艾先生行略》，[比利时] 钟鸣旦、杜鼎克编：《耶稣会罗马档案馆明清天主教文献》第十二册，利氏学社 2002 年，第 245 页。

③ 韩霖、张赓：《耶稣会西来诸位先生姓氏》，转引自潘凤娟：《西来孔子艾儒略——更新变化的宗教会遇》，橄榄基金会出版部 2002 年，第 28 页。

④ 叶向高：《职方外纪序》，[意] 艾儒略著、谢方校释：《职方外纪校释》，中华书局 2000 年，第 13 页。

⑤ 陆次云：《八纮译史》例言，四库全书存目丛书编纂委员会编：《四库全书存目丛书》"史部" 256 册，齐鲁书社 1995 年，第 25 页。

⑥ [意] 柯毅霖著，王志成等译：《晚明基督论》，四川人民出版社 1999 年，第 3 页。

⑦ 李九功、沈从先、李嗣玄：《西海艾先生行略》，钟鸣旦、杜鼎克编：《耶稣会罗马档案馆明清天主教文献》第十二册，第 247—248、252 页。

⑧ 参见韩霖、张赓：《耶稣会西来诸位先生姓氏》，第 9 页；转引自潘凤娟：《西来孔子艾儒略——更新变化的宗教会遇》，第 28 页。

⑨ 苏及宇：《邪毒实据》，郑安德编辑：《明末清初耶稣会思想文献汇编(修订重印)》第五卷，第 112 页。

"异"字。艾儒略在中国耶稣会士中享有如此之高的声誉,与其用汉文撰写了大量著述有关。据相关统计,其汉文著述多达二十三种,较利玛窦二十一种为多,是明末汉文著述最多的传教士。其中《职方外纪》被学界认为是一部"令人闻所未闻"的奇书。①

如何向晚明士人介绍一个他们未曾了解过的不同于传统"西域"的"西方"——"泰西"呢? 这是一个令利玛窦、艾儒略等"西儒"颇费思量的问题。他们期望让中国人知晓"泰西"并非一个传统意义上的周边藩属的蛮夷之地,而是一个文明高度发达的地区,那里的文明不仅足以与中国发达的文明比肩,甚至还在某些方面要超过中国。在《职方外纪》的编译过程中,艾儒略以自己独特的巧思设计了一个传述"异闻"的编辑策略,突出西方的"奇",以迎合中国人猎奇的趣味。《职方外纪》是在杨廷筠的协助下完成的,天启三年(1623)秋天付梓。明刊本原署名为"西海艾儒略增译,东海杨廷筠汇记"。"汇记"是指文字加工润饰,所谓"订其芜拙",使文字显得比较雅驯,合乎中国读者的阅读习惯。该书两人同时署名,不难判断杨廷筠在编纂过程中出力甚多。

《职方外纪》全书分五卷,书前有《万国全图》《北舆地图》《南舆地图》;卷前有《五大州总图界度解》,简单阐明了关于地球科学的自然地理总论,包括天体原理、地圆说和五大洲观念。加上其他几种亚细亚、欧逻巴、利未亚、南北亚墨利加四洲地图,完整的《职方外纪》地图应有七幅,不过现有的各种明刻本或藏本部分地图佚失,或藏本印刷时便缺少某些地图。王永杰曾告知,经其比对,各本中的同一种地图基本一致。关于地图名称,前三种图名均已在图内,后四种地图,均在其右上角标有名称(亚细亚图、欧逻巴图、利未亚图、南北亚墨利加图)。书中每洲都各先有总说,除墨瓦蜡尼加外,后均分国别和地区进行介绍。第一至第三卷各叙述一个大陆,卷一讲亚细亚,对《大明一统志》诸书中已详载的内容多"不复赘",而"略撮职方之所未载者于左";②卷二讲欧逻巴,对于中国人来说,这是一个完全陌生的世界,指出这是"天下第二大州""共七十余国"③,极为详细地介绍了西班牙、法兰西、意大利、德国、法兰德斯、波兰、乌克兰、丹麦、希腊、莫斯哥,以及地中海诸岛

---

① 陆次云:《八纮译史》例言,四库全书存目丛书编纂委员会编:《四库全书存目丛书》"史部"256册,第25页。

② 王庸:《中国地理学史》,第107—108页。

③ [意]艾儒略著,谢方校释:《职方外纪校释》,第67页。

国;卷三讲利未亚,这也是中国人不熟悉的"天下第三大州","其地中多旷野,野兽极盛。有极坚好文彩之木,能入水土千年不朽者";称该洲多"异兽","因其处水泉绝少,水之所潴,百兽聚焉,更复异类相合,辄产奇形怪状之兽"①。卷四包括两个大陆,一是南北亚墨利加,另一是墨瓦蜡尼加,分别介绍美洲和南太平洋的一些岛屿,以及南极洲等若干想象中的大陆。卷五为四海总说,介绍分布在地球上的海洋世界,其中有些部分是关于海洋名称、海岛、海族和海产等。②艾儒略没有采用欧洲中心主义的观念,将欧洲排在全书的最前面,而是采取了亚细亚、欧逻巴、利未亚、南北亚墨利加四洲的编纂结构。这一世界地理的叙述模式,对后来汉文世界地理著述的编纂产生了深远的影响,如林译《四洲志》就一改原书《世界地理百科全书》中欧洲、亚洲、非洲、美洲和澳洲的论述模式,先述亚洲,然后依次是非洲、欧洲和美洲,之后问世的《海国图志》和《瀛环志略》,也都有《职方外纪》的影子。

第二节　《职方外纪》绘制的世界图像与引入的新奇知识

在《职方外纪》的编译过程中,艾儒略主要采用传述"异闻"的编辑策略,突出西方的"奇",以迎合中国人猎奇的趣味。《职方外纪》非常注意强调介绍一些"奇俗""奇政""奇城""奇物""奇人""奇事"和"奇兽",着力使用"奇"字来刻画之处多达二十一处,如"西把尼亚有三'奇',有一桥万羊牧其上,有一桥水流其上,有一城以火为城池";英国则"有三奇事:一、鱼味甚佳,而皆无鳍翅;一、天静无风,倏起大浪,舟楫遇之,无不破;一、有小岛无根,因风移动,人弗敢居,而草木极茂,孳息牛羊豕类极多"③;托莱多城的天主教堂中的"奇物"、"花素奇巧"的伯多禄圣人之殿、"宏丽奇巧"的月神庙"殆非思议所及"。④ 称西班牙塞维利亚"金银如土,奇物无数";称印度南部"有二奇木,其一名阴树,花形如茉莉,且昼不开,至夜始放,向晨尽落地矣。国人好卧于树下,至早花覆满身。其一木不花而实,人不可食,其枝飘扬下垂,附地便生根若柱,如是岁久,结成巨林,国人荫其下,无异屋宇,至有

①　［意］艾儒略著,谢方校释:《职方外纪校释》,第105页。
②　［意］艾儒略著,谢方校释:《职方外纪校释》,第149—151页。
③　［意］艾儒略著,谢方校释:《职方外纪校释》,第103页。
④　［意］艾儒略著,谢方校释:《职方外纪校释》,第35页。

容千人者,其树之中近原干处,则以供佛,名菩萨树"①。今属伊朗的"忽鲁谟斯"被当地人称为"天下若一戒指,此地则戒指中之宝物"。此地"百货骈集,人烟辐辏,凡海内极珍奇难致之物,往辄取之如寄"②。如"罗玛城奇观","国王又造一瞻礼大堂,高大奇巧无比";乌克兰的奇观"有四水甚奇;其一从地中喷出,即凝为石;其一冬月常流,至夏反合为冰;其一以铁投之便如泥,再镕又成精铜;其一水色沉绿,冻则便成绿石,永不化矣"③。即使在介绍耶稣神灵事迹时,也不忘用"奇"字来表述:"其后耶稣肉身升天,诸弟子分散万国,阐明经典,宣扬教化,各著神奇事迹,亦能令病者即愈,死者复生,又能驱逐邪魔。"④又称铁岛(今译哈罗岛)有:"名曰圣迹水,言天主不绝人用,特造此奇异之迹以养人。各国人多盛归,以为异物。"⑤

　　艾儒略在天启三年(1623)所写的自序中也多处强调该书所传送的是"五方万国之奇诡不穷"的知识,而通过对这些奇异知识的"探奇览秀,以富襟怀,以开神智"⑥。《职方外纪》通过有关整个世界的各种奇风异俗、奇人异事、野草仙花、海岛怪兽等大量新奇信息的描述,为中国人展示了一幅全球自然世界和人文世界的壮丽图景。全书在绘制世界图像的过程中将介绍域外各地的新奇知识作为叙述策略,文字奇特,充满了各种丰富、奇诡、变幻的记述。这一点曾为陆鸿基所注意⑦,可惜其文并未就此详细展开分析。

　　1. 奇俗、奇政

　　从利玛窦起,耶稣会士就着力向中国人介绍欧洲的器物工艺品、地图和绘画艺术等,并力图通过介绍众多奇事奇物,在风俗、制度、伦理层面,乃至于文化景观和文化制度上来介绍欧洲的文明,以便让中国士人折服。《职方外纪》表述的内容涉及服饰礼仪、饮食起居、建筑特色、生产活动、婚丧习俗、法律教育、宗教信仰、社会保障、文化人物等。该书中所描绘的欧洲图像特别细致,称:

①　［意］艾儒略著,谢方校释:《职方外纪校释》,第40页。
②　［意］艾儒略著,谢方校释:《职方外纪校释》,第46页。
③　［意］艾儒略著,谢方校释:《职方外纪校释》,第96页。
④　［意］艾儒略著,谢方校释:《职方外纪校释》,第53页。
⑤　［意］艾儒略著,谢方校释:《职方外纪校释》,第117页。
⑥　［意］艾儒略著,谢方校释:《职方外纪校释》,第2页。
⑦　Luk, Bernard Hung-Kay, "A Study of Giulio Aleni's *Chih-fang wai chi*", *Bulletin of the School of Oriental and African Studies*, No. 1, 1977, pp. 58 – 84.

　　君臣冠服各有差等，相见以免冠为礼。男子二十已上概衣青色，兵士勿论。女人以金宝为饰，服御罗绮，佩带诸香，至四十及未四十而寡者即屏去，衣素衣。酒悉以葡萄酿成，不杂他物。其酒可积至数十年，当生子之年酿酒，至儿年三十娶妇时用之，酒味愈美。……其国俗虽多酒，但会客不以劝饮为礼。偶犯醉者，终身以为诟辱。饮食用金银玻璃及磁器。天下万国坐皆席地，惟中国及欧逻巴诸国知用椅卓(桌)。其屋有三等，最上者纯以石砌，起次砖为墙柱，木为栋梁，其下土为墙，木为梁柱。石屋砖屋筑基最深，可上累六七层，高至十余丈。地中亦有一层，既可窨藏，亦可除湿。瓦或用铅，或轻石板，或陶瓦。凡砖石屋皆历千年不坏。墙厚而实，外气难通，冬不寒而夏不溽。

　　欧洲"土多肥饶，产五谷，米麦为重，果实更繁。出五金，以金银铜铸钱为币。衣服蚕丝者，有天鹅绒织金段之属，羊绒者，有毯罽锁哈剌之属。又有苧麻之类名利诺者，为布绝细而坚，轻而滑，大胜棉布，敝则可捣为纸，极坚韧，今西洋纸率此物。"生产制作分为"木工、石工、画工、塑工、绣工之类，皆颇知度数之学，制造备极精巧。凡为国工者，皆考选用之"。① 该书特别讨论令国人惊奇的欧洲婚姻习俗，如称各国"国主互为婚姻"，婚娶"男子大约三十，女子至二十外，临时议婚，不预聘通。国之中皆一夫一妇，无敢有二色者"。② 而教皇又是不婚不娶："教皇皆不婚娶，永无世及之事，但凭盛德，辅弼大臣公推其一而立焉。欧逻巴列国之王虽非其臣，然咸致敬尽礼，称为圣父神师，认为代天主教之君也，凡有大事莫决，必请命焉。其左右尝简列国才全德备，或即王侯至戚五六十人，分领教事。"③

　　《职方外纪》将欧洲诸国的制度文化也作为奇政加以介绍。首先艾儒略称赞位于亚洲东南的中国："自古帝王立极，圣哲递兴，声名文物礼乐衣冠之美，与夫山川土俗物产人民之富庶，远近所共宗，仰其北极。"指出中国与周边的"鞑靼、西番、女直、朝鲜、琉球、安南、暹罗、真腊之类"维持着一种"朝贡属国"的关系。④ 在介绍欧洲诸国时，艾儒略就强调世上万国各有不同的政治体制：如意大利西北的"勿搦祭亚"(今译威尼斯)"无国王，世家共推

　　① ［意］艾儒略著，谢方校释：《职方外纪校释》，第67—68 页。
　　② ［意］艾儒略著，谢方校释：《职方外纪校释》，第67 页。
　　③ ［意］艾儒略著，谢方校释：《职方外纪校释》，第84 页。
　　④ ［意］艾儒略著，谢方校释：《职方外纪校释》，第32—33 页。

一有功德者为主"①。"亚勒玛尼亚"(今译日耳曼、德意志)又是另一种体制,"国王不世及,乃其七大属国之君所共推者。或用本国之臣,或用列国之君,须请命教皇立之"②。中世纪德意志分为七个大的侯国,即所谓"七大属国",侯国的统治者为帝选侯,国王从七个帝选侯中产生。"亚勒玛尼亚"东北有"波罗尼亚"(今译波兰),"国王亦不传子,听大臣择立贤君。其王世守国法,不得变动分毫。亦有立其子者,但须前王在位时预拟,非预拟不得立。即推立本国之臣或他国之君,亦然"③。1569 至 1795 年成立统一的波兰共和国,所以国王不传子,由大臣择立贤君。"其王世守国法,不得变动分毫"一句显然是针对专制制度而进行的解说。当然也有政教合一的政治体制,如"莫斯哥未亚"(今译莫斯科大公国),国中"惟国王许习文艺,其余虽贵戚大臣亦禁学,恐其聪明过主,为主辱也。故其国有'天主能知,国主能知'之谚。今亦稍信真教。其王常手持十字,国中亦传流天主之经,或圣贤传记无禁矣"④。书中还专门描述欧洲曾经实行过的"天理堂"制度:"选盛德弘才无求于世者主之。凡国家有大举动大征伐,必先质之此堂,问合天理与否。拟以为可,然后行之。"⑤中世纪一些国家的长老会议,仍然保留了古罗马帝政时代元老院的民主商议特点,后来亦成为近代议会制度的前身。⑥ 上述从奇政的角度介绍西方国体、政体的内容虽然浅显,但已然可以视为早期介绍西方不同国家政体国体最初的知识。

书中还给国人介绍闻所未闻的欧洲法院制度:

> 欧逻巴诸国赋税不过十分之一,民皆自输,无征比催科之法。词讼极简,小事里中有德者自与和解;大事乃闻官府。官府听断不以己意裁决,听凭法律条例,皆从前格物穷理之王所立,至详至当。官府必设三堂:词讼大者先诉第三堂,不服,告之第二堂,又不服,告之第一堂,终不服,则上之国堂。经此堂判后,人无不听于理矣。讼狱皆据实,诬告则告者与证见即以所告之罪坐之。若告者与诉者指言证见是仇,或生

① [意]艾儒略著,谢方校释:《职方外纪校释》,第 85 页。
② [意]艾儒略著,谢方校释:《职方外纪校释》,第 92 页。
③ [意]艾儒略著,谢方校释:《职方外纪校释》,第 95 页。
④ [意]艾儒略著,谢方校释:《职方外纪校释》,第 100 页。
⑤ [意]艾儒略著,谢方校释:《职方外纪校释》,第 74 页。
⑥ [意]艾儒略著,谢方校释:《职方外纪校释》,第 75 页注释22。

平无行，或尝经酒醉，即不听为证者。凡官府判事，除实犯真赃外，亦不事先加刑，必俟事明罪定，招认允服，然后刑之。官亦始终不加骂詈，即词色略有偏向，讼者亦得执言不服，改就他官听断焉。吏胥饩廪虽亦出于词讼，但因事大小以为多寡，立有定例，刊布署前，不能多取。故官府无恃势剥夺，吏胥无舞文诈害。此欧逻巴刑政之大略也。①

书中也介绍了与传统中国不同的教育制度，较为详细地描述了"欧逻巴诸国"的大学、中学和小学，指出"小学选学行之士为师，中学、大学又选学行最优之士为师，生徒多者至数万人。其小学曰文科，有四种：一古贤名训，一各国史书，一各种诗文，一文章议论。学者自七八岁学，至十七八学成，而本学之师儒试之"。优秀者则升入中学，中学主要学习"理学"，分为"落日加"（拉丁语 logica，逻辑学的音译）、"费西加"（拉丁语 physica，物理学的音译）和"默达费西加"（拉丁语 metaphysics，形而上学的音译）三科目。学成后通过"本学师儒"的测试，然后优秀者再升入大学。大学分为四科，由学生自择。一曰医科，主疗病疾；一曰治科，主习政事；一曰教科，主守教法；一曰道科，主兴教化。也是通过数年的学习后，再经过"师儒有严考阅之"。在这"四科大学之外"，还有"度数之学（数学）""算法家（代数学）""量法家（测量学）""律吕家（乐理学）""历法家（天文学）"等②。

"落日加""费西加"和"默达费西加"等古怪的音译名无疑使中国学人感到新奇不已。《职方外纪》还相当详细地刻画了欧洲人的宗教：

> 欧逻巴国人奉天主正教，在遵持两端：其一，爱敬天主万物之上；其一，爱人如己。爱敬天主者，心坚信望仁三德，而身则勤行瞻礼工夫。其瞻礼殿堂自国都以至乡井，随在建立。复有掌教者专主教事，人皆称为神父，俱守童身，屏俗缘，纯全一心，敬事天主，化诱世人。其殿堂一切供亿，皆国王大臣民庶转输不绝，国人群往归马。每七日则行公共瞻礼，名曰弥撒。此日百工悉罢，通国上下往焉，听掌教者讲论经典，劝善戒恶。女妇则另居一处听讲，男女有别。其爱人如己：一是爱其灵魂，使之为善去恶，尽享天生之福；二是爱其形躯，如我不慈人，天主亦不慈我。

① ［意］艾儒略著，谢方校释：《职方外纪校释》，第72—73页。
② ［意］艾儒略著，谢方校释：《职方外纪校释》，第69页。

　　正是在这一宗教传统的熏陶下,艾儒略还特别介绍了欧洲的慈善机构和社会保障机制:

　　　　欧逻巴人俱喜施舍,千余年来,未有因贫鬻子女者,未有饥饿转沟壑者。在处皆有贫院,专养一方鳏寡孤独。处其中者,又各有业,虽残疾之人亦不废。如瞽者运手足,痹者运耳目,各有攸当,务使曲尽其才,而不为天壤之废物。又有幼院,专育小儿,为贫者生儿举之无力,杀之有罪,故特设此院,令人抚育,以全儿命。

　　病院(医院)"大城多至数十所,有中下院处中下人,有大人院处贵人。凡贵人若羁旅、若使客,偶患疾病,则入此院。院倍美于常屋,所需药物悉有主者掌之,预备名医,日与病者诊视,复有衣衾帷幔之属,调护看守之人。病愈而去,贫者量给资斧。此乃国王大家所立,或城中人并力而成,月轮一大贵人总领其事,凡药物饮食皆亲自验视之"。另外还设有失物招领处,"人遇道中遗物或兽畜之类,必觅其主还之,弗得主则养之。国中每年数日定一公所,认识遗畜,失者与得者偕来会集。如遇原主,则听其领去,如终弗得主,则或宰肉或卖价,以散贫人。若拾金银宝物,则书于天主堂门外,令人来识。先令预言其状,如一一符合,即以还之,不得主,亦散于贫乏"。[①] 其实我们知道,当时宗教改革导致的分裂已经席卷整个欧洲大陆,欧洲文化界已不再是罗马天主教会制定教义的一统天下了,但是艾儒略的设计故意回避了这些充满冲突的因素,而突出了欧洲实践基督教仁爱原则,为平民提供住所、为流浪者提供庇护所、为无所依凭的孤儿提供孤儿院和为病人提供医院的慈善制度。

　　2. 奇城、奇物

　　《职方外纪》在绘制世界图像所介绍的欧洲各国"奇城""奇物"中,对西班牙和意大利的介绍最为详细,这与作者艾儒略为意大利耶稣会士,以及所据的西班牙传教士庞迪我和意大利传教士熊三拔的初稿抄本原本有关。书中对两国的城市图像的描写特别生动。如称西班牙:

　　　　国中有二大名城;一曰西未利亚(Sevilla,今译塞维利亚),近地中

---

① 　[意]艾儒略著,谢方校释:《职方外纪校释》,第70—71页。

海，为亚墨利加诸舶所聚，金银如土，奇物无数，又多阿利袜果，有一林长五百里者。一名多勒多城（Toledo，今译托莱多），在山之巅，取山下之水以供山上，其运水甚艰。近百年内有巧者制一水器，能盘水直至山城，而绝不赖人力，其器昼夜自能转动也。又有浑天象，其大如屋，人可以身入其中，见各重天之运动，其度数皆与天合。相传制此象者注想十七年，造作三年，曾未重作一轮。其境内有河，曰寡第亚纳，伏流地中百余里，穿窿若桥梁，其上为牧场，畜牛羊无算。有塞恶未亚城（Segovia，今译塞哥维亚），乏甘泉，遥从远山递水，架一石梁，梁上作水道，擎以石柱，绵亘数十里。又一都城，悉皆火石砌成。故本国有言：以西把尼亚有三奇，有一桥万羊牧其上，有一桥水流其上，有一城以火为城池也。"

对托莱多城的天主教堂有很详细的描述，称其：

创建极美，中有金宝祭器不下数千。有一精巧银殿，高丈余，阔丈许，内有一小金殿，高数尺，其工费又皆多于本殿金银之数。其黄金乃国人初通海外亚墨利加所携来者，贡之于王，王用以供天主耶稣者。近来国王又造一瞻礼大堂，高大奇巧无比，修道之士环居焉，其内可容三国之王，水泉四十余处。堂前有古王像六位，每位高一丈八尺，乃黑白玉琢成者。堂内有三十六祭台，中台左右有编箫二座，中各有三十二层，每层百管，管各一音，合三千余管，凡风雨、波涛、呕吟、战斗，与夫百鸟之声，皆可模仿，真奇物也。又有书堂，阔三十步，长一百八十步，周列诸国经典书籍，种种皆备，即海外额勒济亚国（希腊）之古书，亦以海舶载来，贮于此处。①

对于意大利首都罗马的城市景观，艾儒略有身临其境的描述：

（意大利）最大者曰罗玛，古为总王之都，欧逻巴诸国皆臣服焉。城周一百五十里，地有大渠，名曰地白里（Tevere，今译特韦雷河），穿出城外百里，以入于海。四方商舶悉输珍宝骈集此渠。自古名贤多出此地。

---

① ［意］艾儒略著，谢方校释：《职方外纪校释》，第 75—77 页。

曾建一大殿,圜形宽大,壮丽无比,上为圆顶,悉用砖石,砖石之上,复加铅板。当瓦顶之正中,凿空二丈余以透天光,显其巧妙,供奉诸神于内。此殿至今二千余年尚在也。①

"圜形宽大,壮丽无比"的"大殿"即著名的罗马万神殿。他还提及了罗马贵族的避暑胜地弗拉斯卡蒂和圣彼得大教堂,前者在苑"中造流觞曲水,机巧异常,多有铜铸各类禽鸟,遇机一发,自能鼓翼而鸣,各有本类之声。西乐编箫,最有巧音,然亦多假人工风力成音。此苑中有一编箫,但置水中,机动则鸣,其音甚妙。此外又有高大浑全石柱,外周画镂古来王者形象故事,灿然可观。其内则空虚,可容几人登陟上下,如一塔然"。"伯多琭圣人之殿悉用精石制造,花素奇巧,宽大可容五六万人,殿高处视在下之人如孩童然"②。《职方外纪》还首次以"奇事"与"奇观"的角度介绍了比萨斜塔:"昔有二大家争为奇事,一家造一方塔,高出云表,以为无复可逾。一家亦建一塔,与前塔齐。第彼塔直耸,此则斜倚若倾,而今已历数百年未坏,直耸者反将颓矣。"③

在世界奇物方面最为突出是介绍奇景——即有关"天下七奇"的介绍。关于"天下七奇"的个别记述,在 13 世纪上半叶的中国文献中已经出现,如南宋赵汝适的《诸蕃志》中"遏根陀国"条称:

> 相传古人异人徂葛尼,于濒海建大塔,下凿地为两屋,砖结甚密,一窖粮食,一储器械,塔高二百丈,可通四马齐驱而上,至三分之二,塔心开大井,结渠透大江以防他国兵侵,则举国据塔以拒敌,上下可容二万人,内居守而外出战。其顶上有镜极大,他国或有兵船侵犯,镜先照见,即预备守御之计。近年为外国人投塔下。执役扫洒数年,人不疑之,忽一日得便,盗镜抛沉海中而去。④

据夏德、柔克义的译注,"遏根陀"为"Isk-anderiah"之阿拉伯语对音,指亚历山大港。"徂葛尼"为"Dhu-l Karnein"之阿拉伯语对音,是建立亚历山

---

① [意] 艾儒略著,谢方校释:《职方外纪校释》,第 84 页。
② [意] 艾儒略著,谢方校释:《职方外纪校释》,第 85 页。
③ [意] 艾儒略著,谢方校释:《职方外纪校释》,第 86—87 页。
④ 赵汝适著,杨博文校释:《诸蕃志校释》,中华书局 2000 年,第 123 页。

大港的亚历山大大帝。"大塔"即法罗斯灯塔①。由于这一记述并没有放在
"天下七奇"的框架内,因此有学者认为,《坤舆图说》"是第一次将西方世界
七大奇迹的概念传入中国"②。其实,第一次在汉文文献中介绍"天下七奇"
概念的是艾儒略。《职方外纪》曾提及了"七奇"中的三奇:一是罗得岛的巨
人铜像③。二是埃及金字塔:"昔国王尝凿数石台,如浮屠状,非以石砌,是
择大石如陵阜者,铲削成之。大者下趾阔三百二十四步,高二百七十五级,
级高四尺,登台顶极力远射,箭不能越其台趾也。"④但是在叙述这两处奇迹
时尚未提出"天下七奇"的概念。第三处即卷一"亚细亚洲"介绍的"轵而
鞑"一节中提及的"厄佛俗",称:"迤西旧有女国,曰亚玛作搦,最骁勇善战。
尝破一名都曰厄佛俗,即其地建一神祠,宏丽奇巧,殆非思议所及。西国称
天下有'七奇',此居其一。"⑤文中的"厄佛俗"(Ephesus),今译"以弗所",
所谓"宏丽奇巧"的"神祠",即阿耳忒弥斯神殿(Temple of Artemis),是世界
七大奇迹之一。由"西国称天下有'七奇'"一句可见,艾儒略已首次将"七
奇"的概念引入中国。但艾儒略在《职方外纪》中仅仅提及"七奇"的概念,
而没有如《坤舆图说》一般充分铺陈。以形象化的图文对"七奇"文化景观
加以全面展示的工作,是由南怀仁的《坤舆图说》完成的。

　　荷兰学者许理和指出,《职方外纪》所描述的关于欧洲的知识与实际相
差很远。泰西在艾儒略的笔下被描述成稳定的福利国家,公义畅行,社会和
谐,慈善机构和教育体制完善,一派欣欣向荣的气象。介绍给中国人的内容
经过严格筛选,任何对欧洲可能产生不良影响的内容统统删去。对肆虐欧
洲的持续战事、宗教裁判所和宗教迫害,都缄口不谈。当然也不会向中国透
露有关新教改革的信息。《职方外纪》力图强调的是欧洲文明浸淫在天主教
信仰的环境下,这是欧洲能够创造自身奇迹的关键。艾儒略在书中还采取
了一种简化矛盾的方法,如将阿勒马尼亚(今译德国)和意大利亚说成是独
立的国家,将欧洲描绘成由"国"(states)组成,受"王"(king)统治,力图将欧
洲看成是单一的实体:欧洲人分享着统一的道德准则,并且建立的是整齐

①　赵汝适著,杨博文校释:《诸蕃志校释》,第124页。
②　梁若愚:《南怀仁〈七奇图说〉——兼论清人对〈七奇图说〉的排斥与接受》,汤开建主编:
《澳门历史研究》2006年11月第5期。
③　[意]艾儒略著,谢方校释:《职方外纪校释》,第64页。
④　[意]艾儒略著,谢方校释:《职方外纪校释》,第110页。
⑤　[意]艾儒略著,谢方校释:《职方外纪校释》,第35页。

划一的制度。而实际上每个地区的情况复杂，许多是大大小小的王国、公国、封建领地，教皇国以及独立的城邦组成的地区而已。该书似乎暗示欧洲采用的是一套统一的民法和刑法，法官由各国任命，官员由国王任命并定期向国王述职，没有提及欧洲的世袭贵族制度。这种简化矛盾和强调共性的出发点当然是为了迎合中国士大夫的理想和期望，似乎欧洲也是完善的中央集权制的国家，有一个事无巨细、统一包办的政府，依据崇高的道德原则来治理，官员清正廉洁。皈依基督教的士大夫和那些同情基督教的知识分子在这样一个错误的意象里，很容易找到和他们理想的儒家社会之间的关联，并认同基督教。在中国上古三皇五帝时代曾经出现过的"太平盛世"似乎仍然存在于欧洲。① 这种儒家理想社会在欧洲的现世，本身就成为一种奇迹，而创造这种种奇事、奇器、奇景、奇物和奇迹的就是天主教。

3. 奇人

值得注意的是，《职方外纪》着重描述了一些西方"奇人"的图像，如在"亚墨利加总说"中特别提到创造了地理大发现奇迹的哥伦布和麦哲伦：

初，西土仅知有亚细亚、欧逻巴、利未亚三大州，于大地全体中止得什三，余什七悉云是海。至百年前，西国有一大臣名阁龙者，素深于格物穷理之学，又生平讲习行海之法，居常自念天主化生天地，本为人生据所，传闻海多于地，天主爱人之意恐不其然，毕竟三州之外，海中尚应有地。……一日行游西海，嗅海中气味，忽有省悟，谓此非海水之气，乃土地之气也，自此以西，必有人烟国土矣。因闻诸国王，资以舟航粮糗器具货财，且与将卒，以防寇盗，珍宝以备交易。阁龙遂率众出海，展转数月，茫茫无得，路既危险，复生疾病，从人咸怨欲还。阁龙志意坚决，只促令前行。忽一日舶上望楼中人大声言有地矣，众共欢喜，颂谢天主，亟取道前行，果至一地。初时未敢登岸，因土人未尝航海，亦但知有本处，不知海外复有人物。且彼国之舟向不用帆，乍见海舶既大，又驾风帆迅疾，发大炮如雷，咸相诧异，或疑天神，或谓海怪，皆惊窜奔逸莫

① ［荷］许理和：《跨文化想象：耶稣会士与中国》，李炽昌主编：《文本实践与身份辨识：中国基督教徒知识分子的中文著述(1583—1949)》，上海古籍出版社2005年，第11—13页。

敢前。舟人无计与通，偶一女子在近，因遗之美物、锦衣、金宝、装饰及玩好器具，而纵之归。明日，其父母同众来观，又与之宝货。土人大悦，遂款留西客，与地作屋，以便往来。阁龙命来人一半留彼，一半还报国王，致其物产。①

这是目前笔者所见汉文文献中最早的关于意大利航海家哥伦布到达美洲的记述。之后还介绍了葡萄牙航海家麦哲伦环游世界之事迹。后文讲到的"亚墨利哥者，至欧逻巴西南海，寻得赤道以南之大地，即以其名名之，故曰亚墨利加"②，也是汉文文献中首次有关意大利人亚美利哥·维斯普奇（Amerigo Vespucci，1451—1512）航行到南美，肯定此为新大陆，后人以其名字名此新大陆的史实记述。在介绍这些航海探险家的过程中，艾儒略毫不吝啬地运用了"惊奇""震慑"的字眼，突出他们的"非凡事迹"。③ 有意思的是，即使在地名翻译上，艾儒略也尽可能表达出其"奇异"之味，如遵循利玛窦的译法，将 Florida（今译佛罗里达）译成"花地"，还独创性地将今南美洲的"火地岛"（Tierra del Fuego）首次译为"火地"④，因为那里很多印第安人经常在南岸燃烧篝火。这种译介的出发点，显然都是为了求奇求趣。

该书还从"奇人"的角度，最早提到了一批欧洲重要的思想家和著名学者，如介绍希腊时提到了埃维亚的海潮一天有七次，"名士亚利斯多（即亚里士多德）遍穷物理，惟此潮不得其故，遂赴水死。其谚云：'亚利斯多欲得此潮，此潮反得亚利斯多。'"⑤在介绍意大利时称古希腊西西里岛人亚而几墨得（即阿基米德）有"三绝"奇计：

　　尝有敌国驾数百艘临其岛，国人计无所出，已则铸一巨镜，映日注射敌艘，光照火发，数百艘一时烧尽。又其王命造一航海极大之舶，舶

---

① ［意］艾儒略著，谢方校释：《职方外纪校释》，第119—120页。
② ［意］艾儒略著，谢方校释：《职方外纪校释》，第120页。
③ 受《职方外纪》的影响，藏人敏珠尔四世19世纪上半期完成的《世界广说》特别将意味着统治力之神圣性和普世性的佛教"转轮王"尊号，授予哥伦布。参见魏毅：《〈世界广说〉（'Dzam gling rgyas bshad）Me-pa-rā-dza 考——兼评哥伦布"转轮王"尊号之由来》，李庆新主编：《海洋史研究》2018年第1期，第250—267页。
④ ［意］艾儒略著，谢方校释：《职方外纪校释》，第141、143页。
⑤ ［意］艾儒略著，谢方校释：《职方外纪校释》，第98—99页。

成,将下之海,计虽倾一国之力,用牛马骆驼千万,莫能运舟。几墨得营运巧法,第令王一举手,舟如山岳转动,须臾下海矣。又造一自动浑天仪十二重,层层相间,七政各有本动,凡日月五星列宿运行之迟疾,一一与天无二。其仪以玻璃为之,重重可透视,真希世珍也。①

在介绍丹麦时谈到了著名天文学家地谷白剌格(即第谷),称其“酷嗜玛得玛第加(即数学)之学。尝建一台于高山绝顶,以穷天象,究心三十余年,累黍不爽。其所制窥天之器,穷极要妙。后有大国王延之国中,以传其学,今为西土历法之宗”②。在介绍意大利的部分中则特别提及了那不勒斯西北亚既诺(Cassino,今译卡西诺市)圣人多玛斯(Saint Thomas Aquinas,1224—1274,今译圣托玛斯·阿奎那)。

在介绍博乐业城(Bologna,今译博洛尼亚)时,艾儒略刻意称赞那里“因多公学,名为学问之母”③。因为该城的波伦亚大学是世界上最古老的大学,建于 1088 年,故有“学问之母”之称。“国人极好学,有共学,在撒辣蔓加(即建立于 1218 年的萨拉曼卡大学)与亚而加辣(即 16 世纪的埃纳雷斯堡大学)二所,远近学者聚焉,高人辈出,著作甚富,而陡禄日亚(即神学,theologia 的音译)与天文之学尤精。古一名贤曰多斯达笃者,居俾斯玻(即主教,西班牙文 episcopado,源于希腊文 episcopos 的音译)之位,著书最多,寿仅五旬有二,所著书籍就始生至卒计之,每日当得三十六章,每章二千余言,尽属奥理。后人绘彼像,两手各持一笔,章其勤敏也。”④“多斯达笃”每天用双手写作,完成七万两千字,较之现代电脑亦毫不逊色,真可谓“奇人”也。谢方校释中“多斯达笃”未能注出⑤。杨绛顺藤摸瓜,据《堂吉诃德》一书考证出这位主教 el Tostado 是阿维拉(Avila)主教堂阿朗索·李贝拉·台·马德里加尔(Don Alonso Ribera de Madrigal,1400?—1455),“多斯达笃”是个绰号,因为他血统里混有吉普赛人的血统,面色焦黄,所以绰号“焦黄脸儿”,后在西班牙多用来称呼多产的作家。“多斯达笃”是中国文献里

---

① [意]艾儒略著,谢方校释:《职方外纪校释》,第 87 页。
② [意]艾儒略著,谢方校释:《职方外纪校释》,第 97 页。
③ [意]艾儒略著,谢方校释:《职方外纪校释》,第 86 页。
④ [意]艾儒略著,谢方校释:《职方外纪校释》,第 76 页。
⑤ [意]艾儒略著,谢方校释:《职方外纪校释》,第 76、80 页。

最早出现的西班牙作家①。书中在介绍葡萄牙时特别提到了"国中共学""陁物辣"和"哥应拔"，即 1559 年创设的埃武拉(Evora)大学和 1290 年创设的哥因布拉(Coimbra)大学。并称"其讲学名贤曾经国王所聘，虽已辍讲，亦终身给禄不绝。欧逻巴高士多出此学"。其中特别提到了"近有耶稣会士苏氏著陡禄日亚书，最精最广，超数百年名贤之上，其德更迈于文"。这位"奇人"，谢方也已经考出，即苏亚雷斯(Francisco Suârez，1548—1617)，系西班牙出生的天主教耶稣会神学家和哲学家，国际法奠基人之一。1597 至 1616 年在哥因布拉大学任教授。他著述的《全集》有二十八卷之多。"陡禄日亚书"系指他的《形而上学论文集》(Metaphysica，1597 年)，此书作为欧洲大多数大学的课本达百余年之久。②《职方外纪》旨在通过对这些奇人学者和大学的介绍，展示欧洲最值得骄傲的荣誉——高等院校、欧洲的考试制度，以及公共图书馆，以正面肯定其中所蕴含的人文主义精神内涵。

4. 奇兽

《职方外纪》介绍了很多"奇兽"。普塔克曾经指出，《职方外纪》中提到过十几种动物，其中有真实存在的，也有虚构的——大部分是鸟、鱼、爬行动物和哺乳动物。一些动物当时在中国很有名，但并没有被赋予具有中国传统的名字，大部分的描述都是简短的。艾儒略受到同时代(或中世纪后期)欧洲习俗的启发，希望能提供新颖且不寻常的事物，书中所提及的许多不可思议的事物，很多是关于动物世界的，动物描述多被当作一种吸引中国读者注意力的工具。③ 如非洲有各种"奇形怪状之兽"④，卷三"利未亚总说"："地多狮，为百兽之王。凡禽兽见之，皆匿影。性最傲，遇之者若呕俯伏，虽饿时亦不噬也。千人逐之，亦徐行；人不见处，反任性疾行。惟畏雄鸡、车轮之声，闻之则远遁。又最有情，受人德必报之。常时病疟，四日则发一度。其病时躁暴猛烈，人不能制，掷之以球，则腾跳转弄不息。其近水成群处颇为行旅之害。昔国王尝命一官驱之，其官计无所施，惟擒捉几只，断其头足

---

① 杨绛：《〈堂吉诃德〉译余琐掇》，《读书》1984 年第 9 期；阿朗索·李贝拉·台·马德里加尔拉丁文著述甚丰，1615 年出版有他的全集多达 24 卷，其中多为警世格言。参见张铠：《中国与西班牙关系史》，大象出版社 2003 年，第 175 页。

② ［意］艾儒略著，谢方校释：《职方外纪校释》，第 78—82 页。

③ ［德］普塔克：《中欧文化交流之一面：耶稣会书件里记载的异国动物》，氏著，赵殿红、蔡洁华等译：《普塔克澳门史与海洋史论集》，第 301—326 页。

④ ［意］艾儒略著，谢方校释：《职方外纪校释》，第 105 页。

肢体,遍挂林中,后稍惊窜。"①非洲还"有兽如猫,名亚尔加里亚(今译灵猫),尾后有汗极香,黑人阱于木笼中,汗沾于木,干之以刀削下,便为奇香"②。

古代中国,象历来是稀罕之兽,白象尤甚。明朝洪武年间,相关记载多达十一次。洪武四年(1371)开始有贡象记录,最初是今越南中部和北部的安南"遣使贡象",洪武十年(1377)再次贡象。③ 洪武十五年(1383)位于今云南中部的景东贡献两头驯象。④ 洪武十七年(1384)云南元江也纷纷响应,派土官上朝贡象。⑤ 洪武二十年(1387),可能得知中国的皇帝朱元璋是大象的爱好者,真腊(今柬埔寨)遣使贡象五十九头,为了显示更大的诚意,洪武二十一年(1388),再度贡象二十八头,还贡献象奴三十四人。⑥ 真腊前后贡象八十七头,是为历史上同一皇帝统治时期贡象最多的纪录。洪武二十一年(1388),除安南贡象外,暹罗还贡象多达三十头。⑦ 洪武二十四年(1391)车里(今云南景洪)遣人贡象;同年,缅甸掸邦东部的八百媳妇土官也遣使贡象。⑧ 永乐大帝时期的贡象记录相对减少,不过贡象不仅来自周边少数民族,如今云南景谷一带的威远在永乐三年(1405),首先贡象;⑨也有周边藩属国家,如永乐四年(1406)越南西南部的占城请求明成祖出兵援助抗击安南,特别贡献白象一头。⑩ 永乐六年(1408)一向与中原不通使的老挝也遣使贡象。⑪ 永乐十四年(1416),近斯里兰卡的不剌哇贡象。⑫ 这是目前所知,位于东南亚较远国家的贡象记录。明宣宗宣德八年(1433)明政府在云南境内的东徜设置了长官司,是年东徜贡象。⑬ 同年,锡兰山(今斯里兰卡)通过海道运来驯象。⑭ 往后,明朝的贡象记录越来越少,景泰七年

① [意]艾儒略著,谢方校释:《职方外纪校释》,第105—106页。
② [意]艾儒略著,谢方校释:《职方外纪校释》,第114页。
③ 张廷玉等:《明史》卷三一二《云南土司传》,《二十五史》第10册,第8661页。
④ 张廷玉等:《明史》卷三二一《外国传》,第8686页。
⑤ 张廷玉等:《明史》卷三一四《云南土司传》,第8658页。
⑥ 张廷玉等:《明史》卷三二四《外国传》,第8696页。
⑦ 张廷玉等:《明史》卷三二四《外国传》,第8696页。
⑧ 张廷玉等:《明史》卷三一五《云南土司传》,第8668页。
⑨ 张廷玉等:《明史》卷三一四《云南土司传》,第8662页。
⑩ 张廷玉等:《明史》卷三二四《外国传》,第8695页。
⑪ 张廷玉等:《明史》卷三一六《贵州土司传》,第8668页。
⑫ 张廷玉等:《明史》卷三二六《外国传》,第8702页。
⑬ 张廷玉等:《明史》卷三一五《云南土司传》,第8664页。
⑭ 张廷玉等:《明史》卷三二六《外国传》,第8702页。

（1456）云南陇川有贡象。① 成化五年（1469）位于今云南镇康县北的湾甸有贡象。②

　　西方耶稣会士在华活动期间，仍有不少贡象事件，如万历十三年（1585），云南的车里内部发生分裂，大车里投靠缅甸，小车里依附中国，又献驯象。万历四十年（1612）老挝贡象，请求明朝再颁印。③ 明朝的最后一次贡象记录见之崇祯十六年（1643），暹罗除了贡象，还贡献象牙。④ 艾儒略在华期间可能也注意到贡象在中央政府和藩属国之间具有外交活动的意义。《职方外纪》记述印度南部"加得山"（今译高止山脉）"地产象，异于他种，能识人言。土人或命负物至某地，往辄不爽，他国象遇之则蹲伏"⑤。称非洲东北有大国"陀入多"（今译埃及）："此国最为强盛，善用象战，邻国大小皆畏服之。象战时以桑椹色视象，则怒而奔敌，所向披靡。"⑥白象在东南亚是王权的象征，是国势昌盛、人民丰衣足食的吉兆。永乐四年（1406）越南西南部的占城请求明成祖出兵援助抗击安南，特别贡献白象一头。⑦《明史》记述了嘉靖三十二年（1553）暹罗遣使贡献了一头白象，并惋惜地表示白象死于途中。⑧《职方外纪》记述印尼的"爪哇大小有二，俱在苏门答剌东南，离赤道南十度""海岛各自有主。多象，无马骡，仅产香料、苏木、象牙之属。不用钱，以胡椒及布为货币。人奸宄凶急，好作魔魅邪术。诸国每争白象，即治兵相攻击争白象者，白象所在，即为盟主也。"⑨历史上的东南亚人特别推崇白象，认为白象是代表雨神的奇兽，是生命和丰收的象征；印度教产生后，白象信仰和印度教融合，在印度教的神话中，白象也是印度教的主神、雷神和战神因陀罗的坐骑。在亚非很多地区，象代表着王权，象征着力量、稳固与智慧。

　　《职方外纪》卷一"印第亚"中称："有兽名独角，天下最少亦最奇，利未亚亦有之。额间一角，极能解毒。此地恒有毒蛇，蛇饮泉水，水染其毒，

①　张廷玉等：《明史》卷三一五《云南土司传》，第 8664 页。
②　张廷玉等：《明史》卷三一四《云南土司传》，第 8662 页。
③　张廷玉等：《明史》卷三二四《外国传》，第 8697 页。
④　张廷玉等：《明史》卷三二四《外国传》，第 8697 页。
⑤　［意］艾儒略著，谢方校释：《职方外纪校释》，第 40 页。
⑥　［意］艾儒略著，谢方校释：《职方外纪校释》，第 110 页。
⑦　张廷玉等：《明史》卷三二四《外国传》，第 8695 页。
⑧　张廷玉等：《明史》卷三二四《外国传》，第 8697 页。
⑨　［意］艾儒略著，谢方校释：《职方外纪校释》，第 61 页。

人兽饮之必死，百兽在水次，虽渴不敢饮，必俟此兽来以角搅其水，毒遂解，百兽始就饮焉。"①这一段文字较之利玛窦关于"独角"兽的描述要更细致，但仍易让人误解为犀牛。谢方就认为此一描述的对象即印度独角犀牛，产于非洲及亚洲热带地区。犀的嘴部上表面生有一个或两个角，角不是真角，由蛋白组成，有凉血、解毒、清热作用。②《职方外纪》卷四"南亚墨利加"介绍："（苏木国）有一兽名'懒面'，甚猛，爪如人指，有鬣如马，腹垂着地，不能行，尽一月不逾百步。喜食树叶，缘树取之，亦须两日，下树亦然，决无法可使之速。又有兽，前半类狸，后半类狐，人足枭耳，腹下有房，可张可合，恒纳其子于中，欲乳方出之。"谢方认为文中所谓的"懒面"应该为树獭（sloth），前肢比后肢长，很少下树，行动迟缓；"半类狸""半类狐"的动物指负鼠，腹有育儿袋，为凶猛的食肉动物。③ "北亚墨利加"记述了一个鱼名转变为地名的奇异案例："又有'拔革老'，本鱼名也。因海中产此鱼甚多，商贩往他国恒数千艘，故以鱼名其地。"金国平认为所述"拔革老"为古葡萄牙语"bacalhao"的对音，西班牙语作"bacalao"，"拔革老"今译鳕鱼，葡萄牙语中称纽芬兰岛为"Terra Nova"或"Terra de Bacalhao"，即鳕鱼之地。④

《职方外纪》用相当的篇幅描述过鳄鱼这一令人毛骨悚然的动物，书中写道：

> 名曰"剌瓦而多"，长尾坚鳞甲，刃箭不能入。足有利爪，锯牙满口，性甚狞恶，入水食鱼，登陆，人畜无所择。百鱼远近皆避，第其行甚迟，小鱼百种常随之，以避他鱼之吞啖也。其生子初如鹅卵，后渐长以至二丈，每吐涎于地，人畜践之即仆，因就食之。凡物开口皆动下颏，此鱼独动上腭，口中亦无舌，冬月则不食物。人见之却走，必逐而食之；人返逐之，彼亦却走。其目入水则钝，出水极明。见人远则哭之，近则噬之，故西国称假慈悲者为"剌瓦而多哭"。独有三物能制之：一为仁鱼，盖此鱼通身鳞甲，惟腹下有软处，仁鱼鬐甚利，能刺杀之。一为乙苟满，鼠

① ［意］艾儒略著，谢方校释：《职方外纪校释》，第40—41页。
② ［意］艾儒略著，谢方校释：《职方外纪校释》，第43页注。
③ ［意］艾儒略著，谢方校释：《职方外纪校释》，第126、128页注。
④ 金国平：《〈职方外纪〉补考》，氏著/译：《西力东渐——中葡早期接触追昔》，澳门基金会2000年，第114—119页。

属也，其大如猫，善以泥涂身令滑，俟此鱼开口，辄入腹啮其五脏而出，又能破坏其卵。一为杂腹兰，香草也。此鱼最喜食蜜，养蜂家四周种杂腹兰即弗敢入。①

"剌瓦而多"，即鳄鱼，葡萄牙语"crocodile"，拉丁语"crocodilus"。其主要生活在热带到亚热带的河川、湖泊、海岸。"剌瓦而多"可能是葡萄牙语"lagarto"之译音，今作"蜥蜴"，但在中古葡语中以此泛称"鳄鱼"。② 文中介绍的可能是非洲的尼罗鳄，据说寿命长达百岁。鳄鱼科属很多，现存的鳄鱼类共有恒河鳄、短吻鳄、尖鼻鳄、暹罗鳄、马岛鳄、古巴鳄、泽鳄、广鼻鳄、眼睛鳄、扬子鳄等二十余种，其性情大都凶暴贪食，捕食走兽人类。其代表性主体鳄鱼——湾鳄，分布于东南亚沿海直到澳大利亚北部，体长二丈。鳄鱼凶猛不驯，成年鳄鱼经常在水下，只有眼鼻露出水面。它们耳目灵敏，受惊立即下沉。午后多浮水晒日，夜间目光明亮。③ 在人们的心目中，鳄鱼就是"恶鱼"。一提到鳄鱼，人们就会想到血盆的大口，尖利的牙齿，以及全身坚硬的盔甲。传说鳄鱼在吃人之前会流下虚伪的眼泪，《职方外纪》中所谓"见人远则哭，近则噬，故西国称假慈悲者为'剌瓦而多哭'"中的"剌瓦而多哭"，即"鳄鱼的眼泪"，可能是汉文文献中最早出现的这一西方谚语的汉语译语。其实鳄鱼通常是在陆地上待了较长时间后才开始通过舌上分泌液，而不是眼泪来排泄盐分的，由于是从一层透明的眼睑——瞬膜后面分泌出来，因此有"鳄鱼的眼泪"一说。

《职方外纪》所介绍的鳄鱼知识显然要比传统中国文献中提供的信息要多，《职方外纪》和南怀仁《坤舆图说》两书讲述制服鳄鱼的"应能满"或"乙苟满"系同一种动物的不同译名，《职方外纪》称"独有三物能制"鳄鱼。一是通身鳞甲的仁鱼，能用锋利的仁鱼鬐刺杀之；二是一种形大如猫、名为"乙苟满"的类似鼠的动物，能入鳄鱼腹啮其五脏而出，又能破坏其卵；三是一种名为"杂腹兰"的香草。④ 文中提到的"乙苟满"，在《坤舆全图》中叫"应能满"，谢方称得名不详，疑为河狸鼠，似鼠而大，水陆两栖，产于南美洲。赖毓芝考证"乙苟满"或"应能满"应该是格斯纳书中

① ［意］艾儒略著，谢方校释：《职方外纪校释》，第150页。
② 金国平：《〈职方外纪〉补考》，氏著/译：《西力东渐：中葡早期接触追昔》，第114—119页。
③ 杜亚泉主编：《动物学大辞典》，文光图书有限公司1987年影印本，第2616—2621页。
④ ［意］艾儒略著，谢方校释：《职方外纪校释》，第149—150页。

"ichneumon"的音译,这种河狸鼠(又称猫鼬或埃及獴)会趁鳄鱼睡觉时,潜入其身内,抢食鳄鱼所吃的食物,同时将鳄鱼的肠胃一同吃掉,导致鳄鱼死亡。① 金国平在《澳门记略》葡译本注释中也指出,所谓"应能满",据《职方外纪》与德保罗(Paolo De Troia)提供的意大利语新译名,可知该词或许是"ichneumon"一词的变形,意为猫鼬(通常被称为 herpestes ichneumon)。②"应能满"亦应为"ichneumon"一词的另一种变形。猫鼬的学名叫狐獴,是一种哺乳纲小型动物,头尾长 42—60 厘米。对许多的毒能够免疫,包括多种蛇毒。它们主要分布于沙漠或沙丘,虽然主要以昆虫为食,在那样的环境下也会吃蜥蜴、蛇、蜘蛛、植物、卵、小型哺乳动物等。猫鼬虽然体形不大,或身上携带了一种致命病毒,会通过咬啮鳄鱼来传染这种病毒而致鳄鱼死亡。张箭为了阐明明代动物学知识水平总体上高于西方,特别强调有关鳄鱼的这一段文字不见于《职方外纪》③,其实这一段文字见诸《职方外纪》的"海族"。

　　艾儒略在书中称自己根据"舶行所见,述一二以新听闻"。所谓"以新听闻"中最神奇的莫过于一种名为"落斯马"的动物:"长四丈许,足短,居海底,罕出水面,皮甚坚,用力刺之,不可入。额有二角如钩,寐时则以角挂石,尽一日不醒。"④谢方认为"落斯马"即河马(hippopotamus),但是河马不是生活在海底的,也非罕出水面者,与艾儒略描述不符。"落斯玛"是奥代理的《地球大观》中所录的一种名为"Rostunger"或"Rosmar"的动物。该动物出现在此地图集的冰岛地图部分,其被描述为:"'Rostunger',亦称为'Rosmar'。此怪长相类海中牛犊。四肢短小,以之行走于海底。皮硬,武器

---

①　[意]艾儒略原著、谢方校释:《职方外纪校释》,第 152 页。河狸鼠,拉丁文为"rat Beaver",意大利语为"Beaver rat",葡萄牙语和西班牙语均为"Beaver rato",河狸鼠以植物根、茎、枝叶为食,也食软体动物,未见危害鱼类。晨昏采食,亦见白天活动,是一种可以散放池塘进行野养的动物;河狸鼠身上或携带多种传染性疾病的病毒,传染给人类、家畜会导致死亡,或能通过咬啮鳄鱼而传染这种致命病毒而致鳄鱼死亡。

②　参见金国平译:《澳门记略》(Breve Monografia de Macau),第 221 页、第 277 页注释 519;转引自[德]普塔克(Roderich Ptak)著,罗莹译:《澳门典籍的国际化——葡语版〈澳门记略〉评述》,《澳门研究》2011 年第 1 期,第 98—100 页。

③　张箭:《郑和下西洋与中国动物学知识的长进》,《海交史研究》2004 年第 1 期。

④　[意]艾儒略著,谢方校释:《职方外纪校释》,第 150 页。

几乎无法穿透。眠则以两长牙悬于岩礁之上，十二小时不醒。"①"以新听闻"中可能还包括神奇的"飞鱼"："仅尺许，能掠水面而飞。又有白角儿鱼，善窥飞鱼之影，伺其所向，先至其所，开口待啖，恒相追数十里，飞鱼急，辄上人舟，为人得之。舟人以鸡羽或白练飘扬水面，上著利钩，白角儿认为飞鱼跃起，吞之，便为舟人所获。"②很明显，《职方外纪》在书写这一段"飞鱼"文字时是参考过《坤舆万国全图》的。艾儒略所使用的"白角儿鱼"一词，应是拉丁文"Pike"音意合译名。

《职方外纪》卷五"四海总说""海族"中描述了一批远洋航海中对海舶构成危害的鱼类："海中族类，不可胜穷。自鳞介而外，凡陆地之走兽，如虎狼犬豕之属，海中多有相似者。……（鱼之族）一名'把勒亚'，身长数十丈，首有二大孔，喷水上出，势若悬河，每遇海船，则昂首注水舶中，顷刻水满舶沉。遇之者呕以盛酒巨木罂投之，连吞数罂，则俯首而逝。浅处得之，熬油可数千斤。"③所谓"把勒亚鱼"是鲸鱼拉丁语"balaena"的音译，它们中的大部分种类生活在海洋中，仅有少数种类栖息在淡水环境，体形同鱼类十分相似，均呈流线型，适于游泳，所以俗称为鲸鱼，但这种相似只不过是生物演化上的一种趋同现象。因为鲸类动物具有胎生、哺乳、恒温和用肺呼吸等特点，与鱼类完全不同，因此属于哺乳动物。早在古希腊时代亚里士多德就在《动物学》一书中专门讨论过包括鲸类中之相似于海豚者的水生动物以肺呼吸的喷水方式。④《职方外纪》卷三"利未亚总说"中还记述另一种口吐琥珀的鲸鱼："又有一兽躯极大，状极异，其长五丈许，口吐涎即龙涎香。或云，龙涎是土中所产，初流出如脂，至海渐凝为块，大有千余斤者，海鱼或食之，又

<hr/>

① Joseph Nigg, *Sea Monsters: A Voyage around the World's Most Beguiling Map*, Chicago and London: The University of Chicago Press, 2013, p. 17. 关于"落斯马"的记载，或可上溯到马格努斯的《海图》与《北方民族简史》，马格努斯描绘这种被称为"Rosmasrus"的海怪："挪威海岸，在靠近偏北区域里，生活着如大象般的巨鱼，人称莫西（Morsi），或罗斯玛洛斯（Rosmasrus）。之所以得此名称，或许是因为它们锐不可当的啃咬技能。……罗斯玛洛斯或莫西有着像公牛一样的头部，全身都长满了粗硬且向下垂的毛发，如同芦苇或者玉米杆浓厚。" Olaus Magnus, *Description of the Northern Peoples*, volume III, translated by Peter Fisher and Humphrey Higgens, London: The Hakluyt Society, 1998, p. 1111; 参见程方毅：《明末清初汉文西书中"海族"文本知识溯源——以〈职方外纪〉〈坤舆图说〉为中心》，《安徽大学学报（哲学社会科学版）》2019年第6期。
② ［意］艾儒略著，谢方校释：《职方外纪校释》，第150—151页。
③ ［意］艾儒略著，谢方校释：《职方外纪校释》，第149页。
④ ［古希腊］亚里士多德著，吴寿彭译：《动物学》，商务印书馆2010年，第341—342页。

海舶

在鱼腹中剖出,非此兽所吐也。"德保罗考证这一段材料是来自意大利著名的地理学家和天文学家马可尼(G. Magini,?—1628)1598 年问世的 *Moderne tavole di geografia* 一书的非洲部分,该书中描写的与艾儒略所述大小很相似,马可尼说是 25"cubiti"长("cubiti"是西方古代的 50 厘米左右),大约接近艾儒略所说的 5 丈。马可尼称这是一种非常大的、能够口吐琥珀一样的东西,德保罗认为就是今天的鲸鱼。① 很长时期里人们对鲸鱼的外形认知大多是不准确的,如比利时安特卫普的大詹恩·萨德勒(Jan Sadeler the Elder, 1550—1600)仿德克·巴伦德兹(Dirck Barendsz, 1534—1592)的作品《约拿与鲸鱼》,刻画了圣经故事中,上帝以风暴惩罚不服从神旨的先知约

---

①　[意]德保罗:《艾儒略(1582—1649)与地理学》,图莉、魏思齐编:《辅仁大学第五届汉学国际研讨会"义大利与中国相遇:义大利汉学研究的贡献"论文集》,辅仁大学出版社 2009 年,第 296—309 页。

拿,同船的船员把约拿抛到海里,以平息上帝差遣来救约拿的鲸鱼。其中鲸鱼的外形并不写真,可见当时画家都未曾见过真实的鲸鱼,直至 1598 至 1602 年间,荷兰版画中才出现了鲸鱼尸体被冲上沙滩的记录。①

上述“海族”中亦有关于鲸鱼袭击海舶的文字,表明了大航海时代已经跨越了近海航行,而显现出远洋航海过程中所遇到的深海鱼类。有关“把勒亚鱼”“每遇海船,则昂首注水舶中,顷刻水满舶沉。遇之者亟以盛酒巨木罌投之,连吞数罌,则俯首而逝”一段,显然来自瑞典的奥劳斯·马格努斯②1539 年所著的《海图》(Carta Marina),该图就描绘了当时关于鲸鱼的记述中有不少海上船舶遭到鲸鱼袭击的例子,也叙述了船员如何来对付鲸鱼袭击的方法,如该图描绘挪威附近的鲸鱼正在吞食船只的场面,而另一幅则描绘船员们往海面抛掷木桶,一人站在甲板上吹响小号,试图吓跑长着獠牙的鲸鱼。③

巨大的鲸鱼有时会被误认为是岛屿,如《职方外纪》“海族”记述道:“有海鱼、海兽大如海岛者,尝有西舶就一海岛缆舟,登岸行游,半晌,又复在岸造作火食,渐次登舟解维,不几里,忽闻海中起大声,回视向所登之岛已没,方知是一鱼背也。”④艾儒略的这一段记述,在 15、16 世纪的欧洲文献中频繁出现,如 15 世纪中叶的一幅热那亚地图上有这样的注记:“该海域人称‘三月之海’。其中有巨鱼,但被船员误认作岛屿,停泊休憩于其上,扎营、生火取暖,但不料灼伤大鱼。大鱼游动下潜至深海,船员无暇逃遁,皆葬

① 邓海超主编:《神禽异兽》,香港艺术馆 2012 年,第 194 页。
② Olaus Magnus 又译奥拉乌斯·马格努斯,天主教神甫、地图学家和史学家,其学术著作被认为是获取瑞典 16 世纪历史、地理和文化知识的最重要的来源之一。其所著《北方民族简史》(Historia de gentibus septentrionalibus, 1555),又译《瑞典人和汪达尔人的历史》,书中的插图生动地描绘了 1555 年前后瑞典北部的民居生活。
③ [美]切特·凡·杜泽著,王绍祥、张愉译:《海怪:中世纪与文艺复兴地图中的海洋异兽》,北京联合出版公司 2018 年,第 36 页,图版 2、3。
④ [意]艾儒略著,谢方校释:《职方外纪校释》,第 150 页。这一条记述可以与唐朝刘恂所撰《岭表录异》相比照,该书中记述了一种叫“海鳅鱼”的动物:“即海上最伟者也。其小者亦千余尺。吞舟之说,固非谬矣。每岁广州常发铜船过安南货易。北人偶求此行,往复一年,便成斑白。云路经调黎(地名,海心有山,阻东海,涛险而急,亦黄河之西门也)深阔处,或见十余山,或出或没,篙工曰:非山岛,鳅鱼背也。果见双目闪烁,鬐鬣若簸朱旗。危沮之际,日中忽雨霖霖。舟子曰:此鳅鱼喷气,水散于空,风势吹来若雨耳。及近鱼,即鼓船而噪,倏尔而没去(鱼畏鼓,物类相伏耳)。交趾回,人多舍舟,取雷州缘岸而归,不惮苦辛,盖避海鳅之难也。乃静思曰,设使老鳅瞑目张喙,我舟若一叶之坠智井耳,为人宁得不皓首乎?”鲁迅、杨伟群点校:《历代岭南笔记八种》,广东人民出版社 2011 年,第 71—72 页。

身海底。"①1513年版的《皮瑞·雷斯地图》上也有将小船系在鲸鱼旁,注记称在远古时期,一位叫圣布伦丹的牧师在七大洋上航行,他登上鲸鱼背,以为这是一篇旱地,于是在鲸鱼背上生火,鲸鱼背受热,猛地一头扎入海中,人们赶紧爬上小舟,仓皇登船逃走。② 这种将海兽误认为海岛的故事,在欧洲流传甚久,最早在亚历山大大帝致亚里士多德的书信中就有相关的记述,后来又出现在《巴比伦塔木德》(*Babylonian Talmud*)和《一千零一夜》中,流传甚广。在奥劳斯·马格努斯介绍《海图》的卷帙浩繁的著述《北方民族简史》中亦有大段"关于在鲸背上系锚"的描写:

> 这种鲸鱼的皮表如同海边的砂砾,因此它从海上浮起,露出背部时,海员常常以为它是一座岛屿,完全没联想到别的东西。怀着这样的错觉,海员在此着陆,往鱼背上打桩,用来系着他们的船舶。接着,他们取出肉食,生火烹饪。直到最后,鲸鱼感觉到背上火的灼热,潜入海底。在他背上的水手,除非他们能通过船上抛出的绳索自救,否则会因此溺亡。这种鲸鱼,与我之前提到的利维坦和普里斯特一样,有时候会将吸入的海水喷出,喷出的水云瞬间使得船舶倾覆。当风暴从海上升起时,他会浮出水面,在这骚动与风暴中,他庞大的吨位会让船只沉没。有时候他的背上带着泥沙,当风暴来临时,海员们会为找到陆地而欣喜若狂。于是在错误的地点抛锚止航,以为身处安全之处。殊不知待他们升起篝火,鲸鱼一经察觉,便迅速潜入深海,人船并获,拖入海中,除非锚锭损坏了,才可能幸免于难。③

这种被船员误认为岛屿的鲸鱼被一些学者称为"岛鲸(Island whale)"。④

---

① [美]切特·凡·杜泽著,王绍祥、张愉译:《海怪:中世纪与文艺复兴地图中的海洋异兽》,第48页。

② 类似记述还见于[美]切特·凡·杜泽著,王绍祥、张愉译:《海怪:中世纪与文艺复兴地图中的海洋异兽》,第74—75页。

③ Olaus Magnus, *Description of the Northern Peoples*, p. 1108;转引自程方毅:《明末清初汉文西书中"海族"文本知识溯源——以〈职方外纪〉〈坤舆图说〉为中心》,《安徽大学学报(哲学社会科学版)》2019年第6期。

④ Joseph Nigg, *Sea Monsters: A Voyage around the World's Most Beguiling Map*, p. 104;转引自程方毅:《明末清初汉文西书中"海族"文本知识溯源——以〈职方外纪〉〈坤舆图说〉为中心》,《安徽大学学报(哲学社会科学版)》2019年第6期。

不难见出，《职方外纪》中留下了大航海时代西文地图等文献的很多特征。

章鱼因其奇特的形状，经常成为海洋记述中的奇兽，如《职方外纪》记载有两种所谓"海魔"："有兽，形体稍方，其骨软脆，有翼能鼓大风以覆海舟，其形大如岛。又有一兽，二手二足，气力猛甚，遇海舶辄颠倒播弄之，多遭没溺，西舶称为海魔，恶之甚也。"①这里艾儒略介绍了两种大鱼，可能都是指不同类型的大章鱼。章鱼属于软体动物门头足纲八腕目（octopoda）。又称石居、八爪鱼、坐蛸、石吸、望潮、死牛，因有 8 个腕足，又名八爪鱼（英文名 octopus），同属海洋软体动物。八腕目为头足类软体动物的通称，但严格意义上仅指章鱼属（octopus）动物，最大的可长达 5.4 米，腕展可达 9 米。"其骨软脆，有翼能鼓大风以覆海舟"中的"翼"可能是指章鱼的腕。章鱼的身子是环绕着头部与头长成一体的，因此有"形大如岛"之感。章鱼从头部伸出有肉质吸盘的腕，很像人的"二手二足"，章鱼的腕力很大，所以有"气力猛甚，遇海舶辄颠倒播弄之"的说法。西方早期地图中的章鱼与鲸鱼、美人鱼、海蛇等形象类似，位于地图的海洋区域，经常被用来指代海洋的神秘与潜在的危险，与海怪、美人鱼所扮演的角色类似。②

《职方外纪》"海族"中另外所记一种类似章鱼的奇兽名为"薄里波"："其色能随物变，如附土则土色，附石则如石色。"③章鱼将水吸入外套膜，呼吸后将水通过短漏斗状的体管排出体外。大部分章鱼用吸盘沿海底爬行，但受惊时会从体管喷出水流，从而迅速向反方向移动。遇到危险时会喷出墨汁似的物质，作为烟幕。有些种类产生的物质可麻痹进攻者的感觉器官。普通章鱼广泛分布于世界各地热带及温带海域，栖于多岩石海底的洞穴或缝隙中，喜隐匿不出，主要以蟹类及其他甲壳动物为食。它们被认为是无脊椎动物中智力最高者，又具有高度发达的含色素的细胞，故能极迅速地改变体色，变化之快亦令人惊奇。亚里士多德《动物学》中也说过："章鱼在捉取游鱼时，自身颜色变得像所在石块颜色一样，遇到任何危险，它也立即改变颜色。有些人说乌贼也会弄同样的狡狯；他们说乌贼能使自己颜色变得与所在场合的颜色一模一

① ［意］艾儒略著，谢方校释：《职方外纪校释》，第 150 页。
② 19 世纪的西方地图中，章鱼的意象有了显著的变化，从象征海洋深不可测的神秘生物，变为了陆地上攫取土地与权力的贪婪巨兽。1870 年以来，章鱼"爬"上了陆地，指代肆意扩张，攫取土地与权力的邪恶帝国。这一创造很大程度上与西欧诸国长期以来否认俄国的"西方性"有关。前者通过地图将俄国异化为面目可憎的怪物，暗示其野性难驯，非我族类。参见李汉平：《张牙舞爪的邪恶隐喻：西方绘图传统中的章鱼》，澎湃新闻 2018 年 12 月 18 日。
③ ［意］艾儒略著，谢方校释：《职方外纪校释》，第 149 页。

样。其他鱼类能变色如章鱼者惟有角鲛。"①"薄里波"的译名,与马格努斯《北方民族简史》中所描述的"polypus"发音十分接近。该书中提道:

> 在挪威海岸上,有一种多足怪(polypus),顾名思义即有很多脚的生物。他背上长管子,并以此出海。管子时而被放置于身体右侧,时而挪于左侧。他的足肢时常四下舒展,就像在空地里一样。所有靠近、寻觅血食的活物都无法幸免于他带齿的钳子,都为多足怪的足肢与钳子所缚。……他甚至可以根据所附礁石的颜色来改变身体的颜色,尤其是当它见到天敌鳗鱼(conger)的惊恐刹那。他共有八条腿,中间四条尤其健壮。躯干虽小,却有强壮的足肢加以弥补。他亦有细小的足肢隐藏于阴影之中,极难察觉。正是通过这全副装备,他自给自足,左腾右挪,自卫于悍敌,且牢牢护住猎物。②

除了名字发音接近,马格努斯所描述的多足怪,亦有"根据所附礁石的颜色来改变身体的颜色"的能力,正好与此段描述符合。

"剑鱼""其嘴长丈许,有龂刻如锯,猛而多力,能与把勒亚鱼战,海水皆红,此鱼辄胜,以嘴触船则破,海船甚畏之。"③在马格努斯《北方民族简史》的《海怪》分册中,有一章题为《关于剑鱼、独角鱼和锯鱼》。在这一章中,马格努斯集中讨论了长着"剑""角"和"锯"的海洋动物。关于剑鱼和锯鱼的部分,他如此写道:

> 由于此怪谙熟北方海域,他当之无愧地加入到了凶恶生物的行列。剑鱼与众不同,但在某些方面,他与鲸鱼相似。他的头部丑如夜鸮。嘴巴深得惊人,如同大坑,不管是谁,只消看上一眼,便会为之震慑,吓得远遁。他双眼凶恶,背部似楔子,棱角分明,隆起如同一把利剑,吻部尖锐。此怪常常登陆北方海岸,专作小偷行径。此等不速之客总是对所遇船舶行破坏之事,钻洞打孔,使之沉没……锯子鱼亦是海中一怪,身

---

① ［古希腊］亚里士多德著,吴寿彭译:《动物学》,第450—451页。

② Olaus Magnus, *Description of the Northern Peoples*, 1998, p. 1118;转引自程方毅:《明末清初汉文西书中"海族"文本知识溯源——以〈职方外纪〉〈坤舆图说〉为中心》,《安徽大学学报(哲学社会科学版)》2019年第6期。

③ ［意］艾儒略著,谢方校释:《职方外纪校释》,第149页。

体硕大，头顶高冠，冠硬带齿，如同锯子。此怪穿游于船底下，将船舶切开，水由是涌入，而他则待船沉没后以人为食。①

《职方外纪》还记有两种非常"良善"的奇鱼，一是"仁鱼"，不仅能杀死残忍的鳄鱼，而且"西书记此鱼尝负一小儿登岸，偶以鬐触伤儿，儿死，鱼不胜悲痛，亦触石死。西国取海豚，尝藉仁鱼为招，每呼仁鱼入网，即入，海豚亦与之俱，俟海豚入尽，复呼仁鱼出网，而海豚悉罗矣"②。"仁鱼"可能属于海豚之一种。

另一种是名为"斯得白"的大鱼："长二十五丈，其性最良善，能保护人。或渔人为恶鱼所困，此鱼辄往斗，解渔人之困焉，故彼国法禁人捕之。"③"斯得白"应是奥代理在《地球大观》(*Theatrum Orbis Terrarum*)中所录的一种名为"Steipereidur"的动物。此地图集的冰岛地图部分对该动物有如下描述："Steipereidur，鲸类中温良之辈，遇渔民与其他鲸类相斗，则助渔民。故而有禁令，禁止残杀此类鲸鱼。长至少 100 肘。"④这一描述几乎与艾儒略所述完全一致，名字发音也十分接近。所谓冰岛地图首次出现在《地球大观》的1590 年版中实非奥代理独创，而是来自一位名叫古布朗杜尔·托拉克松(Gudbrandur Thorlaksson，1542—1627) 主教的记述，后为奥代理新版《地球大观》收录。⑤

《职方外纪》中关于海陆奇兽的绘像，令大地和深海中所潜藏动物的故事更具说服力。《职方外纪》中还有关于"海人"和"海女"的记述。卷五"四

---

① Olaus Magnus, *Description of the Northern Peoples*, 1998, pp. 1096 - 1097. 根据马格努斯的描述，他笔下的"剑鱼"其实并非长着似剑上颌的剑旗鱼，而更接近长着高高背鳍的虎鲸。Joseph Nigg, 2013, pp. 72 - 76;转引自程方毅：《明末清初汉文西书中"海族"文本知识溯源——以〈职方外纪〉〈坤舆图说〉为中心》，《安徽大学学报(哲学社会科学版)》2019 年第 6 期。

② ［意］艾儒略著，谢方校释：《职方外纪校释》，第 149 页。

③ ［意］艾儒略著，谢方校释：《职方外纪校释》，第 149 页。

④ Joseph Nigg, *Sea Monsters: A Voyage around the World's Most Beguiling Map*, 2013, p. 17;"肘"为"cubit"，当时欧洲的长度单位，100 肘约为 46 米;参见程方毅：《明末清初汉文西书中"海族"文本知识溯源——以〈职方外纪〉〈坤舆图说〉为中心》，《安徽大学学报(哲学社会科学版)》2019 年第 6 期。

⑤ Haraldur Sigurdsson, "Some Landmarks in Icelandic Cartography down to the End of the Sixteenth Century," *Arctic*, Vol. 37, No. 4 (Dec., 1984), p. 400;参见程方毅：《明末清初汉文西书中"海族"文本知识溯源——以〈职方外纪〉〈坤舆图说〉为中心》，《安徽大学学报(哲学社会科学版)》2019 年第 6 期。

海总说"海族"就有关于"海人"的描述:"又有极异者为海人,有二种,其一通体皆人,须眉毕具,特手指略相连如凫爪。西海曾捕得之,进于国王,与之言不应,与之饮食不尝。王以为不可狎,复纵之海,转盼视人,鼓掌大笑而去。二百年前,西洋喝兰达地(今译荷兰)曾于海中获一女人,与之食辄食,亦肯为人役使,且活多年,见十字圣架亦能起敬俯伏,但不能言。其一身有肉,皮下垂至地,如衣袍服者然,但著体而生,不可脱卸也。二者俱可登岸,数日不死。但不识其性情,莫测其族类,又不知其在海宅于何所。似人非人,良可怪。""有海女,上体直是女人,下体则为鱼形,亦以其骨为念珠等物,可止下血。二者皆鱼骨中上品,各国甚贵重之。"①奇异的海兽和海人又是阐释在海上危险境域下的船员能感受到上帝力量的重要例证,以便宣扬天主无所不在的伟力。如《职方外纪》就记述过一种无名称鱼类:"一鱼甚大,长十余丈,阔丈余,目大二尺,头高八尺,其口在腹下,有三十二齿,齿皆径尺,颐骨亦长五六尺,迅风起,尝冲至海涯。一鱼甚大,且有力,海舶尝遇之,其鱼竟以头尾抱舶两头。舟人欲击之,恐一动则舟必覆,惟跪祈天主,须臾解去。"②这段叙述强调了"惟跪祈天主,须臾解去",主要目的恐怕还是利用远洋航海中袭击船舶的令人恐惧的鱼类来阐明天主的力量。

总的来说,《职方外纪》是继利玛窦世界地图之后又一部以介绍西方人文地理为主的西书,但在世界图像的描绘方面,其内容之丰富性和所介绍知识之系统性,要远远超过了利玛窦世界地图。该书所传送的世界图像和域外知识的范围极为广泛,举凡海外奇俗、奇政、奇城、奇事、奇闻、奇人、奇行、奇器、奇兽等,都有描述和刻画。虽然艾儒略力图呈现出当时西方政治、经济、文化比较全面的样态,包括思想、知识、制度与器物,在描述欧洲政治体制、教育制度时,又努力使用属于中国上古三代学校制度的用语;在记录欧洲慈善制度时,也设法让读者想起儒家的仁爱原则;并不惜把作为近代议会前身的欧洲中世纪国家的长老会议称为"天理堂"。即使在介绍欧洲海洋奇

---

① [意]艾儒略著,谢方校释:《职方外纪校释》,第 151—152 页;文中"身有肉,皮下垂至地",似应为"身有肉皮,下垂至地"。

② [意]艾儒略著,谢方校释:《职方外纪校释》,第 149 页。此段文字为《坤舆图说》中的《异物图说》所无。文中记述的可能是蓝鲸,16 世纪哥德人奥劳斯·马努斯在 1555 年的《北方民族简史》中记录蓝鲸长达 300 英尺,相当于 90 米长,或以为是误记,应该是 30 米,它的力量大得惊人:"它的身体活像一座巨大的山。"参见[英]卡鲁姆·罗伯茨(Callum Roberts)著,吴佳其译:《猎杀海洋——一部自我毁灭的人类文明史》(*The Unnatural History of the Sea*),新北:我们出版 2014 年,第 240—241 页。

兽时，他也注意呼应中国学人的观点，如该书称："海中族类，不可胜穷。自鳞介而外，凡陆地之走兽，如虎狼犬豕之属，海中多有相似者。"①中世纪欧洲人的思维是将世界视为巨大的镜子，凡是陆地上有的奇兽，几乎都能在海中找到对应物，这正好与明人黄衷《海语》中的记述不谋而合。所有这些丰富的内容，除了介绍西方的新奇知识和学问，也是为了给中国人提供一个中国化的欧洲。全书谋篇新奇别出，内容题材出奇制胜，一扫学界的陈腐之气，从而不仅为晚明知识人了解世界五大洲的整体面貌打开了一扇非常重要的窗户，而且提供了一幅不同凡俗的充满诙诡之趣的世界新图像。

第三节　《职方外纪》刊刻与明清学人的"世界意识"与"海外猎奇"的趣味

　　17世纪的晚明中国是一个物力丰盈、商业兴盛和文化多元的时代，在经济生活、学术思潮和审美趣味中都呈现出纷繁复杂的色彩。王永杰梳理了李之藻在杭州主持的初刻《职方外纪》及《天学初函》五卷本系统、叶向高等在福建印行的六卷本系统，指出对比两个系统，除了封面、序跋、章节有差别，主要内容及字体、版式基本一致；两大系统主要内容应属同一系统的不同印版。②两个系列的明刻本多次印刷，并流传到日本与朝鲜，说明明清时期该书流传甚广。直至清末，学者仍称"后人著书，断无不引之为据"③。《职方外纪》的刊刻一定程度上为明末清初"世界意识"的形成和猎奇求异的阅读趣味的发展，起了推动作用。

　　1.《职方外纪》以其丰富的世界图像打破了传统士人心中的夷夏观念

　　《职方外纪》开篇《五大州总图界度解》就指出："地既圆形，则无处非中。"④艾儒略编译该书并非在为"奇"而传"奇"，其根本目的还在于打破中国人井底之蛙的见识，以传达一种"世界意识"，所以他在自序中又称该书的所谓"奇诡"之处"非虚皆实""非奇实常"⑤。《职方外纪》书名的命题，就旨在打破传统的夷夏观念。《周礼·夏官司马》记周官制中有职方氏，"掌天

①　[意]艾儒略著，谢方校释：《职方外纪校释》，第149页。
②　王永杰：《〈职方外纪〉成书过程及版本考》，《史林》2018年第3期。
③　《南极新地辨三》，《申报》1889年1月3日。
④　[意]艾儒略著，谢方校释：《职方外纪校释》，第27页。
⑤　[意]艾儒略著，谢方校释：《职方外纪校释》，第2页。

下之图,以掌天下之地。辨其邦国、都鄙、四夷、八蛮、七闽、九貉、五戎、六狄之人民,与其财用九谷、六畜之数要。周知其利害,乃辨九州岛之国,使同贯利"①。艾儒略想借此告诉中国读者,在地理上的"四夷、八蛮、七闽、九貉、五戎、六狄"之外,还有许多不向中国朝贡的国家,还有着一个远较中国本土更为辽阔的世界。《职方外纪》通过各种"闻所未闻"的"奇事""奇人""奇物""奇器""奇观""奇兽"等,以大量的篇幅介绍世界各地的各个国家的自然面貌、主要城市、风俗特产,欧洲先进的制度文化、政府机构和文化人物,无非是想让中国的文化人对欧洲留下美好的印象。艾儒略特别强调了天主教对于欧洲制度文化的意义,他在该书卷一"如德亚"一节中特别指出,欧洲及犹太地区"自天主降生垂教,乃始晓悟真理,绝其向所崇信恶教,而敬信崇向于一天主焉,所化国土,如德亚诸国为最先,延及欧逻巴、利未亚大小千余国,历今千六百余年来,其国皆久安长治,其人皆忠孝贞廉,男女为圣为贤,不可胜数"②,事实上是将意大利和如德亚与夜不闭户、路不拾遗的中国"大同世界"相比附。

利玛窦的世界地图首次向中国人揭示了大陆和海洋的存在,尽管在图中利玛窦也尽其所能地介绍了欧洲的宗教和世界各地的物产和文化,但毕竟这些文字是绘制在世界地图有限的空间内,不可能比较全面地展示世界各地,特别是欧洲的制度文化、社会风俗和文化人物。从这一角度来看,《职方外纪》推进了西学在中国传播的深度和广度,在相当程度上填补了利玛窦世界地图的不足。艾儒略中文著述的目的,旨在表明欧洲丝毫不比中国逊色,欧洲的文明并不亚于中国文明。他介绍西方文化人物的目的也是想向中国文化人表明,耶稣会士的学问不是空穴来风,很多西方学者的学问并不在中国士大夫之下,欧洲同样有着类似中国那样严格的学术训练机制。谢方认为,《职方外纪》不但对中国人来说是一部陌生的世界地理著作,而且对西方来说也是一部有着17世纪最新资料的世界地理著作。对于中国传统地理观念,利玛窦的世界地图是首次冲击,《职方外纪》是"更为有力的第二次冲击"③。

艾儒略《职方外纪》所形成的冲击,绝非仅仅局限在地理学领域,这种

---

①　《周礼注疏》,阮元校刻:《十三经注疏》,第861—862页。

②　[意]艾儒略著,谢方校释:《职方外纪校释》,第53—54页。

③　谢方:《前言》,[意]艾儒略著,谢方校释:《职方外纪校释》,第2—3页。

以"奇"的方式所带来的冲击也可以是多方面的，并直接导致了中国早期士大夫"世界意识"的形成。很多中国士大夫所注意到的首先是该书中介绍的新奇知识，如杨廷筠《职方外纪序》中就称赞该书："考图证说，历历可据，斯亦奇矣！"称："西国有未经焚劫之书籍，有远游穷海之畸人，其所闻见，比世独详。然是编所摘，犹是图籍中之百一。即彼国图籍所纪，又是宇宙中之万一。而俶诡瑰奇，业已不可思议矣，又况自地而上，穷无穷，极无极，进之而虚空，进之而天载函盖之间，更无差数可睹，安得以人心分量仿佛测之！"①有人将其视为传闻小道："《职方外纪》似亦稗官小说，要于衷奇荟异。"②李之藻《刻职方外纪序》称该书"种种咸出俶诡，可喜可愕，令人闻所未闻。然语必据所涉历，或彼国旧闻征信者"③。晋江许日升的诗回应了艾儒略的《职方外纪》一书："西来使者储奇诠，地脉乘风摄八埏。万国山河归一掌，四方朝贡拱三天。漫将印度悬尖指，遂尔乾坤纳只拳，何多问楂张骞昨，只今海宇擘鸿篇。"④意谓这些奇人以出众的才智犹如驾着长风在空中测绘出世界地图，能把万国山河压缩在巴掌大的地图上，版图上的印度似乎只有指尖的大小，整个世界似乎一个拳头就能把握，像张骞乘木筏自天河通往西域的神奇故事，我们现在都可以在艾儒略的地理书中读到了。

这种"奇闻""奇观""奇事""奇人"和"奇兽"等所构成的世界图像大大拓展了中国人的眼界，叶向高在《职方外纪序》中就指出：在利玛窦等的《舆地全图》中可以看到"凡地之四周皆有国土，中国仅如掌大……今泰西艾君乃复有《职方外纪》，皆吾中国旷古之所未闻，心思意想之所不到，夸父不能逐，章亥不能步者，可谓块圠之极观，人间世之至吊诡矣。而其言皆凿凿有据，非汪洋谬悠如道家之诸天，释氏之恒河、须弥，穷万劫无人至也"⑤。杨廷筠《职方外纪序》写道："西方之人，独出千古，开创一家，谓天地俱有穷也而实无穷，以其形皆大圜，故无起止，无中边。最轻清者为天，天体多重，迥出地外；最重浊者为地心，恰恰正在天中，以其为重浊，本所有形有质者，皆附就之。此外上下四傍，皆系轻清，重地不能就轻，自不能倒落一处。……

① ［意］艾儒略著，谢方校释：《职方外纪校释》，第4页。
② 许胥臣：《职方外纪小言》，［意］艾儒略著，谢方校释：《职方外纪校释》，第11页。
③ ［意］艾儒略著，谢方校释：《职方外纪校释》，第6页。
④ 吴相湘主编：《天主教东传文献》，台湾学生书局1965年，第683页。
⑤ ［意］艾儒略著，谢方校释：《职方外纪校释》，第13页。

遍地周遭皆人所居,不得以地下之人与我脚底相对,疑其有倾倒也。"①《职方外纪》所传达的域外"奇闻"还使中国文人反省传统的历史经验,瞿式耜在《职方外纪小言》中指出:"邹子九洲之说,说者以为闳大不经。彼其言未足尽非也。天地之际,赤县神州之外,奚啻有九? 则见犹未堕方隅。独笑儒者未出门庭,而一谈绝国,动辄言夷夏夷夏。若谓中土而外,尽为侏离左衽之域,而王化之所弗宾。呜呼,是何言也!"他认为,从利玛窦、艾儒略等引进的西方地理学中不难得出结论:

> 中国居亚细亚十之一,亚细亚又居天下五之一,则自赤县神州而外,如赤县神州者且十其九,而戋戋持此一方,胥天下而尽斥为蛮貉,得无纷井蛙之诮乎! 曷征之儒先,曰东海西海,心同理同。谁谓心理同而精神之结撰不各自抒一精彩,顾断断然此是彼非,亦大踳矣。且夷夏亦何常之有? 其人而忠信焉,明哲焉,元元本本焉,虽远在殊方,诸夏也。若夫汶汶焉,汩汩焉,寡廉鲜耻焉,虽近在比肩,戎狄也。其可以地律人以华夷律地而轻为訾诟哉!

认为这些海外"奇闻"知识足以"破蜗国之褊衷"②。

明末崇祯十年进士熊人霖(1604—1667)曾于天启四年(1624)撰成介绍世界地理知识的《地纬》,该书除亚洲部分,其余主要取材于《职方外纪》,并称:"畸人来于西极,《外纪》辑于耆英,异哉所闻,考之不谬。"③熊志学称:"《地纬》之言地也,赅《职方外纪》而博之,更有精于《外纪》所未核者。"④清初傅维麟(?—1667)所著《明书·欧罗巴传》与尤侗(1618—1704)所著《外国传·欧罗巴》两篇所述欧洲风俗,大多本于艾儒略《职方外纪》卷二之"欧逻巴总说"。查继佐(1601—1676)于康熙十一年(1672)成书的《罪惟录·外国列传》摘引了《职方外纪》。陆次云于康熙二十二年(1683)所著《八纮译史》称:"《职方外史(纪)》一书令人闻所未闻,第其中处处阐明彼教,听倦

---

① ［意］艾儒略著,谢方校释:《职方外纪校释》,第4、6—7、13页。

② ［意］艾儒略著,谢方校释:《职方外纪校释》,第9—10页。

③ 《自序》,熊人霖著,洪健荣校释:《函宇通校释·地纬》,上海交通大学出版社2017年,第3页。

④ 熊志学:《函宇通》序,熊人霖著,洪健荣校释:《函宇通校释·地纬》,第4—5页。

言繁,余悉芟除,仅取其三分一。"①陆氏虽未读通《职方外纪》,但其书外国部分的海外地理知识也多采纳和摘编自《职方外纪》②。方以智(1611—1671)的《物理小识》也多处引用利玛窦、艾儒略关于地理学的内容,书中多处出现的"外纪"即《职方外纪》,如卷八有关内容与《职方外纪》"四海总说"几乎完全相同。有学者统计出《物理小识》引用《职方外纪》或多达五十四处,③或称多达六十处以上,引述之多为晚明学者中所仅见。④ 王宏翰(1648—1700)著《乾坤格镜》一书卷十至卷十八主要辑录自《职方外纪》和《坤舆图说》,卷十的"艾儒略大地全图说"与"坤舆五大洲南极图""坤舆五大洲北极图"三条,即从《职方外纪》中摘录了有关地圆说与世界五大洲地理概况的要点,并移录了"北舆地图"与"南舆地图"二图。以下各卷分别辑录亚细亚、欧逻巴、利未亚等五大洲各国的地理概况。其中卷十一"五大洲总论"概述了明末清初从艾儒略、汤若望到南怀仁传入西方地理学知识的过程,并对他们的传播之功了如指掌。他评价艾儒略的地图"广博无遗",并从《职方外纪》中录入世界地图⑤。清初耶稣会士南怀仁所著《坤舆图说》在体例上明显模仿了《职方外纪》。在编辑思路上,南怀仁也受到了《职方外纪》编辑策略的影响和启发,除对地球知识的介绍较之《职方外纪》有诸多增补外,特别是关于"七奇"的描述,不仅较《职方外纪》更为翔实,而且增加了大量的图版。正是求奇求异的叙述策略,使很多国人对西方世界的理解充满了奇幻的色彩,正如编辑《昭代丛书》的张潮(1659—1707)对于西方的描述:"其人则颖异聪明,其学则星历医算,其俗则忠信耿直,其器则工巧奇妙,

---

① 陆次云:《八纮译史》,四库全书存目丛书编纂委员会编:《四库全书存目丛书》"史部"256册,第25页。

② 参见邹振环:《晚清西方地理学在中国——以1815至1911年西方地理学译著的传播与影响为中心》,第53页;张晓川:《清初士人的一部荒外奇书——〈八纮译史〉探微》(《复旦大学博士生学术论坛·史学篇:历史上的精神生活和社会生活》,复旦大学研究生院,2007年12月,第372—384页)一文的注释中,在讨论《八纮译史》如何利用《职方外纪》的"知识资源"时,已指出分别刊载于《测绘科学》的牛汝辰、林宗坚两文中同段文字,与拙著完全相同。

③ [美] Willard James Person:*Fang I-Chih's Response to Western Knowledge*,Harvard Doctoral Dissertation,Aug,1970;刘岸伟:《围绕西学的中日两国的近世——方以智的场合》,《札幌大学教养部纪要》,1991年第39号;樊树志:《晚明史(1573—1644年)》上卷,复旦大学出版社2005年,第203页。

④ 张永堂:《方以智与西学》,参见氏著:《明末方氏学派研究初编——明末理学与科学关系试论》,台北文镜出版公司1987年,第118页。

⑤ 徐海松:《清初士人与西学》,东方出版社2000年,第162页。

诚有足令人神往者。"①

2.《职方外纪》推动了晚明猎奇求异的阅读趣味

每一个时代都有一条主导思想的轴线,晚明主导整个社会的知识和思想的轴线是觅奇探异,这条轴线贯穿在体现生活品位的士商旅游和新潮服饰,以及出版印刷等多种新的文化形式之中。晚明的重要特点是文化人对于"奇"的追求,被称为"大奇人"的李贽当年在《焚书》卷二《复耿侗老书》中就指出:"世人厌平常而喜新奇。"②即空观主人在《初刻拍案惊奇自序》中也指出:"今之人,但知耳目之外牛鬼蛇神之为奇,而不知耳目之内日用起居,其为谲诡幻怪,非可以常理测者固多也。"③陈继儒在《奇女子传序》中对长卿选奇女子传十分赞赏,用了一大堆的"奇"字:"其间有奇节者,奇识者,奇慧者,奇谋者,奇胆者,奇力者,奇文学者,奇情者,奇侠者,奇僻者,种种诸类,小可以抚掌解颐,大可以夺心骇目。"④于是从异域寻找奇风异俗、奇人异事、珍奇异物、海岛怪兽,成了一个时代的风尚,晚明万历皇帝首先就是一个海外珍奇异物的爱好者,在他的影响下王公大臣无不追求西洋奇物。西洋耶稣会士为了迎合中国皇帝和达官权贵们爱奇好异的需求,每到一处,均以西洋奇物馈赠,这些西方的舶来品在晚明文化人中引发了巨大的好奇心。天启三年(1623)何乔远曾到北京龙华民的寓所来拜访,得见天球仪、望远镜、西洋琴等物,以及数百卷西洋书,于是作《真奇图序》。⑤ 可以说,在晚明的知识和思想世界中,尚"奇"猎"奇"是一种重要的文化趣味,是明末清初一批士大夫精神上追求自由和愉悦的一种表述,也是他们营造知识氛围从事知识诠释的一种手段。晋江蔡国铼在与艾儒略的诗词对话中也用了"奇"字:"地轴圆球自利君,年来西学又奇闻。周天日表图中见,二极星枢眼底分。"⑥可见《职方外纪》一书给时人留下的"俶诡瑰奇"的印象是相当深刻的。这些奇异之处的记述,引发了中国文化人对这些闻所未闻的"奇人""奇事""奇器"的浓厚兴趣。王徵就是因为受《职方

---

① 张潮:《西方要纪》序,《昭代丛书》甲集。

② 李贽:《焚书·续焚书》,中华书局 1975 年,第 60 页。

③ 丁锡根编著:《中国历代小说序跋集》,人民文学出版社 1996 年,第 785 页。

④ 尹恭弘:《小品高潮与晚明文化——晚明小品七十三家评述》,华文出版社 2001 年,第 180 页。

⑤ 黄一农:《从韩霖〈铎书〉试探明末天主教在山西的发展》,李炽昌主编:《文本实践与身份辨识:中国基督教知识分子的中文著述 1583—1949》,上海古籍出版社 2005 年,第 81 页。

⑥ 吴相湘主编:《天主教东传文献》,台湾学生书局 1965 年,第 661—662 页。

外纪》中西方奇器的描述的影响，而与邓玉函一起编译《远西奇器图说录最》的①。

对于该书中"傲诡瑰奇"的描述所形成的反馈是双向的，"海外猎奇"有一种建立"世界意识"的正面作用，但批评和反对者也从"海外猎奇"入手。明末福建就有学者批评该书追求一些"奇事异闻"，不可作为"传信之史"。如侯官人曾异在《复潘昭度师书》中称：

> 至如艾之《职方外纪》，每国略志数行，酒肉帐簿中之稍有条目者耳，以备顾问则可，何得便与作史之事？且作史传，信与著书谈天者不同。据彼说谓天有九重，日大于地，大地形如圆球，四面皆在天中，凡上下四旁皆山河人物所附丽。使彼参考天官，当必坚持其说则是。'四域天文志'非中国志也，虽似有据而可喜，然此俟后之修明史者，附之西域传则可，确然为传信之史则不可。……宋历至元，而郭守敬一大变，更其参差积渐，元历所以当改之故，亦当于宋史中备言之，方于前后诸史脉络贯通，尤非艾（儒略）所能辨也。②

很多反对者在批评过程中都是针对该书中的"奇异"和"奇诡"之处，如乾隆三十二年（1767）由纪昀等校订的《清朝文献通考》卷二九八《四裔考》六"意达里亚"中批评《职方外纪》"以千余里之地，名之为一洲，而以中国数万里之地为一洲，以矛刺盾，妄谬不攻自破矣。又其所自述彼国风土物情政教，反有非中华所及者，虽荒远犷猱，水土奇异，人性质朴，似或有之；而即所称五洲之说，语涉诞诳"。在《四裔考》的"博尔都噶尔亚（即葡萄牙）"中又称："自利玛窦始为全图，流传中国，厥后庞迪我翻刻西洋地图，衍为图说，艾儒略辑为《职方外纪》，其言未免夸张，正《庄子》所云存而不论者。"③《四库全书总目》称《职方外纪》"所纪皆绝域风土，为自古舆图所不载，故曰《职方外纪》。……所述多奇异，不可究诘，似不免多所夸饰。然天地之大，何所不

---

① 王徵：《远西奇器图说录最》序，参见邹振环：《晚明汉文西学经典：编译、诠释、流传与影响》第六章。

② 曾异：《纺授堂文集》卷五，四库禁毁书丛刊编纂委员会：《四库禁毁书丛刊》集部第 183 册，北京出版社，1997 年，第 560—591 页。

③ 清高宗敕撰：《清朝文献通考》，商务印书馆 1936 年，第 7470—7471 页。

有,录而存之,亦足以广异闻也"①。该书在评论《天学初函》中这样写道:
"其《理编》之《职方外纪》,实非言理,盖以无类可归而缀之于末。……今择
其《器编》十种可资测算者,别著于录。其《理编》则惟录《职方外纪》,以广
异闻。其余概从屏斥,以示放绝。并存之藻总编之目,以着左袒异端之罪
焉。"②可见编者将这部列在《天学初函》的耶稣会士所著"理编"之书,收录
钦定"正目"已属破例之举,实际上也是仅仅承认该书中所述"奇闻",在中
国知识系统中有"广异闻"的作用。这种"广异闻"虽然有利于开拓传统中
国士大夫的知识面,但是没有从根本上影响国人的知识新建构,如《职方外
纪》介绍了许多异域奇兽的知识,但没有能在动物研究方法学的认知上促使
中国发生质的大转变。

3. 作为一部"海外奇观",《职方外纪》是晚明至晚清学人认识和理解域
外世界的重要导览资料

晚明因商品经济的蓬勃发展,许多绅宦与具有功名身份的生员、举人也
下海经商,商人的世界观与终老一地的农民不同,他们有强烈的了解外面世
界的愿望。同时在晚明士大夫圈子中,旅游也得到了"能够开辟心胸、陶铸
性灵"的正面评价。于是,各种介绍全国性交通网络的《士商要览》的"商旅
文献"③流行,李日华《味水轩日记》中称:"游道之盛,无如孝廉。"各种游记
在万历之后大量出现。④ 当时有一本以图文并茂的形式来反映"华夷之巨

---

① 四库全书研究所整理:《钦定四库全书总目》(整理本),中华书局1997年,第978—979页。
② 四库全书研究所整理:《钦定四库全书总目》(整理本),第1761—1762页。
③ "商旅文献",一般论著称为"商书""商业书""商人书""商用书"或"商书文献",是为了适
应商业活动需要及商贾活动的方便而编纂的,以商业经营和行旅的实用性为主要内容的
日用类书,因为属于商业书和商人的旅游指南书。明代中叶以后,由于商品经济的发展,
商人资本的活跃,商品贩销于全国,于是这一类为新型商人阶层和旅行者所编的文献应运
而生,其中内容涉及商业伦理、经营知识、占卜吉凶、各地风土的介绍、应酬书札的写作、天
下水路路程等。其中有大量内容涉及旅行,毛文芳指出:"商人通有运无,沟通两地的商品
与资讯,以足迹而言,从商亦是另一种型态的旅游。商用类书中,与旅行直接有关者,乃水
路行程图,这种书是商人行旅的重要参考,编纂者根据自身经商、行旅中的体察与征询商
旅,并参考流传下来的交通图籍而编成,其路线大都以两京或徽州为中心展开。"(参见毛
文芳:《时与物——晚明"杂品"书中的旅游书写》,刘灯明主编:《旅行与文艺国际会议论
文集》,书林出版有限公司2001年,第291—375页)因此,笔者以为命名为"商旅文献",可
能较之其他文献指称,更为合乎实际。"商旅"是指一种商业活动与旅游休闲相结合的
行为。
④ 有关晚明旅游之风,参见周振鹤:《从明人文集看晚明旅游风气及其与地理学的关系》,
《复旦学报(社会科学版)》2005年第1期;巫仁恕:《品味奢华:晚明的消费社会与士大
夫》,中华书局2008年,第172页。

畛"的海内旅游读本，是明万历三十八年（1610）夷白堂出版的明代杨尔曾撰、钱塘陈一贯绘、新安汪忠信镌《新镌海内奇观》，该书以图为主，辅以文字说明，所收皆名山大川，古刹名胜一百三十余幅。图中标出山名古迹，旨在导游。该书出版后大受欢迎，成为当时颇具影响力的一本书。[1]

《职方外纪》虽然不算是正宗的图文并茂的卧游之书，未能提供海外旅游奇景的视觉印象，但书中"俶诡瑰奇"的知识和所附录的地图，亦有某种导览的效果，且满足了无法长距离远洋赴外旅游，但又期望追求"幽僻奇绝之境"的壮游心理。[2] 对于未能出洋游历的明末士大夫来说，该书无疑是一部展示"异域风光"和"海外奇观"的导游指南，启迪读者接受一种全新的形态思维，亦成为晚明学者认识和理解域外世界图像的重要思想资源，如《闽中诸公赠诗》（又称《熙朝崇正集》）收录的诗之中，《职方外纪》和该书所附录的世界地图是艾儒略与士人们接触和讨论的主要话题，古莆彭宪范写道："华夷无异道，况是超凡身。西字成蝌蚪，心源晤圣神。披图罗万国，受学溢千人。"[3]三山人陈圳赞叹艾儒略的功勋卓著不仅在于传播几何学理论，还在于传播了世界地理："自是西方一伟儒，载将文教入中区。发挥原本几何理，指示微茫万国图。"[4]闽中陈鸿称艾儒略与利玛窦"齐名"，"遗以数千言，读之手常把。始知沧溟外，日月异昼夜。神仙信可登，弱水本堪跨。泛海昔张骞，却是寻常者"[5]。闽海人徐𤊻对艾儒略书中能测出五大洲的面积和验证日月的满盈和蚀亏无比钦佩："五大部州占广狭，两轮日月验亏盈。猗欤偶美西方彦，包括天人学已成。"[6]意谓西方俊彦也都是精通"天人之学"的。

---

[1] 杨尔曾：《新镌海内奇观》，陈邦瞻引言，《续修四库全书》"史部地理类"，明万历夷白堂刻本。杨尔曾，字圣鲁，浙江钱塘（今杭州）人，生卒年不详，号雉衡山人，又号夷白堂主人，别署卧游道人、草玄居士，约生活在明万历、天启年间。明代通俗小说作家和书坊主。著作甚丰，有通俗小说《韩湘子全传》《东西晋演义》，另刻有《海内奇观》《图绘宗彝》等书。参见李晓愚：《论晚明的旅游与出版风尚：以杨尔曾〈新镌海内奇观〉为例》，《南方文坛》2018年第6期。

[2] 杨循吉：《灯窗末艺》，收录《四库全书存目丛书》集部，别集类，第43册。

[3] 吴相湘主编：《天主教东传文献》，第648页。

[4] 吴相湘主编：《天主教东传文献》，第664页。

[5] 吴相湘主编：《天主教东传文献》，第687页。

[6] 吴相湘主编：《天主教东传文献》，第652页。徐𤊻（1570—1642年）《徐氏家藏书目》的"史部·外夷"类中还收录了《职方外纪》。福建人陈第虽然没有见过《职方外纪》，但其后人将该书列入了署名陈第编纂的《世善堂书目》"史部·四译载记"类中。［比利时］钟鸣旦、杜鼎克著，尚扬译：《简论明末清初耶稣会著作在中国的流传》，《史林》1999年第2期。

三山林叔学认为,艾儒略等教士能够分辨南北半球昼夜之不同,能够运用仪器观测天象,特别是能在小小的地图上展示五大洲的面貌:"地界沧溟争昼夜,学窥蒺管折丝毫。五州形胜披图狭,八万舟车计路劳。笑杀汉廷张博望,乘槎徒自说波涛。"①同安人池显芳也有诗云:"邹衍无斯识,张骞所未经。五洲穷足力,七政佐心灵。"②意思是,比较而言,邹衍对世界认识的水平及不上远道而来的教士,张骞的沟通西域似乎也无法与之相提并论。樵阳人邓材称赞艾儒略的著作堪用玉石镌刻,制作的仪器与古代的浑天仪一般奇妙,绘制的地图与量天尺同样精确,翻开地图就能看到被大海环绕的五大洲:"自结欧骆馔,宁烦亚细钱。著书镌琬琰,制作俾玑璇。笔准量天尺,图开测海篇。金钟鸣刻漏,宝鉴映全偏。"③福州薛瑞光有:"掌中象数穷河洛,心上珠玑测宿缠。三载危涛孤叶渡,千年暗室一灯燃。"④莆田郑凤来有:"碧翁划成一方治,寸铜晷纬走呈晖。活现虞家玑玉器,揭斯巾舃起欧逻。"⑤温陵黄鸣晋有:"五大部州归一统,欧逻巴国应昌期。铁舸泛海传真教,璇官窥天识巧思。译出方言皆至味,黄农醇化见于斯。"⑥福州林珣有:"先生愿力大西来,天语赍颁震九垓。圣世凤麟今代出,人心日月此时开。璇玑球转分天手,舆地图旋算海才。圣水苍生当灌顶,可能雄猛得心斋。"⑦从上述诗中可以看出,艾儒略所绘制的世界图像确实为晚明带来了很多奇思妙想,引发了国人关于异域的丰富想象。

意大利学者白佐良和马西尼认为,艾儒略在总体上出色地完成了向中国介绍西学的使命,事实表明,整个18世纪出版的同类作品的作者们,都广泛地从他的著作中吸收了有益的东西;直至19世纪,《职方外纪》不仅是汉文化圈了解和研究世界知识的重要来源之一,也是藏、蒙等少数民族文化圈新地理知识的重要来源之一。如19世纪上半期,被誉为"藏族睁眼看世界的第一人"的敏珠尔四世就在首部以藏文撰写的世界地理著述《世界广说》

---

① 吴相湘主编:《天主教东传文献》,第652—653页。
② 吴相湘主编:《天主教东传文献》,第680页。
③ 吴相湘主编:《天主教东传文献》,第658页。
④ 吴相湘主编:《天主教东传文献》,第665页。
⑤ 吴相湘主编:《天主教东传文献》,第683页。
⑥ 吴相湘主编:《天主教东传文献》,第685页。
⑦ 吴相湘主编:《天主教东传文献》,第691页。

中大段大段地引录了《职方外纪》中有关世界知识的介绍；①1844 年魏源《海国图志》五十卷本就把《职方外纪》作为摘录利用"西洋人谭西洋"的重要著述，依据百卷本《海国图志》统计，《职方外纪》被引用次数多达三十三处，且其中不少部分系全篇引用。整本《职方外纪》约有八分之七的原文被《海国图志》引录。② 对如此多的引录，冯桂芬在《跋海国图志》一文中颇不以为然："以林文忠公所译《四洲志》为蓝本，不宜转取从前之《职方外纪》、《万国全图》等书以补其所无，不几以《春秋列国》补《战国策》乎？"③1848 年成书的《瀛环志略》亦对《职方外纪》亦多加引用，如"泰西人因其风浪恬平，谓之'太平海'"。"太平海"一词，显然是依据《职方外纪》。徐继畬认为，艾儒略"久居京师，通习汉文，故其所著之书文理颇为明顺，然夸诞诡谲之说亦已不少"④。既赞美该书在表述世界地理方面的文理"明顺"，同时又批评艾儒略在材料选择上过于偏重"奇异"之处。梁廷枏在《合省国说》中也多处引用《职方外纪》⑤。姚莹几乎全文抄录《职方外纪》中的"四海说"，称："此寰海之说，即邹衍所云大瀛海也。艾儒略以为裨海大瀛属，近荒唐，无可证据，特西人自矜所见之广博，而轻中国之古说耳。"同时又赞扬艾儒略对英国的评价卓有远见："自明季时，艾即以谙厄利与日本并称，则英吉利之强大久矣，特后来更盛耳。"⑥之后 1861 年冯桂芬《校邠庐抗议·采西学议》、1883 年王韬的《瀛环志略跋》、1888 年黄懋材的《印度札记》（《小方壶斋舆地丛钞》第十帙）、金维贤的《南极新地辨》（《小方壶斋舆地丛钞》第十帙）、1894 年何启和胡礼垣的《新政真诠》，以及梁启超的《西学书目表》都先后讨论过《职方外纪》，直至 1909 年成书的王先谦《五洲地理志略》仍将《职方外纪》列为自己主要的参考文献。《职方外纪》中的"火山"一词，先后出现在徐继畬《瀛环志略》、慕维廉《地理全志》、祎理哲《地球说略》和理雅各《智环启蒙》等书中。同时，《职方外纪》也是晚清许多准备探访欧洲的中国人了解

---

① 魏毅：《〈世界广说〉与〈职方外纪〉文本关系考》，《历史地理》第 29 辑（2014 年），第 297—316 页。
② 许序雅、陈向华：《〈海国图志〉与〈职方外纪〉关系考述》，《福建论坛（人文社会科学）》2004 年第 7 期。
③ 冯桂芬：《跋海国图志》，《显志堂稿》卷十二，清光绪二年（1876）冯氏校邠庐刻本。
④ 徐继畬著，田一平校点：《瀛寰志略》，上海书店出版社 2001 年，第 8 页。
⑤ 梁廷枏：《海国四说》，中华书局 1993 年，第 57 页。
⑥ 姚莹著，欧阳跃峰整理：《康輶纪行》"艾儒略《四海说》"，中华书局 2014 年，第 229 页。

欧洲的主要信息来源。① 1891 年 3 月至 4 月间，薛福成在罗马游历参观时，随身携带的就有《职方外纪》一书，他经常翻阅其中关于意大利的章节，与其实际看到的"奇观"进行对照，此时该书为薛福成起着导游书的作用，当他参观圣彼得（Pietro）教堂时，对艾儒略将其译为"伯多禄教堂"表示异议，认为应译为"比爱"更为合适，其实艾儒略当时对应的意大利文是"Petrus"。②

第四节　本 章 小 结

中国古代关于域外的文献大致可以分为以《山海经》为代表的幻想系统和以《诸蕃志》为代表的藩属系统，《山海经》在海外南、西、北、东经中列有交胫国、反舌国、三首国、三身国、一臂国、奇肱国、一目国、深目国、无肠国、大人国等。尽管国人深知《山海经》属于幻想的产物，但其对后代的创作影响深远。宋代赵汝适的《诸蕃志》堪称第一部较全面地反映世界地理的著作，作者根据自己所"阅诸蕃图"，并"询诸贾胡，俾列其国名，道其风土，与夫道里之联属，山泽之蓄产。译以华言，芟其秽渫，存其事实"，写成两卷③。上卷"志国"言诸国概况，所记国家五十八个，东至今日本、菲律宾，南至印度尼西亚各群岛；西达非洲，及意大利的西西里岛；北至中亚及小亚细亚。下卷"志物"言物产，记载物产四十七种，另附记海南岛的地理与货物。明代张燮仿《诸蕃志》体例撰成《东西洋考》十二卷，记述了西洋十五国、东洋七国，另附日本和荷兰。不难见出，这一系统的关于域外的著述都是由国人依据道听途说的材料，在"天朝中心主义"的"虚幻环境"内完成的——是以中国为中心、周边藩属为外缘所形成的藩属系统的地理沿革考订和风土人情的记述④。因此，在上述两个系统的文献中，很难找到一个真实和具体的"异域"。

艾儒略在编纂《职方外纪》的过程中，精心编织了绘制世界图像和展示海外奇观两条线索，他借助晚明尚奇的习俗，用自己关于"奇人""奇地"的

①　［意］白佐良、马西尼著，萧晓玲、白玉崑译：《意大利与中国》，商务印书馆 2002 年，第118 页。
②　［意］白佐良、马西尼著，萧晓玲、白玉崑译：《意大利与中国》，第 257—258 页。
③　赵汝适：《〈诸蕃志〉序》，赵汝适著，杨博校释：《诸蕃志校释》，第 1 页。
④　邹振环：《晚清西方地理学在中国——以 1815 至 1911 年西方地理学译著的传播和影响为中心》，上海古籍出版社，2000 年，第 17 页。

雅俗共赏的描述,向明清中国人介绍了大量闻所未闻的海外"奇事""奇闻"。这一着力述奇的文本,在东西文化初次接触中所提供的"奇观"画面,虽然有种种突兀的变形,但多少开阔了中国人的视野,形象化地为国人具体展现了世界的自然图景和海外的人文奇观,从而帮助国人在猎奇意识的支援下能够接触和认识一种异域的文化,在一定程度上打破了天朝中心主义的陈旧观念,建立起最初的世界意识。《职方外纪》以关于奇景、奇事的特殊书写,提供了不复朦胧的世界面貌,帮助中国士大夫理解了欧洲的新事物,为明清知识者提供了较之利玛窦世界地图更为完整和更为清晰的近代世界的图像,诱发了明清以后一系列关于西方新经验的学习热潮,并悄悄引领了明清以来西学冲击的第一波和第二波的高潮,直至晚清仍是国人认识和理解域外世界的重要导览资料。在缓慢和复杂的东西两种文化的磨合过程中,该书为中国人世界意识的建构,提供了一个崭新而较为明晰的坐标雏形。

《职方外纪》基于"海外猎奇"趣味来绘制世界图像,使明清以来关于世界的图像都与畸形怪异有着某种联系,这种追求"奇异"的描述,使明末清初相当部分士人对当时传入的西学是从"奇"的角度来认识的,于是形成了不少属于文化误读下的"奇观"描述。不少国人对西方的认识,多局限在所谓"奇人""奇器""奇巧""奇计""奇迹"和"奇兽"的知识范围。《职方外纪》忽视了"奇人"的时空关系,因此使国人无法建立起中西时空对应的认识,对于中国人认识世界和反省自我,亦有若干负面的影响。这些对西学的奇诡认识后来出现在明清很多中国文人的笔记中,直至晚清很多文人还喜欢堆砌罗织西方的各种"光怪陆离"的惊奇感。这使《职方外纪》带来的西学知识对于明清思想界的冲击显得相对有限,这些"奇异"因子很难完整地进入中国文化的系统,未能成为建构中国现代性新知识体系的重要元素。

第三章　宇内兽谱:《坤舆全图》与大航海时代中西动物知识的交换

南怀仁在 1674 年绘出《坤舆全图》的同时,也完成了三万五千字左右的《坤舆图说》[1]和《坤舆格致略说》两书。《坤舆全图》第二幅和第七幅的下端标有"康熙甲寅岁日躔娵訾之次"和"治理历法极西南怀仁立法",可见该图应该是在 1674 年的立春之次完成的。对《坤舆全图》的流传情况,学界讨论不多。从康熙年间直至乾隆时期,该图也在宫外流传,康熙十七年(1678),"天主教儒者"陆希言(1631—1704)曾为上海敬一堂屏门裱置《坤舆全图》题柱:"万国五洲总属一元开造化,三才七政更无二上可钦崇。"[2]可见在南怀仁《坤舆全图》刊刻四年后曾在敬一堂悬挂过。到了一百多年后的乾隆六十年(1795),数学家李锐[3](1769—1817)在三月初七日记中称有一位朱姓书友欲出售一份《地球图》,[4]由描述可见该图显然是《坤舆全图》的省称。李锐

---

[1] 徐宗泽:《明清间耶稣会士译著提要》,中华书局 1949 年,第 318 页;[法] 费赖之著、冯承钧译《在华耶稣会士列传及书目》称《坤舆图说》有 1672 年的北京刻本(中华书局 1995 年,第 356 页),存疑。

[2] 佚名:《敬一堂志》,[比利时] 钟鸣旦、杜鼎克、王仁芳编:《徐家汇藏书楼明清天主教文献续编》第 13 册,利氏学社 2013 年,第 565 页。

[3] 李锐(1768—1817),又名向,字尚之,号四香,江苏元和县(今属苏州市)人。元和诸生。幼开敏,有过人之资。从书塾中检得算法统宗,心通其义,遂为九章、八线之学。曾受业于钱大昕门下,得中、西异同之奥,于古历所得尤深。自三统以迄授时,悉能洞彻本原。后入阮元幕府,整理数学典籍。实际主持《畴人传》的编写工作。著有《弧矢算术细草》《勾股算术细草》《方程新术草》,阐发中国古代数学的精粹。还曾对多部历法进行注释和数理上的考证,著成《日法朔余强弱考》。参见邓宗琦主编:《数学家辞典》,湖北教育出版社 1990年,第 446—448 页。

[4] 冯锦荣《乾嘉时期历算学家李锐(1769—1817)的生平及其〈观妙居日记〉》中所引日记称:"书友朱姓持卷子八幅求售,乃康熙甲寅岁治理历南怀仁所造《地球图》也。前二幅系总说,后六幅每合三幅为一圆图,状地球之半,合两半圆则地球全图也。其相接处为赤道,四旁注二至、昼夜刻数,分大地为四大洲:曰亚细亚、曰欧逻巴、曰利未亚、曰亚墨利加。因索价太昂,即还之矣。"参见《中国文化研究所学报》1999 年新第 8 期,第 269—286 页。

虽对此图非常有兴趣，但由于索价太高，财力有限，只能失之交臂。

关于《坤舆全图》，前人已有多种研究，1937 年日本鲇泽信太郎发表《南怀仁的〈坤舆图说〉与〈坤舆外纪〉》(载《地球》第 27 卷第 6 号)；中国台湾林东阳撰有《南怀仁的世界地图——〈坤舆全图〉》(《东海大学历史学报》1982 年 12 月，第 69—84 页)，指出 1674 年版的《坤舆全图》在全世界至少有十三处收藏地，其中还不包括日本神户市立博物馆的收藏，仅仅巴黎国家图书馆一处就藏有六件(其中包含一件纪年同为 1674 年的单幅简本)。作者还指出该图除 1674 年的原版外，还有 1856 年的广东版和清咸丰庚申年(1860)六条屏纸本刊本。据《韩国古地图目录》，另有 1858 年重刻本。王省吾据刘官谔《内务府舆图房藏书纪要》(《文献论丛》，1936 年)称皇家舆图房藏有法文本《坤舆全图》，1694 年在巴黎出版。① 1856 年广东版、1858 年的重刻本和 1694 年的法文本，笔者都未经眼。

目前所见最多的是咸丰版署有"咸丰庚申年降娄海东重刊"本，咸丰庚申系 1860 年，韩国首尔大学奎章阁研究院所藏该版为 1933 年重刻本，共分六轴，每轴宽 22 英寸，长 6 英尺 6 英寸。"降娄"是十二星次之一，配十二辰为戌时，配二十八宿为奎、娄二宿，此为星次日期，具体对应黄道二十四节气或农历(干支历)。明末的历算家曾将西方黄道十二宫之白羊座译为"降娄宫"，故"降娄"为春季，约公历的 3 月初到 4 月初；"海东"或指刊刻者为朝鲜人，如《海东名人传》《海东金石录》等，高丽的崔冲被誉为"海东孔子"，朝鲜世宗也被誉为"海东尧舜"。② 而《坤舆图说》本又将书名用之于地图缩本的名称，也很少有人注意。此图应该不是 1674 年南怀仁亲手制作的地图，

① 王省吾：《澳大利亚国家图书馆所藏彩绘本——南怀仁〈坤舆全图〉》，《历史地理》第 14 辑，上海人民出版社 1998 年，第 211—224 页。

② 感谢鲁东大学黄修志教授提供的信息！这一重刻本不见于国家图书馆的《舆图要录》等。该重刻本与 1674 年的初版《坤舆全图》相比，文字有所增补、省略和改动，亦有误植。如《坤舆全图》东半球第二幅墨瓦蜡尼加洲上"获落"的文字说明"里都瓦你亚国"被改作"地欧瓦你亚"，"获落"后增加了"狗"字，而"夹其腹令空，仍觅他食"却被删去。《坤舆全图》东半球第二幅墨瓦蜡尼加洲上的"非洲狮"："利未亚州多狮，为百兽王，诸兽见皆匿影。性最傲，遇者亟俯伏，虽饿时不噬。千人逐之，亦迟行。人不见处，反任性疾行"一段，"州"改为"洲"，"亦迟行"改为"亦徐行"，最后一句"反任性疾行"中的"任"误作"在"。"喇加多"一段中"利未亚州东北厄日多国"中的"厄日多"误作"宫日多"；"恶那西约"一段则删去了"利未亚州西""亚毘心域"删去了"域"字，等等。该图中的动物形象较之 1674 年的初刻本显得非常粗糙。

而是后人根据原版八幅面的地图而加以摹刻的缩小版。①　法国图书馆藏有
清代着色版《坤舆全图》,与流行的 1674 年版《坤舆全图》不同,全图西半
球在左,东半球在右,"坤舆图说"的长篇文字在上部,其他相关文字被写
入两个半球的空隙处,包括墨瓦腊泥加的南极大陆,除了保留部分海上动
物,陆地动物基本被删除。费坦特(Christine Vertente)统计了分藏于世界
各地的十六处的《坤舆全图》各种原版和复刻本,并将 1674 年版分为三种
不同形式:一是 1674 年由八条屏幅组成的;二是标有 1674 年的单张版;
三是同年单张的题为《坤舆图说》本。原版地图有彩色和黑白两种版本,
彩色版分藏于澳大利亚国家图书馆、神户市立图书馆和汉城大学图
书馆。②

　　2018 年 9 月河北大学出版社推出由该校图书馆珍藏的《坤舆全图》着
色版,并将之与《坤舆图说》合编为《坤舆全图·坤舆图说》。③ 20 世纪 90
年代,汪前进《南怀仁坤舆全图研究》一文曾对《坤舆图说》与《坤舆全图》进
行过细致的比对,指出两者的记注内容可以分为文字内容完全相同、《图说》
文字增加一段、《图说》对《坤舆全图》有整段修改和部分修改四种情况。④
卢雪燕的《南怀仁〈坤舆全图〉与世界地图在中国的传播》一文指出该图在
中国的世界地图传播过程中具有重要的承先启后的作用。⑤

　　《坤舆全图》和《坤舆图说》孰前孰后的问题,也是学界不断在讨论并尚
未形成定论的一个问题。樊洪业在《耶稣会士与中国科学》中这样写道:
"南怀仁于 1674 年绘制并刊行了《坤舆全图》,此图是对利玛窦世界地图的
改进和补充,是在中国第一次把世界地图绘成两个半球图。为了解说这幅

① 林东阳:《评〈南怀仁的世界地图〉》,《纪念南怀仁逝世三百周年(1688—1988)国际学术讨
　论会论文集》,台北辅仁大学 1987 年,第 233—235 页。李孝聪记录了用"坤舆图说"命名
　的该图数据:版框 83 cm×55 cm,认为是南怀仁解说"坤舆全图而撰写的一部有关地球自
　然、人文地理著作的附图"。参见李孝聪:《欧洲收藏部分中文古地图叙录》,国际文化出
　版公司 1996 年,第 12—13 页。

② [比利时] 费坦特(Christine Vertente)《南怀仁的世界地图》(Nan Huai-ren's Maps of The
　World),《纪念南怀仁逝世三百周年(1688—1988)国际学术讨论会论文集》,台北辅仁大学
　1987 年,第 225—231 页。

③ [比利时] 南怀仁:《坤舆全图·坤舆图说》,河北大学出版社 2018 年(下凡引用其中的《坤
　舆全图》,简称《坤舆全图》整理本,仅注页码)。感谢翟永兴先生惠赠该书,特此鸣谢!

④ 参见曹婉如等编:《中国古代地图集·清代》,文物出版社 1997 年,第 106—107 页。

⑤ 卢雪燕:《南怀仁〈坤舆全图〉与世界地图在中国的传播》,《故宫文物月刊》2008 年 7 月号
　(总 304 期),第 18—27 页。

图，他还撰写了《坤舆图说》。"①樊氏显然认为《坤舆图说》是为了解说同年
所刻的《坤舆全图》。澳大利亚学者王省吾《澳大利亚国家图书馆所藏彩绘
本——南怀仁〈坤舆全图〉》一文系统讨论了彩绘本《坤舆全图》，明确指出
南怀仁是先撰写《坤舆图说》，而后有《坤舆全图》。② 吴莉苇也同意《坤舆
图说》原是作为南怀仁为康熙制作的《坤舆全图》之解说而出现的，她无法
解释为什么对欧洲同胞的新成果已有相当了解的南怀仁在编纂《坤舆图说》
时，却采用艾儒略的很多旧说。于是她推导出的结论是：或许南怀仁无法
参考更新的欧洲文献，或许南氏并不愿及时介绍这些新文献；鉴于艾儒略作
品的畅销性，南怀仁认为艾儒略的旧说是比较适合中国人接受的文本，因此
没有必要节外生枝增补新材料。据此吴莉苇得出结论：如果是后一种原
因，则隐隐可见清初耶稣会士在对适应政策趋于保守的同时，知识传教路线
也有收缩态势，其主观上愈加想把工作重心转移至布道。③

　　笔者曾发现和收集了《坤舆格致略说》康熙甲寅（1674 年）刻本、载有徐
光启孙子徐尔觉为序的康熙丙辰（1676 年）刻本和抄本，将之相对校，并与
编入"指海"丛书的《坤舆图说》进行对校分析，指出《坤舆格致略说》的成书
时间应先于《坤舆图说》，《坤舆图说》系《坤舆格致略说》的修订本，南怀仁
《坤舆全图》的绘制应该是与编纂《坤舆图说》一书同时进行的，图说内容的
完成互有先后，《坤舆全图》的编绘还参考了更晚近的新成果。④《坤舆图
说》中有不少国名、地名不见于《坤舆全图》，如"里都瓦你亚国""额第约必
牙国"等，以及《坤舆图说》中有《坤舆全图》所没有的《七奇图说》，似可以作
为《坤舆图说》是在《坤舆全图》图文资料基础上完成的重要根据。《坤舆全

① 樊洪业：《耶稣会士与中国科学》，中国人民大学出版社 1992 年，第 151 页。这一见解为后
来很多学者沿用，如崔广社还以《坤舆图说》比照《坤舆全图》所刊入的图说文字，认为在论
述某些地理地貌和天体宇宙、人物风土等自然现象的形成时，两者文字内容基本相同或一
致，据此得出《坤舆图说》是为解说同年绘制的《坤舆全图》而作的结论。参见崔广社：
《〈四库全书总目·坤舆图说〉提要补说》，《图书馆工作与研究》2003 年第 1 期。崔广社等
还在《南怀仁〈坤舆全图〉的文献价值》一文中称"图说部分包括图像和文字，遍布全图。
这部分内容，在《坤舆全图》刊行当年，南怀仁又结集成书印行，名为《坤舆图说》"。认为
南怀仁出版印行此书的目的很明确，就是向国人解说《坤舆全图》，让世界了解中国，反映
了其绘制《坤舆全图》的初衷，书中内容与《坤舆全图》中的释文、图说相吻合。参见《河北
大学学报（哲学社会科学版）》2006 年第 5 期。
② 王省吾：《澳大利亚国家图书馆所藏彩绘本——南怀仁〈坤舆全图〉》。
③ 吴莉苇：《明清传教士对〈山海经〉的解读》，《中国历史地理论丛》2005 年第 3 期。
④ 邹振环：《南怀仁〈坤舆格致略说〉研究》，荣新江、李孝聪主编：《中外关系史：新史料与新
问题》，科学出版社 2004 年，第 289—303 页。

图》是康熙甲寅年(1674)比利时传教士南怀仁绘制的中文版世界地图,接续了利玛窦的《坤舆万国全图》彩绘本绘制动物的特点,该图也绘上了三十四种海陆动物,并有若干动物附有简短的文字解释,成为中国地图史上绘制动物图像最多的汉文世界地图。在《坤舆图说》的《异物图说》中,南怀仁又添加了新的知识。以往的研究者在讨论《坤舆全图》和《坤舆图说》时,多重视该图和图说的版本考订与地理学贡献与影响,而其中的动物图说多被忽略。关于《坤舆全图》中动物图说最突出的研究要推台湾学者赖毓芝所撰的《知识、想象与交流:南怀仁〈坤舆全图〉之生物插绘研究》一文,她在德国汉学家魏汉茂关于南怀仁《坤舆图说》图文来自瑞士博物学家格斯纳《动物志》一说的基础上,进一步细致考证了无对鸟、骆驼鸟、喇加多与大懒毒辣等动物所据的蓝本及其资料来源。[①]

《坤舆全图》中绘制的动物,如海豹、海马、海狮等,均无文字解说,原因何在? 南怀仁为何要在编绘《坤舆全图》的过程中,从世界如此众多的动物中挑选这三十多种海陆动物进行绘像呢? 特别是其文字主要来源于哪些知识系统? 本章拟在前人研究的基础上,从大航海时代中西大陆动物交流的角度,着重分析《坤舆全图》如何以复合图文之形式描绘的二十三种海陆动物,探讨这些音译的动物名称究竟是何种动物,以及这些动物在后来清宫图像绘制系谱,如大型百科全书《古今图书集成》与 18 世纪乾隆朝摹绘《兽谱》中的衍化与变异,指出南怀仁是沿着利玛窦和艾儒略传送多元文化观思路的基础上,介绍了大航海时代后出现的西方动物学新知识,成功地找到了如何在基督教文化背景下,较之《坤舆万国全图》和《职方外纪》更具说服力地介绍异域动物知识的特点,并在介绍西方动物知识的过程中,有效地回应了中国的传统动物学。

第一节　南怀仁《坤舆全图》及其所据资料

南怀仁在 1666 至 1669 年幽居期间,可能为编纂汉文地理学著述做过大量的准备工作,所以,1669 年他与意大利耶稣会士利类思、安文思一起合

---

① 赖毓芝:《知识、想象与交流:南怀仁〈坤舆全图〉之生物插绘研究》,董少新编:《感同身受——中西文化交流背景下的感官与感觉》,第 141—182 页。该文将《海错图》作者聂璜所记康熙三十年(1691)闽人俞伯趁其为船主的表兄刘子兆往安南贸易之便,随船前往安南,误作聂璜本人赴安南观看鳄鱼火焚。

作完成了《西方要纪》(或称《西方要记》和《西方纪要》)，涉及了西方地理、
风俗、政治、经济、社会和文化等不同的主题。之后他开始进入科学写作的
活跃时期，1672 至 1674 年是他科学译著出版的一个高峰阶段，1672 年《赤
道南北星图》出版于北京；1673 年吴三桂叛乱，康熙皇帝命令南怀仁造炮，
一年间他造炮三百五十门，并将造炮技术编写成《神威图说》一书(1682 年
刊行)；1673 至 1674 年出版了带有解说的一百一十七幅图的两卷本《仪象
图》和十四卷本的《灵台仪象志》，后者不仅是一本重要的天文学著述，还讨
论了弹道学的知识，其中的"一百一十七图"绘有火炮和箭矢的抛射轨迹。①
其间他还编写了《康熙十三年历书》《一六七四年天象》；1678 年他在汤若望
所制二百年历表的基础上编成了一部三十二卷的《康熙永年历法》。他还在
北京做过利用蒸汽推动车和船的实验，增加了转向机制，并作了广泛应用的
建议，这一具有历史意义的蒸汽动力实验写入了他用拉丁文发表在《欧洲天
文学》(*Astronomia Europaea*)中的一篇文章。席泽宗认为这一实验比瓦特制
成往复式蒸汽机早 115 年，比西明顿将之应用于船早 123 年，比斯蒂文孙用
之于火车早 150 年，比布尔用之于汽车早 200 年。因此南怀仁的实验不仅
在中国科学史，乃至在世界蒸汽机史上也应大书一笔。②

　　1674 年这一年可以说是南怀仁地理学著述创作的大年，除了完成《坤
舆格致略说》《坤舆图说》两部地理学著述，③他还绘制了《坤舆全图》，该图

① 冯锦荣：《南怀仁〈穷理学〉中的火炮弹道学知识》，香港大学主办"明清国际研讨会"论文，
　2002 年 12 月，未刊本。
② 席泽宗：《南怀仁对中国科学的贡献》，[比利时] 魏若望编《传教士·科学家·工程师·
　外交家：南怀仁(1623—1688)——鲁汶国际学术研讨会论文集》，社会科学文献出版社
　2001 年，第 222—223 页(下凡引用该书，均简称《南怀仁》，仅注页码)。
③ [英] 李约瑟《中国科学技术史》第四卷"物理学及相关技术"第三分册"土木工程与航海技
　术"中多处提到《坤舆图说》完成在 1672 年(科学出版社、上海古籍出版社 2008 年，第 562
　页)，但未提供确凿证据。南怀仁的地理学著述，除上文提到的《坤舆全图》《坤舆格致图说》
　《坤舆图说》外，还有《坤舆外纪》，后者是从《坤舆图说》中摘抄出来的。方豪举出其中"热尔
　马尼亚国"的"小自鸣钟"和"能于二刻间连发四十次"的大铳，认为是南怀仁记述了当时最
　新的出品。参见方豪：《中西交通史》(下)，上海人民出版社 2008 年，第 595 页；此说亦为杨
　文衡主编《世界地理学史》(吉林教育出版社 1994 年，第 462 页)、樊洪兴《耶稣会士与中国科
　学》(中国人民大学出版社 1992 年，第 151—153 页)等书所沿用。其实这一段已见之艾儒略
　的《职方外纪》(《职方外纪校释》，第 93 页)。日本学者鲇泽信太郎认为这不是南怀仁所著，
　而是某位对珍奇事物感兴趣的人根据《坤舆图说》编纂而成(鲇泽信太郎：《南怀仁的〈坤舆
　图说〉与〈坤舆外纪〉研究》，《地球》1937 年 27 卷第 6 期，第 429 页)。《坤舆外纪》先后被
　1702 年吴震方辑《说铃》前集本、《龙威秘书》七集和《艺苑捃华·说铃》辑录，阮元编撰《广东
　通志》，其中关于夷国鸟类、兽类和爬行动物的评语，都引自《坤舆外纪》。

有木刻版不着色和着色彩绘本两种流传。分成八条屏幅,卷轴装,左右两屏幅,即第一和第八幅是关于自然地理知识的四元行之序、地圜、地体之圜、地震、人物、江河、山岳等文字解说;中间六条屏幅,即第二至第七幅是两个半球图,各占三幅,上下两边也有若干文字解说,如风、海之潮汐、气行、海水之动等。左起第二至四幅为西半球,系美洲大陆部分,第五至第七幅为东半球,系欧亚大陆部分。两个球采用的是圆球投影,南怀仁将利玛窦世界地图的平面投影法改为球面投影法,是汉文世界地图制图上的一大进步。

林东阳认为,球面投影法这一术语,由耶稣会士阿吉伦于1613年命名,但约公元前180年希腊人希帕恰斯已发明了球面投影法,只是到了16世纪的最后四分之一年代,在欧洲才为地图制作者所普遍使用。文艺复兴时期伟大的制图学家格拉都斯·墨卡托(Gerardus Mercator)之子鲁姆奥德·墨卡托(Rumold Mercator),利用这种方法于1587年绘制了他的世界地图 *Orbis Terrae Compendiosa Descriptio*(又称《环球概述》)。[1] 全图经线每十度一条,本初子午线为通过顺天府的子午线,东西半球的经线统一划分。纬线以赤道为零点,每十度一条纬线,有南北纬之分。五大洲构成了地图的主要部分,其中亚细亚、欧逻巴、利未亚、南北亚墨利加和墨瓦蜡尼加洲,都沿用利玛窦《坤舆万国全图》上的译名,但增加了"新阿兰地亚洲"(New Guinea,今译新几内亚)的部分。《坤舆全图》的最大贡献是将新几内亚、加尔本大利亚(Carpentaria,今译卡奔塔,在昆士兰与北领地之间)和新阿兰地亚等若干新发现的地方迅速而准确地画进地图。[2]

《坤舆全图》中陆地为土黄色,海水波纹青黄色,山脉深绿色,北极圈和欧洲部分,用了大量的红色晕染,海陆动物分别以红、黄、蓝、白、绿各色表示,东西半球圆周共四圈,内圈有黑白相间的粗线,最后一圈饰有花纹。1996年王省吾报告了他在澳大利亚国家图书馆发现的南怀仁彩绘本《坤舆全图》,与笔者所见的彩绘本非常相似。但绘本共两巨幅,各纵199厘米,横155厘米,赤道、南北回归线、河流、海岸线均用墨色。东西两半球圆周所标纬度与冬夏昼夜长时刻、赤道上经度度数、地名与注释,均用中文楷体书写。中国与小部分东南亚岛屿,均采用已熟知地名,西方各国系由西文转译,其中一部分已经被利玛窦《坤舆万国全图》所使用。绘本不仅将陆地、海洋、山

---

① 林东阳:《南怀仁对中国地理学和制图学的贡献》,《南怀仁》,第139页。
② 王省吾:《澳大利亚国家图书馆所藏彩绘本——南怀仁〈坤舆全图〉》。

脉、海舶、水陆动物加上彩色，且所画河流、海岸、岛屿的线条均十分精细，中文解释典雅，书写工整。王省吾据此判定，这一经过用心设计、精心绘制的作品，是为进呈康熙皇帝御览的。①

　　南怀仁将利玛窦的椭圆形方式绘制世界地图改画为东西两半球地图，不仅仅因为东西两半球地图更接近实际地形，还因为当时西方流行东西两半球地图，便于仿制。值得注意的是，南怀仁特地将东半球放到左边，这样就又使中国的位置出现在地图的中央。汪前进认为，《坤舆全图》并不是南怀仁依据某一种西洋地图编译而成的，而是依据许多材料编绘而成的。②但汪文没有指出南怀仁所可能依据的材料。比利时学者博蓝德认为南怀仁的《坤舆全图》是利用了尼德兰出版的最新地图学著作绘制的。③ 费坦特认为荷兰制图家布劳（Johannes Blaeu）1648 年发表于阿姆斯特丹的世界地图 *Nova Totius Terrarum Orbis Tabula*（《新植被版图》），可能是南怀仁地图的主要来源。④ 李孝聪也认为，该图的原型，可能是 1648 年出版的琼·布劳的世界地图（Joan Blaeu：*World map*，Amsterdam），但是又根据已刊行的中国地图，对亚洲东部的面貌做了修订，故比前者更接近实际，而且带有部分中国地图的风格。此图代表 17 世纪欧洲半球投影制图学和天体学说对中国的影响，也是来华耶稣会士在制图学方面为中西文化交流所做的一个贡献。⑤荷兰学者德斯托姆补充称布劳 1660 年出版的由十二条屏幅组成的修订版才是南怀仁地图的真正来源。林东阳进一步分析道：关于南怀仁地图的材料来源，我们试图举出两种可能性：（1）由 17 世纪中奥格斯堡的塞尤特（Mattheus Seutter）绘制的名为 *Diversi Globi Terr-aquei*（《形色水陆》）的世界地图；（2）鲁姆奥德·墨卡托 1587 年绘制的世界地图。南怀仁的地图与其非常相似，不仅使用同样的球面投影法绘制，而且具有某些佛拉芒地图的特征。⑥ 王省吾认为《坤舆全图》还参考了荷兰画家詹兹（Jan Jansz，1599/1600—1649）与基雷（Pieter van den Keere，1571—1646）于 1630 年所绘制的平面投影世界地图，而且在澳大利亚的绘制上，还参考了罗兰·波那帕特太

① 王省吾：《澳大利亚国家图书馆所藏彩绘本——南怀仁〈坤舆全图〉》。
② 汪前进：《南怀仁坤舆全图研究》，曹婉如等编：《中国古代地图集·清代》，第 102 页。
③ ［比利时］博蓝德：《耶稣会士和南怀仁向中国传入过时的科学吗》，《南怀仁》，第 11—12 页。
④ 费坦特：《南怀仁的世界地图》，《纪念南怀仁逝世 300 周年（1688—1988）国际会议文集》，台北 1987 年 12 月。
⑤ 李孝聪：《欧洲收藏部分中文古地图叙录》，国际文化出版公司 1996 年，第 11 页。
⑥ 林东阳：《南怀仁对中国地理学和制图学的贡献》，《南怀仁》，第 140 页。

子(Prince Rolland Bonaparte)的塔斯门地图。①

《坤舆全图》中值得专门提出讨论的是不同种类的海陆动物三十四头,其中陆生动物二十种,东半球绘在墨瓦蜡尼加洲部分的陆生动物,从左到右依次为"独角兽"、"获落"(貂熊)、"非洲狮"、"意夜纳"(非洲鬣狗)、"大懒毒辣"(毒蜘蛛)、"鼻角"(犀牛)、"喇加多"(鳄鱼)、"应能满"(埃及獴)、"恶那西约"(长颈鹿)九种动物;西半球在墨瓦蜡尼加洲部分从左到右绘有陆生动物智勒"苏"、"撒辣漫大辣"(蝾螈)、"般第狗"(河狸)、"百露国鸡"(巴西食火鸡)、"印度国山羊"、"加默良"(变色龙)、"狸猴兽"(负鼠)七种动物;绘在"新阿兰地亚洲"上的是"无对鸟"(极乐鸟)一种;在"南亚墨利加洲"从左到右上绘有"骆驼鸟"(鸵鸟)、"蛇"和"伯西尔喜鹊"(犀鸟)三种。海上动物十四种,西半球有飞鱼四头,剑鱼一头,海狮一头,不同姿势游动喷水的"把勒亚鱼"(鲸类)四头;东半球计有海马、海豹、鲸鱼、美人鱼四种动物。从上述《坤舆全图》中所录海陆奇异动物的图像及其"图说"可知,《坤舆全图》绘制动物的地方有一定的随意性,分布在亚洲、非洲、欧洲和部分美洲的动物大多绘制在想象中的墨瓦蜡泥加洲,爪哇岛的无对鸟则画在"新阿兰地亚",而唯有"伯西尔喜鹊""骆驼鸟"和蛇三种动物画在南美洲,可见非常强调它们的产地。这些动物图像的"图"和"说",来自何处很值得讨论,汪前进认为:"它们来源于另一版本的《坤舆万国全图》。"②这一结论显然有误,因为《坤舆万国全图》中的动物绘像,如狮子、海上动物鲸鱼等,与《坤舆全图》显然不是来源于同一系统,南京博物院藏本中的陆上动物中有"翼

---

①　王省吾:《澳大利亚国家图书馆所藏彩绘本——南怀仁〈坤舆全图〉》。詹兹(Jan Jansz de Jonge Stampioen,1610—1698),出生在荷兰一个虔诚卡尔文教徒(Calvinist)家庭,其父是工程师、天文学仪器的制造者和正式的检察官。他1632发表了球面三角学(spherical trigonometry),1639年完成代数的著作。他曾匿名刊行有涉及立方的难题,酿成与Waessenaer的剧烈争论,笛卡儿也被卷入其中。他在鹿特丹教授数学,1638年成为威廉王子的家庭教师并移居海牙,在海牙他开了印刷店,以出版自己的著作。在制图学(Cartography)、航行术(Navigation)方面,1650年他出版了地形学的地图(topographical map),1698年他作为技术专家参与用以决定经度的方法的测试。基雷(Pieter van den Keere,1571——1646),荷兰制图家。其家于1570年在荷兰遇到宗教迫害后逃往英国伦敦,1584年他开始和自己的家人合作,雕刻和制作大量的地图,如1617—1622年间绘制的《荷兰地图集》有名于世。1627年他完成了英格兰、威尔士、苏格兰、爱尔兰的地图集,由John Speed出版。基雷还为当时比他更有名的Blaeu和Jasson刻版。相关资料来自:http://sub. ngzb. com. cn/staticpages/20080317/;http://es. rice. edu/ES/humsoc/Galileo/Catalog/Files/;http://www-groups. dcs. st-and. ac. uk/~history/,2010年2月7日检索。
②　汪前进:《南怀仁坤舆全图研究》,曹婉如等编:《中国古代地图集·清代》,第104页。

兽""大象"等，都是《坤舆全图》中没有的。"图说"部分除若干抄自《职方外纪》外，大部分的资料还另有所本。

16世纪前欧洲几乎尚无具有近代自然史意义上的动植物专著，稍微可称系统的记述主要是亚里士多德的《动物学》和普林尼的《自然志》（*Naturalis Historia*），16世纪中叶才有了包括各式各样的文献、观察、写作和图版的《动物志》（*Historia Animalium*），该书是瑞士苏黎世学者康拉德·格斯纳（Conrad Gesner，或作 Konrad Cesner，1516—1565，又译葛斯纳）于1551至1558年间出版的一套包括了四卷文字、三卷图谱的动物志巨著。格斯纳系瑞士博物学家，文献学家和医学家，西方近代书目的创始人之一。早年曾先后入布尔日、巴黎、巴塞尔大学学习。1537年出版《希腊-拉丁语词典》，同年开始在洛桑一所大学教授希腊语。1541年在巴塞尔大学获医学博士学位。此后一直在苏黎世行医和教授自然科学，直至去世。生前共出版著作七十二部。1545年出版有《通用书目》（*Bibliotheca Universalis*），收罗印刷术百年之内出版的所有拉丁语、希腊语和希伯莱语的著作一万种，1548年出版收罗三万条的《图书总览》（*Pandectae*）。该书分19个大类，是西方第一部检索系统较为完备、著录详尽的综合性大型书目。《动物志》（*Historia Animalium*）一书使其赢得了"动物学之父"的声誉。① 赖毓芝考证指出，《坤舆全图》中的"苏""狸猴""恶那西约""获落""鼻角"等，都与格斯纳的《动物志》相关联。②

格斯纳之后就是意大利文艺复兴时代的博物学家亚特洛望地（Ulisse Aldrovandi，1522—1605，今译阿德罗范迪）所编的《动物志》（*Historia Animalium*）。亚特洛望地出生在意大利博洛尼亚（Bologna）的一个贵族家庭，后在博洛尼亚和帕多瓦大学学习人文科学和法律，他对哲学、逻辑学及医学等，都有浓厚的研究兴趣。1553年他获得了医学和哲学学士学位，1554年起在博洛尼亚大学教授逻辑、哲学和数学。1549年6月，他因被教会中拥护反三位一体论者和再洗礼派的卡米洛雷纳托指控为异端邪说而被捕，软

---

① ［美］伊丽莎白·爱森斯坦著，何道宽译：《作为变革动因的印刷机：早期近代欧洲的传播与文化变革》，北京大学出版社2010年，第43、57页。

② 赖毓芝：《清宫对欧洲自然史图像的再制：以乾隆朝〈兽谱〉为例》，《"中研院"近代史研究所集刊》第80期（2013年6月），第1—75页（下简称赖毓芝：《清宫对欧洲自然史图像的再制：以乾隆朝〈兽谱〉为例》）；赖毓芝：《从杜勒到清宫——以犀牛为中心的全球史观察》，《故宫文物月刊》第344期（2011年11月）。

禁在罗马。直到 1550 年 4 月才被释放。在半囚禁岁月里,他钻研植物学、动物学和地质学。1551 至 1554 年间,他在意大利的山区、农村、海岛等地几次探险,采集植物和收集标本,一生收集了七千种标本,1595 年完成了研究这些标本的著作。并将自己收集的四千多种标本,捐赠给博洛尼亚大学。亚特洛望地一生著述甚多,与动物相关的有 *Historia Animalium*(《动物志》);*Ornithologiae*, *Hoc est de Avibus Historia* (Ornithologiae,一种历史上的鸟,Bologna,1599);*Quadrupedum Omnium Bisulcorum Historia*(《历史上的四足动物及其他》,Bologna,1621);*Serpentum*, *et Draconum*(《蛇和龙的自然史》,Bologna,1640);*Monstrorum Historia cum Paralipomenis Historia Eomnium Animalium*(《怪兽历史与相关动物的历史》,Bologna,1642)等。①

　　1973 年德国汉学家魏汉茂(Hartmut Walravens)撰文指出,南怀仁的这些动物图像及其知识主要来源于格斯纳的《动物志》;认为除了无对鸟、毒蜘蛛、狮、蛇与海怪类的动物,其余都可以在格斯纳的《动物志》中找到对应的图像与文字说明,并以独角兽、加默良、山羊、获落、恶那西约、苏兽为例,作了详细的图文比对,以证明其间的关联。② 赖毓芝在魏汉茂研究的基础上,进一步指出《坤舆全图》的图文除了利用格斯纳的《动物志》,还利用了亚特洛望地的《动物志》和 17 世纪出生于波兰的医生与学者 Johannes Johnstone(1606—1675)出版于 1650—1653 年间的《自然志》(*Historiae Naturalis*)。③ 笔者以下即在魏汉茂和赖毓芝研究的基础上,就这些奇异的动物绘像,按陆生和海生动物分类,从东半球到西半球,依次全面加以讨论。

第二节　东半球上的陆生动物

　　东半球绘在墨瓦蜡尼加洲部分的陆生动物,从左到右依次为"独角兽"、"获落"(貂熊)、"非洲狮"、"意夜纳"(非洲鬣狗)、"大懒毒辣"(毒蜘蛛)、"鼻角"(犀牛)、"喇加多"(鳄鱼)、"应能满"(埃及獴)、"恶那西约"(长颈鹿)九种动物。

---

① 相关评论参见[英]丹皮尔著,李珩译:《科学史及其与哲学和宗教的关系》(上册),商务印书馆 1975 年,第 176 页。

② Walravens, Hartmut, "Konrad Gessne in Chinesischem Gewand: Darstellungen fremder Tiere im K'un-yu t'u-shuo des P. Verbiest (1623 - 1688)", Gessnerus, 30(3/4), 1973, pp. 87 - 98.

③ 赖毓芝:《知识、想象与交流:南怀仁〈坤舆全图〉之生物插绘研究》。

　　"独角兽"："亚细亚洲印度国产独角兽。形大如马，极轻快，毛色黄。头有角，长四五尺，其色明，作饮器能解毒，角锐，能触大狮，狮与之斗，避身树后，若误触树木，狮反啮之。"①类似麒麟的"独角"兽的记述出现于耶稣会士的文献中可以上溯到利玛窦《坤舆万国全图》中的一段文字，②《职方外纪》卷一"印第亚"中称："有兽名独角，天下最少亦最奇，利未亚亦有之。额间一角，极能解毒。此地恒有毒蛇，蛇饮泉水，水染其毒，人兽饮之必死，百兽在水次，虽渴不敢饮，必俟此兽来以角搅其水，毒遂解，百兽始就饮焉。"③这一段文字较之利玛窦关于"独角"兽的描述要更细致，但仍易让人误解为犀牛。谢方就认为这是印度独角犀牛，产于非洲及亚洲热带地区。犀牛的嘴部上表面生有一个或两个角，角不是真角，由蛋白组成，有凉血、解毒、清

独角兽

---

① ［比利时］南怀仁：《坤舆全图》整理本，第 112 页。

② 关于利玛窦对"独角"兽的讨论，参见邹振环：《殊方异兽与中西对话：〈坤舆万国全图〉中的海陆动物》，李庆新主编：《海洋史研究》2015 年第 1 期，第 292—333 页。

③ ［意］艾儒略著，谢方校释：《职方外纪校释》，第 40—41 页。

热作用。① 仔细分辨,南怀仁进一步改写和增加了不少内容,"形大如马,极轻快,毛色黄。头有角,长四五尺,其色明",明显不是指独角犀牛。而且这一段描述很容易让读者将之与欧洲文化中的独角兽(unicorn)联系起来,而《坤舆全图》东半球上出现的"形大如马"的形象更是毫无疑问地表示,这是传说中一种神秘的行动敏捷的独角兽。其外形类似白牡鹿或骏马,可能是动物界其他角马类动物生态变异的结果。通常被形容为修长的白马,额前有一螺旋角。关于其形态有不同的说法。或说其是有一只角的大马,或说是类似于独角山羊的动物。古罗马博物学家老普林尼(Gaius Plinius Secundus,23—79)将之形容成身体像马、头像鹿、足似大象,尾如狮子,头上有一黑螺旋纹的角,是极凶猛的怪兽。他还详述了在罗马竞技场中,犀牛用已被石头磨得锋利的角将大象刺穿的场景。在中世纪的观念里,独角兽是一种头顶螺旋形长角的神秘马形动物,这一概念至马可波罗时代已经根深蒂固。公元前5世纪希腊哲学家克特西亚(Ctessias,生卒年不详)在其所著的《印度史》中称印度森林中有一种体型较大、类似马的野生动物,其角碾成粉末或制成水杯,可以用来作为解毒良方,亦可抵御百病。② 由于马在中世纪是忠诚与勇气的象征,因此,在中世纪的图像里,独角兽多为白马的形象。公元600年塞维利亚的圣依西多禄(Saint Isidore,560—636)写道:独角兽是残忍的野兽,经常与大象争斗。作为基督教的象征动物性质的"独角兽",象征着力量和童贞。根据中古时期的传说,独角兽的角是信徒和基督的武器,即福音,也被认为是上帝的剑,能够刺穿所触到的一切。独角兽用其神奇的角画出十字架,把曾被龙下毒的水净化了;因为没有猎手可以用武力捕获它,于是计谋多端的猎手,派一个童女到独角兽经常出没的地方,独角兽因为她的纯洁而跑向她,躺在她的腿上熟睡而被降服。法国画家杜维(Jean Duvet,1485—1561)画过独角兽被擒的题材,画中的独角兽被绑住,头枕在头顶装饰有百合花的童贞女怀里。独角兽的这一习性及其雪白的颜色使之成为纯洁少女贞节的象征。③

① [意]艾儒略著,谢方校释:《职方外纪校释》,第43页注。
② Joseph Nigg, Sea Monsters: A Voyage around the World's Most Beguiling Map, Chicago and London: The University of Chicago Press, 2013. 中译本参见[美]约瑟夫·尼格著,江然婷、程方毅译:《海怪:欧洲古〈海图〉异兽图考》,北京美术摄影出版社2017年,第64、86页。
③ 参见邓海超主编:《神禽异兽:大英博物馆藏珍展》,第114—117页;丁光训、金鲁贤主编,张庆熊执行主编:《基督教大辞典》,上海辞书出版社2010年,第141页。晚清再次使用独角兽的可能是林则徐主译的《四洲志》,在介绍"南阿未利加洲"的出产时提到"独角兽牙"(林则徐著,张曼评注:《四洲志》,华夏出版社2002年,第44页),不过这里的独角兽是指犀牛。

　　"获落"出现在《坤舆全图》东半球第二幅墨瓦蜡尼加，文字说明为："欧逻巴东北里都瓦你亚国，产兽名'获落'。身大如狼，毛黑光润，皮甚贵。性嗜死尸，贪食无厌，饱则走入稠密树林，夹其腹令空，仍觅他食。"[①]"里都瓦你亚国"，今指"立陶宛"，"获落"或以为是猞猁，[②]但没有展开论证，估计是根据猞猁皮毛密绒丰、十分珍贵这一条来确定的。赖毓芝依据格斯纳《动物志》里的记述，指出应是貂熊。不仅"获落"图像取自该书的插图，文字也有来自该书的叙述。[③] 貂熊别称"狼獾""月熊""飞熊""熊貂""山狗子"，拉丁文学名为"gulogulo linnaeus"，"获落"应该是"gulo"的音译。貂熊身形介于貂与熊之间，栖息于亚寒带针叶林和冻土草原地带，非繁殖季节无固定的巢

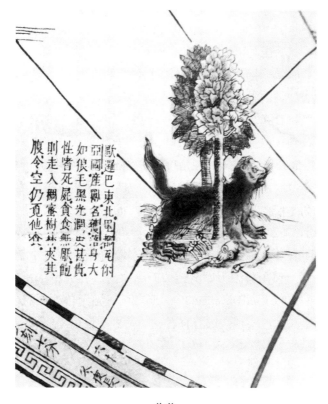

获落

①　［比利时］南怀仁：《坤舆全图》整理本，第 112 页。
②　卢雪燕：《南怀仁〈坤舆全图〉与世界地图在中国的传播》，故宫博物院编：《第一届清宫典籍国际研讨会论文集》，北京故宫出版社 2014 年，第 87—96 页。
③　赖毓芝：《清宫对欧洲自然史图像的再制：以乾隆朝〈兽谱〉为例》。

穴,栖于岩缝或其他动物遗弃的洞穴中。貂熊生性贪吃,其拉丁学名的原意即"贪吃"。食物很杂,喜食大型兽的尸肉或盗食猎人的猎物,包括驯鹿、马鹿一类大型食草动物的雌兽和幼仔,还捕捉狐狸、野猫、狍子、麝、小驼鹿、水獭、松鸡、鼠类等大大小小的动物,也吃蘑菇、松籽或各种浆果等植物性食物。小貂熊皮光毛滑,貂熊皮至今仍是不允许非法买卖的野生动物皮毛。

"非洲狮":"利未亚洲(即非洲)多狮,为百兽王,诸兽见皆匿影。性最傲,遇者匍俯伏,虽饿时不噬。千人逐之,亦迟行。人不见处,反任性疾行。畏雄鸡、车轮之声,闻则远遁。又最有情,受人德必报。常时病疟,四日则发一度,病时躁暴猛烈,人不能制。掷以球,则腾跳,转弄不息。"①澳门葡萄牙当局对 1667 至 1670 年玛讷·撒尔达聂哈葡萄牙使团的北京之行未能解决葡萄牙人在广东沿海自由贸易的问题很是沮丧,但他们并不甘心。曾经出任玛讷·撒尔达聂哈使团秘书的本多·白垒拉从 1672 年起就开始积极筹划向康熙皇帝敬献礼物,1674 年致函葡属印度总督,请求提供一头狮子,准备以葡萄牙国王的名义献给康熙。葡属印度总督命令东非莫桑比克城堡司令设法捕捉了公母两头狮子,经海路由东非运往果阿,不久公狮死去,剩下的母狮被运到澳门,并在澳门等待了两年之久,才获得清廷批准入京。② 据说他们伪造了葡萄牙国王阿丰索六世致康熙皇帝的国书。白垒拉在 1678 年 8 月终于将这头母狮辗转运到北京献给了康熙。并在广东官府、朝廷大臣和南怀仁、利类思等耶稣会士的积极游说和帮助下,于康熙十九年(1680)获得了开放香山至澳门陆路的贸易恩准,该线路成为当时与中国进行贸易的西方国家的重要通道。③ 在这一策划过程中,南怀仁完成了《坤舆全图》。

---

① ［比利时］南怀仁:《坤舆全图》整理本,第 96 页。

② 何新华:《清代贡物制度研究》,社会科学文献出版社 2012 年,第 419 页。

③ 黄庆华:《中葡关系史 1513—1999》上册,黄山书社 2006 年,第 386—387 页。对此一问题国外学者的讨论见之傅洛叔《康熙年间的两个葡萄牙使华使团》,《通报》第 43 期(1955)(FuLo-shu,"The Two Portuguese Embassies To China during the K'ang-Hsi Period",T'oungpao,43:75-94[1955]);伯戴克《康熙年间葡萄牙使华使团述评》,《通报》第 44 期(1956 年)(Luciano Petech,"Some Remarks On The Portuguese Embassies To China in the K'ang-His Period",T'oungpao,44:227-241[1956])。皮方济(耶稣会士)著,博克塞和白乐嘉点校:《葡萄牙国王向中国和鞑靼皇帝所派特使玛讷撒尔达聂之旅行报告,1667—1670》,澳门,1942 年(F. Pimentel,SJ.,Breve Relacǎoda Journadaque Feza Cortede Pekimo Senhor Manoelde Saldanha,Embaixador Extraordináriodel Reyde Portugalao Empradorde China,e Tartaria,1667-1670,ed. C. R. Boxerand J. M. Braga,Macao,1942)。

这段文字的编写是否与献狮有关,有待考证。①

"意夜纳":"利未亚洲有兽名'意夜纳'。形色皆如大狼,目睛能变各色,夜间学人声音,唤诱人而啖之。"②鬣狗,拉丁文为"hyena",西班牙语和葡萄牙语均为"hiena","意夜纳"可能是"hyena"或"hiena"不准确的音译。鬣狗是一种哺乳动物,体型似犬,躯体较短,生活在非洲、阿拉伯半岛、印度次大陆的陆生肉食性动物。颈肩部背面长有鬣毛,尾毛也很长。体毛稀且粗糙,毛淡黄褐色,衬有棕黑色的斑点和花纹,成群活动,以食用兽类尸体腐烂的肉为生。其超强的咬力甚至能咬碎骨头吸取骨髓,是非洲大草原上最凶悍的清道夫。③ 有一种斑鬣狗经常会不停地高声咆哮,或爽朗地大笑,或低声哼哼,声音可传到几千米外,夜深人静时让人毛骨悚然。

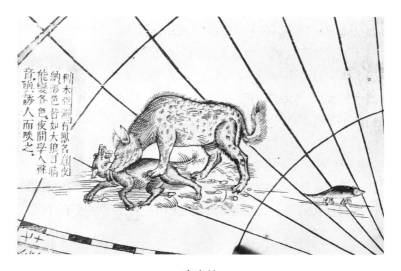

意夜纳

---

① 参见邹振环:《康熙朝贡狮与利类思的〈狮子说〉》,《安徽大学学报(哲学社会科学版)》2013年第6期。

② [比利时]南怀仁:《坤舆全图》整理本,第96页;同样的文字还收入《古今图书集成》"博物汇编·禽虫典"第125卷"异兽部"(《古今图书集成》第525册,叶十六)和袁杰主编《清宫兽谱》第六册第二十八图,故宫出版社2014年,第400—401页。该书前王祖望《〈兽谱〉物种考证纪要》一文称依据英文(hyena)之译音"意夜纳",判断为非洲鬣狗(第19页),不过当时西方传教士依据的原本多非英文原本。

③ 高耀亭:"鬣狗科",中国大百科全书出版社编辑编:《中国大百科全书·生物学》,中国大百科全书出版社1992年,第873页。

"大懒毒辣":"意大理亚国有蜘蛛类,名'大懒毒辣'。凡螫人,受其毒即如风狂,或嬉笑,或跳舞,或仰卧,或奔走。其毒中人气血,比年必发,疗其疾者,依各人本性所喜乐音解之。"①《坤舆图说》中《异物图说》的文字多收入《古今图书集成》,唯"大懒毒辣"不见于"博物汇编·禽虫典"第 177 卷"蜘蛛部"。"大懒毒辣"即生物学家所说的毒蜘蛛,"大懒毒辣"发音显然来自塔兰台拉(Tarantula)一词,属于音意合译词。南怀仁这里所述的可能是意大利豹蛛(Pardosa Italic Tongiorgi),因主要栖息在意大利得名,属蛛形纲的狼蛛科,是一种蛛体长达 4 至 7 厘米,多毛,黑褐色的巨型大蜘蛛。② 被这种名为塔兰台拉的毒蜘蛛蜇咬后,伤处初时尚不觉痛,几小时后伤口周围肿胀疼痛,严重时会呈紫红色并起水疱,以至局部坏死。15 至 17 世纪流行在意大利南部有一种癫狂性舞蹈病,被认为是塔兰台拉毒蜘蛛蜇伤后所致,被称为塔兰台拉毒蜘蛛病,是一种变性的舞蹈狂。据说必须通过疯狂般的剧

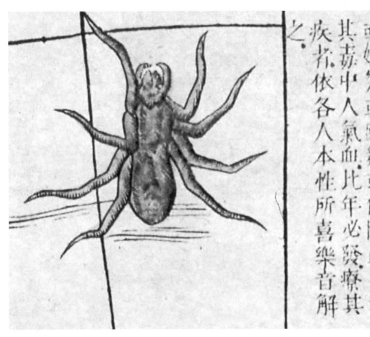

大懒毒辣

① [比利时]南怀仁:《坤舆全图》整理本,第 93 页。
② 陈军、宋大祥:《我国狼蛛科 5 种记述》,《蛛形学报》1996 年第 2 期。

烈舞蹈方能使毒性散发,解毒得救。① 其实也是一种以神话为基础,讲述豹蛛咬过受害者所施行的一种仪式行为。南怀仁没有使用中国熟知的"蜘蛛"一名来翻译塔兰台拉毒蜘蛛,而采用音译名"大懒毒辣",但叙述过程中又说明此系意大利"蜘蛛类",显然是要让国人将之与《本草纲目》等本草类或类书中的"蜘蛛"相关联,但是同时也为了突出这是一种区别于中国传统"蜘蛛"的新品种。②

"鼻角":"印度国刚霸亚地产兽名'鼻角'。身长如象,足稍短,遍体皆红黄斑点,有鳞介,矢不能透。鼻上一角,坚如钢铁,将与象斗时,则于山石磨其角,触象腹而毙之。"③《职方外纪》卷一"印第亚"也有关于"罢达",即双角犀牛的描述,但两者有明显不同。④ 南怀仁这一段显然不是《职方外纪》的改写,赖毓芝认为《坤舆全图》中"鼻角"的造型源自德国艺术家丢勒(Albrecht Dürer,1471—1528,又译杜勒)1515 年所绘的犀牛,并进一步指出《坤舆全图》上关于犀牛的文字可能来自格斯纳的《动物志》。⑤ "刚霸亚",《坤舆全图》标注在今天印度古吉拉特邦的坎贝(Cambay)。"鼻角"即犀牛,是最大的奇蹄目动物,也是体型仅次于大象的陆地动物。分布在印度、尼泊尔和孟加拉的印度犀牛是亚洲最大的独角犀。所有的犀类基本上腿短、体粗壮。体肥笨拙,皮厚粗糙,并于肩腰等处成褶皱排列;毛被稀少而硬,甚或大部无毛;耳呈卵圆形,头大而长,颈短粗,长唇延长伸出;头部有实心的独角或双角(有的雌性无角),起源于真皮,角脱落仍能复生;无犬齿;尾细短,身体呈黄褐、褐、黑或灰色。⑥ 犀牛有很多种,南怀仁这里介绍的主要是印度犀牛(rhinoceros unicornis),又称大独角犀,有一个鼻角,身上的皮肤似甲胄,是仅次于白犀的大型犀牛和亚洲现存的第二大陆地动物(仅次于亚洲象),性情介乎白犀和黑犀之间。印度犀牛现分布于印度北部和尼泊尔等

---

① 庞秉璋:《毒蜘蛛与塔兰台拉舞曲》,《大自然》1984 年第 2 期。
② 赖毓芝:《知识、想象与交流:南怀仁〈坤舆全图〉之生物插绘研究》。
③ [比利时]南怀仁:《坤舆全图》整理本,第 96 页。
④ 《职方外纪》卷一"印第亚"称:"勿搦祭亚(今译威尼斯)国库云有两角,称为国宝。有兽形如牛,身大如象而少低,有两角,一在鼻上,一在顶背间,全身皮甲甚坚,铳箭不能入,其甲交接处比次如铠甲,甲面莘确如鲨皮,头大尾短,居水中可数十日,从小豢之亦可驭,百兽俱慑伏,尤憎象与马,偶值必逐杀之,其骨肉皮角牙蹄粪皆药也,西洋俱贵重之,名为'罢达',或中国所谓麒麟、天禄、辟邪之类。"[意]艾儒略著,谢方校释:《职方外纪校释》,第 41 页。
⑤ 赖毓芝:《从杜勒到清宫——以犀牛为中心的全球史观察》。
⑥ 冯祚建:"犀类",《中国大百科全书·生物学》,第 1786 页。

地,宋朝赵汝适的《诸蕃志》就有记述:

> 犀状如黄牛,只有一角,皮黑毛稀,舌如栗壳,其性鸷捍,其走如飞,
> 专食竹木等刺,人不敢近。猎人以硬箭自远射之,遂取其角,谓之生角。
> 或有自毙者,谓之倒山角。角之纹如泡,以白多黑少者为上。

古代的《异物志》也有类似记述,《中国印度闻见录》称这种特殊之独角兽(Vich-ân)前额正中有一独角,"角面有一标记,乃花纹,犹如人之肤纹。角系全黑,花纹在正中,白色。身躯较象小,色似黑,体形如水牛,力大无比,与象斗,能置象于死。皮坚似铁,能为战甲,又可制带,角能造饰玩物"①。而之前随郑和下西洋的马欢可能目睹过犀牛。② 熟悉中国古籍的南怀仁可能参考过多种中西文著述,但何以不用"犀"这一名称,令人生疑,"鼻角"也有可能是犀牛的马来语"badak"的音译,待查。

"喇加多":"利未亚洲东北厄日多国产鱼名'喇加多'。约三丈余,长尾,坚鳞甲,刀箭不能入。足有利爪,锯牙满口,性甚狞恶,色黄,口无舌,唯用上腭食物。入水食鱼,登陆每吐涎于地,人畜践之,即仆,因就食之。见人远则哭,近则噬。冬月则不食物。睡时尝张口吐气。有兽名'应能满',潜入腹内,啮其肺肠则死,'应能满'大如松鼠,淡黑色,国人多畜之以制焉。"③"厄日多国",今译埃及。《坤舆全图》的这一段来自《职方外纪》,两书讲述制服鳄鱼的"应能满"或"乙苟满"系同一种动物的不同译名。《坤舆全图》并非机械地编译欧洲的博物学文本,而是纵览格斯纳著作并融会贯通,将这两种动物放在一起叙述的。④

"恶那西约":"利未亚洲西亚毘心域国产兽名'恶那西约'。首如马形,前足长如大马,后足短。长颈自前蹄至首高二丈五尺余。皮毛五彩,刍畜圈

---

① 赵汝适著,杨博文校释:《诸蕃志校释》,第208—209页。

② 成书于永乐十四年(1416)、定稿于景泰二年(1451)的《瀛涯胜览》一书的"占城国"条:"其犀牛如水牛之形,大者有七、八百斤,满身无毛,黑色,俱是麟甲,纹癞厚皮,蹄有三跆,头有一角,生于鼻梁之中,长有一尺四、五寸。不食草料,惟食刺树刺叶并指大干木,抛粪如染坊芦黄色。"参见马欢原著,万明校注:《明钞本〈瀛涯胜览〉校注》,海洋出版社2005年,第11页。马欢对占城犀的描述,虽不足百字,却系亲眼目睹,否则不可能如此确切。参见陈信雄:《万明〈明钞本〈瀛涯胜览〉校注〉读后》,《中国史研究动态》2006年第5期。

③ [比利时]南怀仁:《坤舆全图》整理本,第96页。

④ 赖毓芝:《知识、想象与交流:南怀仁〈坤舆全图〉之生物插绘研究》。

喇加多

中，凡人视之，则从容转身，若示人以华彩之状。"①"亚毗心域"，利玛窦《坤舆万国全图》显示其坐落于尼罗河源头一带，西方文献里通常作"Abyssinian Empire"或"The Kingdom of Abyssinia"，可能与古埃塞俄比亚（antique Ethiopia）同位，今译"阿比西尼亚"，王省吾称即"埃塞俄比亚"。② 这一描述显然是长颈鹿，一种生长在非洲的大型有蹄类动物，也是世界上现存最高的动物，站立时高达六至八米，体态优雅，花纹美丽，主要分布在非洲。③ 不过出现在《坤舆全图》中的却是一头长脖子的马，同时画有一位牵兽人。其中的长颈鹿形象颇类今藏台北故宫博物院的《瑞应麒麟图》，该图由明代翰林院侍讲学士沈度④作于永乐十二年（1414），描绘了 1414 年郑和下西洋时榜葛剌国进贡的麒麟。原画上部有《瑞应麒麟颂序》，从左边缘写满到右边缘，

①　[比利时]南怀仁：《坤舆全图》整理本，第 82 页。类似的图文还收入《古今图书集成》"博物汇编·禽虫典"第 125 卷"异兽部"（《古今图书集成》第 525 册，叶十七）。

②　王省吾：《澳大利亚国家图书馆所藏彩绘本——南怀仁〈坤舆全图〉》；根据徐继畬《瀛寰志略》记载，所谓"亚毗心域"是非洲阿比西尼亚（Abyssinia）的别名，参见徐继畬著，田一平校点：《瀛寰志略》，上海书店出版社 2001 年，第 248 页。

③　周嘉楠："长颈鹿"，《中国大百科全书·生物学》，第 125—126 页。

④　沈度（1357—1434），字民则，号自乐。松江华亭（今属上海）人，曾任翰林侍讲学士。擅篆、隶、楷、行等书体，与弟沈粲皆擅长书法，藏于秘府，被称为"馆阁体"，与其弟沈炙并称"二先生"。《明史》卷二八六《文苑二》有传。其楷书工整匀废，婉丽端庄，最适合撰写公文、诏书。故上自帝王，下至一般文人莫不效法。沈度虽入画史，但画却少见。

共二十四行。长颈鹿(giraffa camelopardalis),波斯语为"zurapa",阿拉伯语为"zarafa",索马里语为"giri",杨博文认为《瀛涯胜览》中作"麒麟",为索马里语之对音。《星槎胜览》中"阿丹国"作"祖剌法,乃'徂蜡'之异译也"①。长颈鹿的拉丁文、波斯语和阿拉伯语发音,都无法与"恶那西约"相对,赖毓芝同样依据格斯纳《动物志》的叙述,确认"恶那西约"是"orasius"的音译。② 长颈鹿实际上就是明朝永乐以来榜葛剌国、阿丹国、麻林国、忽鲁谟斯等向明朝进贡的"麒麟",《明史》《名山藏》《明一统志》《明四夷考》《殊域周咨录》《咸宾录》《罪惟录》等记载都称这一动物为"麒麟",③熟悉中国古籍的南怀仁不可能不知道这些文献的记述,他显然认为之前明代文献将

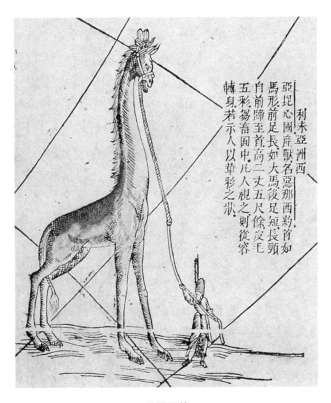

恶那西约

① 赵汝适著,杨博文校释:《诸蕃志校释》,第103—104页。
② 赖毓芝:《清宫对欧洲自然史图像的再制:以乾隆朝〈兽谱〉为例》。
③ 王祖望:《〈兽谱〉物种考证纪要》,袁杰主编:《清宫兽谱》,故宫出版社2014年,第20页。

长颈鹿译为"麒麟"，易引起误解，因此他特别用了"orasius"的音译"恶那西约"。

第三节　西半球上的陆生动物

西半球在墨瓦蜡尼加洲部分从左到右绘有陆生动物智勒"苏"、"撒辣漫大辣"（蝾螈）、"般第狗"（海狸）、"百露国鸡"（巴西食火鸡）、"印度国山羊"、"加默良"（变色龙）、"狸猴兽"（负鼠）七种动物。

智勒"苏"："南亚墨利加洲智勒国产异兽名'苏'。其尾长大与身相等，凡猎人逐之，则负其子于背，以尾蔽之。急则吼声洪大，令人震恐。"[①]"智勒国"，即今智利。赖毓芝称"苏"（The Su）这一动物出现在格斯纳1553年初版的《四足动物图谱》中，书中称这是一种出现在"新世界"某地区的"巨人"，格斯纳称自己的信息来自法国皇家科学院的地方志作家 Andreas Theutus（1502—1590），他的著作中提到自己目击了"苏"，格斯纳在《四足动物图谱》增订版中还特别收入了"苏"的图像，以后这一来自新世界的动物又在欧洲自然史著作中广泛传播。赖毓芝认为从 Andreas Theutus、格斯纳到南怀仁的图文所呈现出的"苏"兽，都着意强调一种充满想象与鬼怪之感，而较难以日常经验理解之。[②]

"撒辣漫大辣"："欧逻巴洲热尔玛尼亚国兽名'撒辣漫大辣'。产于冷湿之地，性甚寒，皮厚，力能灭火。毛色黑黄间杂，背脊黑，长至尾，有班（斑）点。"[③]"热尔玛尼亚"，意大利语"Germania"，拉丁语"Alemaña"，今译日耳曼，即今德意志。"撒辣漫大辣"应为西文"蝾螈"的音译，拉丁语为"salamander"，葡萄牙语、西班牙语和意大利语均为"salamandra"，又称"火蜥蜴"。蝾螈是有尾两栖动物，一般身体短小，有四条腿，体长在61—15厘

---

① ［比利时］南怀仁：《坤舆全图》整理本，第66页。类似的图文收入《古今图书集成》"博物汇编·禽虫典"第125卷"异兽部"（《古今图书集成》第525册，叶十七）；"苏兽"还收入袁杰主编：《清宫兽谱》第六册第三十图，故宫出版社2014年，第404—405页。该书前王祖望：《〈兽谱〉物种考证纪要》一文称"苏兽"有很大的想象成分，近似的物种有负子习性的只有负鼠，但形态差异较大（第20—21页）。

② 赖毓芝：《清宫对欧洲自然史图像的再制：以乾隆朝〈兽谱〉为例》。

③ ［比利时］南怀仁：《坤舆全图》整理本，第67页。"撒辣漫大辣"还收入袁杰主编：《清宫兽谱》第六册第二十六图，故宫出版社2014年，第396—397页；该书前有王祖望《〈兽谱〉物种考证纪要》一文称"撒辣漫大辣"属两栖类动物，蝾螈类，而非兽类（第19页）。

米左右,霸王蝾螈体型最大,体长可达 2.3 米。体形和蜥蜴相似,头躯略扁平。蝾螈皮肤裸露,背部黑色或灰黑色,皮肤上分布着稍微突起的痣粒,腹部有不规则的橘红色斑块。蝾螈将具有华美色斑的腹部对着天空,是一种警戒。有些种类在繁殖季节期间雄性的背脊棱皮膜显著隆起,四肢较发达,陆栖类的尾略呈圆柱形,有些种类在冬眠期间上陆地蛰伏,夏季多数时间在水中觅食,或在水中和岸边的潮湿地带繁殖,需要潮湿的生活环境,大部分栖息在淡水和沼泽地区。蝾螈绝大多数属种的分泌物具毒素,当蝾螈受攻击时,会立即分泌这种致命的神经毒素。由于藏身在枯木缝隙中,当枯木被人拿来生火时,它们往往惊逃而出,有如从火焰中诞生,因而得名。[1] 所谓"皮厚,力能灭火"可能就是人们见到蝾螈从火中逃出来,误认为这种动物能"灭火"。

　　"般第狗":"意大理亚国有河,名'巴铎',入海,河口产般第狗。昼潜身于水,夜卧旱地,毛色不一,以黑为贵,能啮树木,其利如刀。"[2]意大利有四条河流的发音与"巴铎"的发音比较接近:布伦塔河(Brenta)、比蒂耶河(Buthier)、皮奥塔河(Piota)、普拉塔尼河(Platani),而其中唯有位于该国北部、发源自特伦托东南面、河道全长一百七十四公里的布伦塔河(Brenta),最终注入亚得里亚海,符合"入海"之说。"巴铎"可能是意大利语"Brenta"

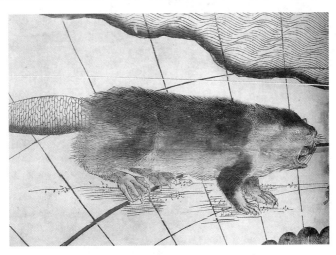

般第狗

---

① 费梁:"蝾螈科""蝾螈属",《中国大百科全书·生物学》,第 1225—1226 页。
② [比利时]南怀仁:《坤舆全图》整理本,第 52 页。

的音译,王祖望称"般第狗"今名河狸(海狸、海骡、水狸),①笔者判断可能是一种栖息在注入亚得里亚海的布伦塔河河口的河狸(beaver;castoridae)。河狸曾在欧洲各地广泛分布,栖息在寒温带针叶林和针阔混交林林缘的河边,穴居。它体型肥大,身体覆以致密的绒毛,能耐寒,前肢短宽,后肢粗壮,后足趾间直到爪生有全蹼,适于划水。眼小、耳孔小,门齿异常粗大,呈凿状,能咬断粗大树木,臼齿咀嚼面宽阔而具有较深的齿沟。一般水栖生活,夜间和晨昏活动,毛皮很珍贵。② 清朝《香山乡土志》卷十四亦有类似记载:"般第狗亦蕃种,昼潜于水,夜卧地,能啮树木,牙利如刀。"这段话应该来自《坤舆全图》。

　　"百露国鸡":"亚墨利加洲百露国产鸡。大于常鸡数倍,头较身小。生有肉鼻,能缩能伸,鼻色有稍白,有灰色,有天青色不等。恼怒则血聚于鼻上,变红色。其时开屏如孔雀,浑身毛色黑白相间。生子之后,不甚爱养,须人照管,方得存活。"③"百露国"即今秘鲁。这是现代中国所称的"火鸡",

百露国鸡

① 王祖望:《〈兽谱〉物种考证纪要》,袁杰主编:《清宫兽谱》,故宫出版社 2014 年,第 19 页。

② 马勇:"河狸科",《中国大百科全书·生物学》,第 522 页。

③ 〔比利时〕南怀仁:《坤舆全图》整理本,第 52 页;《坤舆图说》作"白露国",类似的图文收入《古今图书集成》"博物汇编·禽虫典"第 53 卷"异鸟部",但题名"白露国鸡"(《古今图书集成》第 519 册,叶三十一)。

又名"食火鸡""吐绶鸡",拉丁语为"Turcia",英语为"turkey",原产于北美洲东部和中美洲。食火鸡,又称鹤鸵。随郑和下西洋的通事马欢在《瀛涯胜览》"旧港国"条中有关于火鸡的精准记述:"又出一等火鸡,大如仙鹤,圆身簇颈,比鹤颈更长,有软红冠似红帽之状,二片生于颈中。嘴尖,浑身毛如羊毛,稀长,青色。脚长,铁黑色,其爪甚利,亦能破人腹,肠出即死。好吃麸炭,遂名火鸡。用棍打碎不能死。"①冯承钧《瀛涯胜览》校注中称食火鸡英文名为"cassowary",属名"casuarius"。产于澳洲及新几内亚,有 3 种,各有若干亚种。火鸡体型比一般鸡大,雌鸟较雄鸟稍矮,颜色较不鲜艳。火鸡中体型最大的,身高可达 1.5 公尺,发情时扩翅膀为扇状,肉瘤和肉瓣由红色变为蓝白色。公火鸡非常好斗,人、畜接近时,公火鸡会竖起羽毛,肉瘤和皮瘤变色以示自卫,故又名"七面鸟"。食火鸡的距,状如匕首,确能"破人腹",是足以致人死亡的鸟类。食火鸡肉质鲜美,是西方人的佳肴,尤其在感恩节时是西方人餐桌上的一道菜。② 杨宪益称西方关于美洲火鸡的最早记载为 1527 年出版的 Oviedo 的 *Sumario de la Natural Historia de Las Indias*,这一段是"关于真正美洲火鸡的中国纪载"。③ 食火鸡为澳洲区动物,多产自澳洲及新几内亚。而旧港(现称巨港)在苏门答腊,两地相距甚远。学界有两种解释:其一,昔时食火鸡曾分布至苏门答腊;其二,马欢在旧港所看到的食火鸡,是从新几内亚一带辗转运来的贡品。④ 南怀仁可能也意识到用中国古籍"火鸡"一名来称此鸟,易引起混淆,于是用了"百露国产鸡"的名称。

"印度国山羊":"亚细亚洲南印度国产山羊。项生两乳下垂,乳极肥壮,眼甚灵明。"⑤《职方外纪》卷一"马路古"亦载:"又产异羊,牝牡皆有乳。"⑥有趣的是这一段文字在乾隆朝的《兽谱》第六册第二十三图上有了增补:"山羊产亚细亚州南印度国。体肥腯,项垂两乳如悬橐,其目灵明。角锐

---

① 马欢原著,万明校注:《明钞本〈瀛涯胜览〉校注》,海洋出版社 2005 年,第 30 页。

② 郑作新:"吐绶鸡",《中国大百科全书·生物学》,第 1690 页。

③ 杨宪益:《中国记载里的火鸡》,氏著:《译余偶拾》,生活·读书·新知三联书店 1983 年,第 354—356 页。

④ 参见张之杰:《马欢〈瀛涯胜览〉所记动物考释》,《广西民族大学学报(自然科学版)》2009年第 A2 期。

⑤ [比利时]南怀仁:《坤舆全图》整理本,第 52 页。

⑥ [意]艾儒略著,谢方校释:《职方外纪校释》,第 63 页。

长而椭,髯鬣毛,尾与羊同。"①"角锐长而椭"这样细致的描述,足见编纂者似乎亲眼目睹过这种来自印度的山羊。这种山羊可能即产自印度次大陆北部或中部、形似羊或鹿的四蹄食草动物,名为"糜里羔兽"。张箭《下西洋所见所引进之异兽考》一文中首先考证出"糜里羔兽"即印度的蓝牛/蓝牛羚,②据艾儒略、南怀仁《坤舆全图》到《兽谱》的编纂者的描绘,"印度国山羊"似乎是蓝牛。"山羊"项部下垂的、长有毛发的"乳",可能是"山羊"胸前的鬣毛,而印度本土的羊之中,唯有蓝牛胸前有鬣毛,因此,"印度国山羊"可能即蓝牛。《坤舆全图》强调雌雄山羊都有"两乳下垂","牝牡皆有乳"且"乳极肥壮",明显突出其奇异性,以使中国人感到新奇。

"加默良":"亚细亚洲如德亚国产兽名加默良。皮如水气明亮,随物变色,性行最漫,藏于草木、土石间,令人难以别识。"③"如德亚",即今巴勒斯坦的朱迪亚(Judea,又译犹地亚)地区。"加默良",即变色龙,学名"避役",西班牙文作"camaleón"或"camaleones",葡萄牙语作"chameleons"。"加默良"显然是上述西文的音译,利玛窦《坤舆万国全图》中译为"革马良"。因其能根据不同的亮度、温度和湿度等因素变化体色,俗称"变色龙"。适于树栖生活,尾巴长,能缠卷树枝。舌长且舌尖宽,具腺体,分泌物能黏住昆虫取食。中国人通常把蜥蜴也称为"变色龙",在中西方它并非特别珍奇的动物,早在古希腊亚里士多德的《动物学》中就有关于蜥蜴的记述:"避役全身一般形态有似石龙子(蜥蜴)。"④利玛窦、南怀仁虽然都对中国传统博物学文献相当熟悉,但仍然难以确定西文音译"加默良",是应该对译汉文中的"避役",还是"十二辰虫"。

"狸猴兽":"利未亚洲额第约必牙国有'狸猴兽'。身上截如狸,下截如猴,色如瓦灰,重腹如皮囊。遇猎人逐之,则藏其子于皮囊内,窜于树木中。其树径约三丈余。"⑤"额第约必牙国",今译"尼日利亚"。⑥《坤舆万国全图》在位于南美洲属于巴西部分的"峨勿大葛特"上有注文:"此地有兽,上

① 袁杰主编:《清宫兽谱》第六册第二十三图,故宫出版社 2014 年,第 390—391 页。
② 张箭:《下西洋所见所引进之异兽考》,《社会科学研究》2005 年第 1 期;《郑和下西洋引进之糜里羔兽考》,《郑和下西洋研究》2007 年第 4 期,后者又收入氏著:《郑和下西洋研究论稿》(台湾花木兰文化出版社 2013 年)。
③ [比利时] 南怀仁:《坤舆全图》整理本,第 52 页。
④ [古希腊] 亚里士多德著,吴寿彭译:《动物志》,第 70 页。
⑤ [比利时] 南怀仁:《坤舆全图》整理本,第 40 页。
⑥ 王省吾:《澳大利亚国家图书馆所藏彩绘本——南怀仁〈坤舆全图〉》。

狸猴兽

半类狸,下半类猴,人足枭耳,腹下有皮,可张可合,容其所产之子休息于中。"①相似的文字也见于《职方外纪》,但均未正式提出"狸猴兽"一名。额第约必牙国属于何地,不详。王祖望《〈兽谱〉物种考证纪要》一文称该兽是一种有袋类动物。② 谢方认为这种"半类狸""半类狐"的动物指"负鼠"(opossum),腹有育儿袋,为凶猛的食肉动物。③ 赖毓芝根据格斯纳《动物志》等文献,进一步确认了"狸猴兽"确实为负鼠,由于欧洲没有有袋动物,因此,负鼠传到欧洲后也冲击了欧洲人的知识边界与想象。④

第四节　"南美洲"和"澳洲"上的陆生动物

在《坤舆全图》西半球"南亚墨利加洲"从左到右上绘有"骆驼鸟"(鸵鸟)、"蛇"和"伯西尔喜鹊"(犀鸟)三种,在"新阿兰地亚洲"上绘有"无对鸟"(极乐鸟)一种。其中关于"蛇"的描述最为平实:"此地蛇大无目,盘

① 朱维铮主编:《利玛窦中文著译集》,第202页。
② 袁杰主编:《清宫兽谱》,故宫出版社2014年,第19页。
③ [意]艾儒略著,谢方校释:《职方外纪校释》,第126、128页注。
④ 赖毓芝:《清宫对欧洲自然史图像的再制:以乾隆朝〈兽谱〉为例》。

旋树上,凡兽经过其旁,闻气即紧缚之,于树间而食。"《职方外纪》卷四"南亚墨利加"称秘鲁:"有最毒之蛇,人犯之必死,其不敢下卧者,恐寐时触之也。"两段关于美洲蛇的描述并不完全相同。而其他三种均为禽鸟类。

"骆驼鸟":"禽中最大者,形如鹅,其首高如乘马之人,走时张翼,状如棚。行疾如马。或谓其腹甚热,能化生铁。"①这里介绍的是鸵鸟(struthio camelus),鸟类中之最大者,雄体高六尺到八尺,嘴短而直,颈长,体形略显纤细。雌雄羽色相近。翅膀较大,但也不能飞行。鸵鸟是群居、日行性走禽类,适应于沙漠荒原中生活,嗅听觉灵敏,善奔跑,主要产于非洲和阿拉伯沙漠。跑时以翅扇动相助,一步可跨八米,时速可达每小时七十公里。南怀仁这里可能是指美洲鸵科美洲鸵属的一种。② "或谓其腹甚热,能化生铁"一句,有学者认为是来自亚特洛望地《自然志》中关于鸟类的第一册,其中记述鸵鸟可以消化铁块,以及敲成小块的骨头与石头,认为这一消化能力是由鸵鸟炽热的性情而来。或称曾在 Ferrara 大公爵的花园里看到过鸵鸟消化铁块。该书中甚至描绘了两只衔着马蹄铁的鸵鸟。③ 奇怪的是这一记述也曾见于明代一些文献中关于鸵鸟的描述,如严从简《殊域周咨录》卷八满剌加国说:"按火鸡躯大如鹤,羽毛杂生,好食火炭,驾部员外张汝弼亲试喂之。"④吃了很多火炭,腹腔内一定很热,于是也就有了"能化生铁"一说。

"伯西尔喜鹊":《坤舆全图》将其画在西半球南亚墨利加洲,文字记述为:"伯西尔喜鹊。吻长而轻,与身相等,约长八寸,空明薄如纸。"⑤"伯西尔"即巴西。巴西的鸟很多,被誉为鸟的天堂。欧洲探险家初探美洲,令他们大开眼界的除了蜥蜴、蛇,就是模样古怪的鸟,如"那大喙犀鸟,全身根本就只是一张大鸟嘴"⑥。"伯西尔喜鹊"恐怕说的不是国人常说的喜鹊,而是巴西的一种大嘴鸟(bucerotidae;hornbills),又名"犀鸟""巨嘴鸟",属于巴西国宝级的动物。嘴型粗厚而直,嘴上通常具盔突,因形似犀

---

① [比利时]南怀仁:《坤舆全图》整理本,第 36 页。
② 钱燕文"鸵鸟",《中国大百科全书·生物学》,第 1704 页;杜亚泉主编:《动物学大辞典》,第 1984—1985 页。
③ 赖毓芝:《知识、想象与交流:南怀仁〈坤舆全图〉之生物插绘研究》。
④ 严从简著,余思黎点校:《殊域周咨录》,中华书局 1993 年,第 289 页。
⑤ [比利时]南怀仁:《坤舆全图》整理本,第 36 页。
⑥ [美]克罗斯比(Alfred W. Crosby)著,郑明萱译:《哥伦布大交换:1492 年以后的生物影响和文化冲击》,台北猫头鹰出版社 2008 年,第 39 页。

牛角而得名。大嘴鸟模样很引人注目，一般头大，颈细，翅宽，尾长。羽衣棕色或黑色，通常具鲜明的白色斑纹。采食浆果、捕食老鼠昆虫等。①

"无对鸟"：《坤舆全图》画在东半球"新阿兰地亚"岛上，文字记述为："亚细亚洲爪哇岛等处有无对鸟，无足，腹下生长皮如筋，缠于树枝以立身。毛色五彩，光耀可爱，不见其饮食，意惟服气而已。"②爪哇岛是印度尼西亚万岛之中的第四大岛。"无对鸟"，又名"极乐鸟""太阳鸟""风鸟""雾鸟"。学名"paradisaeidae"，葡萄牙语称"ave do paradiso"，西班牙语称"ave del paradiso"，"paradiso"是天堂之意，"ave del"是鸟的意思，"无对鸟"是音意合译名。风鸟科有王风鸟、金风鸟、赤雾鸟等五十多种，主要分布于新西兰、新几内亚阿鲁群岛及其附近岛屿，以及澳大利亚北部和马鲁古群岛。以果实为食，也吃昆虫、蛙、蜥蜴等。鸣声粗厉，多单个或成对生活。爱顶风飞行，所以被称为"风鸟"。大多数种类雄鸟有特殊饰羽和色彩艳丽的羽毛，体态华丽，故又被称为"天堂鸟""女神鸟"等，是世界著名观赏鸟。16 世纪麦哲伦首次环球航行到达马鲁古群岛，当地的酋长赠送他两只"无对鸟"。因为从未见过，麦哲伦问起鸟的来历，当地人称这种鸟生活在"尘世间的天堂"，故又名"天堂鸟"，并由此传入欧洲。法国自然科学家皮埃尔·贝隆（Pierre Belon，1517—1564）在其 1555 年完成的著作《鸟类的自然历史》（*Histoire de la Nature des Oysseaux*）一书中，称"无对鸟"不会站在地面的任何物体上，因为它们是在天堂出生的。或曰带到欧洲去的是 1522 年印度尼西亚某国王送给西班牙国王的是两只大天堂鸟的标本，此标本是当地原住民所做，原住民制作时将天堂鸟双脚剪下，保留了尾部两条 60 公分的铁线状长饰羽。③因此当时欧洲人误会此鸟"无足"，南怀仁亦受此误导，称其"无足，腹下生长皮如筋，缠于树枝以立身"。当时欧洲一些博物学家都将这一珍禽作为新知识加以介绍，如格斯纳《动物志》第三卷论鸟类也提到天堂鸟，赖毓芝认为其与南怀仁的图绘完全不同，而在亚特洛望地所编的三卷本《鸟类学》的第一卷中却能找到一张十分接近的图片，并确定南怀仁使用的是该书中五种

① 唐蟾珠："犀鸟科学"，《中国大百科全书·生物学》，第 1786 页。

② ［比利时］南怀仁：《坤舆全图》整理本，第 79 页。

③ ［美］保罗·斯维特（Paul Sweet）著，梁丹译：《神奇的鸟类》，重庆大学出版社 2017 年，第 189—190 页；杜亚泉主编：《动物学大辞典》，第 848—850 页；洗耀华："极乐鸟"，《中国大百科全书·生物学》，第 671 页。

天堂鸟中的第三种。① 南怀仁介绍的"无对鸟"，事实上并非算是一种新知识，因为早此之前出版的《三才图会》中就有所谓的"世乐鸟"："南方异物志有时乐鸟，即世乐也。此鸟本南海贡来，与鹦鹉状同，而毛尾全异，其心聪性辩，护主报主，尤非凡禽。临海山有世乐鸟，其状五色，丹喙、赤首、有冠，王者有明德，天下太平则见。"②

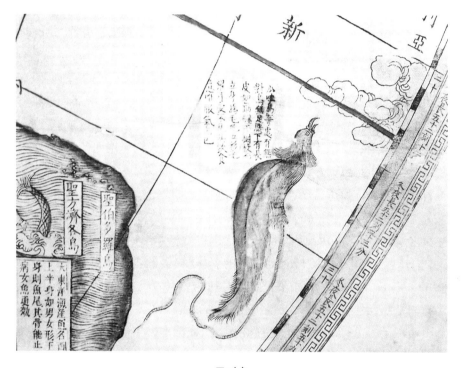

无对鸟

　　三种禽鸟都是非常神奇的，喜鹊在中国是一种被认为具有先知先觉预知术的鸟类，因为喜鹊鸣叫常常是吉凶预兆，故而它的嘴巴就格外神秘。而大嘴鸟中国不是没有，但这种"吻长而轻，与身相等"的喜鹊则属罕见之鸟；骆驼鸟"其首高如乘马之人，走时张翼，状如棚，行疾如马"，本身就非

---

① 赖毓芝：《知识、想象与交流：南怀仁〈坤舆全图〉之生物插绘研究》。
② 王圻、王思义编集：《三才图会》鸟兽卷一，下册，上海古籍出版社 1988 年，第 2158 页。王颋曾推断历代很多文人题咏的"绿毛么凤""罗浮凤"和"倒挂子"等珍禽即欧洲的天堂鸟，参见王颋：《海外珍禽："倒挂鸟"考》，氏著：《西域南海史地研究》，上海古籍出版社 2005 年，第 111—128 页。

同一般，而"其腹甚热，能化生铁"更是神奇；"无对鸟"有其意译名称，其中"太阳鸟"在中国也非常流行，南怀仁故意不用意译名，而多采用音译名，可能也是深怕中国士大夫将这一大航海时代之后流行的珍禽与中国传统的"太阳鸟"混淆。

第五节　海生动物和美人鱼

在欧洲人将对神灵崇拜的垂直目光，转向对人感兴趣的眼神地平线之前，海洋一直代表着神秘、诡谲、危险和惊奇，那儿有妖魔鬼怪出没，也是罪恶的衍生之地。[1]《坤舆全图》在海上画有海洋动物十四头，西半球有飞鱼四头，剑鱼一头，海狮一头，不同姿势游动喷水的"把勒亚鱼"（鲸类）四头；东半球计有海马、海豹、鲸鱼、美人鱼四头动物上的文字。

"把勒亚鱼"：《坤舆全图》画在西半球太平洋中，无直接的对应文字，但是，在该图西半球"新阿兰地亚"岛东部的太平洋上，有《海族》一文，其中就有关于"把勒亚鱼"等文字的记述。如称："鱼族一名把勒亚鱼。身长数十丈，首有二大孔，喷水上出，势若悬河。遇海船则昂首注水船中，顷刻水满舶沉。遇者以盛酒巨木罂投之，连吞数罂，俯首而逝。"[2]又称："剑鱼，其嘴长丈许，有龉刻如锯，猛而多力，能与'把勒亚鱼'战，海水皆红，此鱼辄胜。以嘴触船破，海船甚畏之。"[3]这两段均抄自《职方外纪》"四海总说"之"海族"。[4]"把勒亚"是鲸鱼拉丁语"balaena"的音译。鲸鱼中的大部分种类生活在海洋中，仅有少数种类栖息在淡水环境，体形同鱼类十分相似，均呈流线型，适于游泳，所以俗称为鲸鱼。因为鲸类动物具有胎生、哺乳、恒温和用肺呼吸等特点，与鱼类完全不同，因此属于哺乳动物。鲸鱼呼吸时也是在水面进行的。由于鲸鱼的鼻孔在身体的正上方，鼻孔打开吸气时，如果在水下，水就会进入鼻腔，引起窒息；呼气时由于体内气体比外界温度高，加之鼻孔外围不可避免地有微量的水，所以在看到鲸鱼喷水雾柱时，就知道这是鲸鱼在呼气，稍后其会有一短暂水面停留进行吸气，然后

---

[1] 王慧萍：《怪物考：中世纪的幻想文化志》，如果出版社2006年，第28页。
[2] ［比利时］南怀仁：《坤舆全图》整理本，第62页。收录《坤舆图说》中的文字略有改动，如"船"改为"舶"。
[3] ［比利时］南怀仁：《坤舆全图》整理本，第62页。
[4] ［意］艾儒略著，谢方校释：《职方外纪校释》，第149页。

把勒亚鱼

再下潜。鲸鱼中也有一些凶猛的会袭击人类的船只,如海豚科有一种逆戟鲸,又称虎鲸、杀人鲸,是海豚科体型最大的种类,也是所有海兽中最凶猛的。另外有一种灰鲸,是典型的须鲸,一般身长在 13.7—15.2 米之间,体重可达三十三吨。灰鲸凶暴残忍,有"魔鬼鱼"之称,会用身体撞击船只,用强有力的尾巴拍碎敢于靠近的小船,甚至毫不留情地咬死落水的船员。①

　　剑鱼(xiphias gladius ; swordfish)或称"旗鱼舅",是一种生活在热带和亚热带大洋的大型掠食性鱼类。剑鱼分布于全球的热带和温带海域。全长可超过五米,体重可达四百公斤以上。特征是长而尖的吻部,占鱼全长的约三分之一。以乌贼和鱼类为食。虽然剑鱼体型庞大,但其游速可达每小时一百公里,是海中游速最高的鱼类之一。它一般在水表层洄游,有时露出背

---

　　①　罗泽珣:"海豚",《中国大百科全书·生物学》,第 491—492 页。

鳍,有时跃出水面,这种鱼游泳时不成群,每条鱼至少保持 10 米以内的距离。剑鱼是一种异常凶猛的鱼类,以鱼类和头足类海洋动物为食,如虾、枪乌贼等,每年的 8—9 月为生殖季节。箭状长吻是剑鱼攻击和捕食的主要武器,它飞出海面时爆发力极强,经常冲出海面以剑状上颌攻击大型鲸类和鱼类,据说,青剑鱼也曾攻击过船只,致使船沉没。①

剑鱼

"飞鱼":《坤舆全图》画在西半球太平洋中,但无文字记述,《坤舆全图》"海族"记载:"飞鱼,仅尺许,能掠水而飞。又有狗鱼,善窥其影,伺飞鱼所向,先至其所,开口待啖,恒相追数十里,飞鱼急辄上人舟,为人得之。"②此段文字改编入《坤舆图说》时有所改动:"海中有飞鱼,仅尺许,能掠水面而飞。狗鱼善窥其影,伺飞鱼所向,先至其所,开口待啖,恒追数十里,飞鱼急,辄上舟,为舟人得之。"这一段均改编自《职方外纪》,其中"白角儿鱼"

———————

① 成庆泰:"剑鱼",《中国大百科全书·生物学》,第 713 页。

② [比利时]南怀仁:《坤舆全图》整理本,第 62 页。

飞鱼

（拉丁文 pike）的音意合译名被改成意译名"狗鱼"。① 飞鱼长相奇特，胸鳍特别发达，像鸟类的翅膀一样。长长的胸鳍一直延伸到尾部，整个身体像织布的"长梭"。它凭借自己流线型的优美体型，在海中能够跃出水面，滑翔可达一百米以上，这种机能使其可以逃避剑鱼等敌害的追逐。飞鱼在空中飞翔时，往往被空中飞行的海鸟所捕获，或者落到海岛，或者撞在礁石上丧生。有时也会跌落到航行中的轮船甲板上，成为人们餐桌上的美肴。这种情况往往发生在晚上，因为飞鱼在白天眼力敏锐，晚上常常盲目飞翔。文中提到的"狗鱼"，系生活在北半球较寒冷地带的河川、湖泊的淡水鱼。口像鸭嘴大而扁平，下颌突出，是淡水鱼中生性最粗暴的肉食鱼。狗鱼喜游弋于宽阔

---

① 《职方外纪》卷五"四海总说""海族"称："其小者有飞鱼，仅尺许，能掠水面而飞。又有白角儿鱼，善窥飞鱼之影，伺其所向，先至其所，开口待唼，恒相追数十里，飞鱼急。辄上人舟，为人得之。舟人以鸡羽或白练飘扬水面，上著利钩，白角儿认为飞鱼跃起，吞之，便为舟人所获。"参见［意］艾儒略著，谢方校释：《职方外纪校释》，第150—151页。

的水面,也经常出没于水草丛生的沿岸地带,性情凶猛残忍,以其矫健敏捷的行动袭击其他鱼类,除了袭击别的鱼,还会袭击蛙、鼠或野鸭等。同时,狗鱼还有着极为灵敏的视觉,这样就使得其能非常迅速地感受到猎物的来临。狗鱼捕食时异常狡猾,每当看到小动物游过来时会耍花招用肥厚的尾鳍使劲将水搅浑,把自己隐藏起来,一动不动地窥视着游过来的小动物,达到一定距离就突然一口将其咬住。因此,对经济鱼类有极大的危害性。①

还有就是传说中的动物"西楞",画在《坤舆全图》东半球墨瓦蜡泥加洲和"新阿兰地亚"之间的海洋中,文字记述为:"大东海洋产鱼,名'西楞'。上半身如男女形,下半身则鱼尾。其骨能止血病,女鱼更效。"②《职方外纪》卷五"四海总说"之"海族"也有关于人鱼的描述:"有海女,上体直是女人,下体则为鱼形,亦以其骨为念珠等物,可止下血。二者皆鱼骨中上品,各国甚贵重之。"③南怀仁这里将"海女"改为"西楞",可能是西文"人鱼"的音译,葡萄牙语称"sereia",西班牙语称"sirena",拉丁语称"syreni",似乎都接近于"西楞"的发音,与神话传说中的"塞壬"有关。由法国亚伯拉罕·克莱斯克斯(Abraham Cresques)及其子犹达·克莱斯克斯(Jafudà Cresques)1375年绘制的《卡塔兰地图集》(*Catalan Atlas*)就在地图的印度洋群岛中画有一只美丽的双尾塞壬,创作于1460年的《卡塔兰-埃斯特世界地图》(*Catalan Estense mappamundi*)中的印度洋部分画有三只塞壬,上半身皆为女性,下半身分别为鱼、鸟和马,半人半鱼的三人手持镜面,象征着妖娆与浮华。而两大地图集有关塞壬的注记都由托斯卡纳动物寓言集衍生而来,或又经过卡塔兰动物寓言集的改编。1491年德国美因茨出版的雅各·美登巴赫(Jacob Meydenbach)图解类百科全书《健康花园》(*Hortus Sanitatis*)一书的"鱼类"第27章和第64章中亦画有人面鱼身的怪物,第83章中则画有塞壬。④ 人鱼一般被认为是传说的水生生物,通常人鱼的样貌是上半身为人的躯体或妖怪,下半身是鱼尾。欧洲传说中的塞壬与中国、日本传说中的人鱼,在外

① 张有为:"飞鱼科"、张玉玲:"狗鱼属",《中国大百科全书·生物学》,第336、424页。

② [比利时]南怀仁:《坤舆全图》整理本,第79页。

③ [意]艾儒略著,谢方校释:《职方外纪校释》,第151—152页。相关论述可参见本书第96—97页。

④ [美]切特·凡·杜泽著,王绍祥、张愉译:《海怪:中世纪与文艺复兴地图中的海洋异兽》,第41—43、68、73页。

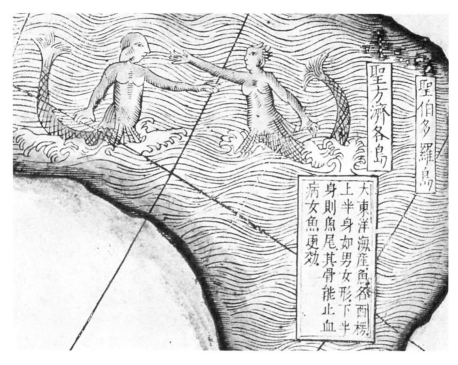

西楞

形上和性质上是迥然不同的,有时也与"美人鱼"的外形有所区别。按传统
说法,美人鱼以腰部为界,上半身是女人,下半身是披着鳞片的漂亮鱼尾,整
个躯体,既富有诱惑力,又便于迅速逃遁。1531 年有人甚至在波罗的海捕
获了一条人鱼,并将它送给波兰国王西吉斯蒙德作为礼物,宫廷中所有的人
都曾见过,据说人鱼只活了三天。1608 年英国航海家亨利·赫德逊曾声称
发现了人鱼:"今天早上,我们当中有人从甲板眺望,看见一条人鱼……从肚
脐以上,她有女性般的背部和胸部。正当他们说看见她时……她潜入海里,
他们看见她的尾巴,像海豚一样的尾巴,长着鲭鱼般的斑点。"[1]人鱼的声音
通常像其外表一样,具有欺骗性;一身兼有诱惑、虚荣、美丽、残忍和绝望的
爱情等多种特性,像海水一样充满神话色彩,它代表了人与水、海洋的密切
关系。或以为是将人鱼与海牛(manatee)这一大型水栖草食性哺乳动物,混
为一谈了。海牛可以在淡水或海水中生活,外形呈纺锤形,颇似小鲸,但有
短颈,与鲸不同。海牛的尾部扁平略呈圆形,外观有如大型的桨;而儒艮的

---

① 邓海超主编:《神禽异兽:大英博物馆藏珍展》,第 25 页。

尾巴则和鲸类近似,中央分岔。[①]

第六节　《坤舆全图》与中西动物知识的交换

从上述《坤舆全图》中所录海陆奇异动物的图像及其"图说"可知,《坤舆全图》绘制动物的地方有一定的随意性,分布在亚洲、非洲、欧洲和部分美洲的动物大多绘制在想象中的墨瓦蜡泥加洲,爪哇岛的"无对鸟"则画在"新阿兰地亚",而唯有"伯西尔喜鹊""骆驼鸟"和"蛇"三种动物画在南美洲,可见非常强调它们的产地。具有百科全书式系统知识的南怀仁肯定不止仅仅了解这一些动物。[②]《坤舆全图》绘制过程中,南怀仁虽然没有突出传播基督教,但他还是通过独角兽宣传了基督教象征符号。此外,他还注意输入亚氏动物学知识,着力介绍地理大发现之后世界的动物知识,以及回应传统中国动物学知识的若干面相。南怀仁在介绍二十三种海陆动物时,首先在突出其准确性、多样性、新奇性和知识性。

南怀仁在选择翻译二十三种动物名词时颇费心思,或采用意译名,如"独角兽""狮""狸猴兽""鼻角""骆驼鸟"等,或采用音译名,如"大懒毒辣""获落""撒辣漫大辣""加默良""喇加多""恶那西约""西楞"等。有些则采用音意合译,如"把勒亚鱼""无对鸟"等。有时他还会故意将之前利玛窦和艾儒略的音意合译名变成意译名,如利玛窦和艾儒略"白角儿鱼"(拉丁文Pike)的音意合译名,被南怀仁改成意译名"狗鱼"。采用意译名、音译名,还是音意合译名,其出发点都是为了让中国读者更准确地了解这些海陆动物的特性。

二十三种动物的选择比较多考虑的是对象的多样性,其中既有属于旧

---

① 杜亚泉主编:《动物学大辞典》,第 1994 页。

② 如海豹康熙时期已经出现在清宫, 1682 年初,南怀仁在一封信函中记录了他随康熙东巡时,回程经过一座叫 Xin-jam 的城市,一位朝鲜人献上了一只活海豹给康熙皇帝,康熙皇帝要求南怀仁识别这一动物,并询问欧洲的书籍中是否提到了这种"鱼",南怀仁称北京图书馆的确有一本书提到过与此"鱼"非常接近的图像描述,而且来自一手的观察,康熙希望立即看到此书,因此派遣专使快马从北京耶稣会图书馆送来两本西洋书,经过查阅,知道这种所谓的"鱼"其实是欧洲书中记载的"海豹",因而小心翼翼地将之送回北京。高士奇在《金鳌退食笔记》卷上(《景印文渊阁四库全书》第 588 册,第 401 页)记述太液池北紫光阁旁的百鸟房,饲养了各种"奇禽异兽如孔雀、金钱鸡、五色鹦鹉、白鹤、文雉、貂鼠、舍狸狝、海豹之类",也是乾隆时期朝鲜使节们必访之地。参见赖毓芝:《图像、知识与帝国:清宫的食火鸡图绘》。由此可见,南怀仁对欧洲关于海豹的知识是非常熟悉的。

大陆亚洲、欧洲和非洲的动物，也有属于新大陆美洲和澳洲的陆地动物，以及浩瀚大海中的海生动物。有猛兽如狮子、剑鱼，有大型动物如犀牛、鲸鱼、鸵鸟等，也有变色龙、蜘蛛这样的小动物，从现代动物地理学的角度看，涉及热带界（包括阿拉伯半岛南部、撒哈拉沙漠以南的整个非洲大陆等）、新热带界（包括中美洲、南美大陆、墨西哥南部等）、东洋界（包括亚洲南部喜马拉雅山以南、印度半岛等）、古北界（包括欧洲大陆等）。[①] 虽然名为《坤舆全图》，但动物的介绍范围则不包括中国，主要是为了给中国读者显示中国之外的世界万方各种动物的多样性。

在选择上最突出的还有新奇性，类似独角兽、毒蜘蛛"大懒毒辣"、"撒辣漫大辣"（蝾螈，又称"火蜥蜴"）、智利"苏"、南美洲的"骆驼鸟"、"新阿兰地亚"岛上的"无对鸟"等，首先强调的就是这些动物的新奇性，即使像"非洲狮"、"鼻角"（犀牛）、长颈鹿，在当时中国也属于不常见的新奇动物。所介绍的动物，比较突出介绍的是来自新大陆南美洲的"骆驼鸟"、"百露国"（秘鲁）的火鸡、智利"苏"，以及"新阿兰地亚"岛上的"无对鸟"等，对于美洲和澳洲知识，最能代表世界动物的新奇性，因此也最具知识性。

在介绍这些海陆动物知识的过程中，南怀仁还特别注意与中国传统动物知识的互动，如介绍变色龙时，害怕国人与"避役"附会，故意采用"加默良"的音译名；在叙述毒蜘蛛时，担心中国人对西方这一毒蜘蛛产生误解，于是采用"大懒毒辣"的译名；南怀仁知道明朝中国人拿麒麟附会长颈鹿，于是他故意用了"恶那西约"这一奇怪的音译；在介绍"百露国鸡"（食火鸡）时，故意将《瀛涯胜览》中的记述混杂其中，以便国人认识这种新奇的动物。关于鱼类的绘像，令深海中所潜藏的动物故事更具说服力，《坤舆全图》海生动物中关于鲸鱼类的三段文字，特别是鲸鱼袭击海舶的文字，活灵活现地呈现出海洋中所潜藏的威力和航海遇到的危险。可见当时关于鲸鱼的记述中有不少海上船舶遭到鲸鱼袭击的例子，也记述了船员如何来对付深海鱼类袭击的方法，留下了大航海时代文献的特征。鲸鱼、剑鱼、吞舟大鱼等海族异类，中国古代小说中多少都有描写，但都是掺杂在《广异记》《洽闻记》《述异记》等小说传闻之中。[②] 南怀仁关于新大陆几种动物和海洋鱼类的种种图说，不但与地理大发现之后新世界的动物有了联系，并由西方动物学作为

---

① 姜乃澄、丁平主编：《动物学》，浙江大学出版社 2007 年，第 436—437 页。

② 倪浓水：《中国古代海洋小说与文化》第六章，海洋出版社 2012 年，第 210—238 页。

知识背景,透过这一文本的分析,我们也可以窥见南怀仁是如何通过《坤舆全图》诠释和想象新世界动物和大航海时代的鱼类的。

第七节　本 章 小 结

图像在历史之中形成,地图是图像文献的重要构成,早期的西方地图又包含着大量的图说,若干曾经对历史发展产生过重要影响的地图和图说文献,可以将之称为"经典地图图说文献"。这些"经典地图图说文献"中不少内容至今已变得非常隐晦,揭示这些地图图像、图说中的密码和谜语,对于理解那一时代的历史与文化无疑具有重要的意义。

南怀仁《坤舆图说》是在《坤舆全图》及其准备资料《坤舆格致略说》一书基础上修订的,后两者保留了欧洲中世纪"世界之布"的很多特点,属于清代早期的"经典地图图说文献"。《坤舆全图》的绘制是在编纂《坤舆格致略说》的基础上完成的,之后南怀仁又编纂《坤舆图说》一书,三者几乎在同一年面世,其中图说内容的完成互有先后。《坤舆图说》应该是在《坤舆全图》基础上增补相关内容完成出版的,该书中的新知识对于之后成书的阮元编纂的《广东通志》和张汝霖与印光任的《澳门纪略》,都有很深的影响。①

《坤舆全图》和《坤舆图说》是南怀仁向康熙皇帝传送域外地理知识的一部分工作,也是为清宫介绍世界知识的重要窗口之一。两者大量引用了在华耶稣会士的汉文著述,也参考了欧洲 16、17 世纪流行的世界地图和若干博物学和动物志著述,堪称是 17 世纪由欧洲传教士所传入中国之世界知识的总结性文献。欧洲文艺复兴时期的地图有两个重要的来源,一是 1570 年亚伯拉罕·奥代理的《地球大观》,另一个是 1539 年奥拉斯·马格努斯的《海图》,《坤舆全图》可以视为两个系统的产物。在《坤舆全图》绘制过程中,南怀仁还大量引用了包括利玛窦的《坤舆万国全图》、艾儒略的《万国全图》和熊三拔、高一志等人的相关著述,并在参考 16、17 世纪流行的世界地图,如荷兰绘图学家布劳所绘制的世界地图等的基础上完成的。《坤舆图说》虽有不少内容摘抄自《职方外纪》,但在文字内容与各种解释的安排方

---

① 关于《坤舆图说》对《澳门纪略》的影响,参见邹振环:《"化外之地"的珍禽异兽:"外典"与"古典""今典"的互动——〈澳门纪略·澳蕃篇〉中的动物知识》,《安徽大学学报(哲学社会科学版)》2019 年第 4 期。

面,仍有不少增写和创新。该书的突出创新点体现在最后部分的《异物图说》和《七奇图说》。与《坤舆图说》中的《七奇图说》相似,《异物图说》也是南怀仁沿着利玛窦和艾儒略传送世界多元文化观思路的基础上,成功地找到了较之《坤舆万国全图》和《职方外纪》更具说服力的内容,在清初西学接受过程中,构建了新的认识异域文化的知识场。

　　《坤舆图说》中"动物图说"的大量内容,如印度的"鼻上一角,坚如钢铁"的"鼻角"(犀牛)、犹太的"随物变色"的"加默良"(变色龙)、意大利能蜇人使之疯狂的"大懒毒辣"(毒蜘蛛)、欧洲东北"性嗜死尸,贪食无厌"的"获落"(貂熊)、非洲"重腹如皮囊"藏其子于皮囊中的"狸猴兽"、非洲"长尾,坚鳞甲"的"喇加多"(鳄鱼)、非洲"诸兽见皆匿影"的狮子、非洲"长颈自前蹄至首高二丈五尺余,皮毛五彩"的"恶那西约"(长颈鹿)、秘鲁"大于常鸡数倍"的火鸡、南美"形如鹅,其首高如乘马之人"的"骆驼鸟"(鸵鸟);海中有"能掠水而飞"的"飞鱼"、"上半身如男女形,下半身则鱼尾"的"西楞"(美人鱼)、"首有两大孔,喷水上出,势若悬河"的"把勒亚鱼"(鲸鱼)、"嘴长丈许,有牙齿刻如锯,猛而多力"的"剑鱼",等等,都是利玛窦、艾儒略、高一志等人的著述中所不曾提及的,或是他们画过而又没有详细解说过的。因此,认为南怀仁《坤舆图说》上所绘的珍禽异兽源自利玛窦《坤舆万国全图》,或是南怀仁的"所有的地理学著作(除了他的世界地图外),都抄自艾儒略的旧作"[1],显然都是不正确的结论。

　　不同的文化体系中,不同的动物往往被赋予不同的隐喻和象征意义,因为在不同的宗教、政治和文化生活中,人们对于动物的认识和体验是不同的,因此,这些动物在不同的认识和体验中也会被塑造为不同的形象。《异物图说》传入的动物,有些是神禽,如独角兽、无对鸟、西楞,有些是异兽,如"恶那西约"(长颈鹿)、"骆驼鸟"(鸵鸟)、"飞鱼",有的则是常见的动物,如山羊和蛇等,有些则是在中西两种不同的地理环境、不同的社会生活方式中扮演不同的角色,南怀仁试图通过他的这一努力来推动两种甚至多种动物文化的互相理解。南怀仁在介绍很多动物时,故意采用音译名,有些固然是因为难以寻找其汉译名,如"苏""撒辣漫大辣";但有些显然很容易找到其对应名称,如完全可以不用"鼻角"而用犀牛,不用"喇加多"而用鳄鱼,这是有其深意所在的。他在康熙宫廷中活动,非常了解康熙时代在学界文坛流

---

① ［荷］李培德:《对南怀仁科学工作的总评价》,《南怀仁》,第749—750页。

行的"西学中源说"，西方传入的很多新事物和新知识，都会由士大夫在中国载籍中寻找出处，康熙皇帝本身就是如此。不用便于理解的意译名"犀牛""鳄鱼"，不仅是为了凸显自己所输入的西方动物知识的独特性，同时也是深怕中国士大夫将其传入的大航海时代之后流行的动物与中国传统相附会，如将长颈鹿与麒麟、将无对鸟与中国传统的"太阳鸟"混淆，从而影响知识输入的准确性。

尽管《坤舆全图》上呈现的这些群兽图说不是全球动物知识完整的呈现，但是这些动物图谱所呈现出来的丰富细节和生动趣味，起到了帮助清宫的知识群体得到穷究圣王之治所要了解和掌握的"职方之产"的简明信息的作用。因为其中所涵盖的地理大发现之后新世界的动物文化，其间虽然也注入了若干传说，但经过重新组合的异域文化模式，却使之实际上形成了一种与世界的连接。因此，该图所带来的新知识也就并非单纯是动物学的解说，而成为一种重要的文化史议题。《坤舆图说》的地理学内容，在天朝中心主义虚幻环境解体的过程中，起到了促进的作用，而《异物图说》则通过动物学新知识，更进一步地帮助瓦解了传统的华夷天下意识。南怀仁《异物图说》所介绍的动物信息系统，特别重视全世界动物的地域分布，着力打破中国传统博物学系统的天下意识。异域的动物文化形象的出现，不但揭示着不同动物文化之间彼此的影响、接受与转移，也往往会成为促使中国动物文化产生新变的重要因子，使本土的固有动物知识自觉或不自觉地进入自我更新与变革之中。它与本土文化传统交合，构成了一个排斥、过滤、接纳、内化的复杂过程。

第四章　六合秘闻：《七奇图说》与
清人视野中的"天下七奇"

　　比利时耶稣会士南怀仁在华期间为康熙皇帝绘制和撰写了一系列重要的地图和地理学著述，其中《坤舆图说》是最重要的一本地理学汉文西书。笔者曾在《南怀仁〈坤舆格致略说〉研究》一文中就《坤舆格致略说》相关的版本、内容及其成书经过，进行过讨论。拙文根据发现的该书的康熙甲寅年（1674）的刻本和载有徐光启孙子徐尔觉为序的抄本对校，并与编入"指海"丛书的《坤舆图说》进行对校分析，提出该书在利玛窦和艾儒略的地理学文献基础上，在自然地理学和人文地理学方面，都有过若干新的发现。《坤舆格致略说》成书时间先于《坤舆全图》，可能是作为《坤舆全图》准备的绘图资料，《坤舆图说》应为《坤舆格致略说》修订本。①

　　《坤舆图说》与《坤舆全图》和《坤舆格致略说》的最大区别，是《坤舆图说》一书中增加了《七奇图说》，这是《坤舆格致略说》和《坤舆全图》中都没有的内容，也是学界较少注意研究的内容。② 本章拟在前行学者研究的基础上，围绕《坤舆图说》中所载《七奇图说》，就其编订的特点，以及如何图示化的过程，特别就清人视野中有关"七奇"的认识和想象，做进一步的分析。

---

① 邹振环：《南怀仁〈坤舆格致略说〉研究》，荣新江、李孝聪主编：《中外关系史：新史料与新问题》，第289—303页。

② 专门讨论《坤舆图说》中《七奇图说》的论文有：日人内田庆市：《南懷仁の坤舆图说と坤舆外记に就いて》，《或问》2005年第10期，作者就尼德兰画家黑姆斯克（Marten van Heemskerck，1498—1574年）为何绘制罗得岛人像的右手持火炬，而《坤舆图说》中绘制的"罗得岛巨人像"却是左手持火炬的问题进行了讨论。梁若愚：《南懷仁〈七奇图说〉——兼论清人对〈七奇图说〉的排斥与接受》，汤开建主编：《澳门历史研究》2006年11月第5期。

第一节　《坤舆图说》与《七奇图说》的版本

据笔者所知,《坤舆图说》主要有五个版本。

1.《钦定四库全书》抄本。该书收录《四库全书》史部十一地理类十"外纪之属"。(笔者核对过文渊阁、文澜阁和文津阁三种《坤舆图说》,诸本文字基本相同,绘图略有差异)《坤舆图说》上下两卷,无序跋,前有该书提要。与《坤舆格致略说》一书不同的是,《坤舆图说》该版没有目录。《坤舆格致略说》分"坤舆"和"格致"两部分,坤舆目录为:坤舆图说、亚细亚、欧逻巴、利未亚、亚墨利加、墨瓦蜡尼加、五大洲总说;格致目录为:四元行之序并其形、气行、地球两极必对天上两极、地圜、地体之圜、地震、人物、山岳、江河、海之潮汐、风、雨云。而《坤舆图说》分上下两卷。上卷内容依次列为地体之圜、地圜、地球南北两极必对天上南北两极不离天之中心、地震、山岳、海水之动、海之潮汐、江河、天下名河、气行、风、云雨、四元行之序并其形、人物,共计十四条。下卷内容依次为亚细亚州:印第亚、百儿西亚、鞑而靼、则意兰、苏门答喇、爪哇、渤泥、吕宋、木路各、日本、阿尔母斯、地中海诸岛;欧逻巴州:以西把尼亚、拂郎察、意大理亚、热尔玛尼亚、拂兰地亚、波罗泥亚、翁加里亚、大泥亚诸国、厄勒祭亚、莫斯哥未亚、地中海诸岛、西北海诸岛;利未亚州:厄日多、马逻可-弗撒-亚非利加-奴米第亚、亚毘心域-莫讷木大彼亚、西尔得-工鄂、井巴、福岛、圣多默岛-意勒纳岛-圣老楞佐岛;亚墨利加州:南亚墨利加-白露、伯西尔、智加、金加西蜡;北亚墨利加-墨是可、花地-新拂郎察-瓦革了-农地、鸡未腊、新亚泥俺-加里伏尔泥亚、西北诸蛮方、亚墨利加诸岛;墨瓦蜡泥加(亦名玛热辣泥加);四海总说、海状、海族、海产、海舶。"海舶"一节以"行至大洋中,万里无山岛,则用罗经以审方。审方之法,全在海图,量取度数,即知舶行至某处,离某处若干里,了如指掌"。接着为二十三幅奇异动物图,在动物图前有一段小序:"墨瓦蜡泥加州为南极周围大地,从古航海者未曾通进其内地,未获知其人物、风俗、山川、畜产、鸟兽、鱼虫等何如,故怀仁所镌坤舆图至南极周围空地,内惟绘天下四州异兽奇物数种之像而已。"①之后为一幅海舶图,最后为《七奇图说》,称:"上古

---

① 《坤舆图说》卷下,文渊阁钦定四库全书本,第594册,第776页。

制造宏工,纪载有七,所谓'天下七奇'是也。"①所有三十二幅插图均先图后说。

2. 上海图书馆所藏刻本《坤舆图说》(下简称"上图藏本")。该版有目录,每页天头有内容提要,无刊刻时间,前有莫棠(独山)的题签,"识语"称："此西人撰述之行于中国近古者也。当时以为耳目之奇观,今日则犹为荒率矣,是本殆原刻,不恒见,故装而藏之。"该本是否系原刻本,尚有待考订。该版本前有艾儒略序,徐宗泽编著《明清间耶稣会士译著提要》亦收录该序言,标注为《坤舆图说序》,其文字内容与《职方外纪》艾儒略自序同。南怀仁1659年至中国,其时艾儒略已去世十年。莫棠的解释是"南怀仁著书时尤未入国朝也"。艾儒略去世那年,南怀仁只有二十六岁,尚未决定来华传教,根本不通汉文,怎么可能写出如此有分量的地理学汉文西书呢？日本学者鲇泽信太郎和秋冈武次郎都不相信南怀仁有如此早的汉文著作的存在。林东阳的分析是：所谓艾儒略的序,是从他的《职方外纪》的序文摘抄而成的。② 也有人认为系"误载"③。我以为存在两种可能,一是南怀仁在刊刻该书前将艾儒略序添加其中,是为了表示《坤舆图说》在内容上与《职方外纪》的承继关系,同时也是为了表示自己对于艾儒略地理学成就的高度钦佩。或系后来好事者将《职方外纪》的艾儒略序放在该版前,以加重该书的分量。经文字内容的比对,该版文字内容似乎与《钦定四库全书》抄本属同一个系统。

3. 通行的"指海"第十二集本《坤舆图说》,道光二十一年(1841)由钱熙祚(锡之)校梓。《坤舆图说》上下两卷,亦无序跋、目录,前有该书提要。该版后收录商务印书馆的"丛书集成初编"(本章讨论引用的内容,凡不特别注明者即据此版)。该版本与《钦定四库全书》抄本相比,在若干段落中有所改动,如卷上"海之潮汐"一节,《钦定四库全书》抄本写为："是月以所借之光,或所具之德,致使潮长也。如磁石招铁,琥珀招芥然。或生多气于海内,使其发潮也。如火使鼎水沸溢然。"在"指海"本《坤舆图说》中此段被改为："盖海水海底多蕴育浓烈之气,大概与硫磺硝等同情力者,其气被月之隐德感动,有时潮发,有时潮息,如疟疾者,虽闭户静室中,月星照不到,然其

---

① 《坤舆图说》卷下,文渊阁钦定四库全书本,第594册,第789页。
② 林东阳：《南怀仁对中国地理学和制图学的贡献》,《南怀仁》,第142页。
③ 崔广社等：《南怀仁〈坤舆全图〉的文献价值》,《河北大学学报(哲学社会科学版)》2006年第5期。

身之气仍被月星感动,时而疟发,时而疟息然。"①最后的"四海总说"的"海舶"一节写道:"行至大洋中,万里无山岛,则用罗经以审方。审方之法,全在海图,量取度数,即知舶行至某处,离某处若干里,了如指掌。"后增补有一段:"不待指山岛为准,而其分寸不爽,则更有过焉者矣。盖度数之法可以测天行,黄赤道之分合,九重天之高卑,自寻常以至秒忽,一一皆验,测海之法亦即用此耳。以此推之,百不失一,其详见于西士熊三拔《表度说》。"②二十三幅奇异的动物图冠之"异物图"一名,而删去了《钦定四库全书》抄本奇异动物图前的一段小序。海舶图一幅,标志有"海舶图"名称。在八幅"七奇"图前亦标识"七奇图",而没有《七奇图说》名称和"上古制造宏工,纪载有七,所谓'天下七奇'是也"一段小序。"指海"本《坤舆图说》"异物图"和"七奇图"的所有图版,都较之《钦定四库全书》抄本更为细致与精巧,但在异域文化色彩的表达方面,"指海"本《坤舆图说》本土化色彩更加明显。2018年河北大学历史学院整理的南怀仁著《坤舆图说》的版本,即据"指海"本。

4. 台北"中研院"傅斯年图书馆所藏的1674年版《坤舆图说》。该书的版式是25.5 cm×13.5 cm。全书分两卷,在北京刻印。作者的姓名,连同他的官衔和刷印日期,清楚地标明于六页前的插页。值得注意的是,在此书第一卷插有三张加页,其中两页专用于讲解世界地图的制图学方法。林东阳推测,该书的编辑似乎是这位耶稣会士在完成《坤舆全图》之后马上进行的。③

5.《古今图书集成·方舆汇编坤舆典》卷三"坤舆总部汇考三"亦有《坤舆图说》,不分卷。该书系删略较多增补少许的节略本,开篇为"总序",原收录在《坤舆图说》上卷中"四元行之序并其形""地震""人物""山岳",和下卷"四海总论"后包括"七奇图说"等均被删去,原上卷的"地圜"篇被分解为五个图说。④ 下卷有关五大洲的内容基本被保留,在"总序"后增加了"中国与外国在坤舆图内布列之理"一节,指出:"尝有客问曰:吾中国广大

---

① 南怀仁:《坤舆全图·坤舆图说》,河北大学出版社2018年,第19页。下凡是引用该版《坤舆图说》影印本,均简称"《坤舆图说》'指海'本",仅注卷上、卷下,页码。
② 《坤舆图说》"指海"本卷下,第84页。
③ 林东阳:《南怀仁对中国地理学和制图学的贡献》,《南怀仁》,第142页。
④ 陈梦雷编纂、蒋廷锡校订:《古今图书集成》,中华书局、巴蜀书社1985年,第6253—6267页。

如此，在坤舆图内所列之地狭小如彼，其义何居？答曰：坤舆图内所列之地，皆以合天地之理而定焉。各国在舆图内以其本国之天顶为主。天顶者，即天上南北之中，与本国正对之度也。其天顶之度，离大地之赤道南北若干，则本国列置舆图内亦应之，而离大地之赤道者，即南北两极之当中，与天之赤道从东往西正对之处也。又此一国之天顶离彼一国之天顶，或东或西度数若干者，则舆图内此一国离彼一国，或东或西度数亦若干也。"[1]由此段关于世界意识的论辩，可见《古今图书集成》本中"中国与外国在坤舆图内布列之理"一节为《坤舆全图》流传后增写。该版本删节了《七奇图说》部分。

各版《坤舆图说》开篇都有一段关于"坤舆图说"的解说，类似序言，称："坤舆图说者，乃论全地相联贯合之大端也。如地形、地震、山岳、海潮、海动、江河、人物、风俗各方生产，皆同学西士利玛窦、艾儒略、高一志、熊三拔诸子通晓天地经纬理者，昔经详论。其书如《空际格致》《职方外纪》《表度说》等，已行世久矣。今撮其简略，多加后贤之新论，以发明先贤所未发大地之真理。"[2]可见，南怀仁事实上也清楚，自己在自然地理的介绍方面并无太大的创新；即使在五大洲区域地理的介绍方面，贡献也很有限。

南怀仁从自己所处时代的地理学知识背景出发，提出该书在利玛窦和艾儒略的地理学文献基础上，在自然地理学和人文地理学方面，都有过若干新的发现。《坤舆图说》卷上主要是自然地理知识的介绍，在南怀仁看来，这些自然地理学的基本要素属于地理学的形而上的领域，形而下的背后有一种形而上的东西在起着支配的作用。该书的"四元行之序并其形"介绍了亚里士多德的"四元素"说，把它视为无须证明的真理，指出自然界的水、土、火、气四元素有重轻、和情、见试的关系，每一种元素是依照明确的位置和固定的秩序，如按轻重、相引或相斥等，当它们位置改变时又有一种回归到自然位置上的强烈倾向。利玛窦的《乾坤体义》、熊三拔的《泰西水法》、高一志的《空际格致》都曾引用过亚里士多德的"四元素"说。"气行"用六种日常所见的现象论证了气的存在。"地球南北两极必对天上南北两极不离天之中心"强调了地为诸天之中心的理论，指出大地南北的脉络相连，就如同人身之脉络骨节，纵横通贯，而成其为全体。"地圜""地体之圜"两篇通过

---

[1] 陈梦雷编纂、蒋廷锡校订：《古今图书集成》，第6254页。
[2] 《坤舆图说》"指海"本卷下，第3页。

图形解说月食、诸星等，重申了"地水同为一圆"的理论，指出四大元素也是圆形的，因为整个宇宙都是球形的，在月下的世界里，他们互相掺合，任何与圆不同的形状都会造成空洞。"地震"一篇指出地震是"因内所含热气所致也。盖地外有太阳恒照，内有火气恒燃，则所生热气渐多。而注射于空隙中，是气愈积愈重，不能含纳，势必奋怒欲出，乃猝不得路，则或进或退，旋转郁勃，溃围破裂而出，故致震动，且有声响也。正如火药充实于炮铳内，火一燃而冲突奋裂，乃必破诸阻碍，而发大响也"①。"人物"一篇类似人类地理学的内容，指出以往学者都认为赤道及南北二极以下之地，皆无人居住，但航海发现，全地似乎都有人类居住。自然环境的不同，造成"人物亦随之而大不同矣"。但尽管面貌、声音不同，灵性乃"普天之下，人所公同者"。"其五伦规矩之繁简、法度之疏密、礼貌之华朴，虽有不同，终无出于理外者。"②在"山岳"一篇中讨论山脉的形成，强调了山岳的造成"乃地震所致，或风力、或水势所成也"；篇末罗列出陋莫山（奥林匹斯山）、陋得纳火山（埃特纳火山）、高架所山（高加索山）等九座天下名山，③可以说是汉文文献中有关世界名山的首次系统介绍。"江河""海之潮汐""风""雨云"等篇均讨论这些自然现象的成因。环绕地球运动的月球所造成的海之潮汐的周期运动；大气潮湿经浓缩形成云雨、风；季风的形成影响海上航行等。上述这些论述的相当部分是取自高一志《空际格致》一书的解说，有些篇的名称甚至和《空际格致》完全相同，如"海之潮汐""江河""山岳""雨云"等。④

在《坤舆格致略说》的基础上，《坤舆图说》增补了不少人文地理方面的知识，与艾儒略的《职方外纪》相比，在内容上亦有若干拓展，如亚细亚州部分有相当篇幅是据艾儒略的《职方外纪》编写的，大部分地名的翻译，如鞑而鞑、回回、莫卧尔、百儿西亚、度儿格、如德亚、则意兰、爪哇、渤泥、吕宋等几乎完全与《职方外纪》相同，但其中也有一些不同的叙述，如亚洲部分增补"鞑而鞑"的内容，并新撰了"日本"一节等。欧逻巴、利未亚基本也是抄自《职方外纪》，但其中的若干地名译名略有改动，如《职方外纪》的"法兰德斯"改为"拂兰地亚"；"陋入多""泥禄河"改译成"厄日多"和"泥琭河"。

① 《坤舆图说》"指海"本卷上，第13页。
② 《坤舆图说》"指海"本卷上，第30—32页。
③ 《坤舆图说》"指海"本卷上，第15—16页。
④ ［意］高一志撰、韩云校订：《空际格致》，"四库全书存目丛书"子部·杂家类，齐鲁书社1995年。

《职方外纪》亚墨利加部分中的"孛露""金加西腊""既未蜡""新亚比俺"分别被南怀仁译为"白露""金加西蜡""鸡未腊""新亚泥俺"等，并强调这些地区的"蛮愚"，在欧逻巴人的调教下，"相沿恶俗，稍稍变更。今沿海诸国，多奉天主正教"。白露（今译秘鲁）"陋俗最多，自欧逻巴天主教士人，往彼劝化，教经典书文，与谈道德理义，往时恶俗，如杀人祭魔，驱人殉葬等事，俱不复然，为善反力于诸国"①。尽管这一段基本抄自《职方外纪》，但南怀仁所选择的抄录内容，同样表明了他的价值趋向。北亚墨利加部分，除将《职方外纪》中的"天主"改为"上帝"等少量字外，几乎把"西北诸蛮方"前的所有内容都抄录了。而坤舆部分补充了《坤舆格致略说》所没有的"五大洲总说"，改名为"四海总说"，分海状、海族、海产、海舶；虽有不少内容抄摘《职方外纪》，如"海舶"一节将艾儒略的"海道"和熊三拔的《表度说》内容编入其中，增写了海舶"夜点灯笼照视"一段内容，整篇涉及海舶的制造、航海的组织、航海的技术和航海的具体操作方法，但文字内容与各种解释的安排，还是有多处与《职方外纪》并不相同。

　　《坤舆图说》与《坤舆格致略说》相比，突出的不同点是在人文地理之后所增加的《异物图说》和《七奇图说》。《异物图说》中有印度的"鼻上一角坚如钢铁"的"鼻角"（犀牛）、犹太的"随物变色"的"加默良"（变色龙）、意大利能蜇人使之疯狂的"大懒毒辣"（毒蜘蛛）、欧洲东北"性嗜死尸，贪食无厌"的"获落"（鬣狗）、非洲"重腹如皮囊"藏其子于皮囊中的"狸猴兽"、非洲"长尾，坚鳞甲"的"喇加多"（鳄鱼）、非洲"诸兽见皆匿影"的狮子、非洲"长颈自前蹄至首高二丈五尺余，皮毛五彩"的"恶那西约"（长颈鹿）、秘鲁"大于常鸡数倍"的火鸡、南美"形如鹅，其首高如乘马之人"的"骆驼鸟"（鸵鸟）、海中"能掠水而飞"的"飞鱼"、"上半身如男女形，下半身则鱼尾"的"西楞"（美人鱼）、"首有两大孔，喷水上出，势若悬河"的"把勒亚鱼"（鲸鱼）、"嘴长丈许，有龉刻如锯，猛而多力"的"剑鱼"，这些海陆奇异动物图说和《坤舆全图》上的绘像大同小异。"海舶图"上是一艘乘风破浪的三桅帆船，图说写道："海舶广大，容载千余人，风帆十余道，约二千四百丈布为之，桅高二十丈，铁猫重六千三百五十余斤，缆绳重一万四千三百余斤。"②林东阳认为南怀仁在地图上绘制多艘海舶有其特定的含义："我们看到一队由3

---

①　《坤舆图说》"指海"本卷下，第 67 页。
②　《坤舆图说》"指海"本卷上，第 108 页。

只三桅船组成的船队正在航行通过南部海洋,而一艘单独的三桅帆船正驶离北美洲东岸,好像正在返航欧洲。这些西班牙船只似乎是为了表示 17 世纪最重要的两条洲际贸易路线:阿卡普尔科(Acapulco)和马尼拉之间西班牙大型帆船贸易,以及欧洲和北美洲东海岸(荷兰、英国、法国殖民地)之间的航线。"①上述这些内容不少都是利玛窦、艾儒略、高一志等人的著述中所不曾有的。

《七奇图说》还有单独流传的版本,如 1683 年张潮所编的充斥着大量奇闻逸事和怪物异人的《虞初新志》卷十九收录有《七奇图说》,还编制了"七奇"目录,包括附录"公乐场"和"海舶"。日本文政六年(1823)癸未六月有张潮《虞初新志》鸣门荒公廉廉平氏的训点本,所录《七奇图说》均附有图像。在孔夫子旧书网上拍卖过号称清中期手绘本的《西域七奇图说》,封面题为会稽程耀堂珍藏。文字经与《坤舆图说》中的《七奇图说》比对略有增减,图版则相当粗劣,事实上依据的范本可能还是来自《虞初新志》。② 清末韩邦庆个人编辑的文学期刊《海上奇书》所收录的《七奇图说》,其实也来自《虞初新志》。

第二节　"七奇"概念和内容在汉文文献中的出现与介绍

《七奇图说》系明末清初西方地理学著述中有关西方文化景观的一个最精彩的全新描述。"天下七奇"即今人所述"世界七大奇迹"(Seven Wonders of the World),除了埃及金字塔依旧巍然屹立在沙漠中,其他六处如今都已经湮没在历史的尘埃之中。最早提出"七奇"一说的是公元前 225 年拜占廷的菲洛(Philo of Byzantium)写下的那篇《关于世界七大奇迹》(希腊语:Επτ ά θαύματα του αρχαίου κόσμου)的精彩文章,其手卷至今收藏在德国海德堡大学。③ 但一般认为是公元前 2 世纪的西顿旅行家昂蒂帕克(Antipater of Sidon)最早总结出沿途所见的七个最伟大的人造文化景观。

---

① 林东阳:《南怀仁对中国地理学和制图学的贡献》,《南怀仁》,第 149 页。

② 参见 http://auction. kongfz. com/auction/detail. php,2008 年 7 月 14 日检索。

③ [英] 约翰·罗谟(John Romer)、伊莉沙白·罗谟(Elizabeth Romer)著,徐剑梅译:《世界七大奇迹史》(*The Seven Wonders of the World*),生活·读书·新知三联书店 2008 年,第 5 页(下凡引该书简称《世界七大奇迹史》,仅注页码)。

　　关于"天下七奇"的个别记述，在 13 世纪上半叶的中国文献中已经出现，如南宋赵汝适《诸蕃志》的"遏根陀国"一条称："相传古人异人徂葛尼，于濒海建大塔。下凿地为两屋，砖结甚密，一窖粮食，一储器械，塔高二百丈，可通四马齐驱而上，至三分之二，塔心开大井，结渠透大江以防他国兵侵，则举国据塔以拒敌，上下可容二万人，内居守而外出战。其顶上有镜极大，他国或有兵船侵犯，镜先照见，即预备守御之计。近年为外国人投塔下。执役扫洒数年，人不疑之，忽一日得便，盗镜抛沉海中而去。"①据夏德、柔克义的译注，"遏根陀"为"Isk-anderiah"之阿拉伯语对音，指亚历山大港。"徂葛尼"为"Dhu-l Karnein"之阿拉伯语对音，指建置亚历山大港的亚历山大大帝。"大塔"即法罗斯灯塔。② 但这一记述并没有放在"天下七奇"的框架内予以介绍。因此，有学者认为《坤舆图说》"是第一次将西方世界七大奇迹的概念传入中国"③。其实，汉文文献中第一次出现"天下七奇"概念的，确切的是艾儒略的《职方外纪》。1623 年问世的《职方外纪》曾提及了"七奇"中的三奇，一是罗得岛的巨人铜像。④ 二是埃及金字塔："昔国王尝凿数石台，如浮屠状，非以石砌，是择大石如陵阜者，铲削成之。大者下趾阔三百二十四步，高二百七十五级，级高四尺，登台顶极力远射，箭不能越其台趾也。"⑤但是在叙述这两处奇迹时尚未提出"天下七奇"的概念。卷一"亚细亚洲"介绍的"鞑而靼"一节有："迤西旧有女国，曰亚玛作搦，最骁勇善战。尝破一名都曰厄佛俗，即其地建一神祠，宏丽奇巧，殆非思议所及。西国称天下有'七奇'，此居其一。"⑥厄佛俗（Ephesus），今译以弗所，所谓"宏丽奇巧"的"神祠"，即阿耳忒弥斯神殿（Temple of Artemis），是世界七大奇迹之一。"西国称天下有'七奇'"一句，表明是艾儒略首次将"七奇"的概念引入中国。

　　但艾儒略在《职方外纪》中仅仅只是提及"七奇"的概念，而没有充分加以铺陈，《坤舆图说》的贡献是首次将西方世界的"七奇"这一文化景观，以形象化的图文加以展示，比较《职方外纪》中的罗得岛"巨铜人"、如浮屠状

---

① 赵汝适著，杨博文校释：《诸蕃志校释》，第 123 页。
② 赵汝适著，杨博文校释：《诸蕃志校释》，第 124 页。
③ 令狐若明：《古代世界七大奇迹之一——法洛斯灯塔》，《历史教学》2000 年第 6 期；梁若愚：《南怀仁〈七奇图说〉——兼论清人对〈七奇图说〉的排斥与接受》，汤开建主编：《澳门历史研究》2006 年 11 月第 5 期。
④ ［意］艾儒略著，谢方校释：《职方外纪校释》，第 64 页。
⑤ ［意］艾儒略著，谢方校释：《职方外纪校释》，第 110 页。
⑥ ［意］艾儒略著，谢方校释：《职方外纪校释》，第 35 页。

"数石台"和厄佛俗"神祠"三奇的描述,可见《坤舆图说》中的"七奇"资料来源与艾儒略完全不同,南怀仁在传送"七奇"方面的贡献不可抹杀。

《坤舆图说》中的"七奇图"依次如下。一为"亚细亚洲巴必鸾城",即著名的"巴比伦空中花园"(Hanging Gardens of Babylon)。"瑟弥辣米德王后创造。京都城池形势矩方,每方长五十里,周围计二百里,城门通共一百,皆净铜作成。城高十九丈(约63.3米),阔厚四丈八尺(约16米),用美石砌成。城楼上有园囿树木景致,接山水,涌流如小河然。造工者,每日三十万。"①有说空中花园是新巴比伦国王尼布甲尼撒(Nebuchadnezzar)二世公元前600年左右在巴比伦(今伊拉克巴格达附近)为他的一个妃子建造的。它在菲洛所列举的七奇名单中位居榜首。②据说巴比伦空中花园最令人称奇的地方是供水系统,由于巴比伦雨水不多,而空中花园的遗址亦远离幼发拉底河,所以需要由奴隶们不停地转动机械装置,从幼发拉底河里抽上大量的水来灌溉花园里的花草。

二为"铜人巨像",即"爱琴海罗得岛太阳神巨像"(Colossus of Rhodes)。"乐德海岛铜铸一人,高三十丈(约100米),安置于海口,其手指一人难以围抱,两足踏两石台,跨下高旷,能容大舶经过。右手持灯,夜间点照,引海舶认识港口丛舶。铜人内空通,从足至手有螺旋梯升上点灯。造工者,每日千余人,作十二年乃成。"③罗德岛巨像位于希腊罗德岛(Island of Rhodes)通往地中海的港口。公元前的罗德岛是重要的商务中心,位于爱琴海和地中海的交界处。罗德港于公元前408年建成。罗德岛人为了庆祝击败侵略者,他们用敌人遗弃的青铜兵器修建一座雕像。巨像修筑了十二年,大约建造于公元前292至前280年之间,是希腊人的太阳神,也是他们的守护神赫利俄斯(Helios)。传说中雕像两腿分开站在港口上,船只是从腿中间过去,非常壮观而有趣。④

三为"利未亚洲厄日多国孟斐府尖形高台",即"埃及金字塔"(The Great Pyramid of Giza)。"多禄茂王建造地基矩方,每方一里,周围四里,台高二百五十级,每级宽二丈八尺五寸(约9.5米),高二尺五寸(约0.83米),皆细白石为之。自基至顶计六十二丈五尺(约208米),顶上宽容五十

① 《坤舆图说》"指海"本卷下,第109页。
② 《世界七大奇迹史》,第167、181页。
③ 《坤舆图说》"指海"本卷下,第110页。
④ 《世界七大奇迹史》,第49页。

亚细亚洲巴必鸾城

铜人巨像

利未亚洲厄日多国孟斐府尖形高台

亚细亚洲嘉略省茅索禄王茔墓

亚细亚洲厄弗俗府供月祠庙

欧逻巴洲亚嘉亚省供木星人形之像

法罗海岛高台

公乐场

人。造工者,每日三十六万。"①金字塔是七大奇观中最古老,也是唯一保存至今相对完整的遗迹。大约公元前 2700—前 2500 年建造在埃及开罗附近的吉萨高原。在古代埃及文中,金字塔因是梯形分层的,所以被称作层级金字塔。这是一种高大的角锥体建筑物,底座四方形,每个侧面是三角形,样子就像汉字的"金",故名"金字塔"。南怀仁在介绍"七奇"时,特别在亚洲奇迹"巴比伦空中花园"的描述中突出了"然造工者,每日三十万",在非洲金字塔建造中更是强调"造工者,每日三十六万",表示耗力惊人。因此,在金字塔给我们留下有一份连接俗世和天堂的壮丽想象,巴比伦空中花园给我们一种高墙环绕、美轮美奂的伊甸园印象的同时,也使我们联想到秦始皇修建长城动用浩大民力的残暴事迹。

四为"亚细亚洲嘉略省茅索禄王茔墓",即"摩索拉斯陵墓"(Mausoleum at Halicarnassus or Tomb of Mausolus)。"亚尔德弥细亚王后追念其夫王,建造茔墓,下层矩方,四面各有贵美石柱二十六株,穿廊圆拱,各宽七丈余(约 23.3 米),内有石梯至顶,顶上铜辇一乘,铜马两匹,茅索禄王像一尊。其奇异一在制度,二崇高,三工精,四质料纯细白石筑造。将毕,王后忆念其夫王,怅闷而殂。"②摩索拉斯陵墓大约在公元 353 年建造于今土耳其西南,南怀仁强调该奇迹"其奇异一在制度,二崇高,三工精,四质料纯细白石筑造",表明陵墓设计奇特,其底座上部呈阶梯形的金字塔状,卡里亚王国摩索拉斯国王的塑像可能矗立在顶端。最顶部有高六米的四匹马拉着一架古代双轮战车雕像,建筑物被墩座墙围住,旁边以石像作装饰。③ 据说陵墓毁于公元 3 世纪的一次地震中。

五为"亚细亚洲厄弗俗府供月祠庙",即"小亚细亚以弗所的阿耳忒弥斯神庙"(Temple of Artemis)。"宏丽奇巧,基址建在湖中,以免地震摧倒。高四十四丈(约 146.5 米),宽二十一丈(约 70 米),内有细白石柱共一百五十七株,各高约七丈(约 23.3 米)。庙内甚多细石绝巧人像,庙外四面各有桥梁一道,以通四门,桥最宽阔,细白石作成。正门前安置美石精工神像,筑工者至二百二十年乃成。"④公元前 550 年由土耳其以弗所古代王国吕底亚的国王克罗伊斯所建造在希腊城邦埃斐索斯(今土耳其西海岸)。神庙里供

---

① 《坤舆图说》"指海"本卷下,第 111 页。
② 《坤舆图说》"指海"本卷下,第 112 页。
③ 《世界七大奇迹史》,第 121 页。
④ 《坤舆图说》"指海"本卷下,第 113 页。

奉着生育和多产女神阿尔忒弥斯。阿尔忒弥斯神殿曾经历过七次重建，是全部由爱奥尼亚柱式（Ionian）大理石建成的当时最大的建筑物。"庙内甚多细石绝巧人像"系指神庙堪称是一座伟大的艺术展览馆，不同时代的艺术家，如波力克莱塔斯、菲迪亚斯等创作了亚马孙人的雕像。[1] 原庙毁于公元前356年的大火，在原址后重建的庙于公元262年再罹火难。

　　六为"欧逻巴洲亚嘉亚省供木星人形之像"，即"希腊奥林匹亚宙斯像"（Statue of Zeus at Olympia）。"斐第亚，天下名工，取山中一块最硬大石，雕刻木星人形之像，身体宏大，工精细巧，安坐庙中。时有讥笑者对工师曰：'设使这宏大之躯起立，岂不冲破庙宇乎？'工师答曰：'我已安置之，万不能起立'。"[2]"亚嘉亚省"即希腊奥林匹亚（Olympia）城，第一次奥林匹克运动会（公元前776年）就是在此地举办的，宙斯神像所在的宙斯神殿则是奥林匹克运动会的发源地。"亚嘉亚"可以视为"Olympia"的第一次音译名。大约公元前435年左右建造在奥林匹斯山的宙斯神像是"天下名工""斐第亚"（Pheidias，今译菲迪亚斯）的杰作。"斐第亚"可能也是古希腊著名雕刻家菲迪亚斯首次出现的中译名。神殿是规模最大的希腊多立克柱式神庙之一，以当地一种易加工的石灰岩建成，殿顶则使用大理石。神殿共由三十四个科林斯式支柱支撑着。宙斯是希腊众神之神，为表示崇拜而兴建的宙斯神像是当时世界上最大的室内雕像。[3] 宙斯神像虽然因被运到君士坦丁堡而幸免于难，可是最终亦难逃厄运，于公元462年被大火烧毁。

　　七为"法罗海岛高台"，即"埃及法罗斯灯塔"（Lighthouse of Alexandria）。"厄日多国多禄茂王建造崇隆无际高台，基址起自邱山，细白石筑成，顶上安置多火炬夜照，海艘以便认识港涯丛泊。"[4]遵照马其顿国王亚历山大大帝的命令，在埃及亚历山大城的法罗斯灯塔于公元前300年建在一座人工岛上，它至少有一百二十二米高，用闪光的白色石灰石或大理石建成。当亚历山大灯塔建成后，它的高度当之无愧地使它成为当时世界上最高的建筑物。其中有螺旋式的楼梯，顶部呈圆形建筑在三层台阶之上，在其顶端安装着一面棱镜，聚焦灼人的光束，能够攻击外国舰队。灯塔本身用罗马石头建造，全靠铅固定在一起，晚上用火光引导船只。一千五百年来，亚历山大灯塔一

---

① 《世界七大奇迹史》，第209、214、219页。
② 《坤舆图说》"指海"本卷下，第114页。
③ 《世界七大奇迹史》，第9页。
④ 《坤舆图说》"指海"本卷下，第115页。

直在暗夜中为水手们指引进港的路线。它是七奇中对人类最具实用性，因此也是六大奇迹中最晚消失的一个。埃及史籍记载，灯塔在 1375 年的大地震中被彻底摧毁。①

除古代世界七大奇迹外，南怀仁还特地加上了一幅"公乐场图"，即所谓第八大奇迹"古罗马斗兽场"（Rome Colosseum）。"古时七奇之外，欧罗巴州意大理亚国罗玛府营建公乐场一埏，体势椭圆形，周围楼房异式，四层高二十二丈余（约 73.3 米），俱用美石筑成。空场之径七十六丈（约 253 米），楼房下有畜养诸种猛兽多穴，于公乐之时，即放出猛兽在场相斗，观看者坐团圆，台级层层相接，高出数丈，能容八万七千人座位，其间各有行走道路，不相逼碍。此场自一千六百年来至今现存。"②斗兽场亦称罗马大角斗场、罗马圆形竞技场、科洛西姆、哥罗塞姆，位于意大利首都罗马市中心威尼斯广场的东南面，是古罗马帝国和罗马城的象征，是罗马古迹中最卓越、最著名的代表，是当今世界八大名胜之一。斗兽场在建筑史上堪称杰作和奇迹的典范，以庞大、雄伟、壮观著称于世。现在虽只剩下大半个骨架，但其雄伟之气魄、磅礴之气势犹存。斗兽场建于古罗马弗拉维王朝。公元 72 年，维斯巴西安皇帝为庆祝征服耶路撒冷的胜利，强迫八万名犹太俘虏修建，由他的儿子蒂托利揭幕。公元 80 年落成，工程历时八年。罗马斗兽场，语出意大利文"Colosseum"，系"高大""巨大"之意。南怀仁将"Colosseum"译名"公乐场"，真堪称音译和意译的巧妙结合。这里曾是古罗马角斗士与猛兽搏斗、厮杀以博取皇帝、王公、贵族一笑的地方。称之为竞技场，是因为场中可以竞技、比赛、歌舞和阅兵。中间的角斗台下是地窖，关押猛兽和角斗士。南怀仁突出了"于公乐之时，即放出猛兽在场相斗"，表示是畜生之斗的娱乐，完全没有提及角斗场人畜相搏的斑斑血泪。张治认为南怀仁将罗马角斗场列入第八大奇迹，合乎西人中古以来的一贯看法，将古罗马及其后所发展出的欧洲基督教文明看作是古代世界所有奇迹的唯一继承人。③

《坤舆图说》中的《七奇图说》是南怀仁新增写的，其所参考的文本是我们感兴趣的问题。英国美术史家苏立文（Michael Sullivan）指出：17 世纪早

---

① 《世界七大奇迹史》，第 82—85 页。

② 《坤舆图说》"指海"本卷下，第 116 页。

③ 张治：《异域与新学：晚清海外旅行写作研究》，北京大学出版社 2014 年，第 28 页。

期,擅长运用戏剧性光线而产生逼真效果手法的荷兰画家赫姆斯柯克
(D. C. Heemskerck,1498—1574)的世界七大奇迹的铜版画已经被中国和
日本画家模仿复制成水墨画,中国画家从这些版画中学习欧洲的素描。华
盛顿国会图书馆就收藏有一幅创作于 17 世纪初期的水墨画《罗德斯岛上的
巨大神像》。① 王省吾提出一种假设,认为该书中的"七奇"可能参考了詹兹
(Jan Jansz)与基雷(Pieter van den Keere)于 1630 年所绘制的平面投影世界
地图,该图除了绘有海舶、海鱼与飞鸟,又在地图框栏外配有四组美丽的图
画,其中左边与右边二组分别用人物表示火、气、水、土四元素与春、夏、秋、
冬四季,顶边一组以人物与动物表示日、月与水、金、火、木、土五星。底边一
组就是"世界七奇图"。与《坤舆图说》相比,不管从图的形状或图的画法来
看,找不出两者有不相同的地方。因此,他认为南怀仁的《七奇图说》极可能
就是依据该图,或者另有同一来源。② 苏立文则强调,《坤舆图说》中的罗马
圆形大剧场是按照 1580 年间赫姆斯柯克的画刻印而成。③ 张治也认为七奇
图虽然采用了中国画的写意手法,却显然模仿了荷兰画家 Marten Jacobszoon
Heemskerk van Veen(1498—1574)凭据想象绘出的形象,尤其以罗德岛铜人
巨像表现得最为明显。④ 我认为还有一种可能是来自当时广泛流传在欧洲
的威廉姆·布劳(Willem Janszoon Blaeu, 1571—1638)的《世界地图》。⑤ 尚
存至今的布劳世界地图有 51.1 cm×60.5 cm(1635 年)、101.6 cm×76.2 cm
(1645 年)、121.9 cm×91.4 cm(1645 年)等不同的版本。该地图上端绘有
维纳斯和动物等六幅图画,从左至右分别用拉丁文表注为 LUNA(月亮)、
MERCURIUS(水星)、VENUS(金星)、SOL(太阳)、MARS(火星)、JUPITER
(木星)、SATURNS(土星);左边四幅裸体男女画从上到下依次标注为 IGNIS

① [英] M. 苏立文著,陈瑞林译:《东西方美术的交流》,江苏美术出版社 1998 年,第 549 页。
② [澳] 王省吾:《澳大利亚国家图书馆所藏彩绘本——南怀仁〈坤舆全图〉》。
③ [英] M. 苏立文著,陈瑞林译:《东西方美术的交流》,第 55 页。
④ 张治:《异域与新学：晚清海外旅行写作研究》,第 28 页。
⑤ 威廉姆·布劳曾作为水文地理学家任职于荷属东印度公司(Dutch East India Company),与
奥代理(Ortelius),墨卡托(Mercator)和斯比德(Speed)并列,为当时欧洲最著名的制图家之
一。他创建的地图出版事业被他的儿子 Joan 和 Cornelius 继承,出版了大量的地图和地图
集。布劳的作品中包括有一幅装饰精美、引人注意的亚洲地图(Plate 3)。1672 年在其子
Joan 死前一年,出版社被烧毁,一些幸存的印版被 Frederick de Wit 买走,Frederick 也买走
了一些 Jansson 的印版。而为 Willem Blaeu 工作过的 Hessel Gerritsz 则在随后担任了荷属东
印度公司水文地理家的职位,所以 Blaeu 的影响被广泛传播。资料来自：http://sub.ngzb.
com.cn/staticpages/20080317/.

（火）、AER（气）、AQUA（水）、TERRA（土）四元素；右边也以四个人物和背后的自然景色，从上到下分别表达了 VER（春）、ASTAS（夏）、AUTUMNUS（秋）、HYEMS（冬）四季。下端七幅画从左到右依次为巴比伦空中花园、罗得岛太阳神像、埃及金字塔、摩索拉斯陵墓、以弗所阿耳忒弥斯神庙、奥林匹亚宙斯像、埃及法罗斯灯塔，次序与南怀仁《坤舆图说》的次序完全一致。①

　　"天下七奇"是西方世俗文化的产物，奇迹本身是从神祇的世界返还到尘世的世界。七奇中包含丰富的信息，有异域的艺术、生活、风光和人物。因此，介绍"天下七奇"，事实上承担着传送异域多元文化观的使命，以及冒着挑战天主教一神崇拜的风险。"天下七奇"中大多数都是属于东西方非天主教系统的神祇，如何介绍这些世俗的神祇而又不与天主教的一神说相冲突，传教士们对此是颇费心思的。"天下七奇"原是艾儒略《职方外纪》中满足晚明猎奇求异的风气，②传送西方奇人奇事最好的材料，然而艾儒略提出"七奇"概念后却戛然而止，可能就是因为他意识到传送"七奇"所面临的违背一神说的风险。南怀仁在传送西方奇迹、奇人、奇景方面堪称是艾儒略的忠实追随者。《坤舆图说》全书约三万字，前后使用了二十二个"奇"字和四十九个"异"字。《七奇图说》八百个字，一口气用了五个奇字。然而，对如何言说"七奇"，南怀仁与艾儒略其实都有过深入的考虑。我们可以发现"七奇"与今人读到的译名大异其趣，如罗得岛上的太阳神铜像被译为"铜人巨像"；以弗所负责供奉月亮女神阿耳忒弥斯（Artemis）的神庙，被含糊其词地译为"供月祠庙"，在整篇文字介绍中阿耳忒弥斯作为月神和猎神的女性特征都没有显现；最为突出的例子是作为希腊奥林匹亚众神之王的宙斯像奇怪地被译为"木星人形之像"。可以想象，在确定这一译名时，南怀仁是颇费心思的，宙斯在罗马时期被称为"朱庇特"（Jupiter），与太阳系九大行星中最大者同名，中国人所说的"木星"，被南怀仁巧妙地利用来译述宙斯的名称，将之译为"木星人形之像"。南怀仁在这一节还以"天下名工"斐第亚与讥笑者的一段对话，说出"我已安置之，万不能起立"一语，彻底消解了希腊罗马时期这一神灵的神圣性。

----

① 笔者依据的威廉姆·布劳：《世界地图》，引自日本神户市立博物馆编：《古地图セレクシヨン》，2000 年，第 78 页。

② 邹振环：《〈职方外纪〉：世界想象与海外猎奇》，《复旦学报（社会科学版）》2009 年第 4 期。

16世纪的欧洲,随着地理大发现的成就,"发现"了此前不曾完全清晰的文明,如中国、日本、东南亚与印度次大陆,一些全然陌生的文明也进入了欧洲人的视野,如墨西哥的阿兹特克文明与秘鲁的印加文明,这些暗示着一种无可置疑的人类文明的多元性。这些文明的系谱存在于伊甸园之外,而且无法被同化到伊甸园之中。① "天下七奇"就是在东西方世界发现,并且逐渐清晰起来的文化遗存和历史传奇。"七奇"遗存在《坤舆图说》中是作为历史景观来介绍的,在南怀仁看来,"七奇"似乎包含双重意义,一是关于"七奇"在古代的真实的历史,二是这些古老的形象所承载的是多元的文化含量。真实的历史在漫长的历史沉淀中缓慢地发酵,即使已成为废墟的古迹同样具有文化符号的意义。在不同的文化语境中这些文化景观经过酝酿,渐渐锻造成为一种多元文化的合金。

第三节　清人视野中的"天下七奇"

《坤舆图说》在整个清代都有着广泛的影响,成为文化人对于异域异族文化想象的重要来源之一。1678年南怀仁将《坤舆图说》送给王天市。王宏翰1688年在《医学原始》自述中称自己编辑《天地考》一书,"采诸家所论"中就包括南怀仁的《坤舆图说》;1691年在《乾坤格镜》中称汤若望和南怀仁为"二师",对《坤舆图说》推崇备至,他编辑《乾坤格镜》十八卷的结构是先各类天象,又坤舆五大洲二图,又海水动说、海潮说、海状说等,接着备考万国山川、人物、土产及四时气候,颇类似《坤舆图说》。对南怀仁的"潮汐说"和"地震说",均从中西比较的角度进行评论,指出"地震一端,我中华所论俱荒谬不确,今惟考西儒南怀仁《坤舆图说》最为的实"②。1751年左右成书的《澳门记略》卷二,亦引用了《坤舆图说》中的火鸡、鸵鸟、毒蜘蛛等,不过错把它们统统放在意大利的部分。王士禛记录康熙己巳年(1689)至辛巳年(1701)见闻的杂记《居易录》中关于"西洋诸国物产多异,其尤奇者有七";1691年成书的《池北偶谈》大量摘引了《坤舆图说》中西洋奇器、物产风俗等,如几墨德(阿基米得)"映日注射敌艘"的"巨镜"和镶嵌在戒指里

---

① ［美］本尼迪克特·安德森著,吴叡人译:《想象的共同体:民族主义的起源与散布》,上海人民出版社2003年,第82—83页。

② 王宏翰:《乾坤格镜》卷十七"地震说",参见徐海松:《王宏翰与西学新论》,黄时鉴主编:《东西交流论谭》第二集,上海文艺出版社2001年,第131—147页。

的"自鸣钟"等。他称《坤舆图说》"所记西洋诸国物产多异，其尤奇者有七"，并转引了"七奇"中的"亚细亚洲巴必鸾城""铜人巨像""亚细亚洲嘉略省茅索禄王茔墓""亚细亚洲厄弗俗府供月祠庙"四项奇迹。① 苏立文称，世界七大奇迹的题材后来在中国的彩色插图书籍中反复出现，如同威利克斯的版画一样，在清代初年的瓷器装饰画上广泛使用。② 直至 19 世纪中期魏源《海国图志》所陈述的"天下七奇"、徐继畬《瀛环志略》多次述及的"宇内七大宏工"，都是在用自己理解的话语，表达"七奇"的概念和介绍七奇的内容。

　　"天下七奇"在清人视野中形成了官方和民间两种不同的知识接受系统。作为官方意识形态的代表体现在《古今图书集成》和《四库全书》的编纂过程中，在《古今图书集成》中，《坤舆图说》是被作为介绍域外地理的代表收录的，但删略了包含《七奇图说》在内的那些被认为是属于不那么确凿可信的"四海传奇"内容。而作为清朝官方文献学思想集中代表的《四库全书》的编者，虽然在收录《七奇图说》的内容方面要比《古今图书集成》的编者高明，但在评价思路上仍延续着《古今图书集成》的思路，认为《坤舆图说》一书"大致与艾儒略《职方外纪》互相出入，而亦时有详略异同"。指出"核以诸书所记，贾舶之所传闻，亦有历历不诬者。盖虽有所粉饰，而不尽虚构。存广异闻，固亦无不可也"。因此，该书和《职方外纪》一起，是作为介绍域外地理的名著全文收录《四库全书》的。但《四库全书》同时也指出："又《神异经》曰：'北方层冰万里，厚百丈，有磎鼠在冰下土中焉。形如鼠，肉重千斤，可以作脯，食之已热'云云。此书记此物全与相合。又周密《癸辛杂识》曰：'西域有沙海，正据要津。其水热如汤，不可向近。此天之所以限华夷也，终古未尝通中国。忽一日有巨兽浮水窒，其骨长数十里，横于两涘，如津梁然。骨中有髓窍，可容并马。于是西域之地始通中国。谋往来者每以膏油涂其骨，惧其枯朽而折，则无复可通故耳'云云。此书记此事，亦全与相合。疑其东来以后，得见中国古书，因依仿而变幻其说，不必皆有实迹。"③认为其中不少内容是抄撮中国古书编纂的，属于不可信的部分。但

---

① 王士禛：《居易录》卷二六，《景印文渊阁四库全书》"子部杂家类"，第 890 册，第 640 页。
② ［英］苏立文著，陈瑞林译：《东西方美术的交流》，第 55 页。
③ 四库全书研究所整理：《钦定四库全书总目》（整理本）上，中华书局 1997 年，第 980 页。

"七奇"还是引发了包括乾隆皇帝在内的清朝统治者对于海外"国俗"的兴趣，①这可以解释为何四库馆臣关于《坤舆图说》的评论，与之前官方文献学家和同时代对于天主教典籍的其他批评相比，要显示出更大的宽容。

在清朝的民间出版界，《坤舆图说》中的《七奇图说》独立出来，形成了另一个刊刻传播的系统，而这一系统与1683年张潮所编《虞初新志》有着密切的关系。《虞初新志》一书充斥着大量奇闻逸事和怪物异人，卷19不仅全录《七奇图说》，还编制了"七奇"目录，包括附录"公乐场"和"海舶"。张潮评论说"极西巧思独绝"，但似乎又觉得自己对"天下七奇"过于推崇了，于是接着又加了一句："然吾儒正以中庸为佳，无事矜奇斗巧也。"②既想介绍异域的文化形象，又要表示出对传统"过犹不及"中庸哲学的文化认同，正是那一代学人复杂心态的体现。在孔夫子旧书网上拍卖的号称清中期手绘本《西域七奇图说》，文字经与《坤舆图说》中的《七奇图说》比对略有增减，图版则相当粗劣，事实上依据的范本可能还是来自《虞初新志》。③ 清末韩邦庆个人编辑的文学期刊《海上奇书》，④旨在选录前人笔记小品的《卧游集》中亦收录《七奇图说》，其实也是来自《虞初新志》。可以说，《虞初新志》所录《七奇图说》代表着清代民间知识系统对于"天下七奇"的言说与描述，而由于这种描述基本上是在传送奇闻逸事的系列之中，因此，《七奇图说》的影响还是受到了很大限制。⑤

---

① 乾隆五十年(1785)正月初六，乾隆皇帝在乾清宫举行所谓"千叟宴"，规定凡文武官员、包括边地土司、蒙古贵族等60岁以上者数千人被邀请参加，67岁的法国传教士钱德明(Jean-Joseph-Marie Amiot，1718—1793)在盛宴上借用了南怀仁《坤舆图说》的《七奇图说》赋诗一首："法罗海岛铜人像，巴必鸾城公乐场；远志'七奇'传国俗，虔依万寿祝天皇。"(佚名编《钦定千叟宴诗》卷25，《景印文渊阁四库全书》，台湾商务印书馆1986年，第1452—1574页)可见乾隆皇帝对于"七奇"的浓厚兴趣，连传教士也是清楚的。

② 张潮辑：《虞初新志》卷十九，"古本小说集成"，上海古籍出版社1994年，第907—928页。

③ 参见 http://auction.kongfz.com/auction/detail.php，2008年7月14日检索。

④ 关于韩邦庆《海上奇书》，参见吕文翠：《海上倾城：上海文学与文化的转异(1849—1908)》第一部分第四章"才子奇书的现代变奏"，麦田出版2009年，第241—344页。

⑤ 《坤舆图说》曾传到日本，直至明治维新以前，被认为是传授世界地理知识的名著。日本江户时代的北岛见信的《红毛天地二图赘说》所涉略的汉文西学地理学著述中就有《坤舆外纪》等，其中提到的哥伦布发现美洲和麦哲伦环球航行之事，显然也是根据了《职方外纪》和《坤舆图说》等著述。后来森岛中良(1754—1808)能到官府去查阅收录于《古今图书集成》中的南怀仁《坤舆图说》，被视为是"生涯之洪福"。他的《万国新话》附录罗得岛的铜巨人就是来自《坤舆图说》。(郑彭年：《日本西方文化摄取史》，杭州大学出版社1996年，第79、163—164页)日本文政六年(1823)癸未六月有张潮《虞初新志》鸣门荒公廉廉平氏的训点本，所录《七奇图说》均附有图像。

罗得岛太阳神巨像是"天下七奇"中最受清人重视的"一奇"。异域形象的创造，是一个本土文化借助于"他者"发现自我和认识自我的复杂过程，其中有着本土文化的大量投射。18、19 世纪的汉文文献中关于罗得岛太阳神巨像的描述，很可以见出一尊异域形象在中国成型过程的复杂性。关于该巨像的最早记述见之《职方外纪》："一曰罗得岛，天气常清明，终岁见日，无竟日阴霾者。其海畔尝铸一巨铜人，高逾浮屠，海中筑两台以盛其足，风帆直过袴下，其一指中可容一人直立，掌托铜盘，夜燃火于内，以照行海者。铸十二年而成，后为地震而崩。国人运其铜，以骆驼九百只往负之。"①比较《坤舆图说》称乐德岛上高三十丈（约 100 米）的铜铸像，其手指一人都难以围抱，两足踏两石台，跨下高矿能容大舶经过，右手持灯点照以引海舶认识港口。铜像内部空通，从足至手有螺旋梯可以升上点灯。两个记述显然有不同的资料来源。我们感兴趣的还有关于《七奇图说》的图像资料的来源。这一时期欧洲曾经流行过的《七奇》图像，除了上述 1635 年威廉姆·布劳《世界地图》中的"七奇"，还有更早 1556 年中世纪重要的法国地理学家安德烈·泰韦（Andre Thevet，约 1506 年，一说 1516—1592）四卷本著作《地中海以东的世界》（Cosmographie de Levant）中的"七奇"图像。该书如今默默无闻，但在出版后的几百年间，这部集新知旧识于一体的书籍，曾是欧洲大学图书馆和著名机构的标准藏书，堪称西方《百科全书》问世之前 16 世纪西方人权威的历史和地理知识的主要来源。该书法文版首印约六十年后，德文版问世，而法文版在首次出版后的一个世纪甚至更长的时间里，也一直为英国学者所使用。法国艺术家小让·库桑（Jean Cousin）为之创作了二十四幅雕版插图，其中也有"七奇"中罗得岛上的太阳神巨像。② 很难想象南怀仁会没有读过该书的法文版。对将怎样的"七奇"形象展示给中国人，耶稣会士是经过慎重选择的。欧洲以散页对开印刷方式，出版有不下四套古代世界奇迹的图片，其中罗得岛上的太阳神巨像三套系采自小让·库桑为泰韦著作所作的插图，问世几十年间广受欢迎，还被印制在服装和银器等不同的材料上。库桑笔下的太阳神巨像虎背熊腰，赤身裸体，一手持剑，一手握矛，颈部挂着文艺复兴风格、用窄带折叠而成的装饰性镜子挂件，双腿间航行着一艘欧洲三桅大船。1606 年，佛罗伦萨的安东尼奥·滕佩斯塔

① ［意］艾儒略著，谢方校释：《职方外纪校释》，第 64 页。
② 《世界七大奇迹史》，第 45—46 页。

（Antonio Tempesta）又创作了一套生动的七大奇迹的图片，其中一幅太阳神巨像高耸入云，俯瞰罗得港，背面是如航拍一般的整个岛、城市、海洋和各种船舶。这一罗得岛的庇护神，虽然没有基督教的标记，但形体特征却属于耶稣及许多圣徒的传统形象。①《钦定四库全书》本和"指海"本《坤舆图说》中的太阳神巨像没有选择库桑手持剑和矛的攻击性形象，而选择了更接近于1635年威廉姆·布劳《世界地图》中携带弓箭、"右手持灯，夜间点照，引海舶认识港口丛泊"的防守性形象。传送异域新知识都会面对一个如何使之本土化的问题。我们发现《钦定四库全书》本和"指海"本《坤舆图说》绘制"铜人巨像"的共同特点是给原本裸体的少年披上了衣服，奇幻的色彩仍然被保留下来了，但由于中国线条刻画没有了肌肉的质感，因此尽管"指海"本还试着画出原图骑士的发式，但其原有英武的少年面庞被改绘为中国男童的模样，铜人巨像守护神般的魔力被明显地削弱了。

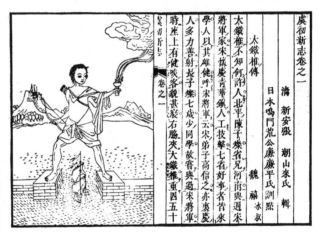

张潮编《虞初新志》中的"铜人巨像"

在"七奇"知识接受方面，张潮的《虞初新志》中辑录《七奇图说》时虽然表示了"无事矜奇斗巧"的态度，但所做"极西巧思独绝"的评论，表明其确信异域"天下七奇"实有其景。同样，《池北偶谈》的作者王士禛显然也相信南怀仁的叙述是有实迹可寻的，他在"铜人"一段中写道："闻西洋人钦天监管理监事加工部侍郎南怀仁言，自大西洋入中国，凡十万里。海舶甚巨，海

---

① 《世界七大奇迹史》，第45—47页。

口有铜人，高不知其几由旬，舶出其胯下，或出其胁间乃入海洋，不知何由铸
造也？"①这些对于外部世界充满着好奇心的描述与《四库全书总目》形成鲜
明的对立，《四库全书总目》的编纂者则以"铜人巨像"为例，认为《坤舆图
说》"所载有铜人跨海而立，巨舶往来出其胯下者"，是属于东方朔的《神异
经》之流，称："案东方朔《神异经》曰：'东南大荒之中有朴父焉，夫妇并高千
里，腹围（案此下当有腹围之里数，原本脱佚，今姑仍之）自辅天初立时，使其
夫妇导开百川。懒不用意，谪之并立东南，不饮不食，不畏寒暑，须黄河清，
当复使其夫妇导护百川'云云。跨海而立，巨舶往来出其胯下者，似影附此
语而作。"该书编者怀疑南怀仁"东来以后，得见中国古书，因依仿而变幻其
说，不必皆有实迹"②。这似乎正好代表了清朝前中期民间与官方对于南怀
仁《七奇图说》的两种不同的认识。而这两种不同的认识在晚清又成为两个
不同的发展趋向。官方意识形态往往会显示出很强的辐射力，《四库全书总
目》关于该书"不必皆有实迹"的指责，误导了晚清魏源和徐继畬这批开眼
看世界的先驱者，魏源误将位于希腊的罗得岛太阳神巨像放到了美利坚合
众国，在《弥利坚国总记下》写道："南怀仁所云大铜人，即此之落哀伦岛也。
盖其地工作有高千余丈者云。"③《瀛环志略》未经核对，也将爱琴海罗得岛
上的"铜人巨像"误以为在美国东海岸的罗得岛州（Rhode Island State），
称："南怀仁'宇内七大宏工'记有乐德岛铜人……建楼燃灯，事本寻常，
乃怀仁造为铜人之诞说……不知此铜人何由而铸，亦何由而立也，亦可谓
荒唐之极矣。"④而民间思想往往会异端庞杂，如津津乐道的"海口有铜人，
高不知其几由旬，舶出其胯下，或出其肋间乃入海洋"的传闻，在 19 世纪下
半叶则变异为《点石斋画报》第七集下"铜人跨海"的海外奇观："汉武帝范
铜为仙人，以玉盘承露，高出云表，或疑史册所书未免铺张过分。近有客自
海外归，言乐德海岛之港口有铜人一具，跨海而立，其跨下能容大舶经过；左
手执灯，燃之，光照数十里，俾夜行者认识港口，以便丛泊。据云创造之时，
每日鸠工千余人，凡十二年而后成。至点灯之法，尤为奇巧；空其中为旋螺

① 王士禛：《池北偶谈》卷二四，"谈异"五，中华书局1982年，第588页。
② 四库全书研究所整理：《钦定四库全书总目》（整理本）上，第980页。
③ 陈华等点校：《海国图志》（下），第1676页。
④ 徐继畬著，田一平标点：《瀛寰志略》，第279页。该书和宋大川校注的《瀛寰志略校注》
（文物出版社2007年，第305页），均误将"南怀仁'宇内七大宏工'记有……"一句，标点为
"南怀仁《宇内七大宏工记》"，其实，南怀仁从未写过《宇内七大宏工记》；"宇内七大宏工"
即世界七大奇迹。

式之暗梯，自内而登，由是至手，可拾级趋焉。闻者笑曰：'如子言，固堂堂一表也，但惜其为空心货耳'。"①从文字来看，图说基本上都改编自《坤舆图说》，但前面莫名其妙地加了一句，后面还将早已倒塌的巨像误说成"近有客自海外归"来亲眼目睹的景观，试图强调图说所具有的游记色彩。该图也明显系画师杜撰、未有所本的西文图册。将《坤舆图说》中身背弓箭改成了半裸的中年男性，完全失去了庇护神的英武，背景也变得拙劣不堪。

　　晚清对《坤舆图说》加以系统利用的是魏源的《海国图志》。在《海国图志后叙》中，他指出自己利用过的"谭西洋舆地者"的名单中就有南怀仁，卷四中称自己绘制地图时"有取之夷人者"的第二种就是《坤舆图说》；卷三"海国沿革图"中所列"地球正背面全图"，明显参考了南怀仁的《坤舆全图》。卷十二有关爪哇、卷十五有关马路古、卷十七有关日本、卷二十六有关如德亚、卷二十八有关鞑而靼、卷三十有关阿尔母斯等内容都引用了《坤舆图说》。卷七十六"国地总论"，全篇收录《坤舆图说》中的"山岳""天下名河""海水之动""海之潮汐"等，并加以考释。该书在全面认识繁荣与先进的西方之视野下再度提出"天下七奇"，这些描述见之卷三十三"厄日度国"（今译埃及）："按《坤舆（图）说》载：天下七奇，而阨日多国居其二：一曰尖形高台，乃多禄茂王所建，基方一里，周四里，高二百五十级，每级宽二丈八尺五寸，高二尺五寸，皆细白石为之。共高六十二丈五尺，顶上宽容五十人。造工者每日三十六万人。二曰法罗海岛高台，亦多禄茂王所建。依山为基，细白石筑成，顶上安火炬，夜照百里外，海舶俾识港路。"关于金字塔的描述，魏源几乎完全承袭《坤舆图说》，但关于法罗岛灯塔的论述，魏源已经略有增减。并误认为两者至今"无迹可征"，强调"此皆所谓荣华富贵之事也"。②该书卷二十八"南都鲁机沿革"引述《坤舆图说》称："鞑而靼各国，迤西旧有女国，曰亚玛作搦，骁勇善战。建一神祠，壮丽奇巧，非思议所及。"③其实这一段并非引自《坤舆图说》"七奇"第五"亚细亚洲厄弗俗府供月祠庙"，而是引自《职方外纪》卷一"亚细亚洲"的内容。

　　道光年间徐继畲在编纂《瀛环志略》时也参考过《坤舆图说》，他在该书述及巴比伦城时提到"南怀仁'宇内七大宏工'有巴必鸾城"，但他关于此城

---

①　吴友如等：《点石斋画报》上册，上海文艺出版社1998年，第1280页。
②　陈华等点校：《海国图志》（中），第992—993页。
③　陈华等点校：《海国图志》（中），第848页。

和下面金字塔的记述资料则另有出处："泰西人记巴庇伦城，高三十五丈，厚八丈七尺，上设塔二百五十，城门一百，以铜为之，周回一百八十里。"①记述埃及金字塔时也特别指出"'宇内七大宏工'记有此冢"。此冢"基阔五里，高五十丈，顶似峰尖，中有洞，深三丈四尺，阔二丈七尺，内藏石棺一，不知何代何王所造，西土以为异观"②。

1874 年王韬所撰的《瓮牖余谈》一书从"照船灯塔"的实用知识如何利用的角度重提了"七奇"，认为"西国舟人稔于航海"，欧洲诸国"凡于其所属洋面察有险要处所，即在石面建塔一座，虚其中，用螺纹旋上"。他写道："尝见南怀仁《七奇图说》，谓为天下所无。其二为乐德海岛铜人巨像，高三十丈，胯下高广能容大舶经过；左手持灯，夜则点照，引海舶认识港口，以便丛泊。其三为法罗海岛高台，厄日多国多禄茂王所建。此即照塔灯之先声也，特其思虑益为周密尔。夫以大海汪洋靡极之中，能细测险害，建造高塔照远，得以预为之避，其工程巧妙，过于寻常远矣！"③1876 年 2 月 1 日《申报》上有佚名所撰《海岛塔灯》一文，称："南怀仁《七奇图》称说西国有二塔灯，实为天下所无，其一为乐德海岛之灯，作一巨像铜人，高三十丈，其胯下高广，能容大舶经过。左手持灯，夜则燃之，照引海舶认识港口；其一在法罗海岛建有高台，崇隆无际，顶上多置火炬，夜照海艘。夫以大海汪洋靡有底极，而能细测其处，建造塔灯照耀行舟，其巧妙过于寻常远矣。"④

第四节 本章小结

南怀仁《坤舆图说》是在其《坤舆格致略说》一书基础上修订的，在《坤舆全图》将文字图示化的过程中，增加了异域动物图像及其文字，《坤舆图说》突出的创新点也是体现在最后部分的《异物图说》和《七奇图说》，而《七奇图说》又是《坤舆全图》所没有的内容。《坤舆图说》虽有大量内容抄摘《职方外纪》，但在文字内容与各种解释的安排方面，仍有不少增写和创新，特别是进行了许多图示化的处理，堪称清初地理学汉文西书的集大成之作。

---

① 徐继畬著、田一平校点：《瀛寰志略》，第 172 页。
② 徐继畬著、田一平校点：《瀛寰志略》，第 248 页。
③ 王韬：《瀛壖杂志·瓮牖余谈》，岳麓书社 1988 年，第 137—138 页。
④ 《申报》1876 年 2 月 1 日。

该书从清初直至晚清,一直是学人反复引用的珍贵文献,如林则徐在《四洲志·依揖国》有关"奈尔河"(今译尼罗河)下补注:"即《坤舆图说》之泥禄河,长八千八百里,分七道入海者也。"①关于"天下七奇"的记述,最早出现在艾儒略的《职方外纪》。但《职方外纪》中仅提及"七奇"概念,而没有充分铺陈,《坤舆图说》的贡献是首次将西方世界的"七奇"这一文化景观,以形象化的图文加以全面展示。南怀仁沿着利玛窦和艾儒略传送世界多元文化观思路的基础上,成功地找到了较之《坤舆万国全图》和《职方外纪》更具说服力的《七奇图说》的内容,巧妙地将这些奇异的画面组合为介绍域外世界的独特元素,从而构成了一个瑰丽的文本世界。在清初西学接受过程中,构建了新的认识异域文化的知识场。

南怀仁在言说"七奇"时的困境显示为需要扮演多重角色,首先他需要扮演异域文化知识传送者的角色,而在如何在维护天主教一神崇拜的前提下,来言说"七奇"中西方用人来象征神祇的"拟人"传统呢? 在此南怀仁是颇费心思的。"七奇图说"将罗得岛上的太阳神铜像译为"铜人巨像";将厄弗俗的负责供奉月亮女神阿耳忒弥斯的神庙,含糊其词地译为"供月祠庙";特别是将希腊奥林匹亚众神之王的宙斯像译为"木星人形之像",从而解构了这些俗世神灵的神圣性。而习惯于以动物形象来比拟神灵的中国人很难识破南怀仁的这种文化误读。其次,南怀仁在传送异域形象时还兼顾了清人的接受视野,"铜人巨像"没有选择欧洲流行的赤身裸体、带有手持剑和矛攻击性的太阳神巨像,改而选择携带弓箭的防守性形象;在"七奇图说"的线条刻画上也使太阳神失去肌肉的质感,使其原有英武的脸庞被改绘为中国男童的模样,这种雕像守护神般的魔力的被削弱,恐怕也是深谙中国文化的南怀仁为了满足清人的审美趣味和一种对于异域形象的价值认同。

在 18 世纪的清人的视野中,形成了以《四库全书总目》为代表的相对保守的官方意识形态,和以张潮《虞初新志》中辑录《七奇图说》为代表的民间具有一定开放性的"七奇"接受视野。19 世纪晚清中国学者从全面认识繁荣与先进的西方之视野和西人如何利用实用知识的角度再度重提"天下七奇",比较前后这些描述及其利用的资料,可见 19 世纪中期《坤舆图说》虽然仍是中国学者描述"七奇"的主要参考文献,但晚清学者笔下的"七奇"已经有不少数据取自其他西学文献。

---

① 魏源:《海国图志》卷二十,道光甲辰(1844 年)古微堂聚珍版。

　　异域文化形象的出现,往往会是本土文化产生新变的重要因子,甚至促使本土的固有文化自觉或不自觉地进入自我更新与变革之中。《坤舆图说》作为比利时耶稣会士南怀仁的汉文著述,其所包含和传播的"六合"之内的"七奇"形象,与中西历史、社会、文化语境产生了奇妙的关系,"七奇"在西方作为并非纯粹虚构的作品,原文文本中就纠合着想象与史实杂陈的诸多秘闻,其所表征的景观,尽管不是现实的完整呈现,但其间确实注入了若干传说而经过重新组合的异域文化模式。正是"七奇图说"的文本中所携带的这些异域的多元文化模式,使 18、19 世纪的民间和官方的阅读者才据此透过这些相异性的内容,渐渐开始认识和理解外部世界。

第五章　舆图新诠：蒋友仁的《坤舆全图》
　　　　与《地球图说》

利玛窦《坤舆万国全图》和南怀仁《坤舆全图》之后，在世界地理学知识建构方面最重要的汉文地图学成果是乾隆时代蒋友仁的《坤舆全图》与《地球图说》。前人关于蒋友仁《坤舆全图》的讨论，除了 1943 年日人后藤末雄《乾隆帝传》(日本生活社昭和 17 年)关于《坤舆全图》的绘制经过、方豪《蒋友仁之〈坤舆全图〉与地动学说》一节[载氏著《中西交通史》(下)，上海人民出版社 2008 年，第 611—613 页]和鞠德源《蒋友仁绘坤舆全图》(载曹婉如等编《中国古代地图集·清代》，第 120—125 页)三种，其他未有专文讨论。涉及《地球图说》的相关研究，主要是在讨论日心说在中国的传播过程中，顺带提及。① 但关于《坤舆全图》的绘制时间和《地球图说》的成书时间，看法不一，相关论著矛盾之处甚多。本章拟在前人研究的基础上，就《坤舆全图》的绘制时间，刊本还是绘本，以及《坤舆全图》与《地球图说》之间的关系，提出若干新的看法。

第一节　作为清宫地理学家的蒋友仁

蒋友仁(P. Michael Benoist，1715—1774)，字德翊。1715 年 10 月 8 日出生于法国奥顿城(Autun，或称出生于 Dijon，第戎)，由其父携之至第戎，自任教养之职责。蒋友仁幼年就有志于到海外传道。1737 年，蒋友仁从巴黎的

---

① 相关论文有赵蕙蓉：《清宫法国机械师蒋友仁》，《紫禁城》1985 年第 3 期；杨小明：《哥白尼日心地动说在中国的最早介绍》，《中国科技史料》1999 年第 1 期；秦国经：《18 世纪西洋人在测绘清朝舆图中的活动与贡献》，《清史研究》1997 年第 1 期；吴伯娅：《日心地动说的传入与〈地球图说〉的出版——兼论阮元的西学思想》，北京外国语大学中国海外汉学研究中心、中国近现代新闻出版博物馆编《西学东渐与东亚近代知识的形成和交流》，上海人民出版社 2012 年，第 303—313 页；韩琦：《通天之学：耶稣会士和天文学在中国的传播》第七章第二节，生活·读书·新知三联书店 2018 年，第 173—177 页。

圣絮尔皮斯(Saint Sulpice)神学院毕业，加入耶稣会，获得副祭职，随即赴南希(Nancy)修院，主修数学、天文学及物理学。但他期望赴外国传教的愿望，一直没有得到父亲的理解，后竟然断绝父子关系，蒋友仁"引为终身之痛者也"。为赴中国传教，他不顾各方面的阻挠，积极申请，终获批准。在赴巴黎准备来华期间，法兰西学院院士李勒①、辣喀尔②和肋莫尼③等争相为其提供天文学方面的训练，并承诺与其保持联系。他于乾隆九年(1744)抵澳门，经钦天监监正戴进贤推荐奉召进京。④ 1745年，他获得"国王数学家"的头

---

① 李勒(法语：Joseph-Nicolas Delisle，又译德利勒、德里斯尔，又称约瑟夫-尼古拉斯·德利尔，1688.4.4—1768.9.11)，法国天文学家。父亲克劳德·德里斯尔(Claude Delisle)是一位历史学家。1714年他进入法国科学院，1726至1746年间受俄国沙皇彼得大帝之邀前往圣彼得堡组织管理俄罗斯科学院天文学部，直到1747年才返回巴黎。参见 Editor-in-chief, Thomas Hockey; senior editors, Virginia Trimble, Thomas R. Williams, *The Biographical Encyclopedia of Astronomers*, Springer-Verlag, 2009, p.288。李勒及以下辣喀尔、肋莫尼三位天文学家的生平信息，由复旦大学外国语言文学学院的杨振教授帮助查核，特此鸣谢！

② 辣喀尔(Abbé Nicolas-Louis de La Caille，又译拉开耶、戴拉卡依、德拉凯耶、阿贝尼古拉斯·路易·德·拉·加拉伊，1713.5.15—1762.3.21)，18世纪最伟大的法国天文观测学家之一，也是早期探险家。1735年他结识了巴黎天文台台长雅克·卡西尼(Jacques Cassini)，1741年成为皇家科学院院士。所著科学论著被翻译成包括拉丁语在内的多种语言，涵盖了数学(1741)、力学(1743)、几何和物理天文(1746)及光学(1750)等多个领域。他说服皇家科学院资助他去好望角探险和考察。在开普敦，他通过观察测量火星和金星的距离，还确定了地球轨道通过观察太阳的视轨道，发现好望角的纬度和经度并制定了大气折射的新表。他在国际天文学界的影响力超过两个世纪。参见 Editor-in-chief, Thomas Hockey; senior editors, Virginia Trimble, Thomas R. Williams, *The Biographical Encyclopedia of Astronomers*, Springer-Verlag, 2009, pp.865–866。

③ 肋莫尼(Pirre Charles de Monnier，又译勒莫尼埃，1715.11.23—1799.4.3)，法国天文学家，父亲是一位哲学教授。1736年他因精心制作的月球地图而入读法国科学院，21岁那年入选参与路易斯莫佩屠斯和克莱洛亚历克西斯的大地探险，有效地促进了法国的实用天文学的改革。1743年他出版了 *La théorie des comètes*。其主要成果体现在对木星、土星、月球的一系列观测，以及地磁、大气和电力的研究。在1764年至1771年之间曾经12次记录了天王星，1781年其成果被威廉·赫歇尔(William Herschel)所承认。他还在法兰西学院演讲，公开阐述其关于牛顿万有引力的分析。1739年他被选为英国皇家学会会员，1745年被选为普鲁士科学院的成员。参见 Editor-in-chief, Thomas Hockey; senior editors, Virginia Trimble, Thomas R. Williams, *The Biographical Encyclopedia of Astronomers*, Springer-Verlag, 2009, pp.798–799。

④ 鞠德源《蒋友仁绘坤舆全图》(曹婉如等编：《中国古代地图集·清代》，第120—125页)一文将蒋友仁进京的年份误写成"1774年"。戴进贤(Ignatius Kgler，1680—1746)，字嘉宾，德国耶稣会来华传教士，1717年来到中国，被康熙皇帝任命为钦天监监正，1731年任清廷礼部侍郎。在中国供职二十九年之久。

衔。① 蒋氏入京之际，在京城的传教士处境艰难，他埋头学习满汉语言文化、孔孟经典、哲学、历史等中国传统文化。费赖之称："供奉内廷诸耶稣会士任务之勤者，莫有逾于友仁者也。乾隆皇帝任之三十年，无事不命其为之。友仁甫抵京时，即勉为其预料所不及事。某日帝阅画，见喷泉，召郎世宁修士询其理，并遣之在京内觅一能制喷泉之西士。世宁奏请立赴教堂访之。内监一人随世宁赴堂传帝谕。诸传教士聆谕，皆瞩目于友仁。"在入宫服务的法国传教士中，蒋友仁是最为突出的一个，凭借自己渊博的学识得到了乾隆的重用。他和韩国英（David Collie，1727—1780）一起主持了圆明园若干建筑物的设计。他不仅精于建筑设计，而且熟谙铸造技术，曾参与建造圆明园的"最工巧而足赏心悦目之水机，就中若斗兽、若奔鹿、若水时计，皆其杰作"，水时计以十二生肖代表十二时，每一生肖于每时中喷水一次，轮流喷水，如是周而复始。所制喷泉，颇得皇帝与朝贵的欢心。② 1759 至 1774 年，他担任法国耶稣会修院院长。

蒋友仁多才多艺，曾译过《书经》《孟子》，所译拉丁文《书经》，受到宋君荣（Antoine Gaubil，1689—1759）的赞扬，称其译稿如此认真和精确，嘱其誊清并寄送莫斯科拉居莫斯基伯爵（M. le comte de Rasumoski），认为"这部译著若得以公诸于众，行家们（你们在法国便有这样的行家）将从中欣赏到译者对中国语言的深刻理解及译文始终如一的精确性：因为他虽然在译文中简直像在展示这部首屈一指的经书的令人费解的句子，以便根据最博学的诠释者来阐述其全部的意义，但他做得如此巧妙，以至人们可以明白这部经典作品不加掩饰的本意，因为（译文中）与之对应的词语是被着重指出的，而且它们独自就形成了一种意义。他（在译文中所作）的注释和评注可说是另一部著作，它们因挑选得当、清晰准确以及细致详尽而特别值得重视"③。他还出版过法文本的《中国古天文学表解》，所撰写的《抽气筒说》附验习二十一式，图画若干。广东总督进呈非洲异鸟，"无人能识"，他用中文撰写了《异鸟说》一篇，向皇帝介绍广东总督送来的这只迷人的非洲奇鸟。乾隆三

① ［美］斯坦尼斯拉夫·叶茨尼克著，周萍萍译：《刘松龄——旧耶稣会在京最后一位伟大的天文学家》，上海三联书店 2014 年，第 37 页。

② ［法］费赖之著，冯承钧译：《在华耶稣会士列传及书目》下册，中华书局 1995 年，第 848—860 页。

③ 《一位在华传教士的信（1775 年于北京）》，［法］杜赫德编，郑德弟译：《耶稣会士中国书简集——中国回忆录》VI，大象出版社 2005 年，第 62—77 页。

十年（1765）西洋人郎世宁等所绘平定准噶尔、回部等处的大型历史画作品
《乾隆平定准噶尔回部战功图》（又称《得胜图》），完成后遵照皇帝的谕旨，
蒋友仁将图寄至法国巴黎付名师雕版。1774 年全部告竣，蒋友仁在北京刷
印二百张。①

　　作为清宫地理学家，蒋友仁留下的代表作为《乾隆十三排地图》（又称
《乾隆内府舆图》），该图是在康熙《皇舆全览图》基础上，增加新疆、西藏测
绘新资料，修订而成的一部新图集。图成之后，乾隆为了宣扬这一成就，使
其留传后世，"又令在朝修士，将大清一统地舆，及沿革之疆域，加工绘成图
册，令蒋友仁镌为铜板。友仁遵旨刊刻，刊成铜板一百零四片，每片刷印百
张，共计一万零四百张，装演成套，奏呈御览"②。蒋友仁将图稿运往法国，
刊刻成铜板印刷，因制成铜板一百零四块，以纬度五度为一排，共计十三排，
故名《乾隆十三排地图》。乾隆二十年（1755），清政府出兵平定了准噶尔叛
乱后，乾隆命令何国宗、明安图等人率领一支测量队到西北新疆地区进行测
量，其中包括了担任技术工作的传教士，一是自称"观光陪臣"的蒋友仁，二
是在钦天监任职的葡萄牙传教士高慎思（Joseph d'Espinha，1722—1788），这
次测量在乾隆二十一年（1756）十月结束。乾隆二十三年（1758）清军再次
平定准噶尔部，乾隆第二次又派出明安图领衔的测量队，在钦天监任职的葡
萄牙传教士傅作霖（Felix da Rocha，1713—1781）和高慎思参与了工作。两
次测量前后费时四年，1769 年蒋友仁受命根据这次测量结果，编制一部实
测地图集。该图集所涉及的范围远远超过《皇舆全览图》，邵懿辰的《增订
四库简明目录标注》称其"南至琼海，北至极俄罗斯北海，东至东海，西至地
中海，西南至五印度南海，合为一图，纵横数丈，而剖分为十三排，合若千叶，
每叶著明经纬度数，盖本康熙图，而制极其精，推极其广，从古地图未有能及
此者"。即北达北纬80度，西至西经90度左右的地方，面积较之《皇舆全览
图》大一倍多，包括了北冰洋、印度洋、波罗的海、地中海与红海之间的广大
地区，是当时世界上最早的、最完整的亚洲大陆全图。由于其有着相当高的
准确性，因此成为后来中外学者绘制中国地图的蓝本。③ 后来清代一些著
名地图，如李兆洛的《皇朝一统舆地全图》，胡林翼、严树森的《皇朝中外一

---

① ［法］费赖之著，冯承钧译：《在华耶稣会士列传及书目》，第848—860 页。
② ［法］樊国梁：《燕京开教略》中篇，辅仁大学天主教史料研究中心编：《中国天主教史籍汇
　编》，辅仁大学出版社 2004 年，第 390 页。
③ 赵荣、杨正泰著：《中国地理学史》（清代），商务印书馆 1998 年，第 136—138 页。

统舆图》，董方立的《清朝地理图》，邹世诒的《大清一统舆图》等都是以它为蓝本绘制的。一直到民国初期，坊间流行的地图，也多源于《乾隆十三排地图》。①

蒋友仁于乾隆十年(1745)五月来华到京，于乾隆三十九年(1774)九月十九日(10月23日)卒于北京，在华三十多年。作为清宫地理学家，蒋友仁不仅在《皇舆全览图》的基础上编制了《乾隆十三排地图》，还受命绘制过《坤舆全图》，编纂了《地球图说》。

第二节　《坤舆全图》绘制时间、文本形式、图名与主要内容

关于《坤舆全图》的绘制时间，至今说法不一。鞠德源称蒋友仁是在乾隆二十五年(1760)进献世界地图的，②而方豪认为蒋友仁是在乾隆二十六年(1761)以手绘《坤舆全图》进呈的，③余定国认为是在1764年，乾隆皇帝曾命蒋友仁复制一幅欧洲的世界地图，陈列在宫中觐见室，该图上的文字注记还包括了中国最早有关哥白尼学说的讨论。④ 这里显然都是指蒋友仁进呈乾隆皇帝以手绘的《坤舆全图》。或说乾隆三十二年(1767)成图。⑤ 徐宗泽认为该图1773年进呈御览，图广12尺半、宽6尺半，东西两半球各5尺。⑥ 鞠德源认为上述说法并不确切，蒋友仁绘《坤舆全图》共有二轴，绢本彩绘，图幅纵1.95米，横3.75米，原存清内务府舆图房，今藏中国第一历史档案馆。他根据清宫档案认为，该图实际上绘制过两次，第一次成图时间在

① 冯立升：《中国古代测量学史》，内蒙古大学出版社1995年，第323页。

② 鞠德源：《蒋友仁绘坤舆全图》，曹婉如等编：《中国古代地图集·清代》，第120—125页。

③ 方豪：《中西交通史》(下)，第611页。

④ ［美］余定国著，姜道章译：《中国地图学史》，第221页。

⑤ 中国台湾冯作民将日人后藤末雄依据《耶稣会士书简集》编译成的《康熙帝传》和《乾隆帝传》两书，编写成《清康乾两帝与天主教传教史》(作者题为白晋著，冯作民译，台北光启出版社1966年)。其中第十四章为"《坤舆全图》的绘制经过"，将该图的绘制时间确定在1767年(第186—190页)。冯作民系军人出身，靠自修学习英、日语，曾任职国语日报社，为文星书店译过许多大部头的日文及英文书籍，编著、译著过类似《西洋全史》《中西哲学史》等中外文史著作八十余册，其中有一些被台湾政治大学选为教材。但所编译的方式不甚规范，也多不注明出处。后其因与出版社在版税事宜上发生冲突，持械犯案，造成两死一伤，被判终身监禁，死于狱中。

⑥ 徐宗泽：《明清间耶稣会士译著提要》，第309页。

乾隆二十五年(1760)八月,时正值乾隆五十大寿之前呈献,第二次是之后在乾隆三十二年(1767)将第一次所献《坤舆全图》修改增绘完毕,再次献给乾隆帝,这两幅《坤舆全图》分别存于宫廷内和内务府的舆图房,备皇帝随时阅览。① 这一看法也在耶稣会士的中国书简集中得到了印证,《一位在华传教士的信(1775 年于北京)》中称《坤舆全图》的修改本有正本和副本,一份副本送进大内,另一份送军机处(tribunal des ministres),正本则存于帝国地图馆(dépôt des cartes,应译"舆图房"——引者)。②

《坤舆全图》究竟有无刻本,学界也看法不一。方豪据其所藏《坤舆图说稿》抄本上所注"上层第几""下层第几""中上第几""中上右""中上左"等,以及注明字数,判定这是在讨论"刻在图上者",并据此得出该图在乾隆三十二年(1767)有木刻本的结论。并称该图广十三尺至十四尺,高六尺,为两半球。③ 杨文衡、杨勤业主编《中国地学史·古代卷》一书称乾隆三十二年(1767)的木刻本图宽 4.33—4.66 米,高 2 米,为两半球,④其实这是照方豪记述的数字重新换算出的结果。方豪及上述诸家均未涉及该图的实物,以及藏品所在地。蒋友仁的《坤舆全图》至今仅见手绘本,未见有刻本,且目前所见的中外所有舆图目录,均未著录有该图的木刻板。该图是否有木刻板,存疑。笔者推测,也许原本有刻印的打算,所以曾在《坤舆图说稿》边注明"上层第几""下层第几""中上第几""中上右""中上左"等,以及字数,但因为某种情况,可能后来《坤舆全图》没有真正刊刻。

《坤舆全图》的上方正中有蒋友仁自己的记注文字(方豪将之称为"跋"),曰:"迨本朝圣祖仁皇帝屡遣使臣,往穷河源等处,测量地度,绘入舆图,较之汉元所志,又加详焉。我皇上威德广被,万国向风,罔不臣服。绝徼以西,尽隶版图,分遣使臣测量经纬诸度,经行数万里,如履阶闼。凡山川曲折,道里远近,较如列眉。载籍所传,或有或无,皆可按图而辨,猗欤盛哉! 友仁以观光陪臣,幸逢盛际,谨取新辟西域诸图,联以西来所携手辑疆域梗概,增补《坤舆全图》,或以供有识卧游之万一也。"⑤此段关于该图绘制意图和过程的注记文字,明

---

① 鞠德源:《蒋友仁绘坤舆全图》,曹婉如等编:《中国古代地图集·清代》,第 120—125 页。
② [法]杜赫德编,郑德弟译:《耶稣会士中国书简集——中国回忆录》Ⅵ,第 75 页。
③ 方豪:《中西交通史》(下),第 611 页。《中国翻译家辞典》编写组编写的《中国翻译家辞典》(中国对外翻译出版公司 1988 年,第 326 页)中袁锦翔所撰"蒋友仁"亦称 1767 年有木刻板。
④ 杨文衡、杨勤业主编,杨文衡等著:《中国地学史·古代卷》,广西教育出版社 2014 年,第 701 页。
⑤ 方豪:《中西交通史》(下),第 612—613 页。

确说明了该图是在南怀仁所绘《坤舆全图》的基础上，根据"新辟西域诸图"和"西来所携手辑疆域梗概"的内容增补而成的。就在蒋友仁修改增绘《坤舆全图》的乾隆三十二年（1767），他给神父道代罗什的一封信函中写道：

> 除了水法建设，我还负责在地理、天文和物理方面的其他工作。看到皇帝陛下对这一切饶有兴致，我利用余暇为他绘制了一幅 12 法尺半长 6 法尺半高的世界地图。我还附加了一份关于地球和天体的说明，内容涉及地球和其他星球新发现的运行轨迹，彗星的轨迹（人们希望最终能够准确预测它们的回归）。吾王曾经为完善工艺和科学，特别是完善地理学和天文学，制定了伟大的计划，我对国王的这项伟大事业作了概述，主要集中在地理学和天文学方面。其中我写了奉国王之命对世界各地所进行的游历，以便观察到不同的天文现象，准确丈量地球的经纬度；我也写了那些被派出去从事这些观察活动的有深厚造诣的人物，以及他们在各王国受到的接待，我提到了卡西尼（Cassini）先生、拉加伊（la Caille）先生、勒莫尼埃（le Monnier）先生等，我摘要的所有内容都来自他们天才的著述。①

除了蒋友仁提到的上述三位学者的著述，鞠德源还指出该图内关于俄罗斯国东部地区的绘法，参考了 1752 年丹维尔（Jean-Bourguignon d'Anville）②出版的《中国地图册》中所载俄罗斯地图与中国地图有关堪察加半岛和黑龙江

---

① 《传教士蒋友仁神父致巴比甬·道代罗什（Papillon）先生的信（1767 年 11 月 16 日于北京）》，[法] 杜赫德编，吕一民等译：《耶稣会士中国书简集——中国回忆录》V，第 132—137 页。卡西尼，全名乔凡尼·多美尼科·卡西尼（Giovanni Domenico Cassini，1625—1712），1625 年 6 月 8 日出生于意大利佩里纳尔多，早年求学于热那亚，1650 年起任波伦亚大学教授，1669 年移居法国，1671 年任巴黎天文台台长。1673 年加入法国籍，任法兰西科学院院士。曾发现土星的四颗卫星和土星光环的缝隙（称为"卡西尼环缝"），又测定木星和火星的自转周期，太阳的视差和地球轨道的偏心率，编制成第一份木卫星历表和一幅大型月面图，首次对法国进行地形测量，著有《已被证实的天文学原理》。参见中国大百科全书出版社编辑部：《中国大百科全书·天文学》，中国大百科全书出版社 1980 年，第 188 页；《外国人名词典》，上海辞书出版社 1988 年，第 107 页。
② 丹维尔（Jean-Bourguignon d'Anville，又称唐维尔，1697—1782），早年就对地理研究有特殊的热情，12 岁时已能绘制地图，22 岁时被任命为国王的地理学家，并开始为当局所注意。他不仅搜查古代和现代历史学家、旅客和形形色色诗人、演说家和哲学家的叙述，也采用不同旅行家采用的地图资料。1737 年先后出版在巴黎和海牙的《中国地图册》，其资料来自传教士费隐所带回欧洲的康熙《皇舆全览图》副本，该图还被杜赫德《中华帝国全志》所收录。

外黑龙江岛的部分。而关于台湾附属岛屿东北诸岛和琉球国部分,是采自法国耶稣会士宋君荣(Antoine Gaubil, 1689—1759)翻译的徐葆光的《中山传信录》一书所附的《针路图》《琉球国图》及《琉球国三十六岛图》。[①] 而关于非洲的部分则参照 1698 年法国科学院审定的《亚未利加州图》(即 L'Afrique, 1689)和哈佛大学藏的 The World, with The Latest Discoveries 等图。[②] 可见蒋友仁在南怀仁《坤舆全图》的基础上做了大量的增补工作,蒋氏《坤舆全图》与南怀仁之图同名,意即"世界地图",注记文字中的"增补"系动词,图名原无"增补"二字,吴伯娅以为蒋图系增补南怀仁所绘的《坤舆全图》,将之名为《增补坤舆全图》,[③]并不准确。

乾隆十五年(1750)清廷在平息了藏王珠尔墨特安图割据西藏的叛乱后,命测绘人员对西藏地图重新实测,绘制了新的西藏地图。于是,乾隆在康熙《皇舆全览图》的基础上,加上实地测绘的西藏、新疆地图,完成全国实地测绘的新图——《乾隆十三排地图》。蒋友仁又受命在《乾隆十三排地图》的基础上,将中国测绘地图的新成果,绘入《坤舆全图》,进献给乾隆皇帝。根据中国第一历史档案馆藏蒋友仁绘呈《坤舆全图》,该图纵 191.5 厘

---

① 徐葆光(1671—1740),长洲人,字亮直、澄斋,号二友老人、海东役人,借姓潘,以吴江籍参加科考(《清史列传》卷 71 称其卒于雍正元年即 1723 年,但雍正十一年印行《海舶集》,汪栋作序言,说去年请到诗词手稿拜读,柯愈春《清人诗文集总目提要》考证其卒于 1740 年)。1705 年康熙第五次下江南,徐葆光献诗而得召见。通过乡试成为举人后在康熙五十一年(1712)参加会试,并未通过,却受康熙特恩参加殿试。康熙帝选他为一甲第三名即探花,授翰林院编修。1713 年、1715 年两次担任会试的同考官。康熙五十七年(1718),他被任命为册封琉球王国副使,奉命出使琉球,由于康熙测绘《皇舆全览图》尚未测绘过琉球,于是特命徐葆光带天文生往琉球测海图,《中山传信录》附图中准确标明琉球诸岛名称和位置,并特意注明:"今测琉球北极出地二十六度二分三厘,地势在福州正东偏南三里许……今测琉球偏度去北极中线偏东五十四度。与福州东西相去八度三十分。每度二百里,推算径直海面一千七百里。"(参见徐葆光:《中山传信录》卷四,台湾大通书局 1987 年,第 127 页)著有《二友斋文集》《二友斋诗集》《海舶集》和《淳化阁帖考》等。

② 鞠德源:《蒋友仁绘坤舆全图》,曹婉如等编:《中国古代地图集·清代》,第 120—125 页。关于宋君荣所译琉球群岛的著作,参见《在北京的耶稣会士宋君荣神父有关中国人称之为琉球群岛的论著》,[法] 杜赫德编,耿升译:《耶稣会士中国书简集——中国回忆录》IV,第 383—408 页。

③ 吴伯娅:《日心地动说的传入与〈地球图说〉的出版——兼论阮元的西学思想》,北京外国语大学中国海外汉学研究中心、中国近现代新闻出版博物馆编:《西学东渐与东亚近代知识的形成和交流》,第 303—313 页。彭卫国和王原华点校的《畴人传汇编》(第 542 页)一书将"增补《坤舆全图》"误作书名"《增补坤舆全图》",吴伯娅可能是受《畴人传汇编》一书的影响。

米,横 372.8 厘米,绢质彩色。① 该图采用球状投影法(globular projection),主图为东西两半球图,左为西半球图,上绘亚墨利加州。右为东半球图,上绘亚细亚洲、利未亚洲、欧逻巴洲。用橘黄、蓝、青、绿、红五色区别区域,其中中国用橘黄色,日本、印度用绿色,意大利、法国用蓝色,亚乌里国、黑海用青色,野地、世巴土国用红色表示。东西两半球的四周绘有天文图十九幅,浑天仪一架,于图幅的上下左右,分三层填注长短图说共计三十六处。全图所用图例达十七种之多,如中国省界用墨线上施彩,国界墨线一侧施彩,大河大江采用墨线双勾等。图上湖泊和山为形象画法,河流用双道曲线表示。图幅上方有文字说明,详细介绍了四大洲的疆域,如:"亚细亚州,天下第一大州。乃人类肇生之地,圣贤迭出之乡。其界东至大东洋;南至赤道南约第十度;西至红海、地中海、黑河、同河、白海;北至冰海。所容国土不啻百余,其大者首推中国,声名、文物、礼乐、政教远近所宗……"②

按照蒋友仁 1767 年给神父道代罗什一封信函中的自述:《坤舆全图》中"我绘制了一些新发现的国家,删除了那些我们新的地理学认为不存在的国家,有些旧地方按照我们新观察到的情况作了修正"③。中国疆域部分,他明确绘出了乾隆二十四年(1759)清廷粉碎大小和卓的叛乱、平定回疆后的一些西域地名,如乌什、叶尔羌、喀什噶尔、塔什干、阿克苏等地名,并把台湾及其附属岛屿(包括钓鱼岛列屿在内)和中国大陆均涂上橘黄色(或称黄中带浅红),明确标示台湾及其附属岛屿属于中国版图。他在台湾本岛填涂台湾府字样,和福州府、兴化府、泉州府、漳州府一同标示为归福建省管辖,十分清楚地指出台湾系中国领土的一部分,反映了清康熙二十三年(1684)统一台湾,置台湾府,将之隶属福建省的客观事实。另外,该图还据最新的测图法,在台湾的东北海上依次绘制有"彭嘉"(彭佳屿)、"华宾屿"(花瓶屿)、"好鱼须"(钓鱼屿)、"欢未须"(黄尾屿)、"车未须"(赤尾屿)等岛屿的信息,其着色与中国大陆和台湾相同,为黄中带浅红,表明当

---

① 秦国经、刘若芳所写的《图版说明》52,参见曹婉如等编:《中国古代地图集·清代》,第 6 页。图幅大小的数据与鞠德源所述略有差异。

② 鞠德源:《蒋友仁绘坤舆全图》,曹婉如等编:《中国古代地图集·清代》,第 120—125 页。

③ 《蒋友仁神父致巴比甫·道代罗什(Papillon)先生的信(1767 年 11 月 16 日于北京)》,[法]杜赫德编,吕一民等译:《耶稣会士中国书简集——中国回忆录》V,第 132—137 页。

时钓鱼岛列屿已经明确被标入经乾隆皇帝钦定的官方舆图。① 上述这些都是南怀仁《坤舆全图》中尚未标示出来的。与南怀仁《坤舆全图》相比，该图还有进一步的修正，如美洲的加利福尼亚半岛，该图将南怀仁图中与大陆相分离的北宽南窄的形状，绘制成与大陆相连的细长的条状。除两半球图外，蒋友仁还在图的四周绘制了天文地理学内容的插图和文字说明，如"坤舆全图说""论地图""测量地周新程""地半径差""七曜序次""太阳并诸曜比例表""各地方之时差""论春夏秋冬""恒星""客星"和"交食"等。②

《坤舆全图》的四周有说明文字和精美的附图，绝大部分属于天文学内容，附图也多为天文图。乾隆三十二年（1767）所增补的多属天文部分，说明文字的内容在这幅图的解说中。蒋友仁从正面肯定的角度介绍了哥白尼的日心地动说的宇宙模式，同时还介绍了开普勒（Kepler，1571—1630）的行星运动第一、第二定律，以及17世纪天文学家伽利略（Galileo，1564—1642）、惠更斯（Huygens，1629—1695）和乔凡尼·多美尼科·卡西尼等人的学说及欧洲天文界的其他重大发现。除此之外，还介绍了太阳黑子、太阳自转、月面结构、金星位相、四颗木星卫星和五颗土星卫星的绕行周期、土星环、太阳系天体的自转、彗星以椭圆轨道绕日运行，以及地球为椭圆形球体等内容。在《耶稣会士通讯集》第四册收入的蒋友仁书信中曾述及此图附有说明，介绍关于地动及行星运动的最新学说。③

据说蒋友仁最初是为了回答乾隆皇帝关于中国古今地理的问题，决定绘制一幅使乾隆对此一目了然的地图，他的一位显贵朋友"见过这幅地图后被迷住了，他对神父道，皇帝六十诞辰已经临近，应把这幅地图誊清并将其送呈皇上。为让自己的工作更令陛下满意同时又对他更加有用，他着手绘制一幅世界地图，每个半球的直径达5法尺。鉴于他工作繁忙，健康不佳，尤其是他严谨的作风，人们对这项最终将使他筋疲力尽的计划都感到吃惊。

---

① 鞠德源：《钓鱼岛正名——钓鱼岛列屿的历史主权及国际法渊源》，北京昆仑出版社 2006 年，图33。"好鱼须""欢未须""车未须"三岛是钓鱼屿、黄尾屿、赤尾屿的闽南语发音。遗憾的是目前中国第一历史档案馆不允许海内外学者查阅蒋友仁的《坤舆全图》原图，而致使这一重要结论无法得到重复印证，这是这一结论难于为世人接受的原因之一。

② 参见《坤舆全图》（蒋友仁）图版52，及秦国经、刘若芳《坤舆全图》（蒋友仁）文字说明，曹婉如等编：《中国古代地图集·清代》，第6页。

③ 方豪：《中西交通史》（下），第611—612页。

人们给他配备了一名画师以复制地图,另有一名文人往上注中文字"①。蒋友仁《坤舆全图》初绘成图于乾隆二十五年(1760),在是年八月乾隆五十岁寿诞之前呈献,以祝贺圣寿。"陛下收下了他这份礼物,这在此地是莫大的荣耀;陛下当众称赞他,还赐给他好几匹漂亮的丝绸。为了更方便地仔细端详这幅地图,皇帝命人将其送进自己房内,任命了几名文人协助蒋友仁神父完善这一开局如此出色的计划,还委派其皇叔主持这件大事。"②蒋氏重绘《坤舆全图》,于乾隆三十二年(1767)成图,重绘历经约七年之久,参考了中外的世界地图和中国地图,可见他绘制《坤舆全图》过程之严谨。此图涵盖了16至18世纪50年代东西方地理调查和地理发现的各项重要成果,内容十分丰富,是当时最新的世界地图,堪称中国和世界制图史上集大成之作。

　　蒋友仁《坤舆全图》在东西两半球图四周有各种图饰,主图的中心装饰着一座浑天仪,由一双蹲伏着的鹰首狮身兽托起,四周细致地描绘了各种天文仪器,如象限仪、日月星晷仪、天文纪限仪、望远镜、时钟、天平秤、占星盘和数学绘图仪器,甚至还有提琴,所绘制的犀牛、象、狮子和鹰等动物,种类虽不及利玛窦《坤舆万国全图》的彩绘本和南怀仁《坤舆全图》的多,但这些动物所显示的精致程度不亚于后两者。正如地图史家所阐明的:地图中展示的人物、动物、器物等形象,往往可能包含着神秘、奇异甚至荒诞的想象色彩,为地图增添了趣味性与生动性。尤其是各种动物形象的描绘,"可以归因于绘图师们将外来主义、贬义性和常常出现的不可通约性象征化的需要",如他们在描述东北亚地区时构想出的"鹰首狮身兽""食鱼族"和"狗头人身兽"等。③上述这些天文仪器,数学几何等绘图工具,以及提琴,似乎正可以与文艺复兴时代所提倡的"四艺"(quadrivium,算术、几何、音乐和天文学)相联系,不自觉地展示了文艺复兴时代的学科发展,也表现出绘图者的旨趣及其所具备的才华。费赖之认为蒋友仁的《坤舆全图》较利玛窦和南怀仁绘制得"更为完备精确"④。徐宗泽也认为蒋友仁《坤舆全图》"视前利公

---

① 《一位在华传教士的信(1775 年于北京)》,参见[法]杜赫德编,郑德弟译:《耶稣会士中国书简集——中国回忆录》VI,第 62—77 页。清高宗爱新觉罗·弘历出生于 1711 年 9 月25 日,去世于 1799 年 2 月 7 日,1760 年应为虚岁五十大寿。

② 《一位在华传教士的信(1775 年于北京)》,[法]杜赫德编,郑德弟译:《耶稣会士中国书简集——中国回忆录》VI,第 62—77 页。

③ [意]曼斯缪·奎尼、米歇尔·卡斯特诺威著,安金辉、苏卫国译,汪前进校:《天朝大国的景象:西方地图中的中国》,华东师范大学出版社 2015 年,第 89 页。

④ [法]费赖之著,冯承钧译:《在华耶稣会士列传及书目》下册,第 852 页。

（利玛窦）及南怀仁之所制（世界地图）尤为精当"①。蒋友仁希望通过类似鹰首狮身兽这样一些频繁运用于当时欧洲很多地图的象征性动物装饰，给皇帝传达一种异国情调。这些世界地图、测量工具和音乐乐器一起，折射出大航海时代产生的科学、理性与启蒙的精神。由这些新奇的异国情调所形成的感官刺激性与宗教情感上的愉悦，恰恰也是当时欧洲知识分子精神生活的一个写照。

第三节　《地球图说》的成书时间及其
所传播的地理学新知识

很多权威论著都认为，《地球图说》是以《坤舆全图》文字内容为基础整理出来的一部独立的著作。如郑文光、席泽宗认为：《坤舆全图》绘本并未刊刻，而是在深宫禁院中整整躺了三十年，才由中国学者钱大昕详加润饰地图的说明文字，把稿子定名为《地球图说》，并让其学生李锐按照文意补绘了两幅地图和十九幅天文图，附在书后正式出版。② 江晓原等也是这么陈述的："蒋友仁《坤舆全图》中的说明文字，后由钱大昕等润色之，名为《地球图说》刊行，阮元作序。"③黄兴涛在《地球图说》的简介中这样写道："图中文字部分由蒋友仁翻译，何国宗、钱大昕润色。当时此图仅限于宫廷内部流传，民间所知极少，后钱大昕主讲苏州紫阳书院期间，将此图的文字部分授其门人李锐，李锐代为补图，阮元为其序跋，于嘉庆四年（1799）以《地球图说》之名刊行。"④杨文衡、杨勤业主编的《中国地学史·古代卷》则称有人将《坤舆全图》的文字内容抄录成书，即方豪所藏的《坤舆图说稿》，后来钱大昕把此书定名为《地球图说》。⑤

①　徐宗泽：《明清间耶稣会士译著提要》，第 309 页。
②　郑文光、席泽宗：《中国历史上的宇宙理论》，人民出版社 1975 年，第 170—171 页。仲伟民也称，直到近四十年后，蒋友仁的《坤舆全图》才经由钱大昕、李锐润色修订，定名为《地球图说》正式出版。参见氏著：《从知识史的视角看明清之际的"西学东渐"》，《文史哲》2003 年第 4 期。
③　江晓原、钮卫星：《天文西学东渐集》，上海书店出版社 2001 年，第 364 页。
④　［法］蒋友仁译，何国宗、钱大昕润色，阮元补图：《地球图说》，据《续修四库全书》湖北省图书馆藏清阮氏刻"文选楼丛书"影印本，参见黄兴涛、王国荣编：《明清之际西学文本：50 种重要文献汇编》第四册，中华书局 2013 年，第 1791 页。
⑤　杨文衡、杨勤业主编：《中国地学史·古代卷》，第 701—702 页。

其实,阮元《畴人传》的《蒋友仁传》中已经明确说过,蒋氏在进呈增补《坤舆全图》的同时,还奉旨翻译了《坤舆全图说》。[①] 阮元在《地球图说序》中还称:"嘉定少詹事钱大昕以乾隆年间奉旨所译西法《地球图说》一书见示,且属付梓。……少詹事原书有说无图,爰属詹事高弟子李锐画图为说以补之。"[②]蒋友仁在绘制《坤舆全图》的同时,还完成了一部内容涉及地球和其他星球新发现的运行轨迹的书稿。1767 年他给神父道代罗什的一封信函中明确表示,在完成《坤舆全图》的同时,自己"还附加了一份关于地球和天体的说明,内容涉及地球和其他星球新发现的运行轨迹,彗星的轨迹(人们希望最终能够准确预测他们的回归)"。他写道:皇帝很高兴地"收下了地图和我的书稿,又花了很长时间向我询问了一些有关天文学和地理学方面的问题"。由于中文表达上的问题,蒋友仁不敢贸然在自己的书稿中附上用作解释的插图,但乾隆皇帝读后马上吩咐蒋友仁要将图补上。蒋友仁向乾隆皇帝表示,作为外国人,自己中文表达有困难,因此在书稿正式面世前,希望请中国学者帮助润饰一遍。于是,乾隆要求其臣僚将书稿重新誊写了一遍,并"马上命令通晓数学、身为钦天监保护者的皇叔派人(翰林院的学者)检看我的地图,复读我的书稿,改正文法和书写错误,但不能改变书中的意思"[③]。蒋友仁给神父道代罗什的信函内容,也为乾隆二十五年十二月二十四日(1761 年 1 月 29 日)硕庄亲王允禄等为请将蒋友仁所进《坤舆全图》量加修饰事奏折所印证,该奏折称"乾隆二十五年八月初二日发下蒋友仁恭进《坤舆全图》并《图说》二卷"[④],可见蒋氏同时进呈了增补的《坤舆全图》和翻译的《坤舆全图说》。这两份材料也为方豪所藏蒋友仁的《坤舆图说稿》抄本提供了旁证。日人后藤末雄已经注意到这部中文说明稿,他称之为《说明书》,并称乾隆皇帝曾谕命朝臣研究该《说明书》,并嘱一位亲王为之略加修订。[⑤] 方豪同时还藏有蒋友仁的另一部书稿,题为

① 阮元等撰,彭卫国、王原华点校:《畴人传汇编》,第 542 页。

② 《地球图说》,黄兴涛、王国荣编:《明清之际西学文本:50 种重要文献汇编》第四册,第 1793—1794 页。

③ 《传教士蒋友仁神父致巴比甫·道代罗什(Papillon)先生的信(1767 年 11 月 16 日于北京)》,[法] 杜赫德编,吕一民等译:《耶稣会士中国书简集——中国回忆录》V,第 132—137 页。

④ 韩永福编选:《耶稣会传教士刘松龄档案史料(中国第一历史档案馆)》,《历史档案》2011 年第 1 期。

⑤ [法] 白晋著,冯作民译:《清康乾两帝与天主教传教史》,台北光启出版社 1966 年,第 186—188 页。

《坤舆全图绘意》的抄本两册，卷一凡三十九叶，卷二凡十九叶，词句上略同上述《坤舆图说稿》抄本，文中述及乾隆丁丑年（1757）钦天监《新修仪象考志》等。① 笔者认为，方豪所藏《坤舆图说稿》和《坤舆全图绘意》两抄本，很有可能是当年蒋友仁提供的同一部书稿的不同抄本，亦即阮元所述"原书有说无图"，并经过钱大昕弟子"李锐画图为说以补之"，确否待考。

据此不难得出结论，蒋友仁在绘制《坤舆全图》的同时，已经完成了一部类似《地球图说》的著作，或名《坤舆图说稿》，或名《坤舆全图绘意》，并按照乾隆皇帝的旨意补上了相关地图和天文图，而且翰林院也遵旨对该书稿进行了润饰。乾隆二十五年十二月二十四日（1761年1月29日）乾隆要求硕庄亲王允禄与何国宗一起进行研究，"如有不对之处，即传问蒋友仁"，他们参考了南怀仁的《坤舆全图》后认为："蒋友仁《坤舆全图》一卷，与内庭地球、天主堂内《坤舆全图》形势大概相同，其绘画亦甚详细。惟俄罗斯往东较旧图展开四十余度，北亚墨里加往西亦展开五十余度，皆系旧图所无。询据蒋友仁云，旧图系康熙年间西洋人南怀仁所作，彼时无人测量，未入舆图。乾隆六年有西洋人李勒等测量至其地，是以新图添入等语。询据刘松龄等，皆与蒋友仁所说同。惟伊犁、回部等处山水形势，较之明安图、傅作霖等所画新图微有不合。询据蒋友仁云，此图系按伊犁旧图山水形势绘画，今应改正等语。臣等将伊犁、回部等处另绘小图签入，其应改之处，用红色绘画，恭呈御览，伏候命下，臣等遵即改正。"他们不仅讨论了增补《坤舆全图》，还讨论了那本《图说》，称："其《图说》一卷，皆系西洋旧说，西洋人戴进贤等重修考成后编，亦用其法，但文义间有未能明顺雅驯之处，请一并交发臣等，率同武英殿修书翰林等量加修饰妥协，再行恭呈御览。"②1767年蒋友仁所陈述的自己书稿"被送到了文人聚集的地方——翰林院"，请文人们帮助润饰，其中可能就有钱大昕③。蒋友仁的信函中多次提及"钦天监的数学家

---

① 方豪：《中西交通史》（下），第613页。
② 韩永福编选：《耶稣会传教士刘松龄档案史料（中国第一历史档案馆）》，《历史档案》2011年第1期。
③ 江苏嘉定学者钱大昕（1728—1804），乾隆十六年（1751）清高宗弘历南巡因献赋获赐举人，官内阁中书。十九年（1754）中进士，改庶吉士，散官受编修，复擢升翰林院侍讲学士。参见王昶：《詹事府少詹事钱君墓志铭》，顾吉辰主编：《钱大昕研究》，华东理工大学出版社1996年，第1—2页。

们",最初几乎所有的人都与其唱反调。① 有意味的是,参与整理此书的钱大昕就曾批评这些新学说,认为西方学者太不慎重,经常改变观点,"只此百年之中,已不能守其旧率",提出的"椭圆之率"是因为"推算与测验"不准。② 上述材料都表明,所谓"在深宫禁院中整整躺了三十年,才由中国学者钱大昕详加润饰地图的说明文字"一说,完全与事实不符。

蒋友仁所述的书稿,究竟是何种面貌,学界无缘得见。笔者也无缘阅读方豪收藏的《坤舆图说稿》和《坤舆全图绘意》,因此目前讨论蒋友仁《坤舆全图》及其相关的地理学等知识产生的影响,就不得不以嘉庆四年(1799)问世的《地球图说》为依据。

《地球图说》作者部分题为"蒋友仁奉旨翻译;内阁学士兼礼部侍郎"何国宗、"翰林院编修"钱大昕"奉旨润色"。全书前有阮元的《地球图说序》,正文依次为"坤舆全图说"、"经纬线"、"测量地周新程"、"四大州"、"亚西亚"、"欧逻巴州"、"利未亚州"、"亚墨利加州"、"七曜序次"、"恒星"、"诸曜径各不同"、"论春夏秋冬"、"地半径差"、"清蒙气差"、"论地圆"、"交食"、"太阳"、"太阴"、"五星"、"客星"、"浑天仪"、阮元的"地球图说补图序",以及李锐增补的十九图。在首篇"坤舆全图说"中明确指出:"地圆如球,今画大地全图,作两圈界以象上下两半球,合之即成全球矣。大地之经纬度各分三百六十,与天度相应,而以天上相应之处名之。""经纬线"称:"经线以赤道为主,平分赤道为三百六十度,每度各作一椭圆之弧,上会于北极,下会于南极,以象地周三百六十经度,此线即为各处之子午线。纬线以子午线为主,平分子午线为三百六十度,每度各作一圈。"③并说明当时的世界地图,都"定初经度于铁岛"。所谓"初经度"即零子午线,又称"本初子午线",地球上计量经度的起始经线。铁岛(Herro),今译哈罗岛,在非洲西北的福岛。④ 随着地球圆形

---

① 《传教士蒋友仁神父致巴比甬·道代罗什(Papillon)先生的信(1767 年 11 月 16 日于北京)》,[法]杜赫德编,吕一民等译:《耶稣会士中国书简集——中国回忆录》V,第 132—137 页。

② 钱大昕:《与戴东原书》,吕友仁标校:《潜研堂集》卷 33,上海古籍出版社 1989 年,第377 页。

③ 《地球图说》,黄兴涛、王国荣编:《明清之际西学文本:50 种重要文献汇编》第四册,第1794—1795 页。

④ 《职方外纪》称:"利未亚西北有七岛,福岛其总名也。……七岛中有一铁岛,绝无泉水,而生有一种大树……树下作数池,一夜辄满,人畜皆沾足焉,终古如此,名曰圣迹水,言天主不绝人用,特造此奇异之迹以养人。各国人多盛归,以为异物。"参见[意]艾儒　（转下页）

说的提出，远行探险家跨越大西洋到达美洲，以及俄国人跨越白令海峡到达阿拉斯加，时差问题逐渐被提出。而"时差"一词最初为南怀仁《坤舆图说》卷上所提出，蒋友仁在《地球图说》一书中对其又作了进一步的阐发：

> 太阳每日绕地一周，为二十四小时。太阳行十五度为一小时，行一度为一小时之四分，故知两处之经度即可推两处之时差。在东者以时差加，在西者以时差减。如京师为主，京师之经度一百三十四度二分三十秒。朝鲜国都城之经度一百四十五度，距京师东十度五十七分三十秒，变时为二刻十三分五十秒。……又如拂郎济亚国（今译法国）都城巴里斯（今译巴黎）之经度二十度，距京师西一百十四度二分三十秒，变时为三十刻六分十秒。故京师有午正，则巴里斯止有寅正一刻八分五十秒。巴里斯午正，则京师有戌初二刻六分十秒。①

即世界时间以太平洋上白令海峡、汤加王国等小国南北规定的一条日界线来计算经度的起始，日界线向西每隔 15 度为一个时间区，每区相差一小时，为东时区，一直到英国格林尼治天文台的经线为止，英国格林尼治天文台的经线以西为西时区。

地球椭圆这一概念最先是公元前 6 世纪的古希腊哲学家毕达哥拉斯（Pythagoras，前 570—前 500）提出的，但他的这种观点仅是依据其认为圆球在所有几何形体中最完美，而非根据任何客观事实得出的结论。地球公转轨道是椭圆的理论最早是由开普勒提出的。而《地球图说》的"测量地周新

（接上页）略原著，谢方校释：《职方外纪校释》，第 117 页。地球上的零度经线（本初子午线）是人为假定的，它不像纬度，有自然起讫（赤道和两端）。托勒密曾经将零度经线确定在幸运群岛，文艺复兴时期的读者把这些岛屿称为加那利群岛。加那利群岛（英语名称：Canary Islands；西班牙名称：Islas Canarias），属于西班牙的领土。位于非洲西北部的大西洋上，非洲大陆西北岸外火山群岛，东距非洲西海岸约一百三十公里，东北距西班牙约一千一百公里。距摩洛哥西南部海岸约一百到一百二十公里，分东、西两个岛群。选取的本初子午线穿过最西方的岛屿，即哈罗岛。16 世纪也有不少地图绘制者假定本初子午线通过亚速尔群岛中的圣米格尔岛，17 世纪天文台在巴黎和伦敦建立起来，出现过一种使用首都城市的子午线作为每个国家地图的零度经线的作法。经过一番激烈的争论后，1884 年在华盛顿召开的国际经度学术会议上，正式确定以通过英国伦敦格林尼治天文台旧址的经线作为全球的零度经线，公认为世界计算经度的起点线。

① 《地球图说》，黄兴涛、王国荣编：《明清之际西学文本：50 种重要文献汇编》第四册，第 1795 页。

程"较为详细地介绍了地球椭圆说："凡圆形有二：一为平圆，一为椭圆。设经圈为平圆，则分全圆为三百六十度，其容积皆等。自古天文家但论地为圆形，未察此圆形何类。今西士以新制仪器屡加推测，则疑地球大圈未必是平圆形，而其度所容之远近亦未必相等。以故拂郎济亚国王特遣精通数术之士分往各国，按法细测南北各度所容之里数。自近赤道者、自近北极者、自居北极赤道之中者凡三处，测其高度之容。近赤道则狭，渐离赤道则渐宽，由此推得地球大圈之圆形不等，止赤道为平圆，而经圈皆为椭圆。地球长径过赤道，短径过两极，短径与长径之比例若二百六十五与二百六十六。设如修地球或坤舆图者命过赤道径二尺六寸六分，则过极径止二尺六寸五分。"[1]

《地球图说》与之前利玛窦《坤舆万国全图》、南怀仁《坤舆全图》的重大区别是不再采用利玛窦的"五大州"，而采用"四大州"，即"亚西亚""欧逻巴州""利未亚州"和"亚墨利加州"，去掉了"其界未审何如"的第五大洲"墨瓦蜡泥加"。蒋友仁《坤舆全图》中所绘的澳大利亚图，是放在"亚洲"的框架内进行的，[2]反映了17世纪以来地理探险与航海的最新成果，填注的地名有新窝河郎地区（即 New Holland）、内地、圣伯多禄岛、圣方济各岛、铁门地、未特地、黑人地、喀尔朋大李亚等，在澳大利亚的东北方，画有新几鄂亚、录岛等，并已"将澳大利亚与新几内亚的海岸线断开分画"[3]。蒋友仁没有采用以往传教士使用的"亚细亚"，而改用"亚西亚"，强调"所容国土不啻百余，其大者首推中国，声名、文物、礼乐、政教远近所宗"。蒋友仁对亚洲各国所奉宗教很感兴趣，在短短的篇幅中多处记载宗教信仰，如介绍鄂罗斯，特别说明"国中传流天主教经典及圣贤传记，然非天主正教"。称蒙古诸部"人性勇悍，其最西者驾屋于车，以便迁徙，其内多奉回回教"。"天竺即南印度国，古昔奉佛，今亦然。""亚拉比亚，其人精天文、明医学。其南方产百物甚夥。哈尔默尼哈纳多里，亦名度尔几亚，即古拂菻国也。初宗马何默之教，诸国多同，其后各立门户，互相排击，持戒亦有数端。"最后特别介绍基督教的发源地："亚西亚之西有国曰如德亚，自一千七百六十年前天主降生于

---

[1]　《地球图说》，黄兴涛、王国荣编：《明清之际西学文本：50 种重要文献汇编》第四册，第 1796 页。

[2]　《地球图说》改利玛窦的"五大州"为"四大州"这一点，也影响了后来林则徐的《四洲志》和徐继畬的《瀛环志略》。

[3]　鞠德源：《蒋友仁绘坤舆全图》，曹婉如等编：《中国古代地图集·清代》，第 125 页。

国之白德稜郡，名曰耶稣，译言救世主。"如德亚今称犹太（Judaea），是指古代犹太人居住的巴勒斯坦地区；白德稜郡，位于今耶路撒冷西部，即伯利恒（Bethlehem）。

在介绍"欧逻巴州"时，蒋友仁也故意屏蔽掉很多信息，如称"诸国家皆尚文学，立学校。凡官有三品，一主教化，一理政事，一治兵戎。上下皆奉天主教，婚不二色，教无异学。土多肥饶，产五谷、出五金。海舶四通，商贾云集，工技精巧，制器坚良"。其实当时欧洲新教与天主教的宗教冲突非常严重，蒋氏不想让国人知晓欧洲学界和教界新旧学之间的激烈斗争，故意将欧洲说成一派和睦相处。其中有提及："昂利亚国（今译英国）产大犬猛鸷，能杀狮子，代兵守城。"[1]

"利未亚州"被蒋友仁称"自古为奇怪之地"，一是"产狮象诸异兽"；二是"厄日多国四时不雨，惟泥球河每岁泛涨，而地甚肥美，一岁再收"；三是"人有机智，精天文测量，善制水器以备旱涝"；四是"妇人一乳，禽鸟无算"；五是"土产金宝，不知贵重，惟好佩术士妖符，率以重价购之"。[2] 其中很多"奇怪"原属于道听途说，如"妇人一乳""其地平旷而无城郭，亦无书籍。人面多黑色，不衣服，与猛兽同居"等，显然不符合事实。

"亚墨利加州"总是充满着传说，如："有大水名曰银河，以中多银沙得名"；"有异树，脂膏极香烈，名'巴尔撒摩'，以傅诸伤损，一昼夜肌肉复合如故"[3]；"有大山，南北长万余里，其高无际。山底极热，山坡高五六百丈。有平地最广名为吉多国，天气融合，五谷百果草木悉皆上品。……伯西尔国（今译巴西）地甚肥美，他方有病不能疗者，至此即瘳。"称北美洲"惟默时科国（今译墨西哥）最富饶，城中街巷宫室皆精绝，人多美秀"，但同时又说"男女裸体，以木叶或兽皮蔽前后。喀纳大（今译加拿大）产猛兽"。并称"古俗南北亚墨利加祭魔杀人而聚党共食，今其诸国大半如如德亚"。[4] 表示美洲

---

① 《地球图说》，黄兴涛、王国荣编：《明清之际西学文本：50 种重要文献汇编》第四册，第1797 页。
② 《地球图说》，黄兴涛、王国荣编：《明清之际西学文本：50 种重要文献汇编》第四册，第1798 页。
③ 《地球图说》，黄兴涛、王国荣编：《明清之际西学文本：50 种重要文献汇编》第四册，第1798 页。"巴尔撒摩"可能是类似一种哈迪树（Balsamodendren ehrenbergianum）上分泌出的油胶树脂，呈不规则深棕色团块，质坚硬，有辛辣气，味苦。
④ 《地球图说》，黄兴涛、王国荣编：《明清之际西学文本：50 种重要文献汇编》第四册，第1798 页。

因为欧洲基督教文化的传播，而变得越来越文明。

蒋友仁在该书的跋中还表彰了历代的探险家："天下万国非一人所能遍历，自古以来多有士抱雅志周游四远，或采风俗以宏教化，或探奇秀以壮襟怀，或穷此疆尔疆以察地形，或访圣贤名流以资师友。凡此者，虽不无跋涉之艰，而向往之情，终不可遏。在昔汉时张骞使西域，其足固已履天竺，元人都实穷河源，其迹亦曾至昆仑。"接着他赞美康熙、乾隆两代进行测绘的宏举："迨本朝圣祖仁皇帝屡遣使臣往穷河源等处测量地度，绘入舆图，较之汉元所志，又加详焉。我皇上威德广被，万国向风，罔不臣服，绝徼以西尽隶版图，分遣使臣测量经纬诸度，经行数万里，如履阶闼。凡山川曲折，道里远近，较如列眉，载籍所传有无皆可按图而辨，猗与盛哉！友仁以观光陪臣，幸逢盛际，谨取新辟西域诸图，联以西来所携手辑疆域梗概，增补《坤舆全图》，或以供有识卧游之万一也。若夫诸曜远近之次，各方经纬之度，浑天仪之新制，以及日月五星之体象，与夫轮心轮径之比例，西士屡经测验，古疏今密，其立论不同之大指，今皆载其大略，书于图之各旁，以俾览兹图者，因象以究其理，亦未必无小补云。"①

第四节 "蒋友仁地图学"中的日心说

蒋友仁完成的《坤舆全图》，亦被誉为"蒋友仁地图学"②。所谓"蒋友仁地图学"，其特点是将天文学与地理学融为一体，《地球图说》中就包含大量的天文学知识。如告诉人们由于恒星距离地球很远，所以看上去很小，其实"其中多有较太阳更大者"③；太阳黑子在欧洲最早是由伽利略在1610年使用望远镜完成的天文学的进展之一，1613年他将其发现公布于世，纠正了以前误以为太阳黑子是行星通过太阳，或以为是太阳小行星等错误的解释，指出黑子必定是在日面上，或像乌云一样靠近日面；黑子的运动还表明，太阳大约

---

① 《地球图说》，黄兴涛、王国荣编：《明清之际西学文本：50种重要文献汇编》第四册，第1809页。该段文字在该书误作"浑天仪"一节，应为《地球图说》跋文。参见方豪：《中西交通史》（下），第612—613页。

② 参见余定国著，姜道章译：《中国地图学史》，第221页。

③ 《地球图说》，黄兴涛、王国荣编：《明清之际西学文本：50种重要文献汇编》第四册，第1801页。

以一个月为周期,绕着自己的轴不停地转动。① 在"太阳"一节中蒋友仁郑重地将西方关于太阳黑子的记述告诉中国读者:"太阳之光虽大,其面上每有黑点,或一或二或三四不定。其点初小,渐长,然后渐消,以至于尽。黑点或多且大,则能减太阳之光。"②《地球图说》中的文字内容绝大部分属于天文学,后附录插图除了两幅东西半球图,十九幅全部是天文图。该书"七曜序次"篇幅最长,是有关天文学史的知识:"西士殚其聪明,各自推算,乃创想宇宙内诸曜之序次,各成一家之论。"他介绍的这些最新学说包括:(一)确认地球为椭圆体;(二)介绍了开普勒关于行星运动的三大定律;(三)引入了行星和卫星都有公转和自转的概念,指出七大行星"一循行其本轮,一旋转于本心";(四)介绍了宇宙体系的四派学说。关于四派学说的介绍如下:

"第一,多禄亩(今译托勒密)论地为六合之中心,地周围太阴、水、金、太阳、火、木、土及恒星各有本轮,俱为实体,不相通而相切。本轮之外又有均轮,七政各行于均轮之界,而均轮之心又行于本轮之界。然此轮不足以明七政运行之诸理,今人无从之者。"③古希腊大天文学家托勒密,在公元 2 世纪时曾经总结了前人在四百年间观测的成果,写成《天文集》(即《至大论》)一书,提出"地球是宇宙中心"的学说,认为地球静止不动地坐镇宇宙的中心,所有的天体,包括太阳在内,都围绕地球运转。但是,人们在观测中,发现天体的运行有一种忽前忽后、时快时慢的现象。为了解释忽前忽后的现象,他把环绕地球的圆轮叫作"均轮",较小的圆轮叫作"本轮"。④ 托勒密设想各行星都绕着一个较小的圆周上运动,而每个圆的圆心则在以地球为中心的圆周上运动。他假设地球并不恰好在均轮的中心,而偏开一定的距离,

---

① ［英］李约瑟著,《中国科学技术史》翻译小组译:《中国科学技术史》第四卷"天学",香港中华书局 1978 年,第 634—635 页。

② 《地球图说》,黄兴涛、王国荣编:《明清之际西学文本:50 种重要文献汇编》第四册,第1805 页。

③ 《地球图说》,黄兴涛、王国荣编:《明清之际西学文本:50 种重要文献汇编》第四册,第1799 页。

④ "本轮"(epicycle)和"均轮"(deferent),由古希腊阿波罗尼奥斯(Apollonius,约前 262——约前 190)提出,用来解释地心体系的两种假想的圆圈。后来托勒密(Ptolemy)提出"地心说",认为宇宙是一个有限的球体,分为天地两层,地球位于宇宙的中心,所以日月绕地球运行,物体总是落下地面。他设想两种行星都围绕一个较小的圆圈运动,这个小圆叫"本轮"。而每个小圆的圆心则在以地球为中心的圆周上运动。他称地球的圆为"均轮",同时假设地球恰好不在均轮的中心,而偏开一定的距离,称为离心。日月行星除了沿着上述轨道运行,还与众恒星一起,每天绕地球转动一周。参见《中国大百科全书·天文学》,中国大百科全书出版社 1980 年,第 438—440 页。

均轮是一些偏心圆；日月行星除作上述轨道运行外，还与众恒星一起，每天绕地球转动一周。托勒密这个数学模型虽然不反映宇宙的实际结构，却较为完满地解释了当时观测到的行星运动情况，并取得了航海上的实用价值，从而被人们广为信奉，流传了一千四百多年。

"第二，的谷（今译第谷）论地为六合之中心，地周围太阴太阳及恒星各有本轮随地旋转，水、金、火、木、土五曜之本轮，则以太阳为心，而本轮之上俱有均轮。"①第谷（Tycho Brahe，1546—1601），丹麦天文学家和占星学家。1572 年 11 月 11 日第谷发现仙后座中的一颗新星，后来受丹麦国王腓特烈二世的邀请，在汶岛建造天堡观象台，经过二十年的观测，第谷发现了许多新的天文现象。第谷对哥白尼是很崇敬的，也完全清楚日心说理论上的优点，但他不接受这一假说不仅在于地动说违背《圣经》，而且也因为他的观察结果未能发现恒星由于地球运动而引起的光行差，这一点意味着：或者地球是静止的，或者恒星的距离极其遥远。那个时代的学者根本无法相信行星系与恒星天球之间会有那样广阔的"虚无空间"。他既不满意托勒密的地心体系，也不满意哥白尼的日心体系，于是在 1582 年用折衷办法设计了一个混合体系：地球乃是宇宙的中心，太阳、月亮和恒星天球绕地球运行，而五颗行星则绕太阳运行。这个体系的最大优点在于能接受一系列最新的观察成果，如引用当时伽利略的最新观察来证明第谷体系，该体系在预测天象的精确性方面大大超过了传统中国的计算方法。而按当时哥白尼理论编制的行星运动预测位置的星表，不仅不及第谷体系，甚至在精确度方面还不如中国传统天文学的预测结果，《崇祯历书》采取第谷体系并非偶然。因为对于传教士来说，只有提供比中国原有天文学更为优越的预测技术，才能对中国士大夫信奉西教提供有说服力的证据。第谷所做的观测精度之高，是他同时代的人望尘莫及的，第谷编制的恒星表相当准确，至今仍然有价值。

"第三，玛尔象论地为六合之中心，不距本所，而每日旋转一周。于南北两极地周围太阴太阳及恒星旋转，太阳周围水金火木土五曜之本轮。"②玛尔象

---

① 《地球图说》，黄兴涛、王国荣编：《明清之际西学文本：50 种重要文献汇编》第四册，第 1799 页。

② 《地球图说》，黄兴涛、王国荣编：《明清之际西学文本：50 种重要文献汇编》第四册，第 1799 页。或以为玛尔象可能指 Giovanni Antonio Magini，1555—1617，又译玛金尼，意大利天文星占学家。出生在意大利帕多瓦，1579 年进入博洛尼亚大学学习和研究哲学，后专心致力于天文学研究。1582 年撰写星历表，次年被译成意大利文。1588 年被选继（转下页）

（Martianus Capella，又译马蒂纳斯·卡佩拉，365—440），罗马的法学家和修辞学家，是中世纪早期七艺教育体系最早的创导者之一，著有百科全书式的寓言作品《墨丘利与语文学的联姻》（De nuptiis Philologiae et Mercurii）。玛尔象曾提到过的一种"地心—日心"宇宙模型，其中水星和金星围绕太阳运转，而月亮、太阳、火星、木星和土星则围绕静止于宇宙中心的地球运转。1573 年德国数学家、天文学家和星占家纳博特（Valentin Naboth，1523—1593）出版了《天地论要义》（Primarum de coelo et terra）一书，在对托勒密和哥白尼的宇宙模型进行图示的同时，还画出了玛尔象的"地心—日心"宇宙模型。[1]蒋友仁也指出以上第谷和玛尔象"二家虽有可取，然皆不如歌白尼之密"。

"第四，歌白尼（今译哥白尼）置太阳于宇宙中心。太阳最近者水星，次金星，次地，次火星，次木星，次土星。太阴之本轮绕地球，土星旁有五小星绕之，木星旁有四小星绕之，各有本轮绕本星而行。距斯诸轮最远者乃为恒星天，常静不动。"并称哥白尼的学说"盖本于尼色达之论，而歌白尼特阐明之。继之者有刻白尔（今译开普勒）、奈端（今译牛顿）、噶西尼（即卡西尼）、辣喀尔（今译拉加伊）、肋莫尼（今译勒莫尼埃），皆主其说。今西士精求天文者，并以歌白尼所论序次，推算诸曜之运动"[2]。蒋友仁称哥白尼的学说由于"以太阳静、地球动为主"，因此"人初闻此论，辄惊为异说"[3]。于是他进一步举例说明：第一，"人在地面视诸曜之行皆环绕地球，而地似乎常静不动，究不可以为地静而诸曜动之据也。譬如舟平浮海，舟中之人见舟中诸物远近彼此恒等，则不觉舟行。而视海岸山岛及岛以外诸物时近时远、时左时右，则反疑其运动矣"。人在地面上，"视周围诸物之远近恒等，则不觉地

（接上页）任伽利略在博洛尼亚大学担任的数学教职。他是地心世界体系的支持者，设计了自己的行星理论，并在三角学和应用几何方面与凹球面镜理论方面，都有自己的发现。他还担任过曼图亚公爵的宫廷占星师。著有《平面三角学》（De Planis Triangulis，1604）和《球面三角》（Et Triogonometrice Sphericonum，1609）等。参见石云里：《从书本知识到实践知识——〈崇祯历书〉与明末欧洲天文学的传入》，《科学新闻》2017 年第 11 期。

[1] ［美］Sivin，Nathan（席文），"Copernicus in China," Science in Ancient China: Researches and Reflections，London：Variorum，1995，pp. 1 - 53. 参见 https://en. wikipedia. org/wiki/Martianus_Capella。

[2] 黄兴涛、王国荣校点《地球图说》此段作"继之者有刻白尔、奈端、噶西尼辣、喀尔肋莫尼，皆主其说。"后三人误点断为两人，参见黄兴涛、王国荣编：《明清之际西学文本：50 种重要文献汇编》第四册，第 1799 页。

[3] 《地球图说》，黄兴涛、王国荣编：《明清之际西学文本：50 种重要文献汇编》第四册，第 1799 页。

之运行。而视地球外之诸曜，见其时上时下、时左时右，则谓诸曜绕地球而旋行"。第二，"虽说地球动而太阳静，自地视之必似是太阳动而地球静。然以斯二者推太阳出入地平之度，其数必相等。……太阳西行绕地之圈，设太阳在卯点，则自京点见太阳出地平，太阳自卯向午则渐升；自午向酉则渐降。太阳至酉点，则自京点见太阳入地平，太阳行地平之下自酉过子复至卯点，又出地平，此太阳动而地静之说也。今设卯点为太阳之本所，常静不动，而地球右行，自西往东旋转于本心，则天周围卯午酉子圈之各点递相轮流，与地球京点相应，故视太阳似升降出入于地平，与前无异"。第三，"太阳本为光体，月、水、金、火、木、土六曜皆为暗体，借太阳之光以为光，与地球相似。设有人在太阴及他曜面上，则其视地球亦如地面上之视太阴，有时晦，有时光满，有时为上下弦"。六星既然皆似地球，哪有六星及太阳环绕地球，而地球独常静不动的道理呢？"不如设太阳于宇宙中心，而地球及其余游曜皆旋绕太阳以借太阳之光，斯论不亦便捷乎？"①蒋友仁还进一步解释道，人不能全凭肉眼来判断事物的真理，在《坤舆全图》"七曜序次"中他指出：人初闻日心地动说，往往惊为"异说"，原因在于只依靠目证来判断，而目证有时却是不可靠的。如"人自地视太阳、太阴，谓其两径相等，而大不过五六寸。若以法推，则知太阳之径百倍大于地球之径，而太阴之径，止为地球径四分之一也。人自地视太阳似太阳动而地球静，今设地球动、太阳静，于推算既密合，而于理亦属无碍。"②蒋友仁还担心读者对于哥白尼学说认识不透，在《地球图说》的"论春夏秋冬"中再次强调"歌白尼论春夏秋冬四季之轮流，亦由地运动而生。……太阳之视径大小，太阳之视行盈缩，随时不等，皆自地两运动而生。地球循椭圆之理与太阳循椭圆之理略等"③。在"五星"一节再次提及哥白尼："按歌白尼所定诸曜次序，五星皆如地球绕日顺行于椭圆形之本轮，其行一周之迟速不等，由其距日远近而生。水星距日最近，故其循本轮最速，计八十八日而一周。土星距日最远，故其循本轮最迟，计二十九年零一

---

① 《地球图说》，黄兴涛、王国荣编：《明清之际西学文本：50 种重要文献汇编》第四册，第1799—1800 页。
② 《地球图说》，黄兴涛、王国荣编：《明清之际西学文本：50 种重要文献汇编》第四册，第1799 页。
③ 《地球图说》，黄兴涛、王国荣编：《明清之际西学文本：50 种重要文献汇编》第四册，第1803 页。

百五十五日而一周。"①张维华对蒋友仁这番对哥白尼学说的解说曾予以很高的评价："西士著述,对于哥白尼说之介绍,首见汤若望之《历法西传》,然拘禁甚多,不敢畅言。其后,南怀仁辈虽喜谈天文历理,亦避哥白尼之说而不谈。其为较详之介绍,且敢承认其说者,则自蒋友仁始。"②

哥白尼(1473—1543)的《天体运行论》的初版时间为 1543 年,当时已遭到新教和天主教的攻击。哥白尼学说在中国的传播直接受到了欧洲的影响。近年来研究表明,《崇祯历书》中已提到了哥白尼,并给予了肯定的评价。席泽宗等人的研究指出,《崇祯历书》中全文译出了《天体运行论》若干章,引用了哥白尼二十七项观察记录中的七项。如《新法历引》中写道:"兹惟新法,悉本之西洋治历名家曰多禄某、曰亚尔封所、曰歌白泥、曰第谷四人者。盖西国之于历学,师传曹习,人自为家,而是四家者,首为后学之所推重,著述既繁,观验益密,立法致用,俱臻至极。"③罗雅各在《五纬历指》卷 1"总论"中有一段叙述:"今在地面以上,见诸星在行,亦非星之本行,盖星无昼夜一周之行,而地及气火通为一球,自西徂东,日一周耳。如人行船,见岸树等,不觉己行而觉岸行;地以上人见诸星之西行,理亦如此。"据江晓原考证,这段话几乎是直接译自《天体运行论》的第 8 章第 519 页,是用地球的自转来说明天球的周日视运动。这是哥白尼日心说的重要内容。当然罗雅各对哥白尼的日心说并不表示赞成:"然古今诸士,又以为实非正解,盖地为诸

---

① 《地球图说》,黄兴涛、王国荣编:《明清之际西学文本:50 种重要文献汇编》第四册,第 1806—1807 页。
② 张维华:《明清之际中西关系简史》,齐鲁书社 1987 年,第 188 页。
③ 参见《古今图书集成·历法典·新法历书》。亚尔封所(Alfonso X of Leon,今译阿尔丰沙,1223—1284),西班牙北部古卡斯提尔王国国王,曾被选为德意志王,但未赴德国。在位时不分宗教,延聘各派学者,在各地兴建学校,重视发展教育事业,博学多辩,被称为"贤明的阿尔丰沙"。曾将许多古典文献,如拉丁文、阿拉伯语的名著译成卡斯提尔语,规定卡斯提尔语为公用语,即现代西班牙语的前身。参见《外国人名词典》,上海辞书出版社 1988 年,第 280—281 页。阮元《畴人传》卷四十三"西洋一"附有《新法算书》中提及的"亚而封所王":"亚而封所王,极西宝祚时人。身居王位,自谙术学。捐数十万金,访求四方知术之人,务求先师所著,创立成表,以佐推算诸曜之法。"参见彭卫国、王原华点校:《畴人传汇编》,第 499 页。朱文鑫趁其曾"访求各方知历之士,改革托来图表,经数年之实测,编订始成,名《亚而封所新表》,颁行于 1252 年王即位之日,新表各数,皆密于旧表,其岁实测算之密,尤为显著,于是风行全欧"。他还编著有《天文百科全书》(*Libros del saber de astronomía*),"多采自阿拉伯旧籍,而非全系译述。是书有一图,颇奇特,绘水星绕地之轨道,乃为椭圆,突破前人平圆之例,谅由实测所得,决非无意误绘,此在刻白尔发明椭圆定理率之前所未见者也"。参见朱文鑫:《天文学小史》,陈美东、陈凯歌主编:《朱文鑫——纪念中国现代天文学家朱文鑫诞辰 120 周年》,群言出版社 2008 年,第 230 页。

天之心，心如枢轴，定是不动。且在船如见岸行，曷不许在岸者得见船行乎？其所取譬，仍非确证。"① 欧洲科学家的争论，同样也反映在北京的传教士学术圈中，如 1716 年傅圣泽极力想把自己赞同哥白尼观点的论述五大行星的文章和伊尔星表、佛拉格对数一起呈献给康熙皇帝，但遭到葡萄牙传教士纪理安和戴进贤的反对。1757 年，罗马裁判所收回将那些宣称地球自转的书籍革出教门的禁令，消息传到北京，法国耶稣会士立即借此向公众宣传日心说。1760 年蒋友仁在《坤舆全图》中传播日心说，正是基于这样的背景。②

尽管钱大昕没有完全意识到日心说的价值，而且批评过《地球图说》一书，但总体上还是非常佩服蒋友仁所介绍的新说的。他主讲苏州紫阳书院时期，将《地球图说》的手稿授予其门下的李锐，李锐对之极感兴趣，"以意联属为一卷"，考虑到该书的难度，"读者骤难通晓"，于是"依其说补作诸图，缀于其后，以示初学云尔"。③ 嘉庆四年(1799)《地球图说》刊行之时，阮元虽仅 35 岁，但以学识渊博著称，他在为该书所写的序中竟然说："是说也，乃周公、商高、孔子、曾子之旧说也，学者不必喜其新而宗之，亦不必疑其奇而辟之可也。"④ 后来他在《畴人传》中甚至直接指责哥白尼等"无识之徒，以其能言盈缩、迟疾、顺留伏逆之所以然，遂误认苍苍者天果有如是诸轮者，斯真大惑矣"。日心说"谓为地球动而太阳静"，是"上下易位，动静倒置，则离经畔道，不可为训"。⑤ 阮元的观点在晚清已经受到何启、胡礼垣的批评，他们在《康说书后》中指出：

> 地形如圆球，其说始于西人第谷，明万历时利玛窦航海至广东，是为西法入中国之始，著《乾坤体义》三卷，而地圆之说已明。继之者为汤若望，于国朝康熙时著《新法算书》，复阐其理，其后蒋友仁于乾隆时入中国，著《地球图说》，则其言更为条畅详明矣。乃阮芸台著《畴人传》

① 转引自董光璧主编：《中国近现代科学技术史》，湖南教育出版社 1997 年，第 62 页。
② [美] 斯坦尼斯拉夫·叶茨尼克著，周萍萍译：《刘松龄——旧耶稣会在京最后一位伟大的天文学家》，上海三联书店 2014 年，第 111 页。
③ 阮元：《地球图说补图序》，黄兴涛、王国荣编：《明清之际西学文本：50 种重要文献汇编》第四册，第 1809 页。
④ 阮元：《地球图说序》，黄兴涛、王国荣编：《明清之际西学文本：50 种重要文献汇编》第四册，第 1794 页。
⑤ 阮元：《畴人传》卷 46，《蒋友仁传论》，商务印书馆 1935 年，第 609—610 页。

辩之，谓上下易位，动静倒置，离经叛道，不可为训。不知理不求其所以然，则无以自信，言必固执乎前说，则不识变通。正惟其说屡有修明，乃知其学时有进境。阮公苟不信第谷地形为圆之说则已，惟圆故能运行，能绕日，运行分昼夜，绕日别寒暑。苟信其为圆而运行，则人物散依地上，而一昼一夜之间，未有不上下互易其位，东西轮流而成者也。蒋氏修明其说，而乃目之为叛道离经。苦心孤诣，而斥之曰私智。根据确凿，而摒之曰悠谬。无惑乎，算数之学由此而愈废也。①

掌管"四库"的纪昀和执掌学海堂的阮元，都是博览群书的大师，"实不愧为一代文学之宗"，但可以看出两位对于欧洲科学发展的隔膜，不知理的同时也不求其所以然，于是缺乏必要的自信，讨论学术必固执于前人的旧说，而不知学术之变通。欧人学说，正是因为不断更新、屡有修明，才体现出学术的与时俱进。清代后期中国学人不仅不能参与以传教士为核心的乾隆时代的无形学院，甚至对于《地球图说》这一具有相当学术价值的地理学文献，即使最杰出、最优秀的一代中国学人，如纪昀和阮元，也未能在学术层面对之作出真正意义上的回应。

第五节　本　章　小　结

关于蒋友仁《坤舆全图》的绘制时间，至今说法不一。前后有 1760 年、1761 年、1764 年、1767 年和 1773 年五种不同的说法。笔者利用了《耶稣会士中国书简集——中国回忆录》中的材料印证了鞠德源的考证，即该图实际上绘制过两次，第一次成图在乾隆二十五年（1760）八月，于乾隆五十大寿之前呈献，第二次是乾隆三十二年（1767）蒋氏在所献《坤舆全图》基础上进行修改增绘，再次将之呈献乾隆帝，这两幅《坤舆全图》分别存于宫廷内和内务府的舆图房。方豪据其所藏《坤舆图说稿》抄本所注字数等，得出该图在乾隆三十二年（1767）有木刻本的结论，但该图至今仅见手绘本，未见有刻本。或以为蒋友仁的《坤舆全图》系增补南怀仁所绘的《坤舆全图》，将之名为《增补坤舆全图》，其实蒋氏在该图记注文字中已明确说明该图是在南怀仁

---

① 郑大华点校：《新政真诠——何启、胡礼垣集》，《中国启蒙思想文库》，辽宁人民出版社 1994 年，第 249—250 页。

所绘《坤舆全图》的基础上，根据"新辟西域诸图"和"西来所携手辑疆域梗概"的内容增补而成的，同时还摘要吸收了卡西尼、拉加伊、勒莫尼埃等西人著述中的信息。该图内关于俄罗斯国东部地区的绘法，参考了1752年丹维尔的《中国地图册》，关于非洲部分则参照1698年法国科学院审定的《亚未利加州图》。关于台湾附属岛屿东北诸岛和琉球国部分，采自宋君荣翻译的徐葆光的《中山传信录》。蒋氏之图与南怀仁之图同名，意即"世界地图"，注记文字中的"增补"系动词，图名原无"增补"二字。

学界很多论著以为，蒋友仁的这一新《坤舆全图》及其图说，当时没有受到乾隆皇帝的重视，乾隆对此图毫无兴趣，亦未引起编纂《四库全书》的翰林们的注意。直至近四十年后，才经由钱大昕、李锐润色修订，定名为《地球图说》正式出版。[①] 或以为蒋氏之图是作为寿礼献给乾隆帝的，乾隆帝虽然高兴地夸奖了蒋友仁，赏赐他几匹绸缎，但并不懂得该图的价值，因而它被锁进皇宫内院，无人能识。[②] 笔者依据蒋友仁1767年给神父道代罗什的一封信函，认为蒋友仁绘制的《坤舆全图》，曾受到乾隆皇帝的高度重视。蒋友仁在绘制《坤舆全图》的同时，已经完成了一部类似《地球图说》的著作，并按照乾隆皇帝的旨意补上了相关地图和天文图，翰林院也遵旨对该书稿进行了检看、复读、修改润饰。因此所谓"在深宫禁院中整整躺了三十年，才由中国学者钱大昕详加润饰地图的说明文字"一说，恐难成立。曾经任职于翰林院的钱大昕，1767年前有可能已经参与整理过此书稿。《耶稣会士中国书简集——中国回忆录》中收录有蒋友仁的多封信函，表明乾隆皇帝不仅在蒋友仁1760年初次进呈后就特别重视该地图，且专门派翰林院的学者参与修改润饰，并由此图对世界知识产生了浓厚的兴趣。

"蒋友仁地图学"的特点是将天文学与地理学融为一体，《地球图说》中包含大量的天文学知识，如记述恒星距离地球很远，并记述了太阳黑子，这是欧洲最早由伽利略在1610年使用望远镜完成的天文学的进展之一，在"太阳"一节中蒋友仁还郑重地介绍西方关于太阳黑子的研究进展，告诉中国读者太阳面上每有黑点，其点初小，渐长，然后渐消，以至于尽。《地球图说》中的文字内容绝大部分属于天文学，后附录插图除了两幅东西半球图，

---

① 仲伟民：《从知识史的视角看明清之际的"西学东渐"》，《文史哲》2003年第4期。
② 吴伯娅：《日心地动说的传入与〈地球图说〉的出版——兼论阮元的西学思想》，北京外国语大学中国海外汉学研究中心、中国近现代新闻出版博物馆编：《西学东渐与东亚近代知识的形成和交流》，第303—313页。

十九幅全部是天文图。蒋友仁还介绍了欧洲天文学的最新学说包括，如确认地球为椭圆体，开普勒关于行星运动的三大定律，行星和卫星都有公转和自转的概念，宇宙体系的四派学说。而其中关于哥白尼的《天体运行论》"日心说"的知识，成为该书最亮丽的色彩。

第六章　舆地智环：近代中国最早编译的百科全书《四洲志》

谈及影响近代中国人的译著，就不能不提及林则徐主译的《四洲志》。《四洲志》提供了中国人早期了解和认识世界的主要资料来源。陈胜粦认为该书"具有开创新风气的划时代的意义"[1]。虽然关于林则徐以怎样的形式来编译《四洲志》，《四洲志》有着怎样一种特色，其原本及其编译者的情况，《四洲志》的流传方式等，前人虽已有若干讨论，[2]但至于《四洲志》究竟是以怎样一种形式介绍世界，各家陈述不同，或以为是"中国近代第一部著名的世界史地译作"，或以为林则徐编译《四洲志》，"从史学的角度看，也未形成自己的理论方法或体例"。[3] 至今《四洲志》仍留有很多问题，值得学界进一步讨论。特别是该书作为近代中国编译出的第一部汉文西方百科全书，所产生的学术影响，至今无人提及。笔者拟以此为题，陈述若干不成熟的想法，以就正于方家。

第一节　原　本　与　译　本

《四洲志》所据的原本《世界地理百科全书》为英国著名的地理学家和

---

① 陈胜粦：《鸦片战争前后中国人对美国的了解和介绍（上、下）——兼论清代闭关政策的破产和开眼看世界思潮的勃兴》，《中山大学学报（哲学社会科学版）》1980年第1、2期。

② 关于《四洲志》的版本等讨论，主要有陈华：《有关〈四洲志〉的若干问题》，《暨南学报》1993年第3期；萧致治：《从〈四洲志〉的编译看林则徐眼中的世界》，《福建论坛》1999年第4期。潘光哲：《晚清士人的西学阅读史（1833—1898）》一书的"附录一"有"关于《四洲志》的版本问题"（凤凰出版社2019年，第398—399页）。关于该书的流传，参见邹振环：《影响中国近代社会的一百种译作》，中国对外翻译出版公司1996年，第40—43页。

③ 盛邦和主编：《现代化进程中的中国人文学科·史学卷》，上海人民出版社2005年，第90页。

历史学家慕瑞所著，慕瑞出生于英国一位牧师之家，1816 年当选为爱丁堡皇家学会会员，曾担任《苏格兰杂志》编辑，之后他参与"爱丁堡地名录"的编纂而成为伦敦皇家地理学会的成员。著有《瑞士移民》(*The Swiss Emigrants*，1804 年)、哲学论文《小说的道德》(*The Morality of Fiction*，1805 年)和《关于国家性质的调查》(*Enquiries Respecting the Character of Nations*，1808 年)、《另一个浪漫》(*Another Romance*，*Corasmin*，*or the Minister*，1814 年)、《地理学教理问答》(*A Catechism of Geography*，1833 年)、《马可波罗的旅行(修订和增注)》(*Travels of Marco Polo*，*Amended and Enlarged*，*with Notes*，1844 年)《非洲大陆：发现与发明的叙事》(*The African Continent： a Narrative of Discovery and Invention*，1845 年)等。慕瑞在编著出版《世界地理百科全书》前后，曾完成出版过一系列关于英属北美、英属印度的地理概述。①

　　1836 年慕瑞及其合作者 John Crawford、Peter Gordon、Thomas Lynn、William Wallace、Gilbert Burnett 曾在英国爱丁堡出版过一部名为《中国历史与现状概述》(*An Historical and Account of China*)的著作，全书分三卷，涵盖中国历史、物产、商业、政治和社会状况等方面的信息。卷一是关于中国地理概貌和历史的综合性概要；卷二是关于中国语言、文化、宗教、政府、工业、习俗和社会生活；卷三是关于中国的内部状况、对外贸易，集中叙述中国与英国的贸易。但该书遭到了裨治文(Elijah Coleman Bridgman，1801—1861)的严厉批评，他认为该书依据的是早期耶稣会士一些陈旧的观点和资料，过多征引了西班牙学者门多萨《中华大帝国史》中的内容。在裨治文看来，慕

---

① 如 *Enquiries historical and respecting the character of nations*，*and the progress of society*，London：Longman，Hurst，Rees and Orme，1808；*Historical account of discoveries and travels in North America including the Unites*，*Canada*，*the shores of the popar sea*，*and the voyages in search of a north-west passage*，*with obsevations on emigration*，London：Longman，Hurst，Rees and Orme，1829；*An Historical and descriptive account of British America comprehending Canada Upper and Lower*，*Nova Scotia*，*New Brunswick*，*Newfoundland*，*Prince Edward Ialand*，*the Bermudas*，*and the fur countries： their history from the earliest settlement*，*the statistics and topography of each district*，*their agriculture*，*and fisheries*，*their social and political condition*，*as also an account of the manners and present state of the aboriginal tribes： to which is added*，*a full detail of the principles and best modes of emigration*，Edinburgh：Oliver& Boyd，1839；*An Historical and descriptive account of China its ancient and modern history*，*language*，*literature*，*religion*，*government*，*industry*，*manners*，*and social state*；*intercourse with Europe from the earliest ages*；*missions mathemastica and astonomy*；*survey of its geography*，*geology*，*botany*，*and zoology*，Edinburgh：Oliver& Boyd，1836。

瑞等人著作的学术水平显然是不高的。①

《世界地理百科全书》英文版书名及副标题为：*The Encyclopaedia of Geography: Comprising a Complete Description of the Earth, Physical, Statistical, Civil, and Political*(*Exhibiting Its Relation to the Heavenly Bodies, Its Physical Structure, The Natural History of Each Country, and the Industry, Commerce, Political Institutions, and Civil an Social State of All Nations, Volumes 1, 2, and 3*)；编者特别强调以地理为中心来表述包括地球基本知识在内的自然地理，包括人口统计等资料，强调了亚洲、非洲、欧洲及南北美洲的政区和人文地理的价值和重要性。该书第一部分是地理学史的描述，在古代地理学的部分，着力介绍希伯莱人和腓尼基人的地理学知识，伊斯兰王国时代的地理学等，然后是中世纪的地理学，包括黑暗时代的欧洲地理学、威尼斯人的地理知识等，最后进入现代地理学，分述亚洲、非洲、欧洲和美洲的地理，有部分简要述及澳洲的岛屿等；接着介绍地理学的一般内容，包括天文学原理、地球的旋转，太阳、月亮等星体的运动，万有引力，地理环境与宗教的关系，地理环境与人类和动物的关系，地理环境与人类社会活动的关系，矿物学、植物学、动物学、语言学等。且每一个地区都分别叙述其自然地理、历史地理、政治地理、工业产品、国民与社会状况；还从东南西北分述区域地理，依次是欧洲、亚洲、非洲、美洲和澳洲。欧洲部分先英格兰、苏格兰、爱尔兰，其次再是北欧的瑞典、挪威，荷兰、西班牙；其间配有大量图片，包括八十二幅地图和超过一千种图版。各部分的分工，天文学由 William Wallace，植物学由 William Jackson Hooker，地质学由 Robert Jameson，动物学由 William Swainson，分别担任作者。英国版增补版于 1843 年出版。该书初版后广受欢迎，托马斯·加马利尔·布拉德福德(Thomas Gamaliel Bradford，1802—1887)编辑了三卷的美国版(1837 年)。

日本学者樽本照雄认为，《世界地理百科全书》原本 1834 年出版于伦敦，两册本，共计 1567 页；1838 年修订版共计三册，第 1 册 597 页、第 2 册 592 页、第 3 册 624 页，全书合计 1813 页。② 林则徐编译《四洲志》所依据的原本出版于哪一年，至今说法不一。有人认为依据的是 1834 年初版，但《四洲志》中有两次提到美国在 1836 年扩大领土，多次提到 1835 年的贸易情

---

① 吴义雄：《〈中国丛报〉与中国历史研究》，《中山大学学报(社会科学版)》2008 年第 1 期。
② ［日］樽本照雄：《汉译〈天方夜谭〉论集》，清末小说研究会 2006 年，第 248—250 页。

况,显然此说不确。陈华认为《四洲志》绝大多数内容是依据原著的美国摘译版及其书中的地图编译的。美国版改了书名的首字,为 The Encyclopaedia of Geography。从 1837 年起连续出版多年,版本很多,可能依据的是 1837 或 1838 年版。① 有学者认为《世界地理百科全书》的原本是林则徐通过在马礼逊学堂任教的美国公理会传教士鲍留云(Rev. Samuel Rollins Brown,1810—1880?②)购入的。滕超认为《四洲志》所据原本应为 An Encyclopaedia of Geography,于 1834 年在英国伦敦首次发行,十年后才有第二版(1844)问世,书名不变,从 1837 年起连续多年在美国费城刊印,并更名为 The Encyclopaedia of Geography。美国的各个修订版(1837—1855),都特别声明全文经过仔细核对与更正,多数情况下采用了新近的统计数据。但据其核对,除了“育奈士迭国”(今译美国)篇有较大增补,其他部分基本没有改动。③ 由此大致能确定,《四洲志》所据原本为 1837 或 1838 年的美国费城版。

《四洲志》当时有无单行本刊本,至今仍是一个谜。中国史学会主编的“中国近代史史料丛刊”《鸦片战争》的“书目解题”称《四洲志》有道光二十一年(1841)刊本,这一说法也为来新夏和陈胜粦所沿用。④ 其实两说的共同来源还是《鸦片战争》“书目解题”中的“据西人记载”一说。⑤ 查《中国丛报》1845 年 11 月刊本有报道,称已经收到一套二十卷本的林则徐所译《地

---

① 陈华:《有关〈四洲志〉的若干问题》,《暨南学报》1993 年第 3 期。
② “Brown”中文文献中又译勃朗、布朗、蒲伦等,此采用道光二十七年(1847)《致富新书》中的译名。鲍留云夫妇相携于安政六年(1859)十一月从神乃川上陆进入日本,1862 年在横滨创办英学塾教授英语,植村正久、本多庸一、押川方义、井深梶之助等日本基督教界的名流都曾受教于他,出其门下的还有都筑馨六、岛田三郎、白石直治、松平定教等。1867 年一度回国,1869 年出任新泻英学校的英文教师。一年后转入横滨修文馆任教,1879 年回国。(参见[日]樱井役《日本英语教育史稿》,敞文馆昭和 11 年,即 1936 年版,第 66 页);他曾著有英文著作:Colloquial Japanese, or Conversational Sentences and Dialogues in English and Japanese(1863);Prendergats' Mastery System adapted to the Study of Japanese or English。参见[日]竹村觉:《日本英学发达史年表》,氏著:《日本英学发达史》,研究社 1933 年,第 318、333 页。
③ 滕超:《林则徐》,方梦之、庄智象:《中国翻译家研究》(历代卷),上海外语教育出版社 2017 年,第 424—425 页。
④ 来新夏编著:《林则徐年谱长编》,上海交通大学出版社 2011 年,第 452 页;陈胜粦:《鸦片战争前后中国人对美国的了解和介绍——兼论清代闭关政策的破产和开眼看世界思潮的勃兴》,氏著:《林则徐与鸦片战争论稿(增订本)》,中山大学出版社 1990 年,第 293 页。
⑤ 中国史学会主编:《鸦片战争》,“中国近代史资料丛刊”,神州国光社 1954 年,第 6 册,第 440 页。

理大全》(即《世界地理百科全书》)的印本(A Copy of Lin's *Encyclopaedia of Geography*),并准备在下月号予以详细评说。① 但据 1841 年"马礼逊教育社第三年度报告"(*The Third Annual Report of the Morrison Education Report*),林则徐曾准备将该书等交付出版,可是突然接到清廷谕令,要他前往浙江前线抗英,这些译稿自然无法付梓。② 据说他离开广州时随身带着《四洲志》的译稿,打算到浙江整理,做出版准备,后来译稿下落不明。魏源称自己得到的《四洲志》是钞本,编入 1842 年出版的《海国图志》五十卷本。尽管 1839年《四洲志》已由林则徐组织编译完成,但一直没有刻印过,所以事实上《四洲志》是依靠《海国图志》才得以流传的。今人所述的《四洲志》,多依据收在王锡祺编《小方壶斋舆地丛钞再补编》第十二帙(杭州古籍书店 1985 年影印本第 20 册)中的刊本,或以为是辑录自 1841 年的刻本。③ 潘光哲将《小方壶斋舆地丛钞再补编》第十二帙中收录的《四洲志》和六十卷本与百卷本的《海国图志》的相关段落进行初步比对,认为与《海国图志》的内容根本一致,因此大胆推断,此版本《四洲志》中的一些内容,应辑录自《海国图志》,非其原书。④

第二节　内 容 与 结 构

《四洲志》编译汉文约十一万四千字,仅及原著的十五分之一。⑤ 有不

---

① ［美］Elijah Coleman Bridgman(裨治文),*Chinese Repository*, Vol. Nov. 1845,Canton：Printed for the Proprietors,1845,P. 543.

② ［美］Elijah Coleman Bridgman(裨治文),*Chinese Repository*, Vol. Oct. 1841,Canton：Printed for the Proprietors,1841,P. 577.

③ 洪九来也称：据说《四洲志》有 1841 年刊本,今已不可见,最初的刊行范围和影响程度均极为有限。不过庆幸的是,《小方壶斋舆地丛钞再补编》第十二帙中收录了《四洲志》原文,使我们有机会见到这部在"开眼看世界"思潮中国人最初的认识记录。洪九来：《有关〈海国图志〉的版本流变问题》,《古籍整理研究学刊》1994 年第 3 期。参见杨玉圣：《中国人的美国观——一个历史的考察》,复旦大学出版社 1996 年,第 12 页。王锡祺的《丛钞》从光绪三年(1877)开始编纂,1880 年完成前六卷,1891 年在上海出版;续编刊行在 1894 年,再补编完成于 1897 年。关于该书与认识世界的关系,参见彭明辉：《晚清的经世史学》,麦田出版 2002 年,第 241—256 页。

④ 潘光哲：《晚清士人的西学阅读史(1833—1898)》,第 398—399 页。笔者在《晚清西方地理学在中国——以 1815 至 1911 年西方地理学译著的传播与影响为中心》一书中已有类似的推测,参见第 148 页注释 42。

⑤ 萧致治：《从〈四洲志〉的编译看林则徐眼中的世界》,《福建论坛》1999 年第 4 期。

少文章把《四洲志》仅仅看成是一本地理著述，这是不正确的。《四洲志》是据《世界地理百科全书》原本的修订版节译的，或说是据此编译的一个选本。《四洲志》译本的原抄本之具体结构究竟如何，目前还是一个谜。因为今人所述的《四洲志》，多依据收在《小方壶斋舆地丛钞再补编》第十二帙中的刊本。该版是据《海国图志》转辑的，王锡祺知道魏源重辑过程中删掉抄本的百余字，但不清楚魏源在重辑过程中，是否为适应《海国图志》的编辑体例，改动过原抄本若干节的顺序。① 在目前尚无法找到原抄本的情况下，我们也只能以收录在《小方壶斋舆地丛钞再补编》第十二帙中的刊本，作为分析该书体例的基础。

　　《四洲志》包含有世界四大洲三十多个国家的政治、历史、商业内容，原本《世界地理百科全书》述及的国家和地区并未完全译出，整个澳洲卷基本上删节，不过鉴于当时国人世界知识的缺乏程度，其堪称近代中国第一部相对完整、比较系统的世界地理志书。从 1834 年初版起，直至 1837 年以后在美国发行的修订版，《世界地理百科全书》均划分为五卷，即五洲：欧洲、亚洲、非洲、美洲和澳洲。而《四洲志》一改原作者欧洲中心主义的模式，将原本欧洲、亚洲、非洲、美洲和澳洲的五洲模式，改为亚洲、非洲、欧洲和美洲的结构，保留了中国传统以天朝为中心的叙述方式，中国仍是世界的核心和起点，仍是从越南、暹罗等叙起，由东及西，述及欧洲和北美。

　　亚洲依次介绍的有安南国、逻罗国、缅甸国、印度国、巴社国（今译波斯）、阿丹国（今译阿拉伯）、都鲁机国（属亚洲部分的土耳其），亚洲除中国外，缺日本和东印度群岛；非洲介绍了依揖国（今译埃及）、阿迈斯尼国（今译埃塞俄比亚）、东阿未利加洲、阿未利加洲之北四国（摩洛哥、阿尔及利亚、突尼斯、特厘波里）、南阿未利加洲、西阿未利加洲、中阿未利加洲，但非洲部分没有译介努比亚（Numbia）、撒哈拉沙漠（Sahara）和非洲岛屿国家；欧洲介绍了布路亚国（今译葡萄牙）、大吕宋国（今译西班牙）、荷兰及弥尔尼壬国（弥尔尼壬国今译比利时，1815 年与荷兰成立联合王国，1830 年脱离）、佛兰西国（今译法兰西）、意大利亚国、耶马尼国、欧塞特里国、波兰国、绥林与那威国（今译瑞典与挪威）、领墨国、瑞国（今译瑞士）、普鲁社国、都鲁机国（属欧洲部分的土耳其）、英吉利国、俄罗斯国、悉毕里阿国（今译西伯利亚），欧洲部分缺希腊；美洲有育奈士迭国（今译美利坚合众国）、北墨利加洲之俄罗

---

① 陈华：《有关〈四洲志〉的若干问题》，《暨南学报》1993 年第 3 期。

斯属地、北墨利加洲之英吉利属地、智利国,美洲部分缺巴西、哥伦比亚、秘鲁、西印度群岛、危地马拉、墨西哥等中美洲国家,最后部分是世界各教。①因为将南北美洲合为一洲,而当时国人对澳洲的认识还很模糊,一般称"墨瓦腊泥加"或"墨瓦腊之地",或指南极洲、大洋洲的一部分,甚至包括东南亚一带。《四洲志》几乎完全没有涉及澳洲,大概林则徐也没有将之视为一大洲,故名"四洲"。而且明末以来有不少学者在接受西方传来的五大洲观念的同时,又很喜欢将地理空间的划分,以佛教典籍中的所谓四大部洲来附会,如魏源"梵典分大地为四大洲"一说即是显例,②而魏源的观点很大程度可能也是受到了林则徐的影响。

《四洲志》除了节译出原书中关于世界各国的历史由来、地理沿革、山川河湖、国家结构、民族分布、宗教信仰等内容,还穿插发表林则徐自己的见解,表明他的编纂原则和政治倾向。如改变了原书以欧洲为中心的模式,凡原书耶稣纪年后均标注中国的皇帝纪年,以便中国读者比较对照。全书多处以汉文文献和其他相关中文记述相印证,如称"巴社国"(今译波斯)"《史记》所载,亦古名邦,如阿西利阿、巴比罗尼阿"③。"印度国"一节中称"《海录》谓居斯土者为巴史种类,颜色稍皙,即今来粤贸易之白头夷也"。"果真,南印度部落,《海录》作固真,东界戈湾都,西界海,南界特那弯戈,北界马那麻。"④在讲述依揖国(埃及)时,特别指出当年"利玛窦所谓黑人多是也"⑤。这些都是原书中没有的内容。

《四洲志》不译原著专讲中国的近三章,仅摘译原著的其他章节。但原

---

① "世界各教"记录加特力教(今译天主教)有一亿一千六百万人,额利教(今译东正教)七千万人,婆罗特士顿教(今译基督新教)四千二百万人,由教(亦作由斯教,今译犹太教)约四五万人,马哈墨教(今译伊斯兰教)一亿二千万人,巴柳士艮教(即道士教)七千三百万人,墨那敏教(今译印度教)七千万人,大喇麻教(今译藏传佛教)五千万人,墨鲁赫教(今译西藏之红教)四千万人,各教共计六亿七千万人。参见林则徐著,张曼评注:《四洲志》,华夏出版社2002年,第189页此版本颇便利用,唯其中不少注文有误,如1492年误注为"元(世祖)至元二十九年"(详见该书第175页,注3)。下凡引用其中有标点不妥,径改,不出校记。
② 魏源《海国图志》卷七十四"释五大洲"中以《说文解字》"水中可居曰洲"为依据,反对将大陆连接的部分强行划分为两洲,主张亚洲、欧洲和非洲应视为一洲,可以对应梵典中的"南赡部洲",南北美洲则为"西牛货洲",而"北具卢洲"和"东神胜洲"则对应北冰洋和南冰海。参见氏著:《海国图志》,岳麓书社1998年,第1847—1852页。
③ 林则徐著,张曼评注:《四洲志》,第15页。
④ 林则徐著,张曼评注:《四洲志》,第11—12页。
⑤ 林则徐著,张曼评注:《四洲志》,第29页。

著对中国疆域的刻意歪曲，是周密地贯彻到有关章节中去的。《四洲志》首译原著的 Further India 这一章。林则徐既不知此名在原著英国版中作 Indo-Chinese Countries（印支国家），也不知美国版改用新概念的用意，但他对"中国与西藏"这一居心险恶的提法是看得很清楚的。凡原著有问题的地方，林则徐——加以考辨，如原著将中国（China）、西藏（Tibet）和东鞑靼里（Eastern Tartar）分三个部分叙述，而把后两个部分说成"foreign dominion of China"，意谓被"纳入中国版图的外国领土"，在《四洲志》中被纠正为"中国西藏"，原著中的"北界中国与西藏"的错误叙述，也被改正为"北界云南、西藏"。《四洲志》的首句，就是他把译自原著的安南、暹罗、缅甸三国"北界中国与西藏"，改定为"北与中国西藏、云南、广西交界"，意即西藏同云南、广西一样都是中国的领土，不容歪曲。随后译稿在缅甸一节中再次出现缅甸"北界中国与西藏"之句，林则徐又改为"北界云南、西藏"，意即西藏同云南一样都是中国的领土。《四洲志》中"悉毕厘阿（Siberia，今译西伯利亚）国"一章称："南以阿尔台山（今译阿尔泰山）为界。阿尔台山起处距乌拉岭不远，自西而东，直抵海岸。最高之峰两千丈，有出火焰者。山北为悉毕厘阿，山南即蒙古、伊犁、鞑靼里、黑龙江等处也。……地旷人稀，乃取国中罪人谪戍于此。"①《四洲志》比较详细地罗列了西伯利亚的出产：

> 产米、谷、大麦、小麦、粗麦、石盐、石髓、石奶油、野鸭、雁鹅、牲畜。器用有大呢、玻璃、金、银、铜、铁、铅、红宝石、青金石、钻石、水晶、绿晶。别有一种石，刀切成片，可代玻璃。皮毛则灰鼠、貂鼠、白狐、黑狐、红狐、海狐、海虎、海獭。……中国恰克图城为俄罗斯与中国互市之所，以皮货、呢绒、玻璃易中国茶叶、大黄、瓷器、丝发、棉花、烟叶。②

原书中所称"山南即东鞑靼里"，译本改为"山南即蒙古、伊犁、鞑靼里、黑龙江"。③ 后文又强调"南界中国"，④以此来明确这些地区是中国领土不可分割的一部分。原著说西伯利亚隔着大山脉南接东、西鞑靼里，林则徐则把译稿中的"东鞑靼里"改为黑龙江、蒙古、伊犁等处，意即根本不是什么

---

① 林则徐著，张曼评注：《四洲志》，第 139 页。
② 林则徐著，张曼评注：《四洲志》，第 141—142 页。
③ 陈华：《有关〈四洲志〉的若干问题》，《暨南学报》1993 年第 3 期。
④ 林则徐著，张曼评注：《四洲志》，第 142 页。

"东鞑靼里"，而是我国的这些地方。其中"黑龙江"三字，包括镇守黑龙江一带的黑龙江、吉林二将军辖区。原著借"地理著作"有计划地而且很严密地贯彻西方侵略者分裂中国的阴谋；而为了维护我国的领土、主权，从《四洲志》的首句开始，林则徐就在他能够发现的问题上，对原著的谬论作了一系列的批改。①

阿尔泰山脉位于中国新疆维吾尔自治区北部和蒙古西部一直延伸至俄罗斯境内与哈萨克东部，呈东南—西北走向。长约两千公里、海拔一千至三千米的"阿尔泰"在蒙语中意味"金山"，从汉朝就有人开始开采金矿，至清朝在山中淘金的人曾多达数万人。中国境内分布的主要是山脉中段，森林、矿产资源丰富。阿尔泰语系从阿尔泰山得名。《世界地理百科全书》原书中关于俄罗斯西伯利亚"Altai"的表述语焉不详。

《四洲志》中篇幅最长的要数"育奈士迭国"（今译美利坚合众国）一节，较为详细地介绍了美国的简史和政治体制，指出："千七百七十六年（乾隆四十一年），士众愤怒，次年遂约佛兰西、大吕宋、荷兰诸仇国助兵恢复，爰议以戈揽弥阿之洼申顿为首区，总统兵马，称为育奈士迭国。与英国血战七年，客不敌主，大破英军，国势遂定。"②在"政事"一小节中称："因无国王，遂设勃列西领一人，综理全国兵刑、赋税、官吏黜陟。然军国重事、关系外邦和战者，必与西业会议而后行。"③美国从 1776 年建国，差不多经过半个世纪，已经开拓了大规模的世界贸易，有关美国的物产和世界贸易发展的情况，《四洲志》中亦有不少数据，如称 1834 年，英吉利进美利坚口岸货物，约值四千五百五十六万六千元有奇，出口货物约值四千一百六十四万八千四百二十元；中国茶叶进口者，约计六百二十一万三千八百三十五元。在国内销流者居六分之一；此外尚有丝发等项一百六十七万八千四百九十二元，共计值银七百八十九万两千三百二十七元。由本国出口运赴中国的货物，值银不过一百万零四百八十三元。其余各国进口货物多寡不一，统计货值一亿四千九百八十九万五千七百四十二元。1835 年，美国从各国进口货物共计银一亿两千六百五十二万一千三百三十二元，出口运往各国货物共计银一亿四百三十三万九千九百七十三元。④ 从上述美国进出口贸易估计，当时世界

---

① 陈华：《有关〈四洲志〉的若干问题》，《暨南学报》1993 年第 3 期。
② 林则徐著，张曼评注：《四洲志》，第 145 页。
③ 林则徐著，张曼评注：《四洲志》，第 146 页。
④ 林则徐著，张曼评注：《四洲志》，第 157—158 页。

各国之间的货物交易量,已经形成相当大的规模。"育奈士迭国"有一段关于美国何以在短时间内成功建立新的富强之国的评论,称:

> 传闻大吕宋开垦南弥利坚之初,野则荒芜,弥望无人;山则深林,莫知矿处;壤则启辟,始破天荒。数百年来,育奈士迭遽成富强之国。足见国家之勃起,全由部民之勤奋。故虽不立国王,仅设总领,而国政操之舆论,所言必施行,有害必上闻,事简政速,令行禁止,与贤辟所治无异。此又变封建、郡县官家之局,而自成世界者。①

比对原书,第二句"野则荒芜,弥望无人"较为忠实,第三、第四句"山则深林,莫知矿处;壤则启辟,始破天荒"则完全是改写,"不立国王,仅设总领"属林则徐凭空加入的内容,"the omnipresence of its periodical press"(期刊星罗棋布)和"the cheapness and efficiency of the government"(政治廉洁高效)两句,被解读成"而国政操之舆论,所言必施行,有害必上闻,事简政速,令行禁止",特别是林则徐把美国的联邦制度同中国的封建、郡县制度加以对比,认为美国的政治制度,与中国有作为的圣明君主所治并无差异,肯定这种民主共和的国体,在世界政治体制上的合理性。② 这种认识在清朝举国夜郎自大、唯我独尊的社会氛围中,确属凤毛麟角,这一思想同样也影响了后来的魏源和徐继畬。林则徐也被认为是"开创了解和介绍美国之风气的第一人"③。

和当时资本主义政治制度并存的,还有封建君主专制制度。林则徐对这些国家如俄国、都鲁机(欧洲部分的土耳其),以及欧洲、亚洲、非洲其他一些国家的专制统治也一一作了介绍。他记述都鲁机的政治制度时说:

> 政事与欧罗巴各国不同,权操自上,令出惟行,弗为反。国王谓之额兰西尼阿。西尼阿者,神影也,以为奉神命而来治国。国人怀前王荷多曼之德,故后世虽经变乱被弑,仍立其后裔。王为本国回教之主,无敢訾议。……宫中姬妾数百,多由巴札各属国竞献希恩。王无聘娶之

① 林则徐著,张曼评注:《四洲志》,第155页。
② 参见陈华:《有关〈四洲志〉的若干问题》,《暨南学报》1993年第3期。
③ 陈胜粦:《鸦片战争前后中国人对美国的了解和介绍(上、下)——兼论清代闭关政策的破产和开眼看世界思潮的勃兴》,《中山大学学报(哲学社会科学版)》1980年第1、2期。

礼，以至尊无人敌体，惟于群美中择立正妃一，庶妾七，余皆婢媵。如正妻废弃，即迁入旧宫，别立一人。王如薨逝，嗣王即将前王妻妾统禁宫中，有白奄人守外门，黑奄人守内役。①

他在叙述俄国农奴制度时说：

其管辖外部之官则分数等，不问辖地之广狭，收税之厚薄，而以所隶奴仆之多寡为小大。其奴仆最多有十二万五千者。官俱武职。其国之奴仆浮于兵额。在千八百十六年（嘉庆二十一年），官之奴仆有六百三十五万三千人，民之奴仆有九百七十五万七千人。千八百二十年（嘉庆二十五年），拒敌佛兰西时，兵止九万，加以镇守两都鲁机之兵，亦不满十五万，即并各处炮台防守兵、护卫兵数之，亦不足三十万。……自俄罗斯辟山路，造桥梁，五年始葳。设总领一人，及玉士领千五百名，玉士领，武官也。所乘马皆雄壮善走，兵器弓矢、鸟铳，甲坚能御铳弹。所蓄奴仆分二等，一备战阵，一司耕作。其备战之奴仆，多至万人，修伟矫战。②

除了封建大国是林则徐叙述重点，一些落后小国也没有被忽略。如译介的非洲部落式国家即达数十个之多。在记述西非的奴隶制国家阿寒氏时说：

幅员万四千方里，户百万口，并奴仆之数则有四百万。……酋长身死，辄戮千人以祭。先拘外国奴仆，并羁禁之。罪囚不足，则虏行人。故入市不敢独行，恐被虏也。妻妾以多为贵，酋长例有三千，并选姿色，稍忤意，辄戮死，并鬻人口与欧罗巴为奴。其暴虐甲通洲。然酋长亦知慕欧罗巴之材艺，以教其人民。③

还有西非一个广约二百里的弥领国，"俗敬匪底祇神。国人见酋长，当如见神。设有干犯酋长者，已科犯上本罪，再加亵渎神明规条，施以极

---

① 林则徐著，张曼评注：《四洲志》，第109页。
② 林则徐著，张曼评注：《四洲志》，第127—128、135页。
③ 林则徐著，张曼评注：《四洲志》，第50页。

刑"①。尼门国的酋长则极其野蛮,凡战胜他国"即聚其颅骨,以造庙宇,以祀匪底衹之神。贩鬻人口,每年约二万"②。在介绍依揖的河流时,谈到"国中多河道,最长者奈尔河,源自阿未利加洲内,至罗阿依揖出海,未详里数"③。书中在描写中部非洲闷山形胜时有这么一段话:"山最大者曰闷山,自东至西,起伏绵亘,与洲境同其起讫。中阿未利加仅山之中央一隅耳。峰峦层叠,崖石嵯峨,有似倒塌炮台者,有似尖锐浮屠者,形势不一。高者二三千丈,崎岖与平坦相间。"④让人读来如身历其境。

《四洲志》对整个弱肉强食的丛林世界有较多的阐述,如早期的殖民扩张,英国和荷兰的海上争霸,英国和法国的七年战争,美国的独立战争,俄罗斯武力扩张,英法俄在亚洲各地的争夺,英国从荷兰人手中夺取南非,英、法、俄等在中近东、印度等地的争夺等,均有扼要的叙述。林则徐曾利用一些国家发奋自强的事实,来启示人们振作起来,奋起抗击西方侵略。如美国在西班牙人到达之初,"野则荒芜,弥望无人;山则深林,莫知矿处;壤则启辟,始破天荒"⑤,经过数百年的开垦和美国独立战争,终于从英国殖民统治下解放出来,很快成为独立富强的合众共和国。大国是如此,小国亦如此,如中非查湖(今译乍得湖)之南,有一小国名罗艮,"接壤强邻,皆凶恶好杀,竟能立国,保境安民,皆才智所致也",并称之为"洲中最灵巧之国"。⑥ 林则徐由此得出结论是,不管一个国家大小如何,其最终勃兴,全赖举国民众之勤奋。在《四洲志》"俄罗斯国"一节选取了"伊挽瓦尔西"(今译伊凡三世)、"比达王"(今译彼得大帝)、"底利尼王"(今译叶卡特琳娜二世)三位君主的事迹,比照原文,林则徐在译作中做了大量删节,如彼得大帝一段,原文突出的是彼得如何将俄国蜕变为欧洲的文明强国,原文中改变俄国传统积习(ancient habit)而采取西欧积极进取精神(the active spirt of improvement)而引出的关键词"文明"(civilization),在《四洲志》中却找不到其对译词,这一段的重点换成了"人犹椎悍""聪明奇杰"的彼得大帝,"微行游于岩士达览等处船厂、火器局,讲习工艺,旋国传授。所造火器、战舰,反

① 林则徐著,张曼评注:《四洲志》,第51页。
② 林则徐著,张曼评注:《四洲志》,第51页。
③ 林则徐著,张曼评注:《四洲志》,第30—31页。
④ 林则徐著,张曼评注:《四洲志》,第53页。
⑤ 林则徐著,张曼评注:《四洲志》,第155页。
⑥ 林则徐著,张曼评注:《四洲志》,第55页。

优于他国。加以训兵练阵,纪律精严"。以至于在叶卡特琳娜二世时代攻取波兰,击败法国,"其兴勃然,遂为欧罗巴最雄大国"。①　文中一段出现了两次"火器",以及与"船"有关的"船厂"和"战舰","文明"在这里却以"火器"和"战舰"所替代,想想这一时代在广州洋面出现的英国坚船利炮,就很好理解林则徐为何在译文中要做如此之大的节译、换词和改动。林则徐从这些国家的纷争中,以及彼得大帝强俄的故事中体会到,在这样一个激烈竞争的时代里,不在军事上发奋图强,就无法生存。这些内容无疑对林则徐"师敌之长技以制敌"②的思考,具有重要的借鉴意义。

林则徐编译的《四洲志》努力采用中国化的原则,较原著补充了一些中国史籍记载的内容和必要的说明,有助于读者理解。如《四洲志》在多处公元纪年后增加了中国皇帝纪年:"阿丹国"一节有:"耶稣纪年七百以前(唐武后时),邻国皆乱,独阿丹无恙。有教首马哈墨者,被谪多年,收纳勇敢,教以战阵。"③在介绍欧洲的众多基督教堂,用"教师庙""尼庵"分别对译修道院和女修道院;④在"暹罗国"一节提及暹罗人出家为僧,"犹中国子弟之出外就傅",以中国古代幼童从师受学来比附;⑤在"英吉利国"一节中以"巴厘满衙门"来翻译英国国会;⑥叙述两个相隔遥远的地域,采用了"杂处一方,判如胡越",⑦这一比喻,见之古籍《淮南子·俶真》:胡在北,越在南,比喻相隔遥远。以传统用语"蜗角蛮触"一词来翻译"中阿未利加洲"即中非诸小国因琐事而纷争不断;⑧在"南阿未利加洲"一节中用"独角兽牙"来译可入药材的犀牛角。⑨

第三节　新"志"体例及其新译名

西方地理学百科全书受到林则徐的重视并被率先选译,并非偶然。清

---

① 林则徐著,张曼评注:《四洲志》,第127页。
② 该句话是据《道光洋艘征抚记》所引林则徐奏言,实际上可能是该文作者的概括,参见《魏源集》上册,中华书局1976年,第177页。
③ 林则徐著,张曼评注:《四洲志》,第19页。
④ 林则徐著,张曼评注:《四洲志》,第61—62页。
⑤ 林则徐著,张曼评注:《四洲志》,第3—4页。
⑥ 林则徐著,张曼评注:《四洲志》,第115页。
⑦ 林则徐著,张曼评注:《四洲志》,第30页。
⑧ 林则徐著,张曼评注:《四洲志》,第54页。
⑨ 林则徐著,张曼评注:《四洲志》,第44页。

朝中期以来边疆地理研究勃兴,地理学文献得到了学界的广泛关注,特别是鸦片战争前后,西方列强窥视东南沿海,引发了官方和民间对于地理学的高度重视。① 慕瑞《世界地理百科全书》由鲍留云介绍给林则徐,很快就被林则徐看中并选摘译出,使《四洲志》成为近代中国最早以汉文编译的西方专题百科全书。1839 年十二月十四日《澳门新闻纸》最早有"百科全书"的音译词"燕西果罗啤呢阿"(Rees' Encyclopedia),作者以中国周边一些藩属国的地理之学与中国相比较:

> 安南国亦有一定之记载书,凡海上所游见之峡路,及各处报闻,皆留心载之于书。暹罗国中亦有几个明达之人,虽少地理志之学,然他们至今奋力访求由何条路可以到天下各处地方,所以近来于政事大得利益。咪咖啦系缅甸一个大头目,现今尚在,伊有天球、地球、地理图,深通地理志,他之讲究并非小儿之讲究,他甚奢想多知外国事务,他又甚奢想遇见外国游人,以资访问。在其所拣选之书中,有一套燕西果罗啤呢阿书,其中之意思大概皆已洞悉。缅甸现在之王,亦已熟悉广闻外国著名事务,亦算是不落在人后,他深知有能之国,他亦不让,我等实在难以窥测也。②

在晚清国人初次选译西方文献,林则徐就注意到"百科全书"这一类图书,以及地理学专题百科全书这一新类型,并予以译介,可见他在翻译"夷书"时所确定的选书起点非同一般。可惜,林则徐限于当时的学术背景,缺乏对西方百科全书特点的系统了解和准确认识,《澳门新闻纸》的译者也未能将"百科全书"的性质解说清楚,使得林则徐很难确切分辨西方百科全书与传统典制体史书的严格区别,因此,在编译《四洲志》的过程中,林则徐采用了中国传统志书的形式,将 encyclopaedia 与传统的"志"对应起来,将《世界地理百科全书》命名为《四洲志》。如果说,《澳门新闻纸》上的音译名"燕西果罗啤呢阿"是"百科全书"最早的汉文音译名,那么,"志"可以说是近代国人在汉文文献系统所表述的"encyclopaedia"第一个汉文意译名。

《四洲志》一书虽然也注意过明末清初耶稣会士汉文西学文献中的译名,

---

① 参见邹振环:《晚清西方地理学在中国——以 1815 至 1911 年西方地理学译著的传播与影响为中心》。
② 苏精编著:《林则徐看见的世界:〈澳门新闻纸〉的原文与译文》,第 168 页。

如在"巴社国"（今译波斯）中称"南界海，即利玛窦所谓'默生丁海是也'"。①
但总体上说，该书的译名不完全沿用明末清初西人所编译的地理学汉文西
书。该书在汉文文献系统中最早提供了许多重要的译名，如提及波斯著名
诗人时说："巴社素称文墨之邦，先日以诗名者，有哈斐士，长于揶颂；有沙
底，善论风化；有法部西，工言情。欧罗巴之人译出，读之文奇趣溢，各极其
妙。"②述及文学作品，在记载"阿丹国"（今译阿拉伯）一节中称："本国人复
又著辑，论族类，论仇敌，论攻击，论游览，论女人，以至小说等书。近有小说
谓之《一千零一夜》，词虽粗俚，亦不能谓之无诗才。"③这也许是中国第一个
《天方夜谭》的译名。英国的文化人物最早提及了重要的戏剧大师"沙士比
阿"（今译莎士比亚）、诗人"弥尔顿"、"士达萨"（即哲学家斯宾塞）、"特弥
顿"（即德莱顿，Dryden）。"四人工诗文，富著述。"④慕瑞的《世界地理百科
全书》原书列举了五个名字，包括蒲伯（Alexander Pope，1688—1744），作为
英国文学的代表人物，《四洲志》把最后一个名字"蒲伯"省略掉了。郝田虎
认为大概与中国文化对"四"这个数字的偏爱有关系，如"四书""四大美人"
"初唐四杰"等。⑤　在"荷兰及弥尔尼壬国"一节中提及荷兰的"文学"（今译学
术）"以依腊斯（今译惠更斯）、毋士俄罗是阿斯（胡果·格劳秀斯）为最"⑥，此

①　林则徐著，张曼评注：《四洲志》，第 15 页。
②　林则徐著，张曼评注：《四洲志》，第 16—17 页；哈菲士，全名沙姆斯·丁·穆罕默德·哈菲
　　兹（1320—1389），一生创作了五百至九百首诗歌，其诗对封建专制和宗教偏见进行揭露和
　　嘲讽，对贫民寄予深厚的同情，故称其"长于揶颂"；沙底，全名为谢赫·穆斯利赫丁·阿
　　卜杜拉·萨迪·设拉子（1207—1291），抒情诗有六百多首，作品通过对花鸟、山水、美女、
　　静夜的描写，寄托了诗人对大自然的热爱和对美好人生的向往，成名作为《蔷薇园》；法部
　　西，今译菲尔多西（940—1020），原姓阿卜尔·卡西姆，菲尔多西是笔名，代表作为卷帙浩
　　繁的史诗《列王纪》，共十二万行，是古代波斯民间文学的总汇。它为后世的诗人和作家提
　　供了丰富的创作素材。波斯 11—13 世纪的诗歌作品几乎都以《列王纪》为范本，或者采用
　　其题材进行创作。该书对阿拉伯文学、土耳其文学、亚美尼亚和格鲁吉亚的文学，都产生
　　过显著的影响。三位诗人的作品多被译成英、法、德、俄、拉丁、土耳其等多国文字。
③　林则徐著，张曼评注：《四洲志》，第 21 页。
④　林则徐著，张曼评注：《四洲志》，第 117 页。此段该书标点有误，引文已改正。约翰·德莱
　　顿（英文：John Dryden，1631—1700），英国著名诗人、文学家、文学批评家、翻译家，1668 年
　　的英国桂冠诗人。
⑤　郝田虎：《弥尔顿在中国：1837—1888，兼及莎士比亚》，《外国文学》2010 年第 4 期。
⑥　林则徐著，张曼评注：《四洲志》，第 69 页。惠更斯（荷兰语：Christiaan Huygens，1629—
　　1695），荷兰物理学家、天文学家和数学家；胡果·格劳秀斯，又译为格老秀斯、格劳秀士
　　（Hugo Grotius，荷兰文写法为 Hugo de Groot 即"许霍·德赫罗特"，1583—1645），国际法及
　　海洋法鼻祖，著有《海洋自由论》。

亦是汉文文献中最早出现的荷兰自然科学家惠更斯和近代国际法奠基人格劳秀斯的中译名。

在《四洲志》"育奈士迭国"中的一段关于美国政制的文字，提供了大量的新词（括号内为今译名）：

> 议立育奈士迭国（美国），以戈揽弥阿（哥伦比亚）之洼申顿（华盛顿）为首区。因无国王，遂设勃列西领（President，总统）一人，综理全国兵刑、赋税、官吏黜陟。然军国重事、关系外邦和战者，必与西业（Senate，参议院）会议而后行。设所见不同，则三占从二。升调文武大吏，更定律例，必询谋佥同。……至公举之例，先由各部落人民公举，曰依力多（elector，候选人），经各部落官府详定，送衮额里士（Congress，国会）衙门核定人数，与西业之西那多（Senator，参议员），里勃里先特底甫（Representative，众议院议员），官额相若。各自保举一人，暗书弥封，存贮公所，俟齐发阅，以推荐最多者为入选。……设立衮额里士衙门一所，司国中法令之事。分列二等：一曰西业，一曰里勃里先好司。……其专司讼狱衙门，在洼申顿者一，曰苏勃林（Supreme Court，最高法院），在各部落者曰萨吉（Circuit Court，巡回法院），凡七；曰底士特力（District Court，地方法院），凡三十有三。各以本国法律判断。①

文化机构译名方面，《四洲志》一书中多处使用了"大书馆""博物馆"，如在"英吉利国"部分出现了"兰顿（今译伦敦）建大书馆一所，博物馆一所。渥斯贺（今译曼切斯特）建大书馆一所，内贮古书十二万五千卷。在感弥利赤（今译剑桥）建书馆一所"②。晚清中国尚未出现类似博物馆的机构，从博物学的角度来看，西方的"博物馆"接近中国古代的"集古楼""博古斋"这样的名称。明末以来西方博物学的著作渐渐传入中国，林则徐在主译《四洲志》的过程中反复琢磨，在"英吉利国"部分原文有英国牛津大学波德利图书馆"the Bodleian Library at Oxford"和大英博物馆"The British Museum"，分

---

① 林则徐著，张曼评注：《四洲志》，第 146—147 页。
② 林则徐著，张曼评注：《四洲志》，第 117 页。

别被对应"大书馆"和"博物馆"，且译文内容已被改编或大大简化了。① 或以为"博物馆"一词最早由日本创造，汉文系从日文转译而来，②其实该词最早见于《四洲志》。《四洲志》在汉文文献中首次将"museum"翻译成"博物馆"。③ 清政府派遣赴欧美游历考察的官员在游记中多用"公所""行馆""画阁""万兽园""生灵苑""积骨楼""军器库""集宝楼""积宝院""集奇馆""积新宫""古器库"等词汇，或直接使用音译来描述他们见到的博物馆，结果优胜劣汰，唯有"博物馆"一词留存至今。

不过很遗憾，《四洲志》中除了"巴厘满"（Parliament，今译国会）、"甘文好司"（House of Commons，今译众议院）、"律好司"（House of Lords，今译参议院）等少数宪政机构方面的语词，以及像类似以广东方言音意合译的"加非豆"一词，④在晚清一度被沿用，大部分新词被淘汰，类似《一千零一夜》、"弥尔顿"、"博物馆"等少数几个能够沿用至今的词语，则非常罕见。

第四节　汉 译 者

1839 年 3 月至 1840 年 10 月间，林则徐到达广东出任钦差大臣和两广总督，不久他就开始在自己的幕府中组织翻译机构。他对翻译的贡献主要是组织选题、聘请译员和审订加工。林则徐组织译员翻译的材料按内容可

---

① "the Bodleian Library at Oxford was the bequest of Sir Thomas Bodley, and was enriched by successive donations. The British Museum derived its first treasures from the collections of Sir Robert Cotton and Sir Hans Sloane…the library, which previously consisted of 125,000 volumes, has been augmented by one-half." 参见［英］Hugh Murray（慕瑞），*The Encyclopaedia of Geography*: *comprising a complete description of the earth*, Philadelphia: Lea and Blanchard, 1840, vol. 1, p. 361.

② 2017 年 5 月 18 日博物馆日的主题是："博物馆与有争议的历史：博物馆讲述难以言说的历史"，还有学者称"博物一词虽在我国古来有之，但将 museum 一词对译成博物馆的人，却是江户时期派遣到欧洲的日本使节——市川清流。1862 年，在参观了大英博物馆之后，市川清流在自己的考察报告中使用了博物馆一词作为 museum 一词的对译"。参见《国际博物馆日｜探访最"好吃"的博物馆》，http://www.sohu.com/a/141563000_249325，2019 年 8 月 11 日检索。1862 年市川清流将 museum 一词对译成"博物馆"，较之林则徐的《四洲志》整整晚了二十多年。

③ 朱丹丹：《博物馆的初时样貌——〈四洲志〉、〈瀛寰志略〉、〈西海纪游草〉中的博物馆记述研究》，《中国博物馆》2016 年第 4 期。

④ 林则徐著，张曼评注：《四洲志》，第 117 页。与"加非"相关的还有"加非茶""加非因""加非烟"等，"加非"一词在 19 世纪中晚期最为常见，参见黄河清编著：《近现代词源》，上海辞书出版社 2010 年，第 431 页。

分为三部分：一是地理、律法、贸易类书籍；二是来往信件和文书；三是新闻报刊。《四洲志》的主译者是林则徐，他虽然不太懂西方语言，至少无法直接以外语来进行阅读和翻译。但他精通满文，曾把司马光《谏院题名记》、韩愈《师说》等文译成满文，名扬京师。作为"钦取翻译第一名"，他自能体会翻译的功能和甘苦。在晚清较早接触西人的大臣中，林则徐最早意识到学习外语和翻译西书的重要性。1839 年 12 月 14 日《澳门新闻纸》上记载林则徐的行事与当时清政府的官员不同：

> 他自己先预备几个最善翻译之本地人，他就指点奸细打听事件法子，这些奸细、洋商、通事、引水、二三十位官府，在各方四处打听，皆是有些才能之人，将打听出来之事，写在日记上，按日期呈递，登于簿上。有几个夷人甘心情愿广中国之知识，将英吉利好书卖与中国，俾有翻译人译出大概之事情，有如此考究，并添许多知识，于今有何应验？林系聪明好人，凡有所得，不辞辛苦。常时习用，记在心中。①

美国公理会派来中国的第一位传教士裨治文也对林则徐的个人风度和言谈举止留下了很好的印象，在《鸦片贸易危机》一文中认为他的表情流露出具有多思慎辩的习惯。裨治文曾经详细地描述了他和金查理与林氏会见的情景，除了讨论当前的鸦片危机，林则徐还希望能够得到有关地图、地理和其他方面的外文书，尤其是一套完整的马礼逊辞典。② 林则徐的《洋事杂录》中记录了澳门售卖的各种西人地图，如《精致总图》《经典地理志》《花旗地图》《欧罗巴地图》《亚西亚地图》《亚佛利加地图》《南美利坚地图》《花旗各方手卷》，以及"外夷各国地图俱全"的《地理图》和《地理志》。③ 魏源《圣武记》称林则徐"日日使人刺探西事，翻译西书，又购其新闻纸"④。金安清《林文忠公传》称其"独设间得其新闻报及外洋纪载，通以重译，能中其窾

---

① 苏精编著：《林则徐看见的世界：〈澳门新闻纸〉的原文与译文》，第 169 页。
② ［美］雷孜智著，尹文涓译：《千禧年的感召——美国第一位来华新教传教士裨治文传》，广西师范大学出版社 2008 年，第 160 页。
③ 林则徐全集编辑委员会编：《林则徐全集》（第十册）"译编卷"，海峡文艺出版社 2002 年，第 5162 页。
④ 《魏源集》，第 174 页。

要，而洋人旦夕所为，纤悉必获闻，西酋骇为神助"①。确实非为虚言。

据林永俣《论林则徐组织的迻译工作》一文称，林则徐出资雇请的译员有四位。苏精利用伯驾给美部会的报告所列出的四个译员的名字，分别为阿曼（Âmân）、阿伦（Alum）、袁德辉（Shaou Tih）和阿德（Atih）。②

阿曼在印度塞兰普尔一所教会学校念过十余年书，并参与过英国浸会牧师马什曼（Joshua Marshman，又译马煦曼）译述《圣经》的工作。③ 阿伦，或译亚林，英文姓名为 William Alum。十九岁抵达美国依靠货监生活，住在费城。在美国长老会牧师斯密斯的帮助下，1823 年进入美国康涅狄格康沃尔基督教公理会差会所办的"外国传教学校"念书，较之容闳还早了二十多年。1826 年"外国传教学校"停办，阿伦也因故退学，1830 年回到中国，初在外国商行里教英文，后为林则徐所聘担任译员。④ 他很有可能是近代中国最早的新教教徒之一。

袁德辉是曾就学于槟榔屿罗马天主教办的学校、学习过拉丁文的四川人。1825 年起曾在马六甲英华书院读过两年书，因成绩出众而获得英华书院的奖学金。他能说一口官话和写一手好字，1839 年春天受聘任林则徐的译员，曾译述过林则徐、邓廷桢、怡良三人联合给英女皇的信。⑤ 由于他在

① 金安清：《林文忠公传》，缪荃孙纂录：《清碑传合集（三）续碑传集》卷二十四，上海书店 1988 年影印本，第 2244 页。

② 林永俣《论林则徐组织的迻译工作》一文（福建社会科学院历史研究所编：《林则徐与鸦片战争研究论文集》，福建人民出版社 1985 年，第 118—137 页）分别译为"亚孟""亚林"。本文所采用的阿曼、阿伦的译名，依据苏精编著：《林则徐看见的世界：〈澳门新闻纸〉的原文与译文》，第 3—50 页。

③ 或以为阿曼（Âmân），即亚孟，是林则徐赴广州时即随带的通事，曾在四译馆工作。他的父亲是中国人，母亲是孟加拉国人。阿曼曾师从印度塞兰普尔英浸会牧师马什曼，在塞兰普尔的教会学校里念过十多年书。返华之前，阿曼在塞兰普尔帮助马什曼牧师传教。《中国丛报》中提到的"在塞兰普尔受过英文教育的老年人"便是指亚孟。据裨治文记录，阿曼的英文水平较其他三位主要译员略逊一筹。参见邵雪萍、林本椿：《林则徐和他的翻译班子》，《上海科技翻译》2002 年第 4 期。

④ 苏精考证认为 Alum 的英文姓名为 William Alum，而 Liaon Ashee 另有其人。Liaon Ashee 和 Alum 都是康沃尔"外国传教学校"（Foreign Mission School）的学生。1823 年 9 月在该校同时在读的有 Ashee（William Botelho）、Alum（William Alum）和 Alan（Henry Martyn Alan）。林永俣《论林则徐组织的迻译工作》一文是将施其乐和白瑞华《中国报纸》中的说法混为一谈，将 Alum 和 Ashee 两人合为一人。参见苏精编著：《林则徐看见的世界：〈澳门新闻纸〉的原文与译文》，第 23—24 页。

⑤ 关于马六甲英华书院，可参见邹振环：《马礼逊与早期英语教育——以〈英国文语凡例传〉为中心》，李金强、吴梓明、邢福增主编：《自西徂东——基督教来华二百年论集》，香港基督教文艺出版社 2009 年，第 85—100 页。

入学前曾在槟榔屿的一所天主教学校里学习过三年拉丁语，因此在学期间就曾将凯思(Keith)的《天体论》(*Treatise on Globes*)从英文译成中文，还将一部拉丁语的希伯来词典译成中文。他有很深的英文造诣，1826 年编写过一本名为《英语与学生辅助读物》的大学用书，或译作《英华学生口语手册》(*The English and Chinese Students' Assistant*)。① 此书中英文对照，目的是增进书院学生的英文阅读能力，选择生活、道德、宗教、史地、科学，以及书信等主题，每个主题由传教士选写几句英文对话，请袁德辉逐句加上对应的中文口语对照而成，1826 年由马六甲一家基督教书局出版，② 所以多称该书有马六甲伦敦会刊本，很有可能被采作马六甲英华书院的课本。美国商人、汉学家亨特(William C. Hunter)在《旧中国杂记》一书中对他有一段描述：

> 从槟榔屿又来了一个大麻子中国人。他原来在那里的一所罗马天主教学校里读书，据说是那种信仰的皈依者，但是我们并没有看出他有什么这方面的表现。他带来的介绍信对他的评价很好。他在书院住了下来。很快就看得出来，他不是等闲之辈。他熟识拉丁文，而我们的中文老师人人都对他在中文方面的高深造诣感到惊异。他的名字叫小德，是四川省人，年纪在 25 岁左右。他讲一口很浓的中国官话。他对书院的中文印刷所极有用处，因为他写得一手好字，可以给印刷所誊写用来制版的抄本。他举止粗豪而敏捷，一双亮闪闪的小眼睛锐利而有洞察力。我跟穆尔和小德一起在书院里的那 16 个月间，小德专攻英语，不是浅尝辄止，而是深入研究。当我离开那里回广州的时候，他已经取得了惊人的进步。书院里每个人提到他的时候都称他为"读书人"；那是因为他学习时专心致志的缘故。③

1829 年底袁德辉经伍浩官推荐，受聘在清廷理藩院当通译，1838 年被调到林则徐的幕下担任翻译工作，作为随员来到广州。但他的英文能力有

① ［意］马西尼著，黄河清译：《现代汉语词汇的形成——十九世纪汉语外来词研究》，汉语大词典出版社 1997 年，第 21 页；参见吴义雄：《在宗教与世俗之间——基督教新教传教士在华南沿海的早期活动研究》，广东教育出版社 2000 年，第 323—333 页。
② 苏精编著：《林则徐看见的世界：〈澳门新闻纸〉的原文与译文》，第 26 页。
③ ［美］亨特著，沈正邦译，章文钦校：《旧中国杂记》，广东人民出版社 2000 年，第 286 页。

限，所译错误连连，曾将瑞士著名法学家滑达尔（今译瓦特尔）的《国际法，或运用在国家和主权者的所为和事务上的自然法的原则》一书的有关部分节译成中文，后以《万国律例》为题被魏源的《海国图志》第八十三章大段收录。① 林则徐被贬后，他也失去了踪影，后可能担任浙江候补知县一职。

主要参与翻译《四洲志》的是阿德，即梁进德（1820—1862）②，是最早的基督教徒梁发（1789—1855）的儿子。1819 年梁发返回广州时，被人密告违律私自出洋，同年 11 月遭官府逮捕拷打。出狱后又被禁止在广州居住，遂于 12 月底前往马六甲。梁进德出生一年（1821）后，才得与返乡的父亲见

① 杨国桢：《林则徐传》（增订本），人民出版社 1995 年，第 217—218 页。王宏志对袁德辉的英语水平很表示怀疑，因卫三畏曾说袁德辉的英文与拉丁文水平非常糟糕，他负责为林则徐等起草给英王的信，林则徐也并不满意。参见王宏志：《第一次鸦片战争中的译者》，氏主编：《翻译史研究（2011）》，复旦大学出版社 2011 年，第 82—113 页。

② 梁进德所用名字甚多，1855 年其父梁发过世后，他在同年 8 月 25 日为此以英文写一封公开信，合信（Benjamin Hobson）医生于同年 9 月 13 日将这封信寄给伦敦会秘书（见 London Missionary Society Archives/China/South China, box 5, file 4, jacket E），梁进德于信末署名为：Tsin-teh, Wan-lee, Whuy-kwang, Chih, Ye-tsuen, Liang, 接着他又加注：Tsin-the, infancy name；Wan-lee, school name；Whuy-kwang, marriage name；Chih, official name；Yee-tsuen, a name to friends。其中 Tsin-the（进德）之后的 infancy name，指乳名或小名；Wan-lee（万里？）之后的 school name 指读书后的学名；Whuy-kwang（惠光）之后的 marriage name 是字，Chih（秩或植）之后的 official name 为其官名，Yee-tsuen（怡泉或逸泉？）之后的 a name to friends 则为别字或号。以上释义参见梁进德所写关于《粤东同官录》的书评文章，刊登于 The Chinese Repository, vol. 12, no. 10（October 1843），pp. 505－513，特别是 pp. 506－507。上文中的"秩"或"植"官名两者，梁进德都使用过，他为林则徐服务时用的是"梁秩"［例见陈胜粦：《林则徐开眼看世界的珍贵记录：林氏〈洋事杂录〉评价》，《中山大学学报（哲学社会科学版）》1986 年第 3 期，第 31 页，附图二十之一］；1859 年他参加美国使团准备进京时，用的则是"梁植"，官衔为"（美国）钦差行台汉帮办传译"（例见"中研院"近史所编：《四国新编》，第 4 册"美国档"，第 173 页）。梁进德还有英文名，他写给卫三畏（Samuel Wells Williams）的英文信署名为 T. W. C. Liang（例见顾钧、宫泽真一编：《美国耶鲁大学图书馆藏卫三畏未刊往来书信集》（桂林：广西师范大学出版社 2012 年，第 5 册，第 430—433 页；第 7 册，第 95—98 页；第 8 册，第 286—288 页）。感谢苏精教授赐告上述关于梁进德姓名的考订。尹文涓认为阿德（Atih），应为"阿植"，即梁植、梁进德，她和谭树林都认为梁进德以"梁植"署名，1838 年曾协助裨治文完成《美理哥合省国志略》。参见尹文涓：《林则徐的翻译班子及所译西书西刊》，《福建论坛》2010 年第 6 期，第 100—104 页；谭树林：《梁进德之翻译活动及其影响》，汤开建主编：《澳门历史研究》2016 年 11 月第 15 辑，第 125—143 页。但王家俭在《十九世纪西方史地知识的介绍及其影响（1807—1861）》（《大陆杂志》1969 年 3 月第 38 卷第 6 期）一文中，特别指出《美理哥合省国志略》是在广东端溪人梁植的帮助下完成的，1838 年新加坡坚夏书院刊出。梁发有广州人、广东高明（今高鹤县）三洲古劳村人、广东省高明县罗俊乡西梁村人等不同的说法，但无广东端溪人一说。"梁进德"是否即 1838 年协助裨治文完成《美理哥合省国志略》的"梁植"，待考。

面。此后三年中，梁发两度返华招募并带领工匠前往马六甲刻印马礼逊所翻译的中文《圣经》，直到 1823 年完成后，才回国居住。1823 年马礼逊（Robert Morrison）完成翻译《圣经》与编纂《字典》两大工作后，要返回英国休假。临行前，梁发请求其为梁进德施行洗礼，马礼逊同意并于 1823 年 11 月 20 日在广州十三行英国商馆内为三岁的梁进德施洗。梁进德童年时和马礼逊另一位助手屈昂的儿子一起学习《圣经》等书。1831 年初他开始师从裨治文学习英文与希伯来语。① 裨氏在其 1830 年 10 月 23 日的日记中如此写道："梁发来访。他希望我收留他那十岁的孩子。他的愿望是儿子通过学习英文能熟悉英文《圣经》，以便日后协助修订中文《圣经》。"② 可见梁发要儿子学英语的初衷，是为了宗教而非世俗。裨治文十分喜爱梁进德，精心教他英文单词、句法和阅读英文《圣经》，1832 年又开始教他希伯来文和希腊文。至 1833 年 4 月梁进德已经练习翻译了《新约》全部。1834 年乡试期间，梁发因在广州散发传教书刊给赴考的士子，而遭到广东当局的追捕。于是，在裨治文和马礼逊之子马儒翰的协助下，梁发父子于 10 月底仓皇搭船逃往新加坡避祸。1835 年 6 月梁进德独自返回广州，为躲避搜捕，匿居于裨治文家中。其间伦敦会在巴达维亚的传教士麦都思来华考察，梁进德留给他的印象是："英文还可以，同时也继续读中文。他很安静、专心和服从。一旦他能获得大家的认可，也具备了传教的精神，将对我们的事业大有贡献，有朝一日还能成为修订中文《圣经》的得力助手。"麦都思和裨治文都对 15 岁的梁进德寄予厚望。1836 年 3 月梁进德再次前往新加坡，之后回到广州，于 1837 年 10 月再随裨治文继续修读希伯来文、英文和中文。

　　1839 年，林则徐到广州查禁鸦片，紧张局势骤升。1839 年 3 月梁进德离开广州前往澳门，住在美国商人金查理（Charles W. King）家中。两个月后，林则徐差人上门，极力说服他担任林则徐的口头与书面翻译。为钦差大臣工作，对当时不满 20 岁的梁进德有着极大的诱惑力，除优厚的报酬外，还能够发挥他的才能和提升他的社会地位，于是他进入林则徐幕府并得到善待与重用。从 1839 年 5 月到 1840 年 10 月林则徐卸职，梁进德为他担任了一年两个月左右的译员，甚至林离任后，仍私人雇用梁进德到 1840 年 12

---

① 林永俣：《论林则徐组织的迻译工作》，福建社会科学院历史研究所编：《林则徐与鸦片战争研究论文集》；参见顾钧：《最早去美国的中国人》，《中华读书报》2012 年 5 月 9 日。

② 《裨治文日记》，转引自 Bridgman Eliza G. , *The Life and Labors of Elijah Coleman Bridgman*, New York, 1864, p. 54.

月,并曾打算将他介绍给新任钦差大臣琦善,可见林对梁进德的能力非常欣赏。除担任口头翻译外,梁进德还为林则徐翻译了大量的文献,供其"放眼看世界"。1841年11月,梁进德在写给马礼逊遗孀的信中,提到在过去两年中自己为林则徐翻译了《广州新闻》周报、英国商船船医唐宁(C. Toogood Downing)所著的《番鬼在中国》(Fan-quis-in-China),还有就是一部百科全书,即《四洲志》的部分内容。伦敦会传教士美魏茶(William C. Milne)和他见面,梁进德表示打算出版《四洲志》译稿,以便让全体中国人共享这项新知。裨治文等西方传教士起初对梁进德为林则徐工作心存疑虑,担心他会被清朝官场的不良环境所污染,以致动摇自己的基督教信仰。但后来裨治文得知他为钦差大臣林则徐翻译《四洲志》后,认为这是一个好兆头,因为"通过这一位林则徐办事的渠道,不仅可以为林钦差提供很多信息,而且向中国朝廷的高级官员传达他从其老师裨治文那里学到的知识,其中一部分还被奏报皇上"[1]。传教会的一位成员还向美部会报告称,梁进德参与翻译《四洲志》是一个很好的迹象,中国年轻人所学到的英语知识以后会进一步被清政府官员所赏识。如果这一愿望能够实现,那么,我们就有理由进一步期望"生命之水"能够最终通过这些新的交流渠道通畅地注入这个帝国。[2]林则徐对他的翻译水平是基本满意的,尽管其中很多音译名是用梁进德十岁以后才在南洋学会的闽南语音翻译的,译名的自相矛盾和误译不在少数。[3]

在梁进德离开林则徐之后,为谋家庭生计,梁发主张儿子应该往商业上谋职,但裨治文却不愿他如此发展,决定自己支付他相当于林则徐给予的每月十二银圆的报酬,并为之安排乡下的住所。同时还安排人指导他学中文,并为其提供足够的英文和希伯来文书籍。鸦片战争后的几年,梁进德在专志读书与追求名利之间摇摆,以致裨治文对他越来越没有把握。1844年7月,梁进德离开裨治文,受雇于广州买办潘仕成,潘仕成又将他推荐给钦差大臣、两广总督耆英。裨治文对梁进德愈感焦虑,不断为他祷告,亦与他一起祷告。几乎每星期都写信劝导他。裨治文的努力没有白

---

① See, E. C. Bridgman, "Third Report of the Morrison Education Society", CR, Vol. 10, Oct. 1841, pp. 576 – 577.

② [美] 雷孜智著,尹文涓译:《千禧年的感召——美国第一位来华新教传教士裨治文传》,广西师范大学出版社2008年,第161—162页。

③ 陈华:《有关〈四洲志〉的若干问题》,《暨南学报》1993年第3期。

费,1846 年,已有两个子女的梁进德离开耆英,回到裨治文身边继续读书,1847 年 6 月陪同裨治文前往上海参与修订中文《圣经》的工作。在《圣经》修订会议上,每位代表分别提出自己的《圣经》版本,供大家讨论后定稿。裨治文的版本是由梁进德先从英文本《圣经》译出初稿,由裨治文以希腊文本校对正误后,交由他的中文老师邱泰仁(Keu Taijen)润饰文字,最后再由裨治文、梁进德和邱泰仁依据前人翻译的版本共同注释,逐字逐节地进行考校。1854 年五、六月,裨治文带着梁进德随新任美国驻华公使麦莲(Robert M. McLane)搭船上溯长江,到太平天国的首府天京进行考察和交涉。同年十、十一月,梁进德又随同英美两国公使乘舰北上天津要求修约,后进入潮州海关任职五年,晋至副税务司,直到 42 岁时因病辞职,回到故里后以中年早卒。①

梁进德的《四洲志》译稿我们至今未能看到,苏精曾描述了林则徐翻译小组的工作状态,认为从翻译到成书出版的过程中,林则徐、梁进德和袁德辉等译者或者林的其他幕僚书记等,对译稿都可能扮演不同程度的抄缮、润饰、校改、删汰、编辑的角色,以致改变了译文或原文的意义。这些译文并非忠实的直译,而是撮要概述原书内容的大意翻译,译者的译稿已经如此,或是他们直译后经过林则徐或其他人整理删润后的结果。译文中一些原书所无的若干字句内容,究竟是谁增添,确实是值得进一步研究的。② 尽管年逾六十的林则徐在阅读域外文献时,也曾向袁德辉征询意见,并可能在他帮助下学习过一些英语和葡萄牙语的词汇。如英国剑桥大学图书馆收藏的陈德培抄辑的《洋事杂录》中有林则徐对于相关中文词汇或专有名词,如 12 月份、数字、外币、驻粤领事及其姓名和有关词语的英语译音的记录。③ 林则徐确实并不能算懂得英语,但作为舆论领袖和翻译把关人,林则徐在翻译活动中的作用还是至关重要的。一个典型的例子是 1840 年 2 月号《中国丛报》上曾刊载林则徐致维多利亚女王的檄文,据考证是林则徐命袁德辉英译的。为了确保译文的准确性,1939 年他又将袁氏的英译稿请亨特回译成汉文,然后审阅、督促袁德辉改进自己的译文。刘禾甚至认为"夷"字在林则徐

① 苏精:《林则徐的翻译梁进德》,氏著:《中国,开门! ——马礼逊及相关人物研究》,香港基督教中国宗教文化研究社 2005 年,第 219—239 页。
② 苏精:《林则徐的翻译梁进德》,氏著:《中国,开门! ——马礼逊及相关人物研究》,第 230 页。
③ 杨国桢:《林则徐传》(增订本),人民出版社 1995 年,第 217—218 页。

的檄文中没有被译成"barbarian"的决定,是来自林则徐本人。① 由此可见,在英译方面,林则徐尚且有如此重要的作用,更何况在汉译文的处理上。完全可以推断,无论是汉译文本原本的选择,还是在译文的修改润饰方面,林则徐的决定性作用是不容置疑的。如前述明确了蒙古、伊犁、鞑靼里、黑龙江和西藏这些地区都是中国领土不可分割的一部分,书中所述美国"不立国王,仅设总领",都有对译文的再加工和价值评价。陈华认为林则徐对译稿除了润饰,还做了实质性的,并且是很重要的修改和补充,②这一看法是非常准确的。如果说把摘译、编译、译述、节译、改译、阐译、译写、译评等,视为一种"变译方法"的话,③林则徐主译的《四洲志》堪称"变译方法"的一个典范之作。这种"译"和"著"相得益彰的互动方法贯穿在编译《四洲志》的整个过程之中,林则徐的删减做得极为简明而有层次,使这一简明的地理学百科全书不是简单的西方地理知识的移植,而是在移植的过程中加上编译者的辨析和改写。

第五节　流传与影响

19 世纪初以来,中国有关西方地理的知识,主要还是依据明末清初以来的《职方外纪》《坤舆图说》等地理学汉文西书,以及"中土人谭西洋"的本土史料,如《东西洋考》《海录》等,能够注意利用 19 世纪初以来的新教传教士汉文译著的人,实属翘楚。④ 而林则徐组织译出的所有书籍中,影响最大者当推《四洲志》。《四洲志》叙述了世界五大洲三十多个国家和地区的地理与历史,是当时最齐备、最新颖的世界地理、历史、风土人情的专题百科全书。陈原称林译《四洲志》"原文是英国人慕瑞(Hugh Murray)作的《世界地理大全》,一八三六年才在伦敦出版,作者和东印度公司有关系。毫无疑问,此书在当时是一本新书,也算是林则徐唯一新颖的《世界知识手册》了。《四洲志》比前此西洋传教士所写译的地理书要新颖得多,比一八四○年上

---

① 刘禾著,杨立华等译:《帝国的话语政治:从近代中西冲突看现代世界秩序的形成》,生活·读书·新知三联书店 2009 年,第 127—128 页。

② 陈华:《有关〈四洲志〉的若干问题》,《暨南学报》1993 年第 3 期。

③ 黄忠廉:《严复变译思想考》,商务印书馆 2016 年。

④ 有关鸦片战争前的西方史地译著的传播,参见邹振环:《西方地理学在中国——以 1815 至 1911 年西方地理学译著的传播与影响为中心》和《西方传教士与晚清西史东渐——以 1815 至 1900 年西方历史译著的传播与影响为中心》(上海古籍出版社 2007 年)相关章节。

半年在广东出版的《海录》更有参考价值——《海录》是杨炳南根据一个出国十四年的水手谢清高一八二〇年时的口述写成的，着重在所见所闻的风土人情，而《四洲志》则有点象现在的世界地理了"①。正是从这种意义上，梁启超在《中国近三百年学术史》中亦称其为"新地志之嚆矢"②，应该说是非常精准的评价。

《四洲志》的原本及其译稿最早的利用者当是林则徐及其手下的译员。林则徐及其译员梁进德在编译《澳门新闻纸》的过程中，就利用过《四洲志》的地图译稿，如《澳门新闻纸》第 148 则批注载"澳门七月二十五日新闻纸（即六月二十七日）"译稿叙述俄罗斯和英国争夺阿富汗的战事，后附录文字中有："查六幅大图上，并无挞挞里、比特革、目哈拉、机洼等地名，所以只按着《地理志》之图，并夷字大图参考而已。至比特革到印度之道路，并其道路之远近，《地理志》书上没有详载，所以不能知其实。只按《地理志》之图看来，有两条道路可以到得印度。……"③苏精认为文中的《地理志》即《四洲志》之底本《世界地理百科全书》，"夷字大图"是英文地图，并称这则补充说明肯定不是出于林则徐之手，而很可能是译员梁进德译完后，进一步补充说明译文的内容，再一并送呈林则徐阅览。④ 之后林则徐在将《四洲志》交给魏源的同时，还将《澳门月报》和《粤东奏稿》等资料，交给了魏源。林则徐嘱其编纂《海国图志》，以唤醒国人，打开眼界，了解世情，挽救危亡。

《四洲志》主要是通过《海国图志》的流传发生影响的。据吴泽主编《中国近代史学史》，林则徐是在道光二十一年（1841）七月三日在扬州奉命折回东河，效力"赎罪"。就在从浙江到扬州途中，在京口（今江苏镇江）会晤了魏源，嘱其将己所译编的《四洲志》扩充编撰为《海国图志》。⑤ 众所周知，《海国图志》是近代影响极大的一部从世界历史和地理的角度，探索富国强兵道路、阐发改良主义思想的名著。该书版本多至十余种，现今通行的有一百卷本和六十卷本，六十卷本之前还有五十卷本，据光绪年间的《邵阳县志》载，魏源曾撰有《海国图志》三十二卷。据李瑚《魏源诗文系年》，《海国图志》五十卷本发行于 1844 年，《四洲志》的材料全部分别辑入第三、五、七、

① 陈原：《书林漫步》，生活·读书·新知三联书店 1979 年，第 189 页。
② 朱维铮校注：《梁启超论清学史二种》，第 467 页。
③ 苏精编著：《林则徐看见的世界：〈澳门新闻纸〉的原文与译文》，第 410—412 页。
④ 苏精编著：《林则徐看见的世界：〈澳门新闻纸〉的原文与译文》，第 8，44 页。
⑤ 吴泽主编，袁英光、桂遵义著：《中国近代史学史》，江苏古籍出版社 1989 年，第 120 页。

十三、十四、十六、二十至二十二、二十五至三十三、三十六至四十三各卷。并且把《四洲志》的材料放在第一条，注明是"原本"，然后将《英吉利夷情纪略》《澳门纪略》等书中的有关材料作为"重辑"列入《四洲志》文字之后。唯独在介绍美利坚时，把美国高理文（即裨治文）所著《美理哥国志略》辑在前，称为《弥利坚即美理哥国总记上》，而将《四洲志》原本，作为《弥利坚国即育奈士迭国总记下》列于后，并加按语说："志例当先原本（指《四洲志》），次重辑。惟《美理哥志》出其本国，实校原志尤提纲挈领，故先之。"第二版，即增补为六十卷本出版于 1847 年。① 魏源的《海国图志》中保留了林则徐主译《四洲志》的体例，有属于正文的词条和附带的注释，正文用直排大字表示，注文用双行小字表示，这一形式也保留在《小方壶斋舆地丛钞再补编》第十二帙之中。该书收录的《四洲志》系王锡祺从《海国图志》中逐段辑出的。

事实上，《四洲志》中的不少篇目当年确实曾付诸刻印为单行本，笔者曾找到过《四洲志》多种节本，如上海四马路日本人岸田吟香（1833—1905）开设的乐善堂，1885 年前出版过林则徐译、欧罗巴人原撰、魏源重辑《俄罗斯国志》（1885 年前藏版），系日本学者从魏源《海国图志》中辑出，成独立著述。前有《北洋俄罗斯国志叙》，卷一包括东俄罗斯五部、西俄罗斯八部、大俄罗斯十七部、小俄罗斯三部、南俄罗斯五部、加晏俄罗斯四部、南新藩俄罗斯五部，以上七类皆在欧罗巴洲境内；东藩俄罗斯四部（西悉毕厘阿二部：

---

① 或有人怀疑《海国图志》第一版的作者是林则徐，因为比较同一年完成的魏源《圣武记》和《海国图志》的序言，主导思想差异很大，前者主张利用本国潜力，后者主张面向西方。林则徐是 1850 年去世的，依一般情理，林则徐当十分关心《海国图志》的出版，魏源曾把出版的《海国图志》分赠给一些好友，如邓显鹤、姚莹等等，但迄今还没有任何资料说明林则徐曾经看过这两版的《海国图志》。因此，也有学者怀疑《海国图志》的作者原是林则徐，因为只有作者才不会去谈自己著作的读后感。《海国图志》序中首先声明："《海国图志》何所据？一据前两广总督林尚书所译西夷之《四洲志》，再据历代史志及明以来岛志，并近日夷图、夷语。"《澳门月报》和德庇时都认为《海国图志》的《筹海篇》是林则徐的著作，因为其中四都是论海防的政策，林则徐强调的火器生产技术、建立强大的海军和养兵练兵之法，都出现在《海国图志》之中，而《筹海篇》的作者非富有海防知识与办理洋务经验的林则徐莫属。林永俣也认为，依据当时情况，鸦片战争失败后，签订了《南京条约》，清廷对于英国侵略者十分惶恐，所以魏源不能在《海国图志》中写出《筹海篇》的真正作者，以免惹是生非，而对当时的政治压力，发放伊犁的林则徐更是谨慎小心。作为《海国图志》的真正作者，他也不愿自己具名，只希望魏源把它编就，使朝野人士能通过该书了解世界大势，打破闭关自守的局面，他的最终目标也就达到了。参见［俄］谢尔盖·傅乐吉《魏源〈海国图志〉源流考》，刘泱泱等编：《魏源与近代中国改革开放——纪念魏源200 周年诞辰国际学术研讨会论文集》，湖南师范大学出版社 1995 年，第 147—149 页；朱维铮：《音调未定的传统》，辽宁教育出版社 1995 年，第 196—203 页。

都莫斯部、科弗利部；东悉毕厘阿二部：雅古萨部、甘查甲部），此四部在阿细亚洲境内。卷二包括俄罗斯国沿革、国朝俄罗斯盟聘记、元代北方疆域考上、元代北方疆域考下。书末有安政二年乙卯春日本盐谷世弘《书俄罗斯国志后》与《再书俄罗斯国志后》。《书俄罗斯国志后》称："伟哉！俄罗斯之猛于断也。其初建国，比达王微行游于他邦鸰厂火器局，讲习工艺，还国传授。方佛兰西之来侵，底利尼王举国迁避，空其都城，待佛军深入，潜回纵火击之。夫比达王时，其臣应不乏材俊，是之不遣，躬亲为工人以肄业，比之瞿昙氏逃山以开教，可谓劳倍而功菲矣。"记录俄罗斯建国始末，地理风俗，次分叙东俄罗斯、西俄罗斯等各部，尤详于与中国东三省、蒙古相连之北洋俄罗斯，对其侵略扩张有简略记载。[1] 还有署名林则徐译的《欧北五国志》，也是《四洲志》一部分，一册本，从魏源《海国图志》中辑出，成独立著述。全书分普鲁社国（今译普鲁士）、绥林国（波罗的亚，包括今挪威）、大尼国（今属丹麦）、瑞丁国（今译瑞典）、琏国（今属丹麦）五国，"欧北"指欧洲北洋部，这五国均在"洲中海以北，故以北洋别之"。[2] 林则徐译的《英吉利国志》，也被日本学者从魏源《海国图志》中辑出，成独立著述。安政二年（1855）和刻本版心题为"英国志"。"这一藏版策划的对象是那需要比《海国图志》那样的大部头著作更廉价、更轻便、更加方便阅读的同类著作的读者层。"[3]乐善堂是1875 年在日本东京创办的药铺，1878 年在上海设立了分店，初主要贩卖眼药水，以后还在汉口设立分店，并将业务扩大到印刷和书籍贩卖，把日本市场上大量廉价的中国古籍、和刻本汉籍及日本人用汉文编辑的书籍等运到中国进行贩卖。不少和刻本经过修改后在上海印刷出版，据《乐善堂发兑铜板石印书籍地图画谱》，至 1885 年前该书局出版有 213 种著述，内容涉及"四书五经"的解说书、科举考试的参考书、试题集、辞书、韵书、类书、尺牍和一般的学习参考书，以及关于西方法律、经济、地理和历史等知识的书籍。如《重刻仪礼传通解》《万国公法》《公法会通》《富国策》《日本外史》《安南

①　同样内容还以《俄罗斯国纪要》为题，1884 年编入佚名辑"五湖草庐"本"俄国疆界风俗志"第一册。

②　《乐善堂发兑铜板石印书籍地图画谱》（北京国家图书馆藏本），参见陈捷：《岸田吟香的乐善堂在中国的图书出版和贩卖活动》，《中国典籍与文化》2005 年第 3 期，第 46—59 页。

③　《乐善堂发兑铜板石印书籍地图画谱》，参见陈捷：《岸田吟香的乐善堂在中国的图书出版和贩卖活动》。

志略·大越史记》《全体新论》《博物新编》等。①

第六节　本　章　小　结

　　"百科全书"（encyclopedia）的词源出于古希腊语"enkuklios paideia"的变化，该词的"enkuklios"原意有"普通的"或"各方面"两种解释，而"paideia"之意有"教育"或"学识"的意思。"enkuklios"还包含有"循环的，周期性，平常的"的解释，与"paideia"结合，构成了带有相同词义的希腊词"enkuklopaedia"，其含义有"普通教育"，从字面上看即一个欲接受通才教育的人所应该学习的艺术和科学知识。新拉丁语词"encyclopaedia"，则带着"指导教育的普遍课程"之语意又进入英语，意谓"系统的知识，包容一切学术的内容"，包含有"普通教育"和"全面教育"的意思。该词被选中作为一本覆盖各科知识的参考著作的书名最先记载于1531年，也有论著指出：把"encyclopedia"作为专门书名，首见于1559年瑞士巴塞尔出版的德国作家斯卡利希（Paul Scalich）的《百科全书：或神与世俗科学知识》，而英国首次将其采用为书名则在1644年。②

　　18世纪初开始了欧洲历史上的"百科全书"运动，欧洲出版有相当数量形式各异的《百科全书》。1728年英国人钱伯斯（E. Chambers）主编的《百科全书：或关于各种艺术和科学的综合辞典》（*Cyclopedia or Universal Dictionary of Arts an Sciences*）出版，这是一部重视科技，注意介绍古今哲学体系的百科全书。此书在问世到1744年的十六年间，已再版五次。欧洲"百科全书"运动中，以法国狄德罗（D. Diderot，1713—1784）为主编，达兰贝尔（R. Dalembert，1716—1783）为副主编的《百科全书》最负盛名。此书全名为《百科全书：或科学、艺术和工艺详解辞典》（*Encyclopedie，ou Dictionnaire raisonne des Sciences，des Areset，des Metiers*），全书多达二十八卷，第一卷出版

---

① 参见陈捷：《岸田吟香的乐善堂在中国的图书出版和贩卖活动》。有学者称乐善堂是由荒尾精（1859—1896）与岸田吟香合资开办，而荒尾精受陆军参谋部的派遣到上海工作，因此在上海开设了乐善堂的分店。乐善堂一方面扩大贸易；一方面藉此为据点了解中国。1889年当陆军参谋部要召回荒尾精时，他干脆辞去军职，专意从事乐善堂的经营。1890年在此基础上成立了日清贸易研究所，收集关于中国的资料，撰写通讯报道，后集成《中国通商综论》两千多页，其中涉及关于中国改革的构想。参见钱婉约：《从汉学到中国学》，中华书局2007年，第225—226页。

② 参见《辞海》，上海辞书出版社1999年，第4751—4752页；金山词霸，2003年。

在 1751 年,第二十八卷出版在 1772 年,其中正文十七卷,图片十一卷,精细插图有三千多幅。后来出版商又加上补编五卷,索引二卷,合成第一版共三十五卷本。该书风靡欧洲,并在整个世界产生了巨大的影响,狄德罗等因此而被誉为"百科全书派"的代表。《大英百科全书》的编者加尔文(J. L. Garvin)在序言中盛赞狄德罗《百科全书》,认为是"充满生动的描写与时代的理论,是急进思想的兵工厂,真实知识的总仓库"①。1768 至 1771 年英国斯梅利(W. Smellie, 1740—1795)主编了《不列颠百科全书》(*Encyclopedia Britannica*),他们注意区别于狄德罗百科全书的大学科、大主题、大条目,强调实用性。第一版三卷,二千六百八十九页,有一百六十幅图版,1769 至 1771 年出版。以后多次修订再版,保持了旺盛的生命力。②

百科全书以一家之言为中心,或按词典的形式分条编写,或按秩序排列,以阐发系统的知识世界的成果,展示的是西方学术的立体思维和知识信息的系统思维。不过早期在中国流通的所谓百科全书形式比较复杂,研究者经常把丛书、《皇朝经世文编》之类都算作中国的百科全书。西方百科全书究竟是何时让中国人知晓的,"encyclopedia"中译名又是何时在汉字语系中出现呢? 哪一位中国人最早主持编译出西方百科全书的呢?

如前所述,1839 年 12 月 14 日《澳门新闻纸》上出现的"燕西果罗啤呢阿"是"百科全书"最早的音译名,而林则徐努力使之"中国化",把"encyclopaedia"与中国传统的"志"对应起来,将《世界地理百科全书》命名为《四洲志》。可以说"志"是近代国人在汉文文献系统所表述的"encyclopaedia"第一个汉文意译名。李孝悌试图从一个较宽广的历史脉络下,把晚清百科全书的编纂者分成四个类型:外交官与上层士绅;维新派;留日学生;新型文人。这四个类型虽然各有指涉,但彼此间也有重叠之处,有些编纂者同时具有两种乃至三种身份。③ 看起来论述似乎面面俱到,其实源流不清,没有注意到作为封疆大吏的林则徐才是晚清第一位汉文西方百科全书的编纂者。1839 年 3 月至 1840 年 10 月间,林则徐到达广东出任钦差大臣和两广总督,他在广东禁烟期间,设立译馆,翻译"夷书",其中最重

---

① 李石曾:《世界学典书例答问》,李煜瀛著:《李石曾先生文集》,中国国民党中央党史委员会 1980 年,第 478 页。
② 《中国大百科全书·新闻出版》,姜椿芳与金常政合写的"百科全书"条,中国大百科全书出版社 1990 年,第 8 页。
③ 李孝悌:《建立新事业:晚清的百科全书家》,《东吴学术》2012 年第 2、3 期。

要的就是组织译员编译出十一万四千多字的《四洲志》。林则徐主译《四洲志》的重大意义并不仅仅在于其为近代中国人主持编译了第一部了解"夷情"的世界地理百科全书，为近代开创了翻译世界专题百科全书的风气。

继林则徐之后，汉文百科全书的宏大编译计划是在江南制造局翻译馆策划的，主要的策划人可能是英国传教士傅兰雅和中国学者徐寿。"encyclopedia"在19世纪60年代的上海曾被徐寿及傅兰雅等译为"大类编书"，《大英百科全书》(Encyclopedia Britannica)最早的中译名可能就是"泰西大类编书"。[①] 1867年著名的翻译家徐寿受曾国藩的委派，到上海江南制造局主持翻译活动。他在西方传教士的帮助下，了解到西方有一种具有容纳广泛科学知识的文化工具书，于是"寄信至英国购《泰西大类编书》，便于翻译者，又想书成后可在各省设院讲习，使人明此各书，必于国家大有裨益"。[②] 张静庐为《泰西大类编书》加了一个注，即《大英百科全书》。[③] 但参与江南制造局翻译的外国传教士对是否选用《大英百科全书》意见不一，中国政府又急需翻译馆提供有关军事技术的"紧用之书"，于是编译"大类编书"的计划只能放弃。但是《大英百科全书》中的一些长篇条目，也见之于江南制造局出版的一写译本。如傅兰雅与华蘅芳译出了《大英百科全书》第8版中英国数学家华里司(WM. Wallace)著的《代数术》和《微积溯源》两文，分别于1873和1874年由江南制造局出版了单行本；德国金楷理和华蘅芳还合作译出了上述版本中的《测候丛谈》一文，于1877年出版单行本。[④] 1880年华蘅芳还与傅兰雅合译了英国数学家伽罗威(T. Galloway)的《决疑数学》一文，该书是据1853年《大英百科全书》第8版中有关概率论的辞条译出的，也有认为参考了1860年刊载于《钱伯斯百科全书》中英国数学家安德森(R. E. Anderson)所撰的辞条。[⑤] 而这些19世纪70年代译出的条目，几乎全部都是自然科学理论方面的，换言之，江南制造局翻译馆对西学的总

① "大英百科全书"汉译名，最早出现汉文语系中见之于1898年日本博文馆发兑《帝国百科全书》的广告。

② [英]傅兰雅：《江南制造总局翻译西书事略》，《格致汇编》第3年第5卷，1880年6月。

③ 张静庐辑注：《中国近代出版史料初编》，群联出版社1953年，第11页。

④ [美] A. A. Bennett(贝内特)，John Fryer: The Introduction of Western Science and Technology into Nineteenth-Century China (《傅兰雅译著考略》)，Harvard East Asian Research Monographs, Vol. 24, Harvard University Press, 1967, p. 84、100、105。

⑤ 王渝生：《华蘅芳》，杜石然主编：《中国古代科学家传记》下集，科学出版社1993年，第1248页。

体认识是在科技的层面。只是到了 19 世纪 90 年代，才由傅兰雅与汪振声合作译出了《大英百科全书》第 9 版中罗伯村（Edmund Robrtson）的《公法总论》一文，约于 1894 年前出版了单行本。

19 世纪 40 年代起，西方专题百科全书的编译工作已经在林则徐组织下展开了，《世界地理百科全书》的选译本《四洲志》，通过魏源的《海国图志》得以广泛流传。《四洲志》的编译，开创了"西洋人谭西洋"的风气，我们注意到，魏源正是因为仔细研读"世界地理百科全书"的《四洲志》，从中简要地了解到了当时世界各国的历史、地理，以及经济、政治、军事、贸易、物产、风俗等的情况介绍。所以，他在编纂《海国图志》时也有意模仿和发展林译《四洲志》的这种"志"书颇为特殊的体例。已有学者指出《海国图志》"实为当时中国最完备的世界百科知识汇编"①。利用西洋人的文献，编纂世界地理著述，成为时代的风气，如梁廷枏的《海国四说》、徐继畬的《瀛环志略》、何秋涛的《朔方备乘》等，除了利用明末清初汉文西书，也注意利用最新的《合省国志略》、美国学者所译述的舆图等。

笔者以为，《四洲志》以地理学为核心，采取"世界百科知识"的汇编方式，通过四个部分容纳了军事器械、商业贸易、政治制度、物产矿藏、宗教信仰、风土人情等复杂的内容，也成为后代许多百科全书式地理学著作所模仿的编纂模式，如继承《四洲志》形式以"译""著"互动铸就的《海国图志》就是如此。②《海国图志》的第一部分为自撰部分，包括《筹海》四篇。编者魏源从议守、议战、论款三个方面，总结了鸦片战争失败的经验教训；提出了战败之后所应该采取的防患于未然的措施；系统论述了"师夷长技以制夷"的战略对策；并且对严禁鸦片、广开贸易、大办工厂等问题，提出了自己崭新的见解。这一部分堪称全书的总纲。"自夷变以来，帷幄所擘画，疆场所经营，非战即款，非款即战，未有专主守者，未有善言守者。不能守，何以战？不能守，何以款？以守为战，而后外夷服我调度，是谓以夷攻夷。以守为款，而后外夷范我驰驱，是谓以夷款夷。自守之策二：一曰守外洋不如守海口，守海

---

① 盛邦和主编：《现代化进程中的中国人文学科·史学卷》，上海人民出版社 2005 年，第 91 页。

② 杨玉圣称《海国图志》是"当时中国规模最大、百科全书式的世界史地巨著"，参见氏著：《中国人的美国观——一个历史的考察》，复旦大学出版社 1996 年，第 12 页；张旭在《魏源》一传中将《海国图志》视为"一部介绍西方的'百科全书'"。参见方梦之、庄智象主编：《中国翻译家研究》（历代卷），上海外语教育出版社 2017 年，第 470 页。

口不如守内河；二曰调客兵不如练土兵，调水师不如练水勇。攻夷之策二：曰调夷之仇国以攻夷；师夷之长技以制夷。款夷之策二：曰听互市各国以款夷；持鸦片初约以通市。"第二部分为世界地图及各国分地图。包括七十一余幅地图，其中包含魏源首次编绘的世界地图，开一代人谈西洋以地图形式展示沿革变迁的先河，突破了"以中国为天下"天朝中心主义的陈腐观念。第三部分为"志"和"表"，为全书的核心内容，共计七十一卷，通过征引《地球图说》《外国史略》和《瀛环志略》等书中的材料，以中国为起点，按照中西交通途经各地的顺序先后，首南洋、印度，次非洲，次欧洲，再次为南北美洲，详尽地介绍了世界各国的地理位置和历史沿革，包括政治、军事、经济、物产、工艺、宗教、习俗等；附录《南洋西洋各国教门表》《中国西洋历法异同表》《中国西洋纪年通表》等各类表多种。第四部分是文献汇编部分，大致可以分为三个层面的资料：一是传统文献，包括明末以来外人所编译的地理方面的文献，如利玛窦、艾儒略、南怀仁、玛吉士等的著述摘编，系统介绍了地球形状、运行规律、哥白尼太阳中心说等近代自然科学知识；二是汇编了有关鸦片战争的档案材料及林则徐组织翻译的国外情报资料，如《澳门月报》《华事夷言》《贸易通志》和《各国律例》等；三是根据反侵略的需要，分类介绍船炮、火轮船、地雷、水雷、望远镜等西洋技艺，包括船、炮、枪、水雷等武器的制造图样、西洋技艺、望远镜做法资料、用炮测量方法及测量工具等。不难看出，《海国图志》的作者期望全书涵盖当时西方国家的政治、经济、军事、历史、地理、文化等方方面面的内容，全书的每一部分侧重虽各有不同，但都是在地理学解说的框架下进行一种类似百科全书式的叙事模式，如在美国部分介绍了其民主政治，涉及美国的联邦制度、选举制度、议会制度等。可以说《海国图志》这种"世界百科全书"的汇编方式，有意识地传达了《四洲志》所依据的原本所遗留下的百科全书式的表述方式。

第七章　海国天下:《瀛环志略》所呈现的世界

美国学者拉铁摩尔(1900—1989)在其名著《中国的亚洲内陆边疆》一书中指出,中国是一个大陆国家,也是一个海洋国家。直至公元4世纪前,造就中华民族及其文化的重要事件都发生在中国内陆,海洋活动在中国虽然出现得很早,但在历史上的重要性显然处于次要的地位。中国与其大陆边疆,以及中国与世界其他各地关系的新表现,可以由世界史上交替出现的大陆与海洋时代来解释。①自古中国的边患多来自西北,18世纪末19世纪初西力东侵,清朝知识人的地理学视野随着清廷内外关系的变化,也发生了类似世界史上交替出现过的大陆西北边患向南方海防的重心转移,由此出现了若干重要的面对海洋世界的文献。乾隆四十八年(1783),福建人王大海泛海至爪哇,前后侨居巴达维亚、三宝垄等地十年,游踪遍及爪哇北岸及马来半岛诸港口,归国后于1791年完成《海岛逸志》六卷,这是一部关于爪哇岛和马来半岛的游记,内容包括地方志、人物志、方物志等;稍后广东人谢清高(1765—1821)随商人到海南岛等地从事贸易,1820年在举人杨炳南的帮助下,完成《海录》一书,记录了南洋和欧洲各国的地理、风俗、人情、宗教和国俗。不过上述这些读本仍然属于关于域外世界的零星记录。道光元年(1821)在国史馆任校对官的龚自珍(1792—1841)在研究西北及域外地理的基础上提出了"天地东西南北之学"②。这是以一种更为开阔的视野,倡导中国人不仅应该重视西北史地之学,也应该注意四海之学,③也成为之后

① [美]拉铁摩尔著,唐晓峰译:《中国的亚洲内陆边疆》,江苏人民出版社2005年,第3页。

② 吴昌绶编:《定庵先生年谱》,《龚自珍全集》,上海人民出版社1975年,第604页。

③ 嘉庆二十五年(1820),龚自珍在《己亥杂诗》中称计划将讨论西北边患的《西域置行省议》和讨论海防的《东南罢番舶议》两篇"有谋划合刊之者"。参见《龚自珍全集》,第516页。

世界史地著作撰著的发轫。

中国人系统编译介绍世界史地文献,最早可以林则徐主译的《四洲志》为嚆矢。这类著作之中,面向海洋文明、对后世影响最大的读本要推《瀛环志略》和《海国图志》两书。《四洲志》编译自《世界地理百科全书》,而据此完成的《海国图志》主要是一部西方史地资料百科全书式的汇编,①《瀛环志略》与上述两书不同,属于中国人自己编撰的系统介绍世界地理的著作。无论是资料处理,还是方法运用,在世界地理知识的研究和介绍方面,《瀛环志略》的成就都超过了前两种著述。前人关于《瀛环志略》和《海国图志》孰优孰劣的问题,多有讨论,清末李慈铭认为《瀛环志略》文笔简净,《海国图志》体大思精,这是从两书的编写形式上来评判的;就思想性而言,李氏认为徐继畬轻信夷书,动辄铺张扬厉;《海国图志》则继承了杨光先《不得已》中对天主教的批判,"真奇书也"。②《瀛环志略》思想性究竟如何,历来争议不断,章鸣九认为《瀛环志略》无论学术价值,还是思想内涵,都超过了《海国图志》,颇近于日本著名思想家福泽谕吉的《文明论概略》。③《海国图志》几经增补,在介绍世界各国时,把能搜集到的明清有关记载几乎一并辑入,虽纲目较乱,差误不少,但属于一部未及精雕细琢的百科全书式的资料汇编;而《瀛环志略》则集中叙述世界各国的地理和历史,对搜集到的资料予以消化,考订严谨,故眉目比较清楚,层次相对分明,在叙述的明晰度和资料运用的准确性方面,要略胜一筹。简言之,《瀛环志略》属于晚清中国人探求域外知识过程中精心编撰的一部重要的世界地理著作,在世界地理研究和介绍方面的成就超过了《海国图志》。《瀛环志略》有很多续编,而《海国图志》则很少有传承者。

20 世纪 80 年代以来,《瀛环志略》(又称《瀛寰志略》,下凡行文述及该书,简称《志略》)的学术价值受到了越来越多的中外学者的重视。20 世纪 80 至 90 年代初的成果集中收录在任复兴主编的《徐继畬与东西方文化交流》(中国社会科学出版社 1993 年)一书中,对徐继畬的生平、著作与思想,该书均有涉及,反映了同一时期的研究水平。台湾张其昀曾称《志略》为

① 邹振环:《舆地智环:近代中国最早编译的百科全书〈四洲志〉》,《中国出版史研究》2020年第 1 期。

② 李慈铭:《越缦堂日记》咸丰丙辰一月廿八日;光绪丙戌十二月二十日,广陵书局 2004 年。

③ 章鸣九:《〈瀛寰志略〉与〈海国图志〉比较研究》,任复兴主编:《徐继畬与东西方文化交流》,中国社会科学出版社 1993 年,第 157—173 页。

"中国最早言世界地理之名著，盛为学者所推重"①。潘振平更是认为该书是"代表当时中国最高水平的世界地理著作"②。周振鹤先生通过《志略》与《海国图志》的比较，指出前者是名副其实的世界地理图志，在对西方的认识方面，远远超过了后者，徐继畬客观地将中国视为世界万国之一，走出"天下的阴影，进入世界新境，徐氏是清末第一个调整了认识世界的角度，成为'正眼看世界的第一人'"③。美国学者德雷克对徐继畬及其《志略》评价极高，认为徐继畬在东亚思想史上影响深远，可与马可波罗、哥伦布、巴波亚、塔斯曼、库克、白令这样的历史人物比肩，打开了中国人认识世界的视野，堪称"东方的伽利略"。④

第一节　对话与互动：徐继畬与雅裨理

　　徐继畬（1795—1873）《志略》的成书与一位美国新教传教士雅裨理⑤有着密切的关系。雅裨理同裨治文一起于 1830 年 2 月抵广州传教，又转往南洋，1842 年抵厦门鼓浪屿传教，结识福建巡抚徐继畬就在此一时期。雅氏本人的回忆录称其第一次正式会见徐公是在 1844 年 1 月 27 日，当时徐继畬来厦门是为住在鼓浪屿的洋人寻找移居厦门的住所，并确定洋人在厦门内外活动的范围。后来雅裨理出任福建巡抚徐继畬与英国首任驻厦门领事

---

①　张其昀：《十九世纪中后叶之世界形势：重印〈瀛寰志略〉序》，台湾商务印书馆影印日本文久辛西版《瀛寰志略》，第 1 页。

②　潘振平：《〈瀛环志略〉研究》，任复兴主编：《徐继畬与东西方文化交流》，第 84—103 页。

③　周振鹤：《随无涯之旅》，生活·读书·新知三联书店 1996 年，第 101—132 页。

④　［美］德雷克著，任复兴译：《徐继畬及其瀛寰志略》，文津出版社 1990 年，第 5、49 页。巴斯克·努涅斯·德·巴波亚（Vasco Nunez Balboa，1475—1519），西班牙探险家，是欧洲第一个发现太平洋的人。1500 年随船前往美洲探险，垦荒失败后转往巴拿马，担任总督和军事指挥官。经由印第安人得知南方有一大海，大海之滨遍地黄金，遂于 1513 年 9 月出发探险，发现太平洋。今巴拿马运河的巴波亚港，即为纪念巴波亚发现太平洋而命名。

⑤　雅裨理（David Abeel，1804—1846），美国归正会传教士。1826 年毕业于新泽西州的新不伦瑞克神学院，同年被按立为牧师。最初受美国海员之友传教会的派遣来华传教。于清道光十年（1830）抵广州，同年年底受美部会派遣去南洋考察。1839 年再抵广州，后迁往澳门。1842 年抵鼓浪屿，建立布道所。1843 年迁至厦门传教，两年后回国，死于纽约。在欧美养病期间曾发表演说，鼓励献身传教工作，颇有影响。著有《旅居中国及其邻国记事（1830—1833）》《一个单身汉写给在印度的单身汉们的一封信》。参见 G. R. Williamson, *Memoir of the Rev. David Abeel*, *D. D.*, *Late Missionary to China*, New York：Robert Carter, 1848；卜沃文（A. J. Poppen）著，享华德译：《雅裨理的生平》（The life of David Abeel），香港基督教辅侨出版社 1963 年。

记里布(Gribble Henry)会晤的通译。雅裨理在会晤期间向徐继畬传福音,并送给徐继畬《圣经》及若干世界地图。徐继畬向他询问了许多有关世界各地的情况。徐继畬就任福建布政使后不久,即于当年11月被派往厦门办理通商事务、勘定外人活动区界址。这次机会促成了他和雅裨理等人的密切交往,并获得了撰著《志略》的资料。徐继畬不仅在《志略》的自序中强调了雅裨理对其完成《志略》所给予的关键性帮助,而且在作为《瀛环志略》及其底本《瀛环考略》的书稿中多次引用后者的口述言谈,作为《志略》立论的依据。①

雅裨理在1844年1月27日的日记中写道:"我们已经见过阁下(徐继畬)数次……他是我们见过的最能追根究底的中国高级官员。在他所问及的许多关于外国的问题之后,我们带给他一册地图集,以便让他了解感兴趣的世界地方之幅员。他对此愉快地表示同意,在一个下午的时间里,我们给他提供了尽可能多的一般性信息。我们答应还送给他传道书。昨天我已经将《新约》和其他一些书打了包。"②雅裨理记录自己与徐继畬的又一次直接交往在2月19日。徐继畬在返回福州途中被再次派赴厦门,继续解决外国人在厦门居留地问题。"在获悉阁下返回厦门后,我们再次前往拜访,这是一次特别愉快的访问。他说自己已经读过那些传道书,并继续提问,主要涉及一些人名和地名。显然,他已认真地阅读过《新约》,由此给予我解释福音真理的机会,我祈祷上帝:我的解释能在他的心里留下印象。"③任复兴抄录的雅裨理日记原稿显示,二人在2月29日和5月13日又有两次会面,2月29日雅裨理和徐继畬一起待了近三小时,雅裨理给了徐氏地理学方面的很多指教;而后者在研究雅裨理借给他的地图册之后自行制作了六到八幅地图。他们一起还讨论了外国国名的发音问题。5月13日他们花了一个下午的时间,由雅裨理给徐氏讲授地理知识,雅裨理看到徐继畬所制作的一些地图,表示这些地图绘制得"十分准确"。在徐继畬提出有关外国的许多问题之后,雅裨理又设法给他带来一本地图册,并把他最感兴趣的地区位置和范

---

① 吴义雄:《西方人眼里的徐继畬及其著作》,氏著:《大变局下的文化相遇:晚清中西交流史论》,中华书局2018年,第235—266页。

② "Notice of Amoy and its inhabitants: extracts from a Journal of the Rev. D. Abeel at Kúláng sú", *The Chinese Repository*, vol. 13, p. 236.

③ "Notice of Amoy and its inhabitants: extracts from a Journal of the Rev. D. Abeel at Kúláng sú", *The Chinese Repository*, vol. 13, pp. 236—237.

围指给他看。从谈话中徐继畬留给雅裨理的印象是，相对于一些平常的知识，他对关于世界的"基本观念——疆域、政治重要性和贸易，特别是和中国的贸易"有更进一步的关注，且尤为关注英国、美国和法国的情形。① 考虑到当时徐继畬的地位和雅裨理传教士的身份，如果不是徐继畬为了寻求新知主动与后者接触，雅裨理是不可能见到他的，更不可能整个下午或"近三小时"呆在一起。在当时官场排外心理仍较为普遍的情况下，徐继畬与外国人如此密切地接触是要冒一定风险的；而他向被中国士人视为"蛮夷"的外国人寻求知识，则需要更大的勇气。②

在《志略》的自序中，徐继畬回顾了五年中搜集资料和反复增补的实况：

余则荟萃采择，得片纸亦存录勿弃，每晤泰西人，辄披册子考证之，于域外诸国地形时势，稍稍得其涯略，乃依图立说，采诸书之可信者，衍之为篇，久之积成卷帙。每得一书，或有新闻，辄窜改增补，稿凡数十易。自癸卯至今，五阅寒暑，公事之余，惟以此为消遣，未尝一日辍也。③

这种探索使徐继畬大开眼界，并掌握了丰富的外国史地知识，与徐氏素有交往的外国人士也都一致认为他在这一方面有广博的知识。

徐继畬在《志略》序文中欣然承认了雅氏对该书的巨大贡献，书中至少六次提到雅氏。其次，徐继畬还结识了美国长老会传教士甘明医生（William H. Cumming，又译高民、库明、甘威廉），在书中曾提到甘明具有丰富的瑞士知识。1844 年夏天，给予徐继畬帮助的还有英国驻福州首任领事李太郭（George Tradescant Lay，1800—1845）。李初来华时是个博物学家，二次来华时是个传教士，后来当上了外交官，先任驻广州英领事，后任驻福州英领事。他在中国多年，培养了欣赏中国文化的浓厚兴趣，给徐氏留下了良好印象。徐继畬称自己经常请教李氏，得到了许多有关中东的知识。《志略》中至少三次提到"英官李太郭"。1845 年英国圣公会向中国派遣的传教

① 《雅裨理 1844 年日记（节录）》，http://www.xujiyu.cn/Article/ShowArticle.asp，2009 年 2 月 12 日检索。
② 吴义雄：《西方人眼里的徐继畬及其著作》，氏著：《大变局下的文化相遇：晚清中西交流史论》，第 235—266 页。
③ 徐继畬著，田一平校点：《瀛寰志略》，第 6 页。

士四美①访问福州后，说福建巡抚徐继畬"信息最为灵通，来源最广，见解亦是最为开明"，在对待外国宗教方面，他较之其同胞"更为大度"。他们在一起会连续几个小时谈论世界地理，还把中文地名贴在一本豪华的美国地图集上，这本地图集是他的一个广东籍的部下赠送的。他在与英国领事的谈话中，"提及了当时欧洲一些著名的事件，显示出对欧洲政治的一般了解。例如爱尔兰政府因为教皇制度而陷入的困境，比利时对荷兰的反叛，不列颠和西班牙在北美和南美的殖民地分别脱离它们，拿破仑野心勃勃的一生，以及滑铁卢决定性的胜利。他甚至还听说过英格兰因为商议梅诺思（Maynoon grant）授地的结果而欣喜若狂"。徐继畬还要求获得一架地球仪。会讲中文的李太郭夫人玛丽还帮助在一幅世界地图上用彩色的标记标注英国、法国、俄国等国的领土。他甚至会问起在地图上为何不见阿富汗，是否因为被波斯吞并了。不难看出，徐继畬的世界地理知识，已经远远超过同时代的其他官员。② 这表明徐氏编写《志略》时视野非常开阔且虚心好学，他对整个欧洲政治和历史是非常熟悉的。

　　除了上述外国人，徐继畬写作《志略》很可能还得到一位来自香山的中国人的帮助。这位中国人曾在美国旅居过四年，后回国服务于英国皇家战船"都鲁壹号"（Druid），担任船长士密（Capt. Smith）的翻译。他曾为徐继畬所邀约，为其翻译从纽约带回来的地理书和历史书的纲要。这则史料证明，徐继畬为了其著作的准确性，利用了当时所能利用的一切条件——包括这位为敌国军方服务的年轻人，利用其语言能力和携带的书籍，为自己开眼看世界的志业服务。③ 道光二十八年（1849），在同僚、好友的鼓励和帮助下，徐继畬把近五年来日积月累的文稿整理成书，定名《瀛环志略》，正式付梓，公之于世。

---

① 施美夫会督（1815—1871，George Smith，或译史密夫、四美、司蓑），香港圣公会首任会督（主教，1849—1865）。

② ［英］施美夫著，温时幸译：《五口通商城市游记》，国家图书馆出版社 2007 年，第 294—295 页。译本未标明原书名：George Smith: *A narrative of an exploratory visit to each of the consular cities of China, and to the islands of Hong Kong and Chusan on behalf of the Church Missionary Society, in the years* 1844, 1845, 1846），《1844、1845、1846 年英国圣公会调查访问中国各设领事馆城市及香港和舟山群岛记事》，1847 年纽约 1 版。

③ Samuel W. Williams, "The Ying Hwán Chi-lioh," *The Chinese Repository*, vol. 20, p. 170；参见吴义雄：《西方人眼里的徐继畬及其著作》，氏著：《大变局下的文化相遇：晚清中西交流史论》，第 235—266 页。

第二节　资料来源、版本与结构

徐继畬没有机会出洋，对外部世界没有直接的感性认识，只能根据别人的口述或著作来分析比较，查考核实，这给著述带来许多困难。《瀛环志略》前先有初稿《瀛环考略》。

1.《瀛环考略》与《瀛环志略》及其资料来源

《瀛环考略》分为卷上、卷下，卷上介绍亚细亚和亚非利加，卷下介绍欧罗巴和亚墨利加。卷下之首又有"舆图考略"四字，可能是徐继畬著书时曾经考虑过的不同书名。后来改为"瀛环"，"瀛"指大海，"瀛环"指大海环抱的全世界。《史记·孟子荀卿列传》记述战国末年齐人邹衍在荀子"四海"说的基础上，进一步提出了"大九州"说。这是《禹贡》九州意识向海洋世界的直接放大，由"九州"推论出八十一州和大瀛海，提出：

> 儒者所谓中国者，于天下乃八十一分居其一分耳。中国名曰赤县神州。赤县神州内自有九州，禹之序九州是也，不得为州数。中国外如赤县神州者九，乃所谓九州也。于是有裨海环之，人民禽兽莫能相通者，如一区中者，乃为一州。如此者九，乃有大瀛海环其外，天地之际焉。[1]

徐氏借"大瀛海环其外"之节略词"瀛环"名书，用以指"世界"。

《瀛环考略》共收地球全图及世界各地区、各国的地图二十八幅，基本上包括了当时整个世界。这些地图是从雅裨理的那本地图册上"摹取"的，但与《瀛环志略》所载地图多有不同，可知徐氏后来另有所本。每图之后都"缀之以说"，"说多得之雅裨理，参以陈资齐《海国闻见录》、七椿园《西域闻见录》、王柳谷《海岛逸志》、泰西人《高厚蒙求》诸书"。[2] 图说之后往往有

---

① 司马迁：《史记·孟子荀卿列传》卷七十四，第七册，中华书局 1977 年，第 2344 页。

② 徐继畬《瀛寰考略》序言，参见氏著：《瀛环考略》，台北文海出版社据清道光二十四年（1844）稿本影印，1974 年，第 1 页。关于《瀛环考略》与《瀛环志略》的关系，参见任复兴：《〈瀛环志略〉若干稿本初探》，氏主编：《徐继畬与东西方文化交流》，第 213—229 页；刘贯文：《从〈舆图考略〉到〈瀛寰志略〉》，氏著：《徐继畬论考》，山西高校联合出版社 1995 年，第 63—83 页；田一平：《从〈瀛环考略〉到〈瀛环志略〉》，《史林》2001 年第 3 期。

按语，或为考订文字，或为徐氏本人见解。从撰著时间及内容看，《考略》基本上是徐继畬根据同雅裨理多次交谈所获得的知识整理而成的，只是在涉及南洋、西域等地区时，使用了一些中文资料。这一图说已初具世界地理志的规模，是《志略》的雏形。据任复兴考订，《考略》前后有两种全稿、四种残稿，《志略》正是在《考略》的基础上，历经五年不断增补修改而编写的。① 徐继畬的知识结构和学术兴趣，都从属于中国传统文化体系，不过在此后几年中，他继续埋头于域外史地知识的探索。对舆地考证之类颇为用心，曾写过《尧都辨》《晋国初封考》《两汉志沿边十郡考略》《西汉幽并凉三州今地考略》等论著，体现出他旧学考据的深湛能力。理解并接受有关近代地理学的新概念和新知识，对于这位旧学家来说，并非易事。但是，他敞开心扉，面对这一新奇而诱人的知识天地，为了掌握更多的地理学新知识，他几乎到了废寝忘食的地步。

"西国多闻之士"雅裨理等人口授的西洋知识，开阔了徐继畬的视野。在参较中外群籍，口问笔录，详加考证的基础上，徐氏逐步手记成书。他曾细致描述这一过程：

> 明年再至厦门，郡司马霍君蓉生购得地图二册，一大二尺余，一尺许，较雅裨理册子尤为详密，并觅得泰西人汉字杂书数种，余复搜求得若干种，其书俚不文，淹雅者不能入目。余则荟萃采择，得片纸亦存录勿弃，每晤泰西人，辄披册子考证之，于域外诸国地形时势，稍稍得其涯略，乃依图立说，采诸书之可信者，衍之为篇，久之积成卷帙。每得一书，或有新闻，辄窜改增补，稿凡数十易。自癸卯至今，五阅寒暑，公事之余，惟以此为消遣，未尝一日辍也。②

这里所谓"久之积成卷帙"，指初编《考略》和续成之《志略》。道光二十四年（1844）初，徐继畬草就《瀛环考略》，同年七月，在此基础上撰成《瀛环志略》初稿，后又修订补充，"稿凡数十易"，于道光二十八年（1848）完成十卷本，近十五万言，按洲述各国史地沿革、风土人情、社会变迁，着重介绍西

① 任复兴：《〈瀛环志略〉若干稿本初探》，氏主编：《徐继畬与东西方文化交流》，第213—229页。
② 徐继畬著，田一平校点：《瀛寰志略》，第6页。

方国家史地、政治、经济状况。

《志略》的资料来源,亦即徐继畬获取外部世界知识的途径,大致包括了三个方面:一是与外国人士的直接接触。除了雅裨理,徐还利用职务之便,在接触外国官员、传教士、商人时尽量询问世界各国的情况。雅裨理的朋友、英国传教士甘明亦是徐氏咨询的对象,《志略》有关瑞士的章节引用了其叙述。英国首任驻福州领事李太郭(G. T. Lay)与徐结识后,徐氏经常向他求教,书中有关古希腊文明、古犹太史、古巴比伦史等,就有李太郭提供的知识,《志略》中就有"余尝闻之英官李太郭云:雅典最讲文学,肄习之精,为泰西之邹鲁,凡西国文士,未游学于额里士,则以为未登大雅之堂也。"①李的继任阿礼国(Rutherford Alcock,1807—1897,又译阿利国)及其夫人也多方面地为徐继畬提供外国史地情况。他们所介绍的知识虽然不会那么系统完整,但对于徐继畬比较准确地把握外部世界特别是欧美各国的历史状况和现实社会,帮助尤大。

二是搜集和阅读外国地图集,以及西方人士的汉文书籍。道光二十四年,徐的下属、厦门同知霍蓉生为他购得两本外国地图册,"较雅裨理册子尤为详密","并觅得泰西人汉字杂书数种"。此外,他还通过各种渠道罗致流传在东南沿海地区的西洋人编写的介绍世界史地的出版物。《志略》称:"泰西诸国疆域、形势、沿革、物产、时事,皆取之泰西人杂书,有刻本有钞本,并月报、新闻纸之类,约数十种。"②当时在广东任地方官的黄恩彤在致徐氏的一封信中提及:"近日英夷郭实拉撰《西洋地理志》一书,殊嫌猥杂,远不及玛基士书之明晰,而文烦事增,亦足供外史之采。此间有人将付剞劂后续为邮致。"③

---

① 徐继畬著,田一平校点:《瀛寰志略》,第181—182页。
② 徐继畬著,田一平校点:《瀛寰志略》,第8页。
③ 《与徐松龛中丞论西洋诸夷书》,黄恩彤:《知止堂集》:信中提及的郭实拉(C. Gutlzaff,1803—1851,即郭实猎),普鲁士传教士,道光十三年(1833)曾创办中文期刊《东西洋考每月统纪传》,连载其所著《万国地理全集》,1838年又推出《古今万国纲鉴》等。文中《西洋地理志》,应该是郭实猎编纂的慕瑞《世界地理百科全书》另一个中文节译本《世界地理全集》,该书凡三十八卷,第一部分是自然地理,凡四卷(卷一至卷四),记述宇宙、地球的形成,简介地圆说、日心说、日蚀和月蚀等自然现象产生的原因,以及地球五大洲等;第二部分为区域地理,凡三十四卷(卷五至卷三十八);其中卷五至卷九有关中国本部及其新疆、西域摘自《大清会典》《盛京通志》《海国闻见录》《西域闻见录》等,其他域外信息多据1840年伦敦刊行的《世界地理百科全书》第二个修订本之文字翻译而成。参见[普鲁士]郭实猎编译,庄钦永校注:《万国地理全集校注》"导言",新加坡新跃社科大学新跃中华学术中心2019年,第20—21页。

　　三是考查了一批中国的官私文献。在介绍东亚、南洋及印度、西域等地区的情况时，徐继畬较多地参考了中国传统史志的材料。他所引用的文献，一类是历代的正史，如《汉书》《后汉书》《新唐书》《元史》《明史》等；另一类是私家著述的游记或地理志，除了在编写《瀛环考略》时已参考过的几种，还有郦道元的《水经注》、王恽的《汎海小录》、邵星岩的《薄海番夷录》、黄毅轩的《吕宋纪略》、顾亭林的《天下郡国利病书》、谢清高的《海录》等。他还能注意流传的民间文献，称虽然"历代史籍不无纪载，然地名、国名展转淆讹，方向远近亦言人人殊，莫可究诘，转不如近时闽粤人游南洋者所纪录为可据"。《志略》"于南洋诸岛国皆依据近人杂书，而略附其沿革于后"①。如卷一"亚细亚·南洋滨海各国"，他根据澎湖进士蔡廷兰所著《安南纪程》，其中记载了当时安南（越南）华人的情况。从广义至琼山一线，在沿线十四个省里都有闽、粤人聚居的地方，"各有庸长司其事，闽则晋江、同安人最多，盖不下十余万也"②。可见当时中国东南沿海到南洋谋生人之多。

　　上述三个方面的知识来源中，徐朝俊的《高厚蒙求》曾经是徐继畬撰写《瀛环考略》的主要参考书之一。《高厚蒙求》大量引用了明末清初的汉文西书，以致徐继畬竟将徐朝俊目为"泰西人"。《瀛环考略》中明确注明出自《高厚蒙求》者共四条，内容均与"墨瓦蜡泥/尼加"（今译澳大利亚）有关。③《高厚蒙求》转录《职方外纪》中关于"墨瓦兰"（今译麦哲伦）环球航行及"墨瓦蜡泥/尼加"的内容，④借助《高厚蒙求》，徐继畬接触到了明末清初的汉文西书。徐继畬对《瀛环考略》并不满意，他在给好友张穆（1805—1849）的信中称："海图前稿舛陋不足观，数年来于泰西人所刻杂记，得即摘录，其书皆俚不成文，而事迹颇有可采。每与夷官接晤，辄询以西国事，亦多有新

①　徐继畬著，田一平校点：《瀛寰志略》，第7页。

②　徐继畬著，田一平校点：《瀛寰志略》，第23页。

③　徐继畬：《瀛环考略》，第25、26、67、159页。其中前两条在稿本中已被涂抹，反映了《高厚蒙求》一书退出参考文献的过程。参见陈拓：《旧西学与新变益——明末清初汉文西学文献在19世纪的再发现》，复旦大学博士学位论文，2020年。

④　参见徐朝俊：《高厚蒙求》二集《海域大观》，道光四年（1824）扫叶山房刻本，第49—50页；［意］艾儒略著，谢方校释：《职方外纪校释》，第141—142页。参见方豪：《十六七世纪中国人对澳大利亚地区的认识》，收录方豪等著：《中国史学》，台北汉苑出版社1981年，第25—59页；邹振环：《开拓世界地理知识的新空间：清末中国人的澳洲想象》，《南京政治学院学报》2015年第2期。

闻。"①因此，从《志略》正文征引书目可知，②随着新资料的增加，至道光二十八年（1848）刊印《志略》时，相比《瀛环考略》，《志略》的域外知识来源已大幅度更新，原有的三个知识来源中，晚清西学译著的比重越来越大，甚至占据了主体内容，以至于徐继畬在《志略》自序中重点提及西学译著，中国本土的域外知识，《海国闻见录》《西域闻见录》《海岛逸志》征引的频次已大幅下降，还新增了《汉书》《后汉书》《海录》《薄海番域录》等参考书；而汉文西书则发生了较大变化，《高厚蒙求》被删除，《瀛环考略》卷上原称"泰西人所著《高厚蒙求》云：昔有国王遣大臣驾巨船，探海西行，亚墨利加之西，又得大土，部落国土未详，使臣名墨瓦蜡泥，因名其地为墨瓦蜡泥加。又曰火地，因其北萤火甚多也。以今考之，即澳大利亚"③。在《志略》卷二中被改作："澳大利亚……其地亘古穷荒，未别土。前明时，西班牙王遣使臣墨瓦兰，由亚墨利加之南，西驶再寻新地。舟行数月忽见大地，以为别一乾坤。地荒秽无人迹，入夜燐火乱飞，命名曰火地。又以使臣之名名之曰墨瓦蜡尼加。"作为汉文西书的《职方外纪》取代了《高厚蒙求》。从《考略》到《志略》，《高厚蒙求》从作为主要参考书到完全删除，虽仅短短四年时间，却反映了徐继畬西学知识的进步。

2. 《瀛环志略》的版本与结构

《志略》初刻本（戊申本）1848 年在福州问世，士林反应冷淡。因其时正在《南京条约》签订后不久，朝野出于对西方的愤恨，忌讳论及西方长处，而《志略》则对英、美、瑞士等西方国家的近代文明多有正面述评，因此被时人认作"颇张大英夷"（曾国藩语）。该书后于 1850 年重印一次（庚戌本），仍流传不广。这部优秀的世界地理著作在初版后的十余年间只重印过一次，影响范围相当有限。然而，该书传到日本后却大受欢迎，日本文久元年（1861）推出了德屿小西等同刊的对蝐阁本，由井上春洋等训点，该版在印刷和装帧的质量上远远超过了同期的中国版本，地球图用红、黄、绿三色套印，相当醒目，人名、地名有英、日两种文字注音，年代日期也用日本纪年标示。19 世纪 60 年代随着洋务运动的兴起，《志略》也如同《海国图志》，发生了

---

① 方闻编：《清徐松龛先生继畬年谱》，台湾商务印书馆股份有限公司 1982 年，第 90 页。
② 《瀛环志略》（1848）正文征引书目，参见［美］德雷克著，任复兴译：《徐继畬及其瀛寰志略》，文津出版社 1990 年，第 158—159 页。
③ 《高厚蒙求》原文，参见徐朝俊：《高厚蒙求》二集《海域大观》，第 49—50 页。而《高厚蒙求》又源自《职方外纪》，参见［意］艾儒略著，谢方校释：《职方外纪校释》，第 141—142 页。

"出口转内销"的现象,日本刊本流入中国,成了坊间翻刻的摹本。同治五年(1866)徐继畬任总管同文馆事务大臣,总理衙门特别重刻《志略》,列为同文馆的教科书。自19世纪70年代起,《志略》声誉日隆,不断被翻刻,影响逐渐扩大,成为国人了解外部世界的重要读本。就笔者所知国内出版的至少有二十种,此列如下:

(1) 道光二十八年(1848)徐氏刻本,6册。(山西图书馆藏)

(2) 道光三十年(1850)红杏山房刻本,6册。(北师大藏)

(3) 同治五年(1866)总理衙门本,6册。(复旦大学图书馆藏)

(4) 同治五年(1866)璧星泉鉴定重订本,6册。(中国人民大学图书馆藏)

(5) 同治十二年(1873)桫云楼刻本,6册。(上海图书馆藏)

(6) 同治十二年(1873)刊本,4册。(中国人民大学图书馆藏)

(7) 同治十二年(1873)文藻斋袖珍刊本①

(8) 光绪五年(1879)香港活字版新印。②

(9) 光绪六年(1880)楚南周鲲刻本,1册合订本。(上海图书馆藏)

(10) 光绪十年(1884)京都琉璃厂会经堂刊本。(台湾中央图书馆藏)③

(11) 光绪十九年(1893)鸿宝斋石印本,4册。(上海图书馆藏)

(12) 光绪二十一年(1895)上海宝文局石印本,3册。(上海辞书出版社藏)

(13) 光绪二十三年(1897)上海书局石印本,4册。(上海图书馆藏)

(14) 光绪二十四年(1898)新化三味书室校刊本,6册。(上海图书馆藏)

(15) 光绪二十四年(1898)上海老扫叶山房铅印本,8册。(复旦

---

① 《袖珍〈瀛环志略〉出售》载:"本店现刻袖珍《瀛环志略》一书,寄在上海城内四牌楼松筠阁及北市二马路千顷堂书坊发售,如赐顾者请来交易可也。至图绘详明,校印精审,识为当能辨之。癸酉七月文藻斋主人识。"《申报》1873年9月3日第4页。

② 《申报》1879年7月17日第7页广告。

③ 台湾中央图书馆编:《台湾中央图书馆普通本线装书目录》,1982年。

大学图书馆藏）

（16）光绪二十八年（1902）汉读楼石印本，6 册。（北京师范大学图书馆藏）

（17）出版年不详，崇明李氏刻本。（《增版东西学书录》附下之下）。

（18）出版年不详，槐里堂本。①

（19）出版年不详，广东书局石印本，4 册。（《涵芬楼旧书目录再续编》1919 年商务印书馆版）

（20）出版年不详，正续《瀛环志略》本，4 册。（中国人民大学图书馆藏）

《志略》以图为纲，有地球全图和各洲、各国、各地区分图四十二幅，文字近二十万。结构严谨，内容丰富，堪称"总揽宇宙之巨观"的"海国破荒之作"。② 该书的结构是凡十卷，三卷志亚细亚，卷一分述地球的基本知识和东亚、南洋及现今大洋洲的情况，其中没有中国部分，这一点与《四洲志》不谋而合。卷二为南洋和东南洋各岛、大洋海群岛，澳大利亚和新西兰是放在亚细亚的"东南洋各岛"和"大洋海群岛"部分来论述的，可见徐继畲并不认为澳洲算一个新大洲；卷三为五印度及西域（即现今南亚和中亚）各国的概述；四卷志欧罗巴，卷四至卷七重点介绍欧罗巴（今欧洲）各国，包括英、法、意、俄、奥、普、希、比、荷、西、葡、丹、瑞典、瑞士等十余国；一卷志阿非利加，卷八叙述阿非利加（今非洲）的情况，相对说来较简略；二卷志亚墨利加，卷九、卷十介绍南、北亚、墨利加（今南、北美洲），重点是米利坚（美国）。全书夹叙夹议，内容则包括方位、疆域、地形、山脉、河流、气候、物产、风俗及历史沿革等。引用前人和时人的资料和自己的按语各占一定的篇幅，有学者统计，俄国占全书二十四页，按语占八页；法国十二页，按语占六页；英国四十五页，按语占二十页。③ 当时世界上存在的一百多个国家和地区，基本上都通过这种方式得以反映，可以说比较全面地叙述了世界各大洲各地区的情况。

---

① 潘振平：《〈瀛环志略〉研究》，任复兴主编：《徐继畲与东西方文化交流》，第 84—103 页，下文简称"潘振平文"。

② 任复兴：《〈瀛寰志略〉及其历史影响》，《山西大学学报》1989 年第 1 期。

③ 徐士瑚：《放眼看世界的先驱——徐继畲》，任复兴主编：《徐继畲与东西方文化交流》，第 69—83 页。

　　《志略》吸收了某些近代地理科学的概念。其特点是以四大洲(亚细亚、欧罗巴、阿非利加、亚墨利加)和五大海(大洋海、大西洋海、印度海、北冰海、南冰海)来划分当时的世界。已注意到大陆和海洋的区别,与中国传统文献中以"东南洋""西南洋""小西洋""大西洋"等观念来区别世界上不同地区相比,显然更接近现代地理科学。而《志略》在介绍各国时,运用了近代区域地理的概念,首叙一洲的概貌,然后根据不同的地理位置,将一洲划分为若干区域,各区之下再按国分述。尽管徐氏本人还没有认识到这类概念的价值,但由于书中实际上已在运用,因而就使《志略》对地球全貌的表述,建立在比较科学的基础之上。

　　徐继畬特别重视地图的作用,指出:"地理非图不明,图非履览不悉,大块有形,非可以意为伸缩也。泰西人善于行远,帆樯周四海,所至辄抽笔绘图,故其图独为可据。"①全书即以图为纲展开叙述,共收图四十二幅,包括东半球、西半球的全图和各洲各国的分图。地图多摹自西方的地图册,虽然比较粗糙,但所勾勒之地的大致形状和位置都比较准确。徐继畬曾计划把"皇清一统舆地全图"置于亚洲全图之后,因为好友张穆的忠告,才不得不违心地在正式出版时将其置于亚洲全图之前。徐继畬的友人刘鸿翱②在《志略》的序言中强调了研读地图的重要性:"吾阅康熙年间西洋怀仁《坤舆全图》,周围九万里,宇中山川、城郭、民物,了如指掌。古之言地球者,海外更有九州,今以图考,则不止九州。或曰:'九州,天下八十一州之一。'今以图考,则无八十一州。"同时他亦指出《坤舆全图》资料的陈旧不足:"或曰'还则水之溢出于地者,地尽处复有大瀛海环之,天地之际在焉。'图中亦不记。或曰:'日较小于地,故能容光必照。长白何太安《易说》,天一度二千五百里,共八千余万里,如此则日不逾时即周天,地球乃天中之一丸。'图中亦不载。"他认为近期一些地理著述,"即《海国闻见录》与《舆图》尚未尽合,况能详《舆图》之未详乎?"他比较南怀仁的《坤舆全图》,认为《志略》略胜一筹,写道:

　　余读其书,地球环北冰海而生,披离下垂如肺叶,凹凸参差,不一其

---

①　徐继畬著,田一平校点:《瀛寰志略》,第6页。

②　刘鸿翱(1778—1849),字裴英,号次白,山东潍县人。嘉庆十四年(1809)进士,历任太湖司马、徐州太守、台湾道兼提督、台澎学政、陕西按察使、云南布政使、署理闽浙总督、福建巡抚等职。为官清正、严明、察情、恤民,闲暇则研究古文,著有《绿野斋文集》《太湖诗草》等。参见陈玉堂编:《中国近现代人物名号大辞典》,浙江古籍出版社1993年,第206页。

形。……松龛先绘总图，次各绘分图，次考据，次论断，而曰《志略》者，
如北冰海，人皆知之。南极之为冰海，怀仁《舆图》弗著焉，故不敢言详
也。……松龛幸生车书大同之世，海洋诸国梯航而至，诹其所经历，欧
罗巴、阿非利加、亚墨利加者，谨志其所可信，间补怀仁《舆图》之所未
备，所以扬至诚配天之烈，百世言地球之指南也。①

　　地图是表达地理知识最直观的工具，准确的地图会给人以正确的地理
观念。"大地之土，环北冰海而生，披离下垂，如肺叶凹凸，参差不一"，生动
地为国人展示了地球复杂的面貌。书中类似的地形描述还有不少，如描绘
印度"缅甸之西，两藏之西南，有广土突入南海，形如箕舌，所谓印度者
也"②；描绘希腊"地形如臂入地中海，其尽处槎桠似人掌"③；描述美洲的形
状"北土形如飞鱼，南土似人股之著肥裈，中有细腰相连"④；描绘意大利"其
余全土斜伸于地中海，似人股之著履者"⑤。这些形象的描述，显然来自徐
继畬对地图的精细观察。

　　不过《志略》对世界地理的研究仍有很大的不足，在吸收近代科学知识
方面表现出对传统的妥协，显示出某种保守和胆怯。如徐继畬明明已经了
解到"亚细亚以中国为主"，清楚中国不是全球的中心，但在正式定稿时却要
将之改为"坤舆大地，以中国为主"；⑥他对耶稣会士汉文地理著述和新教传
教士带来的地图文献有过深入的研究，明明了解经纬线等的运用的好处，但
在叙述、制图时都将之略去。这些都说明徐继畬对近代地理科学的基本知
识虽然有所认识，但在具体实践过程中又裹足不前，以致在中国地图史上原
本可以跨越一大步的地方，却畏缩退却，给晚清地理学史留下了遗憾。

第三节　内容与特点

　　在中国传统的外部世界知识体系中，有关各处的奇异人种、风俗和物产

---

① 徐继畬著，田一平校点：《瀛寰志略》，第2—3页。
② 徐继畬著，田一平校点：《瀛寰志略》，第62页。
③ 徐继畬著，田一平校点：《瀛寰志略》，第174页。
④ 徐继畬著，田一平校点：《瀛寰志略》，第263页。
⑤ 徐继畬著，田一平校点：《瀛寰志略》，第182页。
⑥ 徐继畬著，田一平校点：《瀛寰志略》，第6页。

的记载占了很大比重。直到清朝雍正年间纂修《古今图书集成》,还把"一臂国""三身国"之类视为"边裔",列为"西方未详诸国"。这类传说的长期存在,成为人们正确观察和对待海外诸国的巨大思想障碍,以致文人墨客言及海外,便津津乐道于此,把外部世界的想象和探讨等同于猎奇。徐继畬通过对世界各国的介绍,放弃明末清初以来介绍欧洲地理知识着力于"求奇"和"求异"的认识,而转变为以介绍域外的"新知识"为主。《志略》所介绍的地理新知识比较准确可靠,使世人由此得到了比较正确的地理新观念。故后人论及此书,都不约而同地称赞其"博采前贤著述,正其并误"和"考核甚精"。

1. 揭示世界古老文明面对的挑战,提出"古今一大变局"说

晚明至晚清,世界格局和中国内部都发生了巨大的变动,中国从自诩为天朝大国沦落为受列强欺凌的贫国弱国,晚清有百年大变局、千古大变局之说。《志略》介绍了15世纪末之后欧洲人地理大发现的成果,使夜郎自大、自以为中国是世界中心的清帝国臣民,获得了"全世界"的概念,以唤起国人正视"古今一大变局"。《志略》在叙希腊、意大利、印度、土耳其时,用了不少篇幅描述了这些亚欧古国早期发达的盛况。如古代欧洲文明的发源地——希腊:"当上古时,欧罗巴人草衣木食,昏蒙未启",相当于中国商朝之时,希腊已经立国于雅典,织羊毛为衣,酿葡萄为酒,取橄榄为油,铸金锻铁为工具,欧洲人文化启蒙,"世自希腊始"。《志略》详述了希腊城邦联盟、联盟公会(今译议会)的重要职能和联盟依凭地中海的发达贸易,成为繁荣富强的国家的种种实况,以及希腊的哲学与文艺的成就。接着引用"泰西人纪希腊古事"(疑即《希波战争史》)详细介绍希腊和波斯战争的历史。[1] 意大利当年也曾称霸欧洲,"北扼日耳曼诸部至波罗的海,南服阿非利加北境各国,西辟佛郎西、西班牙、葡萄牙至大西洋海,又跨海建英吉利三岛,东并希腊诸部,括买诺、西里亚,纵横千万里,跨欧罗巴、亚细亚、阿非利加三土,边外弱小诸部皆修贡职为臣妾,居然大一统之势,建都城于罗马,诸国仰之如周京"[2]。印度"其地为佛教所从出,故自古著名。自后汉通中国,唐时屡入贡……东南诸部皆听役属"[3]。而土耳其在"明景泰三年,灭东罗马,取君士

① 徐继畬著,田一平校点:《瀛寰志略》,第174—181页。
② 徐继畬著,田一平校点:《瀛寰志略》,第182页。
③ 徐继畬著,田一平校点:《瀛寰志略》,第63页。

坦丁城为国都……红海、地中海南岸诸国旧属阿剌伯者，或纳土、或称藩，阿剌伯以纳款为属国，复东取波斯，建为大藩，幅员之广，几比盛于罗马全国"①。

《志略》把世界一些古老的国家机构与古代历史的信息，在书中予以展现，表明这些古代政权形式同当时亚欧各国的政治体系既有继承关系，又有根本的不同。徐继畲从战国七雄争强的角度，分析了世界各国互相交往、互相依赖、互相争夺的复杂关系，揭示出清朝在列强环伺中的危局：中国边患自古在西北之背，今则转向东南腹地，敌国技术先进，国势强大。徐继畲依据世界史地事实提出："欧罗巴诸国之东来，先由大西洋而至小西洋，建置埠头，渐及于南洋诸岛，然后内向而聚于粤东。萌芽于明中，滥觞于明季，至今日而往来七万里，遂如一苇之杭。天地之气，由西北而通于东南，倘亦运会使然耶。"②西方殖民扩张的浪潮已波及亚洲，中国实际上处于被包围的状态之中。徐继畲在描述天下大势时，认为希腊、意大利、印度、土耳其，特别是南洋等地相继衰弱，不少沦为欧洲列强的殖民地，欧洲的扩张打破了世界各地原来的隔绝状态，这是一个不以个人意志为转移的必然趋势，这个过程造成了世界格局的新变化。他在《志略》凡例中指出："南洋诸岛国苇杭闽粤，五印度近连两藏，汉以后、明以前皆弱小番部，朝贡时通，今则胥变为欧罗巴诸国埠头，此古今一大变局。"③徐氏惊呼"此古今一大变局"，是对世界大势、中外关系的一个总概括，亦成为此后数十年志士仁人"古今变局观"的先声。④

2. 倡导发奋图强，透露出强烈的反侵略旨意

对于如何对付西方列强侵略这一重大问题，《志略》没有作出直接回答，而是通过叙述或评价某些国家、地区的历史沿革，间接地表达了作者的见解。这些见解主要可分为两个方面：一是称颂或同情那些敢于抗击强敌的

① 徐继畲著，田一平校点：《瀛寰志略》，第162—163页。
② 徐继畲著，田一平校点：《瀛寰志略》，第113页。
③ 徐继畲著，田一平校点：《瀛寰志略》，第7页。
④ 淮安板闸秀才黄钧宰(1826—1895)常被认为是"变局论"最早提出之人。1844年其所著《金壶七墨》(初刊于1863年)中有一段以《鬼劫》为题的文字，记述了黄氏对所谓"变局"的感慨，文中所记述的"中外一家，亦古今一大变局哉"一语，是一段闻自江南来客的耳食之言，实为感叹历来华夷隔绝之天下，一变为"中外一家"之世道。或有指出其实最早对世界大势提出更系统、多面、深层的变局观者是徐继畲。参见曾燕、涂楠：《中国近代新思想的破茧发蒙——徐继畲"古今一大变局"论内涵辨析》，《西南民族大学学报》2012年第7期。

弱小国家。书中指出:"英吉利蚕食东印度诸部,将及缅界,道光四年,缅王率大兵迎击之,英师败绩。已而英人以兵船入内港(即怒江口),缅人奋力搏战,为炮火所轰而溃。"①小国苏禄,当年西班牙"欲以苏禄为属国,苏禄不从,西人以兵攻之,反为所败"。徐继畬评论称:"苏禄,南洋小国,独喁喁慕义,累世朝宗。当西班牙、荷兰虎视南洋,诸番国咸遭吞噬,苏禄以拳石小岛,奋力拒战,数百年来安然自保,殆番族之能自强者哉。"②二是指出治国需居安思危,勉力更新改革。印度之所以被鲸吞,是由于统治者"信任谗佞,大权旁落,国势顿衰……英吉利攻灭孟加拉,乘胜胁降诸部,值塞哥两世得贤主,国治兵强,故英人止戈修好,未尝措意,至是昏庸在位,间隙可乘,遂连年大举深入,侵割其疆土过半"③。对于印度变为殖民地的过程,徐继畬有很详细的总结:"欧罗巴诸国之居印度,始于前明中叶,倡之者葡萄牙,继之者荷兰、佛郎西、英吉利,皆以重资购其海滨片土,营立埔头,蛮人愦愦,不察萌芽。英吉利渐于各海口建立炮台,调设兵戎,养精蓄谋,待时而动,迨孟加拉一发难端,遂以全力进攻,诸蛮部连鸡栖桀,等于拉朽折枯,于是五印度诸部,夷灭者十八九,哀哉!"④徐氏为之扼腕之余,最后作了点题:"英人自得五印度权税养兵,日益富强,其陆地与西藏之南界、滇省之西界,虽壤地几于相接,而梯度绳悬,往来不易;水程则自孟加拉至粤东,兼旬可达,迩年英人货船,自印度来者十之六七。昔日之五印度,求疏通而不得;今日之五印度,求隔绝而不能。时势之变,固非意料所及矣!"⑤这些议论中包含着十分明显的抵抗列强侵略、未雨绸缪的旨意。

对俄国的叙述,同样包含类似的旨意,如称:"彼得罗幼时,其姊贪权,欲居王位,彼得罗避祸隐寺内为僧,既为众所推立,卑礼招致英贤,与图国事,躬教士卒骑射,兼习火器,悉为劲旅,由是政令更新,国俗为之一变。境内既平,乃巡行边界,开通海口,尝以俄人不善驶船,变姓名走荷兰,投舟师为弟子,尽得其术乃归。治舟师与瑞典战,胜之,瑞典割芬兰以讲,遂建新都于海滨,曰彼得罗堡。"接着"疏通波罗的海道,水陆皆操形势,战胜攻取,疆土愈

---

① 徐继畬著,田一平校点:《瀛寰志略》,第25页。
② 徐继畬著,田一平校点:《瀛寰志略》,第35页。
③ 徐继畬著,田一平校点:《瀛寰志略》,第75页。
④ 徐继畬著,田一平校点:《瀛寰志略》,第76页。
⑤ 徐继畬著,田一平校点:《瀛寰志略》,第76—77页。

辟。俄罗斯近世之强大，实自彼得罗始也"。① 这里明显在暗示彼得大帝应是中国由弱变强的仿效榜样。彼得大帝之后王后加他邻（今译叶卡捷琳娜）嗣位，她"淫荡多嬖，而精于理事，招致他国百工，厚给廪饩，教国人以艺事，广延文学，兼修武备"。于是国家富强，南攻土耳其，"割其北境，又分割波兰三分之二"。② 徐继畬不无忧虑地写道："俄罗斯近年疆土日广，其国之南境已尽里海之西北两岸，由里海之北岸直趋东南，中间所历之鞑靼回部，如机洼之类，皆冗弱无足比数，戎马往来，如若无人。……英人取印度由海，俄人之窥印度也由陆。论巧俄不如英，量力则英不如俄，两国之在西土可称勍敌，数十年后当不知作何变动矣。"③徐继畬已经意识到给中国北境造成了陆上威胁的俄国，和英国给中国造成的海上威胁不相上下，这种远见卓识已为后来的历史所证明，实在难能可贵。

3. 推崇欧美民主政制，颂扬华盛顿

《志略》对近代欧美资本主义民主政治作了富有积极意义的介绍和评论。徐继畬对英国资产阶级民主机制有着浓厚的兴趣，叙述不厌其详。书中对"欧罗巴强大之国"英国的议会政治的概况，特别是英国的君主立宪制及上下议院制度作了专门的介绍：

> 都城有公会所，内分两所，一曰爵房、一曰乡绅房。爵房者，有爵位贵人及西教师处之；乡绅房者，由庶民推择有才识学术者处之。国有大事，王谕相，相告爵房聚众公议，参以条例，决其可否，复转告乡绅房，必乡绅大众允诺而后行，否则寝其事勿论。其民间有利病欲兴除者，先陈说于乡绅房，乡绅酌核，上之爵房，爵房酌议，可行则上之相而闻于王，否则报罢。④

徐氏在这里创译的术语"爵房"，相当于今天所译的"上议院""贵族院"；"乡绅房"，相当于今天所译的"下议院""平民院"。并称："大约刑赏、征伐、条例诸事，有爵者主议；增减课税、筹办帑饷，则全由乡绅主议。此制

---

① 徐继畬著，田一平校点：《瀛寰志略》，第116—117页。
② 徐继畬著，田一平校点：《瀛寰志略》，第117页。
③ 徐继畬著，田一平校点：《瀛寰志略》，第104页。
④ 徐继畬著，田一平校点：《瀛寰志略》，第235页。

欧罗巴诸国皆从同,不独英吉利也。"①不难见出,徐继畲在叙述时流露出对西方民主的向往,认为正是这一为欧洲各国所采用的英国议会民主制度,才使之在制度上占有优势,从而打败了中国。

《志略》一书用了相当的篇幅介绍美国,除了提供有关美国地理方面的信息,还详述了美国的联邦制及民主共和之政治制度、工商业、财政、教育、交通等方面:"仍各部之旧,分建为国,每国正统领一,副统领佐之……以四年为任满……退位之统领,依然与民齐齿,无所异也。各国正统领之中,又推一总统领专主会盟、战伐之事,各国皆听命,其推择之法与推择各国统领同,亦以四年为任满,再任则八年。"②这一段是介绍美国的联邦制,文中所称之"国",今译作"州";"统领",今译作"州长",而由各"国"(州)共推之"总统领",即今译之"总统"。他也注意到美洲殖民化的过程及美国独立战争的史实。当华盛顿率领民兵抗英时,"军械、火药、粮草皆无,顿以义气激厉之",当美军先胜后败,众欲散去时,"顿意气自如,收合成军,再战而克。由是血战八年,屡蹶屡奋,顿志气不衰,而英师老矣"。③最后英国不得不订城下之盟,使美国得以独立。"顿既定国,谢兵柄,欲归田。众不肯舍,坚推立为国王。顿乃与众议曰:'得国而传子孙,是私也。牧民之任,宜择有德者为之'。"众乃推为总统,为期4年,任满又推为总统,再次任满后即退位归里,与庶民同。徐继畲不仅对美国首任总统华盛顿胸怀、远见、仁心赞美有加,而且对之倡导的共和民主之制,赞赏备至:"华盛顿,异人也。起事勇于胜、广,割据雄于曹、刘。既已提三尺剑,开疆万里,乃不僭位号,不传子孙,而创为推举之法,几于天下为公,骎骎乎三代之遗意。其治国崇让善俗,不尚武功,亦迥与诸国异。余尝见其画像,气貌雄毅绝伦。呜呼!可不谓人杰矣哉。"④这里的"推举之法",今译作"民主选举",正是民主共和制的精髓所在,被认为真正符合中国三代哲人传贤不传子的遗意。在美国地志的最后一段按语中,徐继畲指出:"米利坚合众以为国,幅员万里,不设王侯之号,不循世及之规,公器付之公论,创古今未有之局,一何奇也!泰西古今人物能不以华盛顿为称首哉。"⑤他甚至认为墨西哥后来没有步美国之后尘,就

---

① 徐继畲著,田一平校点:《瀛寰志略》,第235页。
② 徐继畲著,田一平校点:《瀛寰志略》,第276页。
③ 徐继畲著,田一平校点:《瀛寰志略》,第276页。
④ 徐继畲著,田一平校点:《瀛寰志略》,第277页。
⑤ 徐继畲著,田一平校点:《瀛寰志略》,第291页。

是因为没有英明杰出的华盛顿："墨西哥拥土自擅，全效米利坚，而治忽殊途，显晦异辙，则无华盛顿其人以为之渠也。立国规模，固全在乎创始之人哉。"①1850 年，《志略》问世不久，入华美国传教士觅得一部寄回美国。1853 年，在华美国传教士将该书中论华盛顿的文字，以中英两种文字刻于花岗岩碑上，赠送给美国华盛顿纪念馆，该碑后砌于华盛顿纪念塔第 10 级内壁。《志略》对华盛顿的赞誉，在美国引起反响。

徐继畬叙述英美两国民主制度及各自的机构职能参与国政的程序，认为这一议会民主制度"欧罗巴诸国皆从同，不独英吉利也"②。不仅大国如此，小国皆然，如瑞士虽为"东西约五六百里、南北约三四百里"的小国，但"其地斗绝，人健斗，日耳曼不能收复，亦遂听之。初分三部，后分为十三部，皆推择乡官理事，不立王侯，如是者五百余年，地无鸣吠之扰，西土人皆羡之"。瑞士是欧洲较早实行"推择乡官理事"的资本主义民主的国家，徐继畬在按语中称："瑞士，西土之桃花源也。惩硕鼠之贪残，而泥封告绝，主伯亚旅，自成卧治，王侯各拥强兵，熟视而无如何，亦竟置之度外，岂不异哉！"③上述介绍已初步触及了近代西方资本主义文明的某些主要特征，标志着国人认识西方的一个新水平。

4. 提倡坚船利炮和尚武精神

中国在与英国打交道的过程中，英国的坚船利炮给中国人留下了深刻的印象。《志略》中对英国的海陆军实力有非常详细的叙述。他指出英国"本国额兵九万，印度英兵三万，土兵二十三万，谓之叙跋兵。兵船大小六百余只，火轮船百余只。其兵水师衣青，陆路衣红，重水师而轻陆路。专恃枪炮，不工技击，刀剑之外无别械。"然后补充英国兵船大者安炮一百二十门，次一百门，再次九十门、七十四门、六十门不等；有三桅、二桅船，船高六七尺，船腹入水，深者三丈余。"其船行大洋中不畏风浪，其蓬关捩灵巧，能收八面之风。"④徐继畬指出，英国不仅海陆军兵力及大小数百只兵船、火轮船，以及船上安装的大炮数目，而且其兵船坚固的形式、木料、构造等，在技术与火力上都大大优于中国。这些英国军事上的信息，不仅来自文字资料，还来自亲身经历。协助颜伯焘办理厦门防务，并目击厦门为英军陷落这一

---

① 徐继畬著，田一平校点：《瀛寰志略》，第 296 页。
② 徐继畬著，田一平校点：《瀛寰志略》，第 235 页。
③ 徐继畬著，田一平校点：《瀛寰志略》，第 156—157、161 页。
④ 徐继畬著，田一平校点：《瀛寰志略》，第 237—238 页。

经历，使他对于英舰炮火的威力感受尤深。

徐继畬还以"欧罗巴普鲁士国"为例，阐述欧人尚武精神，其征兵制度"年二十以上男丁皆入伍学艺，三年放归，每岁秋操阅，赏罚之。故其国兵多而强，额兵计十六万五千，内宿卫一万八千、骑兵一万九千、炮手一万五千七百、步兵十万四千，别有民壮三十五万九千二百"①。在介绍了普鲁士的情况后评论道："欧罗巴人皆称普鲁士为善国，强大不如奥地利，而修政睦邻，不事搂伐，则远过于奥。非哩特威廉第三遭强邻之难，转败为功，有卫文大布大帛之风，其治军亦得古人寓兵于农之意，岂可以荒裔而忽之哉。"②在徐继畬看来，这个国家政治、军事思想和制度与中国传统思想有相似之处，认为不能因为普鲁士处于荒裔之地而轻视这个国家。

《志略》也叙述了法国陆海军实力，称："国有额兵三十万，战船大小二百九十只，水兵五万，船之大者载炮七十二门至一百二十门。亦有火轮船数十只，巡驶地中海。"同时，徐继畬还详述了法人以战胜为荣的尚武精神：

> 其俗人人喜武功，军兴则意气激扬，面有矜色，临阵跳荡直前，义不返顾，前队横尸杂遝，后队仍继进不已，获胜则举国欢呼，虽伤亡千万人不恤，但以崇国威，全国体为幸。其酋长沉鸷好谋，知兵者多，水战、陆战之法无不讲求，又好用纵横之术，故与诸国交兵，常十出而九胜。③

徐继畬在按语中还特别提醒："欧罗巴用武之国，以佛郎西为最。争先处强，不居人下，遇有凌侮，必思报复。"④描述法国 1789 年的大革命和拿破仑的崛起，拿破仑"用兵如神……灭荷兰，废西班牙，取葡萄牙，兼并意大里、瑞士、日耳曼诸小部，割普鲁士之半，夺奥地利亚属藩，侵睰国围其都城，战胜攻取，所向无敌，诸国畏之如虎"⑤。《志略》如此描述，无非是向国人表明：使中国军队受挫的外国军力，将不仅仅是英国一国而已，法国很可能是潜在的对手。这确有先见之明。

---

①　徐继畬著，田一平校点：《瀛寰志略》，第 142 页。
②　徐继畬著，田一平校点：《瀛寰志略》，第 146—147 页。
③　徐继畬著，田一平校点：《瀛寰志略》，第 210 页。
④　徐继畬著，田一平校点：《瀛寰志略》，第 210 页。
⑤　徐继畬著，田一平校点：《瀛寰志略》，第 203 页。

5. 主张开拓中外贸易和倡导掌控海权

《志略》贯穿了一个重要的思想，即开拓中外贸易是国家发展的基石。《志略》卷二"亚细亚·南洋各岛"的按语中称："唐以前之通番，不过求珍异之货，夸王享之仪，其重在贡；而唐以后则榷其货税，以益国用，其重在市。"①唐宋两朝，番舶乃聚于粤东。"明成祖好勤远略，特遣诏使，遍历各番岛开读。于是诸番岛喁喁内向，效共球者数十族，如吕宋、爪哇、婆罗洲、苏门答腊之类，幅员差广，可称为国。"②"内臣侯显、郑和等，招谕西南诸番，暹罗、爪哇以至西洋古里诸国，诸番贡献毕至，奇货重宝，前所未有。"③徐继畬指出"古圣人不贵异物，不宝远物，岂惟谨节制度，杜侈汰之萌，而防患未然之意，亦可深切著明矣！"④追溯唐、宋与元朝时期的情况，说明尽管明朝郑和下西洋被当时的文官批评为好大喜功，但是中外贸易互动，为中国与东南亚诸国保持良好的外交关系，其"防患于未然"的意义还是很明显的。随着大航海时代的到来，西方列强纷纷东来，海外贸易作为近世国力基础的重要性得到凸显。徐继畬明确认识到中国面对19世纪以来严峻的新形势，士大夫们应该抛弃儒家"重农抑商"轻视商业的偏见，清政府必须抱持务实态度去获得可靠的信息，制订出现实的重商主义的政策。

纵观世界各国富强之道，即重视商业利益，以商立国。徐继畬指出："欧罗巴诸国皆善权子母，以商贾为本计，关有税而田无赋。航海贸迁，不辞险远，四海之内遍设埠头，固由其善于操舟，亦因国计全在于此，不得不尽心力而为之也。"⑤他认识到对外开放通商乃是世界绝大多数国家的选择，就连非洲小国突尼斯，也是"欧罗巴各国皆与通商"⑥。欧洲诸国，除了俄罗斯与中国通过陆路互市，其余皆通过海道：

> 其至粤东贸易者，英吉利船最多，居各国十分之六。西班牙之船，大半自吕宋来，粤东称大、小吕宋，不称西班牙，船之多几过于英吉利，而洋米之外少别货。此外则奥地利亚、普鲁士次之，嗹国、荷兰又次之，

---

① 徐继畬著，田一平校点：《瀛寰志略》，第55页。
② 徐继畬著，田一平校点：《瀛寰志略》，第52页。
③ 徐继畬著，田一平校点：《瀛寰志略》，第55页。
④ 徐继畬著，田一平校点：《瀛寰志略》，第55页。
⑤ 徐继畬著，田一平校点：《瀛寰志略》，第115页。
⑥ 徐继畬著，田一平校点：《瀛寰志略》，第250页。

瑞国又次之。佛郎西货船,每岁来粤,多不过三四只,少则一二只,所载皆呢羽、钟表诸珍贵之物。葡萄牙即居澳门之大西洋,其本国商船来者甚稀①。

掌控海路,即掌握了海上贸易的咽喉,徐继畬已经意识到掌控海权的重要性。他以荷兰为例,称荷兰虽是一个"欧罗巴小国",却"善于操舟,能行远,故欧罗巴海市之通行,自荷兰始"②。明朝中叶,荷兰首先派船来到中国南海与爪哇一带,逐渐占领了今天的印尼各岛,还一度占据舟山,以巨炮摧毁普陀山,甚至游弋在澎湖和厦门一带,一度占领过台湾,最后是被郑成功击败的。徐继畬从荷兰的海上称霸史中总结出:"欧罗巴诸国皆好航海、立埠头,远者或数万里,非好勤远略也,彼以商贾为本计,得一埠头则擅其利权而归于我,荷兰尤专务此。其航海而东来也,亚非利加、印度、麻喇甲、苏门答腊即已遍设埠头,噶罗巴(即爪哇)岛,大、小西洋入中国之门户,富盛甲于两洋,为诸岛国之纲领,荷兰一诡谋据其海口,建设城邑,流通百货",东南亚诸岛国都有荷兰设立的埠头,近年以来,有些地方渐渐为英国所占据。③

徐继畬认为欧美以商为本的经济,必重视海外贸易。中国与世界的关系是已"求隔绝而不能",因此极力主张通过中外贸易、控制海权来参与世界舞台的竞争。

6. "以华释外"的编纂策略

《志略》善于用中国士大夫们熟悉的语言和思维、论证方式,比较全面地介绍了域外世界,在译介域外世界的风俗、政治制度方面,运用对比、归化、异化的编纂策略,经常采用符合中国读者习惯的文言特色的短句,进行相应的本土化处理。在选择域外文献资料的过程中,一方面重视异质性,另一方面对难以理解的文化现象或异国情调的事实,加以解释或者注释,或对一国的地理环境的特点、人种差异、人民的生活风俗习惯,与中国进行比较,有助于读者更深入和全面地来认识域外事物。

徐继畬在解释外国地理环境时,尝试用中国风水的观念来分析欧洲和非洲:"欧罗巴一土,以罗经试之,在乾戌方,独得金气。其地形则平土之中,

---

① 徐继畬著,田一平校点:《瀛寰志略》,第 110 页。
② 徐继畬著,田一平校点:《瀛寰志略》,第 193—194 页。
③ 徐继畬著,田一平校点:《瀛寰志略》,第 196—197 页。

容畜沧海数千里，回环吞吐，亦与他壤迥别，其土膏腴，物产丰阜。"①"阿非利加一土，以八卦方向视之，正当坤位。其气重浊，其人类颛愚，故剖判已历千万年，而淳闷如上古，风气不能自开。"认为黑人被卖为奴隶，"絷之终身无叛逃者，其又得坤土之柔顺者欤"②。他也采用与中国地理对比的方法，如称北亚墨利加"有大河曰亚马孙，大如中国之长江"③。"米利坚各部在北黄道之北，与中国节候相仿。"④"米利坚各国天时和正，迤北似燕、晋，迤南似江、浙，水土平良，无沙碛，鲜瘴疠。"⑤指出"南、北亚墨利加袤延数万里，精华在米利坚一土，天时之正、土脉之腴，几与中国无异"⑥。将古巴、海地两大岛，"比中国之台、琼"⑦。他在地理上和制度上介绍日耳曼列国时，也多以中国为对照："日耳曼为欧罗巴适中之地，似中国之嵩洛，其人聪明阔达，西土以为贵种。其分土列爵，似三代封建之制。"⑧在叙述日本一节中称："其男女眉目肌理，仿佛华土，信东方秀气之所钟也。"⑨

　　欧美地理是《志略》叙述的一个重点，全书用了大约一半篇幅来介绍欧美国家。书中批评关于"澳门之夷，俗呼为大西洋，又称为意大里亚。当其初来，中土不详其部落之名，彼谓从大西洋来，则称为大西洋，而不知葡萄牙之在大西洋，不过滕、薛之类也。至称意大里亚，则以意大里为彼土一统之朝，犹之称中国为汉人、唐人耳"⑩。解释葡萄牙在欧洲的地位，他举出中国周朝分封的诸侯国滕国（前 1122 年—前 296 年）和夏商周三代东方的一个诸侯国薛国，都是属于古老的小王国。意大利所谓的统一王朝，也是分分合合，与徐继畬生活时代的意大利已经判若异朝，犹如称中国为汉、唐。在叙述瑞典的结语中，用孟子"生于忧患，死于安乐"的观点来解释："瑞国处穷发之北，在欧罗巴诸国中最为贫瘠，而能发奋自保，不为强邻所并兼。'安乐者祸之萌，忧患者福之基'，虽荒裔亦如是也。"⑪在讲述普鲁士威廉三世领

①　徐继畬著，田一平校点：《瀛寰志略》，第 112 页。

②　徐继畬著，田一平校点：《瀛寰志略》，第 262 页。

③　徐继畬著，田一平校点：《瀛寰志略》，第 268 页。

④　徐继畬著，田一平校点：《瀛寰志略》，第 269 页。

⑤　徐继畬著，田一平校点：《瀛寰志略》，第 289 页。

⑥　徐继畬著，田一平校点：《瀛寰志略》，第 290—291 页。

⑦　徐继畬著，田一平校点：《瀛寰志略》，第 310 页。

⑧　徐继畬著，田一平校点：《瀛寰志略》，第 156 页。

⑨　徐继畬著，田一平校点：《瀛寰志略》，第 14 页。

⑩　徐继畬著，田一平校点：《瀛寰志略》，第 224 页。

⑪　徐继畬著，田一平校点：《瀛寰志略》，第 133 页。

兵打仗，转败为胜的事迹时，称赞他"有卫文大布大帛之风，其治军亦得古人寓兵于农之意"①。认为威廉三世的做法类似春秋时卫国国君卫文公（？—公元前635），卫文公在位期间，努力生产，教导农耕，便利商贩，加惠各种手工业，重视教化，奖励求学，任用有能力的人为官；他大力发展军事，在位初期，战车仅三十辆；到其在位晚年，增加至三百辆。将华盛顿起兵抗击英国殖民者，比之起事抗秦的陈胜、吴广，称其割据雄于曹操和刘备。并认为其"不僭位号，不传子孙，而创为推举之法，几于天下为公"，符合中国尧舜禹三代的禅让之遗意。② 在介绍土耳其一节中，徐继畬已意识到西方世界也存在着种种危机："观泰西人所著书，西土之困于苛政也尤甚，胜、广之徒时时攘臂，而彼昏不知，犹晏然为羊车之游，亡可翘足而待矣。"③一方面隐伏着农民起义的危机，而统治者犹如晋武帝还在宫中乘羊车选妃，过着"彼昏不知"的荒唐生活。

在介绍海外文化制度时，徐继畬也常常作这样的比附，如讨论希腊一节中，借李太郭的一段话称："雅典最讲文学，肄习之精，为泰西之邹、鲁。"④称赞意大利民众"好谈论游戏，喜讴歌，有稷下之风"⑤。在讲述埃及为土耳其所灭时，则将那些不开化的地区比作古代传说中的两个大盗——盗跖与庄蹻的老巢："曩时文物之盛已扫荡无遗，而地中海南岸诸部乃半化为蹻、跖之巢穴。"⑥在叙述外国制度时，经常以中国的官制来作为对照，如讨论噶罗巴（即爪哇）一节，称"荷兰择其贤能者为甲必丹"，并以小字解释道："欧罗巴官名，如中国州县之类。"⑦在"亚细亚印度以西回部四国"条中，徐继畬表达了对于基督教的看法："摩西十诫，虽浅近而尚无怪说，西教著神异之迹，而其劝人为善，亦不外摩西大旨。周、孔之化，无申宣之重译。彼土聪明特达之人，起而训俗劝善，其用意亦无恶于天下，特欲行其教于中华，未免不知分量。"⑧虽然他认为基督教教义中也有"训俗劝善"的作用，但和中华文化相比，仍属等而下之。换言之，他认为西方传教士想在华传播基督教福音，实

---

① 徐继畬著，田一平校点：《瀛寰志略》，第146—147页。
② 徐继畬著，田一平校点：《瀛寰志略》，第277页。
③ 徐继畬著，田一平校点：《瀛寰志略》，第170页。
④ 徐继畬著，田一平校点：《瀛寰志略》，第182页。
⑤ 徐继畬著，田一平校点：《瀛寰志略》，第183页。
⑥ 徐继畬著，田一平校点：《瀛寰志略》，第253页。
⑦ 徐继畬著，田一平校点：《瀛寰志略》，第39页。
⑧ 徐继畬著，田一平校点：《瀛寰志略》，第93页。

在是不自量力。

徐继畲在《志略》中采取"以华释外"的编纂策略，旨在确定19世纪中国在海洋万国中的位置，以世界史地的方式，将有关域外各国地理、贸易、政治、经济、物产和民俗较为翔实和准确的知识，编织到海洋时代复杂的万国网络之中，从而为中国从大陆帝国向海洋帝国转型提供知识的基础。

第四节　译名选择与文化观念

两种文化的交流中包含了双方词义的理解与阐释，最典型的表现在把一种语言转换成另一种语言的名词翻译中。尽管《志略》并非纯粹的翻译作品，然而，作为一部近代中国人认识世界的早期文献，它同样存在一个译名的取舍问题。这一译名的取舍包括了建构不同语言之间词汇的对应关系，通过这部影响巨大的著作，将这种语言之间词汇的对应关系提供给学界，显示了对异域知识接受的不同面向。徐继畲编纂《志略》过程中取舍译名，在相当大的意义上还影响着近代中国人认识世界时所采用的语义阐释。译名方法不仅仅是一种翻译技巧，还是一种世界观的反映，因而，通过对《志略》译名的取舍、简化和归纳，也有助于透视徐继畲的世界观。

译名问题也是语言和世界关系的一部分，"名"给人以一种观察世界的尺度，有了名词才能准确地理解世界和表述世界。"名"的讨论最早可以追溯到百家争鸣的先秦时代，孔子所提出的"名不正，则言不顺"[1]。其所谓"正名"意义就在于让"名"代表它所应代表的，以重建社会政治关系与制度；而墨子的"以名举实"即肯定了名是客观世界的准确表述。[2] 荀子在《正名篇》中就如何制订名词的问题，提出了许多精辟的见解，如"名闻而实喻，名之用也"[3]。"奇辞起，名实乱，是非之形不明。"[4]"若有王者起，必将有循于旧名，有作于新名。然则所为有名，与所缘以同异，与制名之枢要，不可不

---

① 《论语·子路》，刘宝楠：《论语正义》，《诸子集成》第一册，上海书店1986年，第283页。
② 《墨子·小取》，孙诒让：《墨子间诂》，《诸子集成》第四册，上海书店1986年，第250页。
③ 《荀子·正名》，王先谦：《荀子集解》，《诸子集成》第二册，上海书店1986年，第281页。
④ 《荀子·正名》，王先谦：《荀子集解》，第276页。

察也。"①意即名辞纷繁陈就会导致名称与其所代表的实际事物不一致，只有名称确立才能对实际事物有准确的认识，这种用名称来表示实际事物的制名之道才得以推行，而达到这种大功大治境界就在统一名称的功劳。而统一名称的方法是什么呢？"名无固实，约之以命实，约定俗成谓之实名。"②荀子之意即事物的名称，并非一开始就合宜，而是由人们互相约定一个名称，约定了，用惯了，就认为这一名称是合宜的，而与约定的名称不同的就被认为是不合宜的。什么名称代表什么实物，并非一开始就是确定的，约定用这一名词命名这一实物，是约定俗成的结果。

古代语言问题由古代社会的需要而产生，近代的译名问题同样也服务于近代的社会使命。《志略》所采取的译名选择的方法，正是徐继畬面对近代中西文化尖锐碰撞"译字纷歧"③的背景下，对先秦以来语言与世界关系认识的一个继承。他指出"外国地名最难辨识，十人译之而十异，一人译之而前后或异"，原因是"外国同音者无两字，而中国则同音者或数十字；外国有两字合音、三字合音，而中国无此种字。故以汉字书番语，其不能吻合者，本居十之七八"，加上外国人居粤东，又带上了粤东土语，于是波斯被译成"白西""包社""巴社"，甚至变成"高奢""百尔设""比耳西"等。因此，译专有名词要依据"因俗定契"的原则。如各国的名称，应当有专门译法，如把西班牙译成"以西把尼亚"，葡萄牙译成"波尔都噶亚"，读者"猝不知为何国，故一切仍其旧称"。④

徐继畬不懂外语，他没有后来著名的不懂外语而能译出近二百种译作的大译家林琴南那样的翻译实践，也不像基本不懂外语而组织过类似译场的林则徐那样从事过翻译组织工作。但我们不能怀疑他也有过严复"一名之立，旬日踟蹰"⑤的体验，因为他在把已译成中文的素材加以合成时，同样面临一个如何使异域文化与本国语言相适应的问题。1847 年四美在《五口通商城市游记》中描述徐继畬"在一本昂贵的美国出的地图册上，贴满了中文名字"⑥。徐继畬在《瀛环志略·自序》中这样讲述自己选

①　《荀子·正名》，王先谦：《荀子集解》，第 276 页。

②　《荀子·正名》，王先谦：《荀子集解》，第 279 页。

③　梁廷枏：《兰仑偶说》自序，氏著：《海国四说》，中华书局 1993 年，第 103 页。

④　《瀛环志略·凡例》，徐继畬著，田一平校点：《瀛寰志略》，第 8—9 页。

⑤　严复：《天演论·译例言》，王栻主编：《严复集》（五），中华书局 1986 年，第 1321 页。

⑥　[英] 施美夫著，温时幸译：《五口通商城市游记》，第 294—295 页。

择取舍材料的过程：

> 余复搜求得若干种,其书俚不文,淹雅者不能入目。余则荟萃采
> 择,得片纸亦存录勿弃,每晤泰西人,辄披册子考证之,于域外诸国地形
> 时势,稍稍得其涯略,乃依图立说,采诸书之可信者,衍之为篇,久之积
> 成卷帙。每得一书,或有新闻,辄窜改增补,稿凡数十易。自癸卯至今,
> 五阅寒暑……未尝一日辍也。①

他必须确定用最恰当、最合适的字眼来表达这种思想和信息,既要使当时的读者理解接受,又不致产生太大的"折射率"。美国学者德雷克认为,"中国并没有日语片假名那样的语音体系,日本语的片假名,可以简单地再现新词的相当准确的发音,而用不着包含表音字母的任何内在意思。中国却没有这种便利,徐继畬只好像好多世纪前的佛教传教者一样,用单音节的文字组合在一起,来翻译多音节的外国名词。……不过对能够用北京话发音表达外国专有名称的汉字进行选择并且使之标准化,这就是《瀛环志略》在技巧上取得的一个真正重要的成就"②。

徐继畬在《志略》中也认为外国的国名、地名"最难辨识",书中对国名和地名译名的取舍,是否比他的先人、同时代的学者创造的译名,更高明和更有生命力呢？笔者认为答案是肯定的。徐继畬承继了乾嘉考据学之余风,不仅利用传统文献,也利用西方文献和西人的口述资料,反复辨证,如讨论印度,他写道："余尝见米利坚人所刊地图,五印度共二十余国……据米人雅裨理云,此系五印度旧部落之名,自英吉利据印度后,有分析有改革,与此图不同。后见英人刻五印度图与米利坚图全不同,地名繁简亦异。地既属英,当就英图立说,附米图于后,以资考核。"③他对国名和地名往往详加推究原委,如论及波斯,专门辨析道："……或译为白西,转而为包社巴社,讹而为高奢,余尝令泰西人口述之则曰百尔设,又令其笔书之则曰比耳西。今将译音异名注于各国之下,庶阅者易于辨认。"④徐氏为"波斯"译名,考察了各种音译,并直接请西洋人口读、笔书,加以比勘。仅此一例,足见徐氏译名之

---

① 徐继畬著,田一平校点：《瀛寰志略》,第6页。
② 参见[美]德雷克著、任复兴译：《徐继畬及其瀛寰志略》,第179—180页。
③ 徐继畬著,田一平校点：《瀛寰志略》,第63、68页。
④ 徐继畬著,田一平校点：《瀛寰志略》,第8页。

精审。有此扎实的考证基础，该书方能纠正明清以来多种舆地著作的译名之误。如顾炎武《天下郡国利病书》称："爪哇国，古诃陵也，一曰'阇婆'，又名'莆家龙'，在真腊之南，海中洲上。其属国有苏吉丹、打板打、网底等国。"《志略》补充注释：爪哇国即噶罗巴；"苏吉丹"即"史丹"；"打板打"即"淡板公"："网底"即"把低"，都是"以官名为国名"的讹误。①《天下郡国利病书》称："苏门达腊，古大食也。"《志略》指出此说"大误"，并进一步考证："苏门答腊一土，古名婆利洲，为西南洋极大之岛。明人不知为何地，以隔海万里之大食（即今波斯一带）当之，误之甚矣"。并称随着"时代变更，译音转易，莫可得稽"。②

《志略》所取非洲的"莫三鼻给"，时人有"摩散比""磨三密"等不同的译名；《志略》所取"突尼斯"译名时人有"都尼斯""土匿"等不同的译法。而欧洲国名混淆最为严重，徐继畬称"欧罗巴诸国之名，诸书异说几难辨识，有一国本有数名者，有本系以名，而译写转音，遂致言人人殊者"③。如《志略》作"希腊"，时人或译"额里士""额力西""厄勒祭""厄勒西亚"等；《志略》作"瑞士"，时人或译"瑞子""束色楞""绥沙兰""苏益萨""黑尔威西亚"等；《志略》作"比利时"，时人或译"比勒治""惟理仪""比义""比尔百喀""比尔日加""密尔闻""弥尔尼王""比利闻"等。④ 德意志，魏源《海国图志》译"耶马尼"，《志略》译"日耳曼"；普鲁士，《海国图志》译"普鲁社"，《志略》译"普鲁士"；维也纳，王韬《法国志略》译"亚威纳"，王亨统《地理问答》译"伟恩"，《志略》译"维也纳"；伯尔尼，利玛窦《万国图志》译"陛伦"，《地理问答》译"伯诺"，《志略》译"伯尔尼"；意大利，《法国志略》译"伊太里"，《志略》译"意大里亚"；摩纳哥，纽卡士耳《世界地学》译"谟拏哥"，《志略》译"摩纳哥"；荷兰，《大清一统志》译"拂兰地亚"，《西洋史要》译"尼柔兰"，《皇朝文献通考·四裔考》译"法兰得斯"，《志略》译"荷兰"；挪威，《皇朝文献通考·四裔考》译"诺而勿惹亚"，《志略》译"挪耳瓦"，又作"讷为"；瑞典，《地理问答》译"合挪威丹国"，《志略》译"瑞国"，又作"瑞典"。⑤ 不难看出，徐继畬在国名翻译上胜过前人和同时代的学者，最接近于今译名。他清

①　徐继畬著，田一平校点：《瀛寰志略》，第 39 页。
②　徐继畬著，田一平校点：《瀛寰志略》，第 49、51 页。
③　徐继畬著，田一平校点：《瀛寰志略》，第 107 页。
④　徐继畬著，田一平校点：《瀛寰志略》，第 107、110 页。
⑤　上述译名比照，还参据杜宗预编：《瀛寰译音异名记》，光绪三十年（1904）刻本。

楚地认识到美国的"州"（states）不同于中国的省，因此在行文中用"国"来
表示，于是在《志略》就出现了"北亚墨利加米利坚合众国"的小标题，①此段
"米利坚合众以为国"一语的出典，是汉文文献中第一次出现的美国国名
The United States of America 意译词，大致接近后来的规范译名"美利坚合众
国"。与当时流行的咪唎坚、花旗国、美理哥合省国、育奈士迭国、摄邦国等
国名相比，是对美国更形象、更准确的一种国名称谓，这一意译词应该是"一
名之立，旬日踟蹰"下的结果。徐继畬在译名上高出同时代学者一筹，实非
偶然。

　　《志略》不仅在地名、国名译名选择上较其他著作为胜，即使在一些专有
名词的意译上也略胜一筹。如林则徐《四洲志》把美国国会的"议员"
（representative）音译为"里勃里先特底甫"，《志略》则用"贤士"来译议员一
词；《海国图志》把议会（parliament）音译为"巴厘满"，《志略》则以"公会"来
译"议院"，以"爵房"译"上议院"，"乡绅房"译"下议院"；蒋敦复《英志》把
总统（president）音译为"大伯勒格斯"，《海国图志》译为"大酋"，《万国公
报》将美国的国家元首音译为"伯理玺天德"，或有将其译作"皇帝"，称美国
总统选举为"选举皇帝""皇帝四年受代"等，以后林乐知发现此译不妥，在
《万国公报》上以"本馆主"之名，于 1875 年 6 月撰文《译民主国与各国章程
及公议堂解》，介绍美国的民选政治，以正其误。而《志略》则意译为"总统
领"，用语较为妥当，大致接近后来的规范译名"总统"。

　　《志略》对一些西洋器物和域外动物的专名，还作了简明的界说。例如
"火轮船"："火轮船，大者如三桅船，小者如两桅船。船之后半，上为水柜，
下列火门，或五或九，火门之内以柴燃煤。水柜之上，两铜管粗尺许，湾折而
下，至船底，承以两木桶，高五六尺，围七八尺，木桶之前又接以双铁管，曲折
弯环，达于轮轴。……火燃水沸，热气从铜管入桶，桶盖扇动，热气贯入双铁
管，宛转达于轮轴，以激动之。……船之行也，轮激水如飞，瞬息不见，一昼
夜约千余里。"②这一段是否系汉文文献中最早出现的对蒸汽机发动的轮船
的描述，尚待考订。但"火轮船"一词，可以认为是今天通用的"轮船"这一
译词的简称。晚清关于"giraffe"有许多种不同的音译名和意译名，徐继畬谨
慎选择了郭实猎《万国地理全集》中的"长颈鹿"一名，为后代学者所沿用，

---

① 徐继畬著，田一平校点：《瀛寰志略》，第 273 页。
② 徐继畬著，田一平校点：《瀛寰志略》，第 238—239 页。

不仅较古译"麒麟"为恰当，比之后来邹代钧《西征纪程》音译为"吉拉夫"，无疑也要高明得多。1876年游历欧美的李圭在《环游地球新录》中称《志略》把"如鹿无斑，身短，顶高于身倍蓰者"译得非常合适。[①] 不少学者就是通过此书掌握正确译名的，如刘鸿翱在《志略》序中称自己是读《志略》才知道地球上有个"北冰海"的。《续录工部侍郎盛杏荪少司空奏陈南洋公学译书纲要折》中也明确要求："译本要在同文，昔时译署翻书，人地国名皆取准于《瀛寰志略》与官文书，一例视而可识，辄寄无歧。"[②] 我们固然不能把这些游记和著作中的许多译名与《志略》的相同，完全归之于前者对后者的模仿和认可，但徐继畬在现代译名开创方面所起的"先路之导"的作用，却是永远无法抹杀的。从上述这些译名的选择不难判断出，徐继畬对有些译名的选择，较之同期传教士的译名更为准确，显示出道咸间中国经世派士人对中西文化及概念的理解，确切性往往高于传教士。我们不能认为这些译名都是由《志略》首创的，但至少可以作出这样的结论，即徐继畬在译名选择过程中，有着深思熟虑的反复思考，由此《志略》采用的译名，才能较之前人和同代人的著作更准确，更有利于中国读者的理解接受，也更接近于后来的"约定俗成"的译名。

从学科性质而言，地理学是唯一的一门跨越自然和人文学科两大领域的特殊学科，有一个庞大的知识体系和一整套专门的名词术语，这些知识和术语绝大多数都是传统所不具备的。[③] 名词术语的翻译不仅仅是一种传达命名信息的手段，也是一种深刻的文化现象，译名或选择取舍译名的过程，也就成了传达某种思想的过程。徐继畬开始认识西方和研讨译名的时代，不是一个中国读书人对西方趋之若鹜的时代，反而是中国很多士大夫坚持排外主义、宣扬华夷之辨而对外国语不屑一顾的年代。当时从事通译的舌人多是一些为士大夫瞧不起的雇员。在这海禁初开的岁月里，徐继畬追随着林则徐，给那些只有水手、买办等人注意的译名问题予以特殊的关注，不能不令我们钦佩。

世界观是人们对于生命、社会及其制度的综合认识，是一种价值体系。

---

① 李圭：《环游地球新录》，岳麓书社1985年，第242页；参见邹振环：《音译与意译的竞逐："麒麟"、"恶那西约"与"长颈鹿"译名本土化历程》，《华中师范大学学报（人文社会科学版）》2016年第2期。

② 《申报》1902年11月21日，第2页。

③ 周振鹤：《一度作为先行学科的地理学》，邹振环：《晚清西方地理学在中国——以1815至1911年西方地理学译著的传播与影响为中心》，第1—7页。

在漫长的自给自足自然经济的状态下，中国文化在观念上也培植了一种"自足的系统"，即中国文化的一切都是高于周围文化的中国中心主义世界观，形成了"自我中心"的政治观与不平等的外交观，以至于不能容忍利玛窦所绘的世界地图把中国放在稍为偏西的地方。传统的中国士大夫把中国周边的诸游牧民族视为不开化的野蛮部落，用带有明显贬义的"东夷""西戎""南蛮"和"北狄"呼之。对于异族多用"蛮夷""红毛鬼""夷人""西夷""英夷"等鄙夷的称谓。徐继畬早期和当时的士大夫一样，在奏疏或在私函中也都是抱着这种"以尊临卑"的心态，使用这些刺眼的字眼。英国人被中国官方称为"英夷"，中国把办理外交叫作"夷务"。按照一切远离中华文明的民族都是"化外之民"的逻辑，西方人自然不属于文明的范围，因此中国在给外国人取的译名中也多反映出"华夷之辨"的观念。如用贬义词狄妥玛（今译托马斯·迪克，在中国海关任税务司的英国人）、吓厘士（今译哈里斯，美国外交官）、渣甸（即查顿）、马赖（一译马奥斯多，法国传教士）；或在汉译名上一律加"口"字旁，"口"在汉语里有计数牲畜的意思，以此引申为野蛮的禽兽，如吗咃唥（今译马他伦，英国水师副提督）、喇吃呢（今译拉尊尼，法国外交官）、喳（今译查顿，鸦片贩子）。

　　这种使用贬义词书写西方国家或西方人的名称是那一时代普遍的做法，连著名的改革家林则徐、龚自珍、魏源都不例外。《海国图志》使用"以夷攻夷""师夷制夷"是众所周知的，同一时代和此后梁廷枏的《夷氛闻纪》、夏燮的《中西纪事》等，都普遍采用这一名称。[1]　然而，《志略》却是一个突出的例外，徐氏 1841 年称英国为"逆夷"，1844 年《瀛环考略》手稿中仍用"夷"称西洋各国，以后各稿"夷"字渐次减少。《考略》手稿"英吉利"一节仅两千四百二十九字，有二十一个"夷"字；而《志略》刊本同一节长达七千六百二十字，"夷"字全部删去，代以"洋""西洋"。1848 年刊行的《志略》中已很少使用"夷"的译名，也很少采用另一些"胡""狄"等带有贬义性的译名。[2]　这反映

---

①　关于 19 世纪早期有关"夷"字的概念演变，参见方维规：《概念的历史分量——近代中国思想的概念史研究》，第一章《"夷""洋""西""外"及其相关概念——论 19 世纪汉语涉外词汇与概念的演变》，北京大学出版社 2019 年，第 1—52 页。

②　任复兴：《晚清士大夫对华夷观点的突破与近代爱国主义》，《社会科学战线》1992 年第 3 期。《瀛环志略》中仍存在个别的贬词，如卷四有"黑夷皆印度或南洋各岛人"；卷六有"适有夷族自东北来侵"；卷七有"南洋诸夷""澳门之夷"；卷八有"黑番愚懵"等语，但并不用于指称国家和民族，多是泛指土著。此种表述一方面留有传统文献引述的痕迹，如"南洋诸夷"，还有"黑夷"等，应该是受到所引用的西方文献中殖民主义观点的影响。

出徐氏是较早跳出传统"华夷观",理性看待外域的先觉者,而更多地使用了"泰西""西洋""西土""西国"这些属于中性的描写词。在许多官方文献中被斥为"夷酋"的李太郭,在《志略》刊本中被尊称为"英官李太郭"。相比之下,在魏源倡导师夷长技以弘扬圣武的《海国图志》中,"夷"字比比皆是,尽管该书已经描绘出多元文化的世界图景,但"夷"字在书中仍占有主导地位。

如果《志略》这部著作晚二十年问世的话,采用这种译名就不必使人惊讶了,因为1858年6月26日签订的《中英天津条约》第51款中明确规定:"嗣后各式公文,无论京外,内叙大英国官民,自不得提书夷字。"①此后"夷"字渐为"洋"或"远"取代了。但直到19世纪90年代,个人著作中把西方人称为"夷"者仍不在少数,而早在19世纪40年代末,徐继畬就首先自觉废用这一带有文化偏见的译名,可以看出他对世界的认识远远高于同代人。联系到《志略》研究世界时遵循一种统一的格式,把中国只作为占据亚洲大陆的一部分加以评述,使他那具有比较准确译名的著作,成为把中国读者引向纷纭的外部世界的一本正确的导引图。它告诉中国读者,在中国之外的人类生存环境中,还有其他与中国有着同样文明开化的民族,中国只是亚洲大陆的一小半,而亚洲又只是世界五大洲之一。其深刻意义在于,揭示了地球上文明与文化的多元性。也许正是这种对传统天朝模式带来挑战的译名方法,使保守派感到震惊,从而成为他们反复攻击和要求罢免徐继畬的原因之一。

第五节　流传和影响

正由于《志略》在对世界的认识方面远远地超越了同代人,因此,该书初版后毁多于誉,曾国藩称《志略》"颇张大英夷"②,虽是在友朋书札中的言论,但可以视为清官方早期的一个态度。保守派的代表倭仁更是直指《志略》"以有先人之言,便生一偏之见"③。李慈铭认为《志略》"轻重失伦,尤

---

①　复旦大学历史学系中国近代史教研组编:《中国近代对外关系史资料选辑(1840—1949)》,上卷第一分册,上海人民出版社1977年,第174页。

②　曾国藩:《致左宗棠》,《曾国藩全集·书信》(一),岳麓书社1990年,第622页。

③　倭仁:《倭文端公遗书》卷五,转引自章永俊:《鸦片战争前后中国边疆史地学思潮研究》,黄山书社2009年,第243页。

伤国体"①，史策先更称《志略》"立论多有不得体处……张外夷之气焰，损中国之威灵……奉旨议处，书版饬令毁销"②。均可视为民间保守读者群中对《志略》的评说。《志略》初刊时在国内影响不大，1861 年后日本推出了红黄绿三彩印本，广泛流传，于是发生了"出口转内销"的现象，日本刊本流入中国，成为坊肆翻刻的摹本。1866 年总理衙门才特别刻印，将其列为同文馆的教科书，这本书也成了那一个时代先进中国人认识世界、了解西方的主要知识来源之一。也许由于《志略》"以精约胜"③，其短小的篇幅正适宜于携带外出，那个年代充当使节的官员或出外游历、考察的国人多随身携有《志略》，以便查阅。《志略》中对世界各国地名的译法，后来还成为总理衙门编译外文书籍地名时所采取的标准译法。1867 年出使欧洲的斌椿，1875 年出使欧洲的黎庶昌，1876 年出使欧洲的郭嵩焘和刘锡鸿，同年游历欧美的李圭，1890 年出使英法意比四国的薛福成，1894 年出使日本的黄庆澄，沿途都对《志略》的记述进行了仔细的查对，斌椿在 1867 年出使欧洲回国后写道："自古未通中国，载籍不能考证，惟据各国所译地图，参酌考订，而宗以《瀛环志略》耳。"④1875 年至 1881 年出使欧洲的黎庶昌在《西洋杂志》中也盛赞"所经过山川城市，风土人情，《瀛环志略》所载，十得七八，乃叹徐氏立言之非谬"⑤。光绪二年（1876），郭嵩焘赴英出任首任中国驻英公使时就是以《志略》为指南的。郭嵩焘在出国前也曾以此书叙述英法诸国强盛为过，及使英与人书，叹曰："徐先生未历西土，所言乃确如是，且早吾辈二十余年，非深识远谋加人一等者乎！"⑥尽管他在出使途中发现《志略》有不少信息已经过时，如称"印度产茶岁得二十万斤，今已逾百倍之多矣"，但仍赞扬其译名，

---

① 李慈铭：《越缦堂日记》咸丰丙辰一月二十八日，转引自李慈铭撰、由云龙辑：《越缦堂读书记》，商务印书馆 1959 年，第 480—481 页。

② 史策先：《梦余偶钞》卷一，《近代史资料》1980 年第 2 期。史策先，字吟舟，枣阳唐城史家大湾人。生于嘉庆年间，道光十三年（1833）进士，封中宪大夫，任京畿道监察御史，后任广平知府，不久调任正定知府。咸丰末年辞官回乡，一直任春陵、墨池、鹿门书院讲学。性倜傥洒脱，不受世俗礼法拘束，喜欢谈论兵事。幼年时即仰慕陈同甫之为人。老年讲学，为人师表，言语行动，一丝不苟。著有《寄云馆诗钞》《射艺详说》《梦余偶钞》《思有济斋文集》《兵法集鉴》《枣阳县志》和《随州志》等。

③ 王韬：《上丁中丞》，《弢园尺牍》，中华书局 1959 年，第 105 页。

④ 斌椿：《乘槎笔记》，岳麓书社 1985 年，第 102 页。

⑤ 黎庶昌：《西洋杂志》，岳麓书社 1985 年，第 540 页。

⑥ 方闻编：《清徐松龛先生继畬年谱》，台湾商务印书馆 1982 年，第 107 页。

如"直布罗陀"译得恰当。①《申报》亦称"以下皆西报语,按阿富汗即阿甫甘,西国有定音而本无定字,兹特照《瀛寰志略》称之。"②或校正错误的译名,如"本报两记秘鲁与吉里国因争硝地启衅一节,今阅《瀛寰志略》,知'吉里'二字,应作'智利',亟补正之。"③

《志略》亦是晚清不少学者和思想家地理知识的重要来源,与林则徐、黄爵滋、龚自珍等在北京结"宣南诗社"的张维屏(1780—1859)研读此书后称赞道:"《瀛寰》真善本,万国人双眸。"④王韬在《瀛环志略》序言中写道:"近来谈海外掌故者,当从徐松龛中丞之《瀛寰志略》、魏默深司马之《海国图志》为嚆矢,后有作者弗可及已。"认为《志略》是"当今有用之书",因为它"纲举目张,条分缕析,综古今之沿革,详形势之变迁,凡列国之强弱盛衰、治乱理忽,俾于尺幅中,无不朗然如烛照而眉晰"。与《海国图志》比较"各有所长,中丞以简胜,司马以博胜"⑤。或有学者从地理学角度比勘该书的内容,如光绪七年(1881)黄彭年(1823—1890)整理编校完成了何秋涛的《朔方备乘》,由莲池书院铅印出版,在图说部分取《志略》"诸图勘对",指出"《瀛寰》图误",辨证了其中的疏失。⑥

《申报》上有多篇讨论《志略》得失的文章,如1901年《申报》上一篇题为《俄罗斯舆地考略》的文章称:"张鹤融氏之《奉使俄罗斯日记》、丁寿祺氏之《海隅从事录》、图理琛氏之《异域录》、张德彝氏之《值俄日记》,俄国之事独未闻言及得地于阿墨利加乎,曰此事缪君佑孙《俄游汇编》、何君秋涛《朔方备乘》中曾约略言之,而以录松龛中丞所译《瀛寰志略》最加详,若西人绘刊之五大洲方舆图于墨洲边境,注明俄国属地,尤言之有物,信而可乎!"⑦在一篇题为《保暹罗以固藩封说》的文章中,把《志略》与当时权威的日人世界史《万国史记》并列,称:"暹罗南洋大国也,考之《瀛寰志略》北界云南,东界越南,南临大海,西南连所属各番部,西界缅甸西北一隅,界南掌国,有大

① 郭嵩焘:《伦敦与巴黎日记》,岳麓书社1984年,第62、85页。
② 《申报》1878年11月2日,第2页。
③ 《再述秘鲁被兵事》,《申报》1879年6月20日,第2页。
④ 张维屏:《四海囷扇》,转引自章永俊:《鸦片战争前后中国边疆史地学思潮研究》,黄山书社2009年,第225页。
⑤ 王韬:《〈瀛环志略〉序》,陈正青点校:《弢园文录外编》,上海书店出版社2002年,第226—227页。
⑥ 黄彭年著,黄益辑校:《陶楼诗文辑校》,齐鲁书社2015年,第390—391页。
⑦ 《申报》1901年2月11日,第1页。

水二，一曰澜沧江，发源青海，历云南入暹之东北境，至柬埔棋入海；一曰湄南河，发源云南之仙李把根等河，至暹之北境，会诸水成大河，至罗斛南境入海。海口曰竹屿，由竹屿入内港，至曼谷都城长一千数百里，水深阔容洋艘出入。此暹罗形势之大略也。至《万国史记》中记暹罗之近事……"云云。①《论俄人之残虐》一文称："俄人之残虐不自今日始也。徐松龛《瀛寰志略》谓俄用刑最酷；《万国史记》谓俄主宜万第四（今译伊凡四世）性严厉，以峻法治下，晚年益酷，戮臣民数万，群下畏而从之，亦有离畔者。"②

　　或有在译书中阐明《志略》译名可为翻译之准则，如 1883 年《申报》记载："上海益闻报馆龚古愚（即龚柴）先生专精地舆之学，辑著《地舆图考》，刊列报内，迄今四历寒暑，凡于山川风土疆域之广狭，开国之远近，世代之沿革，物产之盛衰，人才之优劣，莫不备著于篇。诚为有益见闻，堪资印证者，已兹复先将亚西亚图考，里加参校，哀然成书，出以问世。其外国地名，则大半照徐继畬先生《瀛寰志略》原本，而其详过之。自《地体图说》起至西里亚附考止，计分四卷，洵足嘉惠后人。"③参与江南制造局翻译馆译书工作的吴宗濂，曾据法国军事学院的欧盟参照他书译成的《德国陆军考》，该书《例言》中阐明了翻译该书的缘由与方法，在术语及度量衡翻译方面，译者说明原书"所记里数、尺数、钱数、斤数，多有以法为准则者，除译其原数外，间按华数核注；其记德国钱数处，亦间以华数举隅"，同时指出当时"地名人名之译音，往往言人人殊，遂有一地一人而致数名歧出者"，因此译者在翻译时，"除素不经见之地名人名，姑按音切译外，余皆以《瀛寰志略》原有之名为准，或参用《中德和约》及《万国史记》，以期力矫前弊"④。1896 年法文翻译朱树人在《欧洲防务志译例》（载《实学报》第一册）中亦称"中土志外域方舆之书，尚无详备善本。惟徐氏《瀛寰志略》为世通行之本。兹译此书，悉以《志略》为主。《志略》所无者，则采用日本人《坤舆全图》、及近人所著之《万国舆图》，其他则皆依西音译之"；"西国人名地名，诘屈难读，兹仿《瀛寰志略》之例，特用标识，以醒眉目。末附《中西人地名合璧表》，以资考订。"⑤

---

① 《申报》1893 年 7 月 31 日，第 1 页。

② 《申报》1900 年 10 月 17 日，第 1 页。

③ 《留心地学》，《申报》1883 年 9 月 6 日，第 4 页。

④ ［法］欧盟辑著，吴宗濂、潘元善译：《德国陆军考》"例言"，江南制造局光绪二十七年刊本。

⑤ 韩一宇：《清末民初汉译法国文学研究（1897—1916）》，中国社会科学出版社 2008 年，第206—207 页。

戊戌变法维新派思想家领袖康、梁早年曾受《志略》一书的影响。康有为自订年谱载："同治十三年甲戌十七岁，涉猎群书，始见《瀛寰志略》地球图，知万国之故，地球之理。""乃复阅《海国图志》《瀛寰志略》等书，购地球图，渐收西学之书，为讲西学之基矣。"①他还对两书进行了比较，指出"《瀛寰志略》其译音及地名最正，今制造局书皆本焉。《海国图志》多谬误，不可从"②。梁启超 1890 年赴京会试途中，在上海"购得《瀛环志略》读之，始知有五大洲各国"③。"自是大讲西学，尽释故见。"他讲西学的教材，就是《瀛寰志略》《海国图志》《万国公报》《西国近事汇编》等。梁启超也把该书看作西学的基本典籍，在《读书每月课程》中把《志略》看成是仅次于《万国史记》的第二本必读的西学书，强调"读《瀛环志略》，以审其形势"④。梁启超在《中国近三百年学术史》中还指出："徐书本自美人雅裨理，又随时晤泰西人辄探访，阅五年数十易稿而成，纯叙地理，视魏书体裁较整。此两书在今日诚为刍狗，然中国士大夫之稍有世界地理知识，实自此始。"⑤著名史学家王先谦 1909 年完成的《五洲地理志略》一书，称国人了解"五洲志地，托始徐书（即《瀛环志略》）。先河之功，实堪并美《雷志》（即美国雷文斯顿《万国新地志》），纲领完密，英伦尤详"⑥。

可以说，《志略》成了晚清知识人了解世界概况的必读书，有力地推动了认识世界、走向世界的历史潮流。夏曾佑 1885 年日记中有购读《志略》的记录。吕思勉回忆自己 11 岁在甲午战争那年努力寻找有关世界历史知识的读本，称："当中日战时，我已读过徐继畬《瀛环志略》，并翻阅过魏默深的《海国图志》"，并得书《五洲列国图》《万国史记》《普法战纪》《日本国志》等，"是我略知世界史之始"。⑦徐继畬的同乡阎锡山在辛亥革命光复山西通电全国文中称自己："髫年入塾，窃读乡先正《瀛寰志略》书，每思航海西

---

① 康有为：《康南海自编年谱》，中国史学会主编：《戊戌变法》（四），神州国光社 1953 年，第 115 页。
② 康有为：《桂学答问》，姜义华、吴根梁编校：《康有为全集》第 2 集，上海古籍出版社 1990 年，第 63 页。
③ 梁启超：《三十自述》，文集之十一，《饮冰室合集》第 2 册，中华书局 1989 年，第 16 页。
④ 梁启超：《读书分月课程·学要十五则》，专集之六十九，《饮冰室合集》第 9 册，第 4、11 页。
⑤ 朱维铮校注：《梁启超论清学史二种》，第 467 页。
⑥ 王先谦：《五洲地理志略》卷首，宣统二年（1910）湖南学务公所刻本。
⑦ 吕思勉：《从我学习历史的经过说到现在的学习方法》，李永圻、张耕华编撰：《吕思勉先生年谱长编》，上海古籍出版社 2012 年，第 37 页。

渡,考察拿破仑、华盛顿之战迹,研究卢骚、孟德斯鸠之法理。"①汤化龙 1918
年春出国前,为梁善济父亲写《梁公震三碑铭》,精练地评述了徐继畲父
子——二徐的学术对民主宪政的推动：

> 清制,以制艺取士,士竞习剽窃,撷华而不食实,文运凋敝。凡猥庸
> 鄙,满坑满谷如一貉。五台徐广轩司马、松龛中丞父子,毅然以起衰自
> 任。精究天人之奥,旁及诸子百家,乃至重瀛累译之书,靡不属目。故
> 其为文也探原返真,卓然自树为一家。公既传其家学,又得私淑徐氏父
> 子,以是该敏淹贯,前超后绝。每有所作,传诵辄遍远近。

"先是,公从徐氏读《瀛环志略》,恍然于九洲之大,学不可以方域拘也。
乃究心当世之务,深悟穷变通久之道,奋然思涤革顽锢之俗。"②张一麐读了
此碑文稿后题词,回忆自己少年读《瀛环志略》而对美国的民主政治发生兴
趣称："余年十六岁时(应为 1883 年),得五台徐松龛先生《瀛环志略》,读至
华盛顿故事,辄为心醉,自忖民主政体安得及吾身而亲见之。"③

清末的一些书院还专门以《志略》内容为教学题材或书院考题,如《续
录广西巡抚丁大中丞奏办省垣大学堂章程》中称："专门之学其类甚多,约而
计之如天文、地舆、兵农工商、声光电化、语言文字、法律等学……时当呕习
者言之,则有数类焉;一曰地舆学,先读《瀛寰志略》、《地学浅释》、《经纬道
里表》,尤宜通晓。"④《申报》有《书院改章》一篇称："松江访事。友人云郡
城云间、求忠、景贤三书院向以时文课士,迩者松江府余石荪太守接到苏松
太兵备道袁海观观察札文,饬将八股改为策论,因即移文苏州府请录示章
程,既而旨下考试果已改章,某山长因于七月望课时以选举茂才异等使绝域
论,及读《瀛寰志略》书后命题。"⑤

甚至一些西洋人用汉文著述西洋史地,也追迹《四洲志》《海国图志》和
《瀛环志略》,如 1883 年英国新教传教士慕维廉(William Muirhead,1822—

---

① 方闻编：《清徐松龛先生继畲年谱》,台湾商务印书馆 1982 年,第 322 页。
② 任复兴：《民党暗杀的民国议长汤化龙立宪名篇》,http://club. kdnet. net/dispbbs. asp?
　 id=7633860&boardid=2,2010 年 6 月 30 日检索。
③ 张一麐：《汤济武为梁伯强尊人震三先生墓碑文稿题词》,《心太平室集》卷二,转引自潘振
　 平文。
④ 《申报》1902 年 5 月 28 日,第 2 页。
⑤ 《申报》1901 年 9 月 13 日,第 2 页。

1900）重新改写《地理全志》，他在新版序中写道："今余重纂《地理全志》，其中藏略迹志之，迥非中国之谈地理，仅如地土风水造房安葬诸般，皆为虚而无凭。此所讲之地理，只论地土形势，及水分派洋海湖河，暨万国人民风俗土产等，向中土文人略识之，亦有诸书述其大意，若《海国图志》与《瀛环志略》二书颇有盛名，广行华夏。兹著是集，亦仿其意，专为外国地志为本。希中土儒林，披而获益。"①表明西洋人编写的域外汉文史地著述，也受到《志略》等论著的启迪。慕维廉还在光绪九年（1883）重编二卷本《地理全志》的书名页上题"续瀛寰志略"，表示对徐继畬《志略》的钦佩之意。至于中外学人的辨证、续补、增订、承续之作，更是不胜枚举，如咸丰年间，何秋涛有《〈瀛环志略〉辨正》一卷，附于光绪二十四年（1898）新化三味书室校刊本之后，对该书有关俄罗斯的记述错漏进行订正；光绪十四年（1888）有周官锦撰的《瀛环志略节录》，并附杂碎语；光绪年间有刊载于《小方壶舆地丛钞再补编》第十二帙中署名"毅"的《瀛环志略订误》；光绪二十三年（1897）新会学堂刊有英人慕维廉辑、陈侠君订《瀛环志略续集》；光绪二十四年（1898）有游五大洲人的《瀛环志略续编》；光绪二十六年（1900）张煜南②的《海国公余辑录》收有《辨正瀛环志略》《推广瀛环志略》各一卷，考订和补充了有关资料。在续补、增订《瀛环志略》诸家中，成就最著的是薛福成的《续瀛环志略初编》。《续瀛环志略》"译述非出一人"，各位译者所译的文风不一、体例各异，虽不少译稿曾经薛福成鉴定，但由于主译者过早地去世，大多数译本未经审定，因此，这些《续瀛环志略》的译稿只能算是待编的《续瀛环志略》的资料长编。《续瀛环志略》也未能利用《瀛环志略》当年的声望，进入晚清知识界的交流体系之中，从而引起广泛的关注。不过，薛福成主译的《续瀛环志略》有其自身的学术价值和实用价值，一是补充了《志略》之后的大量地理信息；二是薛福成主持《续瀛环志略》的翻译工作，为他处理外交事务时提

---

① 　［英］慕维廉：《地理全志》识语，美华书馆1899年。
② 　张榕轩（1851—1911），名煜南，家名爵干，字榕轩，广东嘉应州松口堡（今梅州市梅县区松口镇）人。青年时代从松口远赴南洋，先追随张弼士在巴达维亚（雅加达）经商，后转往苏门答腊的棉兰，与弟弟张耀轩一起自主创业，成为当地的华社领袖、著名侨商，印尼棉兰的开埠侨领，被尊为"棉兰王"，在家乡兴学校、办公益、开银行等，创建了中国第一条民营铁路——潮汕铁路，开启了中国近代民办铁路的先河。曾被清政府先后授予四品官和三品官的荣誉官衔，并被委任为中国政府驻槟榔屿副领事、南洋商务考察钦差大臣、农商部高级顾问等职。参见张煜南辑，王晶晶整理：《海国公余辑录（附杂著）》，"近代中外交涉史料丛刊"，上海古籍出版社2020年；林馥榆：《华侨实业家张榕轩：潮汕铁路的建设者》，《潮商》2012年第5期。

供了重要的资料根据；三是该书尽管属于编译的地志、地理学资料长编，但作为主译者和鉴定者的薛福成在资料的取舍上同样反映了其本人的见解。① 晚清"瀛环"一词流行，著述以此命名的还有 1902 年李慎儒②的《瀛环新志》十卷(退思轩石印本)、1903 年谢洪赉的《瀛环全志》③，与此书"相辅而行"的还有彩色套印的《新撰瀛寰全图》，该图册收录东西两半球及山川比较、世界现势图及各国面积比较、小型地文图和大陆剖面图等共十五幅。《志略》等书东传，其间对译西洋概念的若干新术语也在日本流行开来，成为幕末、明治时期日本使用汉字新词的一大来源。

在清末的短短几十年间，由如此之多的学者参与的，围绕《志略》这一地理学著作所进行范围如此广泛的讨论，甚至引起了国外学者的注意，亦可见此一地理文献的重要价值。19 世纪前半叶的这一次中国学者内部，以及中国学者与西方学者互相之间的智力碰撞、砥砺和激发，大大调动了清末地理学学者群体的智慧与热情。

第六节　本 章 小 结

18 至 19 世纪初，清朝知识人的地理学视野随着帝国内外关系的变化，也发生了类似世界史上交替出现过的大陆西北边疆向南方海疆的重心转

---

① 邹振环：《薛福成与〈瀛环志略〉续编》，《学术集林》卷 14，上海远东出版社 1998 年，第 271—290 页。

② 李慎儒(1836—1905)，字子钧，号鸿轩，镇江府丹徒人。父李承霖为道光二十年(1840)庚子科状元。同治三年(1864)参加乡试，考中举人。后任刑部郎中，光绪年间自京告归。著有《禹贡易知编》十二卷、《辽史地理志考》五卷以及《瀛寰新志》《边疆简览》等，著书以舆地学见长。参见陈玉堂编：《中国近现代人物名号大辞典》，浙江古籍出版社 1993 年，第 337 页。

③ 谢洪赉(1872—1916)，浙江绍兴人，受父亲谢元芳影响，早年信奉基督教。曾帮助传教士潘慎文译出《八线备旨》等科学教科书，后从事宗教著译，青年协会出版的谢著有四十八种，译作有四十一种。在商务印书馆除编有地理学教科书外，还编有《最新理科教科书》及《最新中学教科书》的几何学、代数学、三角术、生理学、化学、物理学、微积分等多种。其生平参见汪家熔：《商务印书馆史及其他——汪家熔出版史研究文集》，中国书籍出版社 1998 年，第 20、188—190 页。《瀛寰全志》是商务印书馆推出的发行量较大的中学地理教科书。该书是编者据东西及本国地志数十种编辑而成的。全书分七编，一为总论，论地球(地形、地广、地动、天象)、地面诸线(地轴、经线、五带、地图)、地之分界(陆之分界、水之分界、世界大势)、天气(同寒暑线、四季、风、雨)、物产(矿产、植物、动物)、人民(人数、种族、性情、言语、社会)、国家(界说、国体、政体)宗教；第二至第七编依次为亚细亚洲、欧罗巴洲、阿非利加洲、北亚美利加洲、南亚美利加洲、海洋洲。该书至 1907 年已发行了九版。

移,雍正八年(1730)清水师提督陈伦炯(约 1685—1748)的《海国闻见录》、乾隆五十六年(1791)王大海的《海岛逸志》和谢清高的《海录》,可以说是清代知识人撰写的介绍海外地理新知著作的起点。之后"四海""海洋""海国"用语渐渐成为清代后期地理学共同体知识人讨论的重要话题。龚自珍在《西域置行省议》的开篇就写道:"天下有大物,浑员曰海。四边见之曰四海。四海之国无算数,莫大于我大清。"①可见他已意识到,中国尽管幅员辽阔,但在整个世界中属于"四海之国"之一国,"海国"的天下已非"九州"的天下,天下中心主义的观念在利玛窦世界地图的流传后渐渐被破除,"四海之国"的认识开始重构清朝与世界的关系。

首先将"海国"作为书名的可能是《海国闻见录》,这是中外海洋文化史上影响甚远的一部综合性海洋地理名著,收入《四库全书》,全书分上下二卷,上卷八篇,记述天下沿海形势录、东洋记、东南洋记、南洋记、小西洋记、大西洋记、昆仑记、南澳气记;下卷地图六幅,包括四海总图、沿海全图、台湾图、台湾后山图、澎湖图、琼州图。李兆洛(1769—1841)将《海录》资料加以整理,编成《海国纪闻》,编纂的资料题名《海国辑览》附录于后,并撰写了《〈海国纪闻〉序》(收入《养一斋文集》卷二)。道光二十二年(1842)魏源在《四洲志》基础上完成了《海国图志》五十卷本,②也用时兴的"海国"一名,并且因为《海国图志》的广泛流传,"海国"一词成为学界一个重要的概念;以"海国"为书名的还有 1846 年梁廷枏的《海国四说》,由《耶稣教难入中国说》《合省国说》《兰仑偶说》《粤道贡国说》四部书合编而成。《瀛环志略》在晚清也是放在"海国之书"背景下来书写的重要文献,张穆称:"读大著《瀛寰志略》已刻前三卷,考据之精,文词之美,允为海国破荒之作。"③"瀛环"(亦作"瀛寰")虽与"海国"同时在使用,两者均指世界,但"海国"似乎强调中国之外的海外世界,而"瀛环"更在乎将陆地和海洋视为一体。"瀛环"包括地球海洋、陆地,堪称五洲四海的通称。

美国科学史家托马斯·库恩(1922—1996)指出:"科学尽管是由个人

---

① 龚自珍:《西域置行省议》,《龚自珍全集》,第 105 页。

② 一般都认为 50 卷本《海国图志》初版在 1844 年,但孙殿起编《贩书偶记》卷七中录有邵阳魏源撰《海国图志》五十卷附图一卷为道光二十二年(1842)刊木活字本。道光二十四年(1844)有邵阳魏氏古微堂木活字 50 卷 20 册本(上海图书馆藏本),道光二十七年(1847)另有邵阳魏氏古微堂木活字 60 卷本(台湾"中研院"历史语言研究所藏),咸丰二年(1852)有邵阳魏氏古微堂 100 卷 24 册重刻本(上海图书馆藏)。

③ 张穆:《复徐松龛中丞书》,《月斋文集》卷三,叶 4—5。

进行的,科学知识本质上却是集团产物,如不考虑创造这种知识的集团特殊性,那就既无法理解科学知识的特有效能,也无法理解它的发展方式。"①笔者在《晚清西方地理学在中国——以 1815 至 1911 年西方地理学译著的传播与影响为中心》一书中借用库恩"科学共同体"这一概念,②创制了"地理学共同体"一词,并将之划分为非体制化共同体和体制化共同体两种,③类似于欧洲所谓的"无形学院"。④ 19 世纪初中期,谢清高、杨炳南、李兆洛、龚自珍、林则徐、魏源等一批知识人,开始将以海洋世界为中心的域外地理作为研究对象,虽然他们所构成的学术群体是非体制化共同体,但地理学共同体的成员往往都有探索研究的共同目标。今人亦有注意道咸年间出现了一批以研究西北史地学为旨趣的学术群体,他们互为师友,彼此切磋,取长补短,极大促进了西北史地学的发展。⑤ 牛海桢将之称为"西北史地学派"。⑥ 与此几乎同时的 19 世纪初至 40 年代前后,在中国沿海地区形成了一批非体制化的"海国"地理学共同体,两个"无形学院"和学术社群之间互为关联,其中最有代表性的成果,如魏源的《圣武记》(1842)、《元史新编》(1853)和《海国图志》几乎在同一时期完成。《蒙古游牧记》(1846)等书的作者张穆虽然没有撰写海国之书,但他对"海国"的兴趣也影响了《志略》的创作。

"海国"地理学共同体成员不仅有中国学者,也有外国学者。19 世纪初

---

① [美]托马斯·库恩著,纪树立等译:《必要的张力：科学的传统和变革论文选》,福建人民出版社 1981 年,第 7 页。
② "共同体"是社会学中的一个基本概念,最早使用科学共同体概念的是英国的物理化学家波朗依。他在 1942 年出版的《科学的自治》一书中对科学共同体概念进行了阐发。科学共同体概念成为科学社会学家普遍应用的概念,是在库恩发表了《科学革命的结构》一书之后。受该书的影响,科学共同体已经一时成为社会科学家的重要研究主题。参见刘珺珺:《科学社会学》,上海人民出版社 1990 年,第 167—172 页。
③ 邹振环:《晚清西方地理学在中国——以 1815 至 1911 年西方地理学译著的传播与影响为中心》,第 309—343 页。
④ 英国科学家波义耳在 1646 年左右曾将英国皇家学会的前身——由十来名杰出的科学家组成的非正式的小群体称为"无形学院"(Invisible Colleges)。美国著名的科学史学家普赖斯(Derek J. De S. Price)在《小科学、大科学》一书首次将那些非正式的交流群体称为"无形学院",用来指那些从正式的学术组织中派生出来的非正式学术团体(参见[美]黛安娜·克兰著、刘珺珺等译:《无形学院——知识在科学共同体的扩散》,华夏出版社 1988 年,第 23 页)。笔者还曾尝试用"无形学院"的概念,来认识康熙时代在北京以耶稣会士为中心的一批中外学者围绕所谓科学院展开的科学活动和形成的社会群体。参见邹振环:《康熙与清宫"科学院"》,《中华文史论丛》2002 年第 1 期。
⑤ 贾建飞:《清代西北史地学研究》,新疆人民出版社 2010 年,第 86 页。
⑥ 牛海桢:《清代的西北边疆史地学》,《史学史研究》1999 年第 4 期。

东来的西方传教士，编纂了一些西方地理学的汉文小册子，如马礼逊的《西游地球闻见略传》、麦都思的《地理便童略传》和《东西史记和合》、米怜的《全地万国纪略》、裨治文的《美理哥合省国志略》、慕维廉的《地理全志》和《大英国志》等，这些以研究全球五大洲的地理状况及其分布规律为特点的著述开始出现在南洋、广州、福州、宁波与上海，受到了以文献考据为基本方法的中国地理学学者的重视。当时这些西方学者也关注着晚清的地理学共同体，1847年在华西人所办的《中国丛报》（The Chinese Repository）刊载了一篇不具名作者的评论文章，记载了《海国图志》的出版，认为该书的发起人是林则徐，编辑《海国图志》的目的在于讨论蛮夷的战术能力与长处，以增强中国的适应力。其中亦有批评，如认为《海国图志》介绍美洲和美利坚，都转录自汉文著述，甚少趣味，缺少对美利坚这一伟大共和国的确切知识。而对南美的介绍多有疏漏，注意到了矿产资源，但关于南美洲通往南极的海域，竟然以大量宝贵的篇幅来讲述有关海豹和鲸鱼之类，如何在夏天进入这片海域嬉戏。[①] 郭实猎还为英国当局摘译了《海国图志》的部分内容，刊载于《中国丛报》。英人威妥玛还将《海国图志》内有关日本岛的部分译成英文，在1850年出版单行本。[②] 1851年4月的《中国丛报》又就《瀛环志略》作了报道，认为该书堪称中国地理文献工作上的一个里程碑，有关地球上其他国家的资源、计划、位置知识方面，它较之在华出版的任何一部提供给高级官员和文人阅读的读物，都要高明得多。[③]《瀛环志略》《海国图志》很大程度上就是他们共同注意和吸收知识的文献，也是这一批中外地理学专业工作者形成的社会集团之中的一种重要文献。他们之间有一定程度的内部交流，对于海洋世界的看法也比较一致。这种共同体的效应，是新兴学科生长点的有力之社会抗体，它不仅能抵御传统研究方法的压力，而且能激活研究系统中的创造力。

　　中国是海陆文明一体的大国，但在相当长的历史时期里，尽管中国有发

①　Chinese Repository, Vol. XVI, September 1847, No. 9, pp. 416－425. 参见张西平主编，顾钧、杨慧玲整理：《中国丛报（1832.5—1851.12）》第16卷，广西师范大学出版社2008年。

②　Preface of Japan: A Chapter from the Hai Kuoh Tu Chi 海国图志, or Illustrated Notice of Countries Beyond the Sea, Translated by Thomas Francis Wade, Assistant Chinese Secretary, Hongkong: Printed at the China Mail Office, 1850.

③　[日] 大谷敏夫：《〈海国图志〉与〈瀛环志略〉——中国近代始刊启蒙地理书》，任复兴主编：《徐继畬与东西方文化交流》，第197—198页；马金科、洪金陵编著：《中国近代史学发展叙论（1840—1949）》，中国人民大学出版社1994年，第39页。

达的船舶制造技术，直至郑和下西洋时代，仍没有发展出类似欧人地理大发现时代的远洋航海。尽管在郑和时代已出现了航海随使行纪，但尚未有真正意义上整体面向海洋文明的读本。19 世纪中期出现的《瀛环志略》和《海国图志》是第一批面向"海国"——海洋文明的划时代读本。尤其是《志略》不仅利用了明清之际耶稣会士的汉文西书，还充分参考了郭实猎等同时代新教传教士的西学译著，最值得重视的是还广泛利用了直接接触的西人的口述资料，揭示世界古老文明面对的挑战，提出"古今一大变局"说；倡导发奋图强、透露出强烈的反侵略旨意；推崇欧美民主政制、颂扬华盛顿；提倡坚船利炮和尚武精神；主张开拓中外贸易和倡导掌控海权；在编纂策略上坚持"以华释外"，使该书和《海国图志》成为晚清引导中国人认识域外世界，理解海洋文明的划时代文献。

《瀛环志略》在自然地理、区域地理、地名学、地志学方面为晚清世界地理研究建立了一整套规范。如传统汉文文献中大多以"东南洋""西南洋""小西洋""大西洋"来看待世界，即使魏源自以为用"西洋人谭西洋"的方法完成的《海国图志》，其基本框架仍是分洋，而不是分洲。魏源这种先把全球分为东南洋、西南洋、小西洋、大西洋、北洋、外大西洋六大块，并把各洲附于各洋底下的模式，实际上仍是以中国为中心来确定方位，将世界各国地理围绕着中国来叙述。而在这一点上，《瀛环志略》超越了《海国图志》，其卷一"地球"以四大洲（亚、欧、非、美）和五大海（大洋、大西洋、印度、北冰、南冰）来划分世界，特别注意到自然地理上大陆与海洋的区别。在介绍各国时，《瀛环志略》也是首叙一洲概貌，然后根据不同的地理位置将一洲划分为若干区域，各洲之下再分国叙述，这是近代区域地理方法对《瀛环志略》产生的影响。

晚清非体制化共同体，首先在地理学的无形学院中形成和展开，并非偶然。19 世纪前半叶围绕《瀛环志略》等"海国之书"展开的这一次中国学者内部，以及中国学者与西方学者互相之间的智力碰撞、砥砺和激发，大大调动了清末地理学学者群体的智慧与热情。这种通过地理学共同体形成的交流体系和建立的交流网络，在晚清的新知识和新学科的形成过程中，其意义实在还有进一步阐释的必要。

第八章　图呈万象：从《万国大地全图》到《大地全球一览之图》

　　明末西方地图学知识传入后，究竟对中国地图学产生了怎样的影响，目前学界众说不一。或以为明末清初一些中国学者多少受到了利玛窦带来的世界地图的影响。米尔斯(J. V. Mills)甚至认为在1584至1842年间，"耶稣会的影响最显著"。1842年以后，因为中国的门户开放，中国地图学方面形成了一个真正意义的革命。①　这一革命显现在哪里呢？第一位为中国地理学撰史的王庸认为，至光绪年间"中俄界务交涉起，国人再行输入西洋地图，始复见新式图法"②。也有一些西方学者认为实际上这些影响并未能发生在制图学方面，如美国学者余定国认为，清代的地图学史是一种两极现象：朝廷中央受到外国地图学方法的一些影响，而各省和地方上的地图工作人员并没有受到清朝宫廷中地图学创新的影响，因为与耶稣会士的接触主要限于朝廷。虽然耶稣会地图集在康熙和乾隆年间多次印刷，但无法确定有多少中国人看到了这一地图集。因此，西方地图学一般并没有影响到中国的地图学者，反而地方上地图学方面反对外国的声音则一直持续到19世纪末。③　余氏虽非专业中国地图学史专家，但贯穿该书之中的以为地图不仅仅是实用的工具，也是美观的艺术品，以及地图绘制中诗、书、画的交融使中国地图具有展示和表现功能的观点颇具启发性。但其上述认为西方地图学直至19世纪末并没有影响到中国民间地图学者的观点，显然是不符合历史真相的。本章所研究的19世纪中叶形成的两个世界地图文本的例证，正好构成了对余氏上述结论的反驳。

---

　①　参见J. V. Mills,"Chinese coastal maps", Imago Mundi, Vol. 11(1954), pp. 151 - 168.

　②　王庸：《中国地理学史》，商务印书馆1938年，第125页。

　③　[美]余定国著，姜道章译：《中国地图学史》，第210—211、223、224—225页。

本章所讨论的地图为 19 世纪 40 至 50 年代由叶圭绶和六严两位世界地图绘制者共同完成的《万国大地全图》（为行文简洁，下凡正文和脚注述及该书均简称《万国》）和《大地全球一览之图》（下简称《大地》），这是中国地图学史和中国学术史研究上几乎已被遗忘的两个重要地图文本，从 20 世纪 20 年代梁启超的《中国近三百年学术史》到笔者眼界所及的最近出版的喻沧、廖克编著的《中国地图学史》（测绘出版社 2010 年），都只字未提上述两图。《万国》还有汪前进、李胜伍、李纪祥等人的论文涉及，而《大地》至今仍无专文讨论过，唯有卢雪燕提及叶圭绶《万国》（《大地》）对南怀仁《坤舆全图》的利用，[①]不过该文误将叶圭绶的《万国》与六严的《大地》视为同一图。本章拟在解读这两种地图文本的基础上，不仅指出此两幅世界地图实属完全按照西方地图学绘制技术完成的制图学的新传统，同时也分析两图的作者尝试在绘制世界地图的过程中所进行的独特创新，以及这些创新在中国世界新图的绘制史上具有的重要地位。

第一节　绘　制　者

作为科学之母的地理学，在晚明至晚清国人认识世界的过程中，一直起着重要的引导作用。明末最早由西方传教士输入了西方地理学中的地圆说、五大洲观念、经纬度和南北极等地球知识，以及全球各个国家的地理方位、地形和人文知识等，系传入中国西学诸学科之基础。19 世纪中叶，当国人重新面对西方列强坚船利炮之时，地理学是国人最早了解异域和走向世界的桥梁，西方地理学在晚清被视为向国人进行思想启蒙与知识普及的利器。携带着坚船利炮在中国沿海游弋的"蛮夷"重新唤起了中国人探索异域的热情，以林则徐、魏源、徐继畬等为代表的一批学者开始了中国的"地理大发现"。[②] 1832 年萧令裕的《记英吉利》写道："英吉利恃其船炮，渐横海上，识者每以为忧。"1834 年汤彝《英吉利兵船记》有英国"以兵船火器横海上"的记述。[③] 只要不是期望如鸵鸟一样把头插入沙堆视而不见的学者，就不

---

① 卢雪燕：《南怀仁〈坤舆全图〉与世界地图在中国的传播》。

② 邹振环：《十九世纪中国"地理大发现"的影响与意义》，《或问》2004 年 2 月第 7 号，第 1—14 页。

③ 台湾"中研院"近代史研究所编：《近代中国对西方列强认识资料汇编》第一辑第二分册，台湾"中研院"近代史研究所 1972 年，第 68、793 页。

能不穷究这些"蛮夷"的生存空间。这批"蛮夷"不是传统九州大地里的人物，那么他们来自何方？他们有着怎样的一种文明？他们之间究竟是怎样一种关系？这些是19世纪中叶开始困扰着中国地理学者的必然要解答的问题。晚清对西方地理学的全面回应，首先正是来自地理学者对自己民族切身利益的关注。于是，明末清初的汉文西学地理学经典再度引起了中国学者的高度重视。姚莹在《康輶纪行》中写出当时他是如何寻找这些文献的：

> 海岸诸国及在陆诸国何者接壤？孰为东西？孰为远近，无从知之。幸有西人艾儒略、南怀仁所刻《坤舆图》，可以得其形势，盖即利玛窦《万国全图》而为之也。惟方音称名与中国传说诸书各别，某即某地，殊费钩稽。道光二十二年，奉命即诸夷囚问英夷及俄罗斯远近，当以夷酋颠林等所绘海诸图地名形势，录供为说复奏，倥偬军旅之中，未能详加考订也。第就其所绘图取《海国闻见录》与南怀仁二图校之，形势实相符合。尝欲以此三图参互考订，于其他同名异者，逐一详辨之，旋为北逮，不果。友人邵阳魏默深得林尚书所译西洋《四洲志》及各家图说，复以历代史传及夷地诸书考证之，编为《海国图志》六十卷，可谓先得我心。[1]

魏源的《海国图志》除征引艾儒略《职方外纪》、南怀仁《坤舆图说》、高一志《空际格致》、蒋友仁《地球图说》外，还引用1848年出版的祎理哲（Richard Quanterman Way，1819—1895）编译的《地球图说》、麦嘉缔（Divie Bethune McCartee，1820—1900）1852年编的《平安通书》、裨治文译撰的《美理哥合省国志略》、连载于1833—1838年的《东西洋考每月统纪传》上郭实猎的《万国地理全集》等。《海国图志》几乎全录林则徐主译的《四洲志》。为了彻底弄清英美这两个世界大国的地理与政治，1844年和1845年，梁廷枏先后完成了《合省国说》和《英吉利国记》，前者主要依据裨治文译撰的《美理哥合省国志略》，后者充分利用了艾儒略的《职方外纪》。稍晚的冯桂芬、曾国藩等人也都意识到西方地图绘制的先进之处，如冯桂芬曾明确指出西方经纬度测量方法较之中国传统绘图方法要更加高明，在为魏源《海国图

---

[1]　姚莹著，欧阳跃峰整理：《康輶纪行》卷五"外夷形势当考地图"，第112页。

志》作跋文时指出："又西人地理书皆著经纬度，真得地理要义。正恨中国古书无此，故并省沿革，多所聚讼。魏氏不知，辄多删薙。"①而曾国藩更是指出："大约海外地形当以洋人之图为蓝本。洋人于地舆之学既所究心，所至又多经目验，惜其文字不能尽识耳。若得熟识西字者与之往返商定，或遇西土之有学者，从之访问形势，考核字体，必有益此书。至于中国诸儒之书，率皆悬度影响以自炫于华人而已，不足据依也。阁下所为《图说》，大端亦主此意。其西洋各国则洋图尤为详明。"②对西洋地图显然也非常认可。《万国》和《大地》也是绘制于这一背景之下。

《万国》晚于魏源《海国图志》的五十卷本，而《大地》的修订则略晚于徐继畬《瀛环志略》的初版，两图绘制者所面对的时代问题，所形成的地理困惑和危机意识，却是共同的。道光二十五年（1845），收藏南怀仁《坤舆全图》（下在本章简称《南图》）的汤景，结识了沧州的史地学家叶圭绶，他们不仅认识到这一文献的重要价值，同时也都意识到《南图》已经滞后于世界地理的新发现，于是商议对该图进行修订与考证。叶圭绶参阅了大量中外地图、地理数据，也参考了《海国图志》完成了《万国》，而《大地》的修订则更多地参考了《瀛环志略》。

叶圭绶，字子佩，今河北省沧州市南皮县叶三拨村人。道光十五年（1835）举人。叶圭绶自幼聪慧，喜读古文、经学，好钻研问题，他"读难懂书文，他人累时日不能了者，一二过即可详解"。其兄叶圭书道光年间任历城知县时，叶圭绶也随之来到济南居住。叶圭书后任山东督粮道、山东按察使。寓居济南期间，叶圭绶专心研究地理学，17 岁时，他读了顾炎武的《山东考古录》一书，"辄叹精核得未曾有。而全书仅数十页，窃以太略为恨"，为了弥补该书内容单薄、不够系统的缺陷，道光十九年至二十八年（1839—1848）间，他利用在山东实地考察的机会，博采群书，遍阅各府、州、县方志及家谱，凡有关山东地理的内容就记录下来并进行对比订正。同时，他还对《水经注》和《大清一统志》加以订正，认为"秦无地理志，只可径直据《汉书》。以秦郡见于总沿革、县概从略。三国无地志，以洪亮吉所补甚不足。东晋及十六国疆域志纰缪尤为多。近世撰志，据此入沿革，与正史并列，殊为未合。故于洪氏之误，附辩于晋后之《一统志》"。对

---

① 冯桂芬：《跋海国图志》，《显志堂稿》卷十二，清光绪二年（1876）冯氏校邠庐刻本。
② 曾国藩：《复方楷》，《曾国藩全集：书信》（九），岳麓书社 1994 年，第 7088 页。

《大清一统志》中各州县沿革、古迹二章失误之处，他都进行摘录，理成各条，分别作《一统志辩误》两卷。叶圭绶不仅辩证通志，府、州、县志中层见迭出的错误，还著有《外译存考》一书，是为域外舆图上国名和地名的专门考证著述。①

刊刻者六严，字德只，为六承如的侄子，江苏江阴人。② 清贡生，师从李兆洛，道光十四年（1834）曾协助从父六承如，依据《内府舆图》和《大清会典图》编绘清代全图，并在此基础上"缩摹各省分图，载府厅州县治所及水道经流"，为六承如编著的《皇朝舆地略》配备附图，故此图又称"舆地略图"或"皇朝舆地略图"。李兆洛称其协助自己编刊《历代地理志韵编今释》一书，"盖六生德只之力十七八，而暇日之力则无不致焉，可谓劳矣！"且在活字集印过程中，六严更是"总理其事"。六严题写重梓的正式图名为"皇朝内府舆地图缩摹本"，今有道光二十一年（1841）原刻本存世，即李鸿章汇刻之所谓《李氏五种》中所收录的《皇朝一统舆图》（又题作"舆地图"），另著有《赤道经纬恒星图》等。他被厉云官推崇为"据历代正史地理志绘制沿革图的创始人"，在"历史沿革图"方面的成就继承了李兆洛，是李氏最为信赖的助手之一。③ 他称自己在丙午（1846年）"浪游山左"，结识叶圭绶，对叶氏"博极群书，曾荟萃外蕃舆地诸图，暨美利坚人所绘西国诸图说，订讹辨误，集成大地全图"，极为叹服。于是"服其精心果力，挈稿归南，与同学张君月槎悉心商榷，用平圆式重为摹刊，乃以南北两极为心，赤道为边，其经度以京师为中度，取简捷而易明也"。④

---

① 《万国大地全图》叶子佩叙，李胜伍主编：《清代国人绘刻的世界地图：万国大地全图》，中国大百科全书出版社 2002 年，第 139 页；参见王军：《叶圭绶与〈续山东考古录〉》，《济南时报》2011 年 2 月 16 日。

② 六承如，字赓九，江苏江阴人，著有《历代纪元编》《赤道恒星经纬图》《皇朝舆地略》《皇朝各省舆地指掌图》等，刊刻有《历代地理沿革图》等多种著述。李孝聪著录《皇朝内府舆地图缩摹本》等图时："六严，字德只，号承如，集录《纪元编》三卷等"，显然是误将六严与其从父六承如混同一人。参见氏著：《欧洲收藏部分中文古地图叙录》，国际文化出版公司 1996 年，第 20—21 页；氏编著：《美国国会图书馆藏中文古地图叙录》，文物出版社 2004年，第 21—23 页。

③ 《李氏五种合刊》凡例，光绪戊子春月扫叶山房校刊本；陈廷恩重刻：《皇朝一统舆地全书》，道光二十二年折迭本；参见曹婉如：〈论清人编绘的中国历史地图集〉，《中国古代地图集·清代》，第 141 页；辛德勇：《19 世纪后半期以来清朝学者编绘历史地图的主要成就》，《社会科学战线》2008 年第 9 期。

④ 咸丰辛亥（1851 年）季春江阴德只六严跋，李胜伍主编：《清代国人绘刻的世界地图：万国大地全图》，第 140 页。

《大地》部分利用了《万国》的原木刻板，图文有修订，至于重新修订者究竟是叶圭绶，还是《万国》的刊刻者六严，目前尚难确定，在修订过程中，两位应该都对《大地》的完成有所贡献。笔者认为两图的绘制和国名地名的考证工作，主要是叶圭绶的贡献，刻板工作是由六严和张月槎等人完成的。围绕着《万国》和《大地》两个世界地图文本策划者之一的汤景、考订者叶圭绶、绘制和刊刻者六严和张月槎等人，几乎都是所谓非官方性的民间学者，鸦片战争以来，在世界地图绘制方面，如同西北史地研究一般，同样存在着一个私人之学崛起和勃兴的局面。叶圭绶和六严等，以自己刊刻的世界新地图，与林则徐、魏源和徐继畬等一起，共同建构了晚清世界地理知识的新系统。

第二节　资料来源及其特点

《万国》是叶圭绶于道光二十五年（1845）十月下旬绘制的，刻印工作完成在 1851 年前。该图为八轴一幅挂屏式装裱，每轴长一百三十二厘米，宽二十八厘米，全图分南北两个半球，每半球各占四卷轴条幅。经纬度绘成红色，其他为墨色，"图中经度以京师为第一度，得尊王之义也"。即将经过当时京师（现北京）的经线定为本初子午线。从布局上看，图居中央，四周是释文、图说，其中含地名注释四百二十多条。虽然与《海国图志》的资料丰富和《瀛环志略》的内容翔实相比，作为地图文本，其涉及领域相对不是那么广泛，但是其引用数据之审慎，地名注释之详尽，绘制水平之先进，亦毫不逊色。该图主要以南怀仁《坤舆全图》和李兆洛《皇朝一统舆地全图》二图为底图，①其中既有历史资料，也有珍贵的古地图。引用资料亦极为丰富，除正史的《汉书》《后汉书》《三国志》《梁书》《旧唐书》《宋史》《元史》《明史》外，还有《尚书》《吕氏春秋》《水经注》《大唐西域记》《通典》《诸番志》《梦溪笔谈》《续文献通考》《八纮译史》《盛京志》《大清一统志》《西域考古录》《读史方舆纪要》等，明

---

① 署名董方立、李兆洛编绘：《皇朝一统舆地全图》道光十二年（1832）首刊，是康熙、乾隆以后较好的一种木刻全国地图。主要根据《皇舆全览图》和《乾隆内府舆图》，并参校乾隆以来至道光二年（1822）的州县变更、水道迁移编绘而成。图有经纬网（以通过北京的经线为中经线），又有计里画方，以纬度一度分为二方，每方百里。图中还标出疆界，北到外兴安岭，西到帕米尔和后藏的阿里地区，东到库页岛，南到南海，反映了盛清时期的疆域。该图仅记府、厅、州、县之名，关、寨等要害地名则从略。参见喻沧、廖克编著：《中国地图学史》，测绘出版社 2010 年，第 299 页。

清以来与域外世界有关的中外人士的论著更在引用之列,如《天学初函》《职方外纪》《海国闻见录》《海录》《东西洋考》《异域录》《澳门纪略》《四洲志》《海国图志》《吧游纪略》等,对于地图也非常注意利用参考,如《武备志·郑和航海图》《皇朝一统舆地全图》《南亚墨利加洲图》《俄罗斯图》,还吸收庄廷尃《地图说》等①。该图还特别注意利用鸦片战争前后来华传教士带来的地理新成果,如高理文的《米理哥合省全志》等。可能还有一些外文地图数据,如利用过米利坚人自绘《二十八部舆图》,该图地名注释极多,其中涉及历史、地理、政治、文化,对西藏、台湾的注释尤为详尽,堪称"考检异同,订正新旧"②。

《南图》各种原版和重刻本流传甚广,道光二十四至二十六年(1844至1846年)间,姚莹在完成的《康辖纪行》中写道:"南怀仁所刻《坤舆全图》本为二图,每图围圆一丈五尺,国名、岛名、山川、人物、风俗皆注之,字细如蝇头。余取其国土山川之大者,缩为小图,台人并陈伦炯、颠林二图刻之……艾儒略、南怀仁诸说,余亦为录出,意欲取凡外域字书荟萃刻之,名曰《异域丛书》,俾究心时务者有所考镜,而见闻未广,尚待搜讨。"③道光二十九年(1849)徐继畬的友人刘鸿翱在给《瀛环志略》作序时写道:"吾阅康熙年间西洋怀仁《坤舆全图》,周围九万里,宇中山川、城郭、民物,了如指掌。古之言地球者,海外更有九州,今以图考,则不止九州。或曰:'九州,天下八十一州之一。'今以图考,则无八十一州。或曰:'海则水之溢出于地者,地尽处复有大瀛海环之,天地之际在焉。'图中亦不记。或曰:'日较小于第,故能容光必照。长白何太安《易说》,天一度二千五百里,共八千余万里,如此则日不逾时即周天,地球乃天中之一丸。'图中亦不载。"④19世纪90年代,千顷堂及各书坊为《瀛环志略》所作的广告中亦指出:"是书徐中丞松龛著,中丞自

---

① 庄廷尃(1728—1800),江苏阳湖(武进)人,字安调,号恰甫,著有《大清统属职贡万国经纬地球图说》,简称《地图说》。乾隆五十三年庄廷尃还著有《海洋外国图编》,未见其书,见其二图。参见《海国图志》卷76,《小方壶斋舆地丛钞再补编》第一帙第六十九册收录庄氏《地图说》一卷。《万国大地全图》上特别有一段介绍叶氏利用外国原本地图的话:"子佩云:旧存洋印方单,即俗名饭单者,其画甚细而标题皆西洋字,初不识何处地图,后见《庄图》,方知为南亚墨利加州图也。但《庄图》甚小,所载国名甚略。兹以《南图》各地占度与此图相准,地名已得十之六七,其山水视《南图》多数倍。"

② 李胜伍:《新发现的中国清代世界地图——〈万国大地全图〉》,李胜伍主编:《清代国人绘刻的世界地图:万国大地全图》,第17—18页。

③ 姚莹著,欧阳跃峰整理:《康辖纪行》"坤舆全图",第115页。

④ 徐继畬著,田一平校点:《瀛寰志略》,第2—3页。

道光间于厦门得泰西人地图，于地球国土形势知其涯略，复搜采丛书，阅数寒暑成书十卷，先绘总图，次分图，考据论断。凡舟车所至人力所通，无不毕备，了如指掌，洵可补南怀仁《坤舆》之不足。后有作者莫不出此书之范围也，谈洋务允宜家置一编，按图考索。"①直至 1942 年，《申报》上还有关于利玛窦世界地图和《南图》的讨论："所谓世界地图者，一即利玛窦之《万国舆图》；一即南怀仁之《坤舆全图》。利玛窦于一五八三年来中国，初居肇庆，在其住院中悬有西文世界地图，顿术动参观者之注意；凡来访问利子者，莫不凝神注视，询求讲解。利子得此经验，知中国人喜爱地图，乃参考自己之旅行日记，并西洋书篇，倩人将地图仿刻成板，注以中文，印以赠人，深得官绅之欢心。此图即万历十二年(一五八四)肇庆知府王泮所刻之《山海舆地图》。一五九八年，利子在南京又将此图重校，由官府给费印行，较前图为大，共十二页。一六〇二年，李之藻在北京又增订刊印；一六〇八年，万历帝案利子之兴图，欲以分赠亲王，利子乃重制印行。利子所制《坤舆万国全图》，现在保存者仅有五图：在罗马华谛冈图书馆，二在日本东京帝国大学图书馆，三在伦敦，第四、第五在北平。华谛图(即梵蒂冈图书馆)及日木所藏系原版(一六〇二年版)，北京一幅虽原版，但系后印者。……继利玛窦之万国舆图者，有南怀仁之《坤舆全图》，刊印于一六七四年，图为世界之两半球，球中有解说，有飞禽，走兽，鱼族，有为今日所不之见者。"②不难看出，直至清末民国，南怀仁的《坤舆全图》仍是汉文知识界想象世界的重要地理知识资源之一。

　　《万国》图中将《坤舆全图》简称《南图》，对《南图》引用最多。同时也对《南图》中缺漏的地名根据中外地图和地理新资料进行增补，并一改《南图》的写实符号图例，而作新颖的专门图例项标示，如府作囗，厅作◇，外国地名确知为国名者作〇，确知为属地者作●。在《万国》周边文字中，地名注释多达四百二十多条，可能是取自叶圭绶所著《外译存考》上的材料。③ 令人困惑的是，《万国》称其以《南图》为蓝本，但《南图》采用的地图学绘制的方法是东西半球图，严树森刻印的胡林翼编纂的《皇朝中外一统舆图》(简

① 《申报》1893 年 5 月 18 日。
② 徐宗泽：《西洋教士中国舆地学之贡献　耶稣会大测制中国地图》，《申报》1942 年 6 月 21 日。
③ 李胜伍主编：《清代国人绘刻的世界地图：万国大地全图》，第 15—19 页。

称《大清一统舆图》)即依据东西半球图,①而《万国》和《大地》却均未采用东西半球,而取南北半球,这一点颇令笔者疑惑,为什么绘制者叶圭绶自称以南怀仁《坤舆全图》为蓝本,却又舍易取难,不作"东西半球图"而作"南北半球图"呢?利玛窦《坤舆万国全图》的西半球上下两边分别绘制了"赤道北地半球之图"和"赤道南地半球之图",艾儒略的《职方外纪》中也有《北舆地图》和《南舆地图》,《万国》和《大地》两图的绘制者在创作过程中,是否受到了利玛窦、艾儒略两位南北半球绘制法的影响和启发呢?似乎还值得进一步研究。可以肯定的是,南北半球绘制法一改将中国放在世界地图中央的模式,对于打破以中国为天下中心模式,破除国人天朝中心主义的虚幻心理,有其积极的意义。

1851年,叶圭绶在《万国》的基础上继续修改增订,完成新图《大地》,六严在"跋"中称该图重刊在咸丰元年(1851)。刻本近世仅见《故宫所藏观海堂书目》著录过,台北故宫图书文献处的卢雪燕认为该图是杨守敬从日本携归的,称其"图幅之大,绘制之精,几可媲美南怀仁《坤舆全图》"②。李孝聪的《欧洲收藏部分中文古地图叙录》曾较为详细地提及英国伦敦大英图书馆收藏的《大地》,称该图为咸丰元年"济南重刊本,朱墨两色套印",该图"以南怀仁《坤舆全图》、庄廷敷《大清统属职贡万国经纬地球式》、李兆洛《皇朝一统舆地全图》等图为蓝本,重新编绘。以表现地球之地理全貌"。③ 但这段文字有不少错误,首先是如上所言,将"六严"与其叔父"六承如"混淆,庄廷敷之"敷"误写成"敷",咸丰元年被误注为"1651年",作者未将《大地》与《万国》联系起来进行考察,而且还将其中"地球赤道以南总图"误作"东半球图",并称其中还有"西半球图",其实该图中大小四幅全部是南北半球图。李纪祥在《海上来的世界图景》一文中注释43据李孝聪提供的数据判

① 《大清一统舆图》又名《皇朝中外一统舆图》。同治二年(1863)由胡林翼、严树森在《皇舆全览图》和《乾隆内府舆图》基础上改编而成。该图将经纬度制图法和计里画方制图法混用,每纬度2°一列,每列一卷,共30卷地图。品质不及《皇舆全览图》与《乾隆内府舆图》,但因公开刊行,起到普及作用,自清末至民国十几年前,民间流传的地图皆以此图为蓝本。参见喻沧、廖克编著:《中国地图学史》,测绘出版社2010年,第300页。

② 冯明珠、林天人主编:《笔画千里:院藏古舆图特展》,台北故宫博物院2008年,第127页。

③ 李孝聪:《欧洲收藏部分中文古地图叙录》,国际文化出版公司1996年,第20—21页。

断《大地》与《万国》"为同一本"，并确定该图绘制者为叶圭绶。① 其实，《大地》是六严之前所刻《万国》的修改本。《大地》也是八轴一幅挂屏式装裱，卷轴装。每轴条幅长一百六十二厘米，连轴长一百八十一厘米，宽二十八厘米。一至四条幅为北半球，五到八条幅为南半球，图廓为圆形。地图采用了等距极图法绘制而成，以南北两极为中心，赤道为边，将全图分为南北两半球。北半球对于北极而言称为北，注有"北"字；对于赤道而言称为南，注有"南"字，南半球则正好相反。

两图的经线以京师（北京）为中度，起于东而终于西，经纬交织形成梯形网络，每经纬一度为一格，用朱色线条；每经纬五度为一大格，用黑色线条；每经纬三十度则用粗黑线条。内图廓与外图廓之间，每经线五度标有五、十、十五等依次到三百六十度。该图绘制严谨、考证翔实、地图象形符号十分贴切，山、水、城市等非常规范，对以前中外地图中的疏谬多有纠正。两图中之中国的南沙、西沙和中沙群岛等均有详细的诠释，称注为"万里石塘""七洋洲""万里长沙"等。两图的共同特色是承继了利玛窦《坤舆万国全图》以图为主，以文注图的图文并茂的传统，在地图的记注中有大量的文字阐释和数据考辩。李胜伍将《万国》的图注文字区分为"考其历史推其沿革者""考其政区设置者""记其国之译语者""一地多名者""知其江河长度者""知其风土人情者"等七项。② 这一归纳，同样可以用于《万国》的修订本《大地》，后者较之前者增补了许多新的内容，并在文字部分中提出了若干全新的关于地球陆地大洲的解说。

比较《南图》《万国》与《大地》，可见三者间既有联系，又有区别。《万国》在地球之两半球图形的绘制上与《南图》不同，采用的是南北两半球图，而《南图》采用的却是东西半球图。叶圭绶还不赞同《南图》的平面远近视差法，批评"《南图》度线，中宽外狭，此西洋视差之法。但地度本悉天度，本一律停匀。以人视第，有远近之差；以人视图，无远近之差也！"他称自己按照"西洋原板"的《南亚墨利加州图》，"以坤体浑圆，不应南北独狭"③。叶

---

① 李纪祥：《海上来的世界图景——从利玛窦到魏源的世界新图与新世界观》，朱诚如、王天有主编：《明清论丛》第九辑，第 390 页。

② 李胜伍主编：《清代国人绘刻的世界地图：万国大地全图》，第 16 页。

③ 《叶子佩先生原本例言》，李胜伍主编：《清代国人绘刻的世界地图：万国大地全图》，第 139 页。

氏与南怀仁的分歧，一是远近视差在地图平面上呈现当否有之的问题，二是《南图》将地球"微作卵形"，而叶圭绶认为"坤体浑圆"，不应作"南北独狭"的处理。李纪祥进一步指出，叶圭绶采用的圆球投影法也与《南图》不完全相同，而承继了西洋画法中的正圆锥投影的绘图方法，在将"地"与"图"的区别与对应上，认识到地图绘制本身仅仅是一种转换的符号化绘制的呈现，因此从阅读的角度出发，提出"以人视第，有远近之差；以人视图，无远近之差"的解说。他在思考"地之图"为何物时，已进入了"何谓地图"与"如何图示"的本质思考中。①

《大地》部分采用了《万国》的原木刻板，如南半球第三幅序跋部分，北半球上下则新增八块新板，南半球上新增四块，下新增两块新板；也有是在原板上挖改部分内容，如北半球第一幅将"万国大地全图"改为"说明"。北半球第二幅关于北美洲部分有多处修改，新增的文字如"'南图'此有大地与本洲相连；'庄图'（指庄廷尃《大清统属职贡万国经纬地球式》）则作数大岛。此据米利坚人所绘'本洲图'及《瀛寰志略》图"。《大地》北半球第三幅"冰海"一段与《万国》同一处相比有如下增写："'牢山'今名'敖阚乌纳胡山'，其北'唐点戞斯牙'曰'赌满'。元初乃蛮故居，即'赌满'也。后称'吉利吉思'，即'点戞斯'也。"第三幅在东南亚部分有："此洲凡十国，文莱、马神、蒋里闷三国，外又有咕哒、巴萨、昆明、戴燕、此敖、新当、万阑七国，《瀛环志略》谓皆在东南，与《海录》所述方向迥异，姑列其名于此，再考。"第三幅"伯尔母大"（今译百慕大）群岛位置有改动，"亚阑的海"边上添加"新北勒达尼亚六部，嗼咭唎属，《四洲志》作七部，无新地岛，岛有甲墨勃林二岛"。修改者也利用其他数据进行补充，如有一段如此描述："莫克瓦城，一作'莫斯可未亚'。《元史》作'秃里思歌城'，太祖长子术赤封此。"印度部分有一段增写："印度三垂大海，形如半月，印度，华言月也。"地图中的地名也有改动，如《万国》的"满剌甲"改作"麻拉甲"。南半球地三幅"咬嚠吧"一名的文字换到了左面，还添加了"三宝陇"；"南旺"一名换作"土里莫"。可见六严重刻的《大地》系在叶圭绶《万国》基础上，进一步参考了《瀛环志略》及美国学者相关新地图修订绘制的。

---

① 李纪祥：《海上来的世界图景——从利玛窦到魏源的世界新图与新世界观》，朱诚如、王天有主编：《明清论丛》第九辑，第380—381页。

第三节　"五大洲""四大洲"和"六大洲"

最值得注意的是《南图》《万国》和《大地》三图中关于全球陆地单位的不同表述。大陆有天然界限，一般仅指整个大陆本身，是地质学和自然地理学上的概念，而所谓"洲"是以地球大陆为基础的陆面的最大区分单位，其界线就不那么明确，大洲包含大陆附近的大小岛屿，其界线与范围的表达（如亚洲与欧洲之间）就不那么简单，学界也意见不一。明末利玛窦在《坤舆万国全图》中把当时已探知的地球上的大陆用中文写道：

> 又以地势分舆地为五大州：曰欧逻巴，曰利未亚，曰亚细亚，曰南北亚墨利加，曰墨瓦蜡泥加。若欧逻巴者，南至地中海，北至卧兰的亚及冰海，东至大乃河、墨何的湖、大海，西至大西洋。若利未亚者，南至大浪山，北至地中海，东至西红海、仙劳冷祖岛，西至河折亚诺沧。即此州只以圣地之下微路与亚细亚相联，其余全为四海所围。若亚细亚者，南至苏门答腊、吕宋等岛，北至新曾白腊及北海，东至日本岛、大明海，西至大乃河、墨河的湖、大海、西红海、小西洋。若亚墨利加者，全为四海所围，南北以微地相联。若墨瓦蜡泥加者，尽在南方，惟见南极出地，而北极恒藏焉。其界未审何如，故未订定之，惟其北边与大、小爪哇及墨瓦蜡泥峡为境也。①

---

① 利玛窦《坤舆万国全图》。"欧逻巴"（Europe）起源于亚述（Assyria）人语言中的"ereb"，是指"西方"，与"assu"相对，指"日没"，后者指"东方"。两个词语都被希腊语吸收，Europe最初指爱琴海北岸，公元前5世纪前半希腊历史学家希罗多德的《历史》中，Europe 已经成为欧洲广大地区的代名词。"利未亚"是拉丁文 Nigeria 的音译，指非洲尼罗河及周边国家，代表"非洲"。亚细亚（Asia）地名起源于亚述（Assyria）人语言中"assu"（东方、日出之地），133年罗马帝国在土耳其的安那托利亚高原的西半部设置了"亚细亚洲"的行政区。之后"亚细亚"的概念不断拓展，地理大发现之后，亚细亚包括到中国、朝鲜、日本等东洋地区。中世纪大地在欧洲人的心目中曾经也被认为是平的，于是在 7 世纪欧洲绘制的被称为"T 及 O 地图"的世界地图中，圣城耶鲁撒冷是世界的中央，所有陆地分为欧洲、亚洲、非洲三大洲，"O"指亚、欧、非三洲形成的圆形陆地，"T"的垂直线相当于地中海，水平线则是将亚洲和欧、非两洲分隔的一些水陆。圆形陆地的周边围以大洋，地图的方位是坐西向东，由地中海朝向耶鲁撒冷所在的东方。"T 及 O 地图"中有 africa 一词，或以为来源于拉丁文的 aprica，意谓"阳光灼热"之地。"T 及 O 地图"的原图出自西班牙塞维尔地区圣伊希铎主教（Bishop of St. Isidore，570—630）为了神学教学而撰写的教材《语源学》。该书类似百科全书。书中的地图早已散失，但是 7 至 17 世纪，欧洲地区曾出版过许多透过（转下页）

这是汉文文献中有关"五大洲"概念的第一次表述。"五大洲"的这一叙说，也为之后艾儒略的《职方外纪》和南怀仁的《坤舆图说》所沿用。由于其中的第五大洲"墨瓦蜡泥加"是一个"其界未审何如，故未敢订之"的知识和描述，因此，连同"五大洲"的叙说，在明末清初相当长的时期里被认为是"语涉诞诳"的夸大之语或"荒渺莫考"的欺人之谈。①

南怀仁之后在地理学知识建构方面最重要的成果是乾隆年间蒋友仁根据耶稣会士所绘的地图，结合自己来华时带来的世界地图，编绘的《坤舆全图》及《地球图说》。乾隆二十五年（1760）、三十二年（1767），蒋友仁二度进呈绘制增补的《坤舆全图》。这一绢本彩绘的《坤舆全图》，图幅纵1.95米，横3.75米，也采用球面投影法，东半球绘入亚细亚、欧逻巴、利未亚洲；西半球绘亚墨利加洲，东西半球四周绘有天文图十九幅。当时，蒋友仁的身体已很衰弱，修建圆明园喷泉时的过度劳累损伤了他的健康。乾隆特派御医为他治病，并派中国学者何国宗协助工作，令中国学者钱大昕为他润色地图的说明文字。该图反映了中国与西方国家测量地图的最新成果，②较之以前利玛窦及南怀仁所制"尤为精当"。③该图四周的说明文字中有一个重要的变化，即将利玛窦的"五大洲"说改为"四大洲"，去掉了"其界未审何如"的第五大洲"墨瓦蜡泥加"。在《地球图说》中"五大洲"的陈述也为"四大洲"的标题所取代。蒋友仁五大洲新世界图观的重要变化是来自西方18世纪探勘后关于第五大洲的知识积累。这是后来林则徐主译慕瑞《世界地理百科全书》，改书名为《四洲志》的原由。④

（接上页）基督教观点，以及各时代地理知识的仿制品以诠释该图。参见［法］保罗·柯拉法乐（Paul Claval）著，郑胜华等译：《地理学思想史》，台湾五南图书出版公司2005年，第29页；［日］辻原康夫著，萧志强译：《从地名看历史》，台北世潮出版有限公司2004年，第46—49、80—82页。意大利亚航海家、探险家亚美利哥·韦斯普奇（Amerigo Vespucci，1454—1512年）多次考察过南美大陆，当时所有的欧洲人包括哥伦布在内都认为这块大陆是亚洲东部，但亚美利哥坚持这是一块新大陆，后德国地理学家瓦尔泽苗雷尔在1507年出版的《天文地理导言》一书中，附上了亚美利哥发现新大陆的信函，1541年墨卡托将这块新大陆标为"亚美利加"，是"亚美利哥"名字的拉丁文写法。参见［苏联］约·彼·马吉多维奇著，屈瑞、云海译：《世界探险史》，世界知识出版社1988年，第163—171页。

① 邹振环：《晚清西方地理学在中国——以1815至1911年西方地理学译著的传播与影响为中心》第一章，第17—60页。

② 鞠德源：《蒋友仁绘坤舆全图》，曹婉如等编：《中国古代地图集·清代》，第121—122页。

③ 徐宗泽：《明清间耶稣会士译著提要》，第309页。

④ 李纪祥：〈海上来的世界图景——从利玛窦到魏源的世界新图与新世界观〉，朱诚如、王天有主编《明清论丛》第九辑，第374、389页。

　　鸦片战争后出现过一次关于全球陆地单位如何划分大洲的热烈讨论。在魏源的百卷本《海国图志》中，最引人注目的是对澳门葡萄牙学者玛吉士《外国地理备考》一书的引用，全书引用多达九十一处，卷76全录《外国地理备考叙》和《地球总论》，卷96全录玛吉士的《七政》，置于《地球天文合论》之首；地球天文合论三、四都采录玛吉士的著述。据谭志强统计，《海国图志》全书引用《外国地理备考》的资料多达十二万字，比引用《四洲志》的字数还要多，为所引用的一百四十三种书籍之最。[①] 玛吉士在《地球总论》中写道："古之探访地球者，以所寻得之地分为三州。一名欧罗巴，一名亚细亚，一名亚非里加，三者而已。及明宏（弘）治年间，始寻得新地，名之曰亚美里加，始合为四大州。后各驾舟历时，又寻得南海最南之澳大利亚大岛，且环以南洋众多各岛国，或聚或散。因此新著地理志人，又以诸岛合为一州，命之曰阿塞尼亚。是以近日地球，始分为五大州也。一、欧罗巴，二、亚细亚，三、〔亚〕非里加，四、〔亚〕美里加，五、阿塞尼亚。"[②]徐继畬似乎对魏源记录的玛吉士将第五大洲称为"阿塞尼亚洲"的看法并不认同，指出"泰西人分为四土，曰亚细亚、曰欧罗巴、曰阿非利加（一作利未亚），此三土相连，在地球之东半，别一土曰亚墨利加，在地球之西半。"[③]在《瀛环志略》中仅分出亚细亚（卷一至卷三）、欧罗巴（卷四至卷七）、阿非利加（卷八）、亚墨利加（卷九至卷十）四洲，而将澳大利亚列在亚洲的"东南洋各岛"中。他认为这样四洲的划分原本也是人为的产物，指出："四大土之名乃泰西人所立，本不足为舆要，今就泰西人海图立说，姑仍其旧。近又有将南洋群岛名为阿

---

① 玛吉士（Jose Martinho Marques，又译若瑟·马丁诺·马葵士，1810—1867），但在相当长时期里，玛吉士究竟是谁，一直是一个谜。许多文献将他题为"大西洋玛吉士"。直到1987年7月，一批广州学者到澳门，在澳门学者的帮助下查出他就是久居澳门的马葵士（Marques）家族成员之一。曾就读于圣若瑟修院，他的粤语和官话都十分娴熟，中文造诣颇高，毕业后在澳门政府当翻译官，许多中葡来往的档案是由他翻译的。1847年，他应聘赴北京任法国驻华公使馆翻译，晚年回到澳门潜心研究汉语，在双语方面有极高的造诣。他曾编刊有《音乐要素》和《中葡字典》，但后者似乎未正式出版。所撰的二十万字的中文地理学书《外国地理备考》（Geography of Foreign Nations），在晚清地理学界影响深远。参见谭志强：《澳门与中国近代国际关系知识之引进》，吴志良主编：《东西方文化交流》，广东人民出版社1994年，第190页；刘羡冰：《双语精英与文化交流》，澳门基金会1994年，第42—43页。

② "阿塞尼亚"是"大洋洲"Oceania的音译。参见魏源撰，陈华等点校：《海国图志》（下），第1889—1890页。

③ 徐继畬著，田一平校点：《瀛寰志略》，第4页。

塞尼亚洲,称为天下第五大洲,殊属牵强。"①后一句批评显然是针对玛吉士所记有感而发。魏源在《海国图志》百卷本中也仿效《瀛环志略》,将所谓的"第五大洲"澳洲放在卷十五"东南洋(海岛之国)"的"英夷所属新埠岛"部分。且在卷 74 专门写有《释五大洲》,曾将西人所述"五大洲"与佛典(或称"释典""梵典")中之"四大洲"进行比附,称欧、亚、非应该是同一大陆,"共为南赡部洲也;南北墨利加,则为西牛货洲也。梵典言赡部洲中有四主,东人主,即震旦;南象主,既印度;北马主,即蒙古、哈萨克;西宝主,即大、小西洋。是欧罗巴、利未亚皆属赡部洲之明证。至北具卢洲则隔于北冰洋。东神胜洲则阻于南冰海,故西舶虽能至南极左右,睹其地而不能遇其人。"其所述"第五洲"或以与今天的"南极洲"相混淆:"以新得之地为第五洲。然未尝测其南极高距之度数,江河入海之津口,衣冠人物之形状,以告天下后世;第言平原溔荡,萤火星流则尚未晤一人,虽至其地,与未至等。"②梁廷枏在1846 年成书的《海国四说》中指出,尽管中国很早就有过天下如何分"州"的讨论,但由于当时国人对所谓"中国外之九州岛"并不了解,因此"作何区名"亦"未能详言之"。在《合省国说》中他一方面称《西游记》中分出"东胜神州""西牛贺洲""南赡部洲"和"北俱芦洲",前人以为"皆凭空设喻",其实"似非凭空造矣"。他赞同《瀛环志略》作"四大洲"的安排,同时也说利玛窦关于"五大洲"之说"传述已久,故仍之"③。在究竟应该划分为"四大洲"还是"五大洲"之间,摇摆不定。

叶圭绶也注意到了利玛窦以来直至同时代魏源、徐继畬和梁廷枏关于全球大洲的讨论,《万国》在南北半球图上除了"墨瓦蜡泥加",其他洲名均没有在图中标识,但在释文中仍然沿用利玛窦《坤舆万国全图》中的"亚细亚""欧逻巴""利未亚""南北亚墨利加"和"墨瓦蜡泥加"的"五大洲"用词。他大概也很认同徐继畬"四大土之名乃泰西人所立,本不足为舆要"的看法。其做法似乎近似梁廷枏的《海国四说》。在《万国》的修订版《大地》中,叶圭绶则全然放弃了利玛窦"五大洲"的洲名,在新增添的附记文字中指出"西人分大地为五大洲","亚细亚为中国所托而名,以蕃语在蕃人则可,在华人则大不可。亚细亚并东土土耳其古名,并其以东之地,既名为亚细亚,尤属

① 徐继畬著,田一平校点:《瀛寰志略》,第 4 页。
② 魏源撰,陈华等点校:《海国图志》(下),第 1848—1849 页。
③ 梁廷枏:《海国四说》,第 53—55 页。

不合。彼蕃人作图可以蕃语为名，我华人作图，何妨易以华语乎！《史记·孟子荀卿列传》邹衍言中国名曰赤县神州；《河图括地象》《淮南子·地形训》皆载神州等九名。隋唐之世，神州载在祀典，是我中国自有洲名矣！今仍称中土所托为神州。"于是，将利玛窦、艾儒略、南怀仁等为代表的一般世界地图和世界地理著述中的"亚洲"部分称为"神州"。将"原名欧罗巴"部分称为"祆洲"，因为"天主教古曰祆（阿怜切）教，欧罗巴皆遵祆教，改曰祆洲"。将"原名利未亚"即"非洲"部分称为"乌洲"，理由比较荒唐："利未亚人皆乌鬼类，改曰'乌洲'"。将"原名北亚墨利加"即"北美洲"，称为"华洲"，理由是"北亚墨利加自华盛顿始自立国"，故名。而将"原名南北亚墨利加"即"南美洲"称为"白洲"，理由是"南北亚墨利加大国曰白西尔（今译巴西），次曰白露（今译秘鲁）"，故名。在叶圭绶等看来，"祆洲"和"神州"原来"大块相连，实一洲也，西人似欲自为一域，故分为二"。这是注意到了亚欧大陆原本是一个巨大的陆地，洲的划分有人类历史和习惯的影响。"澳洲"被称为"南洲"，并称"南洲无考"。而"'华洲'和'白洲'微地相联，确是两洲，西人统名'亚墨利加'，又分南北，何如竟以为二洲乎？今定分大地为六大洲"[①]。指出美洲从地质构造和平面的形态上说，是靠地峡勉强连接的，统名"亚墨利加"确实未尽合理。这一"神州""祆洲""乌洲""华洲""白洲"和"南洲"的六大洲体系，虽然不少命名亦仍有牵强附会之处，较之欧洲地理学家以发现者"亚墨利加"命名，也未见得一定高明，且将"祆教"与"基督教"混为一谈，认为欧洲人都信奉祆教，明显有史实错误。但是其试图打破欧洲人地球陆地分洲的话语体系，尝试以自己的理解来重构地球陆地单位的分洲法，作为中国民间制图者代表的这一新的努力，还是值得尊重的。

第四节　关于"澳洲"的新知识

除上述《万国》和《大地》两图若干不同外，最大部分的修改还在于今澳洲的部分。利玛窦绘制的世界地图中未曾绘出澳大利亚，因为其时欧洲人尚未对澳大利亚进行探险，16世纪来华的耶稣会士也根本无法真正具备关

---

① 　六严：《大地全球一览之图》叙言部分，该图藏台北故宫博物院。

于澳大利亚的确切知识。① 利玛窦在世界地图中介绍了欧洲地理大发现的成果。《坤舆万国全图》写道："南北亚墨利加并墨瓦蜡泥加，自古无人知有此处，惟一百年前，欧逻巴人乘船至其海边之地方知。然其地广阔而人蛮滑，迄今未详审地内各国人俗。""墨瓦蜡泥加"是《坤舆万国全图》中所谓的"五大洲"之一。但"墨瓦蜡泥加"并非今天所说的澳洲，很大部分还属于想象中的大陆。② 欧洲关于第五大洲的描述对南极洲与澳洲的混淆，在英国探险家库克船长的航行后得到了纠正。

《坤舆万国全图》在相当于今天澳大利亚处绘有与"墨瓦蜡泥加"相连的半岛，并标名"新入匿"，半岛上除列出下地、瓶河、仙欧吴私丁河、白峰、美峰五个地名外，还有一段文字："此地名为新入匿，因其势貌利未亚入匿相同，欧罗巴人近方至此，故未审。或为一片相连地方，或为一岛。"而《南图》上已经有了些许改变，较之《坤舆万国全图》的内容有不少增补，反映了西方航海探险与实测所获取的新知识。在此处绘有两个大岛，大岛周围还绘制了部分小岛，最大的岛屿标有"新阿兰地亚"、"加尔本大利亚"（Carpentaria，今译卡奔塔，在昆士兰与北领地之间）、"新热聂亚地"（Nova Zeelandia）三个大地名，另外在"新阿兰地亚"上还标注了未得斯地（G. E. de Wit Land）、内得斯地（Nuyts Land）、额得尔地（Dirk Hartog Island），以及狮子地、圣玛利峰、玛嘴各尔河、纳扫河、相和河、巴大未亚河、急流、高地、伪峰、高峰、冒火山等，其实际面积比现在的澳大利亚要大许多。此大岛东面的岛屿标注有"新瑟兰地亚"，大致同今新西兰。周围的小岛有"圣伯多罗岛""圣方济各岛""哥个的落岛""檐蝙蝠岛""输等岛""亚哩莫亚岛"和"高地"。③ 但其他地名则很难与今地名对应，有些可能仍属于想象之地名，如狮子地、急流、高地、伪峰、高峰、冒火山等，南怀仁的《坤舆图说》很多地方还是延续了艾儒

① 方豪：《十六七世纪中国人对澳大利亚地区的认识》，《国立政治大学学报》1971年5月号，收录方豪等著：《中国史学》，台北汉苑出版社1981年，第25—59页。已论及此一问题，但未涉及晚清。

② 所谓"墨瓦蜡泥加"是麦哲伦的译名，称其越过大西洋，经南美洲大陆和火地岛之间的海峡："墨瓦蜡泥系佛郎几国人姓名，前六十年始遇此峡，并至此地，故欧逻巴士以其姓名名海峡地。"（利玛窦：《坤舆万国全图》，禹贡学会1936年影印本）艾儒略《职方外纪》在"墨瓦蜡尼加总说"中亦有记述，参见［意］艾儒略著，谢方校释：《职方外纪校释》，第141—142页。

③ 汪前进：《南怀仁坤舆全图研究》，曹婉如等编：《中国古代地图集·清代》，第106页；［澳］王省吾：《澳大利亚国家图书馆所藏彩绘本——南怀仁〈坤舆全图〉》。

略的记述,虽然在《南图》中剔除了若干《坤舆万国全图》中传闻性质的"矮人国""男女国""鬼国""一目国""狗国"等,但关于"五大洲",特别是第五大洲的记述仍然是不确切的。

两位绘制者也一定注意到了利玛窦《坤舆万国全图》以来至同时代魏源《海国图志》、徐继畬《瀛环志略》和梁廷枏《海国四说》中关于澳大利亚的详细讨论,前述蒋友仁的《坤舆全图》中已经放弃使用"墨瓦蜡泥加",所绘的澳大利亚图反映了17世纪以来地理探险与航海的最新成果,填注的地名有"新窝河郎地区(即 New Holland)、内地、圣伯多禄岛、圣方济各岛、铁门地、未特地、黑人地、喀尔朋大李亚等,在澳大利亚的东北方,画有新几鄂亚、录岛。图中的澳大利亚的图形,已将澳大利亚与新几内亚的海岸线断开分画。"[1]魏源《海国图志》所记载的有关澳大利亚的情况,基本材料或取自《职方外纪》,也有部分来自玛吉士的《外国地理备考》、马礼逊父子撰写的《外国史略》等,玛吉士在《地球总论》中称外国探险家"后各驾舟历时,又寻得南海最南之澳大利亚大岛,且环以南洋众多各岛国,或聚或散。因此新著地理志人,又以诸岛合为一洲,命之曰阿塞尼亚。"[2]梁廷枏《海国四说》也声明利玛窦所述"墨瓦蜡泥加名"并不存在,指出所谓"第五洲为澳大利亚","此与利玛窦之称墨瓦蜡泥加洲不符",考虑到"利玛窦之说传述已久,故仍之","澳大利亚洲(即西人所称天下第五洲者),即墨瓦蜡泥加洲,自古不通人迹之处,兽蹄鸟爪,地野人稀,无君长、城郭、宫室、伦理者,亦听民驾舶徙家于洲之东、南、西三方。凡愿迁者,官资其费,而经其界焉"。[3] 梁廷枏或许是国人最早使用"澳大利亚"一名,明确将之视为"第五洲"的中国人,并最早记述了有关澳大利亚的地理和移民情况。徐继畬《瀛环志略》没有把澳洲作为第五大洲,该书卷二记述"南洋各岛""东南洋各岛"和"大洋海群岛",澳大利亚被放在亚洲部分的"东南洋各岛",并写道:"澳大利亚,即泰西人《职方外纪》所云天下第五大州。"[4]

《万国》绘制者将澳洲,即"新阿阑地亚"绘在"墨瓦蜡泥加洲"之外,将若干曾经出现在《南图》上的地名,如"狮子地""额尔得第""马嘴各尔河"等,标列在今澳洲的西海岸,而将"墨瓦蜡泥加洲"仅仅对应冰海(即南极

---

① 鞠德源:《蒋友仁绘坤舆全图》,曹婉如等编:《中国古代地图集·清代》,第125页。
② 魏源撰,陈华等点校:《海国图志》(下),第1889—1890页。
③ 梁廷枏:《海国四说》,第54、155页。
④ 徐继畬著,田一平校点:《瀛寰志略》,第57—60页。

洲）。叶圭绶似乎仍颇感困惑，于是拟另设"南洲"。作者这样写道："《南图》墨瓦蜡泥加洲，周绕南极各去极三四十度不等，近岁西舶有自新阿阑地亚南驶至，去极五六度，登岸者有遇冰海阻路者。则《南图》非此洲真形也。今于'新阿阑地亚'之南改作去极五六度，添入'冰海'字，余仍其旧。《瀛环志略》称'澳大利亚'（即新阿阑地亚），即'墨瓦蜡泥加洲'。盖不知南极下别有大地也。"可见作者一方面利用《瀛环志略》的考证，一方面也有自己的独立判断。《南图》上澳洲与南极大陆相连的半岛标有"新阿阑地亚""加尔本大利亚"和"新热聂亚地"等二十三个地名。《万国》除沿用《南图》上的"狮子地""额得尔地""爹门斯地""新瑟兰第亚""高地"外，不少地名有不同程度的改动，如"圣玛利峰"改为"圣马利峰"，"冒火山"改为"冒火地"，"哥个的落岛"改为"歌个勺洛"。删去的地名有"圣伯多罗岛""圣方济各岛""干岸""伪峰"等；新添的地名有"大石山""铁门斯地""新为匿亚""亚老哥""龟岛""鸟岛""则浪""圣马豆"等，在《万国》中澳洲部分出现的地名多达八十六个。

就形状方面而言，《万国》所绘与今天的澳大利亚还有很大的差别，而《大地》所绘则相差不大，较之《万国》，《大地》修改更多，如将《坤舆万国全图》直至《南图》延续下来的传说中的"墨瓦蜡泥加洲"一词，在新图上全部去除，而改用红色套印的"南洲"。"墨瓦蜡泥加洲"仅指今天的南极洲。南半球第三幅注有"新阿兰地亚，又名澳大利亚，又名小亚细亚，有居人如兽，其边地今皆入英"。并标记了"英吉利悉尼城"。在"海燃"后一段删去，也删去了有关《天学初函》的一段。在第二幅"冒火地"一处有重大修改："又名巴布亚，古火山国，英地。"新添加了"新危尼耳兰群岛，英地。"而在南美洲部分，去除了"阿尔琐比加"一段，改为"此西洋原图界画，与《瀛寰志略》不同"。"蚂蚁"地名边上添加了"白露海"三字。在"猴岸"地名边上添加了"比里约哥兰的"一词。关于澳洲，《大地》上则标注为"南洲"，绘制者的解释是：《南图》中的"墨瓦蜡泥加洲"周绕南极，近年来"西舶"有从澳洲，即所谓"新阿阑地亚"驶至那里，登岸者遇到了"冰海"阻路，因此，以往地理书籍和地图皆依据《南图》，连《瀛环志略》都称澳大利亚即"墨瓦蜡泥加洲"，明显是不准确的。

第五节　地图附记的"东洋译语"和"西洋译语"

地图上附注相关材料，是中国地图绘制的一个传统。但在世界地图编绘系统中,除了文字,还附带表图乃至于动物图绘,可以说是由利玛窦在中国绘制世界地图时开创的新传统,如《坤舆万国全图》的空隙处填写了与地名有关的附注性说明,其中两篇为利玛窦署名,介绍地球知识与西洋绘图法。主图采用的是等积投影,经线为对称的弧线,纬线为平行直线。右上角有"九重天图",右下角有"天地仪图",左上角有"赤道北地半球之图"和日、月食图,左下角有"赤道南地半球之图"和"中气图",另有"量天尺图"附于主图内左下方。全图的文字,大约可以分为五类:一是地名,有八百五十个以上的地名;二是题识,有利玛窦、李之藻、吴中明、陈民志、杨景淳、祁光宗共六篇;三是说明,包括全图、九重天、四行论、昼夜长短、天地仪、量天尺、日月蚀、中气、南北二半球等的说明;四是表,有总论横度里分表、太阳出入赤道纬度表;五是附注,对各洲的自然地理和人文地理进行解说。甚至在各大洋上还绘有不同类型的帆船、鲸、鲨、海狮等海生动物十五头,南极大陆绘有犀牛、象、狮子、鸵鸟等陆上动物八头。[1]这个新传统同样保留在《南图》之中。

　　《万国》和《大地》两图继承了这一新传统,两图的南北半球都有各种序跋等附注性文字,不过放弃了《南图》中附带动物图绘的特点。两图的南半球上有关于叶圭绶如何认识洋印方单(即西洋文字的地图)的一段文字说明。《大地》附载《地球赤道以北总图》和《地球赤道以南总图》,并附注《地居天中说》《地形浑圆说》《足底对立说》和《地为水结说》等文字。附注文字中最突出是附载了很多国家的译语。如《万国》北半球附注有《日本国译语》《琉球国译语》《朝鲜国译语》《吐蕃国译语》《安南国译语》《蒙古译语》《占城国译语》《真腊国译语》《暹罗国译语》《满剌甲译语》。基本都属于"东洋译语",其中尤以《日本国译语》《琉球国译语》和《蒙古译语》内容为多,其他一般仅仅著录"天""地""日""月"四字发音的汉字注音。试列表比较如下:

	日本	琉球	朝鲜	吐蕃	安南	蒙古	占城	暹罗	满剌甲
天	唆剌	向尼	哈嫩二	难	雷	腾吉里	剌仪	普剌	安剌
地	只	只尼	大	萨	得	蛤札儿	打纳	甸因	布迷

---

① 详见本书第一章第一节。

续　表

	日本	琉球	朝鲜	吐蕃	安南	蒙古	占城	暹罗	满刺甲
日	非禄	非禄	害	你麻	霭	纳监	仰胡锐	胍	哈利
月	急	都	得	老瓦	荡	撒刺	仰不蓝	晚	补蓝

　　唯一例外的是《真腊国译语》，著录为"'父'曰'巴驼'，'母'曰'米姑'，'兄'曰'邦'，'弟'曰'补温'"。这些"东洋译语"基本上都是来自《华夷译语》。[1]《大地》则在《万国》北半球附注"东洋译语"的基础上，又增添了《西洋译语天地时令门》《西洋译语》的《物类门》《数目门》和《言语通用门》等，其中有些是来自沈孝廉提供的《西番译语》。如称《天地时令门》："'天'曰'士乌'，'地'曰'个郎'。'日'曰'爹'，'月'曰'扪'。'风'曰'渭湾'，'雨'曰'连'。'冷'曰'鸠路'，'热'曰'乞'。'今日'曰'度爹'，'明日'曰'度孖'。'早'曰'恂'，'咁早'曰'梭恂'。'夜'曰'呢地'，'咁夜'曰'梭呢地'。"说是"西洋译语"，其中大多能够与英文对应，如"天"是用了太阳的发音"士乌"（sun），"地"用"个郎"（ground）。"日"被错误理解为"日子"，用"爹"（day），"月"用"扪"（moon）。"风"用"渭湾"（wind），"雨"用"连"（rain）。"冷"用"鸠路"（cold），"热"用"乞"（heat）。"今日"用"度爹"（today），"明日"用"度孖"（tomorrow），因为"孖"在粤语中发"ma"音。可见所采录的资料或来源于粤语系统，如"夜"发音"呢地"（night），"咁夜"就是"梭呢地"（so night）。《数目门》有一至三十、四十、五十，一直到一百、一千、一万，一斤、十斤，一两、百两等，一至十的发音分别为温（one）、都（two）、地理（three）、科（four）、辉（five）、昔士（six）、心（seven）、嗌（eight）、坭（nine）、颠（ten）。

　　以笔者眼界所及的《红毛通用番话》读本相对照，这些"西洋译语"基本上是来自当时那些流行洋泾浜英语的贸易读本，只是将这些"西洋译语"用作地图的附记文字，似乎尚未见到其他相关世界地图使用过，应属世界地图新传统谱系中叶圭绶的独创。

---

①　关于《华夷译语》的研究，参见邹振环：《丝绸之路：文明对话之路上的〈华夷译语〉》，中国中外关系史学会、暨南大学文学院主编：《丝绸之路与文明的对话》，新疆人民出版社2007年，第386—403页。

第六节　本 章 小 结

　　地图并非客观地理世界的真实再现，而仅仅是说明问题的一种形式。世界地图绘制者也是通过它来展现自己对于世界的理解和解读，建构叙述主体的文化关怀的。王庸曾精辟地指出，自裴秀以迄明末，中国古代的计里画方之法与传统通俗绘法相重叠，加之明末清初输入的西方经纬图法，构成了中国地图学的"三重之局"。① 三种地图绘制方法不断地交错，此消彼长。随着西北边疆地理研究的勃兴，晚清与王朝地理学②图籍绘制体系完全不同的属于利玛窦—艾儒略—南怀仁"世界地图"西方经纬之绘制体系，渐渐复兴，而《万国》和《大地》是此一绘制系列中的重要环节，也是晚清国人创造性地建构世界地图的一个重要范本。

　　李纪祥认为，在承继晚明以来入华传教士们系列世界新图影响的谱系中，魏源代表的是专门以"域外的世界"——也即"外国世界"为主的"外国地图"之走向与类型，是对源远流长的宋明以来传统海洋世界观类型的承继；而叶圭绶所代表的是融合吸收了入华传教士的外国新世界图观，以中国为中心观的"大地世界舆图"类型，一种"中国在世界之中"的世界地图的走向。③ 可惜，至 20 世纪 20 年代，梁启超在《中国近三百年学术史》一书中讨论世界地理新传统中，将《万国》和《大地》这一类型摒而不谈，称"言世界地理者，始于晚明利玛窦之《坤舆图说》、艾儒略之《职方外纪》。清初有南怀仁、蒋友仁等之《地球图说》。然乾嘉学者视同邹衍谈天，目笑存之而已。嘉庆中林少穆（则徐）督两广，命人译《四洲志》，实为新地志之嚆矢。鸦片战役后，则有魏默深《海国图志》百卷、徐松庵（继畲）《瀛环志略》十卷，并时先后成书。"④梁启超的叙述中已经完全没有了与魏源、徐继畲同时代的叶圭绶、六严绘制的《万国》和《大地》两图的任何相关信息，鸦片战争后中国世界地图绘制系谱中一条重要的变迁脉络，在 20 世纪以来已完全被遗忘了。

---

①　王庸：《中国地理学史》，第 125—126 页。
②　关于王朝地理学的论述，参见唐晓峰：《从混沌到秩序——中国上古地理思想史述论》，中华书局 2010 年，第 286—311 页。
③　李纪祥：《海上来的世界图景——从利玛窦到魏源的世界新图与新世界观》，朱诚如、王天有主编：《明清论丛》第九辑，第 381—382 页。
④　朱维铮校注：《梁启超论清学史二种》，第 467 页。

　　梁启超在著述中还阐述了清代"历史的地理学"之演变过程，认为大致可以划作三大阶段："第一期为顺康间，好言山川形势厄塞，含有经世致用的精神。第二期为乾嘉间，专考郡县沿革、水道变迁等，纯粹的历史地理矣。第三期道咸间，以考古的精神推及于边徼，寖假更推及于域外，则初期致用之精神渐次复活。"①叶圭绥和六严所绘制的世界新图——《万国》和《大地》，正是梁启超所说的"以考古的精神推及于边徼，寖假更推及于域外，则初期致用之精神渐次复活"，以建构世界图景的代表作。尽管《万国》《大地》两图中仍有对《南图》内容的沿袭，但已经纠正了《南图》中的不确之处，还增补了大量万象世界的新知识信息，特别是有关澳大利亚的内容。最值得提出的是，《万国》和《大地》两图继承了利玛窦以来在世界地图中附载文字的传统，使两者有机地加以交融，将《华夷译语》和《红毛番话》读本的内容编入地图文本，作为附记文字；《大地》的修订者还试图突破利玛窦带来的"五大洲"用词，另外形成一个既不同于西人"五大洲"，也不同于时贤"四大洲"的划分法，而提出了"神州""祆洲""乌洲""华洲""白洲"和"南洲"的六大洲体系。虽然这一重构全球陆地单位的分洲法，未受清代学界的重视，两份世界地图的新绘制法也几乎被中国世界地图绘制的记忆系谱所遗忘，但中国民间制图者试图打破欧洲人地球陆地分洲的话语体系，以自己的理解来重新建构世界地理，所创造的这一绘制世界新图的尝试，却很值得珍视。

---

　　①　朱维铮校注：《梁启超论清学史二种》，第 459 页。

第九章 全地新构：邝其照及其 《地球五大洲全图》

近代中国早期从事英语教育的先驱者邝其照，是最早编纂英汉词典和英语读本的中国人，也是著名的报人和留学运动的推动者之一。[①] 但关于其生平和主要文化活动的记述，至今仍存在着不少错谬和歧义。除邝其照编纂的英语辞书外，关于其作为留美学生参军和参与编纂《翻译新闻纸》等报刊，以及其他中英文出版物，现有研究均缺乏进一步的深入讨论。2012年笔者初步整理了邝其照在近代留学与报刊史上的资料，发现1883年邝其照自美国返回上海后，在江南制造局翻译馆从事《翻译新闻纸》的编译工作[②]；在此基础上，笔者完成了《晚清西学东渐史上的邝其照》一文，就邝氏《华英字典集成》之外的其他中英文出版物，进行了分析和研究。[③] 但是迄今为止，关于邝氏曾经绘制的《地球五大洲全图》，除了北京国家图书

[①] 有关邝其照生平和著译的相关研究，可参见日本内田庆市 1995 年完成了《商务印书馆"英汉字典"的系谱》(《关西大学文学论集·文学部创设 70 周年纪念特号》第 44 卷第 1—4号)，1998 年内田庆市又撰写了《邝其照的〈华英字典集成〉をめぐつて》(《关西大学中国文学会纪要》第 18 号)；同年宫田和子发表有《邝其照〈字典集成〉的系谱》(《中国研究月报》第 52 卷第 5 期［总第 603 期］)。相关研究还可参见［日］高田时雄《清末の英語學——鄺其照とその著作》，《东方学》第 117 辑，2009 年 1 月，第 1—19 页，汉文本收入氏著：《近代中国的学术与藏书》，中华书局 2018 年，第 200—223 页；［日］内田庆市《鄺其照の玄孫からのメール》，《或问》2010 年 12 月第 19 号，第 131—146 页；大陆学者的研究有高永伟的《邝其照和他的〈华英字典集成〉》(《复旦外国语言文字论丛》2011 年春季号) 和司佳的《邝其照与 1868 年〈字典集成〉初版——兼谈第一本中国人编写的英汉字典及其历史实用价值》(《广东社会科学》2013 年第 1 期)。

[②] 邹振环：《中国近代留学与报刊史上的邝其照》，欧美同学会、中国留学人员联谊会编：《留学人员与辛亥革命》，华文出版社 2012 年，第 492—505 页。

[③] 邹振环：《晚清西学东渐史上的邝其照》，王宏志主编：《翻译史研究 (2013)》，复旦大学出版社 2013 年，第 208—246 页。

馆善本特藏部舆图组所编的《舆图要录》有过著录①，至今海内外尚无专文
加以讨论。

19世纪70年代，邝其照以西方地图方法绘制的《地球五大洲全图》，②
当时在中国前后影响持续了三十多年，为近代国人提供了丰富的地理知识，
以及一种解释世界的想象空间。本章重点讨论邝其照绘制该图的来龙去
脉，考订完成和刊刻的具体时间，分析作者题跋、注记文字、图表与数码符
号，并尝试分析该图依据的蓝本，最后着力分析该图与邝其照的英汉辞书及
其他地学译著之间的互文关系。

第一节　作为留学生参军和翻译馆编译的邝其照

邝其照（1836？—1895？），字蓉阶，或写成“容阶”，号全福，广东新宁
（今广东台山）冲云堡顺和村人。英文名字 Kwong Ki Chiu，系其姓名的粤语
发音。据邝光宁所编的《古邝国丛谈》“清时先知先觉之邝其照”估计，邝其
照约生于道光年间，但早期生活语焉不详。③ 台山是粤省中往北美移民最
多之“侨乡”。或以为其出生于道光十六年，即1836年，或有道光二十三年
（1843）和道光二十五年（1845）的不同说法，笔者采1836年说。④ 他排行第
五，15岁时希望学习英语，并在兄长邝其安于珠江南岸开设的一家商店中
帮助经营丝绸、亚麻和驼绒的生意。大约在19世纪60年代初就读于香港

①　《地球五大洲全图》，邝其照绘，刻印本，未注比例，清光绪元年（1875），1幅，彩色，
　　80.5 cm×97 cm。附五大洲各国人口清册、各国丁方道里表、各国土产纪要、五大洲水运路
　　程道里表、轮船路程道里表等。图中简要地绘出世界五大洲轮廓及主要山脉、河流走向。
　　参见北京图书馆善本特藏部舆图组编：《舆图要录：北京图书馆藏6 827种中外文古旧地
　　图目录》，北京图书馆出版社1997年，第3页。
②　2007年7月6日，笔者曾去国家图书馆善本阅览室查阅该图，未果。时任善本部地图阅览
　　室负责人称该图装褙较硬，已有折痕，不便展卷，并称可以替我代为查阅，但查阅归来所告
　　信息完全不知所云。后由北京国家图书馆王菡老师帮助查阅后提供少量信息，参见拙文
　　《晚清西学东渐史上的邝其照》。笔者在此要感谢王一帆教授提供了哈佛大学藏图的信
　　息，并帮助传送了该图的电子版。
③　邝光宁：《古邝国丛谈》，香港篁斋图书室1967年，第252—253页。
④　邝其照在离开美国前曾经接受了美国历史学家班克罗夫特（Hubert Howe Bancroft）的采访，
　　称自己生于1836年。参见高永伟：《邝其照和他的〈英语短语词典〉》，《辞书研究》2005
　　年第3期，第158—165页；[日]内田庆市、沈国威合编：《邝其照〈字典集成〉：影印与解
　　题初版·第二版》，大阪关西大学东亚文化交涉学会2013年，第341页。

的一所官府学校①，该校以培训政府办事员和商业人士为目的，在那里他打下了坚实的英语基础。1857 年 5 月 12 日，著名的英汉词典编纂家罗存德（Wihelm Lobscheid，1822—1893，又称罗布存德）被任命为香港政府的视学官（government inspector of school），或以为邝氏可能有机会结识罗存德，并在英汉词典的编纂方面受过后者的影响。② 之后邝其照在香港开了数年药店，并赴澳大利亚经营草药运输的生意。五年后他不仅赚了一大笔财产，还精通了英语，并进入清政府的民政部门担任官职，曾经被官派两次环游全球旅行。③ 而环球旅行的经历引发了邝其照对于绘制世界地图的极大兴趣，也与之后他参与留美学生的派遣工作有着很大的关系。

19 世纪 70 年代初，邝其照回国并很快参与了清政府官费留美幼童的派遣活动，这是他一生最重要的事迹之一。初任职于"幼童出洋肄业局"，简称"出洋局"（The Chinese Educational Mission，又称洋务总局），出洋局大约1870 年成立于上海，由容闳（1828—1912）与陈兰彬（1816—1895）联合监督，容闳负责留学事务，陈兰彬负责中国知识的教育。1871 年，一所可以容纳 100 名学生和教职员的留美幼童预备学校在上海开办，校址在老英国坟场对面的山东路。教职员包括校长刘开升、助理吴子石与容姓、陈姓和黄姓三位中文教师，以及一位英文教师曾来顺。④ 1872 年起，清政府首次派出幼童留学美国，每批三十名，期以四年，前后四批共一百二十人。大概每一批幼童出国前都需经过三至五个月英文的学习，主要由邝氏教授，他一度还担任过校长。⑤ 梁元生称邝氏率领第四批幼童留美，而容尚谦则认为第三、第四批是由邝其照和中文教师容汉三、刘云舫带领的。⑥ 其实第三批三十名

① 或说官府学校及官办的香港中央书院（Hong Kong's Central School，今女皇学院），或说为香港政府直接管辖的皇家书馆（Government School）。

② ［日］高田时雄：《清末的英语学：邝其照与其著作》，氏著：《近代中国的学术与藏书》，中华书局 2018 年，第 200—223 页。

③ 司佳：《邝其照与 1868 年〈字典集成〉初版——兼谈第一本中国人编写的英汉字典及其历史实用价值》（《广东社会科学》2013 年第 1 期）一文指出 1868 年版《字典集成》的"杂字"部分，有许多属于澳大利亚墨尔本一百多公里一些市镇附近的土著地名，有些地名的收集甚至扩展到下一级区域属于淘金所在地的"坑"或"小坑"，说明邝其照确曾赴澳大利亚经营过草药生意，不然很难对那里的土著地名有如此细致的了解。

④ 容尚谦著，王敏若译：《创办出洋局及官学生历史》，珠海出版社 2006 年，第 7 页。

⑤ 梁元生：《台山二邝与近代中国：非一般的留美学生》，丁新豹、周佳荣、黄嫣梨主编：《近代中国留学生论文集》，香港历史博物馆 2006 年，第 324—329 页。

⑥ 容尚谦著，王敏若译：《创办出洋局及官学生历史》，珠海出版社 2006 年，第 9 页。

留美幼童是由祁兆熙(？—1891)率领的，1874 年 9 月 19 日成行。也许是为了让邝其照在担任正式参军前实习一下，他只是随行人员之一，不过他在抵达美国后就很快转道英国返回上海，继续担任预备学校的英语教师。第四批三十名留美幼童于光绪元年(1875)九月十六日(10 月 14 日)成行，邝其照为"参军"，即领队。同行的有邝其照的侄子邝国光(Kwok Kong)、邝荣光(Yung Kong)和邝炳光(Ming Kong)。当时的《伯林顿周报》(Burlington Weekly)报道称邝其照带领三十三名留学生抵达旧金山。邝其照出任"参军"这一职位可能是李鸿章的提拔；自 1874 年 6 月 16 日起，时任出洋局出洋官生委员的邝其照协助其同乡容闳发起创办上海地区国人最早创办的一份日报——《汇报》，并主持该报的工作。邝、容二人在思想观念上基本一致。郑观应有《赠美国肄业诸生并容沉浦、邝蓉阶两教习》的诗中称："文章机杼自专家，译象千言点不加。爱国无殊林友植，上书共比贾长沙。诸生游学将成业，公使何因促返槎。翻羡东瀛佳子弟，日新月盛愧吾华。"[1]可见，直到留美幼童被撤回之际，外人还是将两人归为一路的。

　　1883 年邝其照回国后曾从事另一项重要工作，在江南制造局翻译馆编译时事报刊，这一点至今不为学界所注意。1868 年曾国藩同意江南制造局扩大翻译馆的规模，兴建翻译学馆，计划招收学生。1869 年学馆动工，但次年学馆建成之后，新任上海道兼江南制造局总办涂宗瀛认为翻译学馆与上海广方言馆"事属相类"，于是将广方言馆迁入新落成的翻译学馆，"归并一处"。该馆为实现"录新报以知情伪"的计划，曾出版有《西国近事汇编》《翻译新闻纸》等送呈各省官员的定期出版物。[2] 邝其照曾在笔者所见的《翻译新闻纸》的第一册和第二册中担任翻译，该新闻纸收录的时间为光绪十年(1884)六月至十一年(1885)二月二十九日。[3] 所译内容大多与中国、日本或朝鲜有关，译报中关于中法战争、外交谈判等内容最多。所选报刊有《字林西报》、《晋源报》、《文汇西报》、《英京报》、德京《伯林报》、德《汉倍克报》、《西班牙报》、《日本报》，采录的还有《香港生地报》、美国《旧金山大埠

---

① 夏东元编：《郑观应集》下册，上海人民出版社 1988 年，第 1254—1255 页。

② 王扬宗：《傅兰雅与近代中国的科学启蒙》，科学出版社 2000 年，第 31—33 页。

③ 《翻译新闻纸》，国家图书馆藏。原有"李宗侗藏书印"，后钤有"北京图书馆藏书印"。所藏共计两册，第一册收录光绪十年初一至初五日至六月三十日；第二册收录光绪十年十一月初一至初五至十一年二月二十九日。第一册有休宁张承颖参校，参加译述的还有上海曹骧、上海钱文魁、宝山瞿昂来、上海康赓龄等，该报所刻印缘由不详，二册均无页码。

西报》等。从文字内容看，邝其照较之其他几位翻译更有针对性。如借日本报刊力主禁止妇女赴美卖淫，从而提请清政府要及早筹划；通过西报来讨论"中国虽有多兵备铁甲船及新式枪炮，而兵力究不能遽臻于强盛"之原因；以西报关于中国铁路的修筑和报馆的设立，旨在呼吁政府学习西方先进的器物与制度文化，从而尽快亡羊补牢。报刊译文中不少观点性的文字可能是邝氏本人见解的表达。如：

> 日本报论云：本国之妇女其不守礼安分致丧廉耻者甚多，乃不安居境内竟往外国飘流者近又不少，实贻辱于一国。我朝当若何设法务使妇女葆顾贞廉，及力禁荡妇前往外国。缘美国境土殷饶谋生较易，又距本国不远，是以华人日人多聚于彼，若不先自示禁，恐妓女等多往美国。该国将必新设例禁，或因而禁止日人往彼处佣工。试观美国已立专例禁止华人前往彼国，于中邦未免有失国体，我国家似当早为筹及之。
>
> 《文汇报》录美国旧金山大埠西报云：就华兵于东京时事设想，便知中国虽有多兵备铁甲船及新式枪炮，而兵力究不能遽臻于强盛。因中朝不仿西国设立陆军水军学堂精于训练，则终无谙识各国战法之兵官为之统领，一般与西人对仗，俱莫测其病机，始则望气先惊，继则曳戈而走，遑能御敌乎？纽约暨英京日报数月前尝谓中国兵强似属不确，中国于今正宜仿西法以整戎威也。
>
> 西人由北京来电云：开火车铁路之说曾奉谕允已有成议，拟先由天津开至北京，此举于官商民庶往来均有裨益。且中国地舆寥廓，若无铁路，倘边界有事，道阻且长，于调兵运粮，防御各节，多所碍阻。虽中朝怀柔泽普，畏威戴德，无间迩遐，然卜干戈之永靖，保无水旱之偏灾，即一旦藉以移粟移民，亦可免黔黎之坐困。望自析津直达都门，铁路开成后行，见首善之区先倡风气，而东西南北各省要会陆续仿造，如现之电线程途络绎不绝，则中国兴旺之机愈进愈上矣。

有的几乎已经不是翻译，而是邝其照借此直接发表言论了，如：

> 西班牙报云：近来欧罗巴洲如俄、德、意、奥四国同盟互相扶助，足以安保无事。若英则属岛居多，外援联络实足称雄。若法则力强，亦克

自保。至我西邦北邻，于法南邻阿非利加相安久矣。而今则法属渐多，其他日辟。我国南北连壤尽为法地，强邻压境，实逼处此几将不可为国，若为今计，惟结纳友邦，讲求时务，乃克自振。倘仍晏然坐守，置外务于不问，只期独善，恐非久安之道也。

有的是关于尽快建立报馆的建议，如"按近阅港沪各西报每有袒护法人之语，查俄国、日本俱有国家新闻纸馆，惜乎！此项西报馆，我华人未经创设，致无从登刊辩驳之词，惟有袖手旁观任西报之诽谤我国耳"①。与邝其照合作的"参校"是休宁人张承颢，同年十一月后《翻译新闻纸》所出现的与张承颢合作的翻译者为上海曹襄。光绪十二年五月二十三日（1886 年 6 月 24 日）邝其照在广州华宁里广报局仿效上海《申报》的格局和形式，创办了《广报》，主笔是吴大猷、林翰瀛，转述为萧竹朋、罗佩琼等。大约两年后主笔由南海劳保胜（亦渔）接替，撰述为武子韬（芝鹿），编辑为朱鹤（云表）、熊长卿（复园居士），并请族人邝五臣担任经理。初登载官吏升降信息、新闻、论说、诗词等内容。新闻有本省新闻和中外新闻，还有"宫门抄""辕门抄"，也登货价行情及各行业广告。《广报》销行省内佛山、西南、大良、陈村、江门、新会、香山等地，还在香港、澳门、上海、梧州等地，以及海外新加坡、越南、旧金山、菲律宾等地有代销点。这是广州第一份由华人创办和编辑的报纸，志在介绍新知、鼓吹改革和匡补时弊。因揭露科场黑幕，触怒了继任两广总督的李瀚章，被指责为"辩言乱政，法所不容，妄谈时事，淆乱是非，胆大妄为"。1891 年，广东当局以"妄谈时事"封闭该报。但邝其照并不气馁，把报社迁到沙面东桥西路，改名《中西日报》，托庇于沙面租界内的英商，由英商必文出面办理，该报版面较《广报》有所扩大，内容分本省新闻、本国新闻、西报译登等，著论继续批评时政。后南海县令景福投股该报，该报发行量大增，馆址又迁回城内朝天街。清光绪二十一年（1895）十月，孙中山成立兴中会，积极准备武装起义，在《中西日报》刊登《拟创立农学会书》，指出民族危机深重，号召人民发奋图强，使其成为孙中山领导广州起义的宣传舆论阵地。光绪二十六年（1900）十二月，该报因刊登义和团获胜、八国联军败绩新闻，帝国主义者迫使广东当局予以查禁。《中西日报》被查封后，又改称《越峤纪闻》出版，但发行受到限制，不久又告停刊。从《广报》《中西日报》到《越

① 《翻译新闻纸》第一册，翻译署名为"广东邝其照翻译、休宁张承颢参校"。

峤纪闻》的旋办旋停,都足以说明在近代中国尚缺乏制度性保证的条件下,具有独立自我意识的知识分子群体的形成有多么艰难。邝其照在广州前后办报十余年的成就和经历,使他成为近代中国报界的引人注目的人物,曾被誉为清末广东报业先驱、岭南报业界的巨子。①

第二节　完稿与刊刻时间

邝其照一生著译甚多,《申报》1885 年 10 月 26 日有上海河南路华彰广洋货号、新关隔壁别发洋书店全启称:"启者本号现有邝容阶先生《华英字书》数种出售。此书初由英国哈富载运回华,先生前奉檄出洋,久驻哈富城。其西学湛深,素为中外人士所钦仰,因在美州撰著群书,开示后学,乃先生自回华后,迭奉上宪札办洋务不暇从事于校著,兹仅有四书告成,人皆先睹为快。其寄售于本号者《英学初阶》每部银六角,《英语汇腋初集》每部银二元,《英语汇腋二集》每部银二元六角,《应酬宝笈》每部银二元五角,另有《英文成语字典》一卷,载有成语六千余句加以批注,复逐语作一长名,以便触类引伸,甚有裨于惯用。是书已于三年前印就,盛行于英美各国,现每卷沽价银六元。又制有学习英文默字部,以便初学默书之用,每卷银一角。又向有《五洲全图》出售,已裱者每轴银七角五分,未裱者每张银半员。欲采买以上各书卷图轴者,请到本号购取良便也。尚有《英语汇腋三集》一卷,《地球说略》一卷,《华英字典》一卷,此三书亦不日刷印工竣出售矣。"②除了《华英字书》数种、《英学初阶》、《英语汇腋初集》、《英语汇腋二集》、《应酬宝笈》和《英文成语字典》,据此广告,邝其照似乎还著有《英语汇腋三集》一卷、《地球说略》一卷,但笔者至今未见。

而未列入上述广告的、目前所见邝其照主要地学著译还有刊载于王锡祺所编《小方壶斋舆地丛钞》中的《五大洲舆地户口物产表》(载第一帙)和《台湾番社考》(载第九帙)两篇短文,后者是关于台湾原居民文化的一项重要的研究,或以为是邝其照至广东协助张之洞处理中法战争的危机及勘察边界事务过程中完成的报告。该文 1965 年还被台湾银行经济研究室编的

① 参见方汉奇主编:《中国新闻事业通史》第一卷,中国人民大学出版社 1992 年,第 327—328 页;袁钟仁:《岭南文化》,辽宁教育出版社 1998 年,第 252 页。
② 《新华英书已到·华英书籍寄售》,《申报》1885 年 10 月 26 日,第 6 页。

《台湾舆地丛钞》收录，可见其价值非同一般。

上述广告中所谓《五洲全图》即邝氏绘制的《地球五大洲全图》，这是邝氏特别值得一提的著述。《地球五大洲全图》跋语落款称该图完成于"光绪纪元乙亥三月"，可以确定该图正式完成于 1875 年 4 月。但是该图究竟是何时印制的呢？初版与再版的时间又如何确定呢？笔者在 1875 年 10 月《申报》上找到了上海华彰广洋货店和香港中环南兴隆洋货店寄售地图的广告，称：

> 启者本号有邝其照参军新刻《地球五大洲全图》寄卖。其图是援照西国原图绘译，而为之加详。凡水道之往来，则以横直椭圆之线志之；路程之远近，则以西俗所称之米路记之。复增五大洲各国丁口清册及西方地理表、五大洲地舆荟算、各国土产纪要于上，五大洲水程远近地理表并略记轮路道里表于下，而地之广狭，路之遐迩，国之大小，人之多寡，各土所有之物产，一一记之无遗。直可举五大洲而了如指掌矣！此图用金榜纸刷，即填以五色，每张估价洋一员五角，特此布闻。十月初一日，上海二马路口华彰广洋货店、香港中环南兴隆洋货店同启。①

不难判定，邝其照率领第四批三十名留美幼童赴美前可能已经看到该初版的印本了。从《申报》连续不断地刊载广告来看，该图可以说是畅销不衰，直到 1883 年 8 月，《申报》仍有《地球五大洲全图寄售》的广告，称："启者本店有邝容阶先生新刻《地球五大洲全图》出售。是图仿照泰西各国图志，参考周详。凡水道之往来，路程之远近，各国之广狭，户口之多寡，特产之丰歉，悉载无遗。印以宣纸，润以五色，披览此图，了如指掌，考据家无不争购。兹复加裱衬，有上下裱轴可卷置者；有四围布耳便折藏者；有全未经裱随人自便者，均可施之壁上，作卧游观。现在本号寄售价甚便宜，特此布达。上洋二马路口华彰店启。"②可见此时已经印制有该图可卷置的上下裱轴装，也有可折叠的四周布面装，当然也有未经装裱的便于携带的纸质本。最晚见到《申报》刊载该图的销售广告已是 1905 年了，写道："《地球五大洲

---

① 《全球五大洲全图寄售》，《申报》1875 年 10 月 29 日，第 6 页。
② 《地球五大洲全图寄售》，《申报》1883 年 8 月 10 日，第 4 页。

全图》每幅洋八角,当今日俄激战,海防森严,有志时务者,尤宜开轴以广见闻也。"①地图与其他文献一样,属于作者和读者共同完成的作品,在新的阅读环境下为读者进一步解读,"日俄激战""海防森严"则成为新时代广告商向不同读者推销的角度。已知该图除 1875 年有初版刻本外,另外 1907 年上海广智书局还有重印本。这一地图中的题跋、注记文字、图表与数码符号等各种因素所组成的意义之网,实在值得深一步分析。

目前所见的《地球五大洲全图》,彩色本,《舆图要录》所著录,80.5 cm×97 cm。② 哈佛大学图书馆藏本底部有收藏章,注明"Harvard College Library/APR 7 1898/CAMBRIDGE, MASS"。可见该图是位于美国马萨诸塞州剑桥的哈佛大学图书馆在 1898 年 4 月 7 日入藏的。北京国家图书馆善本部的藏本是否为广智书局本,不详;但可以确认哈佛大学所藏应为 1875 年的初版本,可能就是《申报》广告所述的可折叠的四周布面装。

第三节　注记文字、作者题跋、图表与数码符号

《地球五大洲全图》大致分为上中下三个部分,图中是一幅以太平洋和南北美洲为中心的全球图,全图采用的是 16 世纪荷兰地理学家、地图学家墨卡托的圆柱形地图投影法(cylindrical projection),在以此投影法绘制的地图上,经纬线于任何位置皆垂直相交,使世界地图可以绘制在一个长方形的平面上。由于可显示任两点间的正确方位,航海用途的海图、航路图大都以此方式绘制。后来他还巧妙地调整了经纬度圈,形成正形投影(conformal projection),使所有角度成垂直。该投影中线型比例尺在图中任意一点周围都保持不变,从而可以保持大陆轮廓投影后的角度和形状不变;但墨卡托投影会使面积产生变形,高纬度地区南北向的纬线会放大许多,极点的比例甚至达到了无穷大,而使面积失真。③《地球五大洲全图》采用的圆柱形地图投影法所形成的主图简要地绘出了世界五大洲的轮廓,以及主要山脉和河

---

① 《邝其照华英书籍地图发售》,《申报》1905 年 1 月 24 日,第 7 页。
② 2007 年王菡老师帮助查询后告知北京国家图书馆所藏图板为高 45 厘米,长 95 厘米,与该馆舆图部编纂的信息,略有差异。2017 年 10 月又承该馆舆图部白鸿叶老师帮助复核,王菡老师所说的高 45 厘米实际上是中间地图部分的高,整个图版通高为 80 厘米。白老师还指出了拙稿中若干文字错处,特此鸣谢!
③ [英]赛门·加菲尔(Simon Garfield)著,郑郁欣译:《地图的历史:从石刻地图到 Google Maps,重新看待世界的方式》,台北马可孛罗文化 2014 年,第 127—132 页。

流走向。零度经线过伦敦，即以伦敦为中心。图左起依次为亚细亚洲、澳洲、南北美洲、非洲与欧洲，全图手工上色，采用红、黄、青、绿、褐五个颜色，其中中国、美国、非洲、朝鲜等均用土黄色表示，日本、墨西哥等用灰色，英国与英属澳大利亚、纽西兰、印度、加拿大等均用红色，土耳其用蓝色，阿拉伯用褐色，其他用青、绿等色区别区域。中国本土列出了吉林、黑龙江、蒙古、盛京、直隶、山西、陕西、甘肃、青海、四川、湖北、贵州、广西、广东、云南、前藏、后藏、江西、福建、浙江、安徽、河南、山东，以及台湾等重要的省份外，注明重要的地名有北京、天津、烟台、宁波、福州、厦门、汕头、香港、海南岛等，其他注明的还有瀚海、天山、大戈壁、昆仑山，还注明了土谢图汗海，即清康熙三十年（1691）所置的土谢图汗部，其管辖的范围东界车臣汗部，南界绥远及察哈尔，西界三音诺颜部，西北界唐努乌梁海，北界据俄领西伯利亚。图中的中国是一片巨大的桑叶。图下中心部分是东西两半球图，左为西半球图，上绘北阿美利加和南阿美利加；右为东半球图，上绘亚细亚洲、欧罗巴洲、阿非利加洲和奥大利亚洲。采用的也是墨卡托的球状投影法，球状投影法的西半球中北美洲用绿色，其他均用灰色；东半球中亚洲用土黄色，非洲用绿色，其他均用灰色。

　　图之中心部位有图说，这是继承了利玛窦以来汉文世界地图绘制的一种传统。邝其照的跋语写道："按是图援照西国原图，而为之加详，凡水道之往来，则以横直椭圆之线志之。路程之远近，则以西俗所称之米路记之（每一米伸中国三里三分）。其为洲国邦岛诸名目者，则缀其字于下，而商埠则无之，复增五大洲各国丁口清册及丁方道里表，五大洲舆地荟算，各国土产纪要于上。五大洲水程远近道里表，并略记轮路道里表于下，以备参考。至水路中由此径达彼处，与由此绕至彼处，途中所经辄复停顿者，远近差别，深恐不能晓畅，因仿横推直看，图以记之，而地之广狭，路之迢迩，国之大小，人之多寡，物产之丰歉，名目之区别，乃可举五大洲而了如指掌，非敢自诩广见，亦昔人聚米为山之余意云尔。光绪纪元乙亥三月，粤东新宁邝其照容阶氏考订附跋，新会卢廷桄俎香氏注字。"邝其照强调该图"援照西国原图，而为之加详"，但没有说明所据"西国原图"的蓝本，笔者认为邝氏依据的不只一种西文地图，作为关注汉文世界地图的学者，邝氏可能见到过利玛窦和南怀仁绘制的世界地图，从大致形式上看，似乎是上述正形投影法（conformal projection）和球状投影法（globular projection）两种绘制方法的合用。

　　一些重要的与地图有关的历史也在图中加以说明，如"智利国"边称：

"查南北阿美利加州于泰西一千四百九十二年，葡萄牙人歌林麻士寻出，嗣后英国及西班牙国朝廷亦仿葡萄牙国，派船前往该处寻觅新地。"①在巴拿马运河处注明："巴拿马地颈最窄处阔有三十米，俱是坚石，与水氏地颈不同，其地颈阔八十七米，俱是沙，前五年已掘成新河。"在靠近白令海峡的太平洋附近写道："此海出鲸鱼，其长有二三十丈，其重有数万担，剖之得油有数千担。每岁有数十号夹板船在此捕鱼。"很多国家都没有注出多少地名，如俄罗斯仅仅注了一些河流，如耶拿河、连拿河、阿邻士哥河等，但却在阿儿旦河边上写道："近处所出玄狐、紫貂、海虎、乌刀、各式细皮。"在"巴他峩拿国"中未注地名，却写有一句："此国人类如生番。"图下东西两半球之间也有一段关于地圆的解说："地形如圆球，球之两端是谓南北极，每二十四点钟时转一次。地上水多于地，如将地分作一千□□□，得一千分中之二百六十六分，水得一千分中之七百三十四分。"②而图中南大西洋有一段关于五大洲文字的解说："天下地球分为五大洲，余皆小岛。亚细亚：中华、东俄罗斯、英属印度、波斯国、暹罗国、朝鲜国、缅甸国、安南国、阿剌伯国、东土耳其国、日本国、都而基士登国、贝鲁祭士登国。欧罗巴：西俄罗斯国、英国、法国、丹马国、意国、西班牙国、葡萄牙国、荷国、比利时国、瑞国、奥国、瑞典挪华国、德意志国、西土耳其国、希腊国。南北阿美利加：美国、墨西哥国，英属地南分十余邦。阿非利加：黑国数邦，阿拉伯人国数邦、英属地、法属地。澳大利亚：各埠皆英属地，其他小岛不计其数。"

《地球五大洲全图》的突出特点还在于这是一幅比较典型的航海指南图。15世纪以来的大航海时代将世界史的舞台，从欧亚大陆的陆地空间，拓展到占地七成面积的海洋空间，由三大洋串联起来的五大洲的海上物流时代宣告诞生。该图记录了全球上百条轮船的国际航线，反映了与陆地空间全然不同的海洋世界。由美洲到欧洲的大西洋海上航线最为密集，从英

---

① "一千四百九十二年，葡萄牙人歌林麻士"中的"歌林麻士"应该是指克里斯托弗·哥伦布（西班牙语：Cristóbal Colón；意大利语：Cristoforo Colombo，1451—1506），意大利航海家，邝氏系误记。

② 哈佛大学所藏该地图中一些缺损的字或内容，或可以通过刊载于王锡祺所编《小方壶斋舆地丛钞》中的《五大洲舆地户口物产表》（载第一帙）一文的内容补全："地形如圆球，球之两端是谓南北极，每二十四点钟时转一次，地上水多于地，如将地分作一千分，则地仅得一千分中之二百六十六分，水得一千分中之七百三十四分。地球三百六十度，每度计六十九米余，赤道至北极九十度约六钱二百五十米，赤道至南极九十度，约六千二百五十米，东西周围三百六十度，计共二十五万米（每米伸中国三里三分）。"此段后半段可见之《地球五大洲全图》图下的左下角，哈佛大学藏本正好缺损。

国苏葛兰（今译苏格兰）发出的有 4 条航线；从布林茂士（今译普利茅斯）发出的有 6 条航线；从立弗普（今译利物浦）发出的有 13 条航线；自葡萄牙立萨本（今译里斯本）发出的有 5 条航线；从巴西里约热内卢发出的有 9 条航线；由美国旧金山发出的有 8 条航线；由纽约发出的有 12 条航线；由日本横滨发出的有 7 条航线；由澳大利亚新金山发出的有 9 条航线；由澳大利亚雪梨（今译悉尼）发出的有 6 条航线；自香港发出的有 5 条航线。很多航线还标注上距离，如"由横滨至旧金山大埠四千六百米""由檀香山至旧金山大埠二千零八十米"等。该图的计算方式与今天差距很大，如前者现代航空计算大约有八千公里；后者以夏威夷群岛的主岛（首府火山鲁鲁所在地）瓦胡岛为准（即珍珠港所在地），东距美国本土旧金山三千八百九十公里。在图中印度洋的空白处还绘制了"附搭轮船往来各国埠行期约计"，注明由上海至法国四十四日、上海至英京五十日、上海至旧金山三十日、上海至横滨七日、上海往香港四日、上海至天津四日、香港至西贡四日半、西贡至星加坡三日等。19 世纪 60 年代以后，航海工具从帆船快速进展到了蒸汽船，并在航线的主要航点，如横滨等设置煤炭储存场，供应蒸汽船所需要的煤炭。上百条轮船国际航线，以及标出以上海为中心抵达法国、伦敦、旧金山、横滨、香港等地，显示出上海已经嵌入全球贸易的航线之中。海洋广大的空间里看不到陆地空间上的道路，各地区正是依靠这些标注有海洋航线的"航海图"得以记录彼此相连的"航线"。

值得特别讨论的是，该图中有几种不同的表述数字的符号，如图中"北京至各省城并南京盛京路程（计中国里数）"：有北京至直隶省城（保定府）川三百里、山东省城（济南府）夊三夊百里、河南省城（开封府）｜○二δ千里、山西省城（太原府）｜二｜δ千里、南京（江宁府）川二川二千里、安徽省城（安庆府）川δ三川千里、江苏省城（苏州府）川○δδ千里等十九个省城，以及盛京（兵部衙门处）｜乂二二千里的路程。图下附表：东英公司轮船来往水程、自旧金山至美京来往轮路、美公司轮船来往水程等，以及五大洲水运路程道里表、轮船路程道里表等，也是采用这一计数符号：东英公司轮船从上海至香港三｜δ百米、至星加坡川二δ川千米，至直布罗陀夊川二乂千米；上海至新金山三二川三千米，至雪梨夊二三川千米。而纽约至英国立弗普埠三千零四米、至英国伦敦三千一百六十米。这里的米相当于中国三里三分，但计算距离似乎也不准确。上述这种奇怪的记数符号 0 ○、1 ｜、2 川、3 川、4 乂、5 δ、6 二、7 二、8 三、9 夊，是流传在中国民间的一种"商业数字"。它脱胎于中国文化历史上的算筹，也是唯一还在被使用的算筹系统,被称为苏州码子,因产生于中国的苏州,故名;也叫草码、花码、番仔码、商码。在表示多位数时的排序规则为"一纵十横、百立千僵、千十相望、万百相当",即个位、百位、万位上有 1、2、3 时采取纵立式写法表示。但十位、千位、万位上有丨、川、川,还是可以写成横卧式的写法,即一、二、三来表示。明清时期商业上多使用这种数码,也可以叫作数字。苏州码子多用于经商场合,这种数字有时还可以在香港的街市档口或者小巴价钱牌上见到,在马来西亚最常见的这些数字是用在帛金的记录簿上,一些中药店、华人杂货店仍旧会使用。注意苏州码子中有○,是中国的独自发明。① 苏州码子可以说是下层文化的代表,虽然这种数字用途广泛,但在传统中国社会,被认为是难登大雅之堂的"小道",其传授不被官方所重视,因此,传统古籍中很少有关于苏州码子的记载。

　　邝其照《地球五大洲全图》原图的蓝本究竟是哪些呢? 这是很值得研究的问题。18 世纪下半叶起,欧洲特别是英国的地图绘制非常活跃,殖民地的拓展和新土地不断成为探险勘察的中心,大大刺激了英国测绘业的发达。1826 年英国成立了实用知识传播协会(The Society for the Diffusion of Useful Knowledge),其宗旨是为不甚富裕的读者提供具有教育意义的廉价图书,协会成立不久即认同在学习中需要价廉而又精确的地图,而当时出售的地图通常不易购得而且昂贵,于是 1829 至 1843 年协会出版了一系列便于携带的廉价地图和地图集。协会于 1846 年 3 月结束,但之前于 1844 年推出的《实用知识传播协会地图集》还是颇受读者欢迎的。稍后,伦敦皇家地理学会研究员布莱基(Dr. Walter Graham Blackie)也以"实用并被广大读者所接受"的宗旨编纂了《当代地理皇家地图集》(*The Imperial Atlas of Modern Geography*),上述两种地图集都采用了属于现代性的绘制方法,收入的世界地图的颜色涂抹方式,②与邝氏地图非常类似,而四周的附表和注记方式,即那种大量列举数字并整体列表的形式,很可能受到过 19 世纪上半叶比较流行的 Clark's Chart of the World 的启发。③ 按照一般地图学家多会将自己国家和民族所在洲作为地图中心的做法,《地球五大洲全图》所依据的蓝本

---

① 张建昌:《苏州码子的实证运用与价值分析》,《江苏商论》2006 年第 8 期。

② [英]菲利浦·艾伦(Phillip Allen)编著,薛诗绮、张介眉译:《古地图集精选——透视地图艺术与世界观的发展》,台北猫头鹰出版 2001 年,第 143—153 页。

③ Peter Whitfield: "Clark's Chart of the World, 1822," *The Image Of The World: 20 Centuries of World Maps*, The British Library, 1994, pp. 116 - 117.

更有可能是参考了 19 世纪美国地图学家绘制的世界地图。不过邝氏地图不是对原图结构的简单模仿，而是解构了原图的形式，在中国特定的文化、历史和政治语境中，从世界地图、航海图、资源信息的利用等方面，重新建构了其空间和时间，创造了一种新的地图文本，提供了全新的意义。

第四节　《地球五大洲全图》与邝其照其他著译的互文关系

在 19 世纪下半期相当一段时期里，邝其照编译的英文和汉文著述是国人汲取新知识的重要渠道。《申报》1893 年 6 月 15 日第 5 版刊载了香港中环文裕堂、上海抛球场华彰号、大英别发洋行、新加坡南兴隆号和美国旧金山大埠永丰号联合推出的《邝蓉阶华英书籍地图》的出版广告，对邝氏著译有这样的介绍：

> 启者本号现有粤东邝蓉阶司马其照各种华英书籍地图发售。《华英字典集成》每部银伍元伍角；《英文成语字典》每部银伍元，《应酬宝笺》每部银二元；《英语汇腋初集》每部银一元五角；《英语汇腋二集》每部银二元；《英学初阶》每部银六角铜板；《地球五大洲全图》每幅裱起银八角，此各书统华英之文字，译中外之要谈，书中发明妙蕴，举笔难宣，书中指示捷途，如师对语，诚为度世金针、寻津宝筏也。业于镌板刷印出售，盛行华英各国，中西人士莫不争先快覩，称为有用之书，亦皆领英美各国牌照，无论中外，为翻刻必加禀究。此布。

没有学者注意过上述邝其照这些著译之间的互文关系。在邝其照任职"幼童出洋肄业局"、旧金山领事馆等期间，对 1868 年由香港梳沙洋行（De Souza & Co.）刊行的《字典集成》(*An English and Chinese Lexicon: compiled in part from those of Morrison, Medhurst and Williams*)继续进行修正，在原书基础上又增加了四千字，增添了数百条成语和若干商业信函的写作范本，推出了《字典集成》(*An English and Chinese Dictionary*)增订版，由中华印务总局(Chinese Printing and Publishing Co.)出版于 1875 年。[①] 邝其照 1875 年修

---

① 邝其照：《华英字典集成》(*An English and Chinese Dictionary*)自序，香港新广兴 1923 年。

订版（即第二版）《字典集成》较之初版，在附录部分有很大的增补，初版的"杂字"在二版中改为"杂字撮要"，之后还有"语言文字合璧"，包括"数目撮要""件数撮要""号数撮要""要字撮要""英语撮要"，最后为"辨中外信札格式凡例""辨中外信面格式凡例""买办月结进支数列单式""帖式凡例""英语深文浅释""减笔正字合释""英文活字凡例""中外年表""货物税则"等。其中由王乃棠所题签的乙亥（1875 年）五月的"水程轮路纪略"一篇，包括有"北京至各省城并南京盛京路程计中国里数""附搭轮船往来各国埠行期约计""自旧金山至美京来往轮路"及"英公司轮船来往水程"等①，与《地球五大洲全图》中的内容几乎完全一致。

　　除了邝其照本人将《地球五大洲全图》中的资料处理到自己的《华英字典集成》中而形成互文关系，目前所知还有光绪三年（1877）王锡祺所编《小方壶斋舆地丛钞》第一帙中的《五大洲舆地户口物产表》短文，收录了该图中的若干数据，如开篇为："地形如圆球，球两端是谓南北极，每二十四点钟时转一次，地上水多于地，如将地分作一千分，则地仅得一千分中之二百六十六分，水得一千分中之七百三十四分。地球三百六十度，每度计六十九米余，赤道至北极九十度约六钱二百五十米，赤道至南极九十度，约六千二百五十米，东西周围三百六十度，计共二十五万米（每米伸中国三里三分）。"其中记载最多的是五大洲各国有关交通里程的大量数据，如以上海为中心的"中外水陆各路往来米数"，"自旧金山至美京来往轮路"，"法公司轮船来往水程"和"英公司轮船来往水程"以及"北京到各省路程"的按照"中国里数"统计的里程等。

　　《小方壶斋舆地丛钞》第一帙中《五大洲舆地户口物产表》一文中各国的户口数、重要国家的物产等，与《地球五大洲全图》上半部分表格的内容完全相同。如"土产"一节记有："中国（丝、茶、瓷器）；英国（绒、钢铁、竹、布、煤、机器；一千八百七十二年，是年以上各物出口值银子一百八十四兆二十五万三千九百七十二镑）；俄国（谷、麦、粗细麻、木料、牛油、羊毛、竹布、缆、各式皮货）；法国（羊毛、棉花、麻、牛皮、新衣、首饰、古玩、钟表）；德国（铜、铅、铁、钢、煤）；美国（棉花、面粉）；奥斯马加国②（谷、面粉、机器）；丹国

---

① ［日］内田庆市、沈国威合编：《邝其照〈字典集成〉：影印与解题初版·第二版》，第 321—324 页。

② "奥斯马加"，即匈牙利语 Osztrák-Magyar 的音译，今译奥匈帝国。

（谷、麦、薏米、面粉、牛、羊、牛奶油）；荷兰国（白糖、牛、羊、牛奶油）；葡萄牙国（酒、牛、羊、鑮枳、榄油）；意大利国（珊瑚、榄油）；西班牙国（铅）；瑞典国（铁条、木料、麦）；挪华国（木料、羊毛）；瑞士国（表，每年出表五十万个，表匠计三万六千名）；秘鲁国（金鸡纳）；古巴岛（糖、烟）；小吕宋岛（麻、烟）；安南西贡埠（米，近今每年出口约五百万担）；安南东京（肉桂）；印度西郎岛（珍珠、椰子）；印度国（洋药，近今每年出口有四万余箱）；亚齐小邦①（胡椒、沙藤）；缅甸（翡翠、玉石）；美属旧金山（金银、面粉）；抓伐岛（燕窝）；英属新金山（金）；英属纽思兰岛（金）、美属钵伦金山（金）；英属维多利金山（金）；英属雪梨金山（金、煤）；星加坡新埠（椰子、豆蔻）；日本国（丝、茶、鲍鱼）；苏门答腊岛（冰片、丁香、肉蔻、桂皮、血竭②、沙藤）；文莱岛（点铜、海参、燕窝、胡椒、檀香、苏木）。"③该图的《五大洲各国土产纪要》可以视为海洋时代由资本主义贸易连结起来的空间系统。表中有一些世人公知的传统产品，如中国的丝、茶、瓷器，也有新的嗜好食品文化，如古巴的糖、小吕宋岛（菲律宾）的烟，英属新金山（澳大利亚墨尔本）、英属维多利金山（澳大利亚维多利亚）、英属雪梨金山（澳大利亚悉尼）出产的金子。有些数字被特别注明，如英国的绒、钢铁、竹、布、煤、机器等产品，1872年的出口值银达到了一亿八千四百二十五万三千九百七十二镑；瑞士有三万六千名表匠，生产出的表，每年达五十万个；安南西贡港口运往他埠的米，每年出口约五百万担；印度出口的洋药，每年有四万余箱。之后该图这一部分内容经改编，还被辑入邵之棠辑《皇朝经世文统编》十二。《皇朝经世文统编》一百零七卷，分文教、舆地、内政、外交、理财、经武、考工、格物、通论、杂著十门，共二千六百六十四篇，光绪二十七年（1901）刊，说明邝氏的文章在20世纪初还被认为对于了解世界其他国家的概况，仍具资料价值。

晚清地图文本的一个重要特点，即无论这些注记文字以什么样的形态

① 亚齐（Atjeh；Acheh；Achin），古国名，又称哑齐，由亚齐人所建，故名。今印度尼西亚苏门答腊西北部。16世纪初叶至20世纪初叶统治苏门答腊北部及马来半岛一些地区的伊斯兰教王国，是马来群岛一带的贸易中心。首都哥打拉查（今班达亚齐）。17世纪初期达于鼎盛，势力所及包括苏门答腊西海岸全部，并征服马来半岛的许多地方。葡萄牙、荷兰入侵时期，亚齐人激烈反抗殖民侵略，由于英荷矛盾得以保持独立。1873年，亚齐为荷兰所灭。

② 血竭，为棕榈科植物麒麟竭果实渗出的树脂经加工制成，分布于印度尼西亚爪哇、苏门答腊、婆罗洲等处，具有活血定痛，化瘀止血，生肌敛疮的功效，用于跌打损伤，心腹瘀痛，外伤出血，疮疡不敛。

③ 王锡祺编：《小方壶斋舆地丛钞》第一帙，上海著易堂本，杭州古籍书店1985年影印本，第36页。

出现,其存在的根本意义都是呈现主图内容。这些地图中的注记文字与地图编码形成一个独特、完整和自足的文本,同时兼具内在性和外延性。内在性是指其作为副文本在包围和延长地图文本的过程中,实际上自身也成为地图文本的一个重要构成,承担着展示主图意义构建的义务和责任;而外延性是指地图中的若干注记文字的内容,似乎也可以在流传过程中独立地"呈示"出来,以不同的缀段和连接组成新的文献形式来再现相似和相关的符号系统,其目的是将地图文本的内容最大限度地传达给公众,让公众通过副文本的内容更好地去"消费"地图的注记文字。《地球五大洲全图》与邝其照其他著译的互文关系,正是呈现出地图注记文字与其外延性文献的这种关联。互文意谓着在地图文本的系谱中,隐藏着一个复杂而丰富的文化文本的传统,地图文本与其他文化文本的互文指涉,在这种互文连缀的系谱中,获得了一种价值的再生及其自身的新意义。

第五节　本　章　小　结

晚清是近代中国伴随着旧知识体系崩溃和新知识秩序建立的一个重要的文化转型时代,邝其照之所以能成为在西学东渐史上扮演多重角色的历史人物,是因为他有着与同时代很多学者不同的域外游学经历和独特的知识结构。邝其照少年时代生活在广东和香港的特殊环境,青年时代环游太平洋主要地区,在广东、香港、上海、美国和澳大利亚的生活经历,使邝其照渐渐形成了文化边缘人的特点。19 世纪 70 年代,他先是任职于清政府"幼童出洋肄业局",后又成为官派首批留美学生第三和第四批派遣活动的主要参与者,充当过留美学生的领队。参与幼童留美派遣活动的过程,使他的眼界变得更为开阔,更具公正的社会认识和理性的文化判断,这些为其后来活跃在新式媒体中,积极摆脱传统的束缚,独立地寻找自我价值的实现,做了重要的准备。

1875 年是邝氏一生中一个重要的年份,这一年诞生了两部重要的著译,一是本文讨论的《地球五大洲全图》,另一是增订本的《华英字典集成》。他在上海从事英语教育期间和后来率领留学生赴美,以及在任"幼童出洋肄业局"英文翻译的过程中,进一步认识到中西之间的很多隔膜是因为双方在交往过程中缺乏基本的常识。他通过绘制《地球五大洲全图》和编写综合性百科知识式的语文类英汉辞书,提供了中外交往的基本地理知识,强调了中外交往过程中具备交际常识的重要性。世界地理知识是认识域外世界的第一把钥匙，而英汉辞书又是提供中外交流基本知识的一部重要的工具书。他在辞书编纂中不仅介绍了英语知识，还传承着中国杂字书的传统。

在世界地图的编绘过程中，邝其照采取了综合性百科知识式的表述方式，他不仅重视传统地图的陆上空间，简要地绘出世界五大洲轮廓及主要山脉、河流走向，还介绍有关地球如圆球这样一些常识，提供全球贸易时代有关五大洲各国人口、面积的数据，介绍各国的出产；同时也注意描述19世纪以全球网络为根基的海上空间，特别绘制出上百条世界轮船的航线，重点介绍英公司、法公司轮船来往路程表、轮船往来各埠行期约计表、北京至各省城并南京盛京路程表等，使该图也具有世界航海图的性质，反映了由海洋串联起来的浩瀚空间已经成为创造财富的源头。

编绘汉文世界地图的传统创制于明末清初西方传教士，但与利玛窦《坤舆万国全图》、南怀仁《坤舆全图》和蒋友仁的《坤舆全图》等西方传教士所编绘的汉文世界地图相比，邝氏《地球五大洲全图》无论是地理位置，还是图表与注记文字，在准确性方面都上了一个台阶，提供了许多国家面积和人口的更为准确的数字，这些进步当然首先得益于西方地图研究的新进展。在世界地图的形式表述上，邝氏《地球五大洲全图》与《万国大地全图》《大地全球一览之图》类似，①虽以西图为蓝本，但也努力追求符合国人需要的本土化特色。晚清是不同社会阶层流动非常频繁的时期，属于大传统的精英文化和属于小传统的通俗文化之间的界限不断游移。与邝其照在《字典集成》初版中附录劝世文和农人议论相似，《地球五大洲全图》的知识资源一方面有来自明末以来利玛窦等传教士的汉文世界地图，另一个来源是传统中国的"图""经"源流。在绘制世界地图中，邝氏在绘图中运用属于传统底层的苏州码子，作为计算数字的符号，旨在努力贯通大传统和小传统，呈现出汉文世界地图的新建构。

明初和清初曾绘制过影响深远的属于那一个时代的汉文世界地图《大明混一图》和《皇舆全览图》等，清末王权衰微也反映在汉文世界地图的绘制上，作为王权象征的地图绘制不再由国家来垄断，于是邝其照与《万国大地全图》和《大地全球一览之图》的绘制者叶圭绶、六严一起，作为晚清成长

---

① 邹振环：《晚清世界地图的新建构——从〈万国大地全图〉到〈大地全球一览之图〉》，台湾故宫博物院《故宫学术季刊》第31卷第1期（2013年秋季），第117—148页。

起来的第一代文化边缘人，成了 19 世纪中后期汉文世界地图创制新构之最重要的推动者。受过英语教育和西学训练的邝其照，通过世界地图的编绘和英汉辞书的编纂，为国人提供了新的知识工具和新的知识资源，努力通过汉文世界地图和英汉辞书的编纂来寻找中西文化的融通点，《地球五大洲全图》亦成为 19 世纪汉文世界地图绘制史上的重要一环。

第十章　新洲探源：晚清中国知识界的 "地理大发现"与澳洲想象

有学者指出，"世界史上有两次海路地理大发现。第一次是 1492 年哥伦布发现美洲，第二次是 1606 年詹思（Willem Jansz）发现澳洲。"①如果说明末清初的中国学者是通过西方传教士利玛窦的世界地图、艾儒略的《职方外纪》和南怀仁的《坤舆图说》等来了解第一次地理大发现的成果，那么，晚清国人对澳大利亚的认识则是部分通过实地考察记录所获取的信息，以及部分来自对海外人士的咨询，更多的信息还是来自 19 世纪初以来外人撰写的有关澳大利亚的著述，通过国人的摸索、研讨获取的信息，从而完成了对第二次世界地理大发现的了解。

澳大利亚，亦称"澳洲"，是世界上与其他大陆距离最遥远的大陆。在相当长的时期里，这个四周被广阔海洋环绕的世界上最小的大陆，一直没有能够进入地理学家的视野。澳大利亚（Australia）来源于拉丁文"Australis"一词，意思是"南方"。早在中世纪，欧洲人就曾在地图上绘制过一个他们想象中的南方大陆（Terra Australis），15、16 世纪随着大航海时代的到来，欧洲人不仅知晓了欧亚大陆，也认识到在广袤的南半球海域，在非洲和南美洲之间，不会全然是大海，很可能还存在一个类似亚洲的大陆。欧洲人虽然从马来人那里耳闻一些关于南方大陆的传闻，但由于那里并无出产，因此尚无探险家登上所谓"南方大陆"。欧洲地理学家对这个大陆的想象和猜测，也反映在 16、17 世纪来华的耶稣会士的地理学汉文西书中。16 世纪上半叶，欧洲人发现了新几内亚岛（New Guinea，利玛窦译为"新入匿"），证明了想象中

---

① 李龙华：《澳大利亚史：古大陆·新国度》，三民书局 2003 年，第 5 页。

南部大陆澳大利亚（拉丁语 Terra australis incognita）的存在。① 从 1606 年荷兰人威廉·詹思（Wiillem Jansz，一译 Wiillem Janszoon，1570—1630）从爪哇东航抵约克角（Cape York）半岛起，到 1688 年英国人丹皮尔（William Dampier）第一个登陆澳洲西北部，1699 年他再次到达澳洲，1770 年英国人库克（James Cook，1728—1779）登陆植物湾（Botany Bay），把东澳洲命名为"新南韦尔斯"（New South Wales）并宣布为英国所有，差不多前后经历了近两个世纪的探索，欧洲人才揭开了澳洲神秘的面纱，证实了这个新大陆的存在。②

关于中国人对澳大利亚的早期认识，目前所知最早讨论者有 1954 年菲茨杰拉德发表的题为《是中国人发现了澳洲吗?》的文章，认为澳大利亚达尔文港发现的一尊玉雕神像（或称石寿星）是 14 世纪的产品，是航抵澳洲北部（今达尔文港）的一艘中国船上的东西，这艘船很有可能属于郑和在 15 世纪初所统率的那支庞大的船队。由此认为"中国的势力曾掠过澳洲北部海岸，抵达彼地旋即又离去，只留下一道引人注目又唯一的一次接触的踪迹"③。李约瑟的《中国科学技术史》第四卷中有"中国和澳洲"一节，也提及 1879 年出土于澳大利亚达尔文港的一株至少二百年树龄的树根中有一道教老人像，但又认为中国制图学至今未能提供有关中国与澳洲的早期交往的任何资料。④ 1971 年方豪发表了《十六七世纪中国人对澳大利亚地区的认识》一文，主要讨论了利玛窦、艾儒略等明末清初传教士关于"墨瓦蜡泥加"的记述，强调了艾儒略《职方外纪》中"墨瓦蜡泥加总说"中第一次介绍了"阁龙"（哥伦布），阳玛诺、龙华民制作的地球仪上的墨瓦蜡泥加，以及南怀仁《坤

---

① ［苏联］约·彼·马吉多维奇著，屈瑞等译：《世界探险史》，海南出版社、三环出版社 2006 年，第 344 页。

② 李龙华：《澳大利亚史：古大陆·新国度》，三民书局 2003 年，第 6—16 页；欧洲流传有葡萄牙人最早发现澳大利亚一说，澳大利亚国家图书馆藏有 1547 年成书于法国迪耶普的《尼古拉斯·瓦拉尔地图集》中有一幅"大爪哇岛"的东海岸，是葡萄牙人绘制的澳大利亚东海岸地图。1856 年英国出版商将其冠名为"首张澳大利亚地图"，但很多史家并不认可。参见米逗油：《首张澳大利亚地图》，《地图》2013 年第 2 期。

③ ［澳］C. P. 菲茨杰拉德著，廖大珂译：《是中国人发现了澳洲吗?》，中外关系史学会编：《中外关系史译丛》第三辑，上海译文出版社 1986 年，第 91—103 页。

④ ［英］李约瑟著，汪受琪等译：《中国科学技术史》第四卷"物理学及相关技术"第三分册"土木工程与航海技术"，科学出版社、上海古籍出版社 2008 年，第 588—590 页。

舆全图》和《坤舆图说》中所介绍的墨瓦蜡泥加等,讨论范围限定在明末清初。① 余定邦《近代中国人对澳洲的认识与中澳早期交往》(《中山大学学报》1991 年第 1 期)一文再次讨论了利玛窦、艾儒略等明末清初传教士关于"墨瓦蜡泥加"的记述,提供了晚清中国人认识澳洲的资料线索,但很多分析未详细展开。廖大珂《略论中国人对澳洲的早期认识》(《厦门大学学报(哲社版)》1999 年第 2 期)一文根据中国史籍记载,称早在唐宋时期,中国人就对澳洲有所认识。最初中国人对澳洲的知识是通过与马来人、阿拉伯人的接触得来的,其中难免掺杂了道听途说的成分。随着海外交通的发展,中国人对澳洲的认识也从模糊到逐渐清晰。宋元时期,中国帆船远航澳洲海岸,与澳洲发生了直接的接触,对当地风土人情有了较为翔实的记载。但文中所述《诸蕃志》中的"女人国"和汪大渊《岛夷志略》中的"麻那里"等系"澳洲"之说,未免牵强附会。② 目前所知较为系统的讨论中澳关系史的论著有澳大利亚学者安德鲁斯的《澳中关系史》(高亮等译,厦门大学出版社 1992 年)、侯敏跃的《中澳关系史》(外语教学与研究出版社 1999 年),以及刘文龙、赵长华与黄洋的《中国与拉丁美洲大洋洲文化交流志》(上海人民出版社 1998 年)等,但这些论著对晚清中国人对澳大利亚的认识,均语焉不详。

　　道光二十四至二十六年(1844—1846 年)间,姚莹完成的《康輶纪行》一书引用魏源《海国图志》,称:"以西人所言,墨瓦腊泥加洲为东胜神洲,阻于南冰洋,西士但知有其地,未遇其人也。"③魏源和姚莹都是那一个时代最有学问的历史地理学家,由此可知,19 世纪 40 年代中国人对澳大利亚的认识,仍停留在 16 至 18 世纪的知识水平。中国人关于澳大利亚比较确切的认识,主要是从晚清开始的。本章拟在回应前人研究的基础上,尝试梳理晚清中国人对于澳大利亚的认识和想象的线索,尝试比较全面地阐述晚清国人

---

① 方豪:《十六七世纪中国人对澳大利亚地区的认识》一文,收录方豪等著:《中国史学》,台北汉苑出版社 1981 年,第 25—59 页。

② 近期有李兆良著《〈坤舆万国全图〉解密:明代测绘世界》称《坤舆万国全图》的作者不是利玛窦,而是郑和时代的人,其中称中国人早于欧洲人首先发现了澳洲,将之称作"鹦哥地",并认为西方地图中拉丁文"Australis"一词,原意是译自中国命名的"南方之地",与"鹦哥地"是同一块大陆。当时欧洲世界地图上的"鹦哥地""南方之地",都是抄自中国的地图文献。(台北联经出版事业股份有限公司 2012 年,第 209 页)李文的观点受到毛佩琦、廖克、高俊等专家的赞许和推介,龚缨晏撰文加以驳斥,参见氏著:《〈坤舆万国全图〉与"郑和发现美洲"——驳李兆良的相关观点兼论历史研究的科学性》,《历史研究》2019 年第 5 期。

③ 姚莹著,欧阳跃峰整理:《康輶纪行》"四大洲",第 321 页。

是如何通过阅读汉文西书和域外文献获取有关澳大利亚的知识信息的,揭示中国人关于澳大利亚知识的主要来源渠道,晚清知识人通过对有关澳大利亚知识的摸索和整理,完成了对第二次世界地理大发现的了解和认识。

第一节　明末清初地理学汉文西书中
关于澳大利亚的想象

　　或说中国与澳大利亚的关系源远流长,早在古代中国人就发现了澳洲,但是许多记述多属"传说"。或说明朝 1405 至 1433 年郑和曾奉命七下西洋,从帝汶岛南下,驶抵澳洲西北部,有所谓老人塑像和明朝的陶瓷碎片为据。① 或以为《郑和的航海图》上有一个叫"哈甫泥"的地方,经过指认是南极洋的科尔圭兰岛(Kerqueland Island),显示出船队的探险可能到达过南半球。廖大珂认为《郑和航海图》是在前代记载基础上完成的,反映了宋元以来中国人对澳洲的认识,认为元代航海家汪大渊的《岛夷志略》中"麻那里"即澳洲北部,但是同时也认为其中所述"此产骆驼"之类并不产于澳洲,因此也承认无论从《郑和航海图》,还是从其他的文献来看,都没有确凿的证据可以证明郑和船队曾远航澳洲。② 曾经到达过某个地区,和理性地认识到这是一个从未被认识的新土地是两个不同的概念,发现是有意识的,无意识的走过、路过不能算是真正意义上的地理发现,发现应该是价值的认识。

　　明末来华的意大利耶稣会士利玛窦绘制的世界地图中未曾绘出澳洲,因为当时欧洲人尚未对澳大利亚进行过探险。欧洲启程的帆船南下大西洋,绕过好望角,再进入印度洋驶向亚洲,或从南美洲南端的合恩出发,西渡太平洋,再驶向欧洲时的航线恰好都与澳大利亚擦肩而过。因此,16 世纪来华的耶稣会士也就无法具备关于澳大利亚的确切知识。利玛窦在《坤舆万国全图》写道:"南北亚墨利加并墨瓦蜡泥加,自古无人知有此处,惟一百年前,欧逻巴人乘船至其海边之地方知。然其地广阔而人蛮滑,迄今未详审地内各国人俗。""墨瓦蜡泥加"是《坤舆万国全图》中所谓的"五大州"之一,但"墨瓦蜡泥加"并非今天所说的澳洲,仅仅属于想象中的大陆。"墨瓦蜡

---

① ［澳］安德鲁斯著,高亮等译:《澳中关系史》,厦门大学出版社 1992 年,第 3—4 页。
② 廖大珂:《从〈郑和航海图〉谈早期中国人对澳洲的认识》,江苏省南京郑和研究会编:《郑和与海洋》,中国农业出版社 1999 年,第 262—274 页。

泥"是麦哲伦的译名，"墨瓦蜡泥加"是"麦哲伦之地"的意思，被用来称呼其越过大西洋，经南美洲大陆和火地岛之间的海峡："墨瓦蜡泥系佛郎几国人姓名，前六十年始过此峡，并至此地，故欧逻巴士以其姓名名峡名海名地。"①

艾儒略《职方外纪》在"墨瓦蜡尼加总说"中写道：

> 先是阁龙诸人既已觅得两亚墨利加矣，西土以西把尼亚之君复念地为圜体，徂西自可达东，向至亚墨利加而海道遂阻，必有西行入海之处。于是治海舶，选舟师，裹糇粮，装金宝，缮甲兵，命一强有力之臣名墨瓦兰者载而往访。墨瓦兰既承国命，沿亚墨利加之东遍纡回数万里，展转经年岁，亦茫然未识津涯。人情厌斁，辄思返国。墨瓦兰惧功用弗成，无以复命，拔剑下令舟中曰："有言归国者斩！"于是舟人震慑，贾勇而前。已尽亚墨利加之界，忽得海峡，亘千余里，海南大地又复恍一乾坤。墨瓦兰率众巡行，间关前进，只见平原潒荡，杳无涯际，入夜则磷火星流，弥漫山谷而已，因命为"火地"。而他方或以鹦鹉名州者，亦此大地之一隅。其后追厥所自，谓墨瓦兰实开此区，因以其名命之曰墨瓦蜡尼加，为天下之第五大州也。墨瓦兰既逾此峡，还入太平大海，自西复东，业知大地已周其半，竟直抵亚细亚马路古界，度小西洋，越利未亚大浪山，而北折遵海以还报本国。遍绕大地一周，四过赤道之下，历地三十万余里，从古航海之绩，未有若斯盛者。因名其舟为胜舶，言战胜周（风）涛之险，而奏巡方伟功也。②

这是目前笔者所见汉文文献中最早的关于葡萄牙航海家麦哲伦环游世界的记述，但是其中关于所谓第五大洲澳洲的记述，显然是不准确的。

《坤舆万国全图》在相当于今天澳大利亚处绘有与"墨瓦蜡泥加"相连的半岛，并标名"新入匿"（New Guinea，即今新几内亚岛），半岛上除列出"下地""瓶河""仙欧吴私丁河""白峰""美峰"五个地名外，还有一段文字："此地名为新入匿，因其势貌利未亚入匿相同，欧逻巴人近方至此，故未审或

①　［意］利玛窦：《坤舆万国全图》，禹贡学会1936年影印本。
②　［意］艾儒略著，谢方校释：《职方外纪校释》，第141—142页。

为一片相连地方，或为一岛。"① 而南怀仁的《坤舆全图》在此处绘有两个大
岛，大岛周围还绘制了部分小岛，最大的岛屿标有"新阿兰地亚""加尔本大
利亚""新热聂亚地"三个大地名，另外还标注了内得斯地、狮子地、额得尔
地、圣玛利峰、玛嘴各尔河、纳扫河、相和河、巴大未亚河、急流、高地、伪峰、
高峰、冒火山等地名，其实际面积比现在的澳大利亚要大许多。此大岛东面
的岛屿标注有"新瑟兰地亚"，大致同今新西兰。周围的小岛有圣伯多罗岛、
圣方济各岛、哥个的落岛、檐蝙蝠岛、输等岛、亚哩莫亚岛和高地。② 较之
《坤舆万国全图》的内容有不少增补。《坤舆全图》上的澳大利亚，除东海岸
未画，其他部分相当准确，该图最大贡献是将利玛窦"未审"之"新入匿""加
尔本大利亚"和"新阿兰地亚"等若干新发现地方，准确地画进了地图。③ 但
其中大多地名仍很难与今地名对应，有些可能仍属于想象之地名，如狮子
地、急流、高地、伪峰、高峰、冒火山等。南怀仁之后所著《坤舆图说》中很多
内容还是延续了艾儒略的记述，虽然在《坤舆全图》中剔除了若干《坤舆万
国全图》中传闻性质的"矮人国""男女国""鬼国""一目国""狗国"等，但关
于第五大洲的记述仍是不确切的。南怀仁之后在地理学知识建构方面最重
要的成果是乾隆年间蒋友仁根据耶稣会士所绘的地图，结合自己来华时带
来的世界地图，编绘的《坤舆全图》及《地球图说》。该图四周的说明文字中
有一个重要的变化，即将利玛窦的"五大州"说改为"四大洲"，去掉了"其界
未审何如"的第五大洲"墨瓦蜡泥加"。但蒋友仁的《坤舆全图》中所绘的澳
大利亚图反映了 17 世纪以来地理探险与航海的最新成果，填注的地名有新
窝河郎地区（即 New Holland）、内地、圣伯多禄岛、圣方济各岛、铁门地、未特
地、黑人地、喀尔朋大李亚等，在澳大利亚的东北方，画有新几鄂亚、录岛等，
并"将澳大利亚与新几内亚的海岸线断开分画"④。

　　明末清中期耶稣会士所说的"五大州"，与今天意义上的"五大洲"，还
有很大的区别。但是利玛窦、艾儒略、南怀仁、蒋友仁所绘制的世界地图及
其解说，一方面给中国提供了"地圆说"和"五大州"的新知识，另一方面在
一定程度上误导了清人关于澳洲的认识。如陈伦炯的《海国闻见录》、李明

---

① ［意］利玛窦：《坤舆万国全图》，禹贡学会 1936 年影印本。
② 参见本书第八章第四节；汪前进：《南怀仁坤舆全图研究》，曹婉如等编：《中国古代地图
　集·清代》，第 106 页。
③ 王省吾：《澳大利亚国家图书馆所藏彩绘本——南怀仁〈坤舆全图〉》。
④ 鞠德源：《蒋友仁绘坤舆全图》，曹婉如等编：《中国古代地图集·清代》，第 125 页。

彻的《地球正背面图说》，大多沿袭了利玛窦等人的叙述；1842 年刊行的魏源的《海国图志》所载有关澳大利亚的情况，虽也有部分内容来自玛吉士的《外国地理备考》、马礼逊父子撰写的《外国史略》等，但基本材料还是取自《职方外纪》。梁廷枏和徐继畬的地理著述、叶圭绶和六严绘制的世界地图，以及 19 世纪后期一些关于澳大利亚的著述，虽然利用了晚清来华新教传教士提供的关于澳洲的新知识，但由于明末清初这些耶稣会士地理学汉文西书的巨大影响，在材料的取舍上，很大程度上仍受这些汉文西书的误导。

第二节　晚清知识界的"地理大发现"与梁廷枏、
　　　　徐继畬关于澳洲的最初描述

中国思想从传统到近代的转换开始于 19 世纪中叶，这一转换是在西力东侵，即被动挨打的过程中展开的。从地理学的角度考察，一方面是 19 世纪初新来的基督新教传教士再度将地理大发现的西方地理学新成果输入中国，另一方面是热心西学知识的士大夫重新开始关注明末以来的地理学汉文西书，如饥似渴地汲取 19 世纪初新输入的西方地理学知识，并通过出访游历印证了这部分文献的确切性，一个全新的世界展现在中国人的面前。虽然 19 世纪的中国没有产生像欧洲一样的市场革命，但在 19 世纪后半期中国知识界也产生了类似于欧洲的思想启蒙运动，19 世纪中国人通过新思想的"地理大发现"①给中国文化所带来的影响，也是构成清末中国人思想转型的重要环节。在这一过程中，澳大利亚地理知识的输入，有其特殊的意义。

汉文文献中最早使用"澳大利亚"一名的是道光十五年（1835）二月《东

---

①　欧洲人"地理大发现"的成果从 16 世纪末开始零星地由利玛窦、艾儒略、南怀仁、蒋友仁等为代表的欧洲耶稣会士传入中国，这部分成果虽然受到明末清初一小部分士大夫的重视，但整个中国学术界没有能在地理学的层面上对西方地理学知识作出有效的学术回应，18世纪的中国文化人仍抱持着中国是天下中心、唯中国有文明的世界观。"发现"是人类文化变迁的重要源泉。发现可以是物质世界的新事物，如新大陆；也可以是精神世界的新思想和新观念，如地理意识。笔者借助"地理大发现"一词，把中国知识人较大规模地通过学习西方地理学译著，了解世界地理知识，接受"世界意识"的过程，称为中国人的"地理大发现"。参见邹振环：《十九世纪中国"地理大发现"的影响与意义》，《或问》2004 年 2 月第 7号，第 1—14 页。

西洋考每月统记传》所载《地理·地球全图之总论》一文，称："澳大利亚为
屿，四边有大南及东南海也，南南极出地四十七度一十七分，北南极出地十
度三十八分，西出地偏东一百一十四度二十八分，东出地偏东一百五十三度
二十三分。"①同期还有《列国地方总论》一文，称："澳大利亚为旷荒土番，
无帝君，但大英国挪移新民在东南方及西方矣。"②中国人最早使用"澳大
利亚"一名，并介绍澳洲地名由来和地理移民情况的著作，可能是梁廷枏
的《海国四说》。该书成书于清道光二十六年（1846），序中曰："万历以
后，西人遵海远求荒僻，又得亚墨利之北，移人实之；既又沿沂而得其南，
终更冒险以抵极南生火之地。虽不可居，而墨瓦蜡泥加之名，缘是起焉。"
梁廷枏《海国四说》声明利玛窦所述"墨瓦蜡泥加名"并不存在，所谓"第
五洲为澳大利亚"，"此与利玛窦之称墨瓦蜡泥加洲不符"，考虑到"利玛
窦之说传述已久，故仍之"。该书《兰仑偶说·卷四》第一次比较准确地
陈述了关于澳大利亚的知识："澳大利亚洲，（即西人所称天下第五洲者）
即墨瓦蜡泥加洲，自古不通人迹之处，兽蹄鸟爪，地野人稀，无君长、城郭、
宫室、伦理者，亦听民驾舶徙家于洲之东、南、西三方。凡愿迁者，官资其
费，而经其界焉。"③梁廷枏或许是汉文文献中最早使用"澳大利亚"一名，
明确将之视为"第五洲"的中国人，并且最早记述了有关澳大利亚的地理和
移民情况。

　　1848 年，徐继畬完成的《瀛环志略》中有关于澳大利亚更为详细的讨
论，该书共十卷，没有把澳洲作为第五大洲，卷二记述"南洋各岛""东南洋
各岛"和"大洋海群岛"，澳大利亚被放在亚洲的"东南洋各岛"部分。书中
称"澳大利亚，即泰西人《职方外纪》所云天下第五大州"：

　　　　澳大利亚，一名新荷兰，在亚细亚东南洋巴布亚岛之南，周回约万
　　余里。由此岛泛大洋海东行，即抵南、北亚墨利加之西界。其地亘古穷
　　荒，未通别土。前明时，西班牙王遣使臣墨瓦兰，由亚墨利加之南，西驶
　　再寻新地。舟行数月忽见大地，以为别一乾坤。地荒秽无人迹，入夜磷
　　火乱飞，命名曰火地，又以使臣之名名之曰墨瓦蜡尼加。西班牙人以此

---

① 爱汉者等编，黄时鉴整理：《东西洋考每月统记传》，中华书局 1997 年，第 139 页。
② 爱汉者等编，黄时鉴整理：《东西洋考每月统记传》，第 147 页。
③ 梁廷枏：《海国四说》，第 54、155 页。

侈航海之能,亦未尝经营其地也。后荷兰人东来建置,南洋诸岛展转略
地,遂抵此土,于海滨建设埠头,名之曰澳大利亚,又称新荷兰。旋为佛
郎西所夺,佛人寻弃去,最后英吉利得之。因其土地之广,坚意垦辟,先
流徙罪人于此,为屯田计,本国无业贫民愿往谋食者,亦载以来,他国
之民愿受一廛者听之。地在赤道之南,天气炎燥,海滨多平土,山岭
高者不过三十丈,江河绝少,杂树荒草,灌莽无垠,鸟兽形状诡谲,与
别土异。土番黑面,披发裸体,食草根山果,结巢于树,予之酒,一饮
即醉,卧泥中,如豕负涂。男役女若畜,怒辄杀之。英人流寓者,垦海
滨湿土,种麦与粟。草肥茂,牧羊孳乳甚速,毛毳细软,可织呢绒。现
居民不足十万,每年运出之羊毛值银二百余万两。百物未备,日用之
需皆从别土运往。英人于东境海口建会城曰悉尼,居民二万。捕鲸
之船时时收泊,贸易颇盛。而流徙之户本莠民饮博荡侈,相习成风,
流寓良民,亦颇染其俗。而境滨大南海,英人新徙人户已成聚落,西
境亦创置一廛,在江河之滨,北境近赤道,天气酷热,产海参、海菜、燕
窝,英人派陆兵驻守,以防侵夺。计澳大利亚一土,英人四境所耕收
仅海滨片土,不过百之一二,其腹地则奥草丛林,深昧不测,土番如
兽,老死无往来,不特风土无从探访,即山川形势亦无由乘轺历览。
英人谓此土虽荒旷,而百余年后当成大国,南海诸番岛当听役属如附
庸也,近命名曰南亚细亚。[①]

在介绍完澳大利亚之后,《瀛环志略》还介绍了今天属于澳大利亚的
"塔斯马尼亚岛":"班地曼兰岛(一作地闽岛)在澳大利亚之东南隅,相隔一
港,地周回约七八百里。土脉膏腴,五谷、薯芋、蔬菜皆可种植,英人开垦已
及大半。居民务农之外,兼捕鲸鱼。沿海港口甚多,贸易颇盛。"之后是关于
新西兰的介绍:

　　捫日、伦郭两岛,一名新西兰,在班地曼兰之东,幅员倍之,有高山
插霄汉,顶上终年积雪,灿白如银,雪水消融,由洞壑分流而下,可以灌溉。
土番黑丑,略知人事,有酋长凶顽好杀,获仇则脔食其肉,藏其头以示武。
其土极腴,宜麻、谷、蔬菜。英人买其土,徙户口垦种之,渐以西教化其土

---

①　徐继畬著,田一平校点:《瀛寰志略》,第57—60页。

人。捕鲸之船时至，以鸟枪、绒毡易食物。土番健有力，鲸船间雇为水手，然不过数人，多则恐其生变。尝有鲸船，雇土番数十驶海中，土番忽群起，尽杀船户，炙其肉而啖之。两岛别有佛郎西割据之土。①

由此可见，徐继畬的《瀛环志略》并非如有些学者所言，已明确将世界分为五大洲和四大洋，而还是含糊地将世界分为"四大洲"，思路类似林则徐的《四洲志》。不过较之林则徐，他更进一步介绍了现代世界地理学中相当于今天五大洲的内容。关于澳大利亚的认识表征着国人对于"五洲"的认识，已经接近于现代世界地理学，对澳大利亚的描述表明了国人已开始摆脱明末以来关于"墨瓦蜡泥加"的想象，使"世界"在国人眼中呈现出一个比较清晰的面相。

在徐继畬《瀛环志略》的记述中，虽已有19世纪来华传教士或商人等携带来的地理新知识，但仍可见明末清初地理学汉文西书的一些陈说。19世纪后期王韬所撰《新金山记》②仍称：

东南洋中有大岛曰"澳大利亚"，即粤人所呼为新金山也。现属英国，始载于《职方外纪》，谓之为天下第五大洲。土地广大，为东南洋诸岛之冠。数百年前，为人迹所不到，野番兽处，亘古昏蒙。明时，西班牙王遣使臣墨瓦兰环海探地，既得亚墨利加两土，侈心不已，辗转西寻，忽见大地，以为搜奇天外，别一乾坤，不如地球圆转，已至亚西亚之东南洋矣。其地荒秽无人迹，入夜磷火乱飞，以是西班牙人虽得之，未尝经营之也。后荷兰人东来，即于海滨建设埠头，名之曰"澳大利亚"，又称"新荷兰"。旋为法兰西所夺，寻以穷荒弃之，于是始为英人属土。因其土地之广，坚意垦辟，流徙罪人于此，为屯田计，贫民无业愿往者，即载之来。他国之民愿受一廛者亦听之，久之遂成都会。

文中也提及"新南维里斯英国总督驻扎于悉德尼，即粤中所呼'雪梨'

---

① 徐继畬著，田一平校点：《瀛寰志略》，第60页。
② 王韬《新金山记》系根据1875年出版的《万国公报》第321卷刊载的《新金山游记(上)》一文中的按语编辑成文；参见左松涛：《〈新金山记〉作者考——解析中澳早期关系史籍中的一个谜》，《澳门理工学报(人文社会科学版)》2019年第4期。

也"。① 19世纪90年代出版的《湘学新报》中关于"古今州域不同，西人所谈五大部洲命名"时还说："澳大利亚一洲，本西班牙于前明时遣使臣墨瓦兰寻获之地，因以其名命之，曰'墨瓦蜡尼加'。荷兰始更今名，英人又呼'新金山'。西北实与婆罗洲南洋诸岛相值，次皆中西人民群居之地，贸易有无互通，非等荒杳无据之说矣！至其命名之故，则可存而不论。"②这些关于墨瓦兰（今译麦哲伦）对澳洲的发现等内容，还有沿袭着明末清初耶稣会士和《瀛环志略》关于澳大利亚的一些错误知识的痕迹。

在徐继畬《瀛环志略》问世的1848年，澳大利亚的詹姆斯·塔特在厦门买得成年人一百名、童子二十人，乘船抵达新南威尔士殖民区，开启了华人移民从中国直接来澳大利亚各地的大门。1848至1852年从厦门去悉尼的华人多达两千六百三十八人，其中一千四百三十八人是1851年输入澳洲的。年轻的澳大利亚和古老的中国开始了以苦力移民为纽带的联系，揭开了中澳关系的第一幕。③

第三节 来自实地考察与外人的知识信息

晚清有若干中外人士到达过澳大利亚，并把相关信息传回中国，也有人赴澳大利亚实地考察，这些有关澳洲的实地考察内容最早出现在汉文报刊中，如1872年6月《申报》的"中外新闻"报道了"悉尼"："其地产金盖即澳大利亚岛之'悉德尼'，粤人所呼为'新金山'也。"④似乎最早国人是把"悉尼"，而不是把"墨尔本"称为新金山。1888年《申报》上刊载《海外纪游》一文，称"余友仙湖居士慨然有乘风破浪想，拟至澳大利亚岛一游"。光绪十三年十二月五日（1888年1月17日）仙湖居士由香港乘船出发，经过八天抵达新加坡，指出："谈舆地者增四洲而为五，则其大可知矣。各国通商仅踞边隅，内地为西人游屐所未经，自古不通人迹。"又经过多日海上航程，于正月九日（2月8日）午刻抵悉尼，称：

---

① 王锡祺：《小方壶斋舆地丛钞》第十帙，上海著易堂本。
② 谭嗣同、唐才常、熊希龄等主编：《湘学新报》，台湾华文书局1966年影印本，第986—987页。
③ 侯敏跃：《中澳关系史》，外语教学与研究出版社1999年，第4—5页。
④ 《申报》1872年6月21日第45号，第4页；余定邦一文将之及其后《澳洲纪游》一文，均误作19世纪90年代。悉尼又名雪梨，系以1786年正式同意将植物湾作为政治犯和刑事犯流放地的英国内务部大臣雪梨子爵Lord Sydney的名字命名。

　　悉德尼，乃会城也。在岛东南，埠内居民十万余，街衢广洁，庐舍崇闳，英国设立总督于此驻扎。全岛归其辖理，衙署营垒制度恢廓，此外如博物院、繁术院、医馆、学塾，靡弗壮丽，名园别墅游观之所，迤逦相属。各部创设绅房，治理政事三之一由总督所遴选，三之二由民间所举授。西人多构屋山颠，参差栉比，遥望之有如燕翅鱼鳞。每至夕照衔山，晨曦涌海，但见金碧四射光耀夺目，所建亭台楼阁接栋连甍，百尺嵯峨齐云焕彩，自远瞩之几如仙人所居，缥缈天外，山麓一带，碧林掩映，绿水潆洄，风物清幽，不厌久憩。旅居华人约有千余。

　　正月十二日抵达"迷里奔"（今译墨尔本），称其地"海滨泊舟，码头穹然高跨，亘若长蛇，登岸八九里始入城。城之东西依据山岭，以峰峦之高下为雉堞之参差。廛市繁华，街衢周广，商贾雨集，货物云屯，高车怒马，电闪飙驰，轰然如雷盈耳，络绎不绝。薄暮游人如蚁，夜市既开，尤形热闹，明灯千万盏，朗耀如昼，都人士女，既赋闲皆携手褰裳散步于通衢曲巷间"①。游记之描述给人一种身临其境之感。

　　关于墨尔本和悉尼，王韬《新金山记》一文中也有非常详细的描述："新金山产金之伙，生物之众，贸易转输之广，人民居住之繁，诚可称一大都会。旅人足迹所熟至者，为新南维里斯。英国总督驻扎于悉德尼，即粤中所呼雪梨也。特其地广袤数千里，现虽节次开垦，而犹未尽辟。"其中也有关于澳洲土著人的信息："有二三四人裹粮进入腹地，初则登山度岭，附葛攀藤。青峰碧水，时遇佳境。土人见之尽去，如鸟兽之避弋缴也，行渐远，则刺岩插天，欲前无路。但见绝壁下有巨蛇十余蟠结其间，约长五六丈，围可径丈余，昂其首，似作噬人状。西人大惧，以为此亘古未见之巨蛇也。发枪击之，如中木石。百计擒之，终不能得。后乃结巨网张而获其一，曳出，聚而观者日有数千人。其地土人极寥落，性最愚鲁，面色尽黑，如摩鲁隅人种类，蓬首裸体，所食仅树根、山果，巢木而居，几如上古穷荒之世。年来附近土人略晓英语，招其工作，颇尽力。而一饱之后，即复扬去。故须少与之食，然闭置室中，三四日后即闷而求出。与之银亦不识多寡。盖山林野性，非复可羁而驯

① 《申报》1888 年 3 月 25 日，第 1 页；该文后以《澳洲纪游》为题，收入王锡祺：《小方壶斋舆地丛钞》第十帙，上海著易堂本。

也。其远处土人尤凶恶，搏人而食。"①这些内容系王韬依据实地考察及调研的文字数据。

关于澳洲的资料，亦有取自西人的汉文著译，如上述道光十五年（1835）二月《东西洋考每月统记传》中有关于澳大利亚地理状况的介绍。② 美国传教士丁韪良（William Alexander Parsons Martin，1827—1916）主编的《中西见闻录》1873 年第 23 号上刊载有《南海近事》一文，最先记述华人在澳情况，指出："五十年前，居民甚稀，仅有土人数万，迁徙无常，暨英国流犯数千，流寓于海滨。英人后知其地宜于畜牧，于是群置牧场，每岁运回之羊毛获利颇厚。迨咸丰初年，有数区获得金沙，传播远近，争相搜采，往者源源，民物日臻繁庶。就其一处而论，有城名美拉布纳（即墨尔本），在道光十六年时人民仅有一百七十七名，而同治十一年户口册数，该城民数增至十九万三千六百九十八名口，内有华人万八千名。他处华人亦复不少，全岛民数不下二百万。"③1880 年汪凤藻译、丁韪良校订的《富国策》卷一"论生财"称："澳大里亚之草田，向以牧羊为息，然往往贵皮而贱肉，以皮之为物轻，易于输运；肉则居人稀而食之者少，又不便贩运，故弃之无可惜，与英国之贵肉而贱皮，正相反也。自金矿开而工人云集，户口大增，羊之肉顿贵，即牧羊之息顿厚。盖草不加肥，而利则加厚矣！"④光绪七年三月（1881 年 4 月）《格致汇编》又刊载有李提摩太（Timothy Richard，1845—1919）《富国养民关系》一文，其中有专节讨论"澳大利亚洲"：

　　查地球东南有澳大利亚一洲，阖洲得陆地三百万英方里，较中国十八省约大数千万里，如此大洲自昔鲜知者，迨至西历一千五百九十八年始知有此洲，一千六百八十八年英人初次至此，一千六百九十七年哈兰人再至，一千七百七十年又有英人抵此，详细查勘沿海一带，一千七百八十八年英国始将罪犯流徙此岛，嗣后陆续英人查明此地易于牧羊剪绒，发回本国出售获利，于是英人愿离故土移居新岛，一千七百九十二年法国人亦来查勘海岸，一千八百十六年英国人进入内地千里，一千八百三十一年英人再入内地，至六七千里之遥，自此英人日进内地络绎不

① 王锡祺：《小方壶斋舆地丛钞》第十帙，上海著易堂本。
② 爱汉者等编，黄时鉴整理：《东西洋考每月统记传》，第 139、147 页。
③ 《中西见闻录》1873 年第 23 号上刊载有《南海近事》。
④ 汪凤藻译，[美]丁韪良校订：《富国策》，同文馆光绪六年聚珍版。

绝，屡被土人戕害亦无怯，至一千八百五十一年清查户口，统计徙居及流犯约三十四万口，散居各处相距千余里，均设英官管束。是年复查悉地内产金，风声四达，遂有北亚美利加及欧洲并中国人闻风而至，每月不下六千人，愈聚愈众，难免滋事，英国复设官分职，俨然外省官长，欲悉全岛地势，故悬赏云：有人能自南海至北海者赏银三万两，自是屡屡有人北行，无奈水火阻隔，人迹罕到，半途而废者有之。人马乏食，进退维谷，死于中途者又有之。伺候一千八百六十年至一千八百六十二年，始有人设法前进往返二三次，得抵北海亦有多人由四方进内者，自此无处不到，设立电线以通音问，自洲南至洲北长六千里，将此洲分东西各半，英京旧有电线，至此岛北岸止，今两线接连共长四万里，音信往返崇朝可达，有志者事竟成，信然。至于土人则色黑性欠灵，为黑人最蠢之区，通州洲约八万口，土地则电线冬肥美而西瘠，无文字无宫室，不耕不织，渔猎而食，棚居野处，衣兽皮，于肋下交接处，贯以木钉，各山土语不同，彼此相值，如异国无文字故也。亦无弓箭，有枪斧，遇水则用大木凿孔位舟，亦有网，均极粗率，惟木名布麦朗，作角形，能伤敌。自返亦无高山大河，惟麦来河为最大，长不过以前一百英里，东南产煤，厚三尺至三丈不等。……树则冬夏常青，居多叶俱侧垂，正背均不向阳，亦有落皮不落叶者。异兽名马稣撇利亚，如十八图（袋鼠），亦名袋鼠，胎生有胞无带，四足，前短后长，喜坐胸前，奶下有肉块凸起，以备小兽坐乳。……另有兽名莫推累马他，亦无带，尤奇者便溺如禽，亦无奶，胸前有袋，乳自袋上毛孔流于袋内。遍洲无猴，亦无返嚼兽，鸟雀多至六百九十种，翎翅美观，更有奇鸟，名亦母者，无翅而健步，亦鸟中之异也。莺有白色君十兰，产鳄鱼二种，小者六尺，大者三丈，蝎虎长八九尺，长虫六十三种，有毒者四十二种。①

1903 年作新社译出美国白雷特著的澳洲游记《澳洲风土记》，该书共分十九记。一记游西德亚及钮客斯特尔、二记树、三记游牧、四记澳洲人民原始、五记禽兽、六记游密伯昂城、七记金矿、八记埃乃城、九记达斯马尼亚岛、十记新西兰、十一记亚克兰岛、十二记新西兰矿源水源并火山、十三记南岛、十四记费几岛、十五记新卡特尼亚岛、十六记檀香山岛、十七记克乐火山、十

---

① ［英］傅兰雅辑：《格致汇编》第三册，南京古旧书店 1992 年，第 321—322 页。

八记疯人岛、十九记太平洋群岛。全书大约一万五千字,《新学书目提要》称该书:

> 备述形胜,亦及琐俗,虽逊于立温斯敦《黑蛮风土记》之详,亦尚简明有要。按澳洲全境属于英吉利,其中分为无数小国,每国各有一长以执其政,有事则请命于英皇,然自主之权犹未尽失,各设长官,各立议会,略似地方自治之规模,惟各国分据疆土,法律既殊,货税亦异,而政策遂以不同,其志士忧之,乃创为联邦之议,自西历一千八百八十五年设立澳洲连合协议会以考察其政俗,务使划一,各邦合力以期,渐收自立之权,历十余年,其间几经摧折,卒于一千八百九十九年合诸联邦而建一政府,邀请英皇以自后凡澳洲事若不关于英国者则不必闻于英廷云。以各国殖民地论之,其制度之完密盖未有过澳洲者,盖其民种本属白人,故能力所呈无殊母国。①

也有关于澳大利亚的知识信息来自一些驻外使节咨询西人之后所得的资料,如光绪三年八月二十二日(1877 年 9 月 28 日),张德彝在《随使英俄记》卷六中系统整理世界各国的地理资料,其中写道:

> 澳大利亚洲:为天下至大之岛,在亚细亚之东南。东临太平洋,西倚印度洋。赤道南十度至三十九度十分,北京东一分至三十九度六分。计二千八百六十三万二千零九十六方里。居民二百七十五万名口。内分五府:曰牛埠穗(今译新南威尔士),曰威克兜立亚(今译维多利亚),曰坤似兰(今译昆士兰),曰南澳,曰西澳。地面为咸海沙漠,惟四面临海,地脉肥饶。土产金、银、铜、铁、黑铅、白铅、锡、煤、水银、茶、烟、糖、碱、葡萄、黍、麦、牛、马、鸡、羊、棉花、皮革、牛角、羽毛等。初于公历一千五百四十年(即明嘉靖十九年)为葡萄牙人觅得其地,然开垦地少。后于一千七百七十年(即乾隆三十五年)经英国航海船主库克到彼泊船,始遍得其地。继而掘矿开窑,设立一切。

---

① 通雅斋同人编:《新学书目提要》卷三,熊月之主编:《晚清新学书目提要》,上海书店出版社 2007 年,第 514—515 页。

之后还介绍了澳大利亚南部的塔斯马尼亚岛。① 张德彝关于 1540 年葡萄牙人发现澳洲(应该是指新几内亚)及 1770 年英国库克到达澳洲南部的信息,是当时欧人关于澳洲发现的若干新看法。

清朝首任驻英公使郭嵩焘赴任后不久即称赞欧洲"风教实远胜中国"②,他不通外语,有关欧洲的知识主要依赖徐继畲的《瀛环志略》,但是"他显然尽其所能地充分利用机会咨询身边的欧洲人,也乐意利用各种机会去了解英属殖民地……并从中获取洞见"③。光绪三年(1877)三月,郭嵩焘在参观英国 Royal Kew Garden 时,注意到其中有很多物产来自澳大利亚。光绪四年四月二十日(1878 年 5 月 21 日),他专门就澳大利亚的问题咨询过澳洲总督哲尔威斯。④ 哲尔威斯告知:"澳大利亚凡分五部:东曰'魁英斯兰得'(今译昆士兰),曰'维多里亚',曰'纽苏士威尔士'(今译新南威尔士);其中土曰'苏士阿尔[斯]得里亚'(South Australia,今译南澳大利亚);西曰'苏士得尔恩阿斯得里亚'(Western Australia,今译西澳大利亚)。英人于此设四总督,驻扎'苏士阿斯得里亚'。"⑤四月二十二日(5 月 24 日),他在日记中再次记录了从"哲尔威斯"处获得的"新金山"资料:"言其地东西亘三千英里(合中国九千里),南北二千余英里(合中国六七千里)。维多里亚一部最小,然已倍于英伦。总督所驻苏士阿尔[斯]得里亚,则已四倍法国疆域矣。其土人制皮为衣,已亦[有]袭西洋衣服者,然日见稀少。性嗜酒,所饮火酒,多患渴死,禁之亦不从。是以其地旷土为多,西北尤荒芜。"⑥也有驻外公使将耳闻之资料与中国行政制度加以比附,如薛福成就指出:"观各国设官之意,颇有与中国暗合者。如英法义比等国办事,亦各分厥部,每部设一尚书。"⑦他在光绪十六年六月二十五日(1890 年 8 月 10 日),介绍澳大利亚的政治建制时称:"盖英属新金山共有五省,均设总督、巡抚、布政司

① 张德彝:《随使英俄记》,岳麓书社 1986 年,第 470—471 页。
② 郭嵩焘:《伦敦与巴黎日记》,岳麓书社 1984 年,第 580 页。
③ *The North-China Daily News* (Shanghai, China), Friday, January 4, 1878.
④ 哲尔威斯,今译泽维士爵士(Sir William Francis Drummond Jervois,1821—1897),英国殖民地总督、军人。生于英国怀特岛郡,父亲是乍畏将军。早年服役于南非和加拿大,以后历任海峡殖民地总督(1875—1877)、南澳洲总督(1877—1883)、新西兰总督(1883—1889)。参见 http://zh.wikipedia.org/w/index.php? title,2015 年 4 月 2 日检索。
⑤ 郭嵩焘:《伦敦与巴黎日记》,第 579 页。
⑥ 郭嵩焘:《伦敦与巴黎日记》,第 581 页。
⑦ 薛福成:《出使英法义比四国日记》,岳麓书社 1985 年,第 289 页。

及水陆提督。其各埠各岛已经查看者：曰纽所威路（今译新南威尔士），曰雪梨，曰纽加士，均属纽所威路省；曰域多利亚（今译维多利亚），曰美利滨（今译墨尔本），曰叭拉辣，曰仙大市，即大金山。曰哟治活，曰汪加拉打，均属域多利亚省；曰衮司伦（今译昆士兰），曰庇厘市槟，曰洛坑顿，曰勃大啤，曰麦溪，曰坚氏，曰波德恶利市，曰汤市喊路，曰谷当，均属衮司伦省；曰亚都律（即南澳土地利亚省城）。曰砵打稳，均属南澳土地利亚省，南澳土地利亚省亦曰亚都律省；又有西澳土地利亚省。"①

　　这些来自西人的汉文著译和外人关于澳洲的知识信息，帮助中国人一方面建构其关于澳大利亚的丰富想象，如"无锡薛氏《海外文编》曾著《澳太利亚可生人才说》，谓其地虽近赤道而燠度不过盛，终有异才特生，观于联邦之举而信其言之先识也"②。沈兆祎在《新学书目提要》中还将此一新开辟的土地与中国的"琼州"进行比较，并印证日人移民澳洲的资料，认为"澳洲土地未尽开垦，四隅之境已具横由，而中央各区尚待人力，其全洲地势之陕与其草莱之功，盖类我之琼州。此书（即《澳洲风土记》）所纪亦云内地泥土干燥，非如沿海之肥美滋润，易于种植，故至今未辟者尚多，是其明证，而日本人之徙于澳洲者年约三四千人，闻多于沿海各州以采取珍珠为业，则府海之利尤宏，异日中国移民之图，当以是邦为最合矣。阿非利加一洲距欧罗巴为近，既任欧人开之，澳洲距亚细亚为近，其未竟之业固将有待于亚人，近世列国之中盛传天演之说，若以争存之理言之，此亦无竞之术也。"③编者还从人口发展和亚洲移民的角度，提出如何使中国移民在澳洲拓展"未竟之业"的联想。

第四节　《澳大利亚洲新志》及其增订本
《澳大利亚洲志译本》

　　《澳大利亚洲新志》为嘉定吴宗濂、新阳赵元益同译，元和江标辑刊入

---

① 薛福成：《出使英法义比四国日记》，光绪二十年铅印本，收入《续修四库全书》影印本。
② 通雅斋同人编：《新学书目提要》卷三，熊月之主编：《晚清新学书目提要》，上海书店出版社2007年，第514—515页。
③ 通雅斋同人编：《新学书目提要》卷三，熊月之主编：《晚清新学书目提要》，第514—515页。

"灵鹣阁丛书"第四集,有清光绪中元和江氏湖南使院刊本。① 本章所据为商务印书馆 1936 年 12 月《丛书集成初编》本,即据"灵鹣阁丛书"本圈点,与《使德日记》《英轺私记》合刊。该版本 1985 年还由台湾新文丰出版公司编入《丛书集成新编》第 89 册。

吴宗濂(1857—1933),字挹清,号景周,江苏嘉定人。清监生。1876 年入上海广方言馆,1879 年入京师同文馆继续学法语和俄语。后接连追随刘瑞芬、薛福成等驻英法使馆担任翻译官。所著《随轺笔记》分记程、记事、记闻、记游四卷,对西方文化介绍记述颇详,其中关于孙中山伦敦蒙难事件的记录尤其珍贵。1897 年回国,在杭州担任译书公会的翻译,后任汉口铁路总公司总稽查。1901 年在上海广方言馆任法语教习,同时参与翻译馆的译书工作。1902 年担任驻法使馆参赞。1903 年随孙宝琦出使,任驻西班牙使馆代办,旋任湖北、四川、江南等省留学生监督。1904 年任驻奥地利代办,后署外务部左参议、右丞。1909 年奉派出任驻意大利钦差大臣。1912 年改称外交代表。不久辞职回国,任外交部特派吉林交涉员。1918 年当选为安福国会参议员。1927 年任上海法租界工部局华人董事。1930 年起,任国民政府条约委员会委员。主要著述还有《德国陆军考》《法语锦囊》《桉谱》等书。②

赵元益(1839—1902),字袁甫,号静涵。江苏新阳(昆山)真义镇人。举人出身,华蘅芳的表弟。出身世代书香门第,祖文彬、父之骧均为中式举人。咸丰九年(1859)20 岁时补新阳县学生员。22 岁时其母患病逝,痛定之余,乃肆力研究医学数年,又获外祖父传授医技。同治七年(1868)至常熟行医,次年应江南制造局之聘,赴沪入该局翻译馆从事译述,前后达三十余年,与英、美学者林乐知、傅兰雅、卫理等合作翻译出版了大量西方医学、数学、物理、军事、测绘、工业、地理、水利、法律等书籍,达二百万字。光绪十四年

① 关于"灵鹣阁丛书"的研究,参见谢莉珠《江标及其〈灵鹣阁丛书〉研究》(台湾东吴大学中文系硕士论文 2011 年),该文第一章"绪论",说明研究动机、范围及方法;第二章"江标生平及其著述",叙述其家世、生平、交游、仕宦生涯及其著述;第三章"江标之藏书",以其藏书之源流、特色与藏书最后归处作为本章论述之主轴;第四章"《灵鹣阁丛书》之辑编",分别从缘起,其选刊版本之准则,选定之版本及其特色进行探讨;第五章"《灵鹣阁丛书》之内容及其出版状况",论收书内容,辑编此一丛书之时代意义,及其辑印出版之情形;第六章"《灵鹣阁丛书》之价值",分别从保存古籍文献与江标于图书文献学上之成就论述之;第七章"结论",为江标学术成就及其编印《灵鹣阁丛书》之贡献作一总结。

② 苏精:《清季同文馆及其师生》,台北上海印刷厂 1985 年,第 204—207 页。

(1888)参加江南乡试中举,光绪十六年(1890)以医官身份随出使大臣薛福成出使英、法、意、比四国,并于当年12月被薛福成派往德国柏林,向著名细菌学家科赫(Robert Koch,1843—1910)学习治疗痨病(肺结核)之法,成为中国第一个会见科赫之人。出使期间,他还参与翻译西方地理书若干种。光绪二十年(1894)归国,保举知县加同知衔,但未上任,仍回翻译馆译书,并兼格致书院掌教。光绪二十三年(1897)与董康创设译书公会,并创办《译书公会报》。毕生译著有二十多种,在工艺制造的应用技术方面,1879年与傅兰雅合译出美国阿发满有关铸造工艺的著作《冶金录》;在采矿工艺方面,1870年与傅兰雅译出英国蒲尔奈的《井矿工程》,以及有关数学、工程学和军事方面的译书,其中尤以医书翻译为突出,计有《儒门医学》《内科理法前后编》《西药大成》《西药大成补编》《西药大成药品中西名目表》《法律医学》《济急法》《水师保身法》。另有一些与军事和科技有关的译著,如《数学理》《光学》《量光力器图说》《测绘海图全法》《行军测绘》《绘图测量诸器图法》《行军指要》《临阵管见》《海战指要》《爆药记要》《海塘辑要》《井矿工程》《冶金录》等。①

《澳大利亚洲新志》全书不分卷,通过若干小标题将全书分出若干段落,分境界、周围、幅员、地面高凸、水利、天气、草木鸟兽、民数、教务、学校、耕种、牧养、出产、地产、制造、商务、河道·铁路·电线、各种大城、掌故,后附录:澳司脱拉拉齐、荅斯马尼、新西兰奴浮尔第奈(一名巴布亚)。如"境界"称:"澳大利亚,在南洋各岛之东南,以此与亚细亚洲分开。西边有尖角,其形直削,在京师西经三度二十二分五十八秒。澳大利亚之东,有一凸角,名比隆。"

"幅员"写道:"澳洲为地球最大之岛,较法国大十四倍,得欧洲五分之四,其地分五属地,彼此不相牵制,各有自主之权。其中最大者曰西澳洲(Western Australia,以下英文名为引者所加),有二百五十二万七千五百三十方启罗迈当②。……曰南澳洲(South Australia),连北地并算有二百三十三万九千七百五十三方启罗迈当。曰魁呕司伦特(Queensland,今译昆士

---

① 参见赵璞珊:《赵元益和他的笔述医书》,《中国科技史料》1991年第1期;郝秉键、李志军:《19世纪晚期中国民间知识分子的思想:以上海格致书院为例》,中国人民大学出版社2005年。

② "启罗迈当"今译"公里",系法文"Kilomètre"的音译,后文"迈当"今译米,为法文"mètre"的音译。

兰），有一百七十三万零六百三十方启罗迈当。……曰奴浮尔加尔第西特（New South Wales），有八十万零零七百三十方启罗迈当。……曰维克多利亚（Victoria），有二十三万七千六百十方启罗迈当。”“周围”写道：“澳洲陆地之形平整有山，其四周之边，断者甚少。……海湾海口等，为数不多，其南边靠西，形如弓弯，名曰澳洲大湾。……近太平洋一边之海岸，景致甚佳，有山阜树林牧场等，东北边船只不易弯泊，因海中多暗礁也。海口最大而最深者名闸克森，其内有城，名曰昔得内（Sydney，今译悉尼）。……又有一海口，名但尔凡，系在北地界内，又有一海口名非里泼，内有迈拉波尔纳城（Melbourne，今译墨尔本），又有四小城，一名挨得赖以得（Adelaide，今译阿德莱德），一名白里斯排呎（今译布里斯班），一名纽手揩司尔，一名弗勒莽脱尔。”①

“地面高凸”写道：“澳洲为一极大之山，其高亦寻常，其边窄而不甚高，近太平洋一边，其地多山而沃饶，树木颇多。热带上之天气，因有海风而温和。如欲入山，山虽不高，颇属不易。自山而下，又至一山，豁然开朗，别有一境。其中有几条山带，孤立而形小，穿过其山，自东至西，或自北至南皆有之。另有数角，草木遮蔽。有块树胶树成小林。澳洲内地有五分之四无植物与人迹，地面俱干，只有枯草，又有刺人之小树，无江湖，无兽。所有佳地可耕种者，系在山麓及海滨。……澳洲之东南角最高，其山之极高者，名澳洲阿尔魄斯山，又蓝山（西名字峦）。”Blue Mountains，也称“布鲁山脉”。

“水利”写道：“地近赤道，内地平坦，山不甚高，少云雾，并无冰雪，因有此数故，并合天气甚燥，河形极微，最低处在洲之东南。该处有瀑布，有爱尔湖……只有一条大江，名曰墨尔累江，长约一千八百启罗迈当。面积有七十兆法顷，可行小火轮。”②

“天气”写道：“澳洲数处之地势，城邑水道之形，可定澳洲之天气。沿海一带，有益于养身，百度寒暑表向未至一度之下，在日光中升至八十度。阴凉处不过四十度，其热气虽在热带，而为海风所吹和，雨稀，惟每下一次甚大。至于内地天气，迥不相同，大火炉风，空气干燥，雨少，竟无草木，故不能

---

① 吴宗濂、赵元益译：《澳大利亚洲新志》，商务印书馆 1936 年“丛书集成初编”本（引文中插入的英文原名为引者的注释。下同此版本，仅注书名、页码），第 1—2 页。
② 《澳大利亚洲新志》，第 2 页；“墨尔累江”即澳大利亚流程最长、流域面积最广、支流最多的水系墨累-达令河。根据最新澳大利亚百科全书，该河流全长为两千七百公里，流域面积为六十五万平方公里。参见沈永兴等编著：《澳大利亚》，社会科学文献出版社 2003 年，第 11 页。

畜养兽族。"①

　　"草木鸟兽"记述道："澳洲植物，种类不少。树木内有槐树与香胶树。此树有高一百五十迈当者，较旧金山最高之树更高。无有矮树，有枝之树甚少，叶暗而不茂。禽兽之种类亦不甚多，所有者大半为澳洲之本产。兽身有袋，其名曰'刚古罗'，又有哇尔尼·多兰格芒米否鸟，声不能鸣，羽毛甚肥泽发光亮，式样颇多。"②"槐树与香胶树"显然是指澳大利亚最常见的按树类，桉树是世界上最高的树种之一。"兽身有袋"的"刚古罗"，即袋鼠，西方人一般称大袋鼠为"kangaroo"，"刚古罗"可能是汉文文献中第一次出现的袋鼠译名。"哇尔尼·多兰格芒米否鸟"，可能是指在澳洲形状像鸵鸟的"鸸鹋"，"哇尔尼"可能是"emu"的发音，"多兰格芒米否鸟"是否系该鸟的学名"dromaius novaehollandiae"的不准确的音译？待查。书中没有提到树熊（koala，今译考拉）。"牧养"部分介绍澳洲绵羊产业："羊为澳洲最大之生意，共有六十六兆头。奴浮尔加尔第西特，其数最多，有三十八兆头。……大半之羊为西班牙之种，毛极细软。"③

　　"掌故"部分有比较详细的澳大利亚发现史：

　　　　西历一千五百零七至一千五百二十九年之间，澳大利亚，为葡人所寻得。惟是考究明白，实在一千七百二十年，在爪哇京城之荷兰人考究得之。自一千六百零六至一千六百四十四年内，荷兰人在北西南三处海边，详细履勘，水手内之考究甚精。推为有功者名阿背尔·带司门（Abel Jansz Tasman，今译塔斯曼，1603—1659），知西边之荒野居民之凶悍，贸易之清淡，因此立属地之意，迁延不就，靠太平洋一边胜于前言之三面，人俱不知之。科克于一千七百七十年，始泊船于西南角，所有东面之海边，尽行认出。自好户角（Botany Bay，今译植物学湾）至牙京克角（York Bay Peninsular，今译约克角半岛），遂全属于英国，名曰奴浮尔加尔第西特（New South Wales，今译新南威尔士）。近今一千八百年以后有法国之水手名罢代（疑指 Louis Antoine de Bougainville，1729—1811，今译布干维尔），又有一人名弗来西奈（未详），亦往海边四周游

————————

① 《澳大利亚洲新志》，第3页。
② 《澳大利亚洲新志》，第3—4页。
③ 《澳大利亚洲新志》，第6页。

历察看。英国第一次欲立商埠在一千七百八十八年，在罢带里海湾（Gulf of Carpentaria，今译卡奔塔利亚湾），惟是察看该处方知不佳，故又换至南边。另择一海湾名曰"萨克逊码头"（Port Jackson，又译萨克森埠，今译杰克逊港湾）。其择地之人名曰昔得内（Lord Sydney，今译悉尼子爵，即 1786 年正式同意将植物湾作为政治犯和刑事犯流放地的英国内务部大臣雪梨子爵），初次在该处设埠之时，又犯罪作苦工者七百五十七人，英人二百人，另有管理罪犯之人住于该处。今只能以游历著名最有功者称述之。罗森伊（Lawson，今译罗森或劳森）是第一人，穿过蓝山，爱文司（George Evans）与屋克司累（John Oxley，今译约翰·奥克斯利，1785—1828），行过麦加里（Macquaire River，今译马夸瑞河或麦夸里河）及辣克郎河（Lachlan River，今译拉克兰河），和浮尔余没行过维克多利亚（今译维多利亚）西方一带，至非里勿海口；阿郎甘奈扛行至暮尔敦海湾；沙尔司达脱（Charles Staurt，今译史托特）行过大林（Darling River，今译达令河，或道林河系），及墨累·米赛尔（Murray）行走西边沿海之山内，有多次极为尽力。伯爵司脱齐里几（Count Paul de Strzelecki，今译斯特尔泽莱斯基伯爵，波兰探险家）考究澳洲阿耳魄司山内之可瑟司可山（今译科修斯科山，为澳大利亚最高山峰），拿勒哥里兄弟三人考究西澳洲之土地有十五年之久，召吒爱尔（Edward Eyre，今译埃尔）行过都伦士湖（Lake Torrens，今译托仑斯湖）与爱尔湖（Eyre Lake，埃尔湖），里特微格（Friedrich Leichhardt）、来沙尔行过魁吒司伦特（今译昆士兰州），从暮尔敦海湾至爱星敦海口，后殁于一千八百四十八年。……今时尚有许多游历之人，招寻澳洲各处，内有讲究地学者，又有专寻牧场者。……一千八百五十一年，寻得金矿。澳洲由是兴旺，麇聚多人，至今有愿常住澳洲者。又有从前犯罪充军之人，或其子孙，其民分为二种，各不相涉，得金矿以后，失业之人一拥而来，又有想发财之人，几乎天下之人聚焉。该处居民之旧俗因此不变，众人俱想得金矿，故从前分开各不相涉之意，渐化而无。自彼时起，生齿日繁，一千八百五十一年，有三十万人，今有三百余万人。①

文中所谓"科克"，即著名的航海探险家库克。1770 年 4 月由其担任船

① 《澳大利亚洲新志》，第 8—10 页。

长的英国船来到了南太平洋，船上有一些科学家，他们此行的任务是到塔希提岛进行天文观测，然后进行探索南方大陆的计划。1770 年 4 月 20 日黎明，当库克指挥的船向北行驶时，他们看到了澳大利亚大陆东南海岸的山丘和树丛，这是欧洲人第一次见到南方大陆的东海岸，4 月 29 日他们发现了悉尼港南面的植物学湾（Botany Bay），之后沿着东海岸继续向北行使到大陆东北沿海的大堡礁一带，由于船触礁而不得不在今天的昆士兰州北部的库克镇停留两个月。船继续沿着东海岸前行来到"牙京克角"（今译约克角半岛）的北部顶端，然后自东至西穿过托雷斯海峡到达爪哇岛上的雅加达，再横渡印度洋，绕过南部非洲的开普敦，经过大西洋回到英国。

《澳大利亚洲志译本》是《澳大利亚洲新志》的增订本，收入在胡祥鑅辑《渐学庐丛书》中。增订者沈恩孚（1864—1944），字信卿，亦署心罄，号渐庵，晚号若婴，江苏吴县人。14 岁入县学，补博士弟子员。远近争延为私塾师。他为学生讲解"《地球韵言》，以启童蒙"。曾肄业于上海龙门书院，1894 年甲午科举人，主张变法维新。旋执教于宝山县学堂，张君劢、张公权、金其堡等皆出其门下。清光绪二十年（1904）秋天考察日本教育，同年与袁希涛等倡议改上海龙门书院为初级师范学校，任学堂首任监督。参加创办江苏学务总会，当选会长，倡议施行小学单级教授法。武昌起义后入江苏都督府，任副民政长，旋任江苏省民政署秘书长。1913 年"二次革命"后弃政从教。1917 年 9 月任湖南省教育厅厅长，与黄炎培等发起中华职业教育社，筹创南京河海工程专门学校，创办鸿英图书馆，又任上海市议会议长。抗战期间寓居上海闭门读书。1944 年 4 月病逝于上海。（或称 1949 年去世）他深研《说文》，通训诂之学，著有《戊戌读书记》《说文部首合体字内未入部首之独体字》《注配字母发音部位位表》《文字形体学要》《指字书部首之研究》《字谊新诠》《春秋左传地理今释》《春秋左氏传汉谊》《二十四史文学丛抄偶评》《易学史》《沈氏艺文志》《渐庵东游记》《渐庵诗存》《渐庵文存》等。后人编辑出版《沈信卿先生文集》。①

————————

①　参见徐友春主编：《民国人物大辞典》（增订本），上册，河北人民出版社 2007 年，第 747 页。沈恩孚早年在上海办新式教育，南京河海大学和上海同济大学的建立，都与沈恩孚有关。他曾任同济大学第四任校长。和黄炎培的关系很深，文集后有黄炎培在重庆为其所写的传记，详细叙及平生交往和一生功业。文集编定的时间在 1949 年，收录他给许多当时出版物写的序跋和为许多名人及前辈写的墓志铭，其中多为教育、学术、科学、民治、工商等方面内容，尚有大量与章士钊、蔡元培、张君劢、陈柱、潘光旦等人的往来书信。他对中国文字学和西北地理均有研究，文集中亦有此研究和史料。其子沈有干是中国　（转下页）

沈恩孚所编《澳大利亚洲志译本》一卷中有"今据远帙条撮其文，录而存之……丁酉初冬恩孚自志"。据此，该书应该完成于光绪二十三年（1897），同年刊印。该书不分卷，但是通过若干小标题将全书分出若干段落。第一节序言之后，依次为"志山""志水""志气候""志动植物""志民数（附诸教）""志官政""志学校""志农（附牧羊）""志工（附矿产）""志商（附轮船、铁道、电线）""志邑聚（附游历）"。最后为"澳司脱拉拉齐附志"。序言部分总体介绍澳大利亚："澳大利亚地据南洋群岛东南洲之西，有尖角，其形直削，在京师西经三度二十二分五十八秒，东一凸角曰比隆……全洲大于法兰西十四倍（译自法文故云然），得欧洲五分之四，地分五属，各有自主之权，最大者曰西澳洲，凡二百五十二万七千五百三十万启罗迈当；曰南澳洲，合北地凡二百三十三万九千七百五十三方启罗迈当。曰魁唔司伦特，凡一百七十三万零六百三十万启罗迈当；曰奴浮尔加尔第西特，凡八十万零零七百三十方启罗迈当；曰维克多利亚，凡二十三万七千六百十方启罗迈当。陆地平整有山，其四周宽广。……海湾海口可屈指计，其南境偏西处若弓弯，曰澳洲大湾。……东濒太平洋之海岸有胜境焉。山多而沃饶，林木畅茂，东北境海中时有暗礁，泊船者畏之。其海口最大而深者曰萨克森，内有城，曰昔得内（即悉尼）……全境人迹所未经者尚三分之一。内地无植物人迹者五分之四，地可耕者仅山麓海滨，得全境十四分之一。"接着也有"志山""志水""志气候""志动植物"等，内容在《澳大利亚洲新志》基础上有新资料的增补，如"志学校"："诸国学校之制，有初学塾、大人塾、妇学塾、中学塾、太学院，有官立塾、官助塾、民立塾，其建学广，故其兴民智也。锐洲中官设大书院凡三，一建于昔得内，一建于迈拉波尔纳（今译墨尔本），一建于挨得赖以得（今译阿德莱德），其所课之业，为诸学最。入此学者，亦有差等，类中国生员、举人，以欧洲诸国所名者名之。其等学塾随地取给，公费不属国家，独初学塾，不问操何业者必入学读书，或其父母不令读教门书者听。当光绪十年（公历一千八百八十四年）又启蒙学塾五千八百四十四所，男童凡二十八万六千一百十三人，女童凡二十六万七千零七十八人，男教习五千六百七十

（接上页）著名心理学家、沈有鼎为著名哲学家，兄弟俩同出清华，都对数理逻辑有很高的天分，且同为留美学生。辽宁教育出版社的"新万有文库"中有沈有干的留美回忆录《西游记》，他还常在《新月》和后来的《西风》杂志上发表小品文，有英国散文的趣味。沈恩孚有四个女儿，其中一女嫁给了工商领袖胡厥文。社会学家潘光旦即其外甥。参见《沈信卿先生文集》后附黄炎培《沈信卿先生传》和沈有珪、沈有琪的跋。

四人，女教习六千二百十六人。（西国无男女贵贱，七八岁皆入学，至十五岁为小成，西一千八百八十一年每百人中识字者，德国约九十四人，美国约九十人，英国约八十人，法国约七十八人，俄国约十一人）。"

如"志邑聚（附游历）"称："始探获洲地者为葡萄牙人，时值明正德嘉靖之间（西一千五百七年至一千五百二十九年，当正德二年至嘉靖八年）。迄国朝康熙五十九年（西一千七百二十年）在爪哇京城之荷兰人始详考得，实计自明万历十四年至国朝顺治元年（西一千六百六年至一千六百四十四年）荷兰人在北西南三边勘地甚密，其有功者曰阿倍尔打司稔。知西边荒野居民凶悍贸易稀少，以是不遽立属地，而地濒太平洋处白种人犹未至。乾隆三十五年（西一千七百七十年）有科克者，始泊船西南角得尽识其东边之地，自好户角至牙京克角，遂全属英吉利，名曰奴浮尔加尔第西特。"该篇补充道："嘉庆五年（西一千八百年）以后有法兰西人弗来西奈及船工罢代，亦游历洲境之四周。英吉利之初，议立商埠也，在乾隆五十三年（西一千七百八十八年），既相度罢带里海湾不合，别择一湾于南境，名曰萨克森埠。其择地之人曰昔得内，故今有昔得内城，初设埠时仅罪犯作苦工者七百五十七人，英人二百人及管理罪犯者居之。"这是指1788年英国海军军官阿瑟·菲利普（Arthur Phillip）率领的"第一船队"，于1788年1月到达澳大利亚。菲利普首先在1770年库克船长考察过的"罢带里海湾"登陆考察，但对于这个平淡不奇的圆形港湾不满意，既所谓"相度"而"不合"，于是来到植物学湾北面的"萨克森埠"。这是一个天然良港，首批登陆的欧洲居民一千多人（包括七百多名囚犯）。之后，菲利普立即就任澳大利亚第一任总督，宣布称澳洲大陆的整个东半部为英国属地，命名为"新南威尔士"。① 最后为"澳司脱拉拉齐附志"，主要讲述新西兰的情况。②

综上所述，《澳大利亚洲新志》及其增订本《澳大利亚洲志译本》，是近代中国人对澳大利亚整体图像的第一次比较准确的把握，两书所据的原本，

---

① 于杭、梁再冰：《澳大利亚》，重庆出版社2004年，第28页。
② 位于太平洋西南部和南部的赤道南北广大海域中的大洋洲（Oceania），狭义的范围是指东部的波利尼西亚、中部的密克罗尼西亚和西部的美拉尼西亚三大岛群，位于太平洋西南部和南部的赤道南北广大海域中。介于亚洲和南极洲之间，西邻印度洋，东临太平洋，并与南北美洲遥遥相对。在地理上划分为澳大利亚、新西兰、新几内亚、美拉尼西亚、密克罗尼西亚和波利尼西亚六区，由十六个独立国家和在美、英、法等国的管辖之下的地区组成。晚清中国人经常将"澳洲"理解为今天的"大洋洲"，因此在叙述澳大利亚地理时也常常述及新西兰。

或参照的蓝本为何书？值得进一步研究。晚清从原本到译本，译者为了迎合中国读者的阅读趣味，经常会在文本处理上采取中国传统的体例，如英国传教士慕维廉（William Muirhead，1822—1900）和中国的合作者蒋敦复将英国历史与地理学家托玛士·米尔纳（Thomas Milner）的原著《英格兰史》（History of England）编译成《大英国志》。原本是一部按照时间顺序排列的王朝更迭史，译本体例作了很大的修改。① 两书的编译者和增订者都是江苏人，且都曾活动在上海，各自都有赴西洋或东洋的游学经历，赵元益大吴宗濂 18 岁，后者署名在前，可见主要的口译资料者应该是吴宗濂，赵元益担任的是笔述润饰的工作。增订者沈恩孚小于吴宗濂 7 岁，与赵元益堪称两代人。清末前后几十年间，沪上广泛的异域信息资源和海洋文化的城市特征，是否与他们想象新兴的澳洲有着某种联系呢？笔者以为这是一个很值得进一步讨论的问题。

第五节　本 章 小 结

中国人对世界地理知识的想象和认识，从 15 世纪明代起，大致经历了三个阶段：一是以郑和下西洋为主体的对东亚海域和印度洋，以及东非的认识；二是由利玛窦、艾儒略传入中国的欧洲人关于欧亚大陆、北非南非，以及南北美洲的知识；三是晚清引入的有关澳洲实地考察与外人所提供的大洋洲和太平洋的知识信息。第一阶段是东亚海域到印度洋地理知识的系统了解，第二阶段介绍的是大航海时代第一次欧洲人海路地理大发现的结果，而第三阶段传播的是世界史上第二次海陆探险发现的知识。我们今天所认识的世界完整图像，建立在欧洲人两次海路地理大发现的基础之上。正如韩子奇所指出的，晚清中国人所认识的"世界"与之前所看到的"世界"是不同的，之前的世界是东一块和西一块分割的世界，而晚清所认识的世界是一个五大洲或六大洲连接起来的环球系统。② 而近代中国人正是通过晚清世界地理知识的想象，空间观念有了前所未有的拓展。澳洲在原有所知的亚洲、欧洲、非洲和南北美洲之外，又提供了新的一种地理类型和文化类型。

---

① 邹振环：《西方传教士与晚清西史东渐——以 1815 至 1900 年西方历史译著的传播与影响为中心》，第 128—129 页。

② 韩子奇：《"开眼看世界"——论晚清地理教科书中的全球图像》，张仲民、章可编：《近代中国的知识生产与文化政治：以教科书为中心》，复旦大学出版社 2014 年，第 3—16 页。

可以说，世界地理知识新空间的开拓，使 20 世纪初中国人能够更进一步接受地球的多样性和世界文化多元性。晚明以来第三阶段中国人对澳洲的想象与认识，似乎回归了中国人认识世界地理知识的第一阶段，正如当年郑和下西洋及其随行人员完成的相关航海地理文献，国人对海外知识的主动追求，以及撰写的汉文著述，再次成为开拓世界地理知识新空间的主角。

19 世纪中国的"地理大发现"虽然没有像欧洲人的地理大发现一样，带来造船工业及航海技术的迅速发展，而引发后来欧洲的工业革命，但中国的"地理大发现"对于中国文化的意义是巨大和深远的。明末清初的地理学汉文西书没有得到中国士大夫的普遍回应，在 18 世纪百余年的时间里，中国地理学研究的生命力正在渐渐走向衰竭，而晚清"地理大发现"所引进的一系列西方地理学的新知识、新概念、新术语和新方法，为中国人展示了一个全面的世界面貌，传播了前所未有的地理信息，给中国人开阔了全球性的视野，呈现了一条崭新的环宇地理状况及其分布规律的知识线，为中国地理学从传统到近代转换带来了转机。世界图像，首先是人们对地理空间知识的把握，包括了这一地理空间中"人的世界"的把握和"物的世界"的把握。而澳洲的发现、关于澳洲的想象与认识，在晚清中国知识界"地理大发现"的过程中，具有重要的意义。

如果说，明末清初的中国学者是通过西方传教士利玛窦的世界地图、艾儒略的《职方外纪》和南怀仁的《坤舆全图》《坤舆图说》等来了解第一次欧洲人地理大发现的成果，是对郑和下西洋所遗留下来的关于世界地理知识的丰富和新的开拓；那么，清末国人对澳大利亚的想象和认识，则是通过实地考察记录所获取的中外学者的各种信息、西人著述的汉文译本，以及驻外使节咨询西人所得的资料，其中更多、更系统、更准确的信息，还是来自中国人通过系统调研、摸索和整理所撰写的论著，由此完成了对第二次欧洲人世界地理大发现的了解，建构了中国人关于世界地理知识的新认识。

与明末清初由利玛窦、艾儒略传入的欧洲人关于欧亚大陆、北非南非，以及南北美洲的知识不同，也不同于晚清关于英国和美国的知识在中国的介绍主要依靠西方传教士裨治文《美理哥合众国志略》和慕维廉《大英国志》等史地论著，[1]有关澳大利亚新知识的开拓，在清末主要是由中国人扮

---

① 关于上述两书的研究，参见邹振环：《西方传教士与晚清西史东渐——以 1815 至 1900 年西方历史译著的传播与影响为中心》第四章、第五章。

演了知识传输者的主角。在国人对第二次世界地理大发现的认识过程中，19世纪初以来西方新教传教士等携来的有关澳大利亚的新知识，也具有重要的参考价值。这些世界地理新知识的介绍，纠正了明末清初耶稣会士的地理学汉文西书的若干偏差，"澳大利亚"也成为新学文献学家如梁廷枏、徐继畲等利用新输入的西学地理新知识，修正了利玛窦、艾儒略、南怀仁等所述"墨瓦蜡泥加"的错谬的重要领域之一。认识了澳洲，对五大洲才算有了真正完整的认识，地球的视野也大大开阔了。

梁廷枏、徐继畲等早期西方民主思想的宣传者和郭嵩焘、薛福成等早期欧洲民主政治的考察者，以及吴宗濂、赵元益、沈恩孚等澳大利亚译本的编译者，注意从环境的角度介绍澳大利亚的地形地貌、植物动物、气候农业、制度教育等信息。由于澳大利亚是欧洲人第二次世界地理大发现的产物，因此，中国传统地理学文献，以及明末清初的耶稣会士的汉文西书中都没有其自然地理和人文地理的确凿材料。不管是零星的澳洲政区划分知识的介绍，还是系统的政治制度叙述，或是从殖民地的角度述及澳大利亚，似乎都将关于澳洲的讨论放在西方民主政治的建构与中国传统政治模式的比照之下，特别是将之放到英国勃兴与强盛这样一种语境下。19世纪70年代的《申报》载文从政治地缘学角度下讨论过澳洲，指出："英国天下莫强焉。欧罗巴、亚西亚、阿非利加、亚墨利加、澳大利亚群岛，皆有属地，共三十五部，统计方里八千万里。天下未有如是之大国也。英国勃兴之大略已具于此，是亦详论国势者所当知也。"①该报上所载《隔海控制论》一文则从海陆地缘政治学角度，称英国尚不及中国一小省，却何以能控制遥远的岛屿澳洲的原因。② 1902年8月13日的《大

---

① 《英国勃兴大略》，《申报》1872年5月13日第10号，第3—4页。
② 《隔海控制论》称："自画野之制定，古今幅员广狭，无论同坼壤地必归于一。东西南朔四境，环连断无中隔，他国之地而越境可以控制者，四代诸侯、嬴秦郡县制度不同，区画则一。……本朝疆宇益广，西北界俄罗斯，西南界印度、缅甸、安南越南，东跨海以通日本、琉球，形势愈大，邻邦愈远，除俄之半岛在亚细亚洲，余已与欧洲诸国相连，故通商之局天造地设，非外邦有窥伺之志也。……英吉利之国势，则为古今天下地球上之所无，初有三岛，伦敦分五十二部，苏格兰三十三部，阿尔兰三十二部，合计不过中国一小省，而其属地则不与三岛相连，反数十倍于三岛。其西有北亚墨利加，东有印度，迤南有南洋诸岛，皆在数千万里外，重洋险隔，朝政有不逮之势，而其声教所讫无远勿届，正可高踞三岛之中，而驾驭美国北境、印度之孟加腊等四部，以至于澳大利亚荒旷新墾之地，此亘古所未有之奇局也。而其所以能保守藩属之地者，又岂有他道哉，汽机耳，化学耳！地远势隔有轮舟以通往来，朝发可以夕至，或信宿而行矣！有电线以达消息，异地可以一堂，则馈应倍捷矣。往来既便，消息既通，虽孤悬海外，不啻千里之内强邻四境环之，而无敢觊觎。"《申报》1877年10月19日第1874号，第1页。

公报（天津版）》据《万朝报》称："据澳大利亚联邦议会此次所定法律，无论男女丁年以上者，均于组织联邦六州有选举国会议员之权，并有选为议员之权，即女子于政治上至得男子同等权利，以之为嚆矢矣！"①这些文章所隐含的深意非常明显，即优于中国专制统治的西方民主制度，可以在曾经仅仅是荒芜的澳洲土地上根植，当然就更有理由在文化丰厚的中华大地上推行了。

19 世纪开始有大量中国侨民移居澳洲"种地开矿"，19 世纪 50 年代淘金热所引发的华人赴澳大利亚采掘黄金，不能说与《海国四说》《瀛环志略》全无关联。1900 年 11 月至 1901 年 5 月，梁启超应澳洲保皇派之邀，"居澳半年，由西而东，环洲历一周而还"。"日出见鸥知岛近，宵分闻雨感秋深"，他期望将澳大利亚四州作为宣传维新变法思想的基地。② 星轺使行人员和澳洲的游历者也贡献了他们的知识信息，地图学家使地球的形状获得了更为精确的表述，吴宗濂、赵元益等文献翻译家也注意从环境的角度介绍澳大利亚的地形地貌、植物动物、气候农业、制度教育等信息，这类丰富的数据积累，为 20 世纪初世界地理和区域类型的地理著述的撰写提供了重要的学术支持。澳洲的新知识在原有所知的亚洲、欧洲、非洲和南北美洲之外，又提供了新一种地理类型和文化类型，这些生动的游记和译著资料，为没有加入澳洲探险的中国人提供了丰富的知识资源。

---

① 《大公报（天津版）》1902 年 8 月 13 日。
② 丁文江、赵丰田编：《梁启超年谱长编》，上海人民出版社 1983 年，第 260—265 页。

结　　语

　　晚明西人东来,被视为延续至今的"全球化"时代的开端,早在1970年代,郭廷以所撰《近代中国史纲》即以16世纪的西人东来为起点,他在《中国近代化的延误》一文中指出,中国现代化的落后,"其症结并不全在近百年之内,实远伏于百年以前,特别是百年前的百年"①。著名学者樊树志更是把16世纪作为"晚明大变局"的开始。② 15世纪末16世纪初,确实是世界大变局的开端,整个世界在不同文化的交互作用下,社会文化开始重构全球化的路线、媒介技术、观念思维和审美标准。明清之际开始在中国渐渐形成的"世界意识"之内涵,是随着时代的变化而发展的。在大航海时代之前,欧洲人的"世界意识",其实只是"欧洲意识";同样,中国人的"世界意识"即"天下观念"。

　　晚明以降,以中国为中心的东亚知识界,就面临来自大航海时代欧洲有关世界地理新知识的挑战。本书着力描摹晚明至晚清知识人如何凭借既存的汉文地理文献,构建对于域外世界的想象。地理学文献较之其他异域情调的符号化产品,更具典型性和说服力。作为在无限宽广的想象空间里,逞其幻思的思想动力,地理文献更易激发出多重多样的思想反应。从晚明至晚清,凡是有心追求地理新知的中国知识人,思考世变由来和因应之道,在他们具体身处的知识环境中,通过想象和认识,探究着前所未知的寰宇情势和广袤无涯的地理知识。文献如人一般,有自己的故事、自己的生命,本书以具体个案的形式,阐释晚明至晚清的世界地理文献所承载的新知,如何在中国被生产和传播,从而为晚明至晚清的中国思想文化界提供一个特殊的

---

① 郭廷以:《近代中国史纲》,中国社会科学出版社1999年;参见氏著:《中国近代化的延误》,罗荣渠等编:《中国现代化历程的探索》,北京大学出版社1992年,第43页。
② 参见樊树志:《晚明大变局》。

认识和想象世界的方式。潘光哲创制了一种譬喻之说,认为近代中国知识人犹如进入了一座包罗万象的"知识仓库"(stock of knowledge),只要愿意信步直入,披卷展读,随意阅览文献,各色地理信息、地理观念,斑斓眩目,应接不暇,迎面扑来:或是前所未晓的异域风土人情,或是从未得闻的他国体制伦常,或是向不得见的殊方异兽、奇技妙器,或是令人"惊异不置",或是令人叹为观止,或是令人掩卷深思,或是令人摇头叹息。览卷所及,总可撼动挑拨观奇揽胜者的心怀意念,进而汲引足可激荡多样思考想象的"思想资源"(intellectual resources)。①

明清构建的"知识仓库"中,最重要的是前代所缺的"万国之书",梁启超甚至认为,理解中国与认识和想象世界是直接关联的。1897年他出任湖南长沙时务学堂中文总教习,手订《学约十章》,其中第四章"读书"中称:"今时局变异,外侮交迫,非读万国之书,则不能通一国之书。"②1899年他在《戊戌政变记》一书中再次强调:"中国之弱,由于民愚也;民之愚,由于不读万国之书,不知万国之事也。"③晚明以降有关世界的想象,使中国知识人通过研读汉文地理学"万国之书",突破既存的知识因笼,心驰域外、放眼寰宇,利用丰富的西方地理知识资源,形成了突破传统的巨大思想助力。

时空观念的认识,是人类思维活动最深层的依据。以纵向的视野来考察明清地理学汉文文献的演变史,我们可以发现多层次的明清西学东渐语境下汉文地理文献有一种不断叠加的层叠结构,表明了关于世界的想象和认识与明清地理学文献传播的互动关系。对历史纵向和横向的演变观察,需要探讨同一时间不同空间发展之轴中的联系及其因果关系。《庄子·知北游》中有言:"天地有大美而不言,四时有明法而不议,万物有成理而不说。圣人者,原天地之美而达万物之理。"④言天地大美,议四时明法,说万物成理是地理学家最重要的任务,是故地理学家堪称"圣人"。天地大美不言,由地理学家诠释的众多地理学文献即可为天地立言。历史是空间上时间的延伸,想象域外空间是世界意识形成的基点,而认识世界亦是理解中国的基

①　"导论",潘光哲:《创造近代中国的"世界知识"》,社会科学文献出版社2019年,第1—17页。
②　梁启超:《湖南时务学堂学约十章》,《时务报》第四十九册,光绪二十三年十二月初一日(1897年12月24日)。
③　梁启超:《戊戌政变记》,专集之一,《饮冰室合集》第6册,第28页。
④　王先谦:《庄子集解》,第138页。

础。明清时期通过汉文地理文献认识所展现的"世界想象"，大致有以下一些特征：

一、随着时间的推移，传入中国的"西学"之空间想象有一个在域外和域内不断变化的过程，也是一个世界地理知识在同一时期不同地域空间的不断叠加、逐渐清晰的过程。

先秦时代中国对东亚海域就有了不太清晰的认识，面对东海域外世界，齐人邹衍就有过"大九州"的想象。西汉张骞"凿空"，打通通往西域的道路，开始了关于中亚世界的想象。南北朝隋唐时期西僧的东来和玄奘、杜环等人的西行，《大唐西域记》和保留在杜佑《通典》中的部分《经行记》，为中国人了解印度佛教文化圈和伊斯兰文化圈，提供了重要的知识信息。宋元海道大通，阿拉伯商人的东来，带来了关于印度洋和阿拉伯世界的想象。明朝郑和下西洋，给中国人了解西太平洋、南海、印度洋和东非带来了相对比较确凿的域外知识。明末清初来华的耶稣会士利玛窦、艾儒略、南怀仁、蒋友仁等，更是输入了大航海时代之后西方地理学的新知识。

从《西学凡》中最早传入的文科、理科、医科、法科、教科和道科的"六科"，即现今所谓修辞学、哲学、医学、法学、修士学、神学，到中国学者徐光启按照利玛窦所传之学分为三类："大者修身事天，小者格物穷理，物理之一端，别为象数。"按照我们今天的学科分类，"大者"显然是指神学、哲学，"小者"指物理学、机械学等，"象数"之学指数学。一直到晚清，郑观应的《盛世危言·西学》则把西学分成天学、地学和人学三部分，其中地学以地舆为纲，包括"一切测量、经纬、种植、车舟、兵阵诸艺"。国人对西学含义的理解也渐渐在深化。晚清西方新教传教士传入大航海时代有关澳洲的新知识，在传入西方新地学知识的过程中，中国学者林则徐、魏源、徐继畲、邝其照、薛福成等渐渐开始充当主角，他们提供的地理新文献，在新地学知识的介绍方面，更是改变了明末清初关于南极大陆的旧观念，提供了最新的关于澳大利亚的想象和新认识。16 至 19 世纪，中国开始漫长和艰难地从地域史走向世界史的过程，在这一过程中，明清地理文献为中国人提供了中西地理学交流的知识镜像，也为国人的世界认识提供了丰富的想象。

二、明清汉文地理文献对于世界的想象，往往联系着多样性的历史事象和文化意象，而各种历史事象和文化意象，又多是基于本土经验的想象。中国人在对世界想象的路径中，受汉文世界地图模型的影响最大。

明清汉文地理文献对于世界的想象，往往联系着多样性的历史事象和文化意象。明末清初地理学汉文西书中,不仅介绍了欧洲的"五大洲"的观念,为中国人介绍了欧洲人地理大发现的成果,也介绍了各种历史事象和文化意象,如《坤舆万国全图》《坤舆全图》和《坤舆图说》所提供的珍禽异兽的异域动物的绘像,以及"世界七奇"展示的域外世界的奇异景象。在晚明利玛窦世界地图传入之前,中国人关于宇宙的观念主要就是盖天说和浑天说,盖天说主张天在上,地在下;浑天说主张天在外,地在内。两说都没有明确说明大地是一个球形,或谓天圆地方,或谓天圆地平。而从利玛窦世界地图的绘制开始,之后艾儒略、毕方济、汤若望、南怀仁和蒋友仁等,在中国构建了汉文世界地图绘制的系谱,其中有一些重要的改变国人思维的知识点,如明确地球是一个球体,海洋是地球的一部分,整个地球有五大洲,中国不是世界的中心等。这一早期汉文世界地图的模型中,利玛窦和南怀仁等西方传教士还努力传送新世界的动物知识和七奇知识,这是非常重要的历史事象和文化意象,一方面在汉文地图上沟通旧世界和新世界,另一方面也尝试在文化上沟通中西两种动物意象的互动对话。世界地理的认识和想象,很大程度上依赖地图模型方能建构,并依照地图模型的改变而不断改变。晚明至晚清这一汉文世界地图构建的系统,渐渐为中国地理学者和绘图者所接受,从《坤舆万国全图》《坤舆全图》到《万国大地全图》《大地全球一览之图》和《地球五大洲全图》,都先后为中国人认识世界提供了不同模型的汉文世界地图,形成了汉文世界地图表述的一个清晰脉络,展示了汉文世界地图观照异域世界的复杂过程。地图文献注重区域差异和空间表达,这种综合的空间思维的表述功能为我们理解日趋复杂的世界作出了创造性的贡献。这些汉文世界地图文献重构了晚清地理知识与国人理解空间的方式,任职于户部的官员恒廉称:"测绘舆图,西法实胜于中国,洋人无人不绘,无地不图"[①];同为户部官员的程利川更是进一步指出,不仅研究世界,即使研究中国,也需要关注"泰西舆图":

　　泰西制胜之策,皆于舆图发其凡。举中国险要之区,彼非特图之而已也,并命匠人仿是图而经营之书,明尺寸于其上,将山势之高下、水头之深浅、炮台船坞汊港歧路,纤微毕具,供众观览。今且深入内地,或游历、或传教,即举穷乡僻壤,形其形势之险,易民风之强弱、衢巷之纷、草木之微备识之,绘为图以献其国,故以泰西各邦而言,中国形势,历历如

---

①　中国第一历史档案馆编:《清廷签议〈校邠庐抗议〉档案汇编》,线装书局 2008 年,第 3195 页。

得诸亲见以图之,为用甚善也。①

　　三、中国人对世界的想象,很大部分受汉文世界地理文献的影响,而明清汉文世界地理学又直接受到西方原本所提供的知识资源,其准确度和局限性无不如此。不管是西方传教士的叙述模式,还是后来中国学者的绘图方法,明清汉文世界地理文献表述中有着浓厚本土化色彩。

　　中国人对世界的想象,很大部分受地理学汉文西书的影响,明清汉文世界地理学直接受到西方原本所提供的知识资源,西方本土的地理学知识也经历了一个由驳杂、混沌到清晰的变化,其准确度和局限性都无不如此。明末清初来华耶稣会士所创造的地理学汉文西书的资料来源是多元的,如《职方外纪》是艾儒略在庞迪我、熊三拔“奉旨翻译”的“底本”基础上,还依据了鄂本笃行纪、马可尼(Magini)编辑的 Tolomeo 的地理学书和马可尼自己创作的地理学书。从该书述及的“海族”奇兽可见,《职方外纪》还直接摘抄瑞典天主教神甫、地图学家和史学家奥劳斯·马格努斯为海图所作的附有注释性质的拉丁文著作——《北方民族简史》等书的相关部分。即使编译的晚清西方地理学著述同样如此,如《四洲志》不译原书《世界地理百科全书》中专讲中国的近三章,仅摘译原著的其他章节。但原著对中国疆域的刻意歪曲,是周密地贯彻到有关章节中去的。《四洲志》中篇幅最长的“育奈士迭国”(今译美利坚合众国)一节较为详细地介绍了美国的简史和政治体制,但比对原书,其中“山则深林,莫知矿处;壤则启辟,始破天荒”完全属于改写,“不立国王,仅设总领”是林则徐凭空加入的内容,他还把美国的联邦制度同中国的封建郡县制度加以对比,认为美国的政治制度与中国有作为的圣明君主所治并无差异,肯定这种民主共和的国体,在对美国政治体制的理解上显示出明显的本土化色彩。

　　四、“中国意识”的形成或“中国形象”的明晰,也是缘于对“世界意识”和“世界形象”的认识,个体和群体的世界想象也影响了国人思考维度的变化。“游走天下”的西方耶稣会士“立足全球”传播西学的这一努力,是为了让中国读者接受其关于世界的解说,而中国学者的“立足本土”的想象,则是建构自身话语体系所进行的最早尝试。

　　历史上一个生命的个体,和一个民族一样,总是在不断想象世界和认识自我的过程中成熟的。个体生活在群体、社会之中,其时代的精神趣味和文

---

① 中国第一历史档案馆编:《清廷签议〈校邠庐抗议〉档案汇编》,第 3350 页。

化氛围,提供给个体想象的方法,鼓励个体进行特殊的想象。正是从这个意义上可以说,存在着一个所谓的"集体想象的共同体",个体想象可以置身于这一共同体的框架之中,特殊的文化想象以何种方式被讲述出来,取决于这个框架。一个适宜的想象共同体有助于形成一个民族的历史记忆,这一民族的历史记忆,也包括所面对的域外世界和异邦文化。个体和群体通过不同的文化形式,以及立体的各种媒介,如意象的书写、形象的图绘文本,甚至制度化的仪式,如实践和观察等,使想象得以生成、延续和传播。人类文明交往史的转折开始于欧洲人地理大发现的大航海时代,空间交流的范围空前地扩大,间接、间歇的交流,转变为直接与频繁的交流;西方传统的地区性海上贸易,也由此演变为面向世界市场的全球贸易,贯通西欧与美洲及西亚的大西洋航线,贯通美洲与亚洲的太平洋航线,绕道非洲南端好望角的印度洋航线,将世界各大洲连成了一片,形成了世界意义的"万国"经济与文化的交换体系;长期以来的地区隔离的状况、文明舞台限于亚欧大陆的格局,也因此归于终结。大航海时代使整个世界局部的文明交流,转变为全球性的交流;交流的层面也从物质技术走向更深层的领域。可以说,"世界意识"和"中国意识"都是大航海时代的产物。16世纪初西方传教士东来,通过世界地图和地理著述给中国人传入了关于万国的观念和世界的意识,不仅仅在言说一个自然和文化的空间,也是将编译者和读者的感性认识、符号认知和情感体验融化在一起,形成一个对于现实世界的想象性建构,而一套完整的有关世界的知识体系对于国人理解中国有着重要的作用。

明清关于"世界"的想象,蕴含着对中国本土文化重新诠释的意图,想象的过程亦是西学知识的再生产和重塑国人认识世界和自我认识的过程。中国现代民族国家的产生是与关于"世界""西方"的想象联系在一起的,"中国意识"的出现和"中国形象"的建构,也是与"世界想象"和"世界意识"联系在一起的。在汉文文献中,"中学"的出现亦是源自"西学"的影响,"中学"是伴随着西学而衍生出来的与"西学"并列的一个核心概念。"中学"因"西学"而提出,最早出现在何种汉文文献,学界至今尚无专门考证。张鹤龄(1867—1908)在论文字学理论的专著《文敝篇》中称:"若论其难易殊科,则中学乃绝难,而西学实较易。"《汉语大词典》将之作为清末"中学"最早的释例。① 据笔者查核,明末1629年绛州初刊的德国耶稣会士汤若望的《主制

① 《汉语大词典》第一册,汉语大词典出版社1995年,第618页。

群征》中就已经出现了"中学"二字："或问：'中学亦尊天，与主教何异？'曰：'中学所尊之天，非苍苍者，亦属无形，第其所谓无形，卒不越于天。盖天之苍苍其形，而天之运用不测，即其神也'。"①清初中国学者王锡阐（1628—1682）在论证西方历法原本中国历法的过程中也指出："圜则九重，孰营度之。则七政异天之说，古必有之。近代既亡其书，西说遂为创论。余审日月之视差，察五星之顺逆，见其实然。益知西学原本中学，非臆撰也。"②晚清郑观应理解的"中学"即"中国本有之学"。③ 在讨论中西文化的高潮中，首先将"中学"写成统筹全局论著专篇的是汤震的《危言》。与"西学"类似，所谓先秦诸子、两汉经学、魏晋玄学、隋唐佛学、宋明理学、清代汉学，即是说每一个时代"中学"的内涵和外延都是不断在变化的。陈旭麓将晚清所认识的"中学"概括成或指为"伦常名教"，或指为"四书五经"，或指为"尧、舜、禹、汤、文、武、周公之道"，或指为"中国史事、政书、地图"，推而及于中国旧有的文化皆属之。④ 学界讨论"中学"与"西学"的关系已经这么多年了，"中体西用"的体用之辩和"中道西器"的道器之辩，连篇累牍，但有些基本问题还没有完全陈述清楚。而厘清"中国意识"，无论是地理含义还是文化含义，无论是国体含义还是民族含义，都离不开"世界想象"，以及"世界意识"的认识。

西学东渐给国人带来了"西方""西器""西教""西服""西制"和"西史"等，可以说，"西学东渐"参与了中国人关于"世界"和中国现代民族国家的想象。西学东渐与明清汉文地理文献提供了丰富的异域信息，使明清学人的书写在时空讨论范围上有了空前的拓展，特别是引发了国人思考维度的变化。在比较充分地想象和认识世界之前，中国和其他异域文明世界基本还处在隔绝的模糊状态，国人的思考维度主要是时间的维度，文化的格局是一个封闭的自我复制和内部变动的格局。中国传统地理文献并不乏域外的记载，却未形成一个单独的文献部类。在漫长的历史上，由于特殊的地理环境，中国人一直无法接受与域外民族进行平等交往的意识，将周边外使的来华视为"朝贡"活动，"抚夷""剿夷"和"师夷""制夷"的观念，在相当长的时

① 转引自郑安德编辑：《明末清初耶稣会思想文献汇编（修订重印）》第五卷，第169页。
② 王锡阐：《晓庵遗书·杂著·历说五》，上海书店出版社编：《丛书集成续编·集部》第170册，上海书店出版社1994年，第152页。
③ 郑观应：《盛世危言·西学》，邹振环整理：《危言三种》，第28页。
④ 陈旭麓：《近代中国社会的新陈代谢》，上海人民出版社1992年，第116页。

间里一直是中国重要的外交观念和对外意识。古代中国人长期生活在天朝中心主义的"虚幻环境"中,思考的方法基本上都是由古迄今的纵向历史比较的意识。

"世界想象"的构建是一个非常复杂的过程,中国在整个世界中的"位置","万国"观念的萌生,正是通过一系列地理文献中富有象征意义的描述才逐渐呈现出来。可以说,"世界想象"是中国人现代民族国家建构的重要方面,"全球观念"的建立也是一项极为艰难的思想启蒙。"中国意识"是一种现代"世界观念",在中国走向近代化的历程中,"中国意识"就是一个使自身从"天下"转变为"万国"之一国的认识过程。启蒙是一个民族脱离自己的蒙昧状态,无论是一个个体,还是一个民族,要从几乎已经成为自己天性的那种蒙昧状态中奋斗出来,这是一个非常艰难的过程,唯有自觉抛弃了这种蒙昧状态,一个民族文化才算获得了真正的思想启蒙。这种思考在时空范围上的拓展,得益于明清西学东渐和汉文地理文献带来的"华夷"史观的突破和"万国"史观的建立。这不是对于世界的浮泛想象,而是一种属于时空的开放性的思考维度,是一种对构建横向文明系统参照系的追求。

引 用 文 献

A

Antti Aarne, Stith Thompson, *The Types of the Folktale: A Classification and Bibliography*, Academia Scientiarum Fennica, Helsinki, 1961.

爱汉者等编,黄时鉴整理:《东西洋考每月统记传》,北京:中华书局,1997 年。

[意] 艾儒略著,谢方校释:《职方外纪校释》,北京:中华书局,2000 年。

[意] 艾儒略:《西学凡》,吴相湘主编:《中国史学丛书》,《天学初函》卷 1,台北:台湾学生书局,1969 年。

[澳] 安德鲁斯著,高亮等译:《澳中关系史》,厦门:厦门大学出版社,1992 年。

B

Bridgman Eliza G. , *The Life and Labors of Elijah Coleman Bridgman*, New York, 1864.

白谦慎著,孙静如、张佳杰译:《傅山的世界:十七世纪中国书法的嬗变》,北京:生活·读书·新知三联书店,2006 年。

[法] 白晋著,冯作民译:《清康乾两帝与天主教传教史》,台北:光启出版社,1966 年。

[意] 白佐良、马西尼著,萧晓玲、白玉崑译:《意大利与中国》,北京:商务印书馆,2002 年。

[法] 保罗·柯拉法乐(Paul Claval)著,郑胜华等译:《地理学思想史》,台北:五南图书出版公司,2005 年。

[美] 保罗·斯维特(Paul Sweet)著,梁丹译:《神奇的鸟类》,重庆:重庆大学出版社,2017 年。

包慧怡:《我们不禁要问:这些怪物在科学的地图周围在做什么呢?》,一席 https://www. yixi. tv/#/speech/detail? id = 727。

[美] 本尼迪克特·安德森著,吴叡人译:《想象的共同体:民族主义的起源与散布》,上海:上海人民出版社,2003 年。

[美] A. A. Bennett(贝内特): *John Fryer: The Introduction of Western Science and Technology into Nineteenth-Century China*(《傅兰雅译著考略》), Harvard East Asian Research Monographs, Vol. 24, Harvard University Press, 1967.

北京图书馆善本特藏部舆图组编:《舆图要录:北京图书馆藏 6 827 种中外文古旧地图

目录》,北京：北京图书馆出版社,1997 年。

[美] Elijah Coleman Bridgman（裨治文）: *Chinese Repository* Vol. Oct. 1841, Canton：Printed for the Proprietors, 1841.

[美] Elijah Coleman Bridgman（裨治文）: *Chinese Repository* Vol. Nov. 1845, Canton：Printed for the Proprietors, 1845.

[日]滨岛敦俊：《鸟眼抑或虫眼？——江南地方史研究之意义》,复旦大学历史学系编：《复旦史学集刊·明清江南经济发展与社会变迁》第六辑,上海：复旦大学出版社 2018 年。

[意] Luciano Petech（伯戴克）：《康熙年间葡萄牙使华使团述评》,《通报》第 44 期（1956 年）["*Some Remarks On the Portuguese Embassies To China in the K'ang-His Period*", T'oungpao, 44：227 – 241（1956）]。

[法]伯希和著,冯承钧译：《郑和下西洋考》,上海：商务印书馆,1935 年。

斌椿：《乘槎笔记》,长沙：岳麓书社,1985 年。

卜沃文（A. J. Poppen）著,享华德译：《雅裨理的生平》（The Life of David Abeel）,香港：基督教辅侨出版社,1963 年。

C

曹婉如等：《中国现存利玛窦世界地图的研究》,《文物》1983 年第 12 期。

曹婉如等编：《中国古代地图集·战国—元》,北京：文物出版社,1999 年。

曹婉如等编：《中国古代地图集·清代》,北京：文物出版社,1997 年。

陈村富主编：《宗教与文化论丛（1994 年）》,北京：东方出版社,1995 年。

陈华等点校注释：《海国图志》,长沙：岳麓书社,1998 年。

陈华：《有关〈四洲志〉的若干问题》,《暨南学报》1993 年第 3 期。

陈捷：《岸田吟香的乐善堂在中国的图书出版和贩卖活动》,《中国典籍与文化》2005 年第 3 期。

陈军、宋大祥：《我国狼蛛科 5 种记述》,《蛛形学报》1996 年第 2 期。

陈梦雷编纂,蒋廷锡校订：《古今图书集成》,北京：中华书局,成都：巴蜀书社,1985 年。

陈胜粦：《鸦片战争前后中国人对美国的了解和介绍（上、下）——兼论清代闭关政策的破产和开眼看世界思潮的勃兴》,《中山大学学报（哲学社会科学版）》1980 年第 1、2 期。

陈胜粦：《林则徐与鸦片战争论稿（增订本）》,广州：中山大学出版社,1990 年。

陈拓：《旧西学与新变局——明末清初汉文西学文献在 19 世纪的再发现》,复旦大学博士学位论文,2020 年 3 月。

陈信雄：《万明〈明钞本（瀛涯胜览）校注〉读后》,《中国史研究动态》2006 年第 5 期。

陈旭麓：《近代中国社会的新陈代谢》,上海：上海人民出版社,1992 年。

陈耀南：《魏源研究》,香港：乾惕书屋,1979 年。

陈玉堂编著：《中国近现代人物名号大辞典》,杭州：浙江古籍出版社,1993 年。

陈玉堂编著：《中国近现代人物名号大辞典（续编）》,杭州：浙江古籍出版社,2001 年。

陈原:《书林漫步》,北京:生活·读书·新知三联书店,1979年。

程方毅:《明末清初汉文西书中"海族"文本知识溯源——以〈职方外纪〉〈坤舆图说〉为中心》,《安徽大学学报(哲学社会科学版)》2019年第6期。

成庆泰:"剑鱼",《中国大百科全书·生物学》,北京:中国大百科全书出版社,1992年。

D

[美]黛安娜·克兰著,刘珺珺等译:《无形学院——知识在科学共同体的扩散》,北京:华夏出版社,1988年。

[意]德保罗(Paolo De Troia):《中西地理学知识及地理学词汇的交流:艾儒略〈职方外纪〉的西方原本》,《或问》2006年第11期。

[意]德保罗:《17世纪耶稣会士著作中的地名在中国的传播》,任继愈主编:《国际汉学》第十五辑,郑州:大象出版社,2007年。

[意]德保罗:《艾儒略(1582—1649)与地理学》,载图莉、魏思齐编:《辅仁大学第五届汉学国际研讨会"义大利与中国相遇:义大利汉学研究的贡献"论文集》,台北:辅仁大学出版社,2009年。

[意]德保罗: *Giulio Aleni* 艾儒略 *Ai Rulüe*, *Geografia dei paesi stranieri alla Cina: Zhifang waiji* 职方外纪, traduzione, introduzione e note di Paolo De Troia, Brescia: Fondazione Civiltà Bresciana, 2009.

[美]德雷克著,任复兴译:《徐继畬及其瀛寰志略》,北京:文津出版社,1990年。

邓海超主编:《神禽异兽:大英博物馆藏珍展》,香港:香港艺术馆,2012年。

丁光训、金鲁贤主编,张庆熊执行主编:《基督教大辞典》,上海:上海辞书出版社,2010年。

丁凤麟、王欣之编:《薛福成选集》,上海:上海人民出版社,1987年。

丁锡根编著:《中国历代小说序跋集》,北京:人民文学出版社,1996年。

丁文江、赵丰田编:《梁启超年谱长编》,上海:上海人民出版社1983年。

董光璧主编:《中国近现代科学技术史》,长沙:湖南教育出版社,1997年。

杜亚泉主编:《动物学大辞典》,香港:文光图书有限公司,1987年影印本。

杜宗预编:《瀛寰译音异名记》,光绪三十年(1904)刻本。

[法]杜赫德编,耿昇等译:《耶稣会士中国书简集——中国回忆录》,郑州:大象出版社,2005年。

F

樊洪业:《耶稣会士与中国科学》,北京:中国人民大学出版社,1992年。

樊树志:《晚明史(1573—1644年)》,上海:复旦大学出版社,2003年。

樊树志:《晚明大变局》,北京:中华书局,2015年。

方汉奇主编:《中国新闻事业通史》第一卷,北京:中国人民大学出版社,1992年。

方豪:《李之藻研究》,台北:台湾商务印书馆,1966年。

方豪:《方豪六十自订稿》,台北:台湾学生书局,1969年

方豪:《中西交通史》(下),上海:上海人民出版社,2008年。

方豪：《中国天主教史人物传》，北京：中华书局，1988 年。

方梦之、庄智象：《中国翻译家研究》（历代卷），上海：上海外语教育出版社，2017 年。

方维规：《概念的历史分量——近代中国思想的概念史研究》，北京：北京大学出版社，2019 年。

方闻编：《清徐松龛先生继畬年谱》，台北：台湾商务印书馆，1982 年。

方以智：《物理小识》，上海：商务印书馆，1937 年，"万有文库"第二集。

［澳］C. P. 菲茨杰拉德著，廖大珂译：《是中国人发现了澳洲吗？》，中外关系史学会编：《中外关系史译丛》第三辑，上海：上海译文出版社，1986 年。

［英］菲立普·威金森（Philip Wilkinson）著，郭乃嘉、陈怡华、崔宏立译：《神话与传说：图解古文明的秘密》（*Myths and Legends: All Illustrated Guide to Their Origins and Meanings*），台北：时报文化出版企业股份有限公司，2010 年。

［意］菲利波·米涅尼（Fillippo Mignini）主编：《利玛窦的地图》（*La Cartografia Di Matteo Ricci*）, Libreria Dello Stato Istituto Poligrafico E Zecca Dello Stato, Roma, 2013.

［英］菲利浦·艾伦（Phillip Allen）编著，薛诗绮、张介眉译：《古地图集精选——透视地图艺术与世界观的发展》，台北：猫头鹰出版社，2001 年。

［法］费赖之著，冯承钧译：《在华耶稣会士列传及书目》，北京：中华书局，1995 年。

［比利时］费坦特（Christine Vertente）：《南怀仁的世界地图》（NAN HUAI-REN'S MAPS OF THE WORLD），《纪念南怀仁逝世三百周年（1688—1988）国际学术讨论会论文集》，台北：辅仁大学，1987 年。

费梁："蝶螈科""蝶螈属"，《中国大百科全书·生物学》，北京：中国大百科全书出版社，1992 年。

冯承钧：《西力东渐史》，北京：新民印书馆，1945 年。

冯桂芬：《显志堂稿》，清光绪二年（1876）冯氏校邠庐刻本。

冯锦荣：《乾嘉时期历算学家李锐（1769—1817）的生平及其〈观妙居日记〉》，《中国文化研究所学报》1999 年新第 8 期。

冯锦荣：《导航东西洋：以〈郑和航海图〉〈东西洋航海图〉和〈坤舆万国全图〉中所见航海定位定向仪器为中心》，陈丽碧主编：《东西汇流》，香港：香港海事博物馆有限公司，2018 年。

冯锦荣：《南怀仁〈穷理学〉中的火炮弹道学知识》，香港：香港大学主办"明清国际研讨会"论文，2002 年 12 月，未刊本。

冯立升：《中国古代测量学史》，呼和浩特：内蒙古大学出版社，1995 年。

冯明珠、林天人主编：《笔画千里：院藏古舆图特展》，台北：台北故宫博物院，2008 年。

冯祚建："犀类"，《中国大百科全书·生物学》，北京：中国大百科全书出版社，1992 年。

复旦大学历史学系中国近代史教研组编：《中国近代对外关系史资料选辑（1840—1949）》，上卷第一分册，上海：上海人民出版社，1977 年。

［英］傅兰雅：《江南制造总局翻译西书事略》，《格致汇编》第 3 年第 5 卷，1880 年 6 月，南京：古旧书店 1992 年影印本。

傅洛叔：《康熙年间的两个葡萄牙使华使团》，《通报》第 43 期（1955）［FuLo-shu, "*The Two Portuguese Embassies To China during the K'ang-His Period*", T'oungpao, 43：75 - 94（1955）］。

辅仁大学天主教史料研究中心编:《中国天主教史籍汇编》,台北:辅仁大学出版社,
　　2004 年。

G

G. R. Williamson, *Memoir of the Rev. David Abeel*, *D. D.*, *Late Missionary to China*, New
　　York: Robert Carter, 1848.
[法] 高龙鞶著,周士良译:《江南传教史》第一册,台北:辅仁大学出版社,2009 年。
高士奇:《金鳌退食笔记》,《景印文渊阁四库全书》,台北:台湾商务印书馆,1986 年,第
　　588 册。
[日] 高田时雄:《俄藏利玛窦〈世界地图〉札记》,北京大学中国古代史研究中心编:
　　《舆图、考古与史学新说——李孝聪教授荣休纪念论文集》,北京:中华书局,
　　2012 年。
[日] 高田时雄:《清末の英語學——鄺其照とその著作》,《东方学》第 117 辑,2009 年 1
　　月,第 1—19 页;汉文本收入氏著:《近代中国的学术与藏书》,北京:中华书局,
　　2018 年。
高翔:《〈坤舆万国全图〉地名考本》,北京:光明日报出版社,2015 年。
高耀亭:"鬣狗科",《中国大百科全书·生物学》,北京:中国大百科全书出版社,
　　1992 年。
[意] 高一志撰,韩云校订:《空际格致》,《四库全书存目丛书》子部·杂家类,济南:齐
　　鲁书社,1995 年。
高永伟:《鄺其照和他的〈英语短语词典〉》,《辞书研究》2005 年第 3 期。
高永伟:《鄺其照和他的〈华英字典集成〉》,《复旦外国语言文字论丛》2011 年春季号。
葛兆光:《宅兹中国——重建有关"中国"的历史论述》,北京:中华书局,2011 年。
葛兆光:《中国思想史——七世纪至十九世纪中国的知识、思想与信仰》第二卷,上海:
　　复旦大学出版社,2000 年。
[日] 宫田和子:《鄺其照〈字典集成〉的系谱》,《中国研究月报》1998 年第 52 卷第 5 期
　　(总第 603 期)。
龚缨晏、马琼:《关于李之藻生平事迹的新史料》,《浙江大学学报(人文社会科学版)》
　　2008 年第 3 期。
龚缨晏:《〈欧罗巴国记〉:古代中国最早介绍欧洲的著述》,《社会科学战线》2015 年第
　　11 期。
龚缨晏:《关于彩绘本〈坤舆万国全图〉的几个问题》,张曙光、戴龙基主编:《驶向东方:
　　全球地图中的澳门》(第一卷·中英双语版),北京:社会科学文献出版社,2015 年。
龚缨晏:《艾儒略〈万国全图〉研究》,汤开建主编:《澳门历史研究》2015 年 11 月第
　　14 辑。
顾钧:《最早去美国的中国人》,《中华读书报》2012 年 5 月 9 日。
顾宁:《艾儒略和他的〈西学凡〉》,《世界历史》1994 年第 5 期。
顾卫民:《基督宗教艺术在华发展史》,上海:上海书店出版社,2005 年。
郭庆藩辑:《庄子集释》,《诸子集成》第三册,上海:上海书店,1986 年。

[普鲁士]郭实猎编译，庄钦永校注：《万国地理全集校注》，新加坡：新跃社科大学新跃中华学术中心，2019 年。

郭嵩焘：《伦敦与巴黎日记》，长沙：岳麓书社，1984 年。

郭廷以：《近代中国史纲》，北京：中国社会科学出版社，1999 年。

H

Hartmut Walravens, "Konrad Gessner in Chinesischem Gewand: Darstellungen fremder Tiere im K'un-Yu t'u-shuo des P. Verbiest (1623-1688)", Gessnerus 30/3-4(1973).

Hummel, A. W., "Astronomy and Geography in the Seventeenth Century", *Annual Reports of the Librarian of Congress(Division of Orientalia)*, 1938.

韩琦：《通天之学：耶稣会士和天文学在中国的传播》，北京：生活·读书·新知三联书店，2018 年。

韩一宇：《清末民初汉译法国文学研究(1897—1916)》，北京：中国社会科学出版社，2008 年。

韩子奇：《"开眼看世界"——论晚清地理教科书中的全球图像》，张仲民、章可编：《近代中国的知识生产与文化政治：以教科书为中心》，上海：复旦大学出版社，2014 年。

郝秉键、李志军：《19 世纪晚期中国民间知识分子的思想：以上海格致书院为例》，北京：中国人民大学出版社，2005 年。

郝田虎：《弥尔顿在中国：1837—1888，兼及莎士比亚》，《外国文学》2010 年第 4 期。

何勤华：《〈万国公法〉与清末国际法》，《法学研究》2001 年第 5 期。

何良栋辑：《皇朝经世文四编》，上海：鸿宝书局光绪二十八年(1902)。

何新华：《清代贡物制度研究》，北京：社会科学文献出版社，2012 年。

[美]亨特著，沈正邦译，章文钦校：《旧中国杂记》，广州：广东人民出版社，2000 年。

洪健荣：《西学与儒学的交融：晚明士绅熊人霖〈地纬〉中的世界地理书写》，新北：花木兰文化出版社，2010 年。

洪健荣校释：《函宇通校释·地纬》，上海：上海交通大学出版社，2017 年。

洪九来：《有关〈海国图志〉的版本流变问题》，《古籍整理研究学刊》1994 年第 3 期。

洪业：《洪业论学集》，北京：中华书局，1981 年。

侯敏跃：《中澳关系史》，北京：外语教学与研究出版社，1999 年。

胡开宝：《英汉词典历史文本与汉语现代化进程》，上海：上海译文出版社，2005 年。

狐若明：《古代世界七大奇迹之一——法洛斯灯塔》，《历史教学》2000 年第 6 期。

黄彭年著，黄益辑校：《陶楼诗文辑校》，济南：齐鲁书社，2015 年。

黄河清编著，姚德怀审定：《近现代辞源》，上海：上海辞书出版社，2010 年。

黄庆华：《中葡关系史 1513—1999》上册，合肥：黄山书社，2006 年。

黄时鉴：《黄时鉴文集》第三卷《东海西海——东西文化交流史(大航海时代以来)》，上海：中西书局，2011 年。

黄时鉴、龚缨晏：《利玛窦世界地图研究》，上海：上海古籍出版社，2004 年。

黄兴涛、王国荣编：《明清之际西学文本：50 种重要文献汇编》，北京：中华书局，

2013 年。

黄一农：《从韩霖〈铎书〉试探明末天主教在山西的发展》，李炽昌主编：《文本实践与身份辨识：中国基督教知识分子的中文著述 1583—1949》，上海：上海古籍出版社，2005 年。

黄衷：《海语》，《中国南海诸群岛文献汇编之三》，台北：台湾学生书局，1984 年。

黄忠廉：《严复变译思想考》，北京：商务印书馆，2016 年。

霍有光：《〈职方外纪〉的地理学地位与中西对比》，《自然辩证法通讯》1995 年第 1 期。

J

Jonathan D. Spence（史景迁）：*The Memory Palace of Matteo Ricci*（《利玛窦的记忆之宫》），New York：Viking Penguin Inc.，1984。

贾建飞：《清代西北史地学研究》，乌鲁木齐：新疆人民出版社，2010 年。

［日］榎一雄：《職方外紀の中央アジア地理》，《東洋史論叢：和田博士古稀記念》，东京：讲谈社，1961 年。

［日］榎一雄：《職方外紀の刊本について》，《典籍論集：岩井博士古稀記念》，东京：东洋文库，1963 年。

江道源：《十六七世纪西学东渐考略》，济宁：保禄印书馆，1942 年。

江文汉：《明清间在华的天主教耶稣会士》，上海：知识出版社，1987 年。

江晓原、钮卫星：《天文西学东渐集》，上海：上海书店出版社，2001 年。

蒋廷黻编著：《欧风东渐史》，上海：普益书社，1937 年。

姜乃澄、丁平主编：《动物学》，杭州：浙江大学出版社，2007 年。

姜义华、吴根梁编校：《康有为全集》第 2 集，上海：上海古籍出版社，1990 年。

焦竑：《古城答问》，《澹园集》，北京：中华书局，1999 年。

［英］杰里米·哈伍德著，孙吉虹译：《改变世界的 100 幅地图》，北京：生活·读书·新知三联书店，2010 年。

金安清：《林文忠公传》，缪荃孙纂录：《清碑传合集（三）续碑传集》，卷二十四，上海：上海书店，1988 年影印本。

金观涛、刘青峰：《观念史研究：中国现代重要政治术语的形成》，北京：法律出版社，2009 年。

金国平：《〈职方外纪〉补考》，氏著/译：《西力东渐：中葡早期接触追昔》，澳门：澳门基金会，2000 年。

金国平：《西方文献中的李之藻》，《光明日报》2018 年 11 月 17 日。

K

［英］卡鲁姆·罗伯茨（Callum Robert）著，吴佳其译：《猎杀海洋———一部自我毁灭的人类文明史》（*The Unnatural History of the Sea*），新北：我们出版，2014 年。

［意］柯毅霖著，王志成、思达、汪建达译：《晚明基督论》，成都：四川人民出版社，1999 年。

［美］克罗斯比（Alfred W. Crosby）著，郑明萱译：《哥伦布大交换：1492 年以后的生物影

响和文化冲击》(*The Columbian Exchange: Biological and Cultural Consequences of 1492*)，台北：猫头鹰出版社，2008 年。

[美] 克罗斯比（Alfred W. Crosby）：*Ecological Imperialism: The Biological Expansion of Europe, 900 – 1900*（《生态帝国主义》），New York：Cambridge University Press，1986.

邝光宁：《古邝国丛谈》，香港：篁斋图书室，1967 年。

邝其照：《华英字典集成》(*An English and Chinese Dictionary*)，香港：新广兴，1923 年。

邝其照等：《翻译新闻纸》，北京：国家图书馆藏。

L

Luk, Bernard Hung-Kay. "A Study of Giulio Aleni's *Chih-fang wai chi*", *Bulletin of the School of Oriental and African Studies*, No. 1 (1977).

[美] 拉铁摩尔著，唐晓峰译：《中国的亚洲内陆边疆》，南京：江苏人民出版社，2005 年。

来新夏编著：《林则徐年谱长编》，上海：上海交通大学出版社，2011 年。

赖春福、张咏青、庄棣华编辑：《鱼文化录》，基隆：水产出版社，2001 年。

赖毓芝：《从杜勒到清宫——以犀牛为中心的全球史观察》，《故宫文物月刊》第 344 期（2011 年 11 月）。

赖毓芝：《图像、知识与帝国：清宫的食火鸡图绘》，《故宫学术季刊》第 29 卷第 2 期（2011 年冬季号）。

赖毓芝：《清宫对欧洲自然史图像的再制：以乾隆朝〈兽谱〉为例》，《"中研院"近代史研究所集刊》第 80 期（2013 年 6 月）。

赖毓芝：《知识、想象与交流：南怀仁〈坤舆全图〉之生物插绘研究》，董少新编：《感同身受——中西文化交流背景下的感官与感觉》，上海：复旦大学出版社，2018 年。

[美] 雷孜智著，尹文涓译：《千禧年的感召——美国第一位来华新教传教士裨治文传》，桂林：广西师范大学出版社，2008 年。

黎庶昌：《西洋杂志》，长沙：岳麓书社，1985 年。

黎玉琴、刘明强：《利玛窦史海钩沉一则》，《肇庆学院学报》2011 年第 4 期。

李传芳等撰：《英汉、汉英双语词典的编纂与研究历程》，《集美大学学报》2005 年第 2 期。

李纯一：《哈特穆特·莱平：尊重他人和其他文化，是人文学术对社会的一项基本贡献》，《文汇学人》2018 年 7 月 20 日。

李慈铭：《越缦堂日记》，扬州：广陵书局，2004 年。

李慈铭撰，由云龙辑：《越缦堂读书记》，北京：商务印书馆，1959 年。

李迪译注：《康熙几暇格物编译注》，上海：上海古籍出版社，1993 年。

李圭：《环游地球新录》，长沙：岳麓书社，1985 年。

李鸿章：《幼童出洋肄业事宜折》，同治十一年正月十九日，《李文忠公全集·奏稿》卷之十九。

李汉平：《张牙舞爪的邪恶隐喻：西方绘图传统中的章鱼》，澎湃新闻 2018 年 12 月 18 日。

李纪祥:《海上来的世界图景——从利玛窦到魏源的世界新图与新世界观》,朱诚如、王天有主编:《明清论丛》第九辑,北京:紫禁城出版社,2009 年。

李龙华:《澳大利亚史:古大陆·新国度》,台北:三民书局,2003 年。

李胜伍主编:《清代国人绘刻的世界地图:万国大地全图》,北京:中国大百科全书出版社,2002 年。

李时珍:《本草纲目》,北京:人民卫生出版社,1982 年。

李煜瀛:《李石曾先生文集》,台北:中国国民党中央党史委员会,1980 年。

李奭学:《西秦饮渭水,东洛荐河图——我所知道的"龙"字欧译始末》,彭小研主编:《文化翻译与文本脉络:晚明以降的中国、日本与西方》,台湾"中研院"中国文哲研究所,2013 年。

李孝聪:《欧洲收藏部分中文古地图叙录》,北京:国际文化出版公司,1996 年。

李孝聪编著:《美国国会图书馆藏中文古地图叙录》,北京:文物出版社,2004 年。

李孝聪:《传世 15—17 世纪绘制的中文世界图之蠡测》,刘迎胜主编:《〈大明混一图〉与〈混一疆理图〉研究——中古时代后期东亚的寰宇图与世界地理知识》,南京:凤凰出版社 2010 年。

李孝悌:《建立新事业:晚清的百科全书家》,《东吴学术》2012 年第 2、3 期。

李晓愚:《论晚明的旅游与出版风尚:以杨尔曾〈新镌海内奇观〉为例》,《南方文坛》2018 年第 6 期。

［韩］李元淳著,王玉洁、朴英姬、洪军译,邹振环校订:《朝鲜西学史研究》,北京:中国社会科学出版社,2001 年。

［英］李约瑟著,《中国科学技术史》翻译小组译:《中国科学技术史》第四卷"天学",香港:中华书局,1978 年。

［英］李约瑟著,汪受琪等译:《中国科学技术史》第四卷"物理学及相关技术"第三分册"土木工程与航海技术",北京:科学出版社,上海:上海古籍出版社,2008 年。

李兆良:《坤舆万国全图解密:明代测绘世界》,台北:联经出版事业股份有限公司,2012 年。

李贽:《焚书·续焚书》,北京:中华书局,1975 年。

［意］利玛窦:《坤舆万国全图》,北平:禹贡学会,1936 年影印本。

［意］利玛窦、金尼阁著,何高济等译,何兆武校:《利玛窦中国札记》,北京:中华书局,1983 年。

［意］利玛窦著,文铮译,［意］梅欧金校:《耶稣会与天主教进入中国史》,北京:商务印书馆,2014 年。

梁若愚:《南怀仁〈七奇图说〉——兼论清人对〈七奇图说〉的排斥与接受》,汤开建主编:《澳门历史研究》2006 年 11 月第 5 期。

梁启超:《戊戌政变记》,专集之一,《饮冰室合集》第 6 册,北京:中华书局,1989 年。

梁启超:《湖南时务学堂学约十章》,《时务报》第四十九册,光绪二十三年十二月初一日（1897 年 12 月 24 日）。

梁启超:《西学书目表·读西学书法》,光绪二十三年(1897)校刻本。

梁启超:《三十自述》,文集之十一,《饮冰室合集》第 2 册,北京:中华书局,1989 年。

梁启超:《读书分月课程·学要十五则》,专集之六十九,《饮冰室合集》第 9 册,北京:中华书局，1989 年。

梁廷枏：《海国四说》，北京：中华书局，1993 年。

梁元生：《台山二邝与近代中国：非一般的留美学生》，丁新豹、周佳荣、黄嫣梨主编：《近代中国留学生论文集》，香港：香港历史博物馆，2006 年。

梁治平：《"天下"的观念：从古代到现代》，《清华法学》2016 年第 5 期。

廖大珂：《从〈郑和航海图〉谈早期中国人对澳洲的认识》，江苏省南京郑和研究会编：《郑和与海洋》，北京：中国农业出版社，1999 年。

林东阳：《利玛窦的世界地图及其对明末士人社会的影响》，《"纪念利玛窦来华四百周年中西文化交流国际学术研讨会"论文集》，台北：辅仁大学，1983 年。

林永俣：《论林则徐组织的迻译工作》，福建社会科学院历史研究所编：《林则徐与鸦片战争研究论文集》，福州：福建人民出版社，1985 年。

林则徐著，张曼校注：《四洲志》，北京：华夏出版社，2002 年。

林则徐全集编辑委员会编：《林则徐全集》（第十册）"译编卷"，福州：海峡文艺出版社，2002 年。

［日］铃木信昭：《朝鲜肃宗三十四年描画入り〈坤輿萬國全圖〉考》，《史苑》2003 年 3 月第 63 卷第 2 号。

［日］铃木信昭：《朝鮮に传来した利玛窦〈兩儀玄覽圖〉》，《朝鲜学报》2006 年 10 月第 201 辑。

［日］铃木信昭：《利玛窦〈兩儀玄覽圖〉考》，《朝鲜学报》2008 年 1 月第 206 辑。

刘岸伟：《围绕西学的中日两国的近世——方以智的场合》，《札幌大学教养部纪要》，1991 年第 39 号。

刘宝楠：《论语正义》，《诸子集成》第一册，上海：上海书店，1986 年。

刘钝：《托勒密的"曷捺楞马"与梅文鼎的"三极通机"》，《自然科学史研究》1986 年第 1 期。

刘禾著，杨立华等译：《帝国的话语政治：从近代中西冲突看现代世界秩序的形成》，北京：生活·读书·新知三联书店，2009 年。

刘贯文：《徐继畬论考》，太原：山西高校联合出版社，1995 年。

刘珺珺：《科学社会学》，上海：上海人民出版社，1990 年。

刘明强：《万历韶州同知刘承范及其〈利玛传〉》，《韶关学院学报》2010 年第 11 期。

刘羡冰：《双语精英与文化交流》，澳门：澳门基金会，1994 年。

六严：《大地全球一览之图》，台北故宫博物院藏。

卢雪燕：《南怀仁〈坤舆全图〉与世界地图在中国的传播》，《故宫文物月刊》2008 年 7 月号（总 304 期），第 18—27 页；又见故宫博物院编：《第一届清宫典籍国际研讨会论文集》，北京：故宫出版社，2014 年。

鲁迅、杨伟群点校：《历代岭南笔记八种》，广州：广东人民出版社，2011 年。

罗森：《日本日记》，《遐迩贯珍》1854 年 11 月号。

罗渔译：《利玛窦书信集》（上），台北：光启出版社、辅仁大学出版社，1986 年。

罗泽珣："海豚"，《中国大百科全书·生物学》，北京：中国大百科全书出版社，1992 年。

吕思勉：《从我学习历史的经过说到现在的学习方法》，李永圻、张耕华编撰：《吕思勉先生年谱长编》，上海：上海古籍出版社，2012 年。

吕文翠：《海上倾城：上海文学与文化的转异（1849—1908）》,台北：麦田出版,2009年。

M

Mills, J. V. , "Chinese coastal maps", *Imago Mundi*, Vol. 11(1954).

马欢原著,万明校注：《明钞本〈瀛涯胜览〉校注》,北京：海洋出版社,2005年。

马金科、洪金陵编著：《中国近代史学发展叙论（1840—1949）》,北京：中国人民大学出版社,1994年。

［意］马西尼著,黄河清译：《现代汉语词汇的形成——十九世纪汉语外来词研究》,上海：汉语大词典出版社,1997年。

［英］马礼逊：《华英字典》第6卷,郑州：大象出版社2008年。

马勇："河狸科",《中国大百科全书·生物学》,北京：中国大百科全书出版社,1992年。

［意］曼斯缪·奎尼、米歇尔·卡斯特诺威著,安金辉、苏卫国译,汪前进校：《天朝大国的景象：西方地图中的中国》,上海：华东师范大学出版社,2015年。

毛文芳：《时与物——晚明"杂品"书中的旅游书写》,刘绍明主编：《旅行与文艺国际会议论文集》,台北：书林出版有限公司,2001年。

米逗油：《首张澳大利亚地图》,《地图》2013年第2期。

［法］米歇尔·德东布：《入华耶稣会士与中国的地图学》,［法］安田朴、谢和耐等著,耿昇译：《明清间入华耶稣会士和中西文化交流》,成都：巴蜀书社,1993年。

［英］米兰达·布鲁斯—米特福德（Miranda Bruce Mitford）、菲利普·威尔金森（Philip Wilkinson）著,周继岚译：《符号与象征》（*Signs and Symbols*）,北京：生活·读书·新知三联书店,2013年。

［美］William John Thomas Mitchell（米切尔）：*Picture Theory: Essays on Verbal and Visual Representation*, Chicago：University of Chicago Press, 1994.

［英］Hugh Murray（慕瑞）, *The Encyclopaedia of Geography: comprising a complete description of the earth*, Philadelphia：Lea and Blanchard, 1840,

［英］慕维廉：《地理全志》,上海：益智书会/美华书馆,1899年。

N

［比利时］南怀仁著,河北大学历史学院整理：《坤舆全图·坤舆图说》,保定：河北大学出版社,2018年。

［比利时］南怀仁：《坤舆图说》,《景印文渊阁四库全书》,台北：台湾商务印书馆,1983年,第594册。

［日］内田庆市：《商务印书馆"英汉字典"的系谱》,《关西大学文学论集·文学部创设70周年纪念特号》1995年第44卷第1—4号。

［日］内田庆市：《邝其照の〈华英字典集成〉をめぐつて》,《关西大学中国文学会纪要》1998年第18号。

［日］内田庆市：《南怀仁の坤舆图说と坤舆外记に就いて》,《或问》2005年第10期。

［日］内田庆市：《鄺其照の玄孙からのメール》,《或问》2010年12月第19号,第131—146页。

［日］内田庆市、沈国威合编：《邝其照〈字典集成〉：影印与解题初版·第二版》，大阪：
　　关西大学东亚文化交涉学会，2013 年。
倪浓水：《中国古代海洋小说与文化》，北京：海洋出版社，2012 年。
［日］鲇泽信太郎：《艾儒略の職方外記に就いて》，《地球》，1935 年第 23 卷第 5 号。
牛海桢：《清代的西北边疆史地学》，《史学史研究》1999 年第 4 期。

O

［法］欧盟辑著，吴宗濂、潘元善译：《德国陆军考》，江南制造局光绪二十七年刊本。

P

Peter Whitfield, *The Image Of The World: 20 Centuries of World Maps*, The British
　　Library, 1994.
潘光哲：《晚清士人的西学阅读史（1833—1898）》，南京：凤凰出版社，2019 年。
潘光哲：《创造近代中国的“世界知识”》，北京：社会科学文献出版社，2019 年。
潘凤娟：《西来孔子艾儒略——更新变化的宗教会遇》，香港：橄榄基金会出版部，
　　2002 年。
潘凤娟：《天学的对话：明末耶稣会士艾儒略（Giulio Aleni, 1582—1649）在华事迹考》，
　　《民国以来中西交通史研究的回顾与展望学术研讨会论文集》，台北：辅仁大学历
　　史系，2000 年。
潘光祖：《汇辑舆图备考全书·凡例》，《四库禁毁书丛刊》“史部”第 21 册，北京：北京
　　出版社，1997 年。
潘晟：《知识、礼俗与政治——宋代地理术的知识社会史探》，南京：江苏人民出版社，
　　2018 年。
庞秉璋：《毒蜘蛛与塔兰台拉舞曲》，《大自然》1984 年第 2 期。
庞进：《呼风唤雨八千年——中国龙文化探秘》，成都：四川教育出版社，1998 年。
裴汝诚、朱维铮等：《十大史学家》，上海：上海古籍出版社，1989 年。
彭斐章等编著：《目录学》，武汉：武汉大学出版社，1986 年。
彭明辉：《晚清的经世史学》，台北：麦田出版，2002 年。
F. Pimentel, S J., Breve Relacǎoda Journadaque Feza Cortede Pekimo Senhor Manoelde
　　Saldanha, Embaixador Extraordináriodel Reyde Portugalao Empradorde China, e
　　Tartaria, 1667 - 1670, ed. C. R. Boxerand J. M. Braga, Macao, 1942（皮方济［耶稣会
　　士］著，博克塞和白乐嘉点校：《葡萄牙国王向中国和鞑靼皇帝所派特使玛讷撒尔
　　达聂之旅行报告，1667—1670》，澳门，1942 年）。
［德］普塔克（Roderich Ptak）：*Birds and Beasts in Chinese Texts and Trade—Lectures Related
　　to South China and the Overseas World*（《中国文献与贸易中的鸟兽》），Harrassowitz
　　Verlag·Wiesbaden, 2011.
［德］普塔克（Roderich Ptak）著，罗莹译：《澳门典籍的国际化——葡语版〈澳门记略〉评
　　述》，《澳门研究》总第 60 期 2011 年第 1 期。
［德］普塔克（Roderich Ptak）：Gouguo, the“Land of Dogs”on Ricci's World Map（《细说利

玛窦〈坤舆万国全图〉上的"狗国"》), *Monumenta Serica*, 66.1(2018).

[德] 普塔克著,赵殿红、蔡洁华等译:《普塔克澳门史与海洋史论集》,广州:广东人民出版社,2018 年。

Q

[日] 杞忧道人:《翻刻辟邪集序》,转引自郑安德编辑:《明末清初耶稣会思想文献汇编(修订重印)》第五卷,北京:北京大学宗教研究所,2003 年。

钱乘旦:《"世界史"的理论、方法和内容》,《光明日报》2015 年 1 月 10 日。

钱大昕撰,吕友仁标校:《潜研堂集》,上海:上海古籍出版社,1989 年。

钱存训著,戴文伯译:《近世译书对中国现代化的影响》,《文献》1986 年第 2 期。

钱基博:《薛福成传》,《清碑传合集》,上海:上海书店,1988 年。

[美] 切特·凡·杜泽著,王绍祥、张愉译:《海怪:中世纪与文艺复兴地图中的海洋异兽》,北京:北京联合出版公司,2018 年。

丘书院:《我国古书中有关海洋动物生态的一些记载》,《生物学通报》1957 年第 12 期。

秦国经:《18 世纪西洋人在测绘清朝舆图中的活动与贡献》,《清史研究》1997 年第 1 期。

清高宗敕撰:《清朝文献通考》,上海:商务印书馆,1936 年。

阙维民:《伦敦版利氏世界地图略论》,北京大学历史地理中心编:《侯仁之师九十寿辰纪念文集》,北京:学苑出版社,2003 年。

R

任复兴主编:《徐继畬与东西方文化交流》,北京:中国社会科学出版社,1993 年。

任复兴:《晚清士大夫对华夷观点的突破与近代爱国主义》,《社会科学战线》1992 年第 3 期。

日本神户市立博物馆编:《古地图セレクション》,神户:2000 年。

容闳著,钟叔河标点:《西学东渐记》,长沙:岳麓书社,1985 年。

容尚谦著,王敏若译:《创办出洋局及官学生历史》,珠海:珠海出版社,2006 年。

[法] 荣振华著,耿昇译:《在华耶稣会士列传及书目补编》,北京:中华书局,1995 年。

阮元校刻:《十三经注疏》,北京:中华书局,1979 年影印本。

阮元等撰,彭卫国、王原华点校:《畴人传汇编》,扬州:广陵书社,2009 年。

S

[英] 赛门·加菲尔(Simon Garfield)著,郑郁欣译:《地图的历史》,台北:马可孛罗文化,2014 年。

沈国威:《近代中日词汇交流研究:汉字新词的创制、容受与共享》,北京:中华书局,2010 年。

沈依安:《南怀仁〈坤舆图说〉研究》,台湾宜兰:佛光大学硕士学位论文,2011 年。

沈永兴等编著:《澳大利亚》,北京:社会科学文献出版社,2003 年。

盛邦和主编:《现代化进程中的中国人文学科·史学卷》,上海:上海人民出版社,

2005 年。

［日］辻原康夫著，萧志强译：《从地名看历史》，台北：世潮出版有限公司，2004 年。

史策先：《梦余偶钞》卷 1；《近代史资料》1980 年第 2 期。

司马迁：《史记》，北京：中华书局，1977 年。

司佳：《邝其照与 1868 年〈字典集成〉初版——兼谈第一本中国人编写的英汉字典及其历史实用价值》，《广东社会科学》2013 年第 1 期。

司徒雅：《避役》，《生物学通报》1963 年第 6 期。

［英］施美夫著，温时幸译：《五口通商城市游记》，北京：北京图书馆出版社，2007 年。

［美］斯坦尼斯拉夫·叶茨尼克著，周萍萍译：《刘松龄——旧耶稣会在京最后一位伟大的天文学家》，上海：上海三联书店，2014 年。

松浦章、内田庆市、沈国威编著：《遐迩贯珍：附解题·索引》，上海：上海辞书出版社，2005 年。

苏及宇：《邪毒实据》，郑安德编辑：《明末清初耶稣会思想文献汇编（修订重印）》第五卷，北京：北京大学宗教研究所，2003 年。

苏精：《中国，开门！——马礼逊及相关人物研究》，香港：基督教中国宗教文化研究社，2005 年。

苏精：《清季同文馆及其师生》，台北：上海印刷厂，1985 年。

苏精编著：《林则徐看见的世界：〈澳门新闻纸〉的原文与译文》，桂林：广西师范大学出版社，2017 年。

［英］M. 苏立文著，陈瑞林译：《东西方美术的交流》，南京：江苏美术出版社，1998 年。

孙诒让：《墨子间诂》，《诸子集成》第四册，上海：上海书店，1986 年。

T

The North-China Daily News（*Shanghai，China*），*Friday，January 4，1878*.

Thomas Hockey，editor-in-chief；Virginia Trimble，Thomas R. Williams，senior editors，The Biographical Encyclopedia of Astronomers，New York: Springer，2007.

台湾"中研院"近代史研究所编：《近代中国对西方列强认识资料汇编》第一辑第二分册，台北：台湾"中研院"近代史研究所，1972 年

台湾"中央图书馆"编：《台湾中央图书馆普通本线装书目录》，1982 年。

谭树林：《梁进德之翻译活动及其影响》，汤开建主编：《澳门历史研究》2016 年 11 月第 15 辑。

谭嗣同、唐才常、熊希龄等主编：《湘学新报》，台北：华文书局，1966 年影印本。

谭志强：《澳门与中国近代国际关系知识之引进》，吴志良主编：《东西方文化交流》，广州：广东人民出版社，1994 年。

唐蟾珠："犀鸟科学"，《中国大百科全书·生物学》，北京：中国大百科全书出版社，1992 年。

唐晓峰：《从混沌到秩序——中国上古地理思想史述论》，北京：中华书局，2010 年。

汤开建：《明代利玛窦世界地图传播史四题》，汕头大学文学院基督教研究中心主办"基督宗教与中国社会"2014 年学术会议论文集。

汤开建汇释校注：《利玛窦明清中文文献资料汇释》，上海：上海古籍出版社，2017 年。

汤开建汇释校注：《利玛窦明清中文文献资料汇释补遗》，《国际汉学》2018 年第 4 期。

屠本畯等：《蟹谱·闽中海错疏·然犀志》，上海：商务印书馆，1939 年。

［美］托马斯·S·库恩著，纪树立等译：《必要的张力：科学的传统和变革论文选》，福州：福建人民出版社，1981 年。

W

王安石：《王文公文集》（上册），上海：上海人民出版社，1974 年。

王重民辑校：《徐光启集》，上海：上海古籍出版社，1984 年。

王慧萍：《怪物考：中世纪的幻想文化志》，台北：如果出版社，2006 年。

王宏志：《第一次鸦片战争中的译者》，王宏志主编：《翻译史研究（2011）》，上海：复旦大学出版社，2011 年。

王家俭：《十九世纪西方史地知识的介绍及其影响（1807—1861）》，《大陆杂志》1969 年 3 月第 38 卷第 6 期。

王力：《汉语史稿》，《王力文集》第九卷，济南：山东教育出版社，1988 年。

王利器：《文子疏义》，北京：中华书局，2000 年。

王铭铭：《想象的异邦——社会与文化人类学散论》，上海：上海人民出版社，1998 年。

王圻、王思义编集：《三才图会》，上海：上海古籍出版社，1988 年。

王栻主编：《严复集》，北京：中华书局，1986 年。

王士禛：《居易录》，《景印文渊阁四库全书》"子部杂家类"，台北：台湾商务印书馆，1986 年，890 册。

王士禛：《池北偶谈》，北京：中华书局，1982 年。

王韬：《弢园尺牍》，北京：中华书局，1959 年。

王韬：《瀛壖杂志·瓮牖余谈》，长沙：岳麓书社 1988 年。

王韬著，陈正青点校：《弢园文录外编》，上海：上海书店出版社，2002 年。

王颋：《西域南海史地研究》，上海：上海古籍出版社，2005 年。

王锡阐：《晓庵遗书·杂著·历说五》，上海书店出版社编《丛书集成续编·集部》第 170 册，上海：上海书店出版社，1994 年。

王锡祺编：《小方壶斋舆地丛钞》，上海著易堂本，杭州：杭州古籍书店，1985 年影印本。

王先谦：《荀子集解》，《诸子集成》第二册，上海：上海书店，1986 年。

王先谦：《庄子集解》，《诸子集成》第三册，上海：上海书店，1986 年。

王先谦：《五洲地理志略》，湖南学务公所刻本，宣统二年（1910）。

王省吾：《澳大利亚国家图书馆所藏彩绘本——南怀仁〈坤舆全图〉》，《历史地理》第 14 辑，上海人民出版社 1998 年。

王扬宗：《傅兰雅与近代中国的科学启蒙》，北京：科学出版社，2000 年。

王应宪校编：《现代大学史学系概览（1912—1949）》，上海：上海古籍出版社，2018 年。

王庸：《中国地理学史》，上海：上海书店，1984 年影印本。

王渝生：《华蘅芳》，杜石然主编：《中国古代科学家传记》下集，北京：科学出版社，1993 年。

王余光：《中国文献史》第一卷，武汉：武汉大学出版社，1993年。

王永杰：《〈职方外纪〉成书过程及版本考》，《史林》2018年第3期。

汪家熔：《商务印书馆史及其他——汪家熔出版史研究文集》，北京：中国书籍出版社，1998年。

汪凤藻译，〔美〕丁韪良校订：《富国策》，北京：同文馆，光绪六年聚珍版。

〔法〕魏明德：《对话如游戏——新轴心时代的文化交流》，北京：商务印书馆，2013年。

〔比利时〕魏若望编：《传教士·科学家·工程师·外交家：南怀仁（1623—1688）——鲁汶国际学术研讨会论文集》，北京：社会科学文献出版社，2001年。

魏源：《魏源集》，北京：中华书局，1976年。

魏毅：《"发现"欧洲：〈世界广说〉（Dzam gling rgyas bshad）欧洲部分译注与研究》，复旦大学博士学位论文，2014年4月。

魏毅：《〈世界广说〉与〈职方外纪〉文本关系考》，《历史地理》第29辑（2014年）。

〔英〕威妥玛：Preface of Japan: A Chapter from the Hai Kuoh Tu Chi 海国图志, or Illustrated Notice of Countries Beyond the Sea, Translated by Thomas Francis Wade, Assistant Chinese Secretary, Hongkong: Printed at the China Mail Office, 1850.

吴伯娅：《日心地动说的传入与〈地球图说〉的出版——兼论阮元的西学思想》，北京外国语大学中国海外汉学研究中心、中国近现代新闻出版博物馆：《西学东渐与东亚近代知识的形成和交流》，上海：上海人民出版社2012年。

吴昌绶编：《定庵先生年谱》，《龚自珍全集》，上海：上海人民出版社，1975年。

吴莉苇：《明清传教士对〈山海经〉的解读》，《中国历史地理论丛》2005年第3期。

吴万颂：《薛福成对洋务的认识》，张灏等：《近代中国思想人物论——晚清思想》，台北：时报文化出版事业有限公司，1980年。

吴相湘主编：《天主教东传文献》，台北：台湾学生书局，1965年。

吴义雄：《在宗教与世俗之间——基督教新教传教士在华南沿海的早期活动研究》，广州：广东教育出版社，2000年。

吴义雄：《〈中国丛报〉与中国历史研究》，《中山大学学报（社会科学版）》2008年第1期。

吴友如等：《点石斋画报》，上海：上海文艺出版社，1998年。

吴震方：《岭南杂记》，清乾隆龙威秘书本。

吴泽主编，袁英光、桂遵义著：《中国近代史学史》，南京：江苏古籍出版社，1989年。

吴宗濂、赵元益译：《澳大利亚洲新志》，上海：商务印书馆，1936年"丛书集成初编"本。

巫仁恕：《品味奢华：晚明的消费社会与士大夫》，北京：中华书局，2008年。

邬国义编校：《王国维早期讲义三种》，北京：中华书局，2018年。

X

向达：《中外交通小史》，上海：商务印书馆，1930年。

〔美〕Sivin, Nathan（席文），"Copernicus in China," Science in Ancient China: Researches and Reflections, London: Variorum, 1995.

冼耀华:"极乐鸟",《中国大百科全书·生物学》,北京:中国大百科全书出版社,
1992年。

萧弘德:《利玛窦的怀疑、保留、贡献;麦卡托1569年世界地图、奥脱柳斯1575年世界地
图集与坤舆万国全图之比较》,汤开建主编:《澳门历史研究》2016年11月第
15辑。

萧致治:《从〈四洲志〉的编译看林则徐眼中的世界》,《福建论坛》1999年第4期。

夏东元编:《郑观应集》下册,上海:上海人民出版社,1988年。

[俄]谢尔盖·傅乐吉:《魏源〈海国图志〉源流考》,刘泱泱等编:《魏源与近代中国改
革开放——纪念魏源200周年诞辰国际学术研讨会论文集》,长沙:湖南师范大学
出版社,1995年。

谢方:《艾儒略及其〈职方外纪〉》,《中国历史博物馆馆刊》1991年第15—16期。

谢辉:《〈职方外纪〉在明清的流传与影响》,《广西社会科学》2016年第5期。

谢莉珠:《江标及其〈灵鹣阁丛书〉研究》,台湾东吴大学硕士学位论文,2011年。

辛德勇:《19世纪后半期以来清朝学者编绘历史地图的主要成就》,《社会科学战线》
2008年第9期。

熊月之主编:《晚清新学书目提要》,上海:上海书店出版社,2007年。

[荷]许理和:《跨文化想象:耶稣会士与中国》,李炽昌主编:《文本实践与身份辨识:
中国基督教徒知识分子的中文著述(1583—1949)》,上海:上海古籍出版社,
2005年。

许慎:《说文解字(附检字)》,北京:中华书局,1963年。

徐葆光:《中山传信录》,台北:台湾大通书局,1987年。

徐朝俊编,徐绂校勘:《高厚蒙求》二集《海域大观》,道光四年(1824)扫叶山房刻本。

徐光台:《明末西方四元素说的传入》,《清华学报》(新竹)1997年第27卷第3期。

徐光台:《明末清初中国士人对四行说的反应——以熊明遇〈格致草〉为例》,《汉学研
究》1999年第2期。

徐光台:《利玛窦〈万国二圜图〉与冯应京印"doi mappamondi piccoli"考》,《汉学研究》
2014年第3期。

徐海松:《清初士人与西学》,北京:东方出版社,2000年。

徐海松:《王宏翰与西学新论》,黄时鉴主编:《东西交流论谭》第二集,上海:上海文艺
出版社,2001年。

徐华铛:《中国神兽造型》,北京:中国林业出版社,2010年。

徐继畬:《瀛环考略》,台北:文海出版社,1974年。

徐继畬著,田一平校点:《瀛寰志略》,上海:上海书店出版社,2001年。

徐继畬著,宋大川校注:《瀛寰志略校注》,北京:文物出版社,2007年。

徐宗泽:《西洋教士中国舆地学之贡献耶稣会大测制中国地图》,《申报》1942年6月
21日。

徐宗泽:《明清间耶稣会士译著提要》,上海:上海书店出版社,2006年。

薛福成主编:《续瀛环志略初编·凡例》,无锡:无锡传经楼,光绪二十八年(1902)。

薛福成:《出使英法义比四国日记》,长沙:岳麓书社,1985年。

薛福成等制定:《日斯巴尼亚国条款和约章程一卷》同治六年(1867),附《古巴华工条款

一卷、换约凭单一卷、照会一卷》光绪四年（1878 年）刻本，上海图书馆藏本。

Y

[古希腊] 亚里士多德著，吴寿彭译：《动物志》，北京：商务印书馆，2010 年。

严从简著，余思黎点校：《殊域周咨录》，北京：中华书局，1993 年。

杨尔曾：《新镌海内奇观》，《续修四库全书》"史部地理类"，明万历夷白堂刻本。

杨光先等撰，陈占山校注：《不得已》，合肥：黄山书社，2000 年。

杨国桢：《林则徐传（增订本）》，北京：人民出版社，1995 年。

杨绛：《〈堂吉诃德〉译余琐掇》，《读书》1984 年第 9 期。

杨胜荣：《明末至晚清世界地图在中国的传播和影响》，《思想战线》2002 年第 6 期。

杨廷筠：《代疑续篇》，晋江景教堂 1635 年刊本，转引自郑安德编辑：《明末清初耶稣会
　　思想文献汇编（修订重印）》第三卷，北京：北京大学宗教研究所，2003 年。

杨文衡主编：《世界地理学史》，长春：吉林教育出版社，1994 年。

杨文衡、杨勤业主编，杨文衍等著：《中国地学史·古代卷》，南宁：广西教育出版社，
　　2014 年。

杨小明：《哥白尼日心地动说在中国的最早介绍》，《中国科技史料》1999 年第 1 期。

杨循吉：《灯窗末艺》，《四库全书存目丛书》集部，别集类，第 43 册。

杨玉圣：《中国人的美国观——一个历史的考察》，上海：复旦大学出版社，1996 年。

杨泽忠、周海银：《利玛窦与坤舆万国全图》，《历史教学》2004 年第 10 期。

叶灵凤：《读书随笔（三集）》，北京：生活·读书·新知三联书店，1988 年。

一然著，[韩国] 权锡焕、[中国] 陈蒲清注译：《三国遗事》，长沙：岳麓书社，2009 年。

佚名：《南海近事》，丁韪良主编：《中西见闻录》1873 年第 23 号。

佚名编：《钦定千叟宴诗》卷 25，《景印文渊阁四库全书》，"集部·总集类"，台北：台湾
　　商务印书馆，1986 年。

[美] 伊丽莎白·爱森斯坦著，何道宽译：《作为变革动因的印刷机：早期近代欧洲的传
　　播与文化变革》，北京：北京大学出版社，2010 年。

尹恭弘：《小品高潮与晚明文化——晚明小品七十三家评述》，北京：华文出版社，
　　2001 年。

尹文涓：《林则徐的翻译班子及所译西书西刊》，《福建论坛》2010 年第 6 期。

[美] 余定国著，姜道章译：《中国地图学史》，北京：北京大学出版社，2006 年。

于杭、梁再冰：《澳大利亚》，重庆：重庆出版社，2004 年。

喻沧、廖克编著：《中国地图学史》，北京：测绘出版社，2010 年。

袁杰主编：《清宫兽谱》，北京：故宫出版社，2014 年。

袁钟仁：《岭南文化》，沈阳：辽宁教育出版社，1998 年。

[苏联] 约·彼·马吉多维奇著，屈瑞、云海译：《世界探险史》，北京：世界知识出版社，
　　1988 年。

Z

张潮：《西方要纪》序，《昭代丛书》甲集。

张潮辑：《虞初新志》，"古本小说集成"，上海：上海古籍出版社，1994 年。

张箭：《郑和下西洋研究论稿》，台北：花木兰文化出版社，2013 年。

张建昌：《苏州码子的实证应用与价值分析》，《江苏商论》2006 年第 8 期。

张静庐辑注：《中国近代出版史料初编》，上海：群联出版社，1953 年。

张铠：《中国与西班牙关系史》，郑州：大象出版社，2003 年。

张穆：《月斋文集》，咸丰八年刻本。

张廷玉：《明史》，《二十五史》第 10 册，上海：上海古籍出版社、上海书店，1986 年影印本。

张星烺：《欧化东渐史》，上海：商务印书馆，1933 年。

张星烺编注，朱杰勤校订：《中西交通史料汇编》第一册，北京：中华书局，1977 年。

张晓川：《清初士人的一部荒外奇书——〈八纮译史〉探微》，《复旦大学博士生学术论坛·史学篇：历史上的精神生活和社会生活》，复旦大学研究生院，2007 年 12 月。

张维华：《明清之际中西关系简史》，济南：齐鲁书社，1987 年。

张西平主编，顾钧、杨慧玲整理：《中国丛报（1832. 5—1851. 12）》，桂林：广西师范大学出版社，2008 年。

张西平、任大援：《论明清之际"西学汉籍"的文化意义——写在〈梵蒂冈图书馆藏明清中西文化交流史文献丛刊〉出版之际》，《中华读书报》2015 年 5 月 6 日。

张荫麟：《明清之际西学输入中国考略》，《清华学报》1924 年第 1 卷第 1 期。

张永堂：《明末方氏学派研究初编——明末理学与科学关系试论》，台北：文镜出版公司，1987 年。

张有为："飞鱼科"，《中国大百科全书·生物学》，北京：中国大百科全书出版社，1992 年。

张玉玲："狗鱼属"，《中国大百科全书·生物学》，北京：中国大百科全书出版社，1992 年。

张治：《异域与新学：晚清海外旅行写作研究》，北京：北京大学出版社，2014 年。

张之杰：《马欢〈瀛涯胜览〉所记动物考释》，《广西民族大学学报（自然科学版）》2009 年第 A2 期。

章潢：《图书编》，《景印文渊阁四库全书》，台北：台湾商务印书馆，1986 年，第 969 册。

章永俊：《鸦片战争前后中国边疆史地学思潮研究》，合肥：黄山书社，2009 年。

赵尔宓："避役科"，《中国大百科全书·生物学》，北京：中国大百科全书出版社，1992 年。

赵蕙蓉：《清宫法国机械师蒋友仁》，《紫禁城》1985 年第 3 期。

赵璞珊：《赵元益和他的笔述医书》，《中国科技史料》1991 年第 1 期。

赵荣：《地理学思想史纲》，西安：陕西科学技术出版社，1995 年。

赵荣、杨正泰：《中国地理学史（清代）》，北京：商务印书馆，1998 年。

赵汝适著，杨博文校释：《诸蕃志校释》，北京：中华书局，2000 年。

赵永复：《利玛窦〈坤舆万国全图〉所用的中国资料》，《历史地理》第 1 辑，上海：复旦大学出版社，1986 年。

曾国藩：《曾国藩全集：书信》，长沙：岳麓书社，1990 年。

曾燕、涂楠：《中国近代新思想的破茧发蒙——徐继畲"古今一大变局"论内涵辨析》，

《西南民族大学学报》2012 年第 7 期。

曾异：《纺授堂文集》卷五，四库禁毁书丛刊编纂委员会：《四库禁毁书丛刊》集部第 183 册，北京：北京出版社，1997 年。

郑安德编辑：《明末清初耶稣会思想文献汇编（修订重印）》第三卷，北京：北京大学宗教研究所，2003 年。

郑大华点校：《新政真诠——何启、胡礼垣集》，沈阳：辽宁人民出版社，1994 年。

郑观应：《盛世危言》，邹振环整理：《危言三种》，上海：上海古籍出版社，2013 年。

郑彭年：《日本西方文化摄取史》，杭州：杭州大学出版社，1996 年。

郑文光、席泽宗：《中国历史上的宇宙理论》，北京：人民出版社 1975 年。

郑作新："吐绶鸡"，《中国大百科全书·生物学》，北京：中国大百科全书出版社，1992 年。

中国大百科全书出版社编辑部：《中国大百科全书·天文学》，北京：中国大百科全书出版社，1980 年。

中国大百科全书出版社编辑部：《中国大百科全书·新闻出版》，北京：中国大百科全书出版社，1990 年。

中国第一历史档案馆编：《清廷签议〈校邠庐抗议〉档案汇编》全二十五册，北京：线装书局，2008 年。

中国史学会主编：《鸦片战争》，"中国近代史资料丛刊"，上海：神州国光社，1954 年。

中国史学会主编：《戊戌变法》，"中国近代史资料丛刊"，上海：神州国光社，1953 年。

钟叔河主编：《走向世界丛书》，长沙：岳麓书社，1985 年。

［比利时］钟鸣旦、杜鼎克著，尚扬译：《简论明末清初耶稣会著作在中国的流传》，《史林》1999 年第 2 期。

［比利时］钟鸣旦等编：《徐家汇藏书楼明清天主教文献》（一），台北：辅仁大学神学院，1996 年。

［比利时］钟鸣旦著，洪力行译：《传教中的"他者"：中国经验教我们的事》，新北：辅大书坊，2014 年。

仲伟民：《从知识史的视角看明清之际的"西学东渐"》，《文史哲》2003 年第 4 期。

周嘉楠："长颈鹿"，《中国大百科全书·生物学》，北京：中国大百科全书出版社，1992 年。

周思璋：《如皋贝叶经的来龙去脉》，《江海晚报》2015 年 11 月 30 日。

周运中：《利玛窦〈舆图志〉佚文考释及其他》，《自然科学史研究》2010 年第 4 期。

周振鹤：《随无涯之旅》，北京：生活·读书·新知三联书店，1996 年。

周振鹤：《从明人文集看晚明旅游风气及其与地理学的关系》，《复旦学报（社会科学版）》2005 年第 1 期。

舟欲行：《海的文明》，北京：海洋出版社，1991 年。

［日］竹村觉：《日本英学发达史年表》，《日本英学发达史》，东京：研究社 1933 年。

朱丹丹：《博物馆的初时样貌——〈四洲志〉、〈瀛寰志略〉、〈西海纪游草〉中的博物馆记述研究》，《中国博物馆》2016 年第 4 期。

朱天顺：《中国古代宗教初探》，上海：上海人民出版社，1982 年。

朱维铮校注：《梁启超论清学史二种》，上海：复旦大学出版社，1985 年。

朱维铮：《音调未定的传统》,沈阳：辽宁教育出版社,1995年。

朱维铮主编：《利玛窦中文著译集》,上海：复旦大学出版社,2001年。

朱维铮：《十八世纪的汉学与西学》,氏著：《走出中世纪》(增订本),上海：复旦大学出版社,2007年。

朱文鑫：《天文学小史》,陈美东、陈凯歌主编：《朱文鑫——纪念中国现代天文学家朱文鑫诞辰120周年》,北京：群言出版社,2008年。

朱熹：《四书章句集注》,《新编诸子集成》第一辑,北京：中华书局,1983年。

卓新平：《基督宗教论》,北京：社会科学文献出版社,2000年。

[日]樽本照雄：《汉译〈天方夜谭〉论集》,大阪：清末小说研究会,2006年。

邹振环：《影响中国近代社会的一百种译作》,北京：中国对外翻译出版公司,1996年。

邹振环：《薛福成与〈瀛环志略〉续编》,《学术集林》卷14,上海：上海远东出版社,1998年。

邹振环：《西方地理学的学术挑战与中韩学人的应战——明末清初地理学汉文西书的东传及其在中韩文化史上的意义》,《复旦学报(社会科学版)》1999年第3期。

邹振环：《康熙与清宫"科学院"》,《中华文史论丛》2002年第1辑。

邹振环：《晚清西方地理学在中国——以1815至1911年西方地理学译著的传播与影响为中心》,上海：上海古籍出版社,2000年。

邹振环：《利玛窦世界地图的刊刻与明清士人的"世界意识"》,复旦大学历史学系、复旦大学中外现代化进程研究中心编：《近代中国的国家形象与国家认同》,上海：上海古籍出版社2003年。

邹振环：《南怀仁〈坤舆格致略说〉研究》,荣新江、李孝聪主编：《中外关系史：新史料与新问题》,北京：科学出版社,2004年。

邹振环：《十九世纪中国"地理大发现"的影响与意义》,《或问》2004年2月第7号。

邹振环：《丝绸之路：文明对话之路上的〈华夷译语〉》,中国中外关系史学会、暨南大学文学院主编：《丝绸之路与文明的对话》,乌鲁木齐：新疆人民出版社,2007年。

邹振环：《西方传教士与晚清西史东渐——以1815至1900年西方历史译著的传播与影响为中心》,上海：上海古籍出版社,2007年。

邹振环：《〈职方外纪〉：世界图像与海外猎奇》,《复旦学报(社会科学版)》2009年第4期。

邹振环：《明清"西学"与"汉文西学经典"刍议》,上海社会科学院《传统中国研究集刊》编辑委员会编：《传统中国研究集刊》第8辑,上海：上海人民出版社,2011年。

邹振环：《晚明汉文西学经典：编译、诠释、流传与影响》,上海：复旦大学出版社,2011年。

邹振环：《西学在华传播的三个堆积层与晚明、晚清的关联》,中国中外关系史学会、华侨大学华人华侨研究院主编：《多元宗教文化视野下的中外关系史》,兰州：甘肃人民出版社,2012年。

邹振环：《中国近代留学与报刊史上的邝其照》,欧美同学会、中国留学人员联谊会编：《留学人员与辛亥革命》,北京：华文出版社,2012年。

邹振环：《"华外汉籍"及其文献系统刍议》,《复旦学报(社会科学版)》2012年第5期。

邹振环：《晚清世界地图的新建构——从〈万国大地全图〉到〈大地全球一览之图〉》,台湾故宫博物院：《故宫学术季刊》第 31 卷第 1 期（2013 年秋季）。

邹振环：《明清汉文西学文献整理的新创获》，《中华读书报》2013 年 7 月 24 日。

邹振环：《康熙朝贡狮与利类思的〈狮子说〉》，《安徽大学学报（哲学社会科学版）》2013
　　年第 6 期。

邹振环：《晚清西学东渐史上的邝其照》，王宏志主编：《翻译史研究（2013）》，上海：复
　　旦大学出版社，2013 年。

邹振环：《汉文西书新史料的发现及整理与重写学术史》，《河北学刊》2014 年第 1 期。

邹振环：《明末清初输入中国的海洋动物知识——以西方耶稣会士的地理学汉文西书为
　　中心》，《安徽大学学报（哲学社会科学版）》2014 年第 5 期。

邹振环：《殊方异兽与中西对话：〈坤舆万国全图〉中的海陆动物》，李庆新主编：《海洋
　　史研究》2015 年第 1 期，北京：社会科学文献出版社，2015 年。

邹振环：《〈兽谱〉中的外来“异国兽”》，《紫禁城》2015 年第 10 期。

邹振环：《音译与意译的竞逐：“麒麟”、“恶那西约”与“长颈鹿”译名本土化历程》，《华
　　中师范大学学报（人文社会科学版）》2016 年第 2 期。

邹振环：《“化外之地”的珍禽异兽：“外典”与“古典”“今典”的互动——〈澳门纪略·澳
　　蕃篇〉中的动物知识》，《安徽大学学报（哲学社会科学版）》2019 年第 4 期。

左松涛：《〈新金山记〉作者考——解析中澳早期关系史籍中的一个谜》，《澳门理工学报
　　（人文社会科学版）》2019 年第 4 期。

后　记

　　1998 年底，我在周振鹤先生指导下完成了博士论文《晚清西方地理学在中国的传播与影响》。在为期三年余在职读博的过程中，将之前所从事的西书中译史的重心落实到了晚清西方地理学译著的生产、流通和影响。该文自以为有两个重要的发现和突破，一是首次以地理学译著和术语传播的角度研究晚清中国人空间观念的变化，二是注意到了明末清初传教士汉文西书与晚清地理学译著之间的关联。在这一以晚清为研究主题的论著中，用了相当的篇幅来撰写明末清初的内容，作为博士论文的第一章，尝试在做一个晚清西方地理学在中国传播的前史，没有想到这一部分内容还颇受学界的重视，自然受到的质疑也较多。

　　博士论文于 1998 年底完成答辩，2000 年即以《晚清西方地理学在中国——以 1815 至 1911 年西方地理学译著的传播与影响为中心》为题，由上海古籍出版社出版。由于种种主客观原因，在写作过程中，我绕开了晚清的地图文献，论著中明末清初的这一章，除了利玛窦的世界地图、南怀仁的《坤舆全图》，明末清初的地图文献亦未得到充分展开和深入探讨，留下了有关明清地理文献研究上的很大遗憾。

　　之后，尽管自己学术研究的旨趣在不断变化，但为了弥补当年的缺憾，我还是将相当一部分精力致力于明清地图文献的研究，也主动尝试将研究的重心上移至明末清初的地理文献。其间完成的《利玛窦世界地图的刊刻与明清士人的"世界意识"》，刊载于《近代中国研究集刊·近代中国的国家形象与国家认同》（上海古籍出版社 2003 年第 1 辑）；2011 年，完成了《晚明汉文西学经典》一书，其中有两章的篇幅涉及了地理文献，即利玛窦的世界地图和艾儒略的《职方外纪》。博士论文中涉及的南怀仁的《坤舆全图》和《坤舆图说》，以及蒋友仁的《坤舆全图》和《地球图说》等，在本书中都被列为重点加以讨论；而博士论文中没有详细展开讨论的《四洲志》和《瀛环志略》，亦在本书中设立专章，很大程度上算是弥补了当年研究的缺憾。

一般学术著作的写法，都是先从具体个案入手，写成独立的论文，然后在一个总体思路下建构理论框架，形成专门著作。本书十章大部分都在海内外相关刊物、集刊或论文集中面世过。其中《〈职方外纪〉：世界图像与海外猎奇》，载《复旦学报》2009 年第 4 期；《〈坤舆图说〉及其〈七奇图说〉与清人视野中的"天下七奇"》，载中国社会科学院近代史研究所、比利时鲁汶大学南怀仁研究中心编《基督宗教与近代中国》，社会科学文献出版社 2011年；《晚清世界地图的新建构——从〈万国大地全图〉到〈大地全球一览之图〉》，载台湾故宫博物院《故宫学术季刊》第 31 卷第 1 期（2013 年秋季）；《开拓世界地理知识的新空间：清末中国人的澳洲想象》，载《南京政治学院学报》2015 年第 2 期；《神和乃囮：利玛窦世界地图的在华传播及其本土化》，载《安徽史学》2016 年第 5 期；《蒋友仁的〈坤舆全图〉与〈地球图说〉》，载《北京行政学院学报》2017 年第 1 期；《〈坤舆全图〉与大航海时代西方动物知识的输入》，载戴龙基、杨迅凌主编的《全球地图中的澳门》（第二卷），社会科学文献出版社 2017 年；《全地新构：邝其照及其〈地球五大洲全图〉》，载《复旦学报》2018 年第 6 期；《舆地智环：近代中国最早编译的百科全书〈四洲志〉》，载《中国出版史研究》2020 年第 1 期。从 2009 年发表的第一篇至 2020 年面世的最后一篇，前后十余年，也算是十年磨一剑。

若干年前，我曾不断在西方史学译著和晚清英语读本的研究领域之间游走，但是初心不忘，关于"西学东渐与明清汉文地理文献"，一直是自己学术研究的一个聚焦点，陆续也写过不少这一主题的相关论文，如动物图文、世界七奇，以及晚清国人关于美国、英国和澳大利亚的认识等，拓展了自己以往在明清西学地理学文献研究的范围。收入本书的所有单篇论文，在"世界想象：西学东渐与明清汉文地理文献"这一总标题下，都经过整理和改写，汇为一册，可以见出彼此的关联性，也能窥见笔者从事这一研究的旨趣所在。

出生和成长在上海，临港所见的海并不壮观，所谓的山主要就是一座"土丘"——佘山，但儿时梦里寻觅的却多是山和海。在完成"西学东渐与明清地理文献"这一论题的岁月里，梦里梦外经常出现的是茫茫的山脉和浩瀚的大海，我一次次地进入和退还，一次次地不断在或高或低的群山中勉力攀登，或在翻滚的海浪中浮沉，时时有绕来绕去、走不出山路的恐惧，经常是为迷路错道或踩浪踏空所惊醒。朱熹的诗句"少年易老学难成，一寸光阴不可轻。未觉池塘春草梦,阶前梧叶已秋声"(《偶成》),年轻时诵读并无特别的感触,如今韶华已逝,读来无比感慨!

　　20世纪80年代本科毕业考入研究生,算是进入历史学研究的门槛,至今已快四十年了。喜欢历史研究,哪怕是烦琐的考证,因为能说真相,能讲"常识",乐在其中;也能在占有更为丰富资料的基础上,对以往的"常识"提出种种挑战,在今天"常识"稀缺的文化环境下,这种体验尤为难得。陈旭麓先生在《浮想录》中有一段话至今不忘:"要让历史自己说话,但历史学家还要说出历史没有说出来的话。"陈先生是笔者硕士论文答辩委员会的主席,记得这段话他在我硕士论文的答辩会上也用不同的形式表述过,当时我理解他说的意思是,我的硕士论文基本上是让史料说话,是一种史料学的功夫,仅仅实现了"让历史自己说话",这是完成了历史研究的第一步工作,他希望我能进一步发掘潜藏在历史背后的深层原因,既说真相,讲"常识",又能诠释"常识"形成或被证伪之背后的原因。这些年来,我一直在尝试,除了以丰富的史料来展示和呈现历史的本来面目,即在实现陈述真相和"常识"之外,还坚持去揭示深藏在真相和"常识"背后的东西,这也是本书所做的一种努力。

　　这一论题的完成,首先还得感谢我的博士生导师周振鹤先生,应该说"西学东渐与明清地理文献",是我1995年开始的博士论文"晚清西方地理学在中国的传播与影响"这一论题的延续和拓展。本书能够完成出版,还需感谢"国家社会科学基金后期资助项目:世界想象:西学东渐与明清汉文地理文献(项目编号:17FZS037)"。收录本书曾经发表的单篇论文,每篇都围绕此书的主题,重新进行了增改,在此还要感谢上述期刊、集刊、论文集及其编辑所给予的种种帮助,没有他们任劳任怨的工作,本书是不可能以今天的面貌呈现的。

　　多年来,这一研究得到了友人和同道的帮助和鼓励,历史学系中国古代史教研室的同事们,以及葛兆光、李晓杰、金光耀、张仲民等,李庆新、章宏伟、张西平、马长林、张朝胜、田卫平、陈志雄、陈文彬、张玉亮、翟永兴诸师友;其间笔者曾多次应邀参加海内外的各种学术会议和访学交流,中国港台的王宏志、苏精、徐光台、黄一农、卢雪燕、郑文惠、蔡祝青等,日本的沈国威、内田庆市、陈力卫等,意大利的德保罗、马西尼,德国的阿梅龙,新加坡的庄钦永,美国的韩子奇等,以及我的学生李春博、黄嬿婉、陈拓,香港中文大学的马腾飞、小女邹瑞玥等,都给予这一研究工作以热情的帮助、支持和鼓励,谨此一并致谢！

　　我和中华书局结缘是 2012 年在复旦大学历史学系与中国近现代新闻出版博物馆一起筹办的"中华书局与中国近现代文化"国际学术研讨会，此一主题还成为之后我和中国近现代新闻出版博物馆负责人林丽成主持出版的会议论文集的书名（上海人民出版社 2013 年）。在 2017 年申请国家社会科学基金后期资助的过程中，需特别感谢中华书局总经理徐俊先生的鼎力推荐；贾雪飞博士全力以赴，本书的基本构架和编创思路，有不少是在与她的讨论中修订的。

　　本书初稿完成之际，正值新型冠状病毒肺炎肆虐中国、蔓延世界之时。疫情爆发初期，日本朋友在捐赠给武汉两万个口罩的标签上写着"山川异域，风月同天"，使国人深为感动。《唐大和尚东征传》记载这是当年日本长屋亲王赠送大唐千件袈裟上所绣"共结来缘"的佛偈，鉴真大师就是被此偈所打动而决定东渡弘法。疫情期间，有数千不同肤色的生灵魂归西天，远隔千山万水的耶路撒冷，大批犹太民众涌向哭墙，在多名拉比的带领下为中国百姓的平安和战胜疫难而祈祷。这些天，日本的疫情愈发严重，国人又将抗疫的物资反捐给日人，于是有朋友建议在捐赠物资的箱面写上唐代诗人张九龄"相知无远近，万里尚为邻"（《送韦城李少府》）的诗句。空间的世界是一个宏观的聚合体，疫情使海角天涯更亲若比邻，虽然世界既熟悉又陌生，但世人仍抱有这样的共识，希望摒除地理上和文化上的悬隔，在同一个寰宇之下，共享干净与和平的日月天空，实现抱有善意心灵的守望相助。

邹振环

2020 年 2 月 28 日闭门改定于上海香阁丽苑

2020 年 9 月 28 日修订于复旦大学光华西楼

　　又及：拙著 2020 年通过国家社会科学基金的审查，到今年正式面世，其间颇费周折。再次感谢中华书局上海公司贾雪飞博士的从中斡旋，使拙稿能以体面的方式完成后期资助出版的所有环节。复旦大学出版社的胡春丽编审，在拙著出版中途遭遇困境时曾帮助疏通；拙著的责任编辑董洪波先生，给了我很多建设性的意见，在此表示衷心的感谢！

2022 年 3 月 18 日再记于香阁丽苑